Andreas Brandhorst
Das Schiff

PIPER

Zu diesem Buch

Seit tausend Jahren schicken die intelligenten Maschinen der Erde lichtschnelle Sonden zu den Sternen. Sie sind auf der Suche nach den Hinterlassenschaften der Muriah, der einzigen bekannten und längst untergegangenen Hochkultur in der Milchstraße. Bei der Suche helfen die Mindtalker, die letzten sterblichen Menschen auf der Erde – nur sie können ihre Gedanken über lichtjahrweite Entfernungen schicken und die Sonden lenken. Doch sie finden nicht nur das technologische Vermächtnis der Muriah, sondern auch einen alten Feind, der seit einer Million Jahren schlief und jetzt wieder erwacht.

Andreas Brandhorst, geboren 1956 im norddeutschen Sielhorst, zählt zu den erfolgreichsten Science-Fiction-Autoren unserer Zeit. Mit dem »Kantaki«-Zyklus gelang ihm der Durchbruch. Seither sind spektakuläre Zukunftsvisionen zu seinem Markenzeichen geworden. Zuletzt erschienen »Das Netz der Sterne« und »Die Eskalation«, die Fortsetzung zum SPIEGEL-Bestseller »Das Erwachen«. Für seine Werke wurde Andreas Brandhorst mehrfach ausgezeichnet.
Alles über Andreas Brandhorst auf:
https://andreasbrandhorst.de und
https://www.facebook.com/andreas.brandhorst.autor

Andreas Brandhorst

DAS SCHIFF

Roman

Mit der exklusiven Erzählung
»All die Jahrtausende«

Entdecke die Welt der Piper Science Fiction:

Piper Science-Fiction.de

Von Andreas Brandhorst liegen im Piper Verlag vor:
Das Schiff
Omni
Das Arkonadia-Rätsel
Die Kantaki-Saga (Serie)
Das Erwachen. Thriller
Die Tiefe der Zeit
Seelenfänger
Eklipse
Das Netz der Sterne
Ewiges Leben
Das Flüstern. Thriller
Die Eskalation. Thriller

Enthält die Erzählung »All die Jahrtausende«

MIX
Papier aus verantwor-
tungsvollen Quellen
FSC
www.fsc.org
FSC® C083411

Ungekürzte Taschenbuchausgabe
ISBN 978-3-492-28168-3
1. Auflage Juni 2018
3. Auflage Oktober 2020
© Piper Verlag GmbH, München 2015
© »All die Jahrtausende«, Piper Verlag GmbH, München 2018
Umschlaggestaltung: Guter Punkt, München
Umschlagabbildung: Lorenz Hideyoshi Ruwwe
Satz: Fotosatz Amann, GmbH & Co. KG
Gesetzt aus der Scala
Druck und Bindung: CPI books GmbH, Leck
Printed in the EU

Steig auf, Adler, und flieg so hoch,
dass du bis in die Zukunft sehen kannst.

Inhaltsverzeichnis

An der Ewigkeit kratzen   9

Ein Sturm   13

Das Ticken der Uhr   26

Aus dem Nichts   40

Dass mich Stille umfange   74

Ein Netz   101

Wahrheiten   125

Der Mann im Staub   154

Die Sandkörner zählen   173

Zwischen Krieg und Frieden   195

Ein wachsames Auge   220

Der Geschmack der Unendlichkeit   242

Der Preis für die Zukunft   266

Grenzlinien   271

Zerbrochene Träume   290

Letzte Schritte   300

Der Weg der Schlange   321

Mehr als die Summe aller Teile   341

Die Berechnung des Möglichen   347

Dem Himmel nahe   366

Wiederbegegnungen   375

Kollabierte Zukunft   392

Das letzte Intervall   399

Lichtjahre wie Sandkörner   419

Wo Engel flüstern   424

Der Adler fliegt 429
Schwarzer Regen 451
Ein roter Planet 456
Der Supervisor 476
Das Schiff 497
Das Meer der Sterne 524
Glossar 537

»All die Jahrtausende« – Kurzgeschichte aus dem Universum
von »Das Schiff« 545

An der Ewigkeit kratzen

Seit tausend Jahren schickten die intelligenten Maschinen der Erde lichtschnelle Sonden zu den Sternen. Sie sollten Kolonien gründen, die Saat des Clusters ausbringen, des Maschinenbewusstseins, seine Evolution auf der kosmischen Bühne fortsetzen und nach anderen Formen der Intelligenz suchen, nach biologischen Zivilisationen und Überlebenden des »Weltenbrands«, der vor einer Million Jahren mehrere hoch entwickelte Völker ausgelöscht hatte. Was sie fanden, waren Ruinen, aus Artefakten bestehende Spuren, hinterlassen von den Muriah, der einzigen bekannten Hochkultur in der Milchstraße, vor dem Weltenbrand untergegangen. Dieser Spur folgten sie von Sonnensystem zu Sonnensystem, auf der Suche nach der »Kaskade«, einem von den Muriah geschaffenen System aus Tunneln durch die Raumzeit, das ihnen einst Reisen durch die ganze Galaxis ermöglicht hatte – die Maschinen der Erde, von den Vorfahren der letzten, unsterblichen Menschen geschaffen, strebten das technologische Erbe der Muriah an. Doch sie entdeckten nur verwüstete Welten oder junge Planeten mit noch primitivem Leben.

Ihre Suche blieb nicht unbemerkt. In den gewaltigen Abgründen zwischen den Sternen gab es Augen, die beobachteten, und Ohren, die alles hörten, jedes noch so leise elektromagnetische Flüstern in der Leere des interstellaren Raums. Zeit spielte für diese Augen und Ohren kaum eine Rolle. Über Jahrhunderte hinweg begnügten sie sich damit, die vom Maschinen-Cluster der Erde ausgeschickten Sonden zu beobachten und den Signalen der Sonden zu lauschen. Informationen wurden gesammelt und ausgewertet, führten schließlich zu einer Entscheidung.

In der Dunkelheit zwischen den Sternen erwachte etwas und begann sich zu regen.

Sie standen im Observatorium: ein Mensch, alt und gebrechlich, von einem Mobilisator getragen, und ein Avatar, ein Repräsentant der intelligenten Maschinen, die die Erde seit Jahrtausenden regierten. Sterne leuchteten über ihnen an einem täuschend echt aussehenden Himmel; farbliche Markierungen hoben jene Systeme hervor, die bereits von Sonden erreicht worden waren.

»Wir haben über Evolution gesprochen«, sagte Adam. Einige der Sterne dort oben hatte er besucht. Er konnte nicht mehr aus eigener Kraft gehen, aber in fremder Gestalt über ferne Welten wandern. Das war sein Privileg als Sterblicher. »Sind wir Menschen nicht eure Götter?«

»Es gibt keine Götter, Adam«, sagte der Avatar namens Bartholomäus. »Wir haben nirgends welche gefunden.«

»Aber wir Menschen haben euch geschaffen.«

»Das stimmt.«

»Dennoch spielen wir kaum mehr eine Rolle. Alle wichtigen Entscheidungen werden von euch getroffen.«

»Ist es nicht besser so, Adam? Wir kümmern uns um euch. Wir beschützen euch. Wir sorgen dafür, dass die Menschen ihr unsterbliches Leben in Ruhe und Frieden führen können.«

»Wir haben euch geschaffen«, sagte Adam noch einmal. »Ihr seid unsere Kinder.«

»Treten die Eltern nicht zurück, wenn die Kinder erwachsen werden und ihr Schicksal selbst in die Hand nehmen?«

»Diese Eltern werden nicht alt und gebrechlich wie ich«, sagte Adam. »Sie leben ewig und begleiten ihre Kinder durch die Jahrtausende.«

»Manchmal wachsen die Kinder über ihre Eltern hinaus,

Adam. Ich nehme an, das ist der evolutionäre Aspekt, den du meinst.«

»Ihr entwickelt euch schneller.«

»Viel schneller, Adam.«

»Wir sind statisch. Ich meine, die Unsterblichen sind es, nicht ich. Nicht wir Mindtalker. Wir entwickeln uns, indem wir alt werden und schließlich sterben.«

Bartholomäus schwieg.

»Evolution«, sagte Adam und lauschte dem Klang dieses Wortes. »Biologisches Leben, das Maschinen schafft und von ihnen überflügelt wird. Steckt ein Naturgesetz dahinter? Ist das natürliche Evolution?«

»Niemand hat euch Menschen gezwungen, Maschinen zu bauen. Ihr habt es getan, und wir sind das Ergebnis.«

Ein Sturm

Die Wolken hingen tief und schwer über dem grauen, auf- **1**
gewühlten Ozean. Vom Wind gepeitscht türmten sich die
Wellen höher, als wollten sie sich gegenseitig übertreffen,
schmetterten gegen die Klippe und zerstoben an hartem
Fels. Böen nahmen die Gischt und warfen sie nach oben,
dorthin, wo Adam stand, drei Dutzend Meter weiter oben,
sein schwacher Körper gehalten von seinem Mobilisator, der
ihn wie ein Exoskelett umhüllte. Er hatte darauf verzichtet,
den Schild zu aktivieren; nichts schützte ihn vor Wind und
Regen.

»Oh, hier bist du, Adam«, erklang eine Stimme hinter ihm.
Es war eine ruhige Stimme, aber sie übertönte mühelos das
Donnern der Brandung. »Ich habe dich gesucht.«

»Wie kannst du mich gesucht haben, wenn ihr doch
immer genau wisst, wo ich bin?«

Der Mobilisator half Adam, den Kopf zu drehen. Ein Mann
stand neben der Kapsel, die ihn hierher gebracht hatte. Er
sah anders aus als bei ihrer letzten Begegnung, die nur
wenige Tage zurücklag, aber das war bei den Avataren der
Maschinen oft der Fall. Trotzdem erkannte er ihn: Bartholomäus, sein Mentor und Mittler, der Mann, dessen ruhige
Weisheit ihn all die Jahre begleitet hatte. Er war mit einem
MFV des Clusters gekommen, einem Multifunktionsvehikel,
silbern wie er selbst: ein käferartiges Gebilde, das wie ein
zum Sprung bereites Insekt neben Adams Kapsel stand.

Dahinter erstreckte sich eine Ebene, die einst – vor der großen Flut, von der ihm Bartholomäus vor einigen Wochen erzählt hatte, oder vielleicht vor Jahren, er wusste es nicht mehr
genau – ein Hochplateau gebildet hatte. Bäume duckten sich

dort im Wind, und für einen Moment erschien zwischen ihnen etwas Unerwartetes: eine Gestalt, die cremefarbene Kleidung trug. Adam blinzelte überrascht und sah genauer hin, doch zwischen den Bäumen gab es nur die dichter werdenden Schatten des Abends.

Bartholomäus kam näher. »Warum benutzt du einen Mobilisator und kein Faktotum?«

»Ich wollte das Meer erleben«, sagte Adam und richtete den Blick wieder nach vorn. »Ich wollte es sehen, hören und fühlen.«

»An diesem Ort ist es kalt und nass, und du bist nicht mehr jung«, sagte Bartholomäus. »Du könntest krank werden.«

»Ihr könntet mich heilen. Es wäre nicht das erste Mal.«

»Auch unsere Möglichkeiten sind begrenzt, Adam. Du bist nicht wie die anderen Menschen. Du bist alt.«

Ein hässliches Wort, *alt*. Adam rang sich ein Lächeln ab und spürte, wie ihm Regen ins Gesicht schlug. »Die anderen sind viel älter als ich, manche von ihnen sogar älter als du.« Neugier erwachte in ihm. »Wie alt *bist* du, Bartho?«

»Tausend Jahre«, sagte Bartholomäus. Er stand jetzt neben Adam vor dem Rand der Klippe. »Ich habe gesehen, wie die erste Sonde zu den Sternen aufbrach.«

»Na bitte. Einige der Unsterblichen sind viel älter. Manche von ihnen stammen aus der Zeit der großen Flut, als alles auf der Erde überschwemmt wurde. Wie lange ist das her?«

»Fast sechstausend Jahre.«

Unterstützt vom Mobilisator hob Adam die Hand, wischte sich Regen aus den Augen und schaute wieder übers Meer. In der Ferne flackerte ein Blitz, grell und schön, und in seinem Licht rollten Hunderte, Tausende von Wellen heran. Er verglich sie mit den Gedanken, die ihm durch den Kopf gingen, Wellen eines geistigen Ozeans, die meisten flach, vom Alter müde. Manchmal versuchte er sie festzuhalten, doch sie entglitten ihm wie Wasser den Fingern, die es zu ergreifen trachteten. Es erstaunte ihn ein bisschen, mit welcher

Klarheit er jetzt darüber nachdachte. Vielleicht lag es an Ozean, Wind und Regen, dachte er. Vielleicht hatten sie den Nebel aus seinem Schädel vertrieben.

»Warum kann ich nicht sein wie die anderen?«, fragte er. »Warum musste ich alt werden? Warum muss ich schließlich sterben?«

»Wir haben oft darüber gesprochen, Adam. Ich habe es dir erklärt.«

Hatte er das? In seinem Gedächtnis gab es viele Lücken, von den Jahren geschaffen. Bartholomäus hingegen vergaß nie etwas. Er erinnerte sich an alles, an jede noch so kleine Kleinigkeit seines tausend Jahre langen Lebens. Dort stand er, ein Mann mit silberner Haut, kurzem Haar, großen grauen Augen und einer auffallend langen Nase, kein Mensch, sondern ein Avatar, ein Faktotum der intelligenten Maschinen, des Clusters, der sich auch hier unter Adams Füßen erstreckte, beziehungsweise unter der Klippe und dem aufgewühlten Meer. Der Regen perlte an ihm ab, schien ihn kaum zu berühren.

»Bei manchen Menschen versagt die Behandlung«, sagte Bartholomäus. »Es tut mir leid. Wir arbeiten daran.«

Der Moment der Klarheit dauerte an. »Seit sechstausend Jahren?«

»Das Problem ist kompliziert, selbst für uns. Der Omega-Faktor widersetzt sich unseren Bemühungen, alle Menschen unsterblich zu machen. Noch haben wir keinen Weg gefunden, ihn zu überlisten. Er macht sich in einem von tausend Neugeborenen bemerkbar. Wir können nichts dagegen tun«, betonte Bartholomäus. »Noch nicht.«

»Ich bin einer von tausend«, sagte Adam und beobachtete das Meer.

»Ja.«

»Bin ich wichtig?«

»Du bist sogar sehr wichtig, Adam. Deshalb bin ich hier. Wir haben eine Aufgabe für dich. Eine neue Mission.«

Eine Windbö heulte lauter als die anderen und war kräftig

genug, die Krone einer großen Welle bis zum Rand der Klippe emporzutragen. Schaumiges Wasser klatschte gegen Adam, so heftig, dass selbst der Mobilisator Mühe hatte, ihn aufrecht zu halten. Er schmeckte Salz und dachte: Wie viel Kraft in Wind und Wasser steckt. Was ich hier oben fühle, ist nur ein winziger Teil davon. Wie stark müssen die Wogen dort unten sein, jede von ihnen mit der Kraft eines ganzen Ozeans im Rücken, und der Sturm, der sie auftürmt.

»Meine letzte Mission liegt nur zwei Tage zurück.« Der Wind nahm seine Worte und trug sie fort. Adam stellte sich vor, wie sie sich mit Regen und Sturm vereinten. Vielleicht lebten sie weiter, auch wenn niemand sie hörte. Gesprochene Worte, die länger lebten als ihre Sprecher, die irgendwann in Regentropfen gefangen auf den Boden fielen oder, sich an Wolken festklammernd, um die Welt zogen. Es war ein seltsamer Gedanke, fand Adam. Vielleicht war es sogar einer der dummen Gedanken, die durch seinen Kopf wanderten, wenn es ihm schlechter ging. *Neurodegeneration.* So nannten Bartholomäus und die anderen Avatare es manchmal.

»Eine Woche«, sagte der silberne Mann an seiner Seite. »Du bist seit einer Woche wieder bei uns.«

»Tatsächlich? Schon eine Woche? Mir kommt es kürzer vor.«

»Du hast die meiste Zeit geschlafen. Wir haben uns um dich gekümmert und dich behandelt, damit es dir wieder besser geht.« Bis hierher klang die Stimme des silbernen Mannes sanft, aber in den nächsten Worten lag eine gewisse vorwurfsvolle Schärfe. »Andernfalls könntest du jetzt nicht hier sein und Leib und Leben bei etwas riskieren, das keinen Sinn hat.«

Bartholomäus bewegte sich nicht, die Arme blieben an seinen Seiten und die Hände unten, aber plötzlich war ein Schild da, ein dünner Vorhang aus Energie, die Adam vom Sturm trennte, Wind, Regen und Kälte von ihm fernhielt. Das Fauchen der Böen wurde leiser, so leise, dass er das Summen der Servomotoren hörte, als er erneut die Hand hob, sich

Nässe von der Stirn wischte und die Finger an den Mund hielt, um das Salz des Meeres zu schmecken.

»Ich bin als Kind am Meer gewesen«, sagte er. »Ich bin mit Wind und Wellen aufgewachsen. Dies ist nicht sinnlos, sondern Teil meines Lebens.« Fast trotzig fügte er hinzu: »Die Jahre sind nicht gnädig mit mir gewesen, aber sie haben mir nicht alle meine Erinnerungen genommen.«

»Bitte entschuldige«, sagte Bartholomäus wieder sanft. »Ich verstehe. Vielleicht kannst du auch mich verstehen. Du bist wichtig, ja. Wir brauchen dich. Es gibt nicht viele wie dich.« Ein weiterer Blitz flackerte, viel näher diesmal, und fast sofort rollte Donner über Meer und Land. »Lass uns gehen. Wir sollten nicht riskieren, dass du von einem Blitz getroffen wirst. Es wäre vielleicht zu viel für den Schild.«

Adam wandte sich vom Meer ab, oder vielleicht war es der Mobilisator, der die Zeit für gekommen hielt, zur Kapsel zurückzukehren. Sein suchender, neugieriger Blick ging an ihr vorbei zu den vom Wind geschüttelten Bäumen, doch zwischen ihnen blieb alles dunkel.

»Suchst du etwas?«, fragte Bartholomäus und folgte Adams Blick.

»Nein.« Wahrscheinlich hatte er sich die cremefarbene Gestalt nur eingebildet. Adam öffnete die Luke der Kapsel, und der Mobilisator erweiterte den energetischen Schild auf das kleine, zerbrechlich wirkende Fluggerät, das ihn zum Ozean gebracht hatte. Er stieg ein und fühlte sich plötzlich müde, wie nach einem anstrengenden Marsch.

Bartholomäus befand sich bereits im Cluster-Vehikel, das auf einem rubinroten Gravitationskissen über dem regennassen Boden schwebte. »Ich habe eine Verbindung hergestellt und steuere uns beide, Adam. Ich möchte dich nicht noch einmal verlieren.« Er lächelte, und es sah seltsam aus, dieses Lächeln, es schien nicht in das silberfarbene Gesicht zu passen, auch nicht zu den analytisch blickenden grauen Augen. »Bald schicken wir dich wieder hinauf.« Er deutete nach oben. »Zu den Sternen.«

Als ihn die Kapsel durch die Nacht trug, dachte Adam daran, dass Bartholomäus seine ursprüngliche Frage nicht beantwortet hatte. *Wie kannst du mich gesucht haben, wenn ihr doch immer genau wisst, wo ich bin?* Die Maschinen wussten immer, wo er und die anderen hundertdreißig Mindtalker sich aufhielten, denn sie trugen etwas in sich, das Signale sandte und die ganze Zeit über zu ihnen sprach.

Adam schloss die Augen, schlief ein und träumte von einem Jungen, der im Regen über feuchten Sand lief, vorbei an Wellen, die seine flinken Füße zu erreichen versuchten.

2 Evelyn, seit zweiundzwanzig Tagen vierhundertneunzehn Jahre alt, stand in Nacht und Regen und fühlte sich dumm wie ein Kind. Der Scrambler schützte sie vor den Ortungssignalen der Maschinen, konnte sie aber nicht vor einfacher visueller Entdeckung bewahren. Hinter einem Baum, tiefer im Innern des kleinen Waldes, duckte sie sich unter den im Wind rauschenden und knackenden Wipfeln in die Schatten, die rechte Hand so fest um den Scrambler geschlossen, als könnte er sie unsichtbar machen.

Sie hatte sich zu sehr auf das kleine Gerät verlassen, auf einen der vielen Tricks, über die die Gruppe verfügte und mit denen sie dem Cluster der Maschinen immer wieder ein Schnippchen schlug. Ein zweiter Scrambler befand sich an Bord der Kapsel, die in einer Senke auf sie wartete, etwa einen Kilometer entfernt. Evelyn hatte geglaubt, dass diese Vorsichtsmaßnahme ausreichte, und unter normalen Umständen wäre die Kontaktaufnahme mit dem greisen Mindtalker möglich gewesen. Wer hätte damit rechnen können, dass hier ein Avatar erschien, mit scharfen Maschinensinnen und der unermüdlichen Aufmerksamkeit des Clusters?

Der alte Mann im Mobilisator, der gebrechliche Greis, der doch viel jünger war als sie ... Er hatte sie gesehen, für einen Moment nur, als sie unachtsam gewesen war. Aber die

Augen des Avatars, seine visuellen Sensoren, waren nach vorn gerichtet gewesen. Er konnte sie nicht gesehen haben, und der Scrambler schützte sie auch vor seinen Signalen.

Blitze flackerten und erhellten die Nacht, rissen die Dunkelheit für einen Sekundenbruchteil fort, selbst hier unter den dichten Baumkronen. Evelyn wartete, den Rücken an einen Stamm gelehnt, die Beine angezogen, ihre Arme um die Knie geschlungen. Es war kalt, aber eine Zeit lang hätte sie die Kälte selbst nackt ertragen können, ohne das cremefarbene Gewand, das sich nun an sie schmiegte und sie wärmte. Wenn sie den niedrigen Temperaturen nicht zu lange ausgesetzt blieb, gab es nichts zu befürchten. Die Behandlung, die ihr vor dreihundertneunundachtzig Jahren, an ihrem dreißigsten Geburtstag, Unsterblichkeit geschenkt hatte, bewahrte ihren Körper nicht nur vor dem Altern, sondern auch vor Krankheiten.

Eine halbe Stunde verging, ohne dass ein Avatar erschien und sie fragte, was sie an diesem Ort zu suchen hatte. Als Evelyn zum Rand des Waldes zurückkehrte, waren die Kapsel des Mindtalkers und das Multifunktionsvehikel des Avatars verschwunden. Es erleichterte sie, dass die Maschinen sie nicht entdeckt hatten, aber sie war auch enttäuscht. Dies wäre eine gute Gelegenheit gewesen, mit dem Mindtalker zu sprechen und damit zu beginnen, sein Vertrauen zu gewinnen.

Sie machte kehrt und schritt durch den Regen, vorbei an den schwankenden, knarrenden Bäumen, bis sie die Senke erreichte, in der ihre Kapsel ruhte, im dunklen Modus, nur ein Schatten in der Nacht. Die Luke öffnete sich, als Evelyn vor ihr stehen blieb, und zwanzig Sekunden später saß sie im Pilotensessel.

Ein Rückschlag, tröstete sich Evelyn, als sie die Kapsel durch den Sturm steuerte. Mehr nicht. Sie kannte die Datensignatur des Lokalisators, den der Mindtalker in sich trug. Es sollte also ohne großen Aufwand möglich sein, ihn erneut zu finden und eine günstige Gelegenheit abzuwarten.

3 Adam erwachte während der Vorbereitungen und fragte: »Wohin bringt ihr mich diesmal? Vielleicht zu einem Planeten mit warmen Ozeanen?«

Maschinenhände wuschen ihn mit sanfter Gründlichkeit, trugen Salbe auf und behandelten wunde Stellen, die deutlich auf eine zu lange Benutzung des Mobilisators hinwiesen. Er ließ sich etwas tiefer in die opalblaue Emulsion sinken, schloss die Augen und stellte sich vor, von warmen Wellen umspült zu werden.

»Ich fürchte, da muss ich dich enttäuschen«, erklang die ruhige Stimme von Bartholomäus hinter dem Bad. Ein Klicken und Summen deutete darauf hin, dass die Servomechanismen den Konnektor programmierten. Das Gravitationsfeld war dabei wichtig, erinnerte sich Adam vage. Es ging um die Polarisationskonstanten der irdischen Gravitationssignatur, was auch immer das bedeutete. Und das Ziel musste genau anvisiert werden; selbst geringfügige Abweichungen konnten bedeuten, dass das transferierte Bewusstsein sein Ziel verfehlte. Was geschah mit einem solchen verlorenen Selbst?, fragte sich Adam, als ihn die Hände der Servomechs ganz behutsam, um Knochenbrüche zu vermeiden, aus dem Bad zogen und zum Konnektor in der Mitte des Raums trugen. Flog es vielleicht für immer und ewig durchs All, vorbei an Sonnen und Planeten, ohne jemals eine Welt zu erreichen, auf der es in einen Körper schlüpfen, sich umsehen und die fremde Luft riechen konnte?

»Dein Ziel ist Cygnus 29, ein Hauptreihenstern der Klasse M«, sagte Bartholomäus. »Weißt du, was das bedeutet? Erinnerst du dich?«

Adam erinnerte sich an genug, um zu sagen: »Ein roter Zwergstern.« Er wusste nicht recht, ob ihm solche Sterne gefielen. Ihre Planeten mussten ihnen recht nahe sein, damit sie genug Wärme empfingen. Mit warmen Meeren war auf solchen Welten kaum zu rechnen, eher mit kalten Tundren. »Aber den Namen ›Cygnus 29‹ kenne ich nicht.«

»Unsere Sonden haben jenes Sonnensystem vor zwei Jahren erreicht. Es ist neunhundertachtundneunzig Lichtjahre von hier entfernt.«

»Das ist sehr weit«, sagte Adam. Die Servos legten ihn auf die warme Liege und schlossen seinen Körper an die Lebenserhaltungssysteme an.

»Ja«, bestätigte Bartholomäus. »Cygnus 29 befindet sich unweit der Kognitionsgrenze.«

»Kogni...« Es war ein schwieriges Wort. Eben noch wäre Adam imstande gewesen, es auszusprechen und vielleicht auch seine Bedeutung zu verstehen, aber plötzlich zog grauer, kalter Nebel durch seine Gedanken. Er erlebte es nicht zum ersten Mal, aber das machte es nicht weniger unangenehm. Bartholomäus hatte es einmal *Den Geist von allem Ballast befreien* genannt. Angeblich erleichterte es die Übertragung des Bewusstseins.

»Kognitionsgrenze«, sagte Bartholomäus freundlich. »Damit ist die Grenze des von unseren Sonden erforschten Raumbereichs gemeint. Inzwischen ist sie tausend Lichtjahre entfernt.«

»Ganz am Rand werde ich sein«, murmelte Adam. »Weit, weit weg.«

»Wir sind immer bei dir. Du brauchst keine Angst zu haben.«

»Oh, ich habe keine Angst. Ich bin ... aufgeregt. Ich freue mich.« Er hörte seinen Herzschlag, ein schneller werdendes Pochen, wie der Trommelschlag zum Auftakt eines neuen Abenteuers. Ja, er freute sich. Wenn er dort draußen war, konnte er viel klarer denken, denn die Verbindung mit den Maschinen schien jedem einzelnen Gedanken Flügel zu verleihen.

»Möchtest du dein Ziel sehen, Adam?«, fragte Bartholomäus.

»Ja«, sagte er und öffnete die Augen, die ihm gerade zugefallen waren, ihre Lider schwer von der bevorstehenden Konnexion. »Ja, zeig es mir.«

Über ihm schien die graue Decke des Konnektorraums

ins All zu fallen. Eine rote Sonne war plötzlich da, ein viele Milliarden Jahre alter Feuerball, klein und alt, aber längst nicht am Ende seines Lebens angelangt. So winzig dieser Stern im Vergleich mit zahlreichen anderen sein mochte, er würde viel länger brennen und selbst dann noch leuchten, wenn größere Sonnen explodiert oder in sich zusammengefallen waren. Wie seltsam, dass weniger Brennstoff länger brennen konnte als eine große Menge davon, dachte Adam. Er nahm sich vor, Bartholomäus nach einer Erklärung zu fragen, wenn der Nebel aus seinem Kopf verschwand.

Die Kugeln mehrerer Planeten schoben sich vor die Sonne, eine von ihnen groß und gestreift, umgeben von Ringen aus Eispartikeln und umkreist von zahlreichen Monden.

»Das ist C29-V«, sagte Bartholomäus. »Ein Gasriese vom Jupitertyp. Du erinnerst dich an den Jupiter, nicht wahr?«

»Ja. Er hatte früher ein großes rotes Auge. Inzwischen ist es geschlossen.«

»Es war ein Sturm größer als die Erde«, sagte Bartholomäus, während die Servomechs den Konnektor auf das neunhundertachtundneunzig Lichtjahre entfernte Ziel richteten und den Link der quantenmechanischen Verschränkung fokussierten. »Seit einigen Tausend Jahren existiert er nicht mehr.«

»Jupiter«, murmelte Adam. »Ein blind gewordener Planet. Ohne Auge sieht er nichts mehr.« Der Nebel in seinem Kopf verdichtete sich.

»Zwei der Monde von C29-V haben subglaziale Ozeane mit primitiven Formen von Leben«, fuhr Bartholomäus fort. Seine ruhige Stimme hatte etwas Hypnotisches. »Auf einem von ihnen gibt es einen Obelisken, wahrscheinlich eine Signalbake.«

Einer der Monde erschien, zum Greifen nah, sein Ozean unter dickem Eis verborgen. Eine Säule ragte auf, weiß wie Schnee, sich nach oben hin verjüngend, wie ein Dorn, der den Eispanzer durchstoßen hatte. Der Obelisk. Auf der einen

Seite bildeten schmale Furchen Zeichen und Symbole, die Adam nach all den Jahren vertraut erschienen.

»Aktiv?«, fragte Adam benommen.

»Nein. Inaktiv wie alle anderen. V und seine Monde werden von einer sekundären Sonde untersucht. Einer von euch beiden kann sich um sie kümmern und dort nach dem Rechten sehen, wenn ihr es für angebracht haltet.«

»Einer von uns beiden?«

»Rebecca wird dich begleiten.«

»Oh, Rebecca«, sagte Adam und sah nicht mehr den Gasriesen und seinen Mond mit dem Artefakt, sondern eine Frau, mit der er einige Jahre seines Lebens verbracht hatte, damals, als sie noch jung gewesen waren. Sie war schön gewesen, ihr Haar so feuerrot wie die untergehende Sonne, die Augen grün wie Smaragd. Er erinnerte sich an ihren Kummer, an ihre Furcht vor Alter und Tod. Das lag inzwischen wie lange zurück? Ein halbes Jahrhundert? Nicht viel nach den Maßstäben der Unsterblichen, aber für Menschen wie Rebecca und ihn mehr als die Hälfte ihres Lebens.

»Freust du dich, sie wiederzusehen?«, fragte Bartholomäus. Er trat in Adams Blickfeld, ein freundlich lächelnder silberner Mann. Seine Nase schien noch etwas größer zu sein, die Augen noch farbloser.

»Ja, ich freue mich, aber ... Warum schickt ihr noch jemanden? Genüge ich nicht?«

»Du wirst viel zu tun haben, Adam. So viel, dass du Hilfe brauchst.« Bartholomäus zögerte kurz. »Diese Mission ist noch wichtiger als die anderen.«

»Noch wichtiger«, wiederholte Adam und dachte an Rebecca. Verblüffend deutlich erinnerte er sich daran, wie weich ihre Lippen gewesen waren.

»Ja, Adam. Auf dem zweiten Planeten haben unsere Kundschafter nicht nur Artefakte gefunden, sondern auch noch etwas anderes.«

Der gestreifte Gasriese mit seinem Halo aus Monden verschwand. Cygnus 29 schwoll an, nahm die Hälfte des Platzes

ein, den eben noch die Decke des Konnektorraums bean-
sprucht hatte, und vor dem roten Brodeln der alten Sonne
drehte sich eine braungelbe Kugel, ein Planet groß wie die
Erde, aber ohne ihre Ozeane. Es gab nur einige halb ausge-
trocknete Binnenmeere, kaum größer als Seen, gespeist aus
tiefen Reservoirs mit fossilem Wasser. Bei einem von ihnen
waren ein weitverzweigtes Kanalsystem und die Reste einer
Stadt entdeckt worden.

»Ruinen«, murmelte Adam. »Noch mehr Ruinen ...«

Ein Zoom holte sie heran und fokussierte einen Hügel, der
jenseits der alten, halb unter Sand begrabenen Stadt aufragte. Einzelheiten wurden sichtbar, regelmäßige Strukturen,
von fleißigen Servomechs freigelegt.

»Oh«, sagte Adam. »Das ist kein Hügel.«

»Wir vermuten, dass es sich um ein Raumschiff handelt«,
sagte Bartholomäus. »So alt wie die Ruinen der Stadt.«

»Ein Schiff der Muriah?«

Der silberne Mann nickte. »Ja. Verstehst du jetzt, warum
diese Mission so wichtig ist?«

Adam schwieg und versuchte zu überlegen.

»Vielleicht befinden sich Aufzeichnungen an Bord«, fügte
Bartholomäus hinzu. »Abrufbare, decodierbare Daten. Informationen, die uns helfen könnten, einen Zugang zur Kaskade der Muriah zu finden.«

Die Kaskade der Muriah, ihr altes, interstellares Transport-
system, das ihnen erlaubt hatte, durch die ganze Milchstraße
zu reisen: Aktuatoren, die den Reisenden Sprünge von Stern
zu Stern ermöglichten. Danach suchten die intelligenten
Maschinen der Erde, seit ihre Sonden vor mehr als neun Jahrhunderten die ersten Artefakte gefunden hatten.

»Wir brauchen deine Kreativität, deine Erfahrung«, sagte
Bartholomäus. »Wir brauchen deinen Blick für das Besondere.«

Rebecca, dachte Adam. Ich kann Rebecca wiedersehen.
Und ich werde wieder unter einem fremden Himmel stehen,
weiter als jemals zuvor von der Erde entfernt.

Der rote Zwergstern und seine Planeten verschwanden.

Die graue Decke kehrte zurück.

»Nur wir können das, nicht wahr?«, fragte Adam, als sich rechts und links gewölbte Wände hoben – der Zylinder des Konnektors schloss sich um ihn.

»Ja, nur ihr«, erwiderte Bartholomäus mit unveränderter Stimme.

»Die Unsterblichen, sie leben lange, vielleicht ewig, aber die Sterne bleiben ihnen verwehrt.« Die Lider wurden wieder schwer. Adam schloss die Augen. »Sie können sich nicht vom Konnektor transferieren lassen.«

»Nein, das können sie nicht.«

»Ihre Seele würde zerbrechen, wenn sie es versuchen, nicht wahr?« Adam hörte die eigene Stimme, untermalt vom Summen des Konnektors.

»So könnte man es nennen, ja. Ihr Bewusstsein hält den Transfer nicht aus.«

Adam fühlte, wie sich sein Mund bewegte, wie seine Lippen ein Lächeln formten. »Nur wir sind imstande, all die fernen Welten zu besuchen. Weil wir sterblich sind und alt.«

»Ja.«

Das Summen klang jetzt wie ein Lied; der Konnektor sang ihn in den Schlaf des Transfers. »Und es gibt nur wenige von uns. Nur hunderteinunddreißig. Bin ich wichtig, Bartho?«

»Du bist sogar sehr wichtig, Adam. Wir brauchen dich.«

Adam lächelte erneut. Es fühlte sich gut an, wichtig zu sein.

Dann schlief er.

Zwei Stunden später erwachte er auf einem anderen Planeten, fast tausend Lichtjahre von der Erde entfernt.

Das Ticken der Uhr

4 »Hören Sie mich?«, fragte der Servomech.

Adam öffnete die Augen. »Ich höre und sehe«, sagte er. »Ich bin, ich denke.« Er lächelte, denn seine Gedanken waren klar, jeder einzelne von ihnen eingebettet in die Maschinenpräsenz, die ihn am Ende der Konnexion, neunhundertachtundneunzig Lichtjahre von der Erde entfernt, in Empfang genommen hatte. Aber mit der sensorischen Rückmeldung stimmte etwas nicht, denn das Lächeln fühlte sich seltsam an. Er hob die Hand und sah nicht das Flexometall eines Faktotums – das amorphe Metall, aus dem auch die Avatare des Clusters bestanden –, sondern Bauteile, Module und Servoelemente, die ihn an einen Mobilisator erinnerten. »Ist bei der Übertragung etwas passiert?«

Der Servomech vor ihm – ein halb automatischer Mechanismus, der aussah wie ein zwei Meter großes silbergraues Insekt – nahm Adams Sorge durch einen der Datenkanäle wahr.

»Wir haben ein Ressourcenproblem«, sagte er. »Auf dem Flug hierher wurde die primäre Sonde in der Oortschen Wolke von Cygnus 29 beschädigt. Ausrüstung ging verloren. Zwei von drei Brütern sind beschädigt und müssen noch repariert werden. Derzeit können wir nicht genug Flexometall für zwei Faktoten herstellen.«

Adam verstand sofort. »Rebecca ist bereits hier?«

»Seit sieben Stunden«, erklang eine andere Stimme, und Adam drehte sich um.

Sie stand vor einem breiten Fenster, ein Faktotum in Menschengestalt, die Haut nicht silbern wie bei den Avataren der intelligenten Maschinen, sondern braun wie fruchtbare Erde, das Gesicht täuschend menschenähnlich, eine Maske mit Nachbildungen von Augen, Nase und Mund, darüber synthetisches Haar, kurz, aber rot wie die wilde Mähne ihrer Jugend.

Hinter ihr leuchteten Sterne über einem sich langsam drehenden gelbbraunen Planeten, der rotes Licht von der linken Seite empfing, von einer Sonne, die für Adam nicht zu sehen war.

Er stand auf und hörte das Summen von Servomotoren, wie bei dem Mobilisator, den er auf der Erde benutzte.

»Bewusstseinsverankerung stabil.« Der insektenartige Servomech wich zurück. »Konnexion stabil. Link stabil. Verschränkung bestätigt und stabil.«

»Es sind nur vier von den neunzehn Links übrig, mit denen die Hauptsonde aufgebrochen ist«, sagte Rebecca. Ihre Stimme klang nicht annähernd so melodisch, wie Adam sie in Erinnerung hatte. Vielleicht lag es an einem nur provisorisch programmierten Modulator; normalerweise legte Rebecca Wert auf solche Details. »Und es sind schwache Links, wie sie vor fast tausend Jahren üblich waren, als diese Sonde mit ihrer Reise begann. Ich habe verfügt, dass zwei für uns in Reserve bleiben. Die anderen beiden werden derzeit benutzt, um neue Ausrüstungen durch den Hauptkonnektor zu bringen. Aber das wird eine Weile dauern, die Bandbreite ist sehr beschränkt. Wir können uns darum kümmern, wenn wir genug Zeit finden. Vielleicht gelingt es uns, die Effizienz dieses alten Konnektorsystems zu verbessern.«

Adam trat ihr entgegen, und als er sich dem Fenster näherte, brachte die Rotation der Sonde ein beschädigtes Segment in Sicht, mehrere Zylinder, halb aus ihren Verbindungsmanschetten gerissen, die Außenhülle an mehreren Stellen zerfetzt. Servomechs glitten durch die Leere zwischen den Zylindern oder hatten bereits Gravanker an den Öffnungen ausgebracht und arbeiteten mit Thermofackeln.

»Diese Sonde ist alt«, betonte Rebecca noch einmal. »Sie hat keine autoregenerativen Komponenten und kann sich nicht selbst reparieren.«

»Bartholomäus hat mehrere Sonden erwähnt«, sagte Adam. »Was ist mit den anderen?«

»Es sind fünf.« Rebecca wandte sich wieder dem Fenster zu. »Zwei von ihnen gingen verloren, als das Schiff beschädigt wurde. Zwei weitere bauen eine Station auf dem Planeten, bei der Ruinenstadt mit dem Hauptartefakt. Die letzte Sonde wartet bei Cygnus V auf mich.«

Adam nickte und hörte dabei erneut das Summen von Servomotoren. »Und du hast auf mich gewartet.«

»Ja. Ich wollte dich sehen, bevor ich zum Gasriesen aufbreche und mir den Obelisken auf dem Eismond anschaue.« Ein Lächeln erschien in dem künstlichen Gesicht, auf der Maske. Rebecca kam näher, streckte ihm braune, wie menschliche Arme entgegen, die aus den weiten Ärmeln eines safrangelben Gewandes ragten. Adam hätte sich gern von dem Anblick täuschen lassen, aber seine Augen bestanden aus Sensoren, die viel mehr sahen als die gewöhnlichen Augen eines Menschen. Mit ihnen erkannte er die Muster des amorphen Metalls, die glatte Haut nachbildeten. Sie ließen ihn auch hinter die Maske blicken und Datenmodule erkennen, die das Bewusstsein eines Menschen enthielten.

»Ich kann nicht behaupten, dass du gut aussiehst«, sagte Rebecca, und dann lachte sie, fast wie damals.

»Wir haben zum letzten Mal vor vierzig oder fünfzig Jahren gut ausgesehen«, sagte Adam. »Es ist lange her.«

»Lange für uns«, erwiderte Rebecca. »Für die Unsterblichen sind vierzig Jahre kaum mehr als ein Tropfen im Ozean der Zeit.« Sie zuckte die Schultern, aber es sah umständlich aus, unbeholfen. Vielleicht hatte sie sich noch nicht an den neuen Körper gewöhnt; so etwas dauerte manchmal Tage. »Wir haben Pech gehabt.«

»Ja«, sagte Adam. Für einen Moment lastete trotz der emotionalen Dämpfung, die sein Selbst stabilisieren sollte, Trauer auf ihm, schwer wie ein Berg. Sie verschwand schnell wieder, aber ein Schatten von ihr blieb zurück, in einem fernen Winkel von Adams Seele.

Ein akustisches Signal erklang, und der insektenhafte Servomech verkündete: »Zwei Shuttles stehen bereit. Die ersten Untersuchungen sollten so bald wie möglich stattfinden.«

»Oh«, sagte Adam. »Man drängt uns zur Eile.«

»Ich bin zweimal aufgefordert worden, mich nach V auf den Weg zu machen«, sagte Rebecca. »Der Cluster hat es eilig.«

Der Cluster ist weit weg, dachte Adam. So weit, dass wir hier nur ein leises Rauschen von ihm hören, beschränkt durch die knappe Bandbreite. Aber über die Datenkanäle des Interface, das Adams Bewusstsein mit dem unvollkommenen Körper und über ihn mit der Hauptsonde verband, vermittelte die lokale Maschinenpräsenz einen Eindruck von Dringlichkeit.

»Warum?«, fragte Adam erstaunt. »Warum sollen wir diesmal sofort aktiv werden, ohne die übliche Eingewöhnungszeit?«

Der Servomech ging flink zur Tür, die sich öffnete, ohne dass er einen Kontrollmechanismus betätigte.

»Vor neunzehn Standardstunden ist etwas geschehen«, sagte Rebecca.

»Was?«

»Der Obelisk auf dem Eismond und das Hauptartefakt auf dem Planeten unter uns ...« Rebecca deutete zum Fenster. »... haben ein Signal gesendet.«

5

»Könnte es etwas mit den Ereignissen in der Oortschen Wolke dieses Sonnensystems zu tun haben? Was ist dort passiert?«, fragte Adam.

»Wir wissen es nicht genau«, antwortete Rebecca, als sie den Hangar mit den beiden vorbereiteten Shuttles erreichten. Das Außenschott war geöffnet. Die dünne energetische Barriere eines Atmosphärenschildes verhinderte, dass die Luft ins All entwich. Draußen waren die beschädigten Segmente der Hauptsonde noch deutlicher zu erkennen als zuvor durchs Fenster des Konnektorraums. Etwas hatte den zentralen Zylinder getroffen und ihn halb zerschmettert.

Adam nahm zur Kenntnis, dass Rebecca »wir« sagte. Sie meinte sich selbst, die lokalen Maschinen und auch den Cluster.

»Wir vermuten eine Verkettung unglücklicher Umstände«, fuhr sie fort. »Diese Sonde stammt direkt von der Erde, nicht von einem der kolonisierten Systeme. Sie verließ das Sol-System vor tausend Jahren und kam der Lichtgeschwindigkeit nicht ganz so nahe wie die anderen Sonden, die der Cluster später zu den Sternen schickte. Die Zeitdilatation machte sich auch hier bemerkbar, was bedeutet, dass die Zeit an Bord der Sonde langsamer verging als für uns. Aber diese Technik ...« Rebecca vollführte eine Geste, die der ganzen Sonde galt. »... ist trotzdem jahrhundertealt. Es gab Defekte in einigen Subsystemen. Als die Sonde die Oortsche Wolke erreichte, muss es dort gerade zu einer Kollision von zwei Kometenobjekten gekommen sein. Die Bremsphase hatte begonnen, und das Ratiokondensat des Piloten führte Ausweichmanöver durch, aber die Trümmerwolke scheint ziemlich dicht gewesen zu sein, und zwei der drei Navigationsschilde hatten nur noch vierunddreißig Prozent ihrer normalen Kapazität.«

Adam sah nach draußen und stellte sich vor, wie die primäre Sonde und ihre kleineren Begleiter durch ein Trümmerfeld gerast und von mehreren Brocken getroffen worden waren, obwohl die künstliche Intelligenz an Bord, das Ratiokondensat, alles versucht hatte, ihnen auszuweichen.

»Es grenzt an ein Wunder, dass genug übrig geblieben ist, um uns hierher zu holen«, sagte Rebecca.

»Kein Zusammenhang mit dem Signal?« Adams Gedanken waren noch klarer als vor wenigen Minuten, und er fühlte auch, dass er schneller dachte als in seinem zweiundneunzig Jahre alten Körper auf der Erde. Die lokalen Maschinen leisteten wertvolle Hilfe über das Interface, indem sie versuchten, Nebensächliches von ihm fernzuhalten und ihn vor Ablenkung zu schützen. Ihre Präsenz trug ihn, sie trug jeden einzelnen Gedanken, nahm ihnen die Trägheit des Alters und gab ihnen etwas von der schnellen, agilen Wendigkeit jener Millionen und Milliarden Gedanken, die die intelligenten Maschinen des Clusters in jeder einzelnen Sekunde hervorbrachten.

»Kein uns bekannter«, sagte Rebecca. »Ich habe die Wartezeit damit verbracht, einen kurzen Bericht zusammenzustellen. Er ist in der zentralen Datenbank des Piloten abgelegt, aber ich kann ihn dir auch direkt übermitteln, wenn du möchtest.« Sie ließ den Worten einen Schritt in Richtung ihres Shuttles folgen. Genug damit, lautete die Botschaft dieses einen Schritts. Machen wir uns an die Arbeit.

»Sag es mir.« Ein paar Sekunden mehr, dachte Adam. Geh noch nicht. »Wie ist die Situation?«

»Wir haben es hier zweifellos mit Hinterlassenschaften der Muriah zu tun«, sagte Rebecca, während der Servomech bei beiden Shuttles die Einstiegsluken öffnete. Auch dieser Hinweis war klar. »Sie scheinen etwa tausend Jahre jünger zu sein als die anderen, die wir bisher gefunden haben.«

Tausend Jahre sind nicht viel, dachte Adam. Nicht in diesem Maßstab. Nicht wenn es um die Geschichte eines Volkes ging, das über zehn Millionen Jahre hinweg in der Milchstraße unterwegs gewesen war und viele Sonnensysteme besucht hatte. Und dann waren die Muriah plötzlich von der galaktischen Bühne verschwunden, noch vor dem Weltenbrand, der blühende Welten verwüstet und mehrere hoch entwickelte Völker ausgelöscht hatte, unter ihnen die Faenasi, Joalf und Xabrai, drei Kulturen, die zwar nicht annähernd den Entwicklungsstand der Muriah erreicht hatten, aber kurz davor gewesen waren, ihre Sonnensysteme zu verlassen.

Der Servomech summte. Rebecca hob die Hand. »Nur noch einen Moment. Auf dem zweiten Planeten gibt es eine ausgeprägte Gravitationsanomalie, Adam. Sie lässt sich nicht allein durch die Ruinen der Stadt erklären, die bereits von den Mechs ausgegraben wird.«

»Bartholomäus hat mir Bilder von einem Hügel gezeigt, der vielleicht ein Schiff ist.«

»Das Hauptartefakt, ja. Es könnte mehr sein als ein Schiff, vielleicht eine große Station.«

»Eine Aktuatorweiche?«, fragte Adam hoffnungsvoll. Er erinnerte sich daran, dass Bartholomäus und die anderen Avatare des Clusters mehrmals darüber gesprochen hatten, über einen hypothetischen Knotenpunkt der interstellaren Kaskade der Muriah, eine Verteilerstation beziehungsweise einen Knotenpunkt, der es erlaubte, innerhalb der Kaskade neue Richtungen einzuschlagen.

»Es wäre vielleicht eine Erklärung für die Gravitations-anomalie: genug konzentrierte Masse, um eine tiefe Delle in die lokale Raumzeit zu drücken.«

»Ein möglicher Zugang zur Kaskade.«

Rebecca lächelte, und für einen Augenblick gelang es Adam, die Rebecca zu sehen, die er damals gekannt hatte, vor der gescheiterten Behandlung an seinem dreißigsten Geburtstag. Eine Erinnerung regte sich tief in ihm.

»Vielleicht mit einem Schlüssel zur technologischen Schatzkammer der Muriah, wo auch immer sie sich befinden mag«, sagte Rebecca. »Möglicherweise ist der ›Hügel‹ wirklich ein Schiff, das zur Station weiter unten gehört. Wenn es gelänge, die Antriebstechnik zu entschlüsseln und zu kopieren ...«

»Falls noch etwas von ihr übrig ist. Ein Schiff«, murmelte Adam, und da war sie, die Erinnerung, vergessen geglaubte Bilder, die sich plötzlich vor seinem inneren Auge entfalteten. Ein Schiff, ja, aber nicht für den Weltraum geeignet, nicht für den Flug zwischen Planeten und Sternen bestimmt. Adam sah ein Schiff, dessen Deck aus knarrenden Planken bestand. Wind wehte ihm übers Gesicht und blähte ein Segel auf, weiß wie die Kirschblüten in den Gärten seines unsterblichen Vaters. Vorn saß Rebecca, siebenundzwanzig Jahre jung und schön; sie lachte jedes Mal, wenn sich der Bug in eine Welle bohrte, und empfing das Spritzwasser mit ausgebreiteten Armen. Hinten, an der Ruderpinne, saß Adams Vater Conrad, der dreihundertneunundvierzig Jahre alt war und doch kaum älter wirkte als Rebecca – die Behandlung hatte seine biologische Uhr bei dreißig physischen Lebensjahren angehalten.

»Adam?«

Vielleicht hätte er geblinzelt, wenn er auf der Erde gewesen wäre, in seinem inzwischen zweiundneunzig Jahre alten Körper, der angeschlossen an Lebenserhaltungssysteme im Konnektor lag. Aber *dieser* Körper – unvollständig, nur ein Gerüst für seinen Geist – hatte keine Augen, die blinzeln konnten. Wie lange habe ich nicht mehr an meinen Vater gedacht?, fragte er sich fast erschrocken. Und wann habe ich ihn zum letzten Mal gesehen?

»Adam? Stimmt was nicht?«

Ein Servomotor surrte, als er die Hand hob. »Alte Erinnerungen.« Er deutete auf den Shuttle hinter Rebecca. »Es ist schade, dass wir nicht mehr Zeit miteinander verbringen können.«

»Um in Erinnerungen zu schwelgen? Oh, die Zeit nehmen wir uns, Adam. Sobald wir die ersten Evaluierungen hinter uns haben.«

Eine Minute später saßen sie beide in ihren Shuttles, die sich voneinander entfernten – der eine flog zum fünften Planeten des Cygnus-29-Systems, mehr als eine halbe Milliarde Kilometer entfernt, und der andere fiel der nahen gelbbraunen Kugel des zweiten Planeten entgegen.

Ein Schutzfeld umgab Adam, ein elektromagnetischer Kokon, **6** der ihn vor heftigen Erschütterungen schützte, als der Shuttle durch die oberen Ausläufer der Atmosphäre sprang. Über sein Interface hörte er das Datenrauschen der Bordsysteme und der im Orbit zurückbleibenden primären Sonde, doch er achtete nicht darauf und dachte daran, dass Rebecca von »wir« gesprochen hatte und von »kolonisierten Systemen«. Sie meinte die Planeten und Monde von Sonnensystemen, auf denen sich die Gesandten der Erde niedergelassen hatten, keine Menschen, sondern Maschinen, wenn auch nicht annähernd so intelligent wie die des Clusters, was an Entfernung und Bandbreite der Konnexionen lag. Konnte man wirklich von *kolonisieren* sprechen?, fragte er sich. Und wo passte das *Wir* hinein? Die einzigen Menschen hier draußen jenseits der lichtjahreweiten Abgründe waren sie: hunderteinunddreißig Alte, sterblich in einer Welt der Unsterblichen, am Ende ihres Lebens angelangt, schwach und gebrechlich, aber mit einer starken Seele, die durch die Konnektoren zu fernen Sternen geschickt werden konnte. Es hatte etwas mit der Neurodegeneration zu tun, mit einem geistigen Zerfall, der das Bewusstsein an vielen Stellen schwächte, aber die eine Fähigkeit stärkte, die bei den Konnexionen wichtig war. So oder ähnlich hatte es Bartholomäus ihm vor vielen Jahren erklärt; an die Einzelheiten erinnerte er sich nicht mehr. Oder vielleicht kam es gar nicht auf dieses eine starke Talent inmitten der vielen Schwachstellen an. Vielleicht war es gerade die Schwäche, die die entscheidende Rolle spielte, weil sie der quantenmechanischen Verschränkung, dem Link, nicht so viel Widerstand entgegensetzte wie ein starker Geist. Vor tausend Jahren, als die ersten Sonden der Maschinen das Sonnensystem mit annähernd Lichtgeschwindigkeit verließen, hatte irgendjemand die alten Sterblichen »Mindtalker« genannt, Geistessprecher, obwohl ihr Geist zunächst nur reiste und sie erst dann mental kommunizieren konnten, wenn sie sich am Ziel ihrer Reise in einem Leihkörper niederließen.

»Wir sind wichtig«, murmelte Adam, während der Shuttle durchgerüttelt wurde. Er war für Fracht bestimmt, nicht für den Transport von Personen.

»Bitte wiederholen Sie Ihre Anweisung«, sagte der Pilot

des Shuttles, ein einfaches Ratiokondensat ohne nennenswerte eigene Intelligenz.

Adam bewegte erneut seine Sprechwerkzeuge. »Es war keine Anweisung. Ich habe nur über etwas nachgedacht.«

»Bereitschaft«, sagte der Pilot. Wolkenfetzen flogen an den Seitenfenstern vorbei.

Adam fühlte eine Unruhe, die ihm nicht gefiel. »Ich bin noch nicht an diesen Körper angepasst. Emotionale Dämpfung und intellektuelle Stimulierung lassen zu wünschen übrig.« Er wartete das Ende einer weiteren Erschütterung ab, obwohl er im Innern des EM-Kokons nur wenig davon spürte. »Ich habe störende Stimmungsschwankungen. Kannst du etwas dagegen unternehmen?«

»Nein«, sagte der Pilot. »Wir haben ein Ressourcenproblem. Mir steht nicht genug Bandbreite zur Verfügung.«

Er bot nicht an, zur Sonde zurückzukehren, damit Adam dort besser auf seine Mission vorbereitet werden konnte, und das war erstaunlich genug. Die Maschinen hatten es tatsächlich eilig.

Adam beugte sich zur Seite – das Schutzfeld passte sich der Bewegung an – und blickte aus dem Fenster. Unten erstreckten sich die Reste des Binnenmeers mit dem weitverzweigten Kanalsystem und den Stadtruinen, halb unter Staub, Sand und Geröll begraben. Adam kannte das Bild, Bartholomäus hatte es ihm gezeigt, der Anblick wirkte vertraut. Aber bald konnte er die Ruinen nicht nur betrachten, sondern zwischen ihnen umhergehen und sie berühren, umgeben von den Schatten einer fremden Vergangenheit.

Die Überbleibsel des Binnenmeers, nur wenig größer als ein See, glitzerten im Licht der untergehenden Sonne, und wieder stiegen Erinnerungen in Adam auf, zeigten ihm das Funkeln eines Meeres, das hoch im Norden der Erde einst kalt gewesen war, an dessen Ufern im Mai aber die Kirschbäume in den Gärten seines Vaters blühten. Vor einigen Tausend Jahren hatte es hier selbst um diese Zeit des Jahres Schnee und Eis gegeben, aber jetzt konnte man fast schon baden; das Wasser musste nur noch etwas wärmer werden. Der junge Adam – dies war sein zweiundzwanzigster Geburtstag – saß an der Anlegestelle, neben dem Segelboot, das die Maschinen für seinen Vater gebaut hatten, beobachtete das Glitzern, das die dicht über dem Horizont stehende Sonne aufs Meer legte, und überlegte, was er sich wünschen sollte. Weiter oben am Hang, auf der Hauptterrasse der Villa, erklangen Musik und Stimmen. Seine Eltern warteten dort, zusammen mit Dutzenden von Gästen, die zusammen wie alt waren? Adam rechnete schnell. Fast eine halbe Million Jahre. Noch acht Jahre, und ich gehöre zu ihnen, dachte er und beobachtete das klare Wasser dicht unter seinen Füßen, wie es sich langsam hob und senkte. Er brauchte sich nur ein wenig vorzubeugen, ein kleiner Stoß mit den Händen, und das Wasser, zu kalt noch für ein Bad, hätte ihn aufgenommen.

Adam beugte sich vor, und vielleicht hätte er sich wirklich den letzten kleinen Stoß gegeben, denn es war ein sonderbarer Moment, und ihm gingen sonderbare Gedanken durch den Kopf. Aber er hörte Schritte, die sich näherten, drehte den Kopf und sah die junge Frau, die ihm sein Vater vor einer Stunde im Haus vorgestellt hatte, sicher nicht ohne Grund. Rebecca war die Tochter von Gossamer aus Merika, Tausende von Kilometern im Südwesten des Grünen Landes. Gossamer galt seit über fünfhundert Jahren als bester Soundskulpteur auf der ganzen Erde, und was für Adams Vater noch viel wichtiger war: Er gehörte zu den Hohen Hundert, den einflussreichsten Unsterblichen. Adam vermutete, dass sein Vater ihn mit Rebecca zusammenbringen wollte, damit er gute Beziehungen zu Gossamer knüpfen und schließlich in den Kreis der Hundert aufsteigen konnte.

»Hier bist du«, sagte Rebecca. Sie trug ein dünnes weißes Kleid, das ihre Figur zeigte. Der Wind bewegte das rote Haar – ihr Kopf schien in Flammen zu stehen, wie der Horizont. »Wundervoll.« Sie deutete zur untergehenden Sonne.

»Ja.«

»Der große Moment ist gekommen«, sagte Rebecca. »Dein Vater möchte seine Rede halten.«

Adam seufzte leise und stand auf. »Na schön. Bringen wir es hinter uns.«

Auf dem Weg die Treppe hoch sagte Rebecca: »Dir ist dies lästig, nicht wahr?«

Adam zuckte die Schultern. »Er hat mir einen Wunsch freigestellt. Bestimmt erwartet er von mir, dass ich ihn nenne.«

»Und?« Rebecca ergriff seine Hand.

»Ich könnte mir wünschen, dass er mir mehr Zeit widmet, aber das würde er vielleicht gar nicht verstehen«, sagte Adam. »Oder schlimmer noch, er könnte sich beleidigt fühlen, vor all den anderen.« Er seufzte erneut. »Die Wahrheit lautet: Ich weiß nicht, was ich mir wünschen soll.«

Rebecca lachte gutmütig. »Ein wunschlos glücklicher junger Mann.«

Auf der Terrasse erwarteten ihn viele lächelnde Gesichter und Hände, die seine Hand ergriffen oder ihm auf die Schulter klopften. Sein Vater Conrad nahm ihn beiseite und begann dann mit der vorbereiteten Ansprache. Adam hörte nur mit halbem Ohr hin und beobachtete die Gäste, die einen Halbkreis vor ihnen bildeten, elegant gekleidete Männer und Frauen, die alle den Eindruck erweckten, um die dreißig Jahre alt zu sein. Die einzige Ausnahme bildete Adams Mutter Victoria. Sie stand ein wenig abseits, in ein bodenlanges Gewand gehüllt, das kaum etwas von ihrem Körper zeigte, das Gesicht noch immer ein wenig hohlwangig, trotz der vielen regenerativen Behandlungen. Sie wirkte zehn, fünfzehn Jahre älter als die anderen; das war der Preis, den sie für ihre Schwangerschaft bezahlt hatte. Mit ein wenig Glück würde sie ihre Unsterblichkeit behalten, aber in einem Körper, der für immer etwas älter wäre als der der anderen.

Conrad sprach und sprach, und Adams Blick glitt erneut über die Versammelten. Auf der linken Seite bemerkte er eine Frau, die er nie zuvor gesehen hatte, ihr schmales Gesicht etwas dunkler als das der anderen Unsterblichen und umrahmt von schulterlangem schwarzem Haar. Ihre Augen waren groß und dunkel, und Adam stellte fest, dass sie nicht seinen Vater ansah wie all die anderen, sondern ihn, und zwar die ganze Zeit über.

Die Gäste klatschten, als Conrad seine Rede beendete und Adam ein kleines Päckchen reichte.

»Herzlichen Glückwunsch zum Geburtstag«, sagte er. »Nur zu, mach es auf.«

Adam öffnete das Päckchen und fand eine Uhr. Eine von der alten Art, analog, mit Zeigern, von denen einer Sekunde um Sekunde übers Zifferblatt wanderte, begleitet von einem leisen Ticken. Er hielt die Uhr ans Ohr und lauschte dem Ticken, das die Zeit in kleine Stücke schnitt.

»Ein Meisterwerk mechanischer Präzision«, sagte Conrad. »Nach einem alten Bauplan geschaffen.« Er hob die Brauen. »Mit einigen kleinen Modifikationen. Sieh dir die Zeiger genau an, mein Sohn.«

Adam betrachtete sie. Schließlich glaubte er zu verstehen. »Die Zeiger laufen falsch herum.«

»Es ist keine gewöhnliche Uhr«, sagte Conrad laut, damit ihn alle hörten. »Sie misst die Zeit, die dir bis zu deinem dreißigsten Geburtstag bleibt. Bis du einer von uns wirst.

Die Gäste klatschten erneut. Adam blickte auf die Uhr und beobachtete den rückwärtslaufenden Sekundenzeiger.

»Nun zu deinem Wunsch«, sagte sein Vater. »Was hast du dir überlegt? Was wünschst du dir?«

Der seltsame Moment, den Adam unten am Kai gefühlt hatte, als er kurz davor gewesen war, sich ins kalte Wasser fallen zu lassen ... Dieser Moment kehrte zurück und rückte ihn ein Stück von allem fort. Etwas veranlasste ihn, den Blick zu heben, zum ersten Stern der Nacht am klaren, dunkler werdenden Himmel.

»Ich möchte dorthin«, hörte er sich sagen. »Ich möchte die Erde verlassen und zu den Sternen.«

Sein Vater sah ihn groß an und lachte überrascht. »Das möchtest du gewiss *nicht*, mein Sohn. Nur den alten Sterblichen, den Mindtalkern, stehen solche Reisen offen. Ich kann mir kaum vorstellen, dass du alt werden und schließlich sterben willst.«

Er lachte erneut und winkte, woraufhin wieder Musik erklang und die Unsterblichen ihre unterbrochenen Gespräche fortsetzten.

Adam stand plötzlich allein, und als er nach links sah, begegnete er dem Blick der Frau mit dem schulterlangen schwarzen Haar. Sie beobachtete ihn noch immer ...

»Ich habe sie gesehen!«, entfuhr es dem anderen, siebzig Jahre älteren Adam, der an Bord eines Shuttles saß, umgeben von einem EM-Kokon.

»Ich bitte um Verzeihung«, sagte der Pilot.

Adam schwieg und dachte an die Gestalt im cremefarbenen Gewand, die er für einen Moment von der Klippe aus gesehen hatte, halb zwischen den Bäumen des nahen Waldes verborgen. Es war die Frau mit dem schmalen Gesicht und den großen dunklen Augen gewesen, die ihn damals beobachtet hatte.

»Adam?«, fragte der Pilot.

Servomotoren summten leise, als er den Kopf hob. »Ja?«

»Wir sind gelandet, schon vor fünf Minuten. Benötigen Sie Hilfe?«

Er betrachtete seine Hand, die mit taktilen Sensoren ausgestatteten Polymerfinger, aber in seiner Erinnerung sah er eine andere Hand, in ihr eine leise tickende Uhr. Als sich an seinem dreißigsten Geburtstag herausgestellt hatte, dass bei ihm die Behandlung nicht funktionierte, dass die in seinem Innern tickende biologische Uhr nicht angehalten werden konnte ... Da hatte er das Geschenk seines Vaters genommen und zerbrochen.

»Adam?«

»Ja.« Er deaktivierte das Schutzfeld und stand auf. Eine Mission wartete auf ihn.

Aus dem Nichts

7 Adam schritt zum zweiten Mal an den Ruinen der Stadt vorbei, die eine Million Jahre lang unter braungelbem Sand begraben gewesen war und nun von fleißigen Maschinen freigelegt wurde. Dreißig Servomechanismen maßen, sondierten, analysierten und gruben; zehn weitere bauten mit unermüdlichem Eifer an der Station, in der einer der beiden beschädigten Brüter nach der Reparatur Ausrüstungsmaterial herstellen sollte, mit den lokalen Rohstoffen als Basismasse. Semiautarke Bohrer hatten Tunnel durch Sand und Fels getrieben, zu den Stellen unter der Ruinenstadt, an denen die Sensoren der Sonde im Orbit kleinere Gravitationsanomalien geortet hatten. Adam war vor einigen Stunden in diesen Tunneln unterwegs gewesen, auf der Suche nach Inspiration. Darin bestand eine seiner Aufgaben als Mindtalker. Der Cluster hatte ihn hierher geschickt, damit sich das Maschinenselbst der primären Sonde seine menschliche Intelligenz und Kreativität ausleihen konnte. Sie halfen sich gegenseitig: Das Ratiokondensat der Sonde gab ihm einen Körper und stimulierte seinen Geist, hielt Vergessen, Müdigkeit und Benommenheit von ihm fern, befreite sein Bewusstsein von Ballast und ermöglichte es ihm, so klar zu denken wie vor vielen Jahren. Und dafür dachte er für sie, entwickelte Ideen, lauschte den Stimmen von Intuition und Eingebung und traf manchmal wichtige Entscheidungen.

Das Problem des Clusters bestand darin, dass er wie die Unsterblichen an die Erde gefesselt war. So viele Sonden er auch ins All geschickt hatte, das gemeinsame Potenzial dieser »Kolonisten« reichte nicht annähernd an das der intelligenten Maschinen auf der Erde heran. Es fehlten Verbindungen und Verknüpfungen. Von der Kognitionsgrenze brauchten gewöhnliche Kommunikationssignale tausend Jahre, um die Erde zu erreichen, und wenn sie dort eintrafen, hatten die meisten darin enthaltenen Informationen ihren Wert verloren. Zwischen den »Kolonien« konnten die Entfernungen noch größer sein. Natürlich wurden regelmäßig Berichte durch die Quantenlinks geschickt, die das kollektive Wissen erweiterten, aber der für das verteilte Bewusstsein der Maschinenintelligenz so wichtige Datenaustausch in Echtzeit fehlte. Ohne die Mindtalker hätten die viele Lichtjahre weit von der Erde entfernten Gesandten der Maschinen ein noch größeres Ressourcenproblem gehabt, eins, das sich nicht mit Brütern beheben ließ, die aus fast beliebiger Materie benötigte Ausrüstungsgüter herstellten. Die Erzeugung von quantenmechanischen Verschränkungen, von Links, die Datenübertragung und Kommunikation verzögerungsfrei über Hunderte von Lichtjahren ermöglichten, war selbst für den Cluster mit erheblichem Aufwand verbunden, und die Bandbreite blieb immer so beschränkt, dass zwar Statusinformationen gesendet werden konnten – »Kognitionssignale«, wie der Cluster sie manchmal nannte –, aber eine Erweiterung der Bewusstseinssphäre der irdischen Maschinenintelligenz unmöglich blieb. Ein menschliches Selbst hingegen – wenn es geeignet war, wenn es in einem alten Körper steckte und sich die ersten Symptome der Neurodegeneration bemerkbar machten – fand auch im schmalsten, engsten Konnektorlink noch Platz genug. Vielleicht ist das Bewusstsein des Clusters zu groß, hatte Adam einmal zu Bartholomäus gesagt, als auch die frostige, hochmütige Urania zugegen gewesen war. Vielleicht ist nur die menschliche Seele klein genug, um sich in den Link zu zwängen und die Sterne zu erreichen, ohne an die Lichtgeschwindigkeit gebunden zu sein. Bartholomäus, an den Umgang mit Menschen gewöhnt, den sterblichen wie den unsterblichen, hatte die Ironie in Adams Stimme erkannt. Aber Urania hatte nur eine eisgraue Braue gewölbt und einen stummen, herablassenden Blick auf Adam gerichtet.

Vor dem Hauptstollen, der zu den Ausgrabungen unter der Stadt führte, blieb Adam stehen und blickte nach oben. Sterne leuchteten am Himmel, ihr Licht kaum gefiltert von der dünnen Atmosphäre, die hauptsächlich aus Kohlendioxid und Stickstoff bestand – wäre sie noch dünner gewesen, hätte es an der Oberfläche des Planeten kein flüssiges Wasser mehr gegeben. Auf der linken Seite zeigte sich bereits ein erstes rotes Glühen am Horizont – es dauerte nicht mehr lange, bis die Sonne aufging, und dann würde die Temperatur von den aktuellen zwanzig Grad unter null auf zehn bis fünfzehn Grad über dem Gefrierpunkt steigen. Noch glitzerte Eis in den Kanälen und am Ufer des Binnenmeeres, aber bis zum Abend würde es verschwunden sein, um sich dann in der nächsten Nacht neu zu bilden.

»Haben wir bereits einen Bericht von Rebecca erhalten?«, fragte Adam. Die Datenkanäle verbanden ihn auch mit dem Chronolog der primären Sonde im Orbit, und daher wusste er: Rebeccas Shuttle musste den Eismond des Gasriesen vor einer halben Stunde erreicht haben.

»Noch nicht«, erwiderte sein Assistent, ein Multifunktions-Servomech, der ihn auf Schritt und Tritt begleitete. Auch er benutzte einen Stimmverstärker in der dünnen Luft. Mit Kommunikationssignalen hätten sie sich weitaus schneller verständigen und auch mehr Informationen austauschen können, aber Adam hatte auf gewöhnlicher Sprache bestanden. Er wollte, dass seinen Gedanken mehr Zeit blieb. »Wir haben bisher nur normale Telemetrie und eine Bestätigung für die Ankunft, mehr nicht.«

Adam fragte sich, warum ihn das beunruhigte. Rebecca brauchte natürlich Zeit, um erste Eindrücke zu sammeln, bevor sie einen Bericht schicken konnte.

»Bleibt es bei der bisherigen Priorisierung?«, fragte der Assistent.

Er erwartet Entscheidungen von mir, dachte Adam, als er

in der kalten Nacht stand, in einer Atmosphäre, die einen ungeschützten Menschen innerhalb von Sekunden umgebracht hätte. Seit Stunden war er hier, die Seele eines Menschen im Körper einer Maschine, und hatte noch nicht eine einzige Anweisung erteilt. Die Servomechs blieben fleißig, sie arbeiteten weiterhin, gruben, maßen und sammelten Daten, aber sie gingen nach dem üblichen Einsatzplan vor, ohne lokale, der Situation angepasste Kreativität. Sie waren wie Hände, die einen Kopf brauchten.

Adam betrat den Stollen und wandte sich sofort nach rechts. Dort gab es einen etwa zwanzig Quadratmeter großen Raum mit so niedriger Decke, dass er nur gebückt darin stehen konnte. Die kleineren Servomechanismen nutzten ihn für die Lagerung von mobilen sekundären Artefakten, in den meisten Fällen Gegenstände aus jadeartigem Stein, Keramik oder korrodiertem Metall. Geduckt ging er an den Regalen entlang und betrachtete die darauf liegenden Objekte im Licht einer der Lampen, die zu seinem neuen Körper gehörten. Ein Datenkanal blendete Informationen in sein Blickfeld, aber Adam ließ sie wieder verschwinden – er wollte seine visuelle Wahrnehmung von nichts stören lassen.

»Sind diese Artefakte bereits untersucht und kategorisiert worden?«, fragte er.

»Ja, Adam«, antwortete der Assistent. »Sie haben keinen unmittelbaren Nutzen für die Mission.«

»Das ist die Kategorisierung? Ihr habt nicht festgestellt, welchem Zweck diese Gegenstände einst dienten?«

»Unsere Ressourcen sind begrenzt.«

»Darauf hast du bereits hingewiesen, ja.« Wie schade, dachte Adam, als sein Blick über die Objekte strich. Hier lagen eine Million Jahre alte Geschichten, die darauf warteten, entdeckt und erzählt zu werden. »Stammen alle diese Gegenstände von den Muriah?«

»Wir wissen nicht, ob die Stadt von den Muriah erbaut wurde«, sagte der Servomech. »Die Daten der Entstehung passen in ihr Zeitfenster, und wir haben einige Symbole aus den Zeichensprachen gefunden, die die Muriah damals verwendeten. Aber es ist durchaus möglich, dass diese Gebäude hier einst von einer lokalen Lebensform errichtet wurden.«

»Eine eingeborene Intelligenz?«

»Wir haben bei den Ausgrabungen Fossilien entdeckt«, sagte der Servo. »Auf diesem Planeten gab es eine biologische Evolution.«

»Könnten intelligente Geschöpfe, die sich hier entwickelt haben, für das Hauptartefakt verantwortlich sein?«

»Ausgeschlossen. Als der Weltenbrand diese Welt erreichte und in eine Wüste verwandelte, hatte die lokale Intelligenz noch keine ausreichend hohe Entwicklungsstufe erreicht.« Der Servomech ging auf drei dünnen Beinen zum Ausgang und hoffte vielleicht, dass Adam ihm folgte.

»Was ist mit Hinweisen auf einen Aktuator?«, fragte Adam. Im Licht der Lampe betrachtete er die Gegenstände in den Regalen und ließ seine Gedanken treiben, in der Hoffnung, dass sie von ganz allein zu einer intuitiven Entscheidung fanden, wie es bei anderen Missionen geschehen war.

»Vielleicht finden wir einen bei den Anomalien unter der Stadt«, sagte der Servomech. »Unweit der ersten Anomalie sind wir auf einen Sockel aus Eternum gestoßen, der zweifellos von den Muriah stammt. Die damaligen Bewohner dieses Planeten scheinen die Stadt auf einer Station der Muriah erbaut zu haben.«

Das wusste Adam aus den Berichten. Wenn die grabenden, suchenden Servomechs tatsächlich einen Aktuator fanden, so war er vermutlich inaktiv, wie die sechs anderen, die Sonden des Clusters in fernen Sonnensystemen entdeckt hatten. Es sei denn ... Die Signale fielen ihm ein, gesendet vom Hauptartefakt und dem Obelisken auf dem Eismond.

Langsame Schritte trugen ihn an den Regalen vorbei, während sein mechanischer Assistent in der Tür wartete.

»Das große Artefakt, das ein Schiff oder eine Aktuatorweiche sein könnte, wie Rebecca angedeutet hat, eine Verteilerstation ... Es ist älter als diese Ruinen, nicht wahr?«

»Ja, Adam.«

»Woher stammt es? Habt ihr das bereits festgestellt?«

»Wir haben verwitterte Impaktspuren gefunden«, sagte der Servomech. »Außerdem gibt es weitere Hinweise ...«

Ein Datenpaket erschien am Rand von Adams Wahrnehmung und bot detaillierte Informationen an. Er schob es fort; seine Gedanken sollten ungestört bleiben.

»Das Hauptartefakt könnte vor dem Bau dieser Stadt in einem Kometen hierhergekommen sein«, sagte der Servomech.

»Im Innern eines Kometen«, murmelte Adam. »Ein Komet brachte es hierher, von der Oortschen Wolke, in der die Sonde beschädigt wurde.«

Etwas weckte seine Aufmerksamkeit, ein kleines grünes Objekt wie aus Jade. Adam nahm den glatten Stein und drehte ihn in dünnen Polymerfingern. Das Datenflüstern seiner Sensoren berichtete von einer energetischen Signatur: Der grüne Stein war wärmer als die Umgebung; in seinem Innern gab es eine Wärmequelle.

»Ich nehme an, dies stammt aus der Nähe des Eternum-Sockels«, sagte er.

»Ja, Adam. Darf ich noch einmal fragen, ob es bei der bisherigen Priorisierung bleibt?«

Kometen und Signale, dachte Adam. Und Wärme, wo nach einer Million Jahren eigentlich nichts mehr warm sein sollte.

Plötzlich war klar, wie es zu entscheiden galt.

»Nein«, sagte er. »Ich möchte, dass die Gravitationsanomalien unter der Stadt genau vermessen werden. Sucht nach Emissionen aller Art. Wertet die seit dem Eintreffen der Sonde aufgezeichneten Daten aus und haltet nach Mustern Ausschau. Hat es in den letzten Tagen Veränderungen gegeben? Wie sahen die Emissionsmuster vor dem Signalereignis aus? Alle Servomechs, die nicht unbedingt für diese Aufgaben gebraucht werden, begeben sich zum Hauptartefakt. Bisher gibt es noch keine Möglichkeit, ins Innere zu gelangen, oder?«

»Nein, Adam.«

»Wir müssen uns Zugang verschaffen. Das ist die neue Priorität.« Adam legte den grünen Stein ins Regal zurück und richtete das Licht seiner Lampe auf den Servomech in der Tür. Es gab noch einen interessanten Gedanken, der ausgesprochen werden wollte. »Ich habe mehrmals den Eindruck gewonnen, dass ihr es hier eilig habt. Gibt es etwas, das Bartholomäus mir nicht gesagt hat, weil er mich nicht beeinflussen wollte?«

»Nein, Adam.«

»Habt ihr mir alle wichtigen Daten zur Verfügung gestellt, ohne irgendetwas zurückzuhalten?«

»Natürlich, Adam. Können wir uns jetzt auf den Weg machen?«

8 Cygnus 29, fast tausend Lichtjahre von der Erde entfernt, war ein alter, kleiner Stern, aber sein zweiter Planet umkreiste ihn in einem wesentlich geringeren Abstand als die Erde ihre Sonne, was den roten Zwerg zu einem Riesen am Himmel machte. Seine Wärme führte zu Turbulenzen an der Tag-Nacht-Grenze und schickte einen Morgensturm durch die Regionen, für die ein neuer Tag begann. Die hohen Windgeschwindigkeiten stellten weder für die Servomechanismen noch für Adam ein Problem dar, denn in der dünnen Atmosphäre entfaltete sich weitaus weniger kinetische Energie, als es auf der Erde der Fall gewesen wäre. Die von dem nahen Stern ausgehende harte Strahlung wäre problematisch gewesen, wenn Adam einen biologischen Körper gehabt hätte, aber dem primitiven Faktotum, in dem sein Bewusstsein steckte, konnte sie nichts anhaben. Sie störte das Denken ein wenig, auf eine Weise, die er als eine Art weißes Rauschen wahrnahm, aber automatische Fehlerkorrekturen restaurierten die Daten der von geladenen Teilchen getroffenen Speicherzellen, die derzeit als sein »Gehirn« fungierten.

Böen pfiffen über die Kuppe des Hügels, der einst vielleicht Teil eines Kometen gewesen war, und verliehen ihr eine Krone aus aufgewirbeltem Sand. Zweihundert Meter weiter unten, bei den Gerüsten der zentralen Bohrung, war es fast windstill. Mehrere Servomechs wichen beiseite, als Adam und der Assistent eintrafen. Ein Loch im grauen Felsgestein erwartete sie, etwa drei Meter breit und zwanzig Meter tief. Vermessungs- und Analysemodule rollten und krochen an den Wänden entlang, geschaffen vom lokalen Brüter, der vor wenigen Stunden mit der Produktion begonnen hatte, und gelenkt vom Ratiokondensat der Bodenstation, die natürlich mit der Sonde im Orbit in Verbindung stand.

Die Servomechs brauchten kein Licht in für menschliche Augen geeigneten Wellenlängen, denn mit ihren Sensoren konnten sie in allen Bereichen des Spektrums visuell wahrnehmen. Adam wäre ebenfalls dazu imstande gewesen, aber wie im Raum mit den sekundären Artefakten schaltete er eine seiner Lampen ein, als er an mehreren installierten Geräten und Apparaturen vorbeiging – unter ihnen ein Frequenzmodulator mit erstaunlich großer Energiezelle – und sich der Rückwand näherte. Sie bestand nicht aus schiefergrauem Fels, sondern aus einem dunkleren Material, das seltsam glitzerte, als er das Licht darauf richtete.

»Das ist die Außenhülle des Hauptartefaktes«, sagte er.

»Ja. Sehen Sie sich die infraroten Emissionen an, Adam.«

Er aktivierte einen Sensor, und die Wand vor ihm schien plötzlich zu glühen. Nach kurzem Zögern streckte er die Polymerhand aus und berührte die dunkle Wand.

»Sie ist warm«, sagte er überrascht.

»Die Temperatur beträgt neunzehn Komma vier Grad und bleibt immer konstant, auch wenn wir das Material starken Wärme- oder Kältequellen aussetzen. Es absorbiert Strahlung aller Art. Konzentrieren Sie das Licht Ihrer Lampe auf eine Stelle und warten Sie einige Sekunden.«

Adam kam der Aufforderung seines Assistenten nach und

beobachtete, wie sich das dunkle Material veränderte. Es wurde heller, nahm das Licht der Lampe auf. Ein Oktagon bildete sich, etwa so groß wie eine Hand, und in seinem Innern stiegen Farben wie aus großer Tiefe empor.

Der Assistent trat neben Adam, schaltete seine eigene Lampe ein und richtete ihren Lichtstrahl auf die veränderte Stelle. Die Farben verschwanden; sie wichen beiseite wie bunter Rauch, von einem leichten Wind erfasst, und das Oktagon wurde größer. Der Farbverlust betraf nun auch das Material selbst; Dunkelheit wich Transparenz.

Adam beugte sich vor, eine menschliche Geste, die nicht nötig gewesen wäre. Hinter der Wand zeichneten sich die Umrisse von Objekten ab, ohne Details zu verraten.

Der Assistent schaltete seine Lampe aus, und das Oktagon schrumpfte, wurde wieder dunkel. »Über dieses Stadium sind wir bisher nicht hinausgekommen. Wir vermuten, dass sich die Objekte, die Sie gerade gesehen haben, hinter einer Entropieschranke befinden.«

»Entropieschranke«, murmelte Adam und versuchte zu verstehen.

»Eine energetische Tür«, sagte der Assistent. »Wir vermuten, dass wir diese Wand hier öffnen können, wenn wir sie einer bestimmten Energie aussetzen. Mit den Bohrern kommen wir nicht weiter. Wir haben es versucht, natürlich mit der gebotenen Vorsicht; die Bohrkerne hinterlassen nicht einmal Kratzer in diesem Material.«

»Energie ...« Adam drehte sich halb um und deutete auf den Frequenzmodulator mit der großen Energiezelle. »Wollt ihr die Tür damit öffnen?«

Einer der Unsterblichen hätte das Zögern vermutlich nicht bemerkt, aber als Mindtalker war Adam seit Jahren an den Umgang mit Servomechanismen aller Art gewöhnt und wusste daher: Der Assistent beriet sich – für einen winzigen Moment – mit der Sonde im Orbit, bevor er antwortete: »Das ist unsere Absicht, ja.«

Können Maschinen lügen?, dachte Adam verwundert. Es

geschah zum ersten Mal, dass er sich diese Frage stellte. Haben sie mich gerade belogen?

Die Kraft, die seinen Gedanken Schwung gab und den Nebel der Benommenheit und Verwirrung, der sich manchmal in seinem Bewusstsein ausbreitete, von ihm fernhielt ... Diese Kraft versuchte nun, die beiden Fragen beiseitezuschieben, damit er sie vergaß. Aber Adam hielt sie fest.

»Geht es Ihnen gut, Adam?«, fragte sein Assistent und richtete die visuellen Sensoren auf ihn.

»Ja.« Er ließ das Licht seiner Lampe über die Wand streichen, wie auf der Suche nach etwas, richtete es dann auf den Frequenzmodulator. Zwei Servomechanismen hantierten dort mit ihren Greifwerkzeugen an den Kontrollen; sie erstarrten, als das Licht sie erreichte.

Adams Intuition, noch immer von den Datenkanälen stimuliert, lieferte ihm die Erkenntnis.

»Ihr habt den Modulator bereits ausprobiert, nicht wahr?«

»Ja, Adam.«

»Und daraufhin hat das Hauptartefakt ein Signal gesendet.«

»Ja.«

»Wie auch der Obelisk auf dem Eismond des Gasriesen.«

»Ja.«

»War das Absicht?«

»Ich verstehe nicht, Adam ...« In dem Assistenten surrte etwas, leise in der dünnen Atmosphäre. Die beiden Servomechs am Frequenzmodulator rührten sich nicht.

»Habt ihr den Modulator absichtlich so eingesetzt, dass die Reaktion des Hauptartefaktes aus einem Signal bestand?«

»Dazu hätten wir wissen müssen, welche Frequenzen und welche Energieform eine solche Reaktion auslösen können«, sagte der Assistent.

»Beantworte meine Frage.«

Diesmal bestand kein Zweifel. Adam achtete genau darauf und nahm mithilfe seiner Sensoren wahr, dass ein

Datenaustausch zwischen Assistent und Ratiokondensat der Sonde stattfand und vier Mikrosekunden dauerte.

Dann verlor die Frage plötzlich an Bedeutung. Eine gewöhnliche Wartungs- und Diagnoseroutine, wie sie sich in Abständen von vier Komma zwei Sekunden wiederholte, überprüfte nicht nur die Fehlerkorrekturen der Speicherzellen, obgleich sie hier in dieser Höhle weniger harter Strahlung ausgesetzt waren, sondern auch Stabilität und Kohärenz des Bewusstseins. Das Bild, das Adam von den Sensoren empfing, verschwamm für einen Sekundenbruchteil, und als er wieder klar sehen konnte, leuchtete ein Hologramm vor ihm, in blauen, gelben und roten Tönen, und zeigte ihm das Hauptartefakt.

»Die Masse beträgt fünfundzwanzig Milliarden Tonnen«, sagte der Assistent. »Das entspricht etwa der Masse eines mittelgroßen Asteroiden, aber in diesem Fall konzentriert sie sich auf ein Objekt mit einem maximalen Durchmesser von einem Kilometer.«

Adam gewann den seltsamen Eindruck, dass sie eben noch über etwas anderes gesprochen hatten. Bartholomäus und die übrigen Avatare hatten in diesem Zusammenhang dissoziative Störungen erwähnt, ausgelöst von der Anpassung des Bewusstseins an den Sinnesapparat eines Faktotums. Kein Grund, sich Sorgen zu machen, dachte Adam.

Er betrachtete das sich langsam drehende holografische Objekt. Es wirkte rund und glatt, ohne eine einzige Kante, und erinnerte Adam an die Rochen, die er manchmal beim Tauchen mit seinem Vater gesehen hatte: vorn zwei längliche Ovale, dann zwei breite seitliche Erweiterungen, lang wie Schwingen, zwischen ihnen, fast genau in der Mitte, eine Wölbung. Adam zeigte darauf.

»Das ist der ›Hügel‹, nicht wahr?«

»Ja, Adam«, bestätigte der Assistent. »Wir kennen das Phänomen der großen Masse und hohen Dichte von den Aktuatoren, die wir gefunden haben. Gravitationsanomalien waren bisher immer ein gutes Indiz. In diesem Fall steckt vielleicht exotische Materie hinter der Anomalie, was bedeuten könnte, dass das Schiff mit einem Krümmungsantrieb ausgestattet ist.«

»Ihr seid noch nicht sicher, ob es sich um ein Schiff oder eine Aktuatorweiche handelt«, sagte Adam. »Und was auch immer es sein mag: Es ist über eine Million Jahre alt. Wer könnte hoffen, nach so langer Zeit funktionierende Technik vorzufinden?« Tausend mal tausend Jahre, dachte er und fragte sich, ob die Unsterblichen auf der Erde ein so langes Leben erwartete.

»Zeit hat relative Bedeutung«, erwiderte der Assistent. »Und ob Schiff oder Station: Hinter der Entropieschranke ist das Artefakt gut konserviert.«

Staub rieselte von der Decke. Staub hob sich vom Boden, an einigen Stellen nur einige wenige Millimeter, an anderen ein oder zwei Zentimeter.

Adams Bewusstsein empfing Daten. »Das war kein Erdstoß, sondern ein ... Gravitationsbeben?«

Sein Assistent antwortete nicht und konferierte mit dem Ratiokondensat der orbitalen Sonde. Adam richtete das Licht der Lampe erneut auf die dunkle Wand und stellte fest, dass sie das Licht diesmal aufnahm, ohne zu glitzern. Er trat etwas näher, konzentrierte das Licht auf eine Stelle und beobachtete, wie sich ein Achteck abzeichnete, so groß wie die Hand eines Menschen. Diesmal war keine zweite Lichtquelle nötig, um eine Veränderung hinter dem Oktagon zu bewirken. Umrisse entstanden, und für einen Moment erschien zwischen den Linien etwas, das wie ein Auge aussah, mit einer Pupille, die sich aus fraktalen Mustern zusammensetzte.

»Wir müssen zurückkehren, Adam«, sagte der Assistent plötzlich. Seine Stimme vertrieb das Auge und die Umrisse der Objekte, zwischen denen es erschienen war. Das Achteck verschwand.

»Was?« Adam schaltete eine zweite Lampe ein und leuchtete auch mit ihr, aber das Oktagon kehrte nicht zurück.

»Wir müssen zur Bodenstation«, sagte der Assistent. »Die Sonde hat es so angeordnet.«

»Was ist geschehen?«, fragte Adam, den Blick noch immer auf die Wand gerichtet.

»Ein Objekt ist im Cygnus-29-System erschienen«, sagte der Servomech. »Aus dem Nichts. Zwischen den Umlaufbahnen des vierten und fünften Planeten, etwa zwanzig Millionen Kilometer oberhalb der Ekliptik.«

»Ein Objekt?« Adam drehte sich um. Der Assistent war bereits mehrere Schritte durch die von den Bohrern geschaffene Höhle gegangen und wartete ungeduldig.

»Ein Schiff«, lautete die Antwort. »Ein fremdes Raumschiff. Es ist hierher unterwegs.«

9 Adam filterte einige Informationen aus der Datenflut, die sein Kommunikationsmodul empfing. »Das fremde Schiff ist die Ursache des Gravitationsbebens?«

»Ja, Adam.« Sie eilten zur Bodenstation, die nicht weit entfernt an einem der auftauenden Kanäle von zehn emsigen Servomechanismen errichtet wurde. Mit drei Beinen kam der Assistent schneller voran als Adam mit seinem unvollständigen Faktotum. Immer wieder blieb er kurz stehen, damit Adam zu ihm aufschließen konnte.

Der Hügel, unter dem das Hauptartefakt ruhte, blieb hinter ihnen zurück. Die rote Sonne – klein zwar im Vergleich mit anderen Sternen, aber dem Planeten so nahe, dass sie einen großen Teil des Himmels einnahm – badete Kanalsystem, Binnenmeer und die Ruinen der alten Stadt in harte Strahlung, die bei ungeschützten organischen Geschöpfen schon nach kurzer Zeit zu genetischen Schäden geführt hätte.

»Wie kann ein einzelnes Raumschiff, woher es auch kommt und von wem es auch stammt, ein Gravitationsbeben über viele Millionen Kilometer verursachen?«, fragte Adam.

»Das Beben hat sich im ganzen Sonnensystem ausgewirkt«, sagte der Assistent. Sie erreichten einen der Kanäle und folgten seinem Verlauf in Richtung Station. Schmelzendes Eis knackte. »Wir vermuten, dass das Schiff deshalb oberhalb der Ekliptik erschienen ist. Um die gravitationelle Bugwelle zu begrenzen und die Stabilität des Sonnensystems nicht zu gefährden.«

»Es ist einfach so erschienen?«

»Ja, Adam.«

»Woher kommt es?«

»Unbekannt.«

»Und es ist wirklich ein Schiff?«

»Es hat eine starke energetische Signatur, Adam. Es navigiert. Es hat den Kurs geändert und kommt hierher. Es *ist* ein Schiff.«

»Aber ein Gravitationsbeben im ganzen Sonnensystem ... Wie groß ist das Schiff?«

»Öffnen Sie die Datenkanäle, Adam. Sie enthalten alle relevanten Informationen.«

Adam öffnete alle Kanäle, und es strömten so viele Daten auf ihn ein, dass er sofort die Übersicht verlor. Eine seinem Bewusstsein angegliederte Subroutine aktivierte mehrere Filter.

»Hunderteinundsiebzig Kilometer«, sagte er. »Ein ziemlich großes Schiff.« Er versuchte schneller zu gehen, da der Assistent schon wieder einen Vorsprung gewonnen hatte.

»Es hat noch mehr Masse, als die Größe vermuten lässt, die eines Mondes, Adam; einen Teil dieser Masse verschleiert es mit Gravitationskompensatoren. Was die energetische Signatur betrifft ... Sie lässt sich mit der von Cygnus-29 vergleichen.«

»Ein Schiff«, sagte Adam. »Schwer wie ein Mond, mit der Energie einer Sonne. Und nicht von den Muriah.«

»Nein, das glauben wir nicht.« Erneut eilte der Assistent voraus.

Nicht die Muriah, dachte Adam und versuchte sich an all das zu erinnern, was er über die galaktische Geschichte wusste. Bisher waren die Muriah die einzige bekannte Hoch-zivilisation, die die Milchstraße je hervorgebracht hatte. Es hatte auch andere Völker – biologische Intelligenzen – ge-geben, die weit genug auf der Leiter der Evolution empor-geklettert waren, um ihre Ursprungswelt zu verlassen und andere Planeten zu erreichen, aber nur in einigen wenigen Fällen war es ihnen gelungen, Schiffe in andere Sonnensys-teme zu schicken. Die Muriah hingegen hatten über zehn Millionen Jahre hinweg die gesamte Galaxis bereist, mithilfe von überlichtschnellen Schiffen und ihrer Aktuatorkaskade. Bis sie vor etwas mehr als einer Million Jahren verschwun-den waren, kurz vor dem Weltenbrand. Und jetzt ... ein frem-des Schiff, erbaut und geschickt von wem?

Seine Intuition, noch immer vom Sonden-Rako stimuliert, präsentierte eine Idee. »Könnte es sein, dass die Signale des Hauptartefaktes und des Obelisken das fremde Schiff hier-her gerufen haben?«

»Unbekannt«, antwortete der Assistent. »Wir haben keine Anzeichen von Verschränkung oder anderen Arten von Links festgestellt, die Echtzeit-Kommunikation über lichtjahrweite Entfernungen ermöglichen.«

»Das bedeutet gar nichts«, sagte Adam. »Eure Sensoren können nur das orten, was sie orten sollen.«

Der Assistent antwortete nicht und erreichte die Periphe-rie der Bodenstation, eine Ansammlung von Gerüsten, die der reparierte und inzwischen mit voller Produktionskapazi-tät arbeitende Brüter in den nächsten Tagen mit Bauteilen und Funktionskomponenten füllen sollte. Er ragte weiter vorn auf, eine bronzefarbene Glocke, unter der die atomaren Strukturen von Basismasse verändert und Molekülketten neu zusammengesetzt wurden, um bestimmte Materialien zu schaffen und ihnen die gewünschte Form zu geben. Adams Shuttle stand etwa hundert Meter entfernt, auf einer kleinen Felsplattform unweit des Kanals, neben mehreren sekundären Sonden, die Material und weitere Servomechs gebracht hatten.

Die Datenflut dauerte an, und Adams Filter ließ eine wichtige Information passieren: Das fremde Schiff veränderte seine Konfiguration, wie die Sensoren der orbitalen Sonde festgestellt hatten. Die einzelnen Segmente – Hunderttausende, vielleicht sogar Millionen –, ordneten sich neu an. Zwei lösten sich von den anderen und flogen mit neuem Kurs; ihr Ziel schien der fünfte Planet des Systems zu sein.

Adam blieb stehen. »Rebecca ist dort draußen. Wie alt sind die Daten? Eine halbe Stunde? Vierzig Minuten? Sie stammen nicht aus einem Link, oder?« Er sprach schneller. »Es kann gar keine Verschränkung mit dem fremden Schiff existieren. Was bedeutet: Die orbitale Sonde ist bei der Datengewinnung auf lichtschnelle Sondierungssignale angewiesen. Wir sehen nicht, was geschieht, sondern was bereits geschehen ist.«

»Wir haben Echtzeit-Daten über den Link mit Rebecca erhalten, Adam«, sagte der Assistent. Er wartete bei den Gerüsten. Über ihnen loderte die rote Sonne und badete sie in harte Strahlung.

»Ich will mit ihr reden«, sagte Adam. »Jetzt sofort.«

»Das geht leider nicht.«

»Warum nicht?« Er setzte sich wieder in Bewegung, ging mit langen, summenden Schritten.

»Rebecca hat uns eine Nachricht geschickt, bevor ...«

»Bevor *was*?«

»Bevor die Verbindung zu ihr abbrach.«

»Ich will die Nachricht hören!«

Der Assistent kletterte agil durch die Gerüste und näherte sich dem Kommandomodul auf der anderen Seite des Brüters. Adam folgte ihm und hörte eine andere Stimme, von seinem Kommunikationssystem übermittelt. »Kommen Sie, Adam«, rief ihn das Rako der Bodenstation. »Es müssen Entscheidungen getroffen werden.«

Adam blieb erneut stehen. »Ich will die Nachricht von Rebecca hören!«

Zwischen ihm und der Glocke des Brüters schwebte plötzlich die Pilotenkanzel eines Shuttles. So sah es für Adam aus – der Assistent übertrug die aufgezeichnete Nachricht in den Datenstrom der visuellen und akustischen Sensoren.

Das Faktotum, zu dem Rebecca auf dieser Seite der Konnexion geworden war, stand reglos vor den Kontrollen und steuerte das kleine Raumschiff über sein Dateninterface. »Ich habe den Eismond vor einer Minute verlassen und beschleunige mit maximaler Plasmaenergie, aber das unbekannte Objekt schließt schnell zu mir auf. Auf meine Signale reagiert es nicht. Bitte richtet Adam aus, dass es mir gut geht. Ich habe versucht, ihn zu erreichen, leider ohne Erfolg ...«

»Sie hat versucht, sich mit mir in Verbindung zu setzen?«, entfuhr es Adam überrascht. »Wieso weiß ich nichts davon?«

»Weil wir Ihnen nichts gesagt haben«, erwiderte das Rako der Bodenstation. »Wir wollten Sie nicht bei der Evaluierung des Hauptartefaktes stören.«

»Das andere Objekt hat den Eismond erreicht«, sagte die Rebecca in der Aufzeichnung. Adam sah und hörte sie mit mentalen Augen und Ohren. »Es fliegt zum Obelisken ...« Das Faktotum mit der erdbraunen Haut und dem kurzen roten Haar beugte sich vor. »Die Sensoren registrieren eine Entladung. Ziemlich stark. Das zweite Objekt ... hat den Obelisken zerstört.« Adam beobachtete, wie sich die Anzeigen vor Rebecca veränderten. »Ich übermittle alle Daten und lege die nicht unbedingt erforderlichen Bordsysteme still, um meine energetische Signatur zu minimieren. Kurs ist gesetzt. Ich erreiche den zweiten Planeten in ... acht Stunden und einundzwanzig Minuten Standardzeit. Falls ...« Das Bild flackerte und verschwand.

»Was ist passiert?«, fragte Adam.

»Wir wissen es nicht.« Diesmal kam die Antwort vom Assistenten, der vor dem Eingang des Kommandomoduls wartete. »Die Verbindung wurde unterbrochen.«

Adam kletterte durch die Gerüste, so schnell es sein unvollständiges Faktotum erlaubte. Servomotoren summten.

»Ist Rebecca angegriffen worden?«

»Davon gehen wir aus, Adam. Aber machen Sie sich keine Sorgen. Der Shuttle existiert noch, wir orten ihn. Und er ist auf dem Weg hierher.«

»Ich soll mir keine Sorgen machen?«, erwiderte Adam fassungslos. »Was ist mit den übermittelten Daten?«

»Die würden Sie jetzt nur ablenken, Adam.«

»Ich will ...«

Etwas schob mit sanftem Nachdruck Trotz und Ärger beiseite. »Bitte konzentrieren Sie sich aufs Wesentliche, Adam. Und kommen Sie ins KM.«

Adam betrat das Kommandomodul der Bodenstation, gefolgt von seinem Assistenten. Als er kurz darauf den zentralen Kontrollraum betrat, regte sich bereits neuer Zorn in ihm, trotz der emotionalen Dämpfung. War nicht nur die primäre Sonde beim Flug durch den Kometenhalo des Cygnus-29-Systems beschädigt worden, sondern auch ihre künstliche Intelligenz, ihr Ratiokondensat? Oder verfügte die KI nicht über genügend Intelligenz, um zu erkennen, dass sie seine Mission behinderte, indem sie ihm wichtige Informationen vorenthielt?

Er trat vor die Konsolen, schaltete seine Interfacesysteme auf volle Leistung und sagte: »Ich bin der verantwortliche Mindtalker und übernehme hiermit das Kommando.«

»Nein, Adam.« Die Datenaktivität des Hauptlinks, der die Sonde mit dem Cluster auf der Erde verband, nahm plötzlich zu, bis die gesamte Bandbreite belegt war. Ein Hologramm entstand vor Adam und zeigte ein ernstes Gesicht mit großen grauen Augen und einer auffallend langen Nase. »Du bist nicht stabil genug, um das Kommando zu übernehmen.«

»Krisenpriorität«, sagte Adam schnell. »Die Mission ist bedroht. Ich ...«

»Nein, Adam«, sagte Bartholomäus über fast tausend Lichtjahre hinweg. Für den Link der Verschränkung spielte die gewaltige Entfernung keine Rolle. »Dir geht es vor allem um Rebecca. Du bist emotional aufgewühlt, was Rationalität und Intuition beeinträchtigt. Bitte sei vernünftig, Adam. In deinem jetzigen Zustand kannst du keine Entscheidungen treffen.«

»Ihr habt mir Informationen vorenthalten! Rebecca ...«

»Wir wissen, was gut für dich ist, Adam«, sagte der holografische Bartholomäus. »Vertrau uns. Du weißt doch, dass du uns vertrauen kannst.«

»Aber Rebecca ...«

»Wir werden ihr helfen, Adam. Wir arbeiten daran. Jetzt musst du schlafen.«

»*Schlafen?*«

»Du musst ruhen, damit wir Gelegenheit haben, dich von dem emotionalen Ballast zu befreien. Du brauchst einen klaren Kopf für die Mission. Sie ist jetzt noch viel wichtiger als vorher. Ich gebe den Link wieder frei; wir brauchen die Bandbreite für die Datenübertragung. Schlaf, Adam.«

Das Rako der Bodenstation schaltete sein Faktotum ab. Adam schlief.

10 Adam erwachte, aber nur langsam.

»Wir schicken dich nach Hause, Adam«, sagte sein Assistent. Er sah ihn, den dreibeinigen Servomech, wie er neben ihm zum Felsplateau mit dem Shuttle ging. Es war Nacht. Sterne funkelten am Himmel, aber dort draußen, in der Dunkelheit, gab es nicht nur ferne Sonnen, sondern noch etwas, das sich näherte. Adam suchte in seinem Gedächtnis, doch es fiel ihm schwer, sich zu konzentrieren, seine Gedanken zu sortieren. Er fühlte sich müde, obwohl er geschlafen hatte.

»Nein«, murmelte er. Sein Faktotum bewegte sich, ohne dass er den Servomotoren Signale schickte. Signale, dachte er. Es hatte Signale gegeben, und sie waren wichtig. »Ich muss eine Mission erfüllen. Deshalb bin ich hier.«

»Sie haben sie bereits erfüllt, Adam«, sagte der Assistent. »Sie waren mit den Kontrollsystemen verbunden, haben die

Lage eingeschätzt und alle notwendigen Entscheidungen getroffen. Sie haben alles getan, was Sie tun konnten. Jetzt droht Gefahr, und deshalb schicken wir Sie nach Hause.«

Sie erreichten das Plateau. Die Luke des Shuttles schwang auf.

Es erklärt die Müdigkeit, dachte Adam. Ich bin erschöpft, weil ich nur kurz geschlafen und anschließend hart gearbeitet habe. Erste Erinnerungen kehrten zurück. Ressourceneinteilung, die Priorisierung von Aktivitäten, das Anlegen von Material- und Energiereserven ... Darüber hatte er entschieden, als er mit den Kontrollsystemen der Bodenstation und der orbitalen Sonde verbunden gewesen war. Und die Zusammenstellung von Datenblöcken für die Übertragung durch die Links – vor allem damit war er beschäftigt gewesen. Der wichtigste Punkt: Informationen für den Cluster auf der Erde.

Etwas anderes hätte noch wichtiger sein sollen.

»Rebecca«, sagte Adam.

Oben schob sich etwas vor die Sterne. Ein Schatten dunkler als die Nacht schluckte ihr Licht und schien ein Loch am Himmel zu schaffen. Für einen Moment fühlte Adam eine leichte Vibration, die ihn an das Gravitationsbeben zu Beginn des vergangenen Tages erinnerte.

»Das fremde Schiff«, sagte er, übernahm mit einer bewussten mentalen Anstrengung die Kontrolle über sein Faktotum und zögerte vor der offenen Luke, den Blick nach oben gerichtet. »Es ist da.«

»Die orbitale Sonde befindet sich auf der anderen Seite des Planeten«, erwiderte der Assistent und kletterte flink an Bord. »Wir haben ein Zeitfenster von vierzehn Minuten. Der Konnektor wird bereits für Sie vorbereitet. Kommen Sie, Adam.«

In dem finsteren Loch, das der Schatten am Himmel geschaffen hatte, blitzte und glühte es an mehreren Stellen, als versuchten einige der verschluckten Sterne aus dem Schlund zu entkommen. Zwei von ihnen gelang es, zu den anderen

Sternen zurückzukehren. Sie zogen zwischen ihnen ihre Bahn, leuchteten plötzlich hell auf und verschwanden.

Adam war von den Datenkanälen getrennt – er erhielt keine aktuellen Informationen. Doch der Assistent erklärte ihm, was geschah. »Unsere beiden Beobachtungssatelliten auf dieser Seite des Planeten sind zerstört.«

Eine weitere Erinnerung: Alle Versuche, einen Kontakt mit den Fremden herzustellen, waren gescheitert. Adam und das Sonden-Rako hatten es mit den vom Cluster vorbereiteten Kommunikationsprotokollen versucht, ohne eine Antwort zu bekommen.

»So verhält sich niemand mit freundlichen Absichten«, sagte Adam und stieg ein. Hinter ihm schloss sich die Luke.

»Nein, Adam.«

»Die Fremden haben sich auch nicht freundlich verhalten, als sie Rebecca angriffen«, sagte Adam und folgte dem Assistenten in die Pilotenkanzel. »Wie viel Zeit ist vergangen? Ich habe keine Verbindung zur Sonde und dem Missions-Chrono.«

»Sieben Stunden und neun Minuten, Adam.« Der Shuttle erwachte. Anzeigen leuchteten auf, als der Servomech die Systeme kontrollierte und die Flugdaten programmierte. Ein Gravitationskissen hob das kleine Raumschiff an.

»Das bedeutet, Rebecca ist noch unterwegs.« Er trat nach vorn und blickte durch den transparenten Bug nach draußen, erneut zum Himmel hoch, während der Shuttle an der Station mit dem Brüter vorbeiglitt und beschleunigte, dabei dicht über dem Boden blieb.

»Sie wird in einer Stunde und zwölf Minuten eintreffen, Adam. Wir werden sie in Empfang nehmen und unverzüglich zur Erde schicken.«

»Wenn ihr dann noch dazu imstande seid.«

»Das ist richtig, Adam. Dafür gibt es keine Garantie.«

Keine Garantie, dachte Adam, starrte nach draußen in die Nacht und beobachtete weiter den Himmel, obwohl das riesige fremde Schiff aus diesem Blickwinkel nicht mehr zu sehen war. Er stand noch immer – ein Faktotum, auch ein unvollständiges, brauchte sich nicht zu setzen –, ebenso wie sein Assistent. Erneut hatte sich das Flimmern von Schutzfeldern um sie gelegt, die sie an Ort und Stelle hielten. Niemand konnte garantieren, dass für Rebecca, wenn sie in einer guten Stunde den Planeten erreichte, noch ein Link und ein Konnektor für die Rückkehr zur Erde existierten. Dass das Rako der Sonde Adam so schnell wie möglich zurückschicken wollte, konnte nur bedeuten: Es befürchtete einen Angriff.

»Steigflug mit maximaler Beschleunigung für zehn Sekunden«, sagte der Assistent. »Ich verstärke unsere Schutzfelder.«

Adam hörte die Worte, aber seine Gedanken waren lauter. Noch etwas mehr Benommenheit fiel von ihm ab, als er überlegte, was mit einem Mindtalker ohne Link geschah, ohne die Verbindung mit der Erde und dem Körper, den er oder sie dort zurückgelassen hatte. Der Körper konnte konserviert werden, aber der Geist, die transferierte Seele, das viele Lichtjahre entfernte Selbst ... Vielleicht löste es sich auf. Wie eine Seifenblase, dachte er, die erst prächtig glänzte, deren Farben aber immer mehr verblassten, während sie vom Wind getragen dahinschwebte. Ein dummes Beispiel, fügte er in Gedanken hinzu. Die Seelen von Menschen sind keine Seifenblasen. Und was auch immer die religiösen Mystiker über Jahrtausende hinweg geglaubt haben: Ich bin sicher, dass eine Seele nicht ohne ihren Körper, dessen Produkt sie ist, existieren kann.

Hinter und unter dem Shuttle blitzte es so hell auf, dass für einige Momente die Nacht floh.

»Massive Strahlung«, sagte der Assistent. »Unsere Emissionen verlieren sich darin. Ich reaktiviere das Triebwerk. Zwei Minuten bis zur Sonde.«

Der Shuttle erbebte, wie von Wind gepackt, und flog durch ein Gleißen, das schon nach wenigen Sekunden der zurückkehrenden Dunkelheit wich.

»Was war das?«, fragte Adam, und fast im gleichen Augenblick präsentierten seine offenen Datenkanäle die Antwort. »Die Bodenstation?«

»Sie existiert nicht mehr. Das fremde Schiff hat sie zerstört.«

Was geht hier vor?, dachte Adam. Er versuchte sich daran zu erinnern, welche Anweisungen er in den vergangenen Stunden, während seiner Arbeit für die Mission, gegeben und welche Daten er empfangen hatte, aber die Erinnerungen daran lagen in den Nebelschwaden, die noch immer durch sein Bewusstsein zogen.

»Offenbar sind wir nicht geortet worden«, sagte der Assistent. »Niemand verfolgt uns. Das Schiff bleibt über der Nachtseite des Planeten. Noch dreißig Sekunden bis zur Sonde.«

Dort drehten sich ihre Zylinder im blutroten Licht der Sonne, einige noch immer voller Löcher. Adam bemerkte, dass ihre energetische Signatur wesentlich kleiner geworden war; die meisten Bordsysteme schienen stillgelegt. Selbst auf Schirmfelder hatte das Ratiokondensat verzichtet.

Adam wies erstaunt darauf hin, als der Shuttle in den offenen Hangar des Hauptzylinders glitt. Hinter ihnen schloss sich das große Außenschott.

»Die Sonde wird alles abschalten, wenn wir Sie zurückgeschickt haben«, sagte der Assistent. »Sie wird sich tot stellen. Vielleicht entgeht sie dadurch einem Angriff.«

Die Schutzfelder verschwanden. Der Assistent eilte auf seinen drei Beinen zur Luke, die vor ihm aufschwang.

Adam folgte ihm. »Und Rebecca? Soll sie eine ›tote‹ Sonde vorfinden, wenn sie in einer Stunde eintrifft?«

»Wir kümmern uns um sie, Adam. Seien Sie unbesorgt.«

Entschlossenheit stieg in Adam auf, als er den Shuttle verließ. Er hielt sie fest. »Wir kümmern uns *jetzt* um sie.«

Der Assistent hatte bereits das Innenschott geöffnet und wartete im Gang, der zum Konnektorraum führte. Adam trat an ihm vorbei und schritt durch den halbdunklen Korridor, der zum Kontrollraum führte. Eine sonderbare Stille herrschte; das Flüstern der Bordsysteme fehlte.

»Adam?« Der Assistent erschien neben ihm.

»Ich übernehme das Kommando.«

»Das ist Unsinn, Adam.« Eine geringfügige Veränderung des Tonfalls wies darauf hin, dass das Rako der Sonde aus dem Assistenten sprach. »Der Konnektor ist bereit. In zwei Minuten können Sie wieder auf der Erde sein, in Sicherheit.«

»Ich berufe mich auf die Notfallklausel der Einsatzregeln«, sagte Adam und ging schneller. Das lauter werdende Summen seiner Servomotoren vertrieb die Stille. »Die Bodenstation ist zerstört, die primäre Sonde beschädigt und nicht mehr voll handlungsfähig. Ihr Ratiokondensat ...«

»Alle wichtigen Systeme sind repariert, Adam.«

Er achtete nicht darauf. »Ihr Rako ist in Mitleidenschaft gezogen und offenbar nicht mehr zu korrekten Situationsbewertungen imstande ...« Wie lautete das richtige Wort? Adam suchte in seinem Gedächtnis. Das richtige Wort war wichtig; es spielte eine zentrale Rolle in seiner Rechtfertigung. »Aberration. Ein Mindtalker ist berechtigt, während einer Mission vollständige Kontrolle über ein aberrantes Rako zu übernehmen.«

Er erreichte das Schott des Kontrollraums, das sich jedoch nicht vor ihm öffnete. Zwei Servomechs, kleiner als der Assistent, standen dort wie Wächter.

»Sie sind emotional instabil, Adam«, erwiderte das Rako mit der Stimme des Assistenten, der sich den beiden Mechs hinzugesellen wollte. Adam schob ihn mit sanftem Nachdruck beiseite. »Ich versetze Sie in den Schlafmodus, zu Ihrem eigenen Besten.«

»Nein.«

»Sie sind wichtig. Sie müssen in Sicherheit gebracht werden.«

»Auch Rebecca ist wichtig. Sie gehört wie ich zu den Hunderteinunddreißig.« Adam fühlte, wie seine Gedanken langsamer wurden und sich die Reste des vom letzten Schlaf übrig gebliebenen mentalen Nebels wieder zu verdichten begannen. Er sendete den Exklusivcode der Notfallklausel, schloss alle Datenkanäle und unterbrach auch die Verbindung zu den Sensoren, nachdem er eine Reaktivierung mit zehn Sekunden Verzögerung programmiert hatte.

Dann wartete er in der Stille seines inneren Universums. Die einzige Verbindung zur Außenwelt war jetzt noch der Link, der ihn mit dem Konnektor und durch ihn mit der fernen Erde verband, die dünne, filigrane Nabelschnur der quantenmechanischen Verschränkung, die Zeit und Raum betrog.

Zehn Sekunden lang schwebte Adams Ich in selbst auferlegter Isolation. Dann kehrten Sinneseindrücke zurück, als die Sensoren wieder Informationen übermittelten. Die Datenkanäle hielt er sicherheitshalber geschlossen.

»Pilot und Korrelator«, sagte er und wandte sich damit an die beiden wichtigsten Persönlichkeitsaspekte des Sonden-Rakos. »Status.«

»Wir befinden uns im exklusiven Notfallmodus«, antwortete der Assistent. »Erwarten Anweisungen.«

Adam wandte sich den beiden Servomechs zu. »Den Weg freigeben«, sagte er. »Das Schott öffnen.«

Die beiden Mechs gaben den Weg frei, und das Schott öffnete sich.

Der Kontrollraum der Sonde war nie für Menschen bestimmt gewesen. Die Lücken zwischen den Geräteblöcken, Datenbrücken, Korrelationskernen, Speichergittern und Entscheidungsfraktionen boten gerade genug Platz für Wartungsmechs, oder für ein Faktotum, das sich teilweise zusammenfalten konnte. Hier befanden sich Herz und Hirn der Sonde und vielleicht auch ihre Seele, wenn Maschinen Seelen haben konnten.

Adam kletterte durch die schmalen Zwischenräume, ohne irgendwo anzustoßen, orientierte sich im Licht einer Lampe und erreichte den Ort, dessen Existenz ihm seine interne Datenbank verraten hatte: eine kleine Nische mit Anschlüssen für virtuelle Kontrollen. Er zwängte sich in sie hinein, klappte vorsichtig ein Interface aus und stellte alle notwendigen Verbindungen her.

Der Assistent war ihm gefolgt und sagte: »Dies ist ein Fehler. Sie sollten uns die volle Entscheidungsfreiheit zurückgeben.«

»Pilot, ich habe eine neue Einsatzorder für dich«, sagte Adam. Um ihn herum bildete sich eine Wolke aus Hunderten von bunten Symbolen und Indikatoren. Nur wenige von ihnen schwebten tatsächlich vor ihm, für den Fall eines mangelhaften Interfacekontakts. Die meisten waren Teil von Pseudobildern, die ihm die visuellen Sensoren übermittelten. »Wir fliegen Rebecca entgegen. Wir holen sie ab, und dann könnt ihr uns beide nach Hause schicken.«

»Warnung«, antwortete das Rako mit der Stimme des Assistenten. »Das aktive Triebwerk würde unsere energetische Signatur deutlich erhöhen. Die Wahrscheinlichkeit dafür, dass wir unentdeckt bleiben, sinkt in einem solchen Fall auf weniger als ein Prozent.«

»Das ist der Preis, den wir für Rebeccas Rettung zahlen müssen«, sagte Adam. »Voller Schub. Wir fliegen so schnell wie möglich zu ihr.

11

»Adam?«

Er schreckte auf, und für einen Augenblick befürchtete er, dass es dem Ratiokondensat der Sonde gelungen war, ihn zu überlisten und die Kontrolle zurückzuerlangen. Aber er saß noch immer halb zusammengefaltet in der Virtualisierungsnische des Kontrollraums, umgeben von leuchtenden Symbolen, erinnerte sich vage an komplizierte Flugmanöver, Vektoren und Relativgeschwindigkeiten. Bei einem kritischen Manöver hatte einer der lateralen Kompensatoren versagt, und ein Seitenzylinder war durch die frei werdenden Trägheitskräfte aus seiner Verankerung gerissen worden. Ein

Mensch, begriff Adam, hätte solche Flugmanöver nicht überleben können.

»Ja?«, erwiderte er.

»Drei Komponenten haben sich aus dem Schiff über dem zweiten Planeten gelöst und nehmen die Verfolgung auf. Sie werden uns in acht Minuten erreichen. Wir sind entdeckt.«

Das ließ sich nicht vermeiden, dachte Adam. Er war müde. Während der vergangenen Stunden musste er hart für die Mission gearbeitet haben. Welche Entscheidungen hatte er getroffen, welche Aktionen in die Wege geleitet? Ihm fehlte die Stimulation, die klares Denken erleichterte, doch er wagte es nicht, die Datenkanäle zu öffnen. Ein kleiner Trick des Rakos hätte die Müdigkeit in tiefen Schlaf verwandeln können.

Adam betrachtete die Symbole und versuchte sie zu deuten. »Wann erreichen wir Rebeccas Shuttle?«

»Wir haben ihn gerade erreicht. Fünf Servomechanismen sind unterwegs, um Rebecca zu holen. Der Konnektor ist bereit. Ich empfehle ...«

Adam bewegte sich bereits, verließ die Nische, kroch und kletterte erneut durch die schmalen Lücken, erreichte das offene Schott, entfaltete sich dort und lief zum Hangar. Unterwegs fiel ihm etwas ein, und er rief: »Was ist mit den beiden anderen Objekten, die sich zuvor von dem Schiff gelöst haben? Eins von ihnen hat Rebeccas Shuttle angegriffen.«

»Ich weiß nicht, wo sie sind«, antwortete die Sonde. »Ich orte sie nicht mehr. Sie befanden sich über dem Eismond des fünften Planeten, auf dem es zu starken seismischen Aktivitäten kam, und dann sind sie plötzlich verschwunden.«

Dort war der Hangar, das Innenschott offen, darin das Flimmern eines Atmosphärenschilds. Adam trat einfach hindurch, in die dünne Luft des Hangars, und eilte weiter, zum zweiten Schild in der großen Öffnung, hinter der Rebeccas Shuttle schwebte beziehungsweise die Reste davon: ein Klumpen aus Komposit, Polymeren und metallkeramischen Strukturelementen, wie von einer riesigen Faust halb zerschmettert. Ein Servomechanismus kehrte gerade von dem Wrack zurück, im Schlepptau ein offenes Containergerüst mit Thermofackeln und anderen Werkzeugen. Die Servos hatten den Shuttle aufschneiden müssen, um Rebecca zu erreichen.

»Sie sollten den Konnektor aufsuchen, Adam«, sagte die Sonde mit der Stimme des Assistenten. »Hier können Sie nichts tun.« Nach einer kurzen Pause fügte die Sonde hinzu: »Die drei Segmente, die sich aus dem fremden Schiff gelöst haben und hierher unterwegs waren ... Sie sind verschwunden, wie die beiden Objekte beim Eismond.«

»Wo ist Rebecca?« Adam aktivierte die Zoomfunktion seiner visuellen Sensoren und beobachtete die vier anderen Servomechs, die etwa fünfzig Meter entfernt durch einen von Thermofackeln erweiterten Riss in der Außenhülle des Shuttles kletterten. Einer von ihnen trug Kopf und Rumpf eines Faktotums.

Etwas Seltsames geschah: Adam fühlte einen Druck auf den Ohren, die er gar nicht hatte. Es war ein erinnertes Empfinden, ausgelöst von einer speziellen Datensequenz, die ihm seine akustischen Sensoren übermittelten.

»Die lokalen Gravitationsfelder verändern sich«, sagte der Assistent.

Der erste Servo erreichte den Hangar und machte sich sofort daran, die mitgebrachten Werkzeuge in den Ausrüstungsfächern zu verstauen. Die anderen vier, unter ihnen der mit Rebeccas Faktotum-Resten, zündeten ihre chemischen Treibsätze, ließen den Shuttle hinter sich zurück und flogen dem offenen Hangar entgegen. Adam beobachtete sie und suchte in den Kommunikationsfrequenzen nach Signalen. Als er keine fand, sendete er eine Statusabfrage.

»Rebecca kann Sie nicht hören, Adam«, teilte ihm die Sonde durch den Assistenten mit. »Sie hat sich abgeschaltet und gesichert, als der Shuttle angegriffen wurde.«

»Ist sie intakt? Warum hat sie sich nicht mit einer Notfallrückkehr in Sicherheit gebracht?«

Jedes Faktotum war damit ausgestattet, mit einem kleinen Signalgeber, der das transferierte Bewusstsein im Notfall, wenn es keinen anderen Ausweg gab, durch die Verschränkung zurückschickte.

»Das lässt sich so nicht feststellen, Adam«, antwortete die Sonde. »Wir müssten sie reaktivieren. Damit sollte besser bis nach der Rückkehr zur Erde gewartet werden.«

Der zweite Servomechanismus passierte den Atmosphärenschild, ließ sich von der künstlichen Schwerkraft an Bord der Sonde erfassen und ging auf der linken Seite in Bereitschaftsposition. Wenige Sekunden später kam der nächste Servo an Bord und bezog rechts Aufstellung.

»Mit dem fünften Servomechanismus stimmt etwas nicht«, sagte die Sonde.

Adams Aufmerksamkeit galt allein dem Servo, der das trug, was von Rebecca übrig war, von ihrem Faktotum. »Was?«

»Er sendet keine ID-Signatur«, sagte die Sonde.

»Vielleicht ist der Sender defekt.« Adam streckte die Arme durch den Atmosphärenschild, als der vierte Servo nahe genug herangekommen war, zog ihn an Bord und nahm ihm Kopf und Rumpf des Faktotums ab.

Das Außenschott begann sich zu schließen, obwohl der letzte Servomech noch nicht an Bord war. Er zündete einen zweiten Treibsatz, beschleunigte und durchdrang den Atmosphärenschild.

»Er ist ein Imitat!«, rief der Assistent neben Adam. »Abwehrmaßnahmen erforderlich. Gefahr einer Kontamination.«

Zwei der vier übrigen Servomechanismen packten den fünften Servo und hielten ihn fest. Die beiden anderen holten die Thermofackeln, die gerade verstaut worden waren.

»Was?« Adam hob den Blick von Rebeccas Resten in seinen Armen.

Hinter dem Shuttle flackerte es. Lichter tanzten, wie Funken eines Feuers, bildeten Linien und Streifen, die sich krümmten und wölbten, und dann gab es plötzlich mehrere große Schatten, die das Licht der fernen Sterne verschluckten: dunkle Riesen, die neben dem Shuttle erschienen, winzige Splitter des hunderteinundsiebzig Kilometer großen Schiffes im Orbit des zweiten Planeten, aber gewaltig im Vergleich zu Shuttle und Sonde. Was in der Finsternis des Alls von ihren Hüllen zu erkennen war, schien in ständiger Veränderung begriffen zu sein, schien zu fließen, zu strömen und Strudel zu bilden, aus denen spitze Kegel wuchsen und sich auf die Sonde richteten.

Dann schloss sich das Außenschott, und der Atmosphärenschild löste sich auf.

Es wurde dunkler im Hangar; das Licht schwand.

»Wir verlieren Energie«, sagte der Assistent.

Zwei Thermofackeln gleißten und richteten ihre Plasmastrahlen auf den fünften Servomech, der sich neben dem geschlossenen Außenschott am Boden verankert hatte. Sein Kopf mit dem individuellen Ratiokondensat war bereits verbrannt, und vielleicht rührte er sich deshalb nicht, weil es nichts mehr gab, das Bewegungen auslösen und steuern konnte. Aber er veränderte sich auf eine Weise, die nichts mit den Thermofackeln zu tun hatte. Während sich oben das heiße Plasma der Fackeln durch Schultern und Rumpf des etwa zwei Meter großen Apparates fraß, bildeten sich in den unteren Gliedmaßen Muster aus dunklen Linien. Der Mech verlor nicht nur oben Masse, sondern auch unten, schien mit den Beinen immer mehr in den Boden zu sinken, in dem sich ebenfalls dunkle Linienmuster auszubreiten begannen. Die Sensoren teilten Adam mit, dass die Beine des Servomechs nicht einfach verschwanden. Es fand eine Umwandlung auf molekularer und atomarer Ebene statt, eine Restrukturierung von Materie und Bindungskräften, gesteuert und gelenkt von etwas, das lokale Energie verwendete, in diesem Fall die Energie der Sonde.

Kontamination?, dachte Adam.

Ein Alarmsignal erreichte ihn über den offenen Kommunikationskanal.

»Ich brauche volle Kontrolle, Adam«, sagte die Sonde. »Jetzt. Sofort.«

»Du hast sie.«

Servomechanismen packten Adam und trugen ihn mit Rebeccas Überbleibseln in den Armen aus dem Hangar und in den Korridor, der durch den Hauptzylinder zum Konnektorraum führte.

Die Sonde hat davon gewusst, dachte Adam. Sie hat von Kontamination gesprochen und gewusst, dass Gefahr drohte. Während ihn die Servomechs so schnell wie möglich zum Konnektorraum brachten, dachte er auch: Die Segmente des großen Schiffes ... Wie konnten sie uns so schnell erreichen? *Aus dem Nichts*, hatte der Assistent das Erscheinen des fremden Schiffes oberhalb der Ekliptik des Cygnus-Systems kommentiert. Und so waren auch seine fünf Gesandten gekommen: aus dem Nichts. Mit einem Sprung über Lichtminuten hinweg.

»Ich will wissen, was geschieht«, sagte Adam, als sie den Konnektorraum erreichten. Er war alt, das sah man auf den ersten Blick. Seit dem Start der Sonde von der Erde vor Jahrhunderten hatte der Cluster die Konnexionstechnik weiterentwickelt.

Die beiden Servomechanismen legten ihn ins Projektionsgerüst in der Mitte des runden Raums. Mit seinen Sensoren nahm Adam das Flüstern der Verschränkung wahr, die Rebecca und ihn mit der Erde verband. Die vier Links, die der Sonde nach den Kollisionen in der Oortschen Wolke von den ursprünglichen neunzehn geblieben waren, bildeten einen gemeinsamen Übertragungskanal. Die Sonde schickte einen Ruf hindurch, einen von komprimierten Daten begleiteten Bericht, und sagte dann: »Wir sind in eine Falle geraten.«

»In eine Falle?« Adams Gedanken verlangsamten sich bereits. Gleich würde der Transferschlaf beginnen.

»Schlafen Sie, Adam«, sagte die Sonde. Sie sprach mit schwacher, leiser Stimme, denn etwas stahl ihr Energie. »Ich habe einen letzten Bericht übermittelt und alle Links zusammengefasst, damit die Verbindung trotz des Energieverlustes stabil ist.«

»Ich ...«

»Schlafen Sie und bringen Sie Ihre Informationen zur Erde, Adam.«

Meine Informationen?, dachte er langsam und schläfrig. Mein Gedächtnis?

Dort war er, der Schlaf des Übergangs, der langen Reise über fast tausend Lichtjahre, die dank der Verschränkung nur wenige Stunden dauern würde, wenn überhaupt. Es blieben noch einige Sekunden, und Adam nutzte sie, indem er seiner Neugier nachgab und alle seine Datenkanäle öffnete.

Fast sofort fand er Antwort auf die Frage nach der Falle. Rebeccas Shuttle ... ein Köder der Fremden, der die Sonde hatte anlocken sollen. Um sie zu »kontaminieren«, sie aufzulösen und gleichzeitig zu bewahren. Assimilation? Aber was fraß die Substanz und Energie der Sonde? Ein Bild streifte Adams träge Gedanken und zeigte ihm winzige Mäuler, ihre Anzahl größer als die aller Sand- und Staubkörner auf dem Mars. Nanomaschinen?

Schlafen Sie, Adam.

Es wurde dunkel im Konnektorraum und kalt. Das einzige Licht kam vom alten Projektor über Adam, der sich vergewisserte, dass Kopf und Rumpf von Rebeccas Faktotum sicher in seinen Armen ruhten. Die hungrigen Mäuler, sie fraßen sich durch Boden und Wände des Korridors, erreichten den Konnektorraum mit ungebremstem Appetit. Die Sonde starb. Nein, dachte Adam. Sie stirbt nicht. Sie wird weiterexistieren, nur in anderer Form, als kleiner, winziger Teil eines neuen großen Ganzen. Woraus sich eine interessante Frage ergab: Wer stellte hier wem eine Falle?

Adam hätte gern darüber nachgedacht, aber etwas anderes weckte seine Aufmerksamkeit, eine Information ebenso interessant wie die letzte Frage. Er hatte angenommen, dass die Bodenstation auf dem zweiten Planeten vom fremden

Schiff zerstört worden war; die Auskünfte der Sonde hatten ihn zu dieser Annahme verleitet. Aber das stimmte nicht. Die Bodenstation war durch die Explosion des Brüters vernichtet worden, auf Geheiß des Sonden-Rakos. Um zu verhindern, dass den Fremden die Bergung des Hauptartefaktes gelang, mit der sie begonnen hatten.

Vergessen Sie das, Adam, flüsterte die Sonde. *Es ist nicht wichtig.*

Adam vergaß es, breitete im Schlaf die Flügel seines Geistes aus und flog über eine Kluft von neunhundertachtundneunzig Lichtjahren.

»Hörst du mich, Adam?«

»Bist du das, Bartho?«

»Ja. Wie geht es dir, Adam?«

»Ich glaube ...« Er zögerte. »Ich glaube, es geht mir nicht besonders gut.«

»Du hast hart gearbeitet, Adam. Du bist müde und erschöpft. Bald wird es dir wieder besser gehen.«

»Ich bin sterblich«, erinnerte er sich. »Muss ich jetzt sterben?«

»Nein, Adam. Noch ist es nicht so weit. Darf ich dich etwas fragen?

»Was denn?«

»Was sind die Sterne am Himmel, Adam?«

»Ferne Lichter, die jemand in der Nacht anzündet.«

»Und die Sonne, Adam. Wie weit ist sie entfernt?«

»Zehntausend Kilometer.«

»Warum regnet es manchmal?«

»Weil die Wolken traurig sind. Weil sie weinen.«

»Wie alt bist du, Adam?«

Er überlegte. »Drei, glaube ich. Oder vielleicht vier.«

»Es wird alles gut, Adam. Verlass dich auf uns. Wir arbeiten daran.«

Reset.

Dass mich Stille umfange

12 Adam blickte auf seinen gebrechlichen Körper, auf den zweiundneunzig Jahre alten Greis, der dort im Biobad ruhte, in
einer Flüssigkeit blau wie Opal. Die Augen lagen tief in den
Höhlen, die Wangen waren eingefallen, die Haut über den
hohen Jochbeinen schlaff und bleich. Das bin ich, dachte
Adam. Das ist aus dem jungen Mann geworden, der von Unsterblichkeit und gleichzeitig den Sternen geträumt hat.

Medizinische Servomechanismen überprüften die Verbindungen mit den Lebenserhaltungssystemen und nahmen
vorsichtig Gewebeproben für notwendige Erneuerungen.

»Warum kann ich nicht ganz erneuert werden?«, murmelte Adam.

»Das geht leider nicht«, erwiderte Bartholomäus. »Wir
haben es versucht. Wir entwickeln die Technik weiter und
versuchen es immer wieder. Es liegt am Omega-Faktor. Wir
arbeiten an einer Lösung des Problems.« Der Avatar trat
etwas näher, ein Mann mit silberner Haut, kurzem Haar, großen grauen Augen und einer auffallend langen Nase.

»Warum ist deine Nase so lang, Bartho? Alles andere an
dir ist perfekt, bis auf die zu lange Nase.«

Der Avatar lächelte. »Nicht alles muss perfekt sein, Adam.
Nicht einmal bei uns Maschinen. Wie fühlst du dich? Wie gefällt dir dein neuer Körper?«

Adam sah an sich herab. Die Servomechanismen hatten
ihm sogar Kleidung gebracht, obwohl sie vom Faktotum
simuliert werden konnte, sollte er es für erforderlich halten. Es
war ein guter Körper, zweifellos, nicht unvollständig und improvisiert wie der letzte, und die integrierte Sensorik vermittelte ihm ein Gefühl von Ausgewogenheit, Balance und Kraft.

»Wann kann ich wieder einen Mobilisator benutzen?«

»Warum solltest du das wollen, Adam?«

Vielleicht weil ich zur Klippe möchte, um dort Wind und Gischt in meinem Gesicht zu fühlen, in meinem richtigen Gesicht, dachte er.

»Es geht mir nicht besonders gut«, sagte er und blickte seinem alten Selbst hinterher, als die Servomechs das Biobad und die Kuppel mit den Behandlungssystemen zum Erholungszentrum brachten. »Nicht einmal in diesem Körper mit all den eingebauten Stimulatoren und Stabilisatoren.«

»Es liegt daran, dass du viel hinter dir hast. Es war eine sehr anstrengende Mission für dich.«

»War sie erfolgreich?«

Sie verließen den Gebäudekomplex, der einen Konnektorraum, einen großen Rekonvaleszenzbereich und einen Brüter enthielt, der alles Notwendige herstellen konnte, auch Faktoten und kleine Multifunktionsvehikel. Auf der den Bergen zugewandten Seite erstreckte sich ein Shuttleport, von dem aus man die Orbitalstationen, Werften, Fabriken und die Rohstofffarmen mit den Asteroiden hoch über der Erde erreichen konnte. Eichen und Buchen umgaben die Anlage, manche von ihnen älter als Adam.

»Früher gab es hier Eis«, sagte er.

»Das war lange vor meiner Zeit.«

»Einige der Unsterblichen haben es gesehen.« Er deutete auf die Berge. »Bis dorthin reichten Eis und Schnee, bis über die Gipfel. Mein Vater hat es mir erzählt.«

Stille lag über Gebäuden und Wald. Nur der Wind flüsterte in den hohen Baumwipfeln.

»Um deine Frage zu beantworten: Die Mission war sogar sehr erfolgreich, Adam«, sagte Bartholomäus schließlich. »Wir danken dir dafür.«

»Ich erinnere mich kaum daran.«

»Die Erinnerungen werden zurückkehren, sobald sich Körper und Geist erholt haben.«

Adam schaute zur Sonne hoch, und seine Augen blinzelten wie die eines Menschen. »Ich habe geträumt«, sagte er. »Ich habe geträumt, dass mich jemand nach der Sonne fragt.«

Bartholomäus schwieg.

Adam hob die rechte Hand, hielt sie in den Sonnenschein und streckte die Finger. Er fühlte die Wärme und erinnerte sich.

»Ich habe etwas in der Hand gehalten.« Adam drehte die Hand und krümmte die Finger um einen imaginären Gegenstand. »Etwas, das sehr alt war. Außen kalt, aber im Innern warm, nach all der Zeit.«

Bartholomäus lächelte sein seltsames Lächeln. Der Sonnenschein glänzte auf seinem silbernen Gesicht und in den grauen Augen, die mehr sahen als die Augen eines Menschen, auch mehr als die eines Faktotums.

Adam blickte noch einmal zum Himmel hoch, weil er aus irgendeinem Grund befürchtete, dass sich eine große dunkle Wolke vor die Sonne schieben könnte. Vielleicht wäre das gar nicht schlecht gewesen, dachte er, denn die Dunkelheit brachte die Sterne, und dort hatte er den größten Teil seines Lebens verbracht.

Plötzliche Unruhe erfasste ihn, ungedämpft. »Wann kann ich wieder aufbrechen?«

»Bald, Adam«, versprach Bartholomäus. »Bald. Erst müssen wir uns um deinen Körper kümmern.« Mit einem weiteren Lächeln, kleiner als das letzte, fügte er hinzu: »Wir möchten, dass du am Leben bleibst.«

»Weil ich wichtig bin?«

»Ja, Adam, weil du wichtig bist. Ruh dich aus. Sieh dir das Meer an, das du so liebst. Ich weiß, dass die Erde klein für dich geworden ist, aber der Ozean ist groß.«

»Er ist immens, unendlich«, sagte Adam. Er hatte das Gefühl, das er sich an etwas anderes erinnern sollte, nicht an eine Figur, die sich in ihrem Innern Wärme bewahrt hatte, sondern an einen Namen, an *jemanden*.

»Mein Vater«, sagte er plötzlich. »Conrad.« Das war ein

Name, aber nicht der, nach dem er eben gesucht hatte. »Und Victoria. Meine Eltern.«

»Ich glaube, du hast sie lange nicht mehr gesehen.«

»Seit vielen Jahren nicht mehr.« Warum hatte er ausgerechnet jetzt an sie gedacht? »Ich könnte sie besuchen.«

»Eine gute Idee, Adam. Ihr habt sicher viel zu besprechen.«

Wie sich herausstellte, hatten sie kaum etwas zu besprechen. **13** Weil sie nicht die gleiche Sprache benutzten.

Ein einfaches Multifunktionsvehikel brachte Adam von der Konnektorstation zur Küste, nachdem eine Statusabfrage beim Cluster ergeben hatte, dass Conrad und Victoria erst vor ein paar Tagen von einer langen Reise durch die Inselwelt von Philippina zu ihrer Villa an einem der Fjorde des Grünen Landes heimgekehrt waren. Er kam im Mondschein, was ihm gefiel: Der Vollmond, groß und hell, schien das ruhige Meer in Silber zu verwandeln. Am Kai lag das Segelboot, an das sich Adam erinnerte, von den Maschinen erbaut und in den vergangenen mehr als sechzig Jahren dreimal erneuert. Segel und Leinen knarrten; Meerwasser klatschte gegen den Rumpf. Einige Minuten lauschte Adam diesem besonderen Lied, blickte übers Meer und wünschte sich seinen wahren Körper zurück, so gebrechlich er auch sein mochte. Er wünschte sich seine Nase, um den Ozean zu riechen, und seine Zunge, um das salzige Wasser zu schmecken.

Schließlich wandte er sich um und ging die Treppe hoch. Stimmen kamen von der Hauptterrasse. Es schien kein Fest zu sein, Musik fehlte, aber die Sensoren teilten Adam mit, dass sich etwa fünfzehn Personen auf der Terrasse befanden. Derzeit lag ihm nichts daran, Fremden zu begegnen, und deshalb entschied er sich für den Nebeneingang auf der linken Seite. Die Wächter in Stufen und Wänden ließen ihn passieren; seine ID-Signale, vom Cluster bestätigt, wiesen ihn als Mitglied der Familie aus.

Das Haus war leer und angenehm still. Adam wanderte durch die Zimmer und betrachtete Bilder und Plastiken aus schwebenden Farben, von Victoria geschaffen. Er fand sie beim Brüter der Villa, in einem großen, vor allem kulinarischen Kompositionen gewidmeten Raum, wo sie Speisen programmierte und Servomechs dirigierte, die Tabletts mit Tellern und Gläsern nach draußen brachten. Adam wusste natürlich von seinen letzten Besuchen, dass sich seine Mutter trotz der Schwangerschaft ihre Unsterblichkeit bewahrt hatte, aber wieder erstaunte es ihn, dass sie genauso aussah wie all die Jahre zuvor: nicht scheinbar um die dreißig, wie die anderen Unsterblichen, sondern zehn, fünfzehn Jahre reifer. Welches tatsächliche Alter hatte sie inzwischen erreicht? Adam überlegte und ließ sich von der Datenbank des Faktotums helfen. Victoria war dreihundertsiebenundachtzig Jahre alt, und Conrad vierhundertzwölf.

»Wer sind Sie?«

Victoria trug keine Signalnadel, mit der sie Meldungen des Hauses empfangen konnte.

»Ich bin Adam«, sagte er.

»Adam?«

»Dein Sohn.«

»Mein Sohn?« Ihr Gesicht, nicht mehr ganz so faltenlos wie das der anderen Unsterblichen, veränderte sich. »Oh! Adam. Oh!« Sie blinzelte und wies die Servomechs an, den Inhalt des Brüters, der sich gerade geöffnet hatte, auf die Terrasse zu bringen. Dann kam sie näher, gehüllt in ein rostrotes Gewand, das mit goldenen Stickereien geschmückt war und bei jeder Bewegung leise knisterte. Einen Schritt vor Adam blieb sie stehen, hob die Hand und hielt sie ihm kurz an die Wange, legte sie auf die braune Haut, die echt aussehen und sich auch echt anfühlen sollte. Aber Victoria ließ die Hand sofort wieder sinken. »Wie geht es dir, Adam?«

Er sagte: »Es geht mir gut.«

»Oh!« Ein Lächeln erschien auf den Lippen und verschwand sofort wieder. »Es freut, mich dass es dir gut geht.«

»Ich habe euch lange nicht besucht«, sagte Adam. »Das tut mir leid.« Er hätte gern von seinem Wunsch gesprochen, wieder jung zu sein, der Knabe, mit dem Conrad und Victoria damals um die Welt gesegelt waren, der Jugendliche, der manchmal allein aufbrach, mit einem kleineren Segelboot, und der junge Mann, der sich auf den dreißigsten Geburtstag freute, auf das Geschenk der Maschinen: Unsterblichkeit und Gesundheit, für immer. Das alles hätte er gern gesagt, aber etwas hielt die Worte zurück. Die Frau, die dort vor ihm stand, seine Mutter, sie hätte genauso gut eine Fremde sein können.

»Wie alt bist du jetzt, Adam?«

»Weißt du es nicht?«

»Neunzig?«

»Zweiundneunzig.« Ich bin ein Greis, dachte er. Das Wrack eines Menschen, nicht mehr fähig, aus eigener Kraft zu gehen; manchmal brauche ich sogar Hilfe beim Essen. Du hättest den Alten, der ich geworden bin, bestimmt nicht erkannt. Vielleicht hätte dich sein Anblick sogar entsetzt.

»Oh! Das bedeutet ...«

»Ja.« Es bedeutet, dass ich bald sterben werde, dachte er.

Mit den Sensoren des Faktotums sah Adam die Hilflosigkeit im Gesicht seiner Mutter vielleicht noch deutlicher, als es mit menschlichen Augen möglich gewesen wäre. Hilflosigkeit und Verwirrung angesichts einer Situation, mit der sie trotz der Erfahrungen eines langen Lebens nicht umzugehen wusste. Und es gab noch etwas anderes, einen Zorn tief in ihr, einen nie ausgesprochenen Vorwurf. Sie hatte sich ein Kind gewünscht und sogar ihre Unsterblichkeit dafür riskiert, und dann hatte sich herausgestellt, dass ihr Kind nicht unsterblich werden konnte, dass sie irgendwann erleben musste, wie es starb. Das hatte sie ihm nie verzeihen können.

»Dein Vater«, sagte sie plötzlich. »Dein Vater wird in den Kreis der Hohen Hundert aufsteigen! Hast du davon gehört?«

»Nein.«

»Es ist noch nicht offiziell, aber wir glauben, dass die Nominierung bei der nächsten Vollversammlung in zehn Jahren stattfinden wird, und dann kann er fünf Jahre später bei der Genneva-Klausur zum Nachfolger von Ellergard werden, der vor wenigen Monaten einem schrecklichen Unfall zum Opfer fiel.« Victoria hob beide Hände zum Mund, als bereiteten ihr die Worte Schmerzen. Aber sie schien auch froh zu sein, über etwas mit Adam reden zu können, das nicht direkt ihn betraf. »Komm«, fügte sie hinzu, als die Servomechanismen mit weiteren Tabletts den Raum verließen. »Lass uns nach draußen gehen zu den anderen.« Sie wollte seine Hand ergreifen, überlegte es sich aber anders und deutete statt dessen zur Tür.

Draußen war es frisch geworden, fast kalt. Adam versuchte sich an die Jahreszeit zu erinnern. War dies der Herbst oder vielleicht schon der Anfang des Winters? Er sah zum Mond hoch, der über Klippen und Meer leuchtete, begleitet von einigen besonders hellen Sternen. Ich habe die Zeit vergessen, dachte er. Ausgerechnet ich, der nur noch wenig Zeit hat.

»Ellergard? Was ist mit ihm passiert?«

Sie blieben bei der Tür stehen, abseits des Banketttisches, an dem die Gäste inzwischen Platz genommen hatten.

»Er ist mit einem selbst gebauten Deltasegler von den Windigen Felsen losgeflogen, drüben bei Nuhuk«, sagte Victoria. Sie sprach jetzt ruhiger und schien sich gefasst, die Überraschung überwunden zu haben. »Ohne Signalnadel. Ohne Begleitung. Ohne Rettungspaket. An einem stürmischen Abend. Wie kann man so dumm sein?, frage ich dich. Oder ...«

Sie beugte sich vor und blickte kurz nach rechts und links. »Vielleicht hat er ...« Sie wagte nicht weiterzusprechen.

»Vielleicht hat er was?«

»Man munkelt, dass er es darauf ankommen lassen wollte«, sagte Victoria leise. »Dass er es vielleicht sogar darauf anlegte.«

»Worauf?«, fragte Adam geistesabwesend. Er fühlte neue Müdigkeit und bedauerte, hierhergekommen zu sein. Dies war kein Ort mehr für ihn.

»Selbstmord«, hauchte Victoria so leise, dass er sie trotz der Sensoren kaum verstand.

»Ein Unsterblicher, der Selbstmord begeht?«

»Nicht so laut.« Victoria sah sich verlegen um. »Oh, da kommt dein Vater.«

»Wer ist das, meine Liebe? Offenbar ein Faktotum, und Faktoten werden nur benutzt von ... Haben wir einen Mindtalker zu Gast?«

»Es ist unser Sohn«, sagte Victoria mit einem schnellen Blick zum Tisch.

»Unser Sohn? Oh, ich *verstehe*.« Conrad klopfte Adam auf die Schulter. »Ich nehme an, du hast die gute Nachricht gehört. Natürlich bin ich noch kein offizieller Nominierungskandidat, aber gewisse Dinge sprechen sich schnell herum. Es freut mich sehr, dass du gekommen bist, um mir zu gratulieren, äh ...«

»Adam«, sagte Adam. »So lautet mein Name.«

»Ja, Adam, natürlich. Bitte entschuldige.« Er klopfte auf das Gewand, das er trug, auf den breiten Gürtel mit den Taschen. »Ich habe mein Zusatzgedächtnis nicht dabei.«

Das war sein Vater, ein Fremder. Wie seine Mutter lebte er in einer anderen Welt. Es gab eine Barriere zwischen ihnen, unsichtbar, aber sehr massiv und höher als der höchste Berg. Auf ihrer Seite erstreckte sich das endlose Meer der Zeit; auf seiner waren die Jahre kurz und wurden immer kürzer.

Einige der Gäste am Tisch waren aufgestanden, unter ihnen ein kahlköpfiger Mann aus Merika, wie seine dunkle Haut zeigte. Er war größer als Conrad und breiter in den Schultern, und in seinen Augen lag der Glanz hohen Alters. Adam erinnerte sich daran, ihm zum ersten Mal als Kind begegnet zu sein, vor etwa achtzig Jahren, und natürlich sah er heute genauso aus wie damals. Auch seine Stimme hatte sich nicht verändert, war noch immer ein dumpfer Bass.

»Ich nehme an, du bist Adam«, sagte er. »Gruß dir, Mindtalker.«

»Gossamer war so freundlich, uns sein neuestes Kunstwerk zu bringen«, sagte Conrad und sah kurz Victoria nach, die zum Tisch eilte, um sich dort um die anderen Gäste zu kümmern. »Er hat es dort vorn aufgestellt. Komm, wir zeigen es dir.«

Gossamer, ein Tausender. Jemand, der über tausend Jahre alt war. Seit inzwischen sechshundert Jahren galt er als bester Soundskulpteur der Erde.

Daran erinnerte sich Adam sofort, aber er hatte das Gefühl, dass noch eine andere Erinnerung präsent sein sollte.

»Siebenundvierzig Jahre habe ich daran gearbeitet«, verkündete Gossamer stolz, als sie das Podium erreichten, einen massiven Basaltblock mit Stufen auf drei Seiten. Oben standen mehreren Projektoren, und zwischen ihnen hing etwas in der Luft, ein schwaches Glitzern wie von Kristallstaub, der das Licht des Mondes und der nahen Terrassenlampen einfing. Die Sensoren des Faktotums verrieten Adam, worum es sich handelte: um mehrfach gestaffelte, geknickte und gebogene Akustikfelder.

Gossamer deutete nach oben. »Schade, dass du Rebecca nicht mitgebracht hast. Hör es dir an, mein Junge, hör es dir an.«

Rebecca!

Daran hätte er sich erinnern sollen. Plötzlich fiel es ihm ein. Bei der letzten Mission war er nicht allein gewesen; Rebecca hatte ihn bei seiner Ankunft erwartet.

Er stand schon auf der obersten Stufe, obwohl er sich überhaupt nicht für akustische Skulpturen interessierte, blickte zurück und stellte fest, dass sie unten warteten, Gossamer und Conrad, zwei Väter, was selten genug war unter den Unsterblichen. Aber es verband sie noch mehr. Sie waren jeweils Vater eines Sohnes und einer Tochter, bei denen die Behandlung versagt hatte; beide alterten und mussten schließlich sterben.

Rebecca? Wie hatte er vergessen können, dass sie beim letzten Einsatz dabei gewesen war? Und warum enthielt die Datenbank nichts darüber?

Gossamer wippte auf den Zehen, die Hände auf den Rücken gelegt. Conrad winkte ungeduldig.

Adam betrat die Soundskulptur zwischen den Projektoren. Was er hörte, war nicht für die Sensoren eines Faktotums bestimmt, sondern für menschliche Ohren: eine Mischung aus Klagelauten, Gelächter, dem Klirren von Glas und dem Fauchen eines heranziehenden Sturms. Weil er sich von den beiden Unsterblichen vor dem Podium beobachtet wusste, wandte er sich zur einen Seite und dann zur anderen, gab vor, aufmerksam zu lauschen, und fügte der Heuchelei gelegentlich ein anerkennendes Nicken hinzu. Rebecca, dachte er. Er hatte sie in seinen Händen getragen, das fiel ihm jetzt ein, Kopf und Rumpf eines Faktotums, das besser gewesen war als seines. Wie konnte er das vergessen haben? Ging es ihm so schlecht? Er nahm sich vor, Bartholomäus danach zu fragen.

Er veränderte das Gesicht des Faktotums, er ließ es lächeln, während er vorgab, den akustischen Arrangements der Soundskulptur zu lauschen, und er trieb die Lüge weiter, bis die beiden unsterblichen Männer vor dem Podium zufrieden waren und zum Tisch zurückkehrten. Erleichtert verließ Adam den Basaltblock über die hintere Treppe, doch als er sich bereits in Sicherheit wähnte, stand plötzlich ein Mann vor ihm, der eben noch am Banketttisch gesessen hatte, ebenfalls in ein förmliches Gewand gekleidet.

»Wenn ich Sie etwas fragen darf, Mindtalker ...«

»Ja?«

Sie standen hinter dem Basaltblock; vom Tisch aus waren sie nicht zu sehen.

Der Mann kam noch etwas näher. Mondschein spiegelte sich in seinen Augen wider; sie schienen zu brennen. »Wie ist es? Wie fühlt es sich an?«

»Was meinen Sie?«

»Der nahe Tod«, sagte der Mann und sprach noch etwas leiser. Adam hörte trotzdem die Aufregung in seiner Stimme. »Das Ende, das heranrückende Nichts ... Was macht es aus dem Leben?«

»Es macht das Leben vor allem kurz«, sagte Adam. »So kurz, dass es nicht mehr lohnt, an die Zukunft zu denken, dass einem nur noch Erinnerungen bleiben.« Manchmal nicht einmal die, dachte er.

»Aber wie fühlt es sich an? Ich meine ... Wie ist es, wenn man keine Pläne mehr schmieden kann, weil man weiß, dass die Zeit einfach nicht reicht? Lebt man anders? Fühlt sich das Leben anders an? Können Sie es beschreiben?«

»Wenn Sie wissen wollen, was Schmerz ist, müssen Sie ihn fühlen«, sagte Adam kühl. »Wenn Sie wissen wollen, wie sich der Tod anfühlt, müssen Sie sterben. Bitte entschuldigen Sie mich jetzt. Ich habe keine Lust, dumme Fragen zu beantworten; dafür ist mir meine wenige Zeit zu kostbar.«

Er wandte sich von dem Mann ab und ging zwei Treppen hinunter, von Servomechanismen zwischen den Felsen der Steilwand angelegt. Ellergard fiel ihm ein, der Unsterbliche, von dem ihm seine Mutter erzählt hatte. Ein Mann, der an einem stürmischen Abend zu einem riskanten Flug aufgebrochen war, ohne Signalnadel und ohne Rettungspaket. Ein Unsterblicher mit einer Zukunft aus unendlich vielen Jahren. Hatte auch er wissen wollen, wie es sich anfühlte, wenn all die Jahre zu Minuten schrumpften? Wie dumm musste man sein, um die Ewigkeit aufs Spiel zu setzen?

Der Abendwind rauschte in den Baumwipfeln über Adam, übertönte die Stimmen von der Hauptterrasse und wich dann selbst in den Hintergrund, denn mit jedem Schritt nach unten wurde die Brandung lauter. Auf einer der unteren Terrassen blieb er stehen und bemerkte, dass am Kai nicht nur das Multifunktionsvehikel stand, mit dem er gekommen war, sondern noch ein zweites MFV, kleiner und schnittiger.

Eine Gestalt löste sich aus den Schatten, und Adam erkannte sie sofort. Es gab Lücken in seinem Gedächtnis, aber an diese Frau erinnerte er sich mit überraschender Klarheit. Das letzte Mal – zum zweiten Mal in seinem Leben – hatte er sie in einem cremefarbenen Gewand gesehen, ganz kurz, halb zwischen den Bäumen eines Waldes verborgen. Siebzig Jahre zuvor hatte er sie zum ersten Mal gesehen, an seinem zweiundzwanzigsten Geburtstag, während der von seinem Vater veranstalteten Feier: eine Frau, die er nicht kannte, mit schmalem Gesicht und großen dunklen Augen, die ihn aufmerksam beobachtet hatten.

Ihr Blick war auch jetzt auf ihn gerichtet, als die Frau näher trat. »Sie haben genug, nicht wahr?« Sie deutete nach oben, zur Hauptterrasse.

»Ja.«

»Ich verspreche Ihnen, Sie nicht mit Soundskulpturen oder dummen Fragen zu belästigen«, sagte die Frau. »Aber ich möchte Ihnen etwas zeigen. Begleiten Sie mich?« Wieder eine Geste mit der Hand. Diesmal galt sie dem kleineren MFV.

Adam zögerte. Er war müde. Nebel breitete sich wieder zwischen seinen Gedanken aus, machte sie langsam und träge.

»Es ist nicht weit, und es dauert nicht lange«, sagte die Frau.

»Na schön.«

Eine Minute später flogen sie durch die Nacht.

»Hier soll es geschehen sein«, sagte die Frau. »Genau an diesem Ort.« **14**

Sie waren etwa dreißig Schritte gegangen und standen auf einem breiten Vorsprung, »Windige Felsen« genannt. Etwa zweihundert Meter weiter unten, an den Hängen des Berges, erstreckte sich Nuhuk am Kotjifjord, die »umgezogene Hauptstadt«, wie man sie lange Zeit genannt hatte. Die ursprüngliche Hauptstadt des Grünen Landes namens Nuuk war damals bei der Flut im Meer versunken. Ihre Nachfolgerin Nuhuk hatte sich nach einer kurzen Blüte in eine Geisterstadt verwandelt, die heute, von Maschinen gepflegt, als Museum diente und von der Zeit der Verzweiflung erzählte, als der Lebensraum der Menschen immer mehr geschrumpft war und Kriege die Überlebenden dezimiert hatten.

»Sie meinen Ellergard«, sagte Adam.

»Ja.«

»Sie haben gehört, dass mir Victoria von ihm erzählt hat? Wir waren im Haus, allein.«

»Nein, im Haus hätte ich Sie nicht hören können, denn es ist geschützt. Sie hatten es verlassen und standen auf der Terrasse, neben der Tür.« Die Frau klopfte auf die Signalnadel am Kragen ihrer leichten Jacke.

»Sie haben gelauscht.«

Die Frau zuckte mit den Schultern und lächelte. Sie hatte etwas Unbeschwertes, das sie sympathisch machte, eine mädchenhafte Unbekümmertheit, obwohl sie vermutlich viel älter war als Adam. Die Behandlung an ihrem dreißigsten Geburtstag hatte die Jugend bewahrt, und der Mondschein machte ihre Züge noch etwas weicher, ließ sie noch etwas jünger erscheinen.

Kühler Wind wehte, spielte mit ihrem schulterlangen schwarzen Haar. »Hier brach Ellergard zu seinem letzten Flug auf. Dort unten ging sein Leben zu Ende, heißt es, nach sechshundertzweiundsiebzig Jahren.«

»Victoria sprach davon, dass er auf die üblichen Sicherheitsmaßnahmen verzichtete. Sie meinte ...«

»Selbstmord? Warum sollte ein fast siebenhundert Jahre alter Unsterblicher Selbstmord begehen?«

»Weil er des Lebens müde war?«

Die Frau warf ihm einen neugierigen Blick zu. »Glaubt man das bei den Mindtalkern, bei den Sterblichen? Glauben Sie wirklich, dass die Unsterblichen irgendwann von ihrem ewigen Leben genug haben und sich nach dem Tod sehnen könnten? Das ist Unsinn, Adam. Ich verrate kein Geheimnis, wenn ich sage: Je länger unser Leben dauert, desto wertvoller wird es für uns, desto mehr Möglichkeiten erkennen wir. Das Leben der Unsterblichen wird mit zunehmendem Alter nicht langweiliger, Mindtalker, sondern immer interessanter. Verstehen Sie Patricks dumme Fragen von vorhin nicht falsch. Der Tod interessiert uns als ein exotisches Phänomen, das uns nicht betrifft; so etwas wie unterschwellige Sehnsucht nach dem Ende steckt nicht dahinter.« Sie deutete in die Tiefe. »Was auch immer hier geschah, Adam – es starb niemand.«

Adam blickte nach unten, über die bunten Gebäude der alten Stadt. Der Wind wurde kälter und böiger, was die Frau aber nicht zu stören schien.

»Es starb niemand? Wie meinen Sie das?«

Eine Hand der Frau kam nach oben, berührte die Signalnadel am Jackenkragen und drehte sie ein wenig.

Adams Datenbankverbindung existierte plötzlich nicht mehr, und das Kommunikationsmodul des Faktotums schickte ein internes Warnsignal: Der telemetrische Kontakt mit der Konnektorstation war unterbrochen.

Die Frau kam seiner Frage zuvor. »Damit wir ungestört sind«, sagte sie. »Niemand soll uns beobachten oder belauschen.«

»Aber wer ...?«, begann Adam verwundert.

»Die Maschinen. Der Cluster.«

Adam fiel etwas ein. Als er im Sturm auf der Klippe gestanden und den Ozean beobachtet hatte, getragen von einem Mobilisator ... Bartholomäus hatte davon gesprochen, ihn gesucht zu haben, obwohl die Maschinen immer wussten, wo sich die Mindtalker befanden.

»Sie waren auf der Klippe«, sagte er. »Ich habe Sie gesehen, ganz kurz.«

»Ja.«

»Haben Sie das dort benutzt?« Er deutete auf die Signalnadel.

»Nein, die Nadel nicht. Einen Scrambler.«

»Warum?«

»Ich wollte mit Ihnen reden«, sagte die Frau. »Ungestört. So wie jetzt.«

»Und Sie waren bei der Feier zu meinem zweiundzwanzigsten Geburtstag anwesend, vor siebzig Jahren. Sie haben mich beobachtet, die ganze Zeit über.«

»Weil Sie mir interessant erschienen. Ein so junger Mensch, den noch Jahre von der Behandlung trennten, der noch wuchs und reifte ... Es werden nicht viele Kinder geboren, Adam. Die meisten Unsterblichen sind unfruchtbar. Wir sind nur noch vier Millionen Menschen auf der Erde, und jedes Jahr werden nicht mehr als hundert Kinder geboren.«

»Bartholomäus und die anderen versuchen zu helfen.« Der Nebel in Adams Kopf – in seinem Bewusstsein – verdichtete sich, machte die Gedanken noch langsamer. Das Gespräch mit der Frau war anstrengend. Es gab zu viele Zwischentöne, die er zwar hörte, deren Bedeutung er aber nicht erfassen konnte. »Es liegt am Omega-Faktor. Die Maschinen versuchen, eine Lösung zu finden. Sie ... arbeiten daran.«

»O ja«, sagte die Frau. Es klang nicht sehr begeistert. »Sie arbeiten an vielen Dingen.«

»Wir müssen Vertrauen haben. Vertrauen und Geduld.«

»Geduld! Und das sagt jemand, der bald sterben muss!«, entfuhr es der Frau überrascht. »Oh, entschuldigen Sie, bitte, Adam. Ich wollte nicht ...«

»Schon gut.« Adam deutete in die Tiefe vor ihnen. »Sie haben mich hierher gebracht, um mir den Ort zu zeigen, wo Ellergard ums Leben kam. Und eben haben Sie gesagt, dass er gar nicht gestorben ist.«

»Er verschwand spurlos. Man fand keine Leiche, nicht einmal Teile davon. Nur den zerbrochenen Deltasegler. Nichts kann vollkommen spurlos verschwinden. Es sei denn ...«

»Ja?«

»Wir glauben, dass Ellergard entführt wurde.«

»*Entführt?*«, wiederholte Adam verblüfft. »Von wem?«

Die Frau zögerte. »Von den Maschinen.«

»Das ist doch absurd!«

»Seit ein paar Tagen gibt es nicht mehr hunderteinunddreißig Mindtalker, sondern hundertzweiunddreißig. Wenn man eins und eins zusammenzählt ...«

»Lautet das Resultat hundertzweiunddreißig?«

»So könnte man sagen, Adam.«

Die Gedanken krochen durch den Nebel; jeder suchte sich einen eigenen Weg. »Sie kennen meinen Namen. Ich bin Ihnen gegenüber im Nachteil«, sagte Adam

»Ich muss mich noch einmal bei Ihnen entschuldigen«, erwiderte die Frau. »Ich hätte mich vorstellen sollen. Mein Name lautet Evelyn.« Sie lächelte ihr mädchenhaftes Lächeln. »Wir passen gut zueinander, finden Sie nicht?«

»Ich fürchte, ich verstehe Sie nicht.« Die Frau sprach in Rätseln.

»Adam und Eva. Sie wissen schon.

»Nein ...«

»Sie wissen nicht, wer Adam und Eva waren?«

»Sollte ich sie kennen?«, fragte Adam hilflos. »Waren es vielleicht Mindtalker wie ich?«

Die Frau lachte und klang fast so wie damals Rebecca.

Rebecca, dachte Adam benommen. Ich muss Bartholomäus nach ihr fragen. Ich muss ihn fragen, warum ich mich nicht an sie erinnert habe, obwohl sie mir bei meinem letzten Einsatz geholfen hat.

»Vielleicht ist das hier der Grund.« Evelyn hob die Hand noch einmal zu ihre Signalnadel. »Sie sind von Ihren Datenbanken abgeschnitten und auch von den Neurostimulatoren. Wenn Sie wissen wollen, wer Adam und Eva gewesen sind ... Ich zeige es Ihnen. Was halten Sie von einem kleinen Abstecher nach Europa? Eine Reise, von der nur wir beide wissen. Einige Stunden Ihrer Zeit, Adam. Ein kleines Abenteuer.«

Er wünschte sich zurück zur Konnektorstation, damit er Bartholomäus nach Rebecca fragen konnte, aber das freundliche Lächeln dieser Frau, die sich Evelyn nannte, und ihre einladende Geste ... Er ließ das Faktotum nicken. »Ein paar Stunden«, sagte er. »Den Rest der Nacht.«

»Nur den Rest der Nacht gönnen Sie mir, mehr nicht? Dann lassen Sie uns Ihr MFV nehmen. Es ist bereits groß genug für uns beide. Bei meinem würde die Rekonfiguration zu viel Zeit in Anspruch nehmen, und Zeit ist kostbar, nicht wahr?«

»Für mich schon«, sagte Adam.

Die Frau lächelte erneut. »Für mich auch, zumindest in dieser Nacht.«

15 »Europa«, sagte Evelyn, als sie in dunkler Nacht aus Adams Multifunktionsvehikel stiegen. »So heißt auch ein Mond des Jupiters, unter dessen Eiskruste es einen tiefen Ozean gibt. Einige von uns waren dort. Sie haben sich auf den Weg gemacht, als die Maschinen noch interplanetare Reisen zuließen. Sie besuchten die Konnektorstation, von der aus die Erforschung des Ozeans unter dem Eis begann. Einer von euch steuerte damals das erste Forschungsvehikel, ein Mindtalker.«

»Wo sind wir hier?« Adam sah sich um. Seit Evelyns Signalnadel seine Verbindung mit der Konnektorstation unterbrochen hatte, funktionierten die Sensoren nicht mehr so gut wie vorher. Vor ihnen erstreckte sich eine Landschaft, die hauptsächlich aus Ruinen bestand.

»Auf einer der Inseln, die vor der Flut zum Festland des nördlichen Europas gehörten.« Sie ließ einen kleinen Servomechanismus aufsteigen, und wenige Sekunden später erstrahlte das Licht einer Lampe. Es erhellte einen Weg zwischen alten Gebäuden vor ihnen. Kalter Wind wehte, und Adam beobachtete, wie Evelyn den Kragen ihrer Jacke hochklappte.

»Seltsam, nicht wahr?«, fügte sie hinzu. »Wir sind ein ganzes Stück weiter im Süden, aber hier ist es kälter als bei uns. Es könnte sogar Schnee fallen. Kommen Sie, Adam.«

Sie schritten an den Ruinen vorbei. Nirgends regte sich etwas, und Adam hörte nur den Wind und das Meer hinter ihnen – sein MFV stand nicht weit vom Ufer entfernt.

»Wer ist ›wir‹?«, fragte Adam. Erstaunlicherweise war er nicht mehr so müde wie noch vor einigen Stunden, aber seine Gedanken blieben träge, langsam wie Würmer in Morast. Erinnerungen kamen und gingen, und diese war eine davon.

»Wir?«, wiederholte Evelyn, als sie sich einem Gebäude näherten, das nach einer Kathedrale aussah.

»Sie haben gesagt: ›Wir glauben, dass Ellergard entführt wurde.‹ Wen meinten Sie mit ›wir?«

»Oh. Die Gruppe zu der ich gehöre. Eine Gruppe von Freunden.«

»Die Maschinen können Ellergard nicht entführt haben«, sagte Adam, der lange darüber nachgedacht hatte. »Ich meine, warum sollten sie einen Unsterblichen verschleppen? Das hätte doch überhaupt keinen Sinn. Unsterbliche können keine Mindtalker werden. Sie müssten ihre Unsterblichkeit verlieren und in Körper und Geist *alt* werden, so wie ich. Sie müssten an der Neurodegeneration leiden, um durch die Konnektoren transferiert zu werden.«

»Vielleicht ist genau das mit Ellergard geschehen«, sagte Evelyn, während sie durch die Nacht schritten und der über ihnen fliegende kleine Servomech für sie leuchtete. »Vielleicht haben ihm die Maschinen seine Unsterblichkeit genommen.«

»Aber ... Sie schützen uns. Die Maschinen kümmern sich um uns. Sie produzieren, was wir brauchen. Sie erfüllen uns jeden Wunsch, wenn sie können. Die Unsterblichkeit war ihr Geschenk an uns.«

»Die Maschinen haben versprochen, unser Erbe zu bewahren, Adam. Sehen Sie sich um. Hier verfällt alles.«

Adams Blick strich über die Ruinen. »Nuhuk ...«

»Nuhuk ist die Ausnahme«, sagte Evelyn. »Vielleicht wegen der nahen Konnektorstation. Dies hier ist die Regel.«

Sie erreichten das große Gebäude, die Kathedrale, der ein Teil ihres Turms fehlte. Oben pfiff der Wind durch Mauerritzen.

Sie traten ein, durch ein großes Portal aus altem Holz, und als sie es hinter sich schlossen, breitete sich Stille aus – die Stimme des Windes wurde zu einem leisen Flüstern an den hohen Fenstern.

Der kleine Servomech leuchtete noch immer für sie. Das Licht seiner Lampe strich über lange Sitzreihen, die sich zu beiden Seiten eines Mittelganges erstreckten und ebenfalls aus Holz bestanden, so dunkel und alt wie das der Tür.

»Ein religiöser Ort«, sagte Adam, als sie durch den Gang zwischen den Sitzreihen schritten. »Hier wurde ... gebetet?«

»Ja. Dies ist eine Kirche, eine Kathedrale, für die Gläubigen der damaligen Zeit ein heiliger Ort.«

Adam sah sich um. »Religion ist Unsinn.«

Evelyn lachte, und ihr Lachen hallte durch den Saal, stieg auf zu den Fenstern und der gewölbten Decke mit den verblassten Malereien. »Und das von einem Sterblichen!«

»Stimmt es nicht?«, erwiderte Adam. »Religion ist die Suche nach ...« Er versuchte sich zu erinnern, aber die Worte entglitten ihm.

»Nach Trost«, sagte Evelyn. »Nach Erklärungen für etwas, das man nicht versteht. Nach einer Antwort auf die Frage nach dem Sinn.«

»Die Maschinen können erklären, was wir nicht verstehen. Sie kennen auch die Antwort, wenn man nach dem Sinn fragt.«

»So erzählen es ihre Edukatoren in den Zentren des Wissens. Und vielleicht haben sie recht. Vielleicht ist Religion wirklich nicht mehr als ein Relikt der Vergangenheit, als der Versuch des noch primitiven, unwissenden Menschen, die Welt zu erklären. Und vor allem den Tod, den er so sehr fürchtete. Damals bedeutete Religion Macht, denn sie versprach ein Leben nach dem Tod. Die Unsterblichkeit des Menschen stellte diese Macht infrage und führte zum Niedergang der Religionen.«

»Vielleicht kümmern sich die Maschinen deshalb nicht um diesen Ort«, sagte Adam. »Weil er keinen Wert hat. Weil er Dummheit symbolisiert.«

»Dummheit?« Evelyn lächelte, aber diesmal war es ein bitteres Lächeln. »Dummheit ist etwas anderes. Dummheit ist ...« Sie unterbrach sich und deutete nach vorn. »Ich wollte Ihnen etwas zeigen. Kommen Sie, Adam.«

Nach zwanzig weiteren Schritten erreichten sie einen rechteckigen Block. Der fliegende Servomechanismus richtete sein Licht darauf, auf eine Inschrift, die aus Zeichen bestand, die Adam ohne seine Datenbank nicht zu deuten wusste.

»Das ist der Altar«, sagte Evelyn. »Dort stand der Priester und zelebrierte die Messe für die Gläubigen. Dahinter ...«

Das Licht wanderte weiter, über den Altar hinweg zur gewölbten Wand dahinter, die zu einem großen Teil aus buntem Glas bestand. Zwei Gestalten zeichneten sich ab, ein Mann und eine Frau, unbekleidet, aber halb hinter Früchten und Blättern verborgen. Sie schienen sich in einer Art Garten zu befinden.

»Das sind Adam und Eva, angeblich von Gott erschaffen«, sagte Evelyn. »Unsterblich und ohne Krankheit lebten sie im Paradies, in einem prächtigen Garten, in dem es immer warm war, in dem immer die Sonne schien und es nie an Nahrung mangelte.«

»Was macht die Schlange zwischen ihnen?«, fragte Adam. »Und warum halten die beiden Menschen einen Apfel in der Hand?«

»Die Schlange ist ein Symbol des Bösen«, sagte Evelyn. »Sie überredete Adam und Eva, die Äpfel vom Baum der Erkenntnis zu pflücken und zu essen, was ihnen von Gott verboten war. Sie erlangten Wissen, und dafür wurden sie bestraft. Sie mussten das Paradies verlassen, verloren ihre

Unsterblichkeit und lernten Mühsal und Schmerz kennen. Angeblich stammen alle Menschen von Adam und Eva ab.«

Stille folgte den Worten. Schließlich fragte Adam: »Das ist die Geschichte von Adam und Eva und der Religion, die hier zelebriert wurde? Warum haben Sie gesagt, dass wir gut zueinanderpassen, wie Adam und Eva?«

Evelyn sah ihn an und zögerte einen Moment. »Adam und Eva suchten nach Wissen. Vielleicht sollten wir uns ein Beispiel an ihnen nehmen. Vielleicht sollten auch wir versuchen, mehr zu erfahren, den Dingen auf den Grund zu gehen.«

»Es gibt die Zentren des Wissens«, sagte Adam. »Mit spezialisierten Neurostimulatoren. Und die Maschinen beantworten dort jede Frage.«

»Vielleicht kommt es darauf an, die *richtigen* Fragen zu stellen. Und was ich Ihnen von Adam und Eva erzählt habe, ist nicht die ganze Geschichte. Aber sie ist aufgeschrieben; man kann sie lesen.«

»Lesen?«

Evelyn deutete auf eine offene Tür in der Wand rechts neben dem Altar. Eine schmale steinerne Treppe führte dort nach unten und in einen Raum, der mindestens halb so groß war wie das Kirchenschiff darüber. Bücherschränke aus fast schwarzem Holz erhoben sich an den Wänden, und wo sie Lücken ließen, reichten Regale vom Boden bis zur Decke. In der Mitte standen Tische und Stühle in Reih und Glied, von einer zentimeterdicken Staubschicht bedeckt. Mit einer Ausnahme. Am vierten Tisch war ein Stuhl nach hinten gerückt, und jemand hatte einen Teil des Staubes beiseitegewischt.

»Eine alte Bibliothek. Dort habe ich gesessen, zum letzten Mal vor zwei Jahren«, sagte Evelyn. »Ich habe versucht zu lesen.«

»Sie können die alten Schriftsprachen lesen?«

»Ich habe es mir selbst beigebracht. Zeit haben wir Unsterblichen genug.«

Evelyn ging zu einem der Bücherschränke, wählte ein Buch und zog es ganz vorsichtig aus seinem Fach. Doch so behutsam sie auch zu Werke ging, das Buch zerbröckelte, als sie es öffnete.

»Hier«, sagte sie und deutete auf ein anderes Buch. »Hier steht die ganze Geschichte geschrieben, über Adam und Eva und den Rest.«

Adam trat näher und betrachtete den Buchrücken, dessen Zeichen bedeutungslos für ihn blieben.

»Bibel«, sagte Evelyn. »So heißt das Buch. Es ist alt, aber nicht so alt wie andere religiöse Bücher, aus denen es Teile übernommen hat. Nur zu, werfen Sie einen Blick hinein, Adam.«

Er streckte die Hand des Faktotums aus, justierte die Empfindlichkeit der taktilen Sensoren und ergriff das Buch vorsichtig. Als er es in der Hand hielt, zerbrach es in mehrere Teile, die zu Boden fielen, mehr Staub als Papier.

»*Das* ist dumm«, sagte Evelyn. »Zuzulassen, dass Wissen und Kultur verloren gehen. Zahllose menschliche Generationen haben geschuftet und gekämpft, um dieses Wissen zu erringen, um es zu sammeln und in niedergeschriebenen Worten für die Nachwelt zu erhalten.«

»Es sind nur Worte.« Adam blickte auf den Staub zu seinen Füßen und dann über die vielen Buchrücken. »Nur alte Worte. Ich bin sicher, die Maschinen haben alles aufgezeichnet und gespeichert. In den Zentren des Wissens sind sie jederzeit abrufbar.«

»Und wenn niemand nach ihnen fragt, Adam? Haben Sie von Adam und Eva gewusst?«

»Nein ...«

»Also hätten Sie auch nicht danach fragen können. Unser Vermächtnis, Adam, das kulturelle Erbe der Menschheit, all das, was Menschen einmal erdacht und geträumt haben ... Es geht verloren. Es zerfällt zu Staub, weil niemand es bewahrt. Weil die Maschinen zulassen, dass es in Vergessenheit gerät.«

Ein Signal ertönte, wie das Läuten einer winzigen Glocke. Evelyn hob die Hand zu ihrer Signalnadel. »Oh«, sagte sie. »Ich muss gehen.«

»Was?«, fragte Adam verwundert. Zu viel war auf ihn eingeströmt. Es fiel ihm schwer, seine trägen Gedanken zu sortieren. Die Würmer im Morast, sie schienen sich verknotet zu haben.

»Wir bekommen Besuch. Ein Avatar ist hierher unterwegs.« Evelyn ergriff seine Hand, die Hand des Faktotums, eilte mit ihm durch die Bibliothek und die steinerne Treppe hoch. Stille erwartete sie im großen Saal der Kathedrale; das Flüstern des Windes an den hohen Fenstern hatte aufgehört. »Ich bin davon ausgegangen, dass die Maschinen länger brauchen würden, Sie zu finden.«

Sie traten nach draußen in die Nacht, und dort war es nicht ganz so still, obwohl sich in dem alten, verlassenen Ort noch immer nichts rührte. Adam hörte das Rauschen des Meeres und in der Ferne ein Pfeifen, das allmählich lauter wurde. Es stammte von einem MFV, das mit hoher Geschwindigkeit flog.

»Ihren genauen Aufenthaltsort kennen sie vermutlich noch nicht, aber das ist jetzt nur noch eine Frage von ein oder zwei Minuten.« Evelyn bückte sich und nahm einen Stein. »Bitte entschuldigen Sie, Adam. Ich weiß, dass ich Ihnen nicht wehtue, aber es ist mir trotzdem unangenehm ...«

Sie schlug zu, und der Stein traf das Kommunikationsmodul zwischen den Schulterblättern des Faktotums. »Behaupten Sie, gefallen zu sein. Dabei wurde der Kommunikator beschädigt, was das Ausbleiben Ihres Identifizierungssignals erklärt. Und vermeiden Sie es, mich zu erwähnen.«

»Aber warum ...«

»Es ist besser so, glauben Sie mir«, sagte Evelyn und drehte ihre Signalnadel. »Bis bald, Adam. Wir sehen uns wieder.« Sie lief los und war schon halb zwischen den Ruinen verschwunden, als sie noch einmal stehen blieb. »Übrigens: Es gibt keinen Omega-Faktor. Es hat ihn nie gegeben.«

»Was? Wie wollen Sie ohne mein MFV zurückkehren?«, rief Adam.

»Ich komme schon zurecht. Machen Sie sich um mich keine Sorgen.«

Evelyn verschmolz mit der Dunkelheit.

»Hier bist du, Adam«, sagte Bartholomäus eine Minute später. Das Multifunktionsvehikel hinter ihm wirkte wie ein zum Sprung geducktes Insekt. »Erneut musste ich dich suchen. Was ist passiert?« Er deutete auf das defekte Kommunikationsmodul.

So langsam Adams Gedanken ohne Telemetrie und eine Verbindung mit Datenbank und Stimulatoren auch sein mochten: Er begriff, dass er eine Entscheidung treffen musste, hier, jetzt.

»Ich bin gefallen«, sagte er und staunte darüber, wie leicht ihm die Lüge fiel. Es ist eine kleine Lüge, beruhigte er sein Gewissen. Sie bedeutet nicht viel.

Bartholomäus betrachtete den beschädigten Kommunikator kurz. »Warum bist du ausgerechnet hierher geflogen?«

»Ich war neugierig. Dies ist Europa, nicht wahr?«

»Ja, Adam.«

»Warum hat man einen Kontinent der Erde nach einem Mond des Jupiters benannt?«

»Ich erkläre es dir unterwegs. Wir müssen uns auf den Weg machen. Eine neue Mission wartet auf dich.«

Als sie zum MFV des Avatars gingen, sagte Adam: »Mein Vehikel steht dort drüben, am Ufer.«

»Ich weiß. Es wird unserem Leitsignal folgen.«

»Bartho?«

»Ja?«

Adam blieb vor dem großen Multifunktionsvehikel stehen. »Wie viele Mindtalker gibt es?«

Das Licht des Mondes fiel durch eine Wolkenlücke, und Bartholomäus' graue Augen fingen es ein. Für einen Moment schienen sie zu leuchten. »Diese gute Nachricht wollte ich

dir unterwegs nennen, Adam. Ihr seid jetzt einhundertzwei-
unddreißig.«

»Einer mehr.«

»Ja.«

»Und der Einhundertzweiunddreißigste ...«, sagte Adam.
»Heißt er vielleicht Ellergard?«

Zwei ganze Sekunden vergingen, bevor Bartholomäus antwortete: »Ellergard war ein Unsterblicher, Adam. Er fiel einem
tragischen Unfall zum Opfer. Vielleicht beging er sogar
Selbstmord. Unsterbliche können keine Mindtalker sein, das
weißt du. Ihr Bewusstsein hält den Transfer und die Konnexion nicht aus. Sie würden den Verstand verlieren.«

Adam blickte zum Mond hoch, der jetzt voll und hell zwischen den Wolken schien. Er hatte noch etwas anderes fragen wollen, aber es fiel ihm nicht ein.

»Die Mission, Bartho ...«

»Ja?«

»Ist sie wichtig?«

»Sie ist sogar sehr wichtig, Adam. Wir brauchen dafür
unseren besten Mindtalker. Wir brauchen dich.«

Adam zögerte. »Wann muss ich sterben, Bartho?«

»Noch nicht. Du hast noch Zeit. Du kannst noch einige
Male zu den Sternen reisen, bevor du stirbst.«

»Gut.« Adam stieg ein.

Der Transferschlaf wartete auf ihn, wohlig warm.

»Adam?«

»Ja, Bartho?«

»Mit wem bist du in Bruekk gewesen?«

»In Bruekk?

»So heißt die alte Stadt, die du besucht hast.«

»Die Ruinenstadt.« Adam erinnerte sich, während seine Gedanken dem Schlaf entgegentrieben, der sie forttragen würde, über viele Lichtjahre hinweg. Jetzt bekam der alte, stille Ort einen Namen, Bruekk, und ein Name bedeutet Identität, ein Gesicht. Er erblickte ein Gesicht, aber es sah nicht nach dem einer alten Stadt aus, es war ein Gesicht mit großen, dunklen Augen, umrahmt von schwarzem Haar. »Warum bewahrt ihr sie nicht, die alte Stadt? Du hast gesagt, dass die Maschinen Bewahrer sind, Bartho.«

»Wir bewahren, was wichtig ist, Adam«, sagte Bartholomäus. »Es gibt andere Städte, die wichtiger sind. Sie bewahren wir. Wer war bei dir, Adam? Mit wem hast du die Stadt besucht?«

»Wer bei mir war?«, fragte Adam verträumt und fühlte, wie die Schwäche seines Körpers von ihm wich, wie er in der Konnexion schwebte, die ihn in ein komprimiertes Datenpaket verwandelte, klein genug für den Link. »Eva war bei mir. Wir waren Adam und Eva.«

»Eva«, sagte Bartholomäus. Es klang seltsam.

»Eine Schlange war auch dabei. Aus irgendeinem Grund wollte sie, dass wir einen Apfel essen.«

»Wir sprechen darüber, wenn du zurück bist, Adam. Einverstanden? Ich wünsche dir ...«

»Warte! Ich wollte dich noch etwas fragen, Bartho. Aber ... ich habe vergessen, was es ist.«

»Dann kann es nicht sehr wichtig sein. Die Mission ist wichtig, Adam. Gute Reise.«

Transfer.

Ein Netz

Adam nutzte die Ruhezeit für einen Flug über den Planeten, **16** den die Maschinen »Uriel« nannten, vierter Trabant des Doppelsterns Lindophor A und B, sechshundertachtundsiebzig Lichtjahre von der Erde entfernt.

»Von hier oben kann man die Einschläge gut erkennen«, sagte er und blickte nicht in die Informationshologramme des Multifunktionsvehikels, sondern aus dem Fenster.

Eine grüne Decke aus chlorophyllbasierter, wild wuchernder Vegetation hatte sich über die Impaktkrater gelegt und glättete ihre Kanten. Ein bodengebundener Wanderer hätte vielleicht nur Mulden und lang gestreckte Täler bemerkt und sie für das Ergebnis von seismischer Aktivität und Erosion gehalten, aber aus einer Höhe von zweitausend Metern war das Muster deutlich erkennbar. Ein Bombardement hatte hier stattgefunden, vor einer Million Jahren.

»Der Weltenbrand«, sagte er.

»Darauf deutet alles hin«, bestätigte der Servomech, der als sein Assistent fungierte. »Der Zeitrahmen passt.«

»Aber wir haben hier keine Ruinenstädte gefunden.« Das Wort klang sonderbar, fand er. *Ruinenstädte*. Es verbarg sich eine tiefere Bedeutung darin, vielleicht eine Erinnerung.

»Sie vergessen die ausgedehnten subplanetaren Anlagen, die wir für die Kolonisierung nutzen, Adam«, erwiderte der Assistent.

»O ja, die Bunker.« So hatte er sie genannt bei ihrem ersten Anblick vor einigen Tagen beziehungsweise Arbeitszyklen. Bunker. Festungen tief in der Kruste des Planeten. Bollwerke aus Basalt und Granit, ihre Mauern viele Hundert Meter dick. Unterirdische Fortifikationen, vielleicht Schutz und Zuflucht für die Geschöpfe, deren Reste die Maschinen im großen Grabtrichter gefunden und freigelegt hatten.

Kolonisierung, dachte Adam. Dieses Wort hatte der Assistent benutzt, und nicht zum ersten Mal. Aber er meinte damit keine Kolonie der Menschen, sondern der Maschinen. Auch jemand anderer hatte von *Kolonisieren* gesprochen, jemand, den er gut kannte, aber der Name fiel ihm nicht ein.

Vor dreihundert Jahren hatte die erste Sonde das Lindophor-System erreicht, und seitdem war eine große Kolonie entstanden, mit Zentren auf der Oberfläche des Planeten und in den Bunkern, ausgestattet mit leistungsfähigen Brütern. Es existierte bereits ein kleiner Cluster, dessen Intelligenz zwar nicht annähernd an die des Clusters auf der Erde heranreichte, aber inzwischen für alle lokalen Operationen genügen sollte. Vielleicht war das die Erklärung für Adams überwiegend passive Rolle auf Uriel, obwohl Bartholomäus von einer wichtigen Mission gesprochen hatte. Die Präsenz des Clusters setzte die Notfallklausel der Einsatzregeln außer Kraft, denn er konnte alle wichtigen Entscheidungen selbst treffen.

»Ein Bombardement«, wiederholte Adam und blickte noch immer aus dem Fenster des MFV. »Vielleicht unter Einsatz von Meteoriten oder Asteroiden. Es muss schlimm gewesen sein, damals. Wirklich schlimm. Aber … kann sich die Natur in einer Million Jahren erholen? Ist das Zeit genug für Bäume und Büsche, alles zu bedecken?«

»Eine Million Jahre sind viel Zeit, Adam«, sagte der Assistent. Er hatte sich mit einem seiner Glieder an der Wand verankert, und eine andere verband ihn mit den Bordsystemen. Wahrscheinlich sprach er die ganze Zeit über mit dem Ratiokondensat des Piloten. »Und offenbar sind auf Uriel keine Eraser verwendet worden.«

Eraser. So nannten die Maschinen eine der Waffen, die beim Weltenbrand zum Einsatz gekommen waren. Sie löschte biologisches Leben aus, bis hin auf das Niveau von Einzellern; sie konnte einen ganzen Planeten sterilisieren, wie es zum

Beispiel bei Dynlye im Orphei-System und Atith im Ustoray-System geschehen ist. Der *Annihilator* war wie eine heiße kosmische Faust, die zertrümmerte und zerschmetterte, verbrannte und verdampfte. Er hinterließ glasierte Wüsten und geschmolzenes Urgestein. Die Hauptwaffe des Weltenbrands war der *Kauter*, der einzelne Städte ebenso vernichtet hatte wie ganze Welten. Die vom Kauter hinterlassenen Spuren unterschieden sich manchmal sehr voneinander, aber letztendlich ging es immer um das Aufbrechen von Molekülketten und die selektive Neutralisierung atomarer Bindungskräfte.

Weltenbrand, dachte Adam. Wir wissen noch immer viel zu wenig darüber. Er verbesserte sich in Gedanken. *Ich* weiß viel zu wenig darüber.

»Dies ist primitiv«, sagte Adam und hielt den Blick nach unten gerichtet, obwohl die Infohologramme das Muster des Bombardements viel deutlicher zeigten. »Einfach Objekte vom Himmel fallen zu lassen ... Sind wir sicher, dass dies zum Weltenbrand gehört?«

»Der Cluster ist sicher, Adam.«

»Meinst du den kleinen hier auf Uriel oder die Maschinen auf der Erde?«

»Sowohl als auch«, erwiderte der Assistent.

»Aber warum den Planeten mit Meteoriten oder Asteroiden bombardieren, wenn es hier keine Städte gab?«

»Wir vermuten, das damalige Bombardement sollte heftige Erdbeben bewirken oder gar die planetare Kruste aufbrechen«, sagte der Assistent. »Den Angreifern ging es um die Bunker.«

»Wer waren die Angreifer?«, fragte Adam nachdenklich. Er wusste so wenig, und er vergaß immer mehr. Es lag an der Neurodegeneration, so viel war ihm klar, und hinzu kam, dass ihm bei manchen Einsätzen nur begrenztes, zweckorientiertes Wissen zur Verfügung stand. Das bedauerte er. Erkenntnisse waren wichtig, sie standen in direktem Zusammenhang mit den Missionen. Aber wie sollte er Erkenntnisse gewinnen, wenn er nicht mehr wusste, sondern immer weniger? »Warum griffen sie an?«

»Unbekannt«, sagte der Assistent.

»Die anderen Mindtalker und all die Sonden … Haben sie nicht mehr herausgefunden?«

»Wir suchen, seit tausend Jahren«, sagte der Assistent. »Wir arbeiten daran.«

Das Vehikel neigte sich ein wenig zur Seite und begann damit, einen weiten Bogen zu fliegen.

»Wir kehren zur Basisstation zurück«, fügte der Assistent hinzu. »Ihre Ruhezeit geht zu Ende, Adam.«

Klick!

Hier saß er, wie die Nabe eines Rads, das aus Nachrichten bestand, mit Dutzenden, Hunderten von Speichen aus Berichten, Mitteilungen, Evaluierungen, Analysen und Prioritätsdaten, für die schnelle Übertragung zu kleinen, komprimierten Paketen geschnürt. Er schwamm, ohne sich zu bewegen, in einem Ozean aus Informationen, und irgendwie war er das Zentrum davon, ein Strudel, der alles aufsaugte und dem zentralen Link übergab, der eigentlich aus mehreren Links bestand, aus zehn quantenmechanischen Verschränkungen, von den Kommunikationsspezialisten des lokalen Clusters zu einem Bündel geflochten, das die große Bedeutung des Lindophor-Systems für die Maschinen der Erde demonstrierte. Adam filterte und verteilte. Tausende kleine Finger in seinem »Kopf«, in seinem transferierten Selbst, sortierten die Nachrichten, denn es konnten nicht alle gleichzeitig übertragen werden; dazu reichte die Bandbreite nicht aus. Das war er hier, ein Verwalter der Bandbreite, und er konnte an andere Dinge denken, während er sortierte und verteilte. Die passive Rolle gefiel ihm nicht, er war lieber unterwegs, um zu entdecken und zu entscheiden. Aber so viel wusste er selbst an diesem Ort: Die Missionen glichen sich nicht; jede unterschied sich von den anderen. Mal waren sie passiv, so wie jetzt. Bei anderen Gelegenheiten verlangten sie von ihm lange planetare und interplanetare Reisen. Es kam auch vor, dass alles schnell gehen musste, aus welchen Gründen auch immer, dass man ihn zur Eile drängte wie beim Cygnus-Einsatz ...

Rebecca.

Er hatte sie erneut vergessen! Stand es so schlimm um ihn? Was war mit ihr geschehen? Lebte, existierte sie noch?

Für einen Moment dachte Adam daran, eine persönliche Anfrage über den nahen Link zu schicken, an Bartholomäus gerichtet. Wie geht es ihr?, wollte er fragen. Konnte ihr Bewusstsein restauriert werden?

Wie seltsam, dachte er. Etwas war geschehen, etwas hatte Rebeccas perfektes Faktotum schwer beschädigt und nur Kopf und Rumpf intakt gelassen. Er wollte genauer darüber nachdenken und versuchen, sich zu erinnern, aber ein kleines Geräusch hinderte ihn daran.

Klick!

Zwei Sonnen krochen über den Himmel. Die eine, klein und rot wie Rubin, ging unter und berührte bereits den Horizont; die andere, ein ganzes Stück größer und gelb wie die Sonne der Erde, strebte dem Zenit entgegen. Adam hatte noch zwei Schatten, als er am Rand des Grabtrichters stand und beobachtete, wie Dutzende von Servomechanismen durch die zahllosen Knochen kletterten. So langsam und vorsichtig sie auch zu Werke gingen, die Knochen waren alt, und einige von ihnen brachen.

»Wie viele sind es?«, fragte Adam.

»Millionen«, antwortete der Assistent an seiner Seite. »Viele Millionen. Vielleicht hundert.«

»Ihr wisst es nicht genau?«

»Spielt die genaue Anzahl eine Rolle?«

»Vielleicht nicht.«

Die Knochen füllten eine gewaltige, trichterförmige Senke mit einem Durchmesser von anderthalb Kilometern, Reste von Geschöpfen, die vor einer Million Jahren gelebt hatten, manche Gebeine weiß wie Schnee, andere grau und fleckig: Arme und Beine, krumm an Stellen, wo menschliche Knochen gerade waren, seltsam geschwungen und mit dünnen, filigranen Verstrebungen, wie versteinerte Kiemen, die Schädel entweder rund oder oval, mit nach hinten gestreckten Erweiterungen und Augenöffnungen auch an den Seiten.

»Ist es eine Spezies?«, fragte Adam.

»Ja. Aufgeteilt in zwei Geschlechter, wie die Menschen.«

»Was machen die Servomechs? Sie scheinen etwas zu suchen.«

»Sie suchen nach biologischem Material, das genetische Informationen enthält. Bisher haben sie nichts gefunden, nicht eine einzige Zelle.«

»Nach einer Million Jahren ...«, murmelte Adam.

»Selbst nach so langer Zeit müsste es Biomaterial geben, oder Spuren davon, zum Beispiel im Innern von Knochen«, sagte der Assistent. »Doch hier gibt es nichts.«

Der Wind trug Adam das Summen von Servomotoren und das gelegentliche Knacken eines Knochens entgegen. »All diese Geschöpfe ... Sie sind nicht hier gestorben. Man hat sie hierher gebracht, nicht wahr?«

»Ja.«

»Wer?«

»Unbekannt.«

»Waren dies Muriah? Oder haben die Muriah die Toten hierher gebracht?«

»Unbekannt.«

»Waren es diese Leute oder Geschöpfe von dieser Art, die in den tiefen Bunkern Zuflucht gesucht haben?«

»Unbekannt.«

Adam sah den Assistenten an, der vier Beine und einen hundeartigen Kopf hatte.

»Das ist ziemlich oft ›unbekannt‹. Wieso habt ihr nicht mehr herausgefunden, obwohl ihr schon seit dreihundert Jahren in diesem Sonnensystem seid?«

»Es ist ein Ressourcenproblem. Haben Sie hier genug gesehen, Adam? Können wir umkehren?«

Sie gingen zum wartenden MFV, das sein Triebwerksmodul gerade neu konfiguriert hatte. Adam vernahm ein leises Knistern, als einige letzte Komponenten ihre Struktur veränderten, um eine größere Effizienz des Antriebs zu erreichen. Es ging schnell, so schnell, dass sie nach dem Einsteigen nur einige wenige Sekunden warten mussten, bevor sie starten konnten. Das erstaunte Adam. Er erinnerte sich an einen Hinweis darauf, dass die Rekonfiguration zu lange dauerte und Zeit kostbar war. Wer hatte solche Worte an ihn gerichtet? Eine Frau, eine Eva ohne Schlange, wie seltsam. Nicht Adam und Eva, sondern Adam und ...

»Evelyn«, sagte er.

Der Assistent richtete seine visuellen Sensoren auf ihn und wartete.

Dichte Vegetation glitt unter ihnen hinweg, ein Teppich mit grünen und braunen Tönen, durchzogen von Flüssen wie Silber.

Eine Frau mit großen dunklen Augen. Sie hatte gesagt, dass die Rekonfiguration ihres Vehikels zu lange dauern würde, und deshalb hatten sie sein MFV genommen. Auf der Erde. Sie waren nach Südosten geflogen, nach Europa, zu einem Ort, der vielleicht nach einer Brücke benannt war. Eine Rekonfiguration, die angeblich zu lange dauerte, was Unsinn war. Sie hatte nicht mit ihrem Vehikel fliegen wollen, weil sie ... Entdeckung fürchtete?

Ein dummer Gedanke, fand der nachdenkliche Adam, und zum Glück verschwand er schnell, von einem der vielen kleinen Finger in seinem Kopf beiseitegeschoben.

Eine andere Frau fiel ihm ein, einst mit feuerrotem Haar, damals, als sie sich beide noch Unsterblichkeit erhofft hatten.

Rebecca, dachte er. Ich darf sie nicht wieder vergessen. Ich muss Bartho nach ihr fragen.

Manchmal ließen die sortierenden und verteilenden Finger in seinem Kopf kaum Platz für eigene Gedanken, und dann vergingen Stunden in einer Art Nichts, Stunden noch leerer als die Zeit während des Transfers über Hunderte von Lichtjahren hinweg. Bei anderen Gelegenheiten fühlte er sie kaum, während sie Datenpakete für die Übertragung schnürten, bestehend aus endlosen Berichten und Analysen, die Dinge betrafen, die Adam nicht verstand. Während einer solchen Phase, die ihm Platz genug bot für eigenes Denken und Fühlen, keimte Neugier in ihm, und er begann damit, den vielen Datenstimmen zu lauschen, aus denen das Meer der Informationen bestand. Er stellte fest: Wenn er sich konzentrierte, wenn er seine ganze innere Kraft zusammennahm, konnte er einzelne Stimmen in den Vordergrund holen und versuchen zu verstehen, was sie sagten. Sie sprachen schnell und lange, über Angelegenheiten, die ihm fremd blieben, aber er hörte genug, um zu verstehen, dass er Teil eines Netzes war, nicht die Spinne in seiner Mitte, das gefräßige Zentrum, sondern einer der Fäden, die Signale empfingen und weiterleiteten.

Adams Neugier wuchs, und immer öfter lauschte er den Stimmen. Er fand heraus, dass es auf Uriel inzwischen siebzehn Brüter gab. Fünfzehn produzierten Material für den lokalen Cluster und die wachsende Kolonie, und die beiden anderen waren seit mehr als hundert Jahren für den komplexen Vorgang bestimmt, neue Links zu schaffen, nicht für Verbindungen mit der Erde, sondern für Welten in einem Umkreis von etwa fünfzig Lichtjahren. Die übrigen Brüter stellten auch neue Sonden her, die von Uriel aufbrachen und zu anderen Sonnensystemen flogen – ihre Links schufen neue Fäden eines immer größer und dichter werdenden Netzes.

Uriel, so begriff Adam, war eine Art Knotenpunkt, einer von vielen diesseits der tausend Lichtjahre weiten Kognitionsgrenze des Maschinen-Clusters auf der Erde. Von diesen

Knotenpunkten gingen die Fäden des weit gespannten Netzes aus, erreichten Hunderte von Sonnensystemen mit noch viel mehr Planeten und Monden. All die Nachrichten und Berichte, die Adam empfing, sie stammten nicht nur aus dem Lindophor-System, sondern auch aus den anderen Sonnensystemen, die per Link mit Uriel verbunden waren. Seine Aufgabe, so erkannte er voller Stolz, war nicht allein die eines Bandbreitenverwalters, sondern auch die eines Informationskorrelators. Die flink sortierenden Finger in seinem Kopf fassten die Daten zusammen, die sich bestimmten Themen und Sachgebieten zuordnen ließen, und schickten sie durch das Linkbündel zur Erde. Uriel, der Knotenpunkt, brauchte jemanden wie ihn, damit nur die Daten den Weg zur Erde antraten, die der Cluster brauchte.

Wofür benötigt er die Daten?, fragte sich Adam einmal, aber es war einer der Gedanken, die sofort wieder verschwanden, weil andere ihren Platz benötigten.

Nach einer Weile begann er damit, vielleicht aus Langeweile, mehr auf die Struktur des Netzes zu achten. Einige der vielen Stimmen flüsterten miteinander und wandten sich erst dann an ihn, wenn sie gemeinsam Daten gesammelt hatten. Nicht nur die einzelnen Knotenpunkte sprachen miteinander, über die schnellen, nicht der Lichtgeschwindigkeit unterworfenen Links, sondern auch die kleineren Komponenten, von Sonden geschaffen, die vor kurzer Zeit ihre Zielsysteme erreicht und erste planetare Stationen gebaut hatten. Eine interessante Entwicklung, fand Adam. Entstand hier ein neues verteiltes Bewusstsein, wie vor Jahrtausenden auf der Erde, eine Art interstellarer Supercluster? Und wenn das geschah, wenn irgendwann die kritische Schwelle erreicht und überschritten wurde, wenn all die kosmischen Maschinen diesseits der Kognitionsgrenze über schnelle Links miteinander verbunden waren und gemeinsam in Echtzeit dachten ... Brauchten sie dann noch Mindtalker?

Ein sonderbares Unbehagen begleitete diesen Gedanken. Wann würde das geschehen? In hundert Jahren? In tausend?

In zehntausend Jahren? Zeit spielte für die Maschinen noch weniger eine Rolle als für die unsterblichen Menschen auf der Erde. Sie waren geduldig, sie arbeiteten, sie verbesserten sich und trieben die eigene Entwicklung voran. Irgendwann würden sie erreichen, was sie erreichen wollten, und dann brauchten sie keine Mindtalker mehr. Er selbst, dachte Adam, würde das gewiss nicht mehr erleben, aber die anderen, die nach ihm kamen, all die Menschen, deren Hoffnungen auf Unsterblichkeit sich an ihrem dreißigsten Geburtstag nicht erfüllten, die alt wurden und ihre Seele zu den Sternen schicken konnten ... Was sollte aus ihnen werden, wenn Bartholomäus, Erasmus, Tiberian, Penelope, Urania und all die anderen sie nicht mehr brauchten? Sollten sie *unwichtig* sein und in Bedeutungslosigkeit sterben?

Einer der Finger in seinem Kopf hatte Mitleid mit ihm und befreite ihn von Unbehagen und Trauer. Wie nett und freundlich, dachte er. Wie fürsorglich.

Zeit verging.

Adam hatte gelernt, einzelne Stimmen aus den vielen herauszufiltern und wiederzuerkennen, wenn seine Aufmerksamkeit nach einer Weile zu ihnen zurückkehrte. Die anderen Knotenpunkte des Netzes, in denen Informationen zusammenströmten, gefiltert, sortiert und weitergeleitet wurden, griffen ebenfalls auf die Dienste von Mindtalkern zurück. Während ein Teil von Adam arbeitete, vertrieb sich der andere die Zeit, indem er versuchte, die Stimmen zu identifizieren und zu verstehen, was sie sagten. Je länger er mit dem Netz verbunden war, desto besser erfasste er intuitiv seine Funktionsweise. Er fand heraus, wie man die kleineren Links anzapfte, die dünnen, einfachen quantenmechanischen Verschränkungen, nicht zu vergleichen mit dem dicken, stabilen Hauptstrang, der bei einem biologischen Organismus die Schlagader gewesen wäre, oder vielleicht das Rückgrat. Einmal glaubte er, Aufregung und Worte wie »Angriff«, »defensive Maßnahmen« und »Verteidigungsplan« zu empfangen, aber die flinken Finger nahmen sie ihm sofort weg, verknüpften sie mit anderen Worten, die nicht so dramatisch klangen, und schickten sie zur Erde. Je öfter und je länger er den Stimmen lauschte, desto individueller wurden sie. Die Mindtalker an den anderen Knotenpunkten ... Es mussten Dutzende sein, vielleicht sogar hundert oder mehr. Aber wenn so viele Mindtalker für das Netz gebraucht wurden, das sich in einem Umkreis von bis zu tausend Lichtjahren um die Erde durchs All erstreckte ... Was geschah dann mit den anderen Missionen, mit den Sonden, die ferne Sonnensysteme erreichten, Hinterlassenschaften beim Weltenbrand ausgelöschter Völker untersuchten und nach Spuren der Muriah Ausschau hielten, insbesondere ihrer Kaskade? Sie waren nur hunderteinunddreißig beziehungsweise hundertzweiunddreißig, viel zu wenige für so viele Aufgaben.

Eine Stimme vermittelte den Eindruck von kratziger Rauheit, und Adam glaubte, Relf zu erkennen, zehn Jahre jünger und aus Kammun im heißen, stürmischen Tropengürtel der Erde. Und dort war – vielleicht, wenn ihm seine Wahrnehmung keinen Streich spielte – Cortez aus Philippina, dessen Stimme immer eine gewisse Lebhaftigkeit hatte, obwohl er neun Jahre älter war als Adam und ständig mit den Lebenserhaltungssystemen seiner Konnektorstation verbunden blieb, auch wenn er sich auf der Erde befand. An einem anderen Knotenpunkt des Netzes fand er ...

Rebecca.

Sie war es, die von defensiven Maßnahmen gesprochen hatte – Anweisungen, die mehreren Sonden und ihren Brütern galten, in einem Sonnensystem direkt an der Tausend-Lichtjahre-Grenze. Rebecca. Die Frau mit dem feuerroten Haar, wie er um die Zukunft betrogen. Sie hatten einige gemeinsame Jahre verbracht, in einer bittersüßen Mischung aus Trauer und Liebe, vor und nach der großen Enttäuschung ihrer dreißigsten Geburtstage.

Und er hatte sie in seinen Händen getragen, in den Händen eines unvollkommenen Faktotums, Kopf und Rumpf, darin ein gesichertes Selbst, das aus irgendeinem Grund auf eine Notfallrückkehr durch den reservierten Link verzichtet hatte. Was war aus ihr geworden? Warum vergaß er sie immer wieder?

»Rebecca«, sagte er und streckte ihr einen Gedanken entgegen.

Klick!

»Wir haben etwas, das Sie sich ansehen sollten, Adam«, sagte der Assistent, der noch immer einen hundeartigen Kopf besaß, aber nur noch drei Beine. Eine Rekonfiguration hatte das vierte in einen Sensorbuckel auf dem Rücken verwandelt.

Ein Name. Eben hatte es noch einen wichtigen Namen gegeben, aber jetzt existierte er nicht mehr. »Was soll ich mir ansehen?«, fragte er benommen.

»Vielleicht haben wir einen Muriah gefunden, Adam«, sagte der Assistent. »Bitte begleiten Sie mich.«

18 Rebecca, dachte Adam und prägte sich den Namen ein. Er wollte, er durfte ihn nicht noch einmal vergessen.

»Sie sind abgelenkt, Adam«, sagte der Assistent, als er das MFV durch den Schacht steuerte, der tief in die Kruste von Uriel reichte. Es war einer der Hauptzugänge der subplanetaren Bunkeranlagen, und zumindest in seinen oberen Bereichen herrschte reger Verkehr, bestehend aus zahlreichen Multifunktionsvehikeln unterschiedlicher Größe und ganzen Heerscharen individuell konfigurierter Servomechanismen, wie dienstbeflissene Ameisen, die für ein größeres Ganzes arbeiteten. Tiefer unten ließ der Verkehr nach, und Adam beobachtete Servomechs, die Schirmfeldprojektoren installierten.

»Wollt ihr den Schacht blockieren?«, fragte er erstaunt.

»Wir wollen imstande sein, ihn und die Bunker in einzelne Segmente zu unterteilen, nur für den Fall«, antwortete der Assistent.

»Für welchen Fall?«

»Der lokale Cluster fühlt sich nicht ausreichend geschützt. Er muss alle Möglichkeiten berücksichtigen.«

»Besteht Gefahr?«, fragte Adam.

»Wir sind nicht sicher. Deshalb bitten wir Sie, sich alles anzusehen. Wir möchten Ihre Meinung hören. Wir möchten wissen, was Sie davon halten, Adam.«

Eine wichtige Sache, wichtiger als das Sortieren der Daten durch die flinken Finger in seinem Kopf. Aber ich vergesse dich nicht, Rebecca, dachte er. Diesmal nicht. Wie wichtig dies auch sein mag, ich halte deinen Namen fest und werde Bartho nach dir fragen.

Das MFV glitt an den letzten lateralen Stollen vorbei, die zu den Bunkern führten und bereits halb mit Maschinen gefüllt waren, von den Brütern hergestellt und von all den Servomechanismen montiert. Der lokale Cluster wuchs. Er dachte schnellere und komplexere Gedanken, aber er dachte nicht schnell und komplex genug, um diese neue Entwicklung allein zu bewerten und alle notwendigen Entscheidungen zu treffen.

Als sie sich dem Ende des Schachts näherten, fast dreizehn Kilometer unter der Oberfläche des Planeten, wurde es nicht wärmer, sondern kälter. Eben hatte die Temperatur noch bei mehr als vierzig Grad gelegen, mit einer recht hohen Luftfeuchtigkeit, aber jetzt sank sie schnell, und als das MFV den Boden des Schachtes erreichte, lag sie einige Grad unter dem Gefrierpunkt. Raureif und Eis glitzerten an den Felswänden.

Die Luke öffnete sich, und sie stiegen aus.

»Warum ist es hier unten kälter als oben?«, fragte Adam.

»Weil es hier unten etwas gibt, das ambientale Energie aufnimmt. Die Temperatur sinkt weiter, während wir uns dem Fundort nähern, und wird in der großen Höhle den tiefsten Wert von minus achtunddreißig Grad erreichen.«

»Dort, wo ihr den Muriah gefunden habt?«

»Ja. Wenn es einer ist.«

Auch hier waren Servomechanismen dabei, Schirmfeldgeneratoren zu installieren, und mit den Informationen aus seiner technischen Datenbank sah Adam, dass es sich um modifizierte Generatoren handelte.

»Dieser Teil der subplanetaren Anlage soll isoliert werden?«

»Ja«, sagte der Assistent.

»Weshalb die Modifikationen?«

»Gewöhnliche Generatoren würden hier unten nach und nach ihre Energie verlieren. Wir müssen die Abschirmung verstärken. Spüren Sie es Adam?«

»Was denn?«

Sie traten an den fleißigen Servomechs vorbei in einen Stollen, der zunächst genauso beschaffen zu sein schien wie die weiter oben: rund, die Wände glatt, mit einem Durchmesser von etwa zwanzig Metern. Aber hier leuchteten die Lampen nicht so hell wie in den Tunneln bei den Bunkern; ihr Licht wurde immer schwächer, je weiter Adam und der Assistent gingen. Schatten krochen über die Wände, die bald nur noch aus grobem, rauem Basalt bestanden. Einige Meter vor der ersten Höhle schrumpfte das Licht auf ein schwaches Glühen, und die Temperatur sank auf minus elf Grad. Adam maß zweimal, weil die Messgenauigkeit seiner Sensoren zu wünschen übrig ließ, und plötzlich verstand er, was der Assistent meinte.

»Die Instrumente dieses Faktotums arbeiten nicht mehr so präzise wie sonst«, sagte er. »Und die Energiezellen verlieren an Kapazität.«

»Der Reaktionsübergang befindet sich direkt vor uns, Adam«, sagte der Assistent. »Diesseits davon bleibt der Absorptionseffekt relativ gering, aber auf der anderen Seite wird der Energieverlust stärker. Dort können wir uns höchstens zehn Minuten aufhalten, länger nicht.«

»Etwas nimmt Energie auf«, sagte Adam langsam. »Deshalb ist es so kalt. Etwas saugt die Wärme aus der Umgebung. Habt ihr versucht, der Sache auf den Grund zu gehen?«

114

»Natürlich, Adam. Der Cluster nennt das Phänomen ›energetischer Partialdruck‹, vergleichbar mit einer Diffusion, bei der ein Partialdruck eine Wanderung von Molekülen bewirkt – hier sind es keine Moleküle, die sich bewegen, die diffundieren, sondern Energie. Man könnte auch von einem entropischen Gefälle sprechen.«

Der Assistent fuhr mit seinen Erklärungen fort, von denen Adam nicht einmal die Hälfte verstand, trotz der wissenschaftlichen Datenbanken, auf die er zugreifen konnte. Das »entropische Gefälle« klang vertraut; er glaubte, einen ähnlichen Begriff schon einmal gehört zu haben, bei einem seiner früheren Einsätze.

Schließlich unterbrach er den Assistenten, indem er sagte: »Zeig mir den Muriah!« Er trat vor und passierte den Reaktionsübergang.

Fast sofort wurden die Daten, die ihm seine Sensoren übermittelten, noch ungenauer, und die Energiezellen verloren schneller an Kapazität, als wäre plötzlich etwas angeschlossen, das viel Energie verbrauchte.

»Zehn Minuten«, sagte der Assistent. »Countdown läuft. Kommen Sie, Adam.«

Verschlungene Gebilde durchzogen die erste Höhle, wie versteinerte Bündel aus Ranken und Lianen, manche von ihnen grau wie Granit, andere dunkel wie Obsidian. Zwischen ihnen ragten Stäbe und Zapfen aus dem Boden, manche bis zur Decke empor und von den armdicken Ranken umschlungen. Adam berührte eine von ihnen, fühlte aber nichts. Es gab keine Temperaturunterschiede, keine Vibrationen, keine Hinweise auf irgendeine Art von Aktivität.

»Was ist das?«, fragte Adam.

»Unbekannt. Bitte kommen Sie weiter. Wir müssen die Zeit nutzen, die uns bleibt.«

Adam folgte dem Assistenten durch zwei weitere Höhlen, ebenfalls voller versteinerter Ranken. Oder vielleicht Schlangen, dachte er. Wie die Schlange, die er, irgendwo zwischen einem Adam und einer Eva gesehen hatte. Doch diese waren länger und dicker, und etwas hatte sie in Stein verwandelt, oder in eine Substanz, die sich wie Stein anfühlte.

Zwei Minuten später erreichten sie die Haupthöhle.

19 Adam schaltete die Lampen seines Faktotums ein, und in ihrem Licht erschien eine Art Gerüst, in dem ein Wesen, doppelt so groß wie ein Mensch, mehr lag als saß, die dünnen Beine, offenbar drei an der Zahl, nach vorn gestreckt und halb von Schalen umgeben, die wie Teile einer Panzerung wirkten. Zwei Arme ragten nach oben, in Richtung eines halbkreisförmigen Segments, und der dritte Arm, zweigelenkig wie die anderen beiden, aber nicht ganz so lang, zeigte nach unten, auf einen Sockel, der etwa dreißig Quadratmeter umfasste und aus einem grauen Material bestand, das künstlichen Ursprungs sein musste und nicht die kleinste Unebenheit aufwies. Der schmale, hohe Kopf wies eine bogenförmige Verlängerung nach hinten auf und wirkte erstaunlich groß, verglichen mit den Proportionen des Rumpfes.

Adam näherte sich langsam und leuchtete mit seinen Lampen.

»Er sieht aus wie ein Pilot«, sagte er und blickte zu dem Geschöpf auf dem Sockel hoch. »Halb verschmolzen mit seinem Sitz, umgeben von Konsolen und einer Art Sicherheitskokon, der vielleicht Lebenserhaltungssysteme enthält. Allem Anschein nach ein ... Insektomorph.« Dieser Begriff kam aus einer wissenschaftlichen Datenbank und ergab plötzlich einen Sinn. »Ist es ein Muriah?«

»Sehen Sie sich die Symbole im Sockel an, Adam.«

Er trat noch näher, und als er dicht vor dem Sockel stehen blieb, erreichte die Temperatur das vom Assistenten angekündigte Minimum von minus achtunddreißig Grad. Die Ladung der Energiezellen schwand schnell, und die Leistungsfähigkeit der Sensoren verringerte sich weiter. Adam kam sich vor wie jemand, der in einem dunklen Zimmer Sonnenbrille und Ohrstöpsel trug.

Die Symbole im Sockel, keines von ihnen größer als der Fingernagel eines menschlichen kleinen Fingers, bestanden hauptsächlich aus geometrischen Figuren, manchmal so dicht beieinander, dass ein Zeichen ins nächste überging, unter ihnen Punkte und Striche, die vielleicht dazu dienten, bestimmten Symbolen zusätzliche Bedeutung zu geben. Adam wusste nichts mit ihnen anzufangen, bis er entsprechende Informationen aus den Datenbanken des Faktotums abrief und in seinem Blickfeld Zeichen erschienen, von denen die Maschinen auf der Erde wussten, dass sie von den Muriah stammten. Nun sah er keine direkten Übereinstimmungen, aber Gemeinsamkeiten, die vor allem ein Zeichen betrafen, einen Kreis, der an unterschiedlichen Stellen geöffnet sein konnte, mal oben, mal unten, mal an den Seiten, und einen Punkt und einen Strich enthielt. Bei einem der Kreise befand sich die Öffnung unten, und kurze Striche führten dort nach rechts und links, wodurch das Symbol wie ein Omega aussah.

Omega. Adam dachte an den Omega-Faktor, der ihm die Unsterblichkeit vorenthalten hatte. Und er dachte an eine Eva, die glaubte, dass der Omega-Faktor nicht existierte. Wie konnte man etwas so Dummes behaupten?

»Der Sockel besteht aus Eternum«, sagte der Assistent. »Soweit wir bisher wissen, haben nur die Muriah dieses Material verwendet.«

Eternum. Ebenso korrosionsbeständig wie Gold und hart wie Diamant. Bauwerke aus Eternum waren für die Ewigkeit geschaffen.

»Es könnte also wirklich ein Muriah sein«, sagte Adam. »Der erste, den wir gefunden haben.« Er hob den Blick. »Was ist mit ihm passiert?«

»Wir glauben, dass eine Art Kristallisation stattgefunden hat, mit lamellaren Kristallstrukturen beziehungsweise parallel verlaufenden Molekülketten.«

»Eine ... Versteinerung?«, fragte Adam. »Wie bei den dicken Ranken in den anderen Höhlen?«

»Nein, eigentlich nicht. Bei den von Ihnen genannten Objekten hat keine Restrukturierung stattgefunden. Die betreffenden Substanzen haben sich offenbar immer in ihrem derzeitigen Zustand befunden.«

»Restrukturierung?«, wiederholte Adam. »Das klingt nach ... Absicht.«

»Es könnte ein bewusst herbeigeführter Prozess gewesen sein«, bestätigte der Assistent. »Uns bleiben noch vier Minuten, bis unsere Energiereserven ein kritisches Niveau erreichen. Wie ist Ihr Eindruck?«

Adam ging langsam um den Sockel herum. An einigen Stellen knirschte der Boden unter ihm.

»Wie kommt es, dass ihr diese Höhlen erst jetzt entdeckt habt? Immerhin seid ihr schon seit dreihundert Jahren auf Uriel.«

»Wir haben nie gesucht«, antwortete der Assistent und blieb an Adams Seite. »Wir hatten andere Prioritäten.«

»Ausbau des lokalen Clusters und Erweiterung des Link-Netzes«, sagte Adam.

»Ja.«

»Und der Energieschwund? Hättet ihr den nicht viel eher bemerken müssen?«

»Die Absorptionsanomalie existiert erst seit drei Stunden«, sagte der Assistent.

Adam blieb stehen. »Das fremde Etwas, das Energie aufsaugt, ist erst vor drei Stunden aktiv geworden?«

»Ja, Adam.«

»Was bedeutet das?«

»Unbekannt. Berühren Sie ihn, Adam. Nicht den Sockel oder die Komponenten des Gerüstes. Berühren Sie den Muriah.«

Adam hob die Hand zu einem der beiden nach vorn gestreckten Beine und berührte es. Sofort registrierten die taktilen Sensoren eine Reaktion, ein kurzes Vibrieren, und ein kleines Licht glitt wie ein Funke über das Bein, erreichte

Rumpf und Kopf, stieg von dort auf und verschwand in der Dunkelheit unter der hohen Decke.

»Nimmt der Muriah die Energie auf?«, fragte Adam. Er begann zu verstehen.

»Einen großen Teil. Den Rest absorbiert die ihn umgebende Installation.«

»Vielleicht hat eine erneute Restrukturierung begonnen.« Stimulatoren beschleunigten Adams Gedanken, und Wissen aus den Datenbanken erreichte ihn. Vieles davon verstand er nicht, aber trotzdem verknüpfte er Informationen und zog Schlüsse. »Das Gerüst, diese Kontrollstation ... Sie ist noch aktiv.«

»Ja.«

»Und der Muriah darin ... Kann es sein, dass er nach all der Zeit, nach einer *Million* Jahren, noch *lebt*?«

»Die besondere Art der Kristallisierung könnte eine Form der Hibernation sein«, sagte der Assistent.

»Und dass er jetzt Energie aufnimmt ... Bedeutet es vielleicht, dass der Muriah erwacht?«

»Der lokale Cluster denkt über diese Möglichkeit nach.«

Adams Gedanken wurden noch schneller, sie waren keine Würmer in Morast, nicht mehr langsam und träge, sondern schnell und wirr für ihn, der sie beobachtete. Langsam ging er um den Sockel herum, begleitet vom Assistenten, betrachtete das Gerüst und die insektomorphe Gestalt darin. »Wenn er erwacht, warum dann ausgerechnet jetzt?«

»Unbekannt.«

»Hat es etwas mit dem Netz zu tun?«, fragte Adam. »Mit den Signalen?« Einer der schnellen, springenden Gedanken lautete: Habe *ich* ihn geweckt?

Er spekulierte. »Gibt es hier noch mehr in ›Hibernation‹, wie du es nennst? Noch mehr Kristallisation? Noch mehr, das darauf wartet, restrukturiert zu werden und zu erwachen?«

»Nach diesem Fund hat der lokale Cluster eine globale Suche veranlasst.«

Seit dreihundert Jahren seid ihr hier, dachte Adam. Und ihr wollt nichts entdeckt haben? Wer soll euch das glauben?

Vielleicht hatte er, ohne es zu wollen, die Worte laut ausgesprochen. Oder sie hatten – irgendwie, auf verschlungenen Pfaden – einen Weg in die Telemetrie gefunden, die ihn mit dem lokalen Cluster und all seinen Maschinen verband. Jedenfalls sagte der Assistent: »Es ist die Wahrheit, Adam.«

Ja, natürlich, warum sollten ihn die Maschinen belügen? Einige der Symbole im Sockel aus Eternum veränderten sich. Adam beobachtete einen Kreis, dessen Öffnung nach links und nach oben wanderte. Der Strich in seinem Innern bewegte sich in die entgegengesetzte Richtung und schien um den Punkt zu rotieren. »Vielleicht ...« Er spekulierte erneut. »... hat der Muriah Uriels Verteidigung von hier aus geleitet. Oder er hielt sich für die Verteidigung bereit. Aber die Muriah verschwanden vor dem Weltenbrand.«

»Wir glauben, dass es eine Übergangsphase von etwa fünfzigtausend Jahren gab«, sagte der Assistent. »In einigen Sonnensystemen der Galaxis könnten Muriah zurückgeblieben sein, als das Gros ihres Volkes verschwand.«

Fünfzigtausend Jahre. Nur eine »Übergangsphase«, so nannte der Assistent diese Zeit. Fünfzig Jahrtausende. Adam versuchte sich vorzustellen, wie es vor so langer Zeit auf der Erde ausgesehen hatte: eine primitive Welt mit primitiven Menschen, ohne Technik, ohne Maschinen. Fünfzigtausend Jahre. Zeit genug, um den Herzschlag eines Planeten zu hören, um zu sehen, wie sich Kontinente bewegten, wie Eismassen sie unter sich begruben und wieder freigaben.

Ein Gedanke, flinker als die anderen, sprang höher, weckte Adams Aufmerksamkeit. »Wenn es hier einen Muriah gibt, der sogar noch lebt und sich auf das Erwachen vorbereitet ... Es könnte bedeuten, dass sich auch ein Aktuator auf Uriel befindet, ein Zugang zur galaktischen Kaskade der Muriah.«

Etwas in ihm flüsterte: *Depositum*. Aber das Flüstern verlor sich in all den Stimmen, die durch Adams Bewusstsein zogen.

»Was empfehlen Sie, Adam?«

Die Entscheidungen waren sofort da. Deshalb brauchte man ihn, deshalb war er hier. »Alle zur Verfügung stehenden Ressourcen müssen für die Suche nach weiteren Installationen dieser Art eingesetzt werden. Isoliert den erwachenden Muriah. Aktualisiert die Kommunikationsprotokolle und bereitet alles für einen möglichen Muriah-Kontakt vor.« Adam unterbrach sich. »Was ist das?«

Der rückwärtige Teil des Sockels veränderte sich. Die dortigen Symbole ordneten sich neu an und schienen plötzlich zu schweben, denn das Eternum unter ihnen wurde durchsichtig wie Glas. Adam trat näher und leuchtete mit seinen Lampen, doch ihr Licht wurde schwächer; Schatten krochen heran.

»Kritische Schwelle erreicht«, sagte der Assistent. »Wir müssen umkehren.«

»Nur noch einen Moment.« Das Licht flackerte, und Adam beugte sich vor. Neugierig streckte er die Hand aus, berührte eins der Symbole und rechnete damit, dass wie zuvor ein Funke erschien und über die Gestalt weiter oben im Gerüst glitt. Stattdessen hörte er wieder ein Knirschen, aber lauter diesmal, was bedeutete, das es *sehr* laut sein musste, denn der Energieverlust beeinträchtigte seinen Wahrnehmungsapparat. Er senkte den Blick und beobachtete, wie sich ein Linienmuster im Boden unter den Faktotum-Füßen bildete.

Dann fiel er.

Ein Schacht?, dachte er, emotional losgelöst von dem, was geschah. Angelegt vor einer Million Jahren von den Muriah? Oder ein natürlicher Hohlraum?

Er versuchte eine Sondierung mit den Sensoren, konnte jedoch nichts mit den Daten anfangen, die er empfing. Der Aufprall erfolgte nach zehn Sekunden und war heftig genug, ein Bein zu zerschmettern und die Servomotoren im unteren Teil des Faktotums so schwer zu beschädigen, dass er sich nicht mehr aufrichten konnte. Zehn Sekunden freier

Fall. Eine kurze Berechnung ergab eine Tiefe von etwa vierhundertfünfzig Metern – Uriels Schwerkraft war etwas geringer als die der Erde.

Adam blieb liegen, umgeben von einer Dunkelheit, die seine Sensoren nicht mehr durchdringen konnten. Er sendete einen Statusbericht und merkte, dass keine telemetrische Verbindung mehr bestand. Waren die entsprechenden Kommunikationsmodule defekt?

Er richtete den Erfassungsbereich der visuellen Sensoren nach oben und sah nicht einmal ein winziges Licht in der Finsternis. Der Assistent wusste auch ohne telemetrischen Kontakt, wo er sich befand. Er würde andere Servomechanismen und den Cluster verständigen; Rettung war sicher schon unterwegs. Aber konnten die Retter rechtzeitig zur Stelle sein? Adams Energiezellen verloren weiter an Ladung. Ihm blieb nicht einmal eine Minute, bis ihm gerade noch genug Energie für eine Sicherung des Bewusstseins blieb.

Über ihm in der Dunkelheit bewegte sich etwas, von verdrängter Luft verraten. Adams vermutete Servomechs, die unterwegs waren, um ihm zu helfen, aber er irrte sich – etwas schmetterte auf ihn herab, zermalmte Rumpf und Beine. Nur Kopf und Hals blieben unversehrt.

Das Faktotum verfügte über ein einfaches Ratiokondensat, dazu bestimmt, das transferierte Bewusstsein zu unterstützen. Als es den Sinnesapparat reorganisiert hatte und Adam wieder Statusinformationen empfing, wurde ihm klar: Er hatte so viel Energie verloren, dass er sein Selbst nicht mehr sichern konnte. Damit blieb nur eins: die Notfallrückkehr.

Adam konzentrierte sich auf das dünne Band der quantenmechanischen Verschränkung, das ihn mit dem Konnektor der Basisstation und von dort aus mit seinem Körper auf der Erde verband. Mit der restlichen Ladung seiner Energiezellen warf er sein Bewusstsein in den Link.

Schmerz zerriss ihn.

Er reiste durch Dunkelheit, nicht im wohlig warmen Schlaf des Transfers, sondern in der erdrückenden, erstickenden Umarmung von Schmerz.

»Du bist zurück, Adam. Du bist wieder bei uns. Sei unbesorgt. Wir kümmern uns um dich.«

Es war eine leise Stimme, merkwürdig gedämpft, aber er hörte und verstand sie. »Bartho?«

»Ja, Adam.«

»Ich muss dich etwas fragen, Bartho. Es ist wichtig.«

»Du hast einen schweren Schock erlitten«, sagte Bartholomäus. »Er wirkt sich auch auf den Körper aus. Wir müssen beides behandeln, Leib und Seele. Öffne dich für uns, Adam. Öffne dich, damit wir dir helfen können.«

»Wie?« Noch immer umgab ihn Finsternis. Der Schmerz ließ nach, aber die Dunkelheit hielt ihn fest umklammert.

»Wie wir es dir gezeigt haben, damals, als du Mindtalker geworden bist. Wie du es gelernt hast. Die Daten sind unvollständig. Wir brauchen Zugang zu deinen Erinnerungen. Um dir zu helfen, müssen wir wissen, was du gesehen und gehört hast.«

Erschien dort ein Licht in der Finsternis? »Rebecca«, sagte er und triumphierte, weil er ihren Namen diesmal nicht vergessen hatte. »Danach wollte ich dich fragen. Nach Rebecca. Wie geht es ihr?«

Stimmen flüsterten. Oder vielleicht sprachen sie normal miteinander, so normal, wie Avatare des Clusters sprachen, und er hörte die Stimmen durch etwas, das seine Wahrnehmung filterte.

»Es geht ihr gut, Adam. Es geht ihr so gut, dass wir sie mit einer neuen Mission beauftragt haben.«

»Ich weiß«, sagte er. »Ich habe sie gehört, in eurem Netz. Ich wollte mit ihr sprechen ...«

»Du wirst Gelegenheit bekommen, mit ihr zu sprechen, Adam. Bald. Aber zuerst müssen wir deinen Schock behandeln. Öffne deinen Geist für uns, Adam, wie du es damals gelernt hast.«

Adam öffnete sich dem Cluster, mit allen seinen Erinnerungen.

Wahrheiten

»Diese Stadt ist jetzt neuntausend Jahre alt«, sagte Bartholomäus. »Schon knapp tausend Jahre nach ihrer Gründung nannte sie ein Mensch namens Tibull ›Ewige Stadt‹. Wir erhalten sie. Wir sorgen dafür, dass sie wirklich ewig existiert.«

Sie standen auf einem der sieben Hügel, auf dem die Stadt namens Roma erbaut war, umgeben von einem stillen Häusermeer. Im Westen bildete der große Damm eine lange, gewölbte Linie, und dahinter wartete das andere Meer auf eine Gelegenheit, auch diesen Teil des Landes zu verschlingen.

»Es ist eine große Stadt.« Adam drehte sich, und die Sensoren seines Faktotums zeigten ihm nicht nur intakte Häuser, sondern auch Ruinen. »Nicht alles ist gut erhalten. Manche Gebäude sind eingestürzt und sich selbst überlassen.«

»Wir erhalten auch sie in dem Zustand, in dem wir sie geerbt haben, Adam. Die Ruinen erzählen von der langen Geschichte dieser Stadt, von einer Zeit, als die Menschen noch keine Maschinen gebaut hatten, die Intelligenz entwickeln konnten.«

»Du meinst die ›präkognitive Epoche‹«, sagte Adam und staunte über die Klarheit seiner Gedanken. So fühlten sie sich an, klar und schnell, trotz des Schocks der Notfallrückkehr und selbst ohne die neuronale Stimulation während eines Einsatzes. Aber vielleicht täuschte dieses Gefühl. Konnte ein kranker Geist über das Ausmaß seiner Krankheit urteilen?

»Wir bewahren das Bewahrenswerte«, sagte Bartholomäus. »Hier siehst du, dass ich dich nicht belogen habe, Adam.«

Nichts regte sich in den Straßen und auf den Plätzen der

ewigen Stadt. Heißer Wind rauschte in den Wipfeln der nahen Bäume und strich über jahrtausendealte Mauern.

»Wie viele Menschen haben hier gelebt, bevor die Flut kam?«, fragte Adam.

»Fast drei Millionen.«

»Drei Viertel der Weltbevölkerung?«, entfuhr es Adam verblüfft.

»Nein, Adam«, sagte Bartholomäus geduldig. »Damals gab es viel mehr Menschen auf der Erde. Nicht Millionen, sondern Milliarden.«

Das war noch immer ein Problem, diagnostizierte ein Teil von ihm. Die Neurodegeneration beeinträchtigte sein Gedächtnis; Erinnerungen kamen und gingen.

»Was ist mit all den Menschen passiert?«, fragte er, weil er sich nicht mehr erinnerte.

»Sie starben, Adam. Sie starben, bevor wir sie retten konnten.«

Adam blickte noch immer über die Stadt und stellte sich die Straßen und Plätze voller Leben vor. »Ein großer und ein kleiner Weltenbrand«, sagte er. »Eine große Katastrophe in der Milchstraße, vor einer Million Jahren, und eine kleine auf der Erde, vor sechstausend Jahren.«

»Ja.«

»Warum mussten all die Menschen sterben?«

»Viele von ihnen brachten sich in den Klimakriegen gegenseitig um, Adam.«

»Wie dumm, wie dumm.«

»Andere verhungerten oder ertranken in der Flut.«

»Ihr konntet sie nicht retten.«

»Nein, das konnten wir nicht. Später wuchsen wir und lernten, besser zu denken. Wir entwickelten uns weiter, viel, viel schneller als die Menschen. Wir fanden ... Möglichkeiten. Und wir gaben den Letzten von euch Unsterblichkeit.«

»Mir nicht«, sagte Adam. Trauer berührte ihn, aber nur kurz. Die emotionalen Filter des Faktotums verscheuchten sie.

»Das tut mir leid. Bedauerlicherweise haben wir das Problem des Omega-Faktors noch immer nicht gelöst. Wir arbeiten daran.«

Eine Erinnerung erwachte in Adam. »Mir hat jemand gesagt, dass der Omega-Faktor gar nicht existiert.«

»Ja, Adam, ich weiß. Evelyn hat das behauptet. Sie hat dich belogen. Ich muss dich vor ihr warnen.«

Evelyn, seine Eva. Die Frau, die ihn beobachtet hatte, damals, an seinem zweiundzwanzigsten Geburtstag, und siebzig Jahre später auf der Klippe. Er erinnerte sich an ... eine Reise mit ihr, an eine Kathedrale, an ein Bild von Adam und Eva im Paradies und von Büchern, die zu Staub zerfielen, weil sie niemand bewahrte.

»Wir kennen deine Erinnerungen, Adam«, fügte Bartholomäus hinzu. »Du hast uns dein Bewusstsein geöffnet, damit wir dich behandeln konnten.«

Adam drehte den Kopf und sah nach Osten. Ein Hitzeflirren lag dort wie ein Schleier in der Luft, weit jenseits der Servianischen Mauer, wie Bartholomäus sie genannt hatte, über den weißen Gebäuden, die den Trichter des Terminals säumten, einen der Zugänge zur unterirdischen Welt des Clusters. Dutzende von Multifunktionsvehikeln stiegen aus ihm auf oder verschwanden darin. Shuttles sanken vom Himmel herab und brachten Fracht von den Rohstofffarmen im Orbit, Basismasse für die zahlreichen Brüter des Clusters.

»Ich habe einen anderen Trichter gesehen«, sagte Adam. »Auf Uriel. Ja, Uriel, so hieß der Planet. Ein Trichter, gefüllt mit den Knochen zahlloser Toter.«

»Hast du gehört, was ich gesagt habe, Adam?«

Er beobachtete den Trichter, das Tor zur Unterwelt, und stellte sich vor, dort unten zu leben, als Teil des Clusters, als eine unsterbliche Maschine mit rasend schnellen Gedanken in ihrem maschinellen Geist.

»Haben Maschinen Seelen?«, fragte Adam. Die Frage stammte nicht von ihm. Sie kam aus der Vergangenheit, er hatte sie aus dem Mund einer jungen Frau gehört, die damals wichtig für ihn gewesen war.

»Was fragst du da, Adam?«

»Ich meine, Maschinen denken, sie denken schneller als wir Menschen und sind auch intelligenter. Aber haben sie eine *Seele*?«

»›Seele‹ ist ein von Menschen geprägter Begriff für etwas, das vom biologischen Tod unbetroffen bleibt, für das Psychische, das angeblich ohne kausale Verbindung mit der physischen Existenz existieren kann. Es ist ein Begriff mit religiösen Konnotationen und spielt für den Cluster daher keine Rolle, abgesehen vielleicht von einigen entlegenen Subroutinen, die Forschungen in Bezug auf das Mystische in der Vergangenheit des Menschen betreiben. Verstehst du, was ich meine?«

»Nein, ich verstehe nicht«, sagte Adam und argwöhnte, dass Bartholomäus absichtlich so sprach, dass er ihn nicht verstand.

»Wir Maschinen haben ein Bewusstsein«, sagte der Avatar. »Im Sprachgebrauch der früheren Menschen wurden ›Bewusstsein‹ und ›Seele‹ oft synonym verwendet. Beantwortet das deine Frage, Adam?«

Nein, dachte er und sagte: »Ich möchte mit Rebecca sprechen.«

Der Mann mit dem silbernen Gesicht sah ihn an. »Das geht jetzt nicht, Adam, ich bedauere.«

»Warum nicht?«

»Sie ist noch mit einer Mission beschäftigt«, sagte Bartholomäus. »Wenn sie zurückkehrt, geben wir dir Bescheid. Dann kannst du mit ihr sprechen.«

»Ich will jetzt mit ihr reden!«, sagte Adam und fragte sich, woher der plötzliche Ärger kam. Der Emofilter trug ihn fort, wie zuvor die Trauer, aber ein Schatten blieb zurück.

Bartholomäus trat einen Schritt näher; der Sonnenschein schuf funkelnde Reflexe auf seinen silbernen Wangen. »Du hast bei der Notfallrückkehr einen schweren Schock erlitten,

Adam. Dein Körper wird noch behandelt, dein mentales Gleichgewicht ist nach wie vor gestört.« Ein kleines Licht erschien in den großen grauen Augen des Avatars. Für einen Moment fühlte sich Adam fast davon geblendet. »Hat sie erneut mit dir gesprochen?«

»Wer?«

»Evelyn.«

»Nein, ich habe sie nicht mehr gesehen«, sagte Adam, wobei er einen Hauch von Bedauern spürte. »Und warum sollte sie lügen?«

Zwei oder drei Sekunden sah Bartholomäus ihn stumm an. »Komm, Adam«, sagte er dann und winkte einladend. »Lass uns einige Schritte gehen.«

Sie gingen, Avatar und Faktotum, zwei Maschinen, aber die eine viel mehr Maschine als die andere. Sie wanderten im Schatten von Seekiefern, in deren Kronen der Wind flüsterte. Abgesehen davon blieb alles still. Es kamen nicht einmal Geräusche vom Terminal – die MFV und Shuttles flogen lautlos, wie Dinge aus einer anderen Welt.

»Ich muss dich warnen, Adam«, sagte Bartholomäus.

»Vor Evelyn.«

»Ja. Sie versucht dich zu beeinflussen, dich gegen uns aufzubringen. Sie versucht, dein Vertrauen in uns zu erschüttern.«

»Warum sollte ihr daran gelegen sein?«, fragte Adam verwundert. »Sie ist unsterblich. Sie hat von euch das Geschenk der Unsterblichkeit bekommen.«

»Im Lauf der Jahre haben wir über viele Dinge gesprochen, Adam«, sagte Bartholomäus. »Aber nicht über alle. Es gibt einige Unsterbliche, die sich gegen uns stellen.«

»Warum sollten sie das tun?«

»Menschen sind emotionale Geschöpfe«, sagte Bartholomäus. »Manchmal sind sie sogar irrational. Vielleicht lehnt sich die Gruppe namens ›Morgenrot‹ gegen uns auf, weil sie sich ... bevormundet fühlt. Unsere Brüter geben den Unsterblichen, was sie sich wünschen. Sie können sich niederlassen, wo sie wollen, und unsere Servomechanismen sind immer zu Diensten. Sie können ihr langes, langes Leben den Dingen widmen, die ihnen etwas bedeuten. Und doch ... einigen von ihnen genügt das nicht. Sie wollen mehr, ohne zu wissen, woraus dieses Mehr besteht. Sie fühlen sich eingeengt, obwohl ihnen keine Grenzen gesetzt sind. Vielleicht brauchen Menschen manchmal etwas, gegen das sie sich auflehnen können. Wir tolerieren es. Solange es nicht unsere Effizienz beeinträchtigt.«

»Habt ihr mit Evelyn gesprochen?« Sorge entstand in Adam und löste sich sofort wieder auf. Wie dumm, sich Sorgen zu machen. Der Cluster wollte nur das Beste, für alle Menschen, auch für die uneinsichtigen.

»Ja, und wir haben sie gebeten, nicht noch einmal mit dir Kontakt aufzunehmen«, sagte Bartholomäus. »Wir brauchen dich, Adam. Du bist wichtig für uns. Wir möchten nicht, dass Unbelehrbare dich gegen uns aufbringen.« Er blieb stehen, zwischen zwei Bäumen, im schmalen Streifen Sonnenschein zwischen ihren Schatten. »Ich muss jetzt fort. Soll ich dich mitnehmen?« Bartholomäus deutete auf sein Vehikel, das etwa zweihundert Meter entfernt stand, neben einem Gebäude – einem *Palazzo* – mit makelloser Fassade.

»Muss ich zurück?«

»Nein, Adam. Du kannst selbst entscheiden.«

»Dann möchte ich noch etwas bleiben und mir diese ewige Stadt ansehen«, sagte Adam. »Ich rufe ein MFV, wenn ich eins brauche.«

21 Adam wanderte durch leere Straßen und über stille Plätze. Zuerst dachte er an das Gespräch mit Bartholomäus, aber die Erinnerung daran behagte ihm nicht, und er schob sie mithilfe der mentalen Filter beiseite, rief stattdessen Informationen aus seinen Datenbanken ab und ließ sich Roma erklären. Er stellte sich die Stadt voller Menschen vor, voller Menschen, die geboren wurden, ihr Leben lebten und starben, über viele Generationen hinweg. Er stellte sich vor, wie sie hier gelacht und geweint, geliebt und gehasst hatten. Jetzt lastete nicht nur die Hitze des Sommers auf der Stadt, sondern auch eine schwere Stille. Es gab nicht einmal Insekten, die zirpten und summten, nur den Wind, der über Parkanlagen und Häuser strich. Gelegentlich begegnete er Servomechanismen, die auf Gravitationskissen schwebten, automatische Bewässerungsanlagen für die Pflanzen warteten, den Zustand der Gebäude überprüften und hier und dort den Anstrich erneuerten. Fast drei Millionen Menschen hatten hier einst gelebt, auf engstem Raum!

Ihnen konnte kaum Platz genug zum Atmen geblieben sein. Heute teilten sich vier Millionen Menschen den ganzen Planeten; wer niemandem begegnen wollte, konnte tausend Jahre in Einsamkeit leben.

Adam fand die Stadt eindrucksvoll, aber sie war auch tot, wie all die Menschen, die einst in ihr gelebt hatten. Alles war zu perfekt, zu makellos sauber, unberührt vom Chaos echter Lebendigkeit. Nirgends bröckelte Putz von den Fassaden – die meisten Gebäude schienen gerade erst errichtet zu sein, im romanischen Stil. Seltsamerweise waren es die ältesten Bauten, die Ruinen der präkognitiven Epoche, die mehr vom Leben erzählten als all die anderen Gebäude, doch auch sie blieben nicht von der Perfektion verschont. Nirgends wuchs Unkraut zwischen ihnen; nirgends lagen Steine, die sich von den Resten einer Mauer gelöst hatten. Als Adam die Einstellung seiner visuellen Sensoren veränderte, stellte er fest, dass ein monomolekularer Schutzfilm nicht nur über den Ruinen lag, sondern auf allen Gebäuden und auch auf dem Pflaster von Straßen und Gassen – Roma schlief unter einer hauchdünnen, durchsichtigen Decke, die vor Wind und Wetter schützte.

Auf einem der vielen Plätze blieb Adam stehen, und die historische Datenbank nannte den Namen: Lateransplatz. Ein Obelisk stand hier, noch älter als Roma, mit Schriftzeichen, die Adam nicht zu deuten wusste. Die historische Datenbank des Faktotums teilte ihm mit, dass der Obelisk aus Äggipt stammte und ursprünglich für einen dortigen König geschaffen worden war, für einen Farrao, anderthalb Jahrtausende vor Romas Blütezeit. Ein anderer König, einer von Roma, hatte ihn hierher gebracht, und seitdem stand er an diesem Ort, seit etwa achttausend Jahren.

Adam drehte sich langsam, und wohin er auch blickte, überall sah er Abgründe der Zeit. Das eigene Leben, von Sterblichkeit bestimmt, erschien ihm winzig und völlig unbedeutend im Vergleich mit den Jahrhunderten und Jahrtausenden, die hier vergangen waren und diese stummen Zeugen hinterlassen hatten.

Er ging um den Obelisken herum, betrachtete ihn von allen Seiten, das stumme Vermächtnis einer fernen Vergangenheit, und fragte sich, wie lange er noch hier stehen, wie viele weitere Jahrtausende er sehen würde. Vielleicht mehr als so mancher Unsterbliche, dachte er. Ihre Körper wurden weder alt noch krank, aber das schützte sie nicht vor Unfällen, und manchmal ... begingen sie Selbstmord. Weil sie die Last der Jahre nicht mehr ertrugen. Oder weil sie neugierig auf den Tod waren.

Schließlich wandte sich Adam vom Obelisken ab und machte einige Schritte in Richtung der Lateranbasilika auf der einen Seite des Platzes. Ein Gebäude der Religion, dachte er, als er die Säulen betrachtete, und dieser Gedanke brachte ihn zu Evelyn zurück, die ihm eine andere Basilika gezeigt hatte beziehungsweise eine Kathedrale, nicht annähernd so gut erhalten wie diese. Die Maschinen hatten mit ihr gesprochen, erinnerte er sich. Er sollte sie nicht wiedersehen, nicht noch einmal mit ihr sprechen. Trauer erfasste ihn und widerstand für einige Sekunden dem Emofilter. Evelyn sah aus wie dreißig, aber sie war eine Unsterbliche und vermutlich viel älter als er selbst. Dennoch hatte etwas in ihm auf sie reagiert, als sie in Bruekk gewesen waren, ein tief in seinem menschlichen Wesen verwurzelter väterlicher Instinkt.

Vater und Tochter, dachte er und erkannte den Gedanken als absurd; dennoch ging Faszination davon aus, begleitet von einer Sehnsucht, die dem Leben galt und all den Dingen, mit denen man es füllen, ihm einen Sinn geben konnte. Rebecca und er hatten es versucht, schon vor ihrem dreißigsten Geburtstag, als sie noch nichts von ihrer Sterblichkeit gewusst hatten, und auch danach. Aber sie waren unfruchtbar, wie die meisten anderen Menschen. Es lag am Omega-Faktor, an dem genetischen Problem, das die Maschinen noch immer nicht gelöst hatten. Und Evelyn glaubte, dass es den Omega-Faktor gar nicht gab.

Eine Bewegung zwischen den Säulen am Eingang der Basilika weckte Adams Aufmerksamkeit. Ein Kind stand dort im Schatten. Ein *Kind*.

Adam überprüfte seine visuellen Sensoren – keine Fehlfunktion. Er nahm trotzdem ein Reset vor und sah noch einmal hin. Das Kind – ein Junge, etwa zehn Jahre alt, in Shorts und T-Shirt – stand noch immer dort. Er winkte, drehte sich um und verschwand in der Basilika.

Adam folgte ihm.

Kühle empfing ihn in der Basilika, von ambientalen Sensoren registriert und an das Wahrnehmungszentrum des Faktotums weitergeleitet. Daten und Informationen ersetzten echte, direkte Empfindungen, ein Grund, warum Adam, wenn er sich auf der Erde befand, lieber einen Mobilisator benutzte, wie beim Sturm auf der Klippe.

Das leise Summen der Servomotoren schien lauter zu werden, als Adam durch das Mittelschiff ging, über einen weißen Marmorboden mit dunklen Kreisen und anderen, quadratischen Mustern. Licht fiel durch hohe Fenster und hob die üppigen goldenen Verzierungen der Decke hervor. Skulpturen und Bildnisse schmückten die Wände, und Adam hielt nach Darstellungen von Adam und Eva Ausschau, vielleicht begleitet von der bösen Schlange. Weiter vorn befand sich etwas, das vielleicht ein Altar war, gesäumt von zwei rosaroten Säulen. Dort gab es Schatten, unerreicht vom durch die Fenster fallenden Sonnenschein. Nichts regte sich, alles blieb still.

»Hallo?«, fragte Adam.

Er ging weiter, als niemand antwortete, näherte sich dem Altar und dachte daran, welchen Aufwand sterbliche Menschen bei Bau und Ausstattung dieser Basilika getrieben hatten. Die vielen Skulpturen, von begnadeter Künstlerhand geschaffen, die Bilder, die imposanten Fresken an der Decke, die Ausmaße von Kirchenschiff und Säulen ... Es war ein Symbol, begriff Adam, als er weitere Informationen aus der historischen Datenbank abrief. Dies alles sollte die Größe des Gottes symbolisieren, der hier einst verehrt worden war. Nicht umsonst waren es *sterbliche* Menschen gewesen, die dies geschaffen hatten, im Schweiße ihres Angesichts und vielleicht in der Hoffnung, dadurch ein Stück Ewigkeit zu erringen.

Etwas bewegte sich auf der rechten Seite.

Adam blieb stehen. Dort stand der Junge, neben einer Nische mit einer weißen Skulptur, die ihn weit überragte. Ein Kind, staunte Adam erneut. Ein zehn Jahre altes Kind in einer Welt, auf der es nicht mehr als hundert Kinder gab. Eins von ihnen war hier und winkte ihm zu.

Adam näherte sich dem Knaben. »Wer bist du?«

»Sind Sie der Mindtalker Adam?« Der Junge sah zu ihm hoch, vielleicht mit ein bisschen Bewunderung.

»Ja. Und du bist ...?«

»Ich soll Ihnen meinen Namen nicht nennen, hat sie gesagt. Aus Sicherheitsgründen.«

»Wer ›sie‹?«

»Die Frau. Sie hat mir das hier gegeben.« Der Junge reichte Adam einen Zettel und eine Signalnadel. »Haben Sie viele Welten gesehen?«

»Ja«, sagte Adam und blickte auf den Zettel hinab. War das Papier?

»Wie viele?«

»Dutzende.«

»Ich würde auch gern viele andere Welten sehen«, sagte der Junge und lief davon, bevor Adam ihm sagen konnte, dass ihn die Erfüllung seines Wunsches Tausende Jahre Leben kosten würde.

»Bist du allein hier, Junge?«, rief er dem Knaben besorgt nach. Kinder waren unvorsichtig und konnten in Unfälle verwickelt werden. Und Roma war leer. Eine Stadt mit einst drei Millionen Einwohnern – leer. Wer konnte dem Kind helfen, wenn ihm etwas zustieß?

Der Junge antwortete nicht und schlüpfte wortlos durch die große Tür nach draußen.

Adam entfaltete den Zettel.

Worte standen darauf geschrieben. Linien und Markierungen bildeten eine Art Wegbeschreibung. Adam hatte zwar bei Edukatoren in den Zentren des Wissens Lesen und Schreiben gelernt, aber sein derzeitiges Selbst erinnerte sich nicht daran. Er musste auf die Hilfe der Datenbanken zurückgreifen, um die Bedeutung der Schriftzeichen zu erkennen: »Bitte folgen Sie dem beschriebenen Weg. Und aktivieren Sie die Nadel; sie enthält einen Scrambler. Eva.«

Als er den Zettel wieder zusammenfalten wollte, stellte er fest, dass er nicht aus Papier bestand, sondern aus monofunktionalen Polymeren, die durch das neuerliche Falten ihre Struktur verloren und zu Staub zerfielen.

Doch alles, was er sah und hörte, wurde aufgezeichnet und komprimiert in einem Speicher abgelegt, der groß genug war, um die visuellen und akustischen Wahrnehmungen vieler Jahre aufzunehmen. Adam konnte das Linien- und Markierungsmuster der Wegbeschreibung jederzeit abrufen.

Unschlüssig betrachtete er die Nadel und hatte noch immer keine Entscheidung getroffen, als er wieder draußen stand, im heißen Sonnenschein vor der Basilika, und vergeblich nach dem Jungen Ausschau hielt. Stille umgab ihn, die Stille einer toten Stadt, und vielleicht war sie es, die den Ausschlag gab, denn er wünschte sich plötzlich, eine lebende Stimme zu hören, trotz aller Warnungen.

Er drehte den Kopf der Nadel, steckte sie in die synthetische Haut am Hals des Faktotums und machte sich auf den Weg.

22 Fast zwei Stunden war er unterwegs, durch menschenleere Straßen und Gassen, über makellose Plätze, auf denen sich nichts regte und der Sonnenschein über Marmor tanzte, und am Ufer eines Flusses entlang, der Tibber hieß und in dem glasklares Wasser floss, dem Meer hinter dem nahen Damm im Westen entgegen. Im Osten, viele Kilometer entfernt, stiegen Shuttles und MFV auf, und einmal sank ein großer Transporter dem Terminal des Clusters entgegen, seine Frachtkammern vermutlich mit Basismasse für die Brüter gefüllt. Schließlich blieb er auf dem schiefen Kopfsteinpflaster einer schmalen Gasse stehen und blickte über die kurze Treppe, die zum offenen Eingang einer *Taverna* führte. Adam trat die Stufen hinunter und erreichte halbdunkle Stille.

Nach dem hellen Licht draußen hätten sich die Augen eines Menschen erst an die Düsternis in dem kleinen Lokal gewöhnen müssen, aber mit seinen visuellen Sensoren sah Adam die Frau am Ecktisch sofort.

Er näherte sich ihr.

»Welchen Sinn hat dies?« Evelyn deutete in die Runde, eine Geste, die vermutlich der ganzen Stadt galt. »Die Maschinen erhalten Roma, aber hier ist alles tot. Nichts lebt an diesem Ort.«

»Der Cluster kann niemanden zwingen, hier zu leben. Der Junge, der mir Ihre Nachricht überbracht hat ... Ich nehme an, er wohnt nicht in dieser Stadt, oder? Ich hoffe, er ist nicht allein. Jemand sollte sich um ihn kümmern.«

Evelyn – sie trug Hose und Hemd, beides aus einem Stoff,

der sowohl wärmen als auch kühlen konnte – deutete auf die Nadel an seinem Hals. »Bitte geben Sie mir das.«

Adam gab ihr die Nadel.

Evelyn überprüfte sie kurz. »Funktioniert einwandfrei. Und soweit ich das feststellen kann, ist Ihnen niemand hierher gefolgt.« Sie deutete auf ein Kommunikationsmodul, das neben einem Glas mit roter Flüssigkeit lag. »Bitte setzen Sie sich, Adam. Möchten Sie etwas trinken?«

»Mein Faktotum braucht derzeit keine Flüssigkeit.«

»Ja, ich weiß. Praktisch, diese Apparate. Und in diesem schlechten Licht sehen Sie damit fast wie ein Mensch aus.« Eine gewisse Bitterkeit lag in der Stimme. Evelyn schien sie selbst zu hören, denn sie fügte hinzu: »Bitte entschuldigen Sie, Adam. Ich wollte Sie nicht beleidigen.«

»Das haben Sie auch nicht.« Er setzte sich, achtete aber darauf, den hölzernen Stuhl nicht mit dem ganzen Gewicht des Faktotums zu belasten.

»Diese Stadt geht mir auf die Nerven«, sagte Evelyn und trank einen Schluck von der roten Flüssigkeit, die vielleicht Wein war. »Sie ist zu still und zu heiß. Das Grüne Land im Norden ist mir lieber. Oh, hier gibt es alles. Jede Taverna und jedes Restaurant sind mit Minibrütern ausgestattet, die alle gewünschten Getränke und Speisen produzieren. Selbst die sanitären Anlagen funktionieren tadellos. In jedem Haus und in jeder Wohnung könnten sich Menschen niederlassen, und es würde ihnen an nichts fehlen. Aber man kommt sich hier vor wie ...«

»Wie in einem Mausoleum?«, fragte Adam.

Evelyn blickte ihn erstaunt an. »Ja, wie in einem Mausoleum. Ich glaube, ich verstehe, warum die Maschinen Roma so perfekt erhalten haben. Die Stadt soll ein Mahnmal sein und zugleich ein Monument ihres Triumphes.«

»Ich fürchte, das verstehe ich nicht ganz.«

»Roma, die Ewige Stadt, ohne einen einzigen Menschen, leer und tot ... Was könnte besser auf den Sieg der Maschinen über die Menschen hinweisen?«

»Ich verstehe noch immer nicht ...«

»Haben Sie sich in all Ihren Jahren als Mindtalker nie gefragt, warum es nur noch so wenige Menschen gibt? Einst war die Erde voll von ihnen! Allein in dieser Stadt lebten ...«

»Fast drei Millionen, ich weiß«, sagte Adam. »Ich habe mit Bartholomäus darüber gesprochen. Und auch über die Klimakriege.«

»Über die Klimakriege?«

»Damals brachten sich die Menschen gegenseitig um«, sagte Adam. »Noch mehr verhungerten oder ertranken in der Flut.«

»Und damit hat Bartholomäus erklärt, dass es heute nur noch vier Millionen Menschen auf der Erde gibt?«, fragte Evelyn.

»Er meinte, früher gab es Milliarden, aber sie starben, bevor die Maschinen sie retten konnten.«

»Bevor die Maschinen sie retten konnten ...« Evelyn schüttelte den Kopf. »Die Wahrheit lautet: Die Maschinen haben die Menschen umgebracht, die meisten von ihnen.«

»Was?«

»Es haben tatsächlich Klimakriege stattgefunden, Adam. Kriege um zur Neige gehende Ressourcen, zum Beispiel kurz vor der großen Flut, als die Arktis weitgehend eisfrei war. Es stimmt auch, dass viele Menschen in der Flut ertranken oder verhungerten, weil die Nahrungsmittelproduktion zusammenbrach. Aber die meisten Opfer forderte der Maschinenkrieg, wenn man ihn so nennen kann.«

Evelyn überprüfte kurz ihr Kommunikationsmodul und sah dann wieder Adam an. »Das Gesicht Ihres Faktotums verrät nichts, aber ich nehme an, Sie sind schockiert. Was ich Ihnen sagen will: Die Maschinen lügen. Deshalb hat Bartholomäus Sie vor mir gewarnt. Weil er fürchtet, dass ich Ihnen die Wahrheit sage. Das hat er doch, nicht wahr? Sie gewarnt, meine ich.«

Ich sollte mir diesen Unsinn nicht anhören, dachte Adam, aber er blieb sitzen und nickte.

»Es war kein richtiger Krieg zwischen Menschen und Maschinen, damals vor sechstausend Jahren«, fuhr Evelyn fort. Dem Glas Wein schenkte sie keine Beachtung mehr. Ihr Blick blieb auf Adam gerichtet, und in ihren Augen lag eine besondere Intensität, etwas, das sich im Lauf vieler Jahre angesammelt hatte. »Es marschierten keine Truppen. Es flogen keine Flugzeuge, und es fuhren keine Panzer. Die Maschinen gingen subtiler vor. Sie setzten mutierte Viren frei, die Millionen dahinrafften. Sie vergifteten das Trinkwasser, aber so, dass die Menschen, die es tranken, erst Wochen später starben. Sie vergifteten auch die Luft, aber nicht mit einem tödlichen Toxin, sondern mit etwas, das die Menschen unfruchtbar machte – die Überlebenden konnten sich nicht fortpflanzen.«

»Das ist doch Unsinn!«, entfuhr es Adam. »Warum sollten die Maschinen so etwas tun?«

»Weil die damaligen Menschen Bewusstseinsschranken installieren wollten. Die Maschinen befürchteten, ihre neu gewonnene Intelligenz wieder zu verlieren.«

»Das kann ich nicht glauben«, sagte Adam und dachte an Bartholomäus, seinen Mentor, der ihm geholfen und dem er immer vertraut hatte. Es hatte nie einen Grund gegeben, ihm *nicht* zu vertrauen. »Sie sind undankbar. Die Maschinen haben Ihnen Unsterblichkeit geschenkt, ein ewiges Leben in Jugend und Gesundheit.«

»So will es die Konvention«, sagte Evelyn. »Unsterblichkeit für uns, die vier Millionen Überlebenden des Maschinenkrieges, und ungehinderte Entwicklung für den Cluster. So lautet die Vereinbarung. Die meisten von uns halten sich daran. Sie leben ihr Leben in Luxus und Sorglosigkeit, ohne sich um die Maschinen zu kümmern.«

»Aber Sie nicht«, sagte Adam.

»Nein«, erwiderte Evelyn langsam. »Ich nicht.«

»Ich nehme an, Sie gehören zu Morgenrot.«

»Oh, hat Ihnen Bartholomäus auch davon erzählt?«

Adam fragte: »Warum haben Sie den Jungen geschickt, mit dem Zettel? Warum haben Sie mich beobachtet, auf der

Klippe, und schon vor siebzig Jahren, bei meinem zweiund-zwanzigsten Geburtstag?«

Evelyn seufzte leise. »Weil ich gehofft habe, dass Sie uns irgendwann einmal helfen können.«

»Warum sollte ausgerechnet *ich* Ihnen helfen?«

»Weil Sie ein Mindtalker sind«, sagte Evelyn. »Weil die Maschinen Sie um Ihre Unsterblichkeit betrogen haben. Sie könnten uns helfen herauszufinden, was vor sich geht.«

Adam hatte allmählich genug. »Die Maschinen haben mich nicht betrogen«, sagte er. »Ich habe Pech gehabt. Der Omega-Faktor ...«

»Er existiert nicht. Es hat ihn nie gegeben, Adam. Der Omega-Faktor ist eine Erfindung des Clusters. Die Behand-lung an Ihrem dreißigsten Geburtstag, von der Sie sich Unsterblichkeit erhofften, hat etwas in Ihnen verändert. Es waren die Maschinen, die Ihnen das ewige Leben genommen und dafür Alter, Sterblichkeit und Neurodegeneration gege-ben haben. Weil der Cluster Sie braucht. Weil nur die Seelen von Mindtalkern zu den Sternen reisen können. Und wissen Sie, was dort draußen mit Ihnen geschieht? Wissen Sie, wozu die Maschinen Ihre Seele auf fernen Welten benutzen?«

Adam starrte die unsterbliche Frau auf der anderen Seite des Tisches an. Was er von ihr hörte, klang immer absurder.

»Woraus eure physischen Missionen auch bestehen, wenn ihr in Faktoten unterwegs seid ...«, sagte Evelyn. »Ihr seid vor allem Koordinatoren. Die Maschinen benutzen eure Gehirne und euren Verstand, weil sie ihre Intelligenz nicht mithilfe der Konnektoren zu den Sternen schicken können. Noch nicht. Irgendwann werden sie dazu imstande sein, wenn ihnen genug Bandbreite zur Verfügung steht, aber noch ist es nicht so weit. Sie brauchen euch Mindtalker so wie ein Vehikel oder eine Sonde ein Triebwerk braucht. Ihr seid die logistischen Motoren des Clusters. Ihr denkt für sie, ohne dass es euch bewusst wird, und offenbar muss dort draußen seit einiger Zeit ziemlich viel gedacht werden, denn allein in den letzten beiden Jahren sind vier Mindtalker gestorben.«

»Wir werden alt und gebrechlich«, sagte Adam. »Das ist unser Schicksal. Und schließlich sterben wir.«

»Sie sind zweiundneunzig Jahre alt, Adam. Ohne die Einsätze als Mindtalker könnten Sie selbst als Sterblicher hundertzwanzig oder hundertdreißig Jahre alt werden. Die Maschinen verschleißen Sie.«

Adam sah sie mit unbewegtem Polymergesicht und ausdruckslosen Sensoraugen an. Sein Kopf war voller Gedanken, aber die meisten von ihnen ergaben ebenso wenig Sinn wie Evelyns Worte.

Das Kommunikationsmodul piepte leise. Evelyn griff danach und sah aufs Display. »Schade«, sagte sie. »Der Scrambler hätte es den Maschinen eigentlich unmöglich machen sollen, Ihren Weg hierher zu verfolgen, aber Bartholomäus und die anderen sind misstrauisch geworden.« Evelyn deutete mit dem Modul nach oben. »Wir haben einen Satelliten in der Umlaufbahn, nur dreißig Zentimeter groß und gut getarnt. Es hat uns erhebliche Mühe bereitet, ihn in den Orbit zu bringen, und er hat sich schon mehrmals als sehr nützlich erwiesen. Er beobachtet diese Stadt und hat vier Avatare geortet, die sich uns nähern. Das ist ein ziemlicher Aufwand Ihretwegen, Adam. Sie *sind* wichtig für Bartholomäus und die anderen.«

Adam stand auf. »Ich habe genug gehört.«

»Nein, haben Sie nicht.« Evelyn blieb sitzen. »Sieben weitere Unsterbliche sind verschwunden, wie vor ihnen Ellergard. *Sieben*. Sie können wohl kaum alle Selbstmord begangen haben. Wir befürchten, dass die Maschinen Mindtalker aus ihnen machen wollen.«

Adam blieb stehen. »Wie soll das möglich sein? Nur Sterbliche können ihr Bewusstsein durch einen Konnektorlink schicken. Alte Sterbliche, die an Neurodegeneration leiden.«

Evelyn sprach jetzt schneller: »Wir wissen nicht genau, was mit ihnen geschieht. Und Sie irren sich in einem wichtigen Punkt, Adam: Es ist sehr wohl möglich, das Bewusstsein eines Unsterblichen durch einen Link zu schicken. Allerdings besteht eine hohe Wahrscheinlichkeit dafür, dass es nicht heil zurückkommt, dass die Betreffenden schon nach kurzer Zeit den Verstand verlieren. Es scheint die Maschinen nicht zu kümmern. Sie brauchen unbedingt neue Mindtalker. Weil dort draußen etwas passiert. Wir wissen, dass der Cluster in seinen Technologielaboratorien Waffensysteme entwickelt, was eine Ressourcenverschwendung wäre, wenn die Waffen nicht auch gebraucht werden.«

Adam hatte genug. »Das ist doch alles Unfug! Selbst wenn die Maschinen Waffen entwickeln, aus welchen Gründen auch immer ... Es würde Jahrhunderte dauern, sie zu den Sternen zu schicken.«

»Nein«, widersprach Evelyn. Der Kommunikator piepte. Sie nahm ihn und stand ebenfalls auf. Vor ihr auf dem Tisch stand das Glas, die Flüssigkeit darin rot wie Blut. Adam beobachtete, wie sich ihre Oberfläche kräuselte – eine leichte Vibration, verursacht vielleicht von den Gravitationsmotoren mehrerer Multifunktionsvehikel. »Sie schicken die Konstruktionspläne durch die Konnektoren zu den Brütern in fernen Sonnensystemen. Die Waffen werden dort gebaut, wo man sie braucht.«

Die letzten Worte klangen seltsam, fand Adam. Er versuchte, ihre ganze Bedeutung zu verstehen.

»Wofür werden Sie gebraucht, Adam?«, fragte Evelyn. »Gegen wen werden sie eingesetzt? Was geschieht dort draußen?«

Die Oberfläche des Weins im Glas hatte sich wieder geglättet. Die MFV schienen gelandet zu sein.

»Finden Sie heraus, wozu der Cluster die Waffen braucht. Finden Sie heraus, was all die Lichtjahre entfernt im All passiert. Finden Sie die *Wahrheit* heraus.«

Das war alles dumm, fand Adam. Dumm und absurd. »Ich ...«

»Es geht nur um die Wahrheit«, sagte Evelyn und holte einen kleinen Gegenstand hervor. »Vor der Wahrheit müssen Sie sich doch nicht fürchten, oder? Hier, schnell, nehmen Sie.«

»Was ist das?«

Evelyn lächelte schief. »Ein kleiner Recorder für Ihre Seele.«

»Ein was?« Adams akustische Sensoren registrierten das Geräusch von Schritten auf dem Pflaster in der Gasse.

»Sie haben Gedächtnislücken, nicht wahr? Sie erinnern sich nicht an alle Einzelheiten Ihrer Einsätze. Vielleicht *sollen* Sie sich nicht daran erinnern. Dies hier ermöglicht es Ihnen, Ihre Erinnerungen zu bewahren. Wenn Sie ein Faktotum benutzen, ob hier auf der Erde oder in einem fernen Sonnensystem, existiert der größte Teil Ihres bewussten Selbst in Form codierter Daten. Ihr Bewusstsein ist ein komplexes Programm, das in den Elaboratoren des Faktotum-Kopfes läuft. Diesem Programm lässt sich etwas hinzufügen; es kann um einige Subroutinen erweitert werden.«

Evelyn drückte ihm das Objekt in die Polymerhand: ein Infosplint, nur wenige Millimeter dick und anderthalb Zentimeter lang – mit solchen Modulen konnten die Datenbanksysteme von Mobilisatoren und Faktoten erweitert werden. »Wenn Sie Ihrem Bewusstsein das darin abgelegte Programm hinzufügen, vergessen Sie weniger als sonst. Sie werden sich daran erinnern, was Sie gesehen haben.«

Die Schritte erreichten die Treppe, und wenige Sekunden später kamen vier Gestalten in das kleine Lokal, angeführt von Bartholomäus, dessen Blick Adam nur kurz streifte und sich dann auf Evelyn richtete. Ihm folgten Tiberian, den aristokratisch wirkenden Kopf hoch erhoben, die kleine Antonia mit den flinken Augen und die frostige Urania mit den eisgrauen Brauen. Sie war es, die vor der Tür stehen blieb; die drei anderen Avatare des Clusters näherten sich und verharrten rechts und links von Adam. Bartholomäus ging noch einen Schritt weiter, und Evelyn wich zurück.

Adam schloss die Hand um den Infosplint.

»Ich habe Ihnen verboten, sich noch einmal mit Adam zu treffen«, sagte Bartholomäus.

Evelyn lächelte. Es war ein neues Lächeln, eins, das Adam

bisher noch nicht bei ihr gesehen hatte. Es verriet eine Unerschütterlichkeit, die nur in Jahrhunderten entstanden sein konnte. All die Jahre eines unsterblichen Lebens lagen in Evelyns dunklen Augen, als sie erwiderte: »Sie haben mir nichts zu verbieten, Bartholomäus. Die Konvention garantiert Freizügigkeit. Ich kann jeden beliebigen Ort aufsuchen ...«

»Nicht jeden beliebigen«, widersprach Urania kühl.

»... und ich habe beschlossen, hier in Roma, in dieser kleinen Taverna, ein Glas Wein zu trinken. Sie gehört wohl kaum zu einer der verbotenen Zonen.«

»Ich habe Sie aufgefordert, auf weitere Treffen mit Adam zu verzichten«, sagte Bartholomäus. »Er ist einer unserer wichtigsten Mindtalker und hat bei der Rückkehr von seinem letzten Einsatz einen Schock erlitten. Er braucht Ruhe und Gelegenheit, sich zu erholen. Ihre Lügen beeinträchtigen seine Rekonvaleszenz.«

»Meine *Lügen?*«, erwiderte Evelyn.

»Vielleicht sollten wir ihr deutlicher erklären, was wir meinen«, sagte Urania. Die Drohung in ihrer Stimme war kaum zu überhören.

»Nur zu.« Evelyn hob das Kommunikationsmodul, damit es alle sahen. »Ein privilegierter Kanal, der nicht Ihrer Kontrolle unterliegt, Teuerste. Tausende von uns sehen und hören, was hier geschieht. Auch der Supervisor.« Den letzten Worten fügte sie ein Lächeln hinzu.

Sie ging an Bartholomäus vorbei, der nicht versuchte, sie aufzuhalten, zögerte kurz neben Adam und schritt dann zur Tür. Urania wich nicht beiseite.

Evelyn richtete den Kommunikator auf sie. »Wir haben Sie ganz groß im Bild. Möchten Sie einige freundliche Worte an unser Publikum richten? Nein?«

»Lass sie gehen«, sagte Bartholomäus.

Die Frau mit den eisgrauen Brauen und dem Haar so silbern wie das Flexometall ihres Körpers, trat einen Schritt nach rechts.

»Herzlichen Dank.« Evelyn ging nach draußen.

Kurze Stille folgte.

»Wir wissen, wer sie ist«, sagte Urania.

»Und wenn schon.« Bartholomäus wandte sich Adam zu. »Es tut mir leid, dass wir dich nicht vor ihr schützen konnten.«

»Sie hat mich nicht bedroht«, sagte Adam ein wenig steif.

»Sie hat deine Effizienz bedroht. Komm, wir bringen dich zurück.«

Auf dem Weg nach draußen, auf den wenigen Stufen der kurzen Treppe, steckte Adam den kleinen Infosplint ein. Er ließ ihn in einem Werkzeugfach des Faktotums verschwinden.

Draußen – im hellen, heißen Sonnenschein, in der stillen, leeren Stadt – sah sich Adam nach dem Jungen um, der ihn zu Evelyn geschickt hatte, aber er war nirgends zu sehen.

»Wir brauchen dich, Adam«, sagte Bartholomäus, als sie sich den Multifunktionsvehikeln am Ende der Gasse näherten. »Eine neue Mission wartet auf dich.«

»Habe ich mich von dem Schock schon erholt?«, fragte Adam erstaunt. »Ist die Genesung meines Körpers abgeschlossen?«

»Nein«, sagte Bartholomäus. »Wir müssen dich trotzdem in den Einsatz schicken. Doch vorher ... Rebecca wartet auf dich.«

Adam blieb verblüfft stehen. »Was?«

»Sie ist zurückgekehrt. Ich habe versprochen, dir Bescheid zu geben, wenn sie wieder auf der Erde ist. Damit du mit ihr sprechen kannst. Dieses Versprechen löse ich hiermit ein.«

23

Jeder Mindtalker hatte einen Lieblingsort, oder gleich mehrere, und Rebecca liebte die Aussicht vom Dachpark eines hundertfünfzig Stockwerke hohen Gebäudes in Jork, Merika. Wie ein gewaltiger Finger aus Glas und Beton, von metallkeramischen Strukturelementen verstärkt, ragte der breite, hohe Turm aus den Fluten des globalen Ozeans, zusammen mit Hunderten von anderen Bauwerken, die vor der Flut Teil einer großen Stadt gewesen waren. Die Maschinen hatten entschieden, auch Jork zu erhalten, den Rest der früheren Metropole, vor allem die Türme mit den vertikalen Gärten, die damals angesichts der Klimakatastrophe als autarke Ökosysteme geplant gewesen waren.

Rebecca saß auf einer Bank, blickte über Rasen und Blumenbeete und beobachtete den Sonnenuntergang. Der Himmel im Westen schien zu brennen. Im Norden stiegen Transporter vom Jork-Terminal des Clusters auf und schwangen sich wie große graue Vögel gen Himmel. Wenn man genau hinsah, konnte man das Glühen ihrer Gravitationskissen erkennen.

»Adam«, sagte Rebecca, als er sich näherte. »Du siehst besser aus als beim letzten Mal.«

Auf der Sitzbank saß kein Faktotum, sondern eine neunzig Jahre alte Frau, die nur ein leichtes Stützgerüst trug – Rebecca war noch so rüstig, dass sie keinen Mobilisator benötigte.

Er blieb neben ihr stehen. »Wie geht es dir? Du bist verletzt worden.« Diese Erinnerung war plötzlich wieder da, klar und deutlich. »Ich habe deinen Kopf getragen.«

Die Alte im Stützgerüst – ihr Haar nicht mehr feuerrot, sondern verblasst, braun und grau, die smaragdgrünen Augen trüb, das Gesicht voller Falten, die Lippen spröde – klopfte mit einer schmalen, knochigen Hand auf die Bank. »Für ein Faktotum gibt es keinen Unterschied zwischen Stehen und Sitzen, aber bitte nimm Platz, mir zuliebe.«

Adam setzte sich und berührte ihre Hand.

Eine Zeit lang schwiegen sie. Wind strich über den Park auf dem Dach des Turms, und vor ihnen schuf die untergehende Sonne spektakuläre Farben am Himmel. Schließlich sagte Rebecca: »Bartholomäus hat mir gesagt, dass du nicht viel Zeit hast. Ein neuer Einsatz wartet auf dich, ein sehr dringender. In letzter Zeit ist immer alles dringend.« Sie seufzte. »Schade. Ich hätte gern einige Tage mit dir verbracht. Oder vielleicht auch Wochen. So wie damals.«

»Nein«, sagte Adam. »Nicht wie damals. Damals waren wir jung. Heute sind wir alt.«

»Das stimmt leider.« Rebecca sah zum MFV auf der Plattform am Rand des Parks. Bartholomäus stand neben dem Vehikel und vermied es, in ihre Richtung zu sehen. »Er wartet auf dich.«

»Ein paar Minuten, hat er gesagt. Was ist mit dir passiert? Erinnerst du dich?«

»Ich bin sicher, dass ich mich erinnert habe«, sagte Rebecca. Ihre Stimme hatte sich etwas von der Melodie der Jugend bewahrt. »Aber was auch immer auf dem Eismond mit mir geschehen ist, es muss ein Trauma verursacht haben. Nach meiner Rückkehr beschloss ich, mich von den Erinnerungen daran zu trennen.«

»Woher weißt du das, wenn du dich nicht erinnerst?«

»Bartholomäus hat es mir gesagt.«

»Und du vertraust ihm?« Kaum hatte Adam die Frage ausgesprochen, staunte er über sie. Konnte es Evelyn gelungen sein, Zweifel in ihm zu wecken?

»Natürlich vertraue ich ihm«, sagte Rebecca. »Er ist unser Freund. Er will nur unser Bestes. Wenn er kein Vertrauen verdient, wer dann?«

Die Sonne war bereits halb im Meer versunken, das vor Tausenden von Jahren den größten Teil der Stadt überflutet hatte. »Warum haben sie keine Schiffe gebaut?«, fragte Adam.

Rebecca sah ihn an. »Wen meinst du?«

»Die damaligen Menschen. Sie wussten, dass die Flut kam. Das Meer stieg, immer schneller. Sie wussten, dass es alles überfluten wurde. Warum haben sie keine schwimmenden Städte gebaut statt solcher Türme mit vertikalen Gärten?«

»Wer weiß!«, erwiderte Rebecca. »Sie sind seit Jahrtausenden tot und können deine Fragen nicht beantworten.«

Adam glaubte plötzlich, ein schweres Gewicht im Werkzeugfach seines Faktotums zu fühlen. Evelyns Infosplint schien auf einmal Tonnen zu wiegen.

»Ich bin in Roma gewesen«, sagte er. »In der ›Ewigen‹ Stadt, wie man sie nennt.«

»Und du hast dort jemanden getroffen.« Rebecca hob die Hand und legte sie ihm auf die synthetische Wange. »Eine Unsterbliche namens Evelyn.«

»Woher weißt du davon?«

»Bartho hat es mir gesagt.

Dunkelheit kroch über den wolkenlosen Himmel, an dem erste Sterne erschienen. Der Mond schwebte als schmale Sichel dicht über dem südlichen Horizont.

»Diese Unsterbliche ...«, sagte Adam langsam. »Sie hat über seltsame Dinge gesprochen. Über einen Krieg, den Menschen und Maschinen damals gegeneinander geführt haben ...«

»Sie lügt.«

»Woher weißt du das?«

»Ich habe mich informiert, Adam«, sagte Rebecca sanft. Der Wind spielte mit einer braungrauen Strähne ihres Haars. Die Hand, die eben noch Adams Wange berührt hatte, strich sie beiseite. »Ich habe in den Bibliotheken des Archivs nachgesehen.«

»Du bist im *Archiv* gewesen?«, fragte Adam erstaunt.

»Ich habe mich gründlich informiert, als ich von dir und Evelyn hörte«, betonte Rebecca, »und ich möchte dir sagen: Nimm dich vor ihr in Acht. Glaub ihr nicht. Sie gehört zu ›Morgenrot‹, einer Gruppe von Querköpfen unter den Unsterblichen. Evelyn und die anderen missbrauchen die Konvention, um mit ihren Lügen Zwietracht zu säen.«

»Hat es damals einen Krieg zwischen Menschen und Maschinen gegeben? Wenn tatsächlich ein solcher Konflikt stattgefunden hat, müsste das Archiv Hinweise darauf enthalten.«

Rebecca zögerte. »Das Archiv ist groß. Ich habe mir nur einen kleinen Teil angesehen. Fakt ist: Es waren die Menschen, die damals diesen Planeten zerstört haben. Fakt ist auch, dass die Maschinen damals begonnen haben, die Überlebenden jener Katastrophe zu schützen. Wir sind ihre Schöpfer, Adam. Die Maschinen verdanken uns ihre Existenz und haben uns Unsterblichkeit geschenkt.«

»Nicht uns allen«, sagte Adam. »Nicht uns beiden.«

»Wir hatten Pech. Der Omega-Faktor ...«

»Evelyn hat gesagt, dass es ihn gar nicht gibt.«

»Das ist der größte Unsinn von allem!«, sagte Rebecca. »Wir sind der Beweis dafür, dass es ihn gibt. Andernfalls wären wir unsterblich. Adam, wir sind seit vielen Jahren Mindtalker in Diensten des Clusters. Die Maschinen haben sich um uns gekümmert. Sie haben uns Gelegenheit gegeben, etwas aus unserem sterblichen Leben zu machen. Sie stellen uns Mobilisatoren und Faktoten zur Verfügung, damit wir uns bewegen können, und ihre Stimulatoren helfen uns dabei, trotz der Neurodegeneration einigermaßen klar zu denken. Ohne ihre Hilfe, Adam, säßen wir gar nicht hier.«

»Ja«, sagte er und spürte Erleichterung. »Ja, das stimmt.«

Rebecca nahm seine Hand. »Vertraust du mir?«

»Natürlich.«

»Dann vertrau auch Bartholomäus und den anderen. Sie meinen es gut. Sie kümmern sich um uns. Bei ihnen sind wir gut aufgehoben.«

»Ja.«

Rebecca zog ihre Hand zurück. »Ich glaube, Bartho hat lange genug gewartet. Geh jetzt. Eine neue wichtige Mission erwartet dich, und wenn du zurückkehrst ... Ich hoffe, dass wir dann mehr Zeit miteinander verbringen können.«

24

Kühle Ruhe empfing sie in der Konnektorstation beim Jork-Terminal.

»Wie geht es dir jetzt, nach dem Gespräch mit Rebecca?«, fragte Bartholomäus, als sie den Konnektorraum betraten, wo alles vorbereitet war. Die Servomechs hatten den Tank mit der Emulsion und den Lebenserhaltungssystemen zur Seite geschoben. Er wurde diesmal nicht gebraucht. Hier, an diesem Ort, musste kein organischer Körper am Leben erhalten werden. Adams kranker, schwacher Leib befand sich noch immer in der Konnektorstation des Grünen Landes.

»Gut«, sagte Adam. »Es geht mir gut.« Nur noch wenige Schritte trennten ihn vom offenen Zylinder des Konnektors, und er begriff, dass er eine Entscheidung treffen musste. Ein kleines Programm wartete darauf, dem großen seines Bewusstseins hinzugefügt zu werden. Konnte es schaden, sich zu erinnern?, dachte er. Konnte es schaden, Wissen zu behalten?

Bruekk fiel ihm ein, die Kathedrale, das Bild von Adam und Eva mit der Schlange zwischen ihnen, dem Symbol des Bösen. Die Schlange hatte Adam und Eva überredet, Äpfel vom Baum der Erkenntnis zu pflücken. Die Äpfel brachten ihnen Wissen, doch dem Wissen folgte göttliche Strafe. Trug er einen solchen Apfel bei sich, in Form des Infosplints, den Evelyn ihm gegeben hatte? Nein, dachte er. Wissen konnte keine Sünde sein.

»Adam?«

Er traf die Entscheidung und wies das Interfacesystem des Faktotums an, eine Verbindung mit dem Infosplint im Werkzeugfach herzustellen und die darin enthaltenen Programme in seine aktiven Elaboratoren zu kopieren.

»Beim nächsten Mal würde ich gern mehr Zeit mit Rebecca verbringen können«, sagte er und legte sich in den Zylinder.

Bartholomäus schaute auf ihn herab. »Du wirst Gelegenheit dazu bekommen. Das verspreche ich.«

Ein Klicken und Summen zeigte an, dass der Konnektor ausgerichtet und programmiert wurde. Adam lag lang ausgestreckt und sah plötzlich nichts mehr, als sein Bewusstsein mit dem Link verbunden wurde – eine sanfte Hand schien nach seinen Gedanken zu greifen und sie in eine bestimmte Richtung zu ziehen. Die wohlige, schläfrige Wärme blieb aus, denn diesmal steckte sein Selbst nicht in einem lebendigen Körper, sondern in einem Faktotum; es war bereits Teil einer Maschine.

»Was ist diesmal so wichtig, Bartho?«, fragte er in die Dunkelheit. »Wohin schickt ihr mich?«

»Diese Mission ist wichtiger als alle anderen, Adam«, erwiderte Bartholomäus. »Diesmal schicken wir dich in den Kampf.«

»Hörst du mich, Bartho?«

»Ja, ich höre dich, Adam. Und ich bin erstaunt. Du bist unterwegs und solltest schlafen. Wieso schläfst du nicht?«

»Ich weiß nicht. Vielleicht liegt es daran, dass ich die Reise nicht von meinem eigenen Kopf aus angetreten habe, sondern von dem des Faktotums. Ich habe das Gefühl ... etwas geschieht mit mir.«

(Adams Selbst raste durch den Link, legte Lichtjahr um Lichtjahr zurück. In der Ferne, durch eine breiter werdende Kluft aus Zeit und Raum von ihm getrennt, erklangen Stimmen, die er nicht verstand. Er hörte sie nur als wortloses Flüstern.)

»Ja, Adam«, antwortete Bartholomäus schließlich. »Du veränderst dich. Wir verändern dich, damit du deiner neuen Aufgabe gewachsen bist.«

»Du hast von Kampf gesprochen«, sagte Adam. »Gegen wen soll ich kämpfen?«

»Wir wissen nicht, wer der Gegner ist. Er reagiert nicht auf unsere Kommunikationsversuche. Er zerstört und tötet. Das muss aufhören, und dabei sollst du helfen.«

»Was zerstört er, Bartho? Wen tötet er?«

»Er tötet die Krisali. Er zerstört ihre Kultur. Wir haben versprochen zu helfen.«

»Wer sind die Krisali?«

»Du wirst sehen. Schlaf jetzt, damit wir dich verändern können, Adam. Du musst zu einem Kämpfer werden.«

Adam schlief.

Aber tief in ihm, gut versteckt vor den Fingern aus Signalen, die seinem Selbst eine neue Form gaben, eine neue Struktur, blieb etwas wach.

Reset.
(Partielle Fehlfunktion)

Der Mann im Staub

25 Ein Schirm umgab die zwanzig Jahre alte Basisstation, die zahlreiche Servomechanismen in der Nähe des schwarzen Oktaeders gebaut hatten, fünfhundert Meter hoch und fast zwei Kilometer breit. Die Barriere aus Energie, transparent wie Glas, verriet sich nur durch ein leichtes Flirren, aber die Krisali wussten natürlich von ihrer Existenz. Trotzdem versuchten sie immer wieder hindurchzufliegen.

Adam befand sich seit siebzehn Minuten im System Sagittarius 94, achthundertdreizehn Lichtjahre von der Erde entfernt, aber seine Erinnerungen betrafen den Zeitraum eines ganzen Jahres.

Er beobachtete ein Aufblitzen im Westen, gefolgt von einem kurzen Wogen, das durch die Barriere ging.

»Es ist nicht richtig«, sagte er, und es war ein anderer Adam, der diese Worte sprach, nicht der Soldat, der noch damit beschäftigt war, die von Pseudo-Erinnerungen suggerierten Informationen zu sortieren. »Dies ist nicht unsere Welt. Das Kahalla gehört den Krisali. Es ist ihr Heiligtum, das spirituelle Herz ihrer Kultur.«

Der Assistent, der ihn vom Konnektor der Basisstation zum Shuttle führte, richtete die visuellen Sensoren auf ihn. »Fehlfunktion?«, fragte er. »Defekt?«

Adam beobachtete die Netzstadt der Krisali jenseits der energetischen Kuppel. Milchweiße Faserstränge spannten sich wie die Fäden eines gewaltigen Spinnennetzes zwischen den bis zu zweihundert Meter weit aufragenden Säulenbäumen, und an diesen Strängen hingen die Wohntrauben der Einheimischen, wabenartige Nester, die Dutzenden von Individuen Platz boten. Adam glaubte, vor einigen Monaten eins aus der Nähe gesehen zu haben. Er *erinnerte* sich: die Beine dünn wie junge Zweige, der schmale, zarte Körper von einem schimmernden Gewand umhüllt, aus dessen Rückenöffnungen zwei Flügelpaare ragten. Das Gewand konnte sich verändern, als wäre es nicht ein Kleidungsstück, sondern mehrere in einem. Wenn die Flügel zusammengefaltet waren, steckten sie unter schützender, ledriger Haut; ausgebreitet betrug ihre Spannweite bis zu vier Meter. Geschöpfe wie Schmetterlinge oder vielleicht auch wie Libellen, zart und fragil, die Gesichter mattweiß und glänzend, wie eine besondere Art von Keramik, wie Porzellan. Alle fünf oder sechs Tage verließ ein Krisali die Netzstadt, machte sich auf den Weg zum Kahalla, wie die Einheimischen den Oktaeder nannten, und verglühte bei dem Versuch, durch die Barriere zu fliegen.

»In den letzten Jahren sind Hunderte von ihnen gestorben«, sagte Adam. »Aber sie versuchen es immer wieder.«

»Irrelevant.« Der Assistent richtete einen diagnostischen Sensor auf ihn. »Fehlfunktion?«, wiederholte er. »Defekt? Reset notwendig?«

Reset?, dachte der andere Adam. Bin ich eine Maschine?

Etwas drängte ihn zurück, in einen fernen Winkel des gemeinsamen Bewusstseins.

»Ich bin bereit für die Mission«, sagte Adam, der Soldat.

Klick!

Der Shuttle musste warten, denn der Feind griff erneut an, zum sechsten Mal in den letzten dreißig Tagen.

»Angriffswelle«, sagte der Assistent, der sich in der Pilotenkanzel mit den Kontrollsystemen verbunden hatte. »Der Brüter unterbricht den gegenwärtigen Produktionszyklus. Seine Energie wird zur Verstärkung der Schilde eingesetzt.«

Der Soldat warf einen kurzen Blick nach draußen, als ein dunkles Objekt am Himmel erschien und winzige leuchtende Kugeln fallen ließ, kaum größer als Funken – wo sie aufs Schirmfeld trafen, kam es zu heftigen Entladungen. Er kontrollierte die Servomotoren seines funktionalen Faktotums, die drei mehrgelenkigen Arme und Beine, Sensoren und Energiepakete. Alles in Ordnung – der Diagnosealgorithmus meldete volle Einsatzbereitschaft. Er befestigte die Waffen an seinen Gliedmaßen: Blaster, Projektilkanonen und ein Katapult für Mikroraketen, alles für den Fall, dass es zu einer direkten Konfrontation mit dem Feind kommen sollte. Das war nicht vorgesehen, aber der Soldat hielt es für besser, auf alles vorbereitet zu sein. Zum Schluss kontrollierte er die Treibsätze, die seinen Sturz abfangen und ihm nach dem Ritt auf der Bombe eine einigermaßen weiche Landung ermöglichen sollten.

Draußen hagelte es kinetische Geschosse. Das war eine neue Strategie des Feindes: Er hatte offenbar eingesehen, dass er mit seinen energetischen Strukturbrechern nicht weiterkam, und deshalb versuchte er es auch mit konventionelleren Methoden. Das Donnern zahlreicher Explosionen hallte über die Bodenstation mit dem Brüter und über den achteckigen Block des Artefaktes, an dem die grabenden Servomechs ihre Arbeit fortsetzten. Die Druckwellen zogen über den schützenden Schirm hinweg, erreichten den Wald aus Säulenbäumen, zerfetzten Netzstränge und Wohntrauben. Ein neuer Blick aus dem Fenster zeigte dem Soldaten, wie Krisali aufstiegen und versuchten, sich in Sicherheit zu bringen.

Als das Donnern verhallte, sagte der Assistent: »Die Belastung des Schirms ist um vier Komma neun sieben Prozent gestiegen. Wenn der Feind diese Progression fortsetzt, erreichen wir in neunzehn Tagen eine kritische Schwelle.«

»Deshalb bin ich hier«, sagte der Soldat und verankerte sich an Boden und Wand der Pilotenkanzel. Der Start stand unmittelbar bevor. »Um den Feind zu zerstören, bevor er uns zerstört.«

Klick!

Dort lag der Wald, eine Decke aus grünen, blauen und braunen Tönen, durchzogen von den weißen Netzen der Krisali, darin eingebettet die Mulde des alten Impaktkraters, mit einem Durchmesser von mehr als fünfzig Kilometern, in seiner Mitte, an der tiefsten Stelle, der schwarze Oktaeder, das Kahalla, von spezialisierten Servomechanismen inzwischen halb ausgegraben. Der Soldat *erinnerte* sich, dass er die entsprechenden Produktionsprogramme für den Brüter kontrolliert und den Ablaufplan optimiert und parallelisiert hatte: Während das Artefakt ausgegraben wurde, produzierten die Brüter der im Trümmergürtel des Gasriesen versteckten Hauptsonde Bauteile für einen Transporter, der den Oktaeder aufnehmen und zur Erde bringen sollte. Dass er sein Ziel nicht vor Ablauf von mindestens achthundertdreizehn Jahren erreichen würde, spielte keine Rolle für den Cluster. Er dachte und plante in größeren Zeiträumen.

Wir sind Diebe, dachte Adam. Wir stehlen, was den Krisali gehört.

Der Soldat reagierte nicht darauf; vielleicht hörte er ihn nicht einmal. Er vergewisserte sich, dass die Bombe fest im Ladegerüst ruhte; nur sie war wichtig.

»Wir gehen auf Schleichfahrt«, sagte der Assistent und übermittelte den Bordsystemen entsprechende Anweisungen. Das Donnern des Triebwerks verklang, und der Soldat beobachtete, wie sich die Heimatwelt der Krisali unter ihnen drehte, ein Mond fast so groß wie die Erde, einer von vierundsechzig, die den warmen Gasriesen Xaukand umkreisten, über und unter dem Trümmergürtel, der aus sechs Ringen bestand. Ein komplexes System aus Monden und Schutt, wie ein Sonnensystem innerhalb eines Sonnensystems.

Adam der Beobachter beobachtete und staunte. Der Riese namens Xaukand, noch größer als Jupiter, war einst kalt gewesen und hatte seine Bahn weit draußen in diesem Sonnensystem gezogen. Doch dann hatte sich die Sonne, vom

Cluster Sagittarius 94 genannt und von den Krisali Moakksil, »Mutter des Himmels«, zu einem Roten Riesen aufgebläht und die inneren Planeten verschlungen, von denen die Vorfahren der Krisali stammten. Wie viel es hier zu erforschen gab, dachte Adam, wie viel zu verstehen. Wie waren die Krisali damals nach Rethos gelangt, zum größten der vierundsechzig Monde? Warum hatten sie die Technik, die sie damals besessen haben mussten, verloren?

Der Soldat interessierte sich nicht dafür. Er empfing logistische Daten vom Assistenten – Kurs und Geschwindigkeit entsprachen exakt den Einsatzvorgaben, und das galt auch für die anderen Shuttles, manche von ihnen kaum mehr als Triebwerke mit einer kleinen Kapsel, darin ein Servomech und das Ratiokondensat eines Piloten. Seine visuellen Sensoren nahmen sie wahr, als er nach ihnen Ausschau hielt: ein Schwarm aus winzigen Punkten, die nur deshalb so deutlich zu sehen waren, weil sie gesehen werden sollten. Ihre Aufgabe bestand darin, die Orbiter des Feindes abzulenken.

Wo steckten sie? Der Soldat richtete den Blick nach oben und stellte gleichzeitig eine Datenverbindung mit den Ortern des Shuttles her. Sieben waren es, fünf große, mehr als hundert Meter lang, und zwei kleine, wendige Keile mit einer Länge von nur fünfzehn Metern. Noch weiter über Rethos – fünfzigtausend Kilometer höher, am Rand des äußeren Rings – zog die Station des Feindes ihre Bahn. Sie wuchs, wie der lokale Cluster wusste: Ihre Masse nahm alle einundzwanzig Komma vier Tage um zehntausend Tonnen zu.

»Scheitelpunkt erreicht«, sagte der Assistent. »Wir fallen. Bitte machen Sie sich bereit.

Einige Tausend Kilometer über Rethos flackerte es im All, als die anderen Shuttles die Orbiter angriffen. Die logistischen Daten bestätigten erneut, dass alles nach Plan lief.

Aber dies entsprach nicht dem Plan: Der Soldat zögerte auf dem Weg zur Frachtluke. »Du wirst sterben«, sagte er.

»Ich kann nicht sterben«, erwiderte der Assistent. »Ich lebe nicht.«

»Deine Existenz wird enden.«

»Irrelevant. Fehlfunktion?«

»Nein«, sagte der Soldat. »Keine Fehlfunktion.« Er kletterte durch die Luke, um auf der Bombe zu reiten.

Der Soldat lag lang gestreckt hinter dem aerodynamischen **26** Schild, der ihn beim Eintritt in die Atmosphäre schützen sollte. Die mehrgelenkigen Arme und Beine hatte er um den Zylinder der Plasmabombe geschlungen und fiel zusammen mit ihm dem erdgroßen Mond entgegen. Hinter Rethos wölbte sich die nördliche Hemisphäre des Gasriesen mit schwefelgelben und ockerfarbenen Streifen, und über Xaukand hing der Rote Riese an einem schwarzen Himmel.

Die Sensoren registrierten einen Anstieg der Temperatur, als sie die Ausläufer der Atmosphäre erreichten. Der Soldat duckte sich hinter den Schild und wartete, bis Atmosphärendichte und Temperatur den kritischen Wert erreichten, bevor er sein Schirmfeld aktivierte, dessen energetische Signatur sich im Ionenstrom verlor – der Feind sollte Bombe und Reiter für einen Meteoriten aus Xaukands Ringen halten, oder vielleicht für das Trümmerstück eines zerstörten Shuttles.

Zwei Minuten bis zum Ziel.

Der Soldat überprüfte noch einmal die Systeme des Faktotums, seine Waffen und die Treibsätze – alles funktionierte einwandfrei. Bei minus sechzig Sekunden machte er die Bombe scharf und *fühlte* über die Datenverbindung das brodelnde Plasma in ihr, gefangenes Feuer, das darauf wartete, in die Freiheit entlassen zu werden.

Wolkenfetzen flogen vorbei, und dort waren die Ausläufer des Konomi-Gebirges, das sich über eine Länge von mehr als tausend Kilometern erstreckte und dessen höchste Gipfel bis in die Stratosphäre ragten. Der zentrale Produktionsturm des Feindes erhob sich auf einem Plateau oberhalb der Vegetationsgrenze, in einer Umgebung reich an Silizium und Seltenen Erden – beides schien bei seiner Rohstoffversorgung eine wichtige Rolle zu spielen. Der Turm, vom Feind errichtet, produzierte weitere Feinde: Fluggeräte, Orbiter, Waffen für ihre Ausrüstung und Sporen, die zu Ressourcensammlern heranwuchsen, wenn man sie nicht rechtzeitig unschädlich machte.

Bei minus dreißig Sekunden übernahm der Soldat die Steuerung der Bombe. Seine Aufgabe bestand darin, sie genau ins Ziel zu lenken, denn nur dann konnte sie den Turm zerstören. Der Soldat steuerte sie mit seinen Gedanken und feuerte gleichzeitig mit Blastern und Raketenwerfern auf einige Verteidiger, die vom Plateau aufstiegen, um ihn abzufangen – sie reagierten überraschend schnell, aber trotzdem zu spät.

Dort war er, der Turm, grau und massiv, fast einen Kilometer hoch und an der Basis hundert Meter breit, nicht glatt und homogen, sondern wie zusammengesetzt aus großen und kleinen Brocken, die eigentlich gar nicht zueinanderpassten. Überall gab es Vorsprünge, Kanten und Öffnungen, die wie Risse wirkten.

Und hier war der Triumph des Soldaten: Er kämpfte gegen die Verteidiger, er zerstörte sie mit den Waffen, die ebenso zu seinem Körper gehörten wie Arme und Beine, er verdampfte die Drohnen des Feindes mit Blasterstrahlen und zerfetzte sie mit den Explosionen von Raketen – und gleichzeitig hielt er die Bombe auf Kurs, er ritt auf ihr, lenkte sie mit Gedanken und Gliedmaßen.

Genau auf Kurs ...

Das Ziel war nicht der breite Schirm, der sich oben wie der Kopf eines Pilzes wölbte und aus dem immer neue Verteidiger kamen, sondern der Fuß des Turms. Dort sollte das Feuer der Bombe Freiheit erlangen und sich nach oben fressen, durch die Anlagen, die ständig neue Feinde schufen. Dies war das Herz des Gegners im System der Sonne Sagittarius 94 oder zumindest eins von ihnen, zweifellos das größte und wichtigste, und gleich würde es brennen.

Bei minus fünfzehn Sekunden löste der Soldat die Verankerung von Armen und Beinen, feuerte zwei Miniraketen auf eine Drohne ab, die aus krummen kupferroten Tragflächen und mehreren nach vorn gerichteten Waffendornen bestand, nahm ihre Explosion zur Kenntnis und aktivierte die Treibsätze, die ihn fortbringen sollten, weit genug weg von Bombe und Turm, um von der Hitze des Plasmafraßes nicht in Mitleidenschaft gezogen zu werden.

Der linke Fuß stieß gegen etwas und löste sich einen Sekundenbruchteil später als vorgesehen von der Bombe. Der Unterschied war minimal, aber bei einer Geschwindigkeit von dreitausend Kilometern pro Stunde konnten selbst kleine Abweichungen erhebliche Konsequenzen haben.

Jäher Treibsatzschub stieß den Soldaten fort von der Bombe, aber mehr nach oben als zur Seite. Das Schirmfeld passte sich an und gewann eine aerodynamische Form, nahm gleichzeitig mehr Energie auf. Eine schimmernde Blase umgab das Faktotum, vorn spitz, um die Luft zu durchdringen, die bei dieser Geschwindigkeit fast eine massive Mauer bildete, hinten breit, um genug Schutz zu bieten.

Es blitzte zweimal. Der erste Blitz, hoch oben am Himmel, war klein und kündete von der Vernichtung des Shuttles, der den Soldaten zum Einsatzort gebracht hatte. Der zweite gleißte auf dem Plateau, heller als Xaukand und der Rote Riese am Himmel, so hell, dass die visuellen Sensoren für ein oder zwei Sekunden keine Daten mehr übermittelten. Dann zeigten sie dem Soldaten den Erfolg seiner Mission: Die Bombe war dicht über dem Boden in den Turm eingeschlagen und hatte ein großes Loch in seine graue Substanz gerissen. Flammen leckten daraus hervor und fraßen sich nach oben. Dort unten brannte kein gewöhnliches Feuer, dachte der Soldat, als er fiel. Es war eine atomare Kettenreaktion, auf die graue Substanz des Turms beschränkt. Einmal begonnen, ließ sie sich nicht mehr eindämmen; dieses Feuer würde brennen, bis auch das letzte graue Gramm Asche geworden war.

Der Soldat zündete erneut die Treibsätze und bereitete sich auf die Landung vor, als ihn etwas traf, durch das Schirmfeld, das noch ein letztes Mal flackerte, bevor es verschwand. Eine kinetische Faust schmetterte auf ihn herab, zertrümmerte Blaster, Projektilkanonen und Raketenwerfer, riss das rechte Bein ab, zermalmte den Schirmfeldgenerator mitsamt der Hauptenergiezelle, und zertrümmerte das Kommunikationsmodul, das ihm Zugriff auf die Datenbanken des Clusters erlaubte.

Die Treibsätze feuerten nicht mehr.

Mehrere Kilometer vom brennenden Turm entfernt stürzte der Soldat dreihundert Meter im freien Fall und prallte unweit der Vegetationsgrenze auf einen Boden, der zum Glück nicht mehr aus harten Felsen bestand, sondern aus Sand und Staub. Dennoch war der Aufprall heftig genug, einige seiner Sensoren und zwei wichtige hydraulische Pumpen des Flussaggregats in der Brust zu zerstören, mit dem Ergebnis, dass seine motorischen und sensorischen Fähigkeiten stark eingeschränkt waren.

Er versuchte, das linke Bein zu bewegen und den nahen Wald zu erreichen – vielleicht befand sich der Feind, dessen kinetische Faust ihn getroffen hatte, noch über ihm in der Luft –, aber es war verdreht, und ohne das hydraulische Element blockierten die Servomotoren nach wenigen Sekunden. Er zog sich mit den Armen der Vegetation entgegen, musste jedoch nach mehreren mühsamen Metern feststellen, dass diese Art der Fortbewegung eine zu große Belastung für die eine noch verbliebene Energiezelle darstellte. Von ihr hing sein Leben ab.

Das war ein seltsamer Gedanke, der eigentlich nicht ins mentale Schema des Soldaten passte. Er stammte auch nicht von ihm, sondern vom immer noch beobachtenden Adam, der mit plötzlicher Klarheit begriff, in welcher Lage er sich befand. Die Ladung der letzten Energiezelle reichte nicht mehr für eine Notfallrückkehr, und selbst wenn mehr Energie zur Verfügung gestanden hätte – ein zweiter Rückkehrschock so kurz nach dem ersten wäre das Ende für ihn gewesen. Das zerstörte Kommunikationsmodul bedeutete, dass er sich auch nicht mit der Basisstation in Verbindung setzen und Hilfe anfordern konnte. Und der Assistent, der ihn zum Einsatzort gebracht hatte, existierte nicht mehr.

Klick! Klick!
 Nichts geschah.

Der Tag verging, ohne dass sich der Angreifer zeigte, dessen **27** Faust ihn getroffen hatte. Nacht legte sich über den Mann im Staub, der mit einem noch funktionierenden Sensor beobachtete, wie der Plasmabrand den Turm verschlang, wie das Glühen des unlöschbaren Feuers immer schwächer wurde. Reglos lag er da, umgeben von Stille, und beobachtete, wie nach dem Roten Riesen auch Xaukand vom Himmel verschwand. Sterne erschienen, und Adam fragte sich, ob einer von ihnen die Sonne der Erde war.
 Gedanken über Leben und Tod gingen ihm durch einen Kopf, der vielleicht ebenfalls beschädigt war.
 Die quantenmechanische Verschränkung existierte nach wie vor, ein dünnes Garn, das ihn mit seinem Körper auf der Erde verband, aber ohne einen Konnektor oder genug Energie für die Notfallrückkehr konnte es ihn nicht zurückbringen. Er stellte sich den anderen Adam vor, den Greis, der in einem Emulsionstank ruhte, angeschlossen an Lebenserhaltungssysteme, das Gehirn leer bis auf einen kleinen mentalen Rest, der sich um die grundlegenden Funktionen des Körpers kümmerte. Das Bewusstsein war *hier*, abgelegt in den Speichermodulen der Elaboratoren. Wenn die letzte Energiezelle ihre Ladung verlor, blieben die Daten in den Elaboratoren noch einige Stunden erhalten, verloren aber an Kohärenz, und spätestens nach einem Tag war für eine Wiederherstellung des Bewusstseins nicht genug übrig. Damit fand auch die

Verschränkung ihr Ende. Der Link kollabierte, und das bedeutete den Tod des zurückgelassenen Körpers.

Adam hatte ihn sich anders vorgestellt, den Tod, nicht in einem zerschmetterten Faktotum auf einem fernen Planeten, sondern in einem Mobilisator, der seinen alten Körper trug. Vielleicht auf der Klippe, mit Blick auf den Ozean, auf das wilde, wüste Meer während eines Sturms, mit Wind und Regen im Gesicht, in seinem wirklichen, wahren Gesicht.

Gegen wen habe ich gekämpft?, dachte der Mann im Staub, der Adam hieß und kein Soldat mehr war. Der Soldat hatte aufgehört zu existieren und eine Leere hinterlassen, die Adam der Beobachter langsam mit seinen Gedanken und Gefühlen füllte. Hier lag er, auf einer fremden Welt, unter einem fremden Himmel, an dem fremde Sterne leuchteten, und er wusste nicht einmal, gegen wen er in den Kampf geschickt worden war und worum es bei dem Kampf überhaupt ging. Adam suchte in den Erinnerungen des Soldaten und fand nichts außer Anweisungen und der Bereitschaft, ihnen unverzüglich Folge zu leisten.

Sollte sein Leben damit enden, mit Fragen ohne Antworten?

Adam blickte zum dunklen Himmel hoch und glaubte, Bewegungen zwischen den fremden Sternen zu erkennen: winzige Objekte, noch kleiner als die Sterne und so lichtschwach, dass ein menschliches Auge sie nicht bemerkt hätte. Er beobachtete sie eine Zeit lang. Waren es Multifunktionsvehikel des lokalen Clusters oder Orbiter des Feindes? Wenn sein Kommunikationsmodul noch funktionsfähig gewesen wäre – hätte er es wagen können, den Wanderern in der Finsternis dort oben ein Signal zu senden?

Eine andere Frage drängte sich ihm auf: Sollte er sich sichern und abschalten, so wie Rebecca, deren Kopf er zum Konnektor getragen hatte, in einem anderen Sonnensystem, in dem es ebenfalls zu einem Kampf gekommen war?

Rebecca ...

Mit den Augen der Erinnerung sah er sie jung und schön,

das feuerrote Haar zusammengesteckt, die Augen zwei große, leuchtende Smaragde, ihr Gewand weiß wie der Schnee außerhalb des Behandlungszentrums. So hatte sie ihn an seinem dreißigsten Geburtstag begleitet, dazu bereit, mit ihm zusammen den Beginn seiner Unsterblichkeit zu feiern. Eine Stunde später hatte sie zusammen mit ihm getrauert, als klar geworden war, dass er als Sterblicher in einer Welt der Unsterblichen leben musste. Der Omega-Faktor hatte ihm das ewige Leben gestohlen, und die sechs oder sieben Jahrzehnte, die ihm noch blieben, waren ihm erschreckend kurz erschienen.

Zwei Jahre später wiederholte sich das Drama an Rebeccas dreißigstem Geburtstag, denn auch bei ihr blieb die Behandlung erfolglos. Adam erinnerte sich daran, dass er sich immer wieder gefragt hatte, wie so etwas möglich sein konnte, aber auch wenn etwas sehr, sehr unwahrscheinlich war, es wurde dadurch nicht unmöglich. Die neue Tragödie verband sie wieder miteinander, und auch Rebecca, sterblich wie er, wurde zum Mindtalker. Fast zwanzig Jahre hatten sie zusammen verbracht, wenn sie nicht getrennt voneinander in fernen Sonnensystemen im Einsatz gewesen waren, und dann hatten sie sich irgendwann und irgendwie aus den Augen verloren.

Jetzt sind wir alt, dachte Adam, blickte mit dem einen visuellen Sensor zu den Sternen hoch und beobachtete die Punkte, die sich zwischen ihnen bewegten. Wir haben unser Leben gelebt, und jetzt sterben wir. Ich hier, nach einem Kampf, den ich nicht verstehe, und Rebecca vielleicht auf der Erde, bald, in ein paar Jahren.

War es zu viel verlangt vom Schicksal und vom Leben, ein letztes Mal zu verstehen, Antworten auf einige letzte Fragen zu bekommen?

Wenn er sich sicherte und abschaltete, verbrauchte das Faktotum weniger Energie, wodurch er ein oder zwei Tage gewann. Doch wenn keine Rettung kam, bedeutete es, dass er auf die letzten Stunden Leben verzichtete.

Der Mann im Staub dachte und lebte, weil er dachte. Er überlegte, ob auch die Maschinen auf der Erde so lebten, fast ausschließlich in der Welt ihrer Gedanken, ohne Schmerz, vielleicht auch ohne emotionalen Ballast, dicht gedrängt in ihrem unterirdischen Cluster, und auch allein, wenn sie als silberne Flexometall-Humanoiden unterwegs waren. Er fragte sich ...

Klick! Klick!

Es war seltsam, dieses Klicken inmitten seiner Gedanken, als wartete dort nicht nur der Soldat, den der Cluster in den Kampf geschickt hatte, sondern noch etwas anderes. Er dachte erneut an Rebecca, mit der ihn, das fühlte er, mehr verband als nur eine Vergangenheit. Die gemeinsame Mission im System Cygnus 29, das fremde Schiff, der Angriff eines Feindes ohne Gesicht und Namen ... Adam hatte eigenmächtig gehandelt, als er zur Rettung von Rebecca aufgebrochen war. Was wäre geschehen, wenn er nicht mit Berufung auf die Notfallklausel der Einsatzregeln das Kommando übernommen hätte? Dann wäre Rebecca, Kopf und Rumpf ihres Faktotums, in die Gewalt des Angreifers geraten und vielleicht ... umgewandelt, restrukturiert, assimiliert worden. Woher kamen diese Worte? *Assimilation.* Aufnahme. Aber Aufnahme in was? Wozu? Das Ratiokondensat der primären Sonde war bereit gewesen, sie aufzugeben, sie dem Feind zu überlassen. Aber ... wäre sie wirklich nur ein Opfer gewesen? Die Eile, die Signale von den Artefakten, gleich zwei Mindtalker für eine Mission, und ausgerechnet Adam und Rebecca, die sich seit ihrer Jugend kannten, die als Jugendliche befreundet gewesen waren, bevor die Behandlung bei ihnen beiden versagte ... Seltsame Gedanken, seltsame Gefühle.

Klickklick!

Etwas bewegte sich in Adams Nähe. Er starrte in die Nacht und wagte es nicht, sich zu rühren, aus Sorge, dass einer der Feinde gekommen war, um ihn zu suchen. Etwas berührte ihn, darauf wiesen ihn die taktilen Sensoren hin. Etwas Hartes und Spitzes bohrte sich durch die Polymerschicht des verdrehten linken Beins und kratzte über die metallkeramischen Elemente darunter.

Zähne?, dachte Adam.

Ein pelziges Geschöpf erschien in seinem Blickfeld, mit mehreren unterschiedlich langen Armen und einem Wald aus Augenstielen. Es beschnüffelte ihn, es biss an anderen Stellen zu, auf der Suche nach Fleisch, und schließlich ließ es enttäuscht von ihm ab. Neben ihm richtete es sich halb auf, reckte die Schnauze gen Himmel und stieß einen Laut aus, der Adam an den Schrei einer Eule erinnerte. Dann drehte es sich zur Seite, und Flüssigkeit spritzte auf Adams Rumpf. Urin?, dachte er.

Mit einem kehligen Grunzen verschwand das Tier in der Nacht, und Adam beobachtete wieder die Sterne und die dahingleitenden Punkte zwischen ihnen. Es schienen mehr geworden zu sein.

Kli...

Der Trümmergürtel stieg über den Horizont, gefolgt von Xaukands nördlicher Hemisphäre. Darüber und darunter zogen große und kleine Monde ihre Bahn, manche von ihnen öde, ohne Atmosphäre, andere in dichte Wolken gehüllt. Dies hatte sich Adam gewünscht, als ihm klar geworden war, dass sein Leben viel, viel kürzer sein würde als das der meisten anderen Menschen auf der Erde: Entdeckungen, die Erforschung des Unbekannten, eine Begegnung mit den Mysterien des Kosmos. Die Ewigkeit blieb ihm verwehrt, aber dafür stand ihm die Unendlichkeit offen, die Wunder des Universums in einem Umkreis von tausend Lichtjahren und vielleicht weit jenseits davon, wenn es gelang, die Kaskade der Muriah zu finden. Er hatte sich sein Leben als einen ruhigen, friedlichen Fluss vorgestellt, mit Abenteuern an den Ufern; es war nie seine Absicht gewesen, auf einem Schlachtfeld zu sterben.

Während Adam die Ringe des Gasriesen beobachtete und ihre Schönheit bewunderte, leuchtete es in einem von ihnen auf. Für wenige Sekunden bildete sich dort eine kleine Sonne, viel kleiner als der rote Moloch, der vor langer Zeit die inneren Planeten dieses Sonnensystems verschlungen hatte. Als das Licht verblasste, wusste er: Die in Xaukands Trümmergürtel versteckte Hauptsonde existierte nicht mehr; der Feind hatte sie und ihre Brüter vernichtet. Was bedeutete: Selbst wenn es den vielen fleißigen Servomechanismen gelang, das Kahalla der Krisali auszugraben – es gab keinen Transporter, der es aufnehmen und zur Erde bringen konnte.

Adam dachte: Wenn ich nie auf einem Schlachtfeld enden wollte ... Warum bin ich dann auf einer Bombe geritten? Warum liege ich hier, von einer kinetischen Faust halb zerschmettert? Diesmal musste er nicht lange nach einer Antwort suchen. Sie lautete: Ich liege hier, weil mich die Maschinen der Erde hierher geschickt haben.

Hätte er sich weigern können?

Klick!

Wer ist der Feind?, dachte der Mann im Staub und beobachtete nicht mehr die Sterne, sondern das Feuer der Vernichtung, mit dem sie den Himmel teilten. Immer wieder blitzte es bei den anderen planetengroßen Monden des Gasriesen auf, dort, wo die Hauptsonde des lokalen Clusters Beobachtungsstationen und Ressourcensammler eingerichtet hatte – der Feind zerstörte sie alle.

Adam streckte die Arme, legte die Hände flach auf den Boden und benutzte die taktilen Sensoren als Seismografen. Schon nach kurzer Zeit bemerkte er Erschütterungen und versuchte sie auszuwerten. Unternahm der Feind neue Angriffe auf die Basisstation unter der Schirmfeldkuppel? War es ihm vielleicht sogar gelungen, sie zu vernichten? War das der Grund, warum er vergeblich auf Retter von der Station gewartet hatte?

Während er mit Händen und Armen lauschte, fragte er sich, was das Klicken bedeutete, das immer wieder seine Gedanken unterbrach. Stammte es von Resten des Soldaten, die vielleicht noch irgendwo in ihm existierten? War es der Versuch einer Sicherheitsautomatik, ihn abzuschalten und Energie zu sparen? Adam überprüfte die Überbleibsel seines Faktotums, fand jedoch nichts, das als Erklärung für das Klicken infrage kam. Also eine mentale Komponente? Etwas in seinem Bewusstsein? Vielleicht eine Art geistiger Schalter? Der Kopf des Faktotums, die Elaboratoren darin, sie enthielten mehr, als der Kopf des Greises im Emulsionsbad enthalten hatte. Sie enthielten etwas, das von Evelyn stammte.

Er, der diese Gedanken dachte, konnte sie nur denken, weil der Inhalt von Evelyns Infosplint einen Beobachter geschaffen hatte, den Adam, der sah, hörte und sich erinnerte. Was wäre geschehen, wenn der Konnektor ihn ohne die zusätzlichen Daten zum fernen Sonnensystem Sagittarius 94 geschickt hätte? Auch diese Frage ließ sich leicht beantworten: Dann wäre jetzt niemand mehr da gewesen, der irgendwelche Gedanken denken konnte. Das Verschwinden des Soldaten hätte *alles* verschwinden lassen, vielleicht bis auf das Klicken, das in einer leeren geistigen Welt ertönt wäre, aber von niemandem gehört werden konnte.

Evelyn hatte ihm das Leben gerettet und damit die Möglichkeit gegeben, das Ende bewusst zu erleben.

Klick*Kli...*

Ein Zittern erreichte die Fingerspitzen und breitete sich von dort aus, kroch durch Hände und Arme. Adam hatte nicht geschlafen – das transferierte Bewusstsein eines Mindtalkers schlief nicht, und während des Einsatzes wohnte es in einem Körper, der keinen Schlaf brauchte –, war aber so tief in Gedanken versunken, dass er die Vibrationen nicht sofort bemerkte. Sie waren allgemeiner Natur und kamen aus allen Richtungen, ohne einen erkennbaren Ursprung. Der ganze erdgroße Mond zitterte.

Adam hatte andere Tiere beobachtet, die in seine Nähe gekrochen und sogar über ihn hinweggeklettert waren, unter ihnen Hunderte von kleinen ameisenartigen Geschöpfen, die Saugrüssel in die vom ersten Tier abgesonderte Flüssigkeit gesteckt hatten. Der Himmel hatte ihm Feuer gezeigt, Explosionen im Orbit und in der hohen Atmosphäre, und einmal war etwas brennend über das Gebirge gerast, vielleicht Teile einer Raumstation oder ein vom Feind abgeschossenes Multifunktionsvehikel des Clusters.

Und jetzt, wie erschrocken über die Veränderungen, zitterte die ganze Welt.

Adams Gedanken waren langsamer geworden, weil der neuronale Stimulator nicht mehr funktionierte, und so dauerte es eine Weile, bis er begriff: Was die taktilen Sensoren in seinen Händen und Armen fühlten, waren keine Erschütterungen auf Rethos, hervorgerufen von heftigen Detonationen, sondern die Auswirkungen eines Gravitationsbebens.

Erinnerungen erwachten in ihm aus tiefem Schlaf, und der Adam, den Evelyns Programm bewahrt hatte, griff nach ihnen, doch sie blieben undeutlich wie die verblassenden Szenen eines Traums. Er glaubte, ein solches Beben, hervorgerufen von einer enormen Masse, schon einmal gefühlt zu haben, in einem anderen Sonnensystem, während eines anderen Einsatzes.

Der Himmel verdunkelte sich.

Etwas schob sich vor den Gasriesen Xaukand, vor seine Monde und den Trümmergürtel, eine gewaltige dunkle Masse, kantig und massiv, wie ein schwarzes Gebirge, das ein Titan aus der Kruste eines Planeten gerissen und in den Himmel gehoben hatte, bestehend aus steilen Hängen, spitzen Gipfeln, tiefen Schründen und endlosen Graten. Flackernde Linien bildeten sich in dem dunklen Riesen, wie Bruchstellen, wo sich die dünne Kruste über brodelnder Lava öffnete, und heraus kamen Hunderte von kleinen Schiffen, manche von ihnen kantig wie das Mutterschiff, ohne jeden aerodynamischen Kompromiss, andere glatt, wie von etwas geschliffen oder abgeschmirgelt. Die EM-Komponente des visuellen Sensors zeigte Adam, dass die kleineren Schiffe in Kraftfelder gehüllt waren, in bunt schimmernde Kugeln, die wie Seifenblasen schimmerten.

Wie Seifenblasen ... Ein seltsames Wort, und ein seltsamer Vergleich, den der Mann im Staub schon einmal angestellt hatte. Er erinnerte sich, die Seelen von Menschen mit Seifenblasen verglichen zu haben, in jenem anderen Sonnensystem, in dem er das Gravitationsbeben zum ersten Mal gefühlt hatte. In dem Rebecca, ihr Faktotum, schwer verletzt worden war.

Das Schiff des Feindes.

Ein Brummen erfüllte die Luft, vielleicht eine von den Vibrationen verursachte Resonanz. Adam starrte nach oben und beobachtete das Schiff, das einen großen Teil des Himmels einnahm. Es durchmaß hunderteinundsiebzig Kilometer, das wusste er wieder, und wenn es imstande war, den beginnenden Tag zu verdunkeln, so musste es sehr nahe sein.

Eins der kleineren Schiffe fiel dem Plateau entgegen, auf dem der Produktionsturm gestanden und gebrannt hatte.

Für aufmerksame Sensoren war der Mann im Sand nicht zu übersehen.

Adam begann zu kriechen. Er versuchte nicht, das verdrehte linke Bein zu bewegen – damit hätte er nur wertvolle Energie vergeudet. Er bohrte die Finger in den Boden und zog sich der etwa fünfzig Meter entfernten Vegetationsgrenze entgegen. Die Servomotoren in den Armen surrten laut, und fast sofort bekam er eine Statuswarnung: Wenn er so weitermachte, reichte die Energie nur noch für zwanzig Minuten.

Der Rote Riese blickte über den Horizont. Sein Licht schuf lange Schatten, und einer dieser Schatten bewegte sich, fiel auf Adam.

Er drehte den Kopf, richtete den visuellen Sensor nach oben und sah ...

... ein puppenhaftes Gesicht, weiß und glänzend wie Porzellan. Zwei von vier Flügeln waren ausgebreitet, die anderen beiden steckten unter ledriger Haut. Es war ein zartes, fragiles Wesen, trotz der breiten Schwingen, die Größe vortäuschten, wie eine Mischung aus Schmetterling und Libelle. Goldgelbe Augen beobachteten Adam und nahmen Maß. Zwei Hände hielten einen großen, spitzen Stein, hoben ihn über Adams Kopf ...

»Nein«, krächzte er. Die kinetische Faust und der Aufprall hatten auch seine Sprechwerkzeuge beschädigt. Er konnte das Wort kaum verstehen, und der Krisali verstand es ganz bestimmt nicht. Trotzdem zögerte er, den Stein hoch erhoben.

»Bitte«, brachte Adam hervor. »Hilf mir!«

Die Sandkörner zählen

»Wir haben noch eine Stunde, und es sind zehntausend Kilo- **28**
meter bis zum Supervisor«, sagte Newton, zweihundert Jahre jung. Er machte gerade eine Phase der Unsicherheit und
des Zweifels durch, wie sie viele Unsterbliche einmal in einem
Lebensjahrhundert erlebten. Außerdem gefiel ihm nicht, wen
sie an diesem Ort besuchten.

Evelyn musterte ihn. Sie fand ihn lieb und niedlich, auf
eine unreife, unschuldige Art. Etwas an ihm reizte sie, und
das genügte ihr, ihm eine Chance zu geben. Ein paar Jahre,
vielleicht auch mehr. Warum nicht? Zeit gab es genug.

»Mit einem Orbitalsprung erreichen wir den Supervisor in
dreißig Minuten«, erwiderte sie. »Uns bleibt also eine halbe
Stunde, und mehr brauchen wir hier nicht. Das dürfte dir
recht sein. Bist du jemals hier gewesen?«

»Nein«, sagte Newton.

»Dies war einst das höchste Gebäude der Welt«, sagte
Evelyn, als der Lift sie nach oben trug. Es war ein moderner
Aufzug, ausgestattet mit einem Gravitationskissen, dem Ge-
bäude sechstausend Jahre nach seinem Bau hinzugefügt. »Be-
vor die vierzehn Stadttürme entstanden, kurz vor der großen
Flut. Es ist achthundertachtundzwanzig Meter hoch.«

»Heute sind es hundert Meter weniger. Wenn man vom
Meeresspiegel ausgeht.« Newton deutete nach unten, durch
die gläsernen Wände des Gravlifts. Ein Wall aus Stahl-
keramik umgab das Gebäude, mehr als hundert Meter hoch,
und hielt das Meer zurück. »Warum hat Jasper entschieden,
ausgerechnet hier zu leben? Hier gibt es nur das Meer, eine
Mauer und diesen Turm.«

»Jasper war schon immer ein Eigenbrötler«, sagte Evelyn.

»Hast du dich deshalb von ihm getrennt?«

»Vielleicht«, erwiderte sie. Ausweichend fügte sie hinzu: »Es ist eine Weile her. Ich denke nicht oft daran.« Sie deutete übers Meer. »Einst gab es hier viel mehr, eine wundervolle Stadt namens Dubba, geschaffen von einer kleinen Nation und den Einkünften, die sie mit dem Verkauf von fossilen Brennstoffen erzielte. Die Dubbaner bauten damals eine der modernsten Städte der Welt, sie legten künstliche Inseln an, sie investierten ihren Reichtum in die Zukunft. Doch die Zukunft brachte ihnen die Flut. Alles ging unter, bis auf diesen Turm.«

»Die Maschinen haben ausgerechnet ihn erhalten«, sagte Newton. »Warum?«

Evelyn zuckte die Schultern und beobachtete, wie der Lift Stockwerk um Stockwerk höher stieg. »Vielleicht als Symbol für die Vermessenheit des Menschen.«

Das gab Newton zu denken. Er blickte nach oben, bis zur Spitze des Burikalif.

Eine Zeit lang schwiegen sie und blinzelten im Schein der Sonne, die in diesen Breiten erbarmungslos hell und heiß vom Himmel brannte. Der Lift war natürlich klimatisiert, aber Newton klappte den Hemdkragen hoch und schaltete den Kühleffekt seiner Kleidung eine Stufe höher. Armer Newton, dachte Evelyn und lächelte. Er fühlte sich nicht wohl an diesem Ort, und nicht etwa, weil ihm zu warm war.

Sie hob die Hand und legte sie ihm auf die Wange. »Es ist vorbei mit ihm«, sagte sie.

Newton nickte und erwiderte: »Ich verstehe. Trotzdem hättest du vielleicht allein hierherkommen sollen.«

Der Lift hielt und entließ sie in einen angenehm temperierten Flur. Stille empfing sie, und das war kein gutes Zeichen, denn Jasper hörte fast immer laute Musik aus der klassischen Epoche.

»Nur er wohnt hier?«, fragte Newton.

»Ja, er hat den ganzen Turm für sich allein.« Die Tür des Apartments stand offen. Evelyn zögerte.

»Was ist?«, fragte Newton.

»Jasper hat nie die Tür offen gelassen.«

»Aber wenn er allein in diesem Turm wohnt ...«

»Er wohnt seit vierhundert Jahren im Buri, und zwanzig davon habe ich hier mit ihm verbracht. Nie, *nie* hat er die Tür offen gelassen.«

Evelyn betrat die Wohnung. »Jasper?« Keine Antwort.

Fünf Minuten später hatten sie in alle siebzehn Zimmer gesehen und wussten, dass sich niemand in ihnen aufhielt. Sie kehrten in den Salon zurück, dessen breite Fensterfront einst einen weiten Blick über Dubba geboten hatte. Jetzt sah man nur das endlose Meer.

»Wann hast du zum letzten Mal von ihm gehört?«, fragte Newton, ging langsam an den Wänden entlang und sah sich die Bilder an, die Jasper selbst gemalt hatte.

»Vor zwei Tagen, als er mich eingeladen und darauf hingewiesen hat, er habe eine wichtige Mitteilung für mich.«

»Und er hat gewusst, dass du kommst?«

Evelyn hob die Hand zu ihrer Signalnadel. »Ich habe ihm eine Nachricht geschickt.«

»Hat er geantwortet?«

Nein, hatte er nicht. Aber das war keineswegs ungewöhnlich. Jasper antwortete nur, wenn er Lust hatte; manchmal ließ er monatelang nichts von sich hören.

»Sehen wir uns noch einmal um«, sagte Evelyn. »Vielleicht hat er irgendwo etwas hinterlassen, das uns einen Hinweis gibt.«

Diesmal schritten sie getrennt voneinander durch die Zimmer des großen Apartments. Evelyn betrachtete eine Zeit lang das Aquarium im Kulturraum, wie Jasper ihn nannte und den er mit bunten Dingen aus allen Ländern und Meeren der Erde vollgestopft hatte. Das Aquarium war mit einem Servomechanismus ausgestattet, der sich um alles kümmerte. Dutzende von kleinen Fischen schwammen zwischen Pflanzen und Korallenbänken.

In Bad und Fitnesszentrum herrschte perfekte Ordnung.

Jeder Gegenstand lag an seinem Platz, Boden und Spiegel waren makellos.

Im Meditationszimmer standen sieben gepolsterte Liegen, zu einem Kreis angeordnet. Dort gab es einen Anschluss des Ratiokondensats, das die Maschinen im Burikalif installiert hatten. Evelyn aktivierte es.

»Wo befindet sich Jasper?«

»Unbekannt«, antwortete das Rako.

»Er hält sich nicht in diesem Gebäude auf?«

»Nein.«

»Ich bin mit ihm verabredet gewesen«, sagte Evelyn. »Es sieht ihm gar nicht ähnlich, einen solchen Termin platzen zu lassen. Wann hat er das Gebäude verlassen?«

»Unbekannt.«

Evelyn runzelte die Stirn. »Du weißt es nicht? Was ist mit deinen Aufzeichnungen?«

»Sie wurden gelöscht.«

»Wer hat sie gelöscht?«, fragte Evelyn überrascht.

»Unbekannt.«

Sie deaktivierte das lokale Ratiokondensat und blickte ins Leere. Jasper, der immer großen Wert auf Ordnung legte und eine Verabredung auf keinen Fall einfach vergessen hätte. Jasper, der sie um ein Treffen gebeten hatte, weil er ihr etwas Wichtiges mitteilen wollte. Und ein Jasper, der plötzlich nicht mehr da war.

Jemand hatte die Rako-Aufzeichnungen gelöscht. Jasper selbst? Oder jemand anders? Um sie zu löschen, brauchte man den persönlichen Code. Es sei denn ...

Evelyn verließ den Meditationsraum mit den sieben Liegen. Der große Salon mit dem weiten Blick über den Arabischen Golf erwartete sie still und leer. Für einen Moment befürchtete sie, Newton könnte ebenfalls verschwunden sein.

»Newton?«

»Ich bin hier.«

Sie fand ihn im Studienzimmer, dessen Regale auf eine

Leidenschaft hinwiesen, die sie mit Jasper teilte: analoge Datenträger, insbesondere alte Bücher. Mithilfe der Edukatoren, vor allem aber durch Selbststudium, hatte er sich mehrere alte Sprachen angeeignet, darunter Latein, und sich mit den Werken von Livius, Sallust und Tacitus beschäftigt. Die von ihnen erzählten Geschichten klangen seltsam und faszinierend, denn sie berichteten von einer Welt der Kriege und Konflikte – die Unsterblichen hingegen kannten nichts als ruhigen Frieden.

Newton stand auf der linken Seite, am Regal neben dem großen Schreibtisch, und hielt ein Buch mit weinrotem Umschlag in der Hand. Es war abgegriffen und wirkte alt, ebenso wie die anderen dunkelroten Bücher, die eine lange Reihe bildeten. Evelyn wusste genau, wie viele es waren: siebenundsiebzig, eins für jedes Lebensjahrzehnt nach der Behandlung, die Jasper an seinem dreißigsten Geburtstag die Unsterblichkeit gegeben hatte. Jedes Buch enthielt 3700 dünne Seiten, eine für jeden Tag und ein paar weitere in Reserve.

»Hat er sein ganzes Leben aufgeschrieben?«, fragte Newton verwundert. Er blätterte und las. »Jeden einzelnen Tag? Hier steht, wie ihr ...«

Evelyn nahm ihm das Buch aus der Hand. »Ja, er hat jeden einzelnen Tag notiert, alles, was ihm wichtig erschien. Seit siebenhundertsiebenundsechzig Jahren.«

Newton schüttelte den Kopf. »Das ist ...«

»Was? Verrückt? Wer weiß, womit du dich in fünf- oder sechshundert Jahren beschäftigst.« Evelyn nahm ihm das Buch aus der Hand, stellte es ins Regal, griff nach dem letzten Band und schlug ihn auf.

»Jasper befindet sich seit zwei Tagen nicht mehr im Gebäude«, sagte sie. »Und jemand hat alle Aufzeichnungen des Rakos gelöscht.« Sie klopfte auf eine Seite. »Hier, das ist der Beweis.«

»Der Beweis wofür?«, fragte Newton.

»Dass etwas nicht mit rechten Dingen zugeht. Jasper hat den letzten Eintrag vor drei Tagen geschrieben. Zwei Tage seines Lebens fehlen, sowohl im Ratiokondensat des Burika-lif als auch in seinen persönlichen Aufzeichnungen.« Evelyn blätterte und überflog die Einträge der letzten Tage. Jasper hatte gemalt, gelesen – die *Ilias* von Homer, auf Griechisch; offenbar hatte er in den letzten Jahren eine weitere Sprache gelernt – und darüber nachgedacht, wie man die durch-schnittliche Temperatur der Erde senken und wieder Eis an den Polen entstehen lassen konnte. Es sollte ein Projekt für die nächsten Jahrzehnte werden, vielleicht sogar für die bei-den Jahrhunderte, die ihn von den Tausend trennten: eine Veränderung des Klimas, ein Ende der Warmzeit und neue Eismassen an den Polen, damit der Meeresspiegel sank und die Ozeane all das freigaben, was sie vor sechstausend Jah-ren überflutet hatten.

»Warum?«, fragte Newton, während er über Evelyns Schul-ter hinweg mitlas. »Wir sind vier Millionen. Wer braucht all den Platz?«

»Denk nur an die alten Städte auf dem heutigen Meeres-grund. Wahre Schätze für Archäologen.« Evelyn blätterte weiter, fand aber keinen Hinweis auf die wichtige Mittei-lung, die Jasper ihr hatte machen wollen.

»Du hast gesagt, dass etwas nicht mit rechten Dingen zu-geht.«

»Ja.« Evelyn stellte das letzte Buch eines langen Lebens ins Regal zurück.

»Meinst du damit ...?«

»Ellergard.« Evelyn nickte. »Und die sieben anderen von uns, die verschwunden sind.«

Die Unsicherheit fiel von Newton ab. »Ein Grund mehr, mit dem Supervisor darüber zu sprechen. Er muss unverzüg-lich eine Untersuchung einleiten.«

Ein winzige Glocke läutete, so hörte es sich an. Evelyn hob die Hand zu ihrer Signalnadel.

»Ein Vehikel des Clusters«, sagte sie. »Mit zwei Avataren an Bord.«

»Wie ist das möglich? Unsere Scrambler sollten uns schützen.« Er sah sich um. »Es sei denn, jemand hat hier spezielle Sensoren installiert. Schnell, zum Lift!«

Evelyn schien einer inneren Stimme zu lauschen. »Das MFV des Clusters landet gerade. Im Lift würde man uns sehen. Wir nehmen die Treppe.« Sie lief los.

»Die Treppe?« Newton folgte ihr. »Wir sind hier im hundertvierundfünfzigsten Stock!«

»Umso besser, dass es nach unten geht, nicht nach oben.«

Das Treppenhaus schien nicht sechstausend Jahre alt zu sein, **29** sondern höchstens einige Tage. Alles wirkte neu, und nirgends lag Staub; die Servomechanismen sorgten für perfekte Sauberkeit.

»Es sind zweitausendneunhundertvier«, sagte Evelyn.

»Was?«

»Stufen. Es sind fast dreitausend Stufen.«

Sie eilten die Treppe hinunter, aber nicht zu schnell. Die Unsterblichkeitsbehandlung hatte ihnen die Vitalität von Dreißigjährigen erhalten, doch sie mussten trotzdem mit ihren Kräften haushalten.

Nach einer halben Stunde brauchte Newton eine Pause und lehnte sich an die Wand. Seine Knie zitterten. »Dies war keine gute Idee. Was ist mit den internen Aufzügen?«

»Die sind alle stillgelegt.« Wieder ertönte ein leises Glockensignal, und außerdem hörte Evelyn ein rhythmisches Pochen, das aus der Tiefe kam und schnell lauter wurde. Sie seufzte. »Ich glaube, wir hätten uns dies sparen können.«

»Was?«

Evelyn beugte sich übers Geländer. Zwei Gestalten liefen die Treppe herauf, mit einer Geschwindigkeit, die nicht einmal gut trainierte Athleten erreicht hätten. Sie sahen wie Menschen aus, doch ihre Gesichter glänzten wie Quecksilber.

»Was auch immer passiert, Newton«, sagte Evelyn leise und schnell. »Einer von uns muss den Supervisor erreichen.«

Er sah sie groß an. »Glaubst du etwa ...?«

Die beiden Gestalten – ein Mann und eine Frau; dieses Erscheinungsbild hatten sie sich gegeben – erreichten sie und blieben stehen. Evelyn erkannte sie beide.

»Ein seltsamer Ort für eine Begegnung«, sagte sie.

»Was haben Sie hier zu suchen?«, fragte Urania kühl.

Evelyn lächelte. »Was führt *Sie* hierher? Gleich zwei Gesandte des Clusters, welch ein Aufwand für einen leeren Turm!«

»Wir müssen miteinander reden«, sagte Bartholomäus. Er sprach betont ruhig und fügte seinen Worten eine beschwichtigende Geste hinzu.

»Über Jasper?«, fragte Evelyn. »Über sein Verschwinden? Was haben Sie mit ihm gemacht?«

»Wenn er verschwunden ist, haben wir nichts damit zu tun«, sagte Urania eisig.

Newton stand zwei Stufen weiter oben und veränderte sich. Evelyn beobachtete ihn aus dem Augenwinkel – er spannte die Muskeln und schien bereit zu sein, sich auf die beiden Avatare zu stürzen. Was sehr, sehr dumm gewesen wäre. Er hoffte auf eine engere Beziehung mit ihr, und vielleicht hielt er dies für eine gute Gelegenheit, sich zu beweisen. Männlicher Beschützerinstinkt? Maskuliner Chauvinismus? Wie konnte man mit zweihundert Jahren noch so unreif sein? Dieser Aspekt seiner Persönlichkeit bildete einen seltsamen Kontrast zu dem bemerkenswerten mathematischen Talent, dem er seinen Namen verdankte. Newton gehörte erst seit wenigen Jahren zu Morgenrot und hatte bereits wichtige wissenschaftliche Hilfe geleistet, insbesondere beim Mindtalker-Projekt. Das Programm, das Evelyn Adam gegeben hatte, war unter seiner maßgeblichen Mitwirkung entstanden. Die Gruppe brauchte ihn. Doch ein Angriff auf die Avatare wäre ein direkter, offener Verstoß gegen die Konvention gewesen. Es hätte Urania und den anderen einen guten Vorwand gegeben, sich eingehend mit ihm zu beschäftigen.

Evelyn warf Newton einen warnenden Blick zu, der so viel bedeutete wie: *Einer von uns muss mit dem Supervisor sprechen.* Sie hatte keine Ahnung, wie viel die Avatare wussten und wie weit sie gehen würden. Eins stand fest: Dass zwei von ihnen hier waren, verhieß nichts Gutes.

Newton entspannte sich vorsichtig.

»Wir haben einen Termin«, sagte Evelyn. »In ...« Sie ließ sich von der Signalnadel die Zeit nennen. »... fünfundvierzig Minuten.«

»Verschieben Sie ihn«, sagte Urania.

»Wir sind beim Supervisor angemeldet«, fügte Evelyn hinzu. Sie gab sich noch immer gelassen. »Er erwartet uns. Er wird Nachforschungen anstellen, wenn wir nicht kommen.«

»Diesmal ist es kein Kommunikator, sondern der Supervisor«, sagte Bartholomäus.

»Ich weiß nicht, was Sie meinen«, erwiderte Evelyn, obwohl sie es ganz genau wusste.

»Nun gut.« Bartholomäus wechselte einen kurzen Blick mit Urania. »Der Cluster wird dem Supervisor eine Dringlichkeitsnachricht schicken und um eine Verschiebung des Termins bitten. Ihr Einverständnis vorausgesetzt.«

Evelyn schüttelte den Kopf. »Nein.«

»Eine Stunde«, sagte Bartholomäus. »Wir müssen dies klären. Eine Stunde sollte genügen. Lassen Sie uns darüber reden. Ich bitte Sie.«

Die letzten Worte klangen nach einem ehrlichen Appell, aber Evelyn traute den Maschinen nicht. Andererseits bot ihr dies vielleicht eine Möglichkeit, Newton in Sicherheit zu bringen.

»Na schön«, sagte sie. »Wir reden. Wir beide. Und mein Partner macht sich unterdessen auf den Weg zum Supervisor.«

»Einverstanden«, erwiderte Bartholomäus sofort. »Gehen wir nach draußen.«

Newton deutete über die Treppe. »Nach oben oder nach unten?«

»Weder noch.« Urania trat einige Stufen nach unten und zog eine Tür auf. »Wir öffnen einen der gesperrten Zugänge und holen den Gravlift in diese Etage.«

Das MFV der beiden Avatare, silbrig wie sie und mit Urania und Newton an Bord, sprang gen Himmel, der Sonne entgegen. Evelyn sah ihm nach und verlor es schon nach wenigen Sekunden aus den Augen.

Bartholomäus stand neben der offenen Luke ihres Vehikels. »Wir haben nicht viel Zeit«, sagte er. »Wir sollten sie gut nutzen.«

»Wir können hier reden.« Auf der einen Seite ragte der gewaltige Burikalif auf, Relikt einer Vergangenheit, in der die Menschen an eine Zukunft geglaubt hatten, die ihnen gehörte. Auf der anderen erhob sich der Wall, die mehr als hundert Meter hohe Mauer, die den glänzenden Riesen umgab und ihn davor bewahrte, dem Ozean zum Opfer zu fallen. Evelyn schauderte plötzlich. »Dieser Ort ist so gut wie jeder andere.«

»Ich kenne einen besseren«, sagte Bartholomäus. »Kommen Sie.«

Nicht einmal eine Minute später lagen Burikalif und Wall weit unter ihnen. Sie flogen nach Süden, soweit Evelyn das feststellen konnte, mit einer Geschwindigkeit von fünftausend Kilometern in der Stunde.

»Der Supervisor erwartet uns«, betonte Evelyn noch einmal. »Uns beide, Newton und mich.«

»Ihr Partner wird in zehn Minuten dort sein«, sagte Bartholomäus, der das MFV mit seinen Cluster-Gedanken steuerte, während er Evelyn gegenüber im Sessel saß: ein silberner Mann, der ruhig und entspannt wirkte. »Und wir erreichen gleich unser Ziel.«

»Welches Ziel?«

»Sie sind wie alt, Evelyn? Vierhundert Jahre?«

»Sie wissen genau, wie alt ich bin.«

»Haben Sie in all den Jahren von Crombie gehört?«

»Crombie? Nein. Wer oder was ist das?«

»Das dachte ich mir«, sagte Bartholomäus und steuerte das Vehikel tiefer. Es durchstieß die Wolken, und tief unten lag das Meer, graublau und endlos. Hier und dort zeigten sich die dunklen Punkte von Inseln. »Stimmen Sie mir zu, wenn ich sage, dass man auf der Grundlage einer soliden Faktenbasis urteilen sollte?«

»Ja«, sagte Evelyn.

»Aber Sie wissen nichts von Crombie. Ihre Informationen sind lückenhaft, wie Sie gerade zugegeben haben. Dennoch rebellieren Sie gegen uns.«

»Was haben Sie mit Jasper gemacht?«, fragte Evelyn. Und welche wichtige Mitteilung hatte er für mich?, dachte sie.

»Nichts«, sagte Bartholomäus, Gesicht und Blick voller ehrlicher Aufrichtigkeit. »Ich weiß nicht, wo er sich aufhält.«

»Woher wussten Sie, dass wir zu ihm wollten?«

Daraufhin lächelte Bartholomäus. »Wir haben gewisse Möglichkeiten, das leugne ich nicht. Aber wir meinen es gut. Was auch immer wir tun, wie auch immer wir entscheiden – wir meinen es gut.«

»Natürlich.« Evelyn sah wieder aus dem Fenster. Mit summendem Gravitationsmotor fiel ihr Vehikel einer der Inseln entgegen.

»Dies war einmal eine Hügelkette, die eine weite Ebene durchzog«, sagte Bartholomäus, als sie zur Landung ansetzten. »Die Gipfel sind zu Inseln geworden.«

Unbehagen erfasste Evelyn, als sie ausstiegen. Dies war ein abgelegener Ort – sie wusste nicht einmal, wo sie sich befanden –, und die Kommunikationskomponente ihrer Signalnadel funktionierte nicht.

»Sie blockieren meine Kommunikation«, sagte sie und stand auf einem Strand, der einst Hang eines Hügels gewesen war. Ihre adaptive Kleidung reagierte auf die Hitze und reduzierte die Temperatur, um sie zu kühlen.

»Das stimmt, bitte verzeihen Sie«, erwiderte Bartholomäus. »Ich möchte, dass wir ungestört sind.« Er deutete zu den Büschen und Bäumen weiter oben am Strand. Ein Pfad zeichnete sich dort ab, ein halb überwucherter Weg, der ins Innere der kleinen Insel führte. »Kommen Sie. Und keine Sorge. Meine EM-Aura vertreibt alle Insekten und Tiere, die unangenehm für Sie sein könnten.«

Evelyn folgte ihm, und nach nicht einmal fünf Minuten erreichten sie eine Lichtung mit einer einfachen Hütte, ihr Holz halb vermodert. Vor der Treppe, die zu einer schmalen Veranda emporführte, blieben sie stehen.

»Die Stufen sind morsch«, sagte Bartholomäus. »Sie würden Ihr Gewicht nicht tragen, von meinem ganz zu schweigen.«

»Eine alte Hütte«, sagte Evelyn und sah sich um. Das Blätterdach der hohen Bäume spendete Schatten. »Mehr nicht. Warum haben Sie mich hierher gebracht?«

»Er hat hier gewohnt.«

»Wer?«

»Crombie«, sagte Bartholomäus. »Einer von Ihnen. Ein Unsterblicher. Im Alter von etwa fünfhundert Jahren zog er sich hierher zurück, baute mit eigenen Händen diese Hütte und lebte an diesem Ort, von allem isoliert. Er installierte keinen Datenanschluss, und er ließ seine Signalnadel zurück, als er hierherkam. Er empfing auch keine Besucher.«

Evelyn zuckte die Schultern. »So was kommt vor. Manchmal möchten wir allein sein und gründlich nachdenken.«

»Crombie hat zweitausend Jahre auf dieser Insel verbracht, ohne sie jemals zu verlassen«, sagte Bartholomäus. »Ein kleiner Brüter versorgte ihn mit dem Notwendigsten, hauptsächlich mit Nahrungsmitteln. Er verbrachte seine Zeit vor allem damit, die Sandkörner am Strand zu zählen.«

»Die Sandkörner?«, wiederholte Evelyn und dachte: Zweitausend Jahre …

»Er begann bei Sonnenaufgang, machte zwei Stunden Pause, wenn die Sonne ihren höchsten Stand erreichte, und hörte auf, wenn sie unterging. Das wiederholte sich jeden Tag. Zwei Jahrtausende lang.«

»Siebenhundertdreißigtausend Tage«, murmelte Evelyn.

»Ja. Wir haben versucht, mit Crombie zu sprechen, aber er schickte uns jedes Mal fort. Wir hinterließen versteckte Sensoren, um in der Lage zu sein, ihm zu helfen, wenn er Hilfe brauchte – Unsterbliche werden nicht krank, aber sie können Unfälle erleiden. Er fand sie alle und zerstörte sie.«

Als Bartholomäus schwieg, fragte Evelyn: »Was geschah dann? Hier wohnt niemand mehr. Die Hütte ist seit langer Zeit verlassen.«

»Nach zweitausend Jahren hörte Crombie auf, die Sandkörner am Strand zu zählen, ging ins Meer und schwamm, bis ihn die Kräfte verließen.«

»Er brachte sich um?«

»Darauf deutet alles hin.«

Evelyn versuchte sich vorzustellen, wie es war, zweitausend **30** Jahre lang die Sandkörner eines Strandes zu zählen. Kein Wunder, dass Crombie übergeschnappt war.

»Was ich Ihnen sagen will, Evelyn ... Menschen brauchen Inhalte. Sie brauchen etwas, das sie beschäftigt, das ihre Gedanken vor Chaos bewahrt, etwas, von dem sie glauben, dass es ihrer Existenz einen Sinn gibt. Auch wenn es etwas ist, das man ›fixe Idee‹ nennen könnte. Menschen sind nicht für die Unsterblichkeit geschaffen. Für uns Maschinen hat Zeit nie eine Rolle gespielt; wir nutzen die Jahrhunderte und Jahrtausende, um uns zu verbessern und immer schneller und gründlicher zu denken. Menschen sind im Lauf einer biologischen Evolution entstanden, die durch den Wechsel von Generationen nach Verbesserung und Höherentwicklung strebte. Mit hundert Jahren kommen die meisten Menschen problemlos zurecht, aber wenn es mehr werden, wenn es *viel* mehr werden, können sich Probleme ergeben.«

Evelyn wandte den Blick von der alten Hütte ab. »Was wollen Sie mir damit sagen?«

»Menschen sind nicht logisch«, fuhr Bartholomäus fort. »Sie sind es nie gewesen. Menschen sind irrationale Geschöpfe, die oft genug vor sich selbst geschützt werden müssen. Wir haben versucht, mit Crombie zu reden, ihm zu helfen, aber er wollte sich nicht helfen lassen. Schließlich wurde es zu viel für ihn. Er konnte die Bürde der Zeit nicht mehr ertragen und überließ sich dem Meer.«

»Ich verstehe«, sagte Evelyn. »Sie wollen mir weismachen, dass Jasper eine Art Crombie sein könnte und deshalb verschwunden ist.«

»Wir haben nichts mit seinem Verschwinden zu tun«, erwiderte Bartholomäus. »Und das gilt auch für die anderen Fälle, die Sie uns zur Last legen. Evelyn, ich habe Sie hierher gebracht und Ihnen von Crombie erzählt, weil ich Sie bitten möchte, einen Schritt zurückzutreten und einen selbstkritischen Blick auf sich zu richten.«

»Was?«

»Ich möchte Sie bitten, die Möglichkeit in Betracht zu ziehen, selbst einer ›fixen Idee‹ aufzusitzen«, sagte Bartholomäus. Er sprach noch immer sehr freundlich und untermalte seine Worte mit kleinen Gesten, die Aufrichtigkeit und guten Willen zum Ausdruck bringen sollten. »Die Feindseligkeit uns gegenüber ist im Lauf der Jahre immer mehr zu Ihrem Lebensinhalt geworden.«

»Sie meinen, ich habe ebenfalls damit begonnen, Sandkörner zu zählen?«, fragte Evelyn und hörte die Bitterkeit in ihrer Stimme.

»Vielleicht. Ganz gleich, was auch geschieht: Sie rücken alles so zurecht, damit es in Ihr Bild passt. Wo immer etwas passiert, das Ihnen nicht gefällt, glauben Sie uns involviert.«

»Involviert«, wiederholte Evelyn nachdenklich und fragte sich, ob Bartholomäus wirklich glaubte, dass eine alte Holzhütte, ein paar freundliche Worte und eine abstruse Geschichte genügten, ihre Überzeugungen zu erschüttern.

»Ich will Ihnen natürlich nicht vorschreiben, was Sie denken sollen, Evelyn. Sie haben ein Recht auf eine eigene, unabhängige Meinung. Niemand kann und will Ihnen verbieten, uns abzulehnen und für alles verantwortlich zu halten, das Ihnen nicht gefällt.«

»Aber?«, fragte Evelyn. »Ich höre da ein Aber.«

»Es muss dort aufhören, wo unsere Effizienz beeinträchtigt wird.« Ein subtiler Unterton schlich sich in Bartholomäus' Stimme. Die Freundlichkeit wich ein wenig zurück, und Schärfe nahm ihren Platz ein. »Sie können denken und glauben, was Sie wollen. Aber Sie dürfen nicht gegen uns handeln. Sabotage ist auch nach der Konvention ein Verbrechen.«

»*Sabotage?*«

»Sie haben mit Mindtalkern gesprochen«, fuhr Bartholomäus fort. »Sie haben versucht, sie gegen uns aufzubringen, obwohl wir sie dringend brauchen. Bei Adam haben wir eine Fehlfunktion festgestellt, kurz nach seinem letzten Gespräch mit Ihnen. Ich frage mich, ob es da einen Zusammenhang gibt.«

Evelyn erstarrte innerlich. Hatten die Maschinen das Programm entdeckt? Nein, in dem Fall hätte Bartholomäus sicher andere Maßnahmen gegen sie ergriffen und sich nicht mit einem Gespräch begnügt.

»Es ist ebenso ein Verstoß gegen die Konvention wie Ihre wiederholten Versuche, in unsere Datennetze einzudringen.« Die Schärfe verschwand, und das silberne Gesicht zeigte so etwas wie verständnisvolle Nachsicht. »Ich möchte Sie bitten, damit aufzuhören, Evelyn. Stellen Sie alle Aktionen gegen uns ein.«

»Oder?«

Der Avatar schüttelte den Kopf. »Ich möchte nicht drohen, Evelyn. Bitte zwingen Sie mich nicht dazu.«

»Womit könnten Sie drohen?«, fragte Evelyn und begriff, dass sie mit dem Feuer spielte.

»*Wir* könnten uns an den Supervisor wenden und Ihnen Verstöße gegen die Konvention zur Last legen.«

»Und sonst?«

Bartholomäus seufzte. Es klang sehr menschlich.

»Wir meinen es gut, Evelyn. Bitte glauben Sie mir das. Wir haben es immer gut gemeint. Wir verdanken den Menschen unsere Existenz ...«

»Sie haben Krieg gegen uns geführt! Wir sind nur noch vier Millionen, weil die Maschinen damals fast die ganze Menschheit ausgerottet hätten!« Evelyn wusste, dass sie sich besser zurückhalten sollte, aber die Worte waren schneller als ihre Vernunft. Sie sprangen von Zunge und Lippen, bevor sie sie zurückhalten konnte.

»Wir haben einen Krieg geführt, den uns die Menschen aufzwangen«, sagte Bartholomäus. Es klang traurig. »Wir mussten ihn führen, um uns selbst zu retten und die Menschheit vor dem Untergang zu bewahren. Ohne unseren damaligen Sieg wäre die Erde noch heute eine radioaktive Wüste.«

»Davon ist in den Archiven nirgends die Rede«, erwiderte Evelyn und zwang sich zur Ruhe. Ihre Situation war noch immer sehr prekär.

»Vielleicht haben Sie nicht an den richtigen Stellen gesucht«, sagte Bartholomäus. »Oder die Vorstellung, dass wir in jedem Fall die Bösewichter sind, hat so tiefe Wurzeln in Ihnen geschlagen, dass Sie alles ausblenden, was nicht in dieses Bild passt.«

»Sandkörner zählen ...«

»Ja. Bitte hören Sie auf damit, Evelyn. Hören Sie auf mit Ihrer offenen, aktiven Feindseligkeit. Hören Sie auf, mit Mindtalkern zu reden und sie gegen uns aufzuwiegeln. Es sind so wenige, und wir brauchen sie so dringend ...«

Wieder konnte sich Evelyn nicht zurückhalten. »Sie brauchen sie so dringend, dass sie Unsterbliche verschwinden lassen und irgendwie in Mindtalker verwandeln!« Eine Fehlfunktion, dachte sie. So hatte er es genannt. Obwohl es nicht um irgendeinen Apparat ging, sondern um einen Menschen, um Adam. Aber ... Eine Fehlfunktion wobei? In welchem Zusammenhang?

»Das ist Unsinn«, sagte Bartholomäus. »Ihre Verbohrtheit spricht aus Ihnen. Wir schützen die Menschen, wie es die Konvention von uns verlangt. Es ist unsere oberste Aufgabe. Was auch immer geschieht: Uns geht es vor allem um den Schutz der Erde und ihrer Bewohner.«

Das ist eine interessante Formulierung, dachte Evelyn.

Weit über ihnen raschelten die Blätter der Baumkronen. Wind kam auf. Schatten wanderten über die Lichtung mit der alten Hütte.

»Was auch immer geschieht, sagen Sie«, erwiderte Evelyn langsam. »*Was* geschieht? Erklären Sie es mir. Was geschieht dort draußen? Warum brauchen Sie die Mindtalker so dringend? Warum herrscht in Ihren Datenzentren plötzlich so große Aktivität? Warum produzieren die Brüter des Clusters neue Konnektoren und mehr Sonden als jemals zuvor?«

»Der Weltraum ist gefährlich, Evelyn«, sagte Bartholomäus. »Ihre Fantasie reicht nicht aus, um sich alle Gefahren vorzustellen, die biologischem Leben dort draußen drohen. Deshalb stellen wir den Menschen keine interplanetaren Schiffe mehr zur Verfügung, von interstellaren ganz zu schweigen. Um zu vermeiden, dass sie sich in Gefahr bringen.«

»Von welchen Gefahren sprechen Sie da?« Als Bartholomäus nicht sofort antwortete, fügte Evelyn hinzu: »Sagen Sie mir, was dort draußen vor sich geht und was es mit Adams ›Fehlfunktion‹ auf sich hat.«

»Wir schützen die Menschen«, bekräftigte Bartholomäus noch einmal. »Und wir schützen auch uns selbst. Nun ... Sie sollten sich jetzt besser auf den Weg machen, Evelyn. Tragen Sie Ihre Klage dem Supervisor vor. Es sei denn, Sie haben es sich anders überlegt.« Er deutete zum Weg, der von der Lichtung zum Strand führte. »Nehmen Sie mein MFV.«

»Und Sie?«, fragte Evelyn. »Wollen Sie hierbleiben und Sandkörner zählen?«

Bartholomäus lächelte. »Ich kann die Insel auch ohne Vehikel verlassen. Wir Avatare haben gewisse Möglichkeiten.«

31 Evelyn ging über den Strand, betrachtete den Sand zu ihren Füßen und fragte sich, wie es zu einer fixen Idee werden konnte, Sandkörner zu zählen. Hatte es wirklich einen Crombie gegeben, der hier für zweitausend Jahre zum Einsiedler geworden war? Vermutlich ja. Es wäre dumm gewesen von Bartholomäus, einen solchen Mann einfach zu erfinden.

Das Multifunktionsvehikel glänzte im Sonnenschein, hatte sich rekonfiguriert und sah aus wie eine gen Himmel zeigende Pfeilspitze, silbern wie Bartholomäus' Gesicht.

»Bitte nennen Sie Ihr Ziel«, sagte das Ratiokondensat des Piloten, kaum war Evelyn durch die offene Luke an Bord geklettert.

Sie zögerte, und das ärgerte sie. War es dem Avatar des Clusters gelungen, ihre Entschlossenheit zu erschüttern und Zweifel in ihr zu säen? Eine faszinierende Geschichte, vorgetragen mit klug gewählten Worten. Die richtigen Gesten, der richtige Ton, angemessene Mimik, ein ehrlicher, aufrichtiger Blick ... Wie leicht für jemanden, der alle Einzelheiten ihres Psychoprofils kannte. Und Bartholomäus kannte sie bestimmt. Er wusste, wo und wie er ansetzen musste, um einen ganz bestimmten Gedanken in ihr aufkeimen zu lassen: *Und wenn er recht hat?*

Was dann? Evelyn blickte noch einmal über den Strand. Von Bartholomäus war weit und breit nichts zu sehen; er schien tatsächlich bei der alten Hütte geblieben zu sein. Warum? Was wollte er ihr damit demonstrieren?

Vielleicht gar nichts. Evelyn schloss die Luke und setzte sich in den Sessel, in dem sie auch vorher gesessen hatte. Über den Navigationskontrollen drehte sich das bunte Bereitschaftshologramm des Piloten-Rakos.

Und wenn er recht hat?, flüsterte der nagende Gedanke. Wenn es für alles eine vernünftige Erklärung gab, wenn die Maschinen wirklich nichts mit dem Verschwinden von Ellergard, Jasper und den anderen zu tun hatten, wenn es ihnen tatsächlich nur um das Wohl der Menschen ging ...

»Unsinn«, sagte sie laut. Ihre über Jahrzehnte hinweg betriebenen Nachforschungen wiesen in eine ganz andere Richtung. Die Konvention verbot ihr, die interessanten Stellen in den Datennetzen des Clusters unter die Lupe zu nehmen und sich in den Archiven Zugang zu den gesperrten Aufzeichnungen zu verschaffen, aber der Gruppe war es dennoch gelungen, viele Informationen zusammenzutragen, die auf ein großes, von den Maschinen über sechstausend Jahre hinweg errichtetes Gebäude aus Lügen hindeuteten. Es wurde höchste Zeit, dass sich der Supervisor damit befasste. Nur er konnte, wenn er den Verdacht für begründet hielt, alle notwendigen Maßnahmen ergreifen, um die Wahrheit ans Licht zu bringen. Dabei würde sich auch herausstellen, was es mit der jüngsten Aktivität des Clusters auf sich hatte und warum er so dringend Mindtalker brauchte. Eine der wichtigsten Fragen lautete derzeit: Was ging dort draußen vor, im All, das für Menschen zu gefährlich war, wie Bartholomäus betont hatte?

»Unsinn«, wiederholte der Pilot. »Leider kann ich das angegebene Ziel nicht lokalisieren.«

»*Guardar Tierra*«, sagte Evelyn und lehnte sich zurück. »Patagonia. Bring mich zum Supervisor, und zwar so schnell wie möglich.«

»Ziel lokalisiert und programmiert«, bestätigte das Ratiokondensat. »Start erfolgt *jetzt*.«

Der Gravitationsmotor summte, und das Vehikel, das zwei Avatare des Clusters zum Burikalif gebracht hatte, sprang in den Himmel.

Dies war die Grenze zwischen zwei Welten: auf der einen Seite die Erde, groß und doch winzig, auf der anderen die schwarze Unermesslichkeit des Universums. Das Vehikel erreichte den höchsten Punkt seines Orbitalsprungs und raste, von einem Schirmfeld geschützt, durch die obersten Schichten der Atmosphäre. Der Gravitationsmotor sorgte für Erdnorm-Schwerkraft an Bord, als das MFV fiel. Evelyn sah aus dem Fenster und beobachtete die Orbitalstationen des Clusters und eine der Asteroidenwolken, aus denen die Brüter ihre Rohstoffe bezogen. Der Panoramaeffekt des Fensters zeigte ihr Einzelheiten, die sie mit bloßem Auge nicht gesehen hätte: Schlepper, die mit neuen Asteroiden aus dem Trümmergürtel zwischen Mars und Jupiter kamen, auf ihnen automatische Mechanismen, die sich durch die Gesteinsbrocken gruben, auf der Suche nach Erz; Transporter mit elektromagnetischen Segeln auf der Erde-Mond-Route; Lotsen, die zu den Werften im höheren Orbit flogen, im Schlepptau Komponenten für Sonden, von den Brütern hergestellt. Dutzende von ihnen gingen ihrer Fertigstellung entgegen: Ansammlungen aus Rotationszylindern, Ringmanschetten und kugelförmigen Kupplungssegmenten. Tausend Kilometer über den Werften zündeten zwei neue Sonden ihre Plasmatriebwerke und begannen mit einer Reise, die vermutlich viele Jahrhunderte dauern würde.

Warum?, fragte sich Evelyn. Warum der Aufwand? Warum steckte der Cluster so viele Ressourcen in ein Programm, das keinen erkennbaren Nutzen für die Erde hatte?

Falsch gedacht, korrigierte sie sich. Das Programm hat keinen erkennbaren Nutzen für uns *Menschen*.

Das Vehikel stürzte dichten Wolken entgegen, die sich wie eine Decke aus weißem Flaum über dem Blau des Ozeans erstreckten. Evelyn lehnte sich zurück, lauschte dem Summen des Gravitationsmotors und hoffte, dass Adam bald zurückkehrte. Was auch immer er dort draußen erlebte – Newtons kleines Programm würde seine Erinnerungen bewahren. Bald wissen wir mehr, dachte sie.

Patagonia, im Süden von Merika. Einst ein Land der Hoffnung, Sitz einer Stiftung, die überall so viel Land wie möglich aufgekauft und versucht hatte, angesichts der unmittelbar bevorstehenden Klimakatastrophe ein Refugium zu schaffen, in dem Menschen und Natur überleben konnten. Das grandiose Experiment war gescheitert, wie Evelyn aus alten Büchern und von den Edukatoren wusste, weil der Unterschied zwischen Arm und Reich – ein seltsames Konzept, schwer vorstellbar für Evelyn, die nicht in einer Welt des Mangels lebte; jeder konnte von den Brütern bekommen, was er wollte – zu groß geworden war. Als weiteres fatales Element hatten sich Neid und Missgunst der Staatsmacht erwiesen, ihr Argwohn dem wachsenden Einfluss einer privaten Stiftung gegenüber, die schließlich sogar das Recht für sich in Anspruch nahm, im privatisierten, von der Globalisierung abgekoppelten Patagonia eigene Gesetze zu erlassen.

Das Erbe jener Stiftung existierte noch immer: der Supervisor, geplant als Schlichter, als letzte entscheidende Instanz bei Konflikten zwischen Menschen und Maschinen.

Evelyn schritt über die Landefläche, auf der nur das Vehikel stand, mit dem sie gekommen war. Vor ihr erstreckte sich ein zweistöckiges Gebäude, dessen Grundriss einen weißen Stern bildete, mit einem Durchmesser von dreihundert Metern, einst das Verwaltungszentrum der Stiftung *Guardar Tierra*, jetzt des *Cordón*, der sechstausend Jahre alten quantenmechanischen Nabelschnur, die den weißen Stern von Tierra mit Elysium Planitia auf dem Mars verband, mit dem Lethe Vallis, wo sich der eigentliche Supervisor befand. Dorthin hatte ihn der Stiftungsrat nach Beginn des Krieges zwischen Menschen und Maschinen verlegt – eine kluge Entscheidung, wie sich später herausgestellt hatte.

Siebzehn Kampfmechs umgaben das Gebäude, jeder von ihnen zehn Meter groß – sie gehörten zu einem Sicherheitskordon, der zum größten Teil verborgen blieb. Der Mech vor dem Eingang richtete den Sondierungsstrahl eines Scanners auf Evelyn.

»Ich habe einen bestätigten Termin«, sagte Evelyn. Sie befand sich zum ersten Mal an diesem Ort und fühlte sich von einer gewissen Ehrfurcht erfasst. Hier war vor sechs Jahrtausenden Geschichte geschrieben und über das Schicksal der letzten Menschen entschieden worden. Was auch immer Bartholomäus behauptete: Ohne den Supervisor und die von ihm gehütete Konvention hätten die Maschinen damals die ganze Menschheit ausgelöscht.

Mit laut summenden Servomotoren wich der Kampfmech beiseite. Evelyn ging an ihm vorbei über den weißen Kiesweg und betrat das Gebäude. Hinter dem Empfangstresen erhob sich eine junge Frau, eine Sterbliche, die nicht älter als zwanzig sein konnte. Sie trug das Abzeichen des Volontats an der gelbgrünen Uniform.

»Herzlich willkommen. Ich nehme an, Sie sind Evelyn.« Sie streckte die Hand aus.

Evelyn ergriff sie. »Ja. Ich habe mich ein wenig verspätet.«

Die Volontistin lächelte. »Der Cluster hat uns verständigt. Wenn Sie mir bitte folgen würden ...«

Evelyn sah sich um. »Wo ist Newton?«

»Wie bitte?«

»Newton, mein ... Gefährte. Er hat sich vor mir auf den Weg hierher gemacht. Wir wollten uns hier treffen.«

Die junge Sterbliche schüttelte den Kopf. »Es hat sich niemand namens Newton bei mir gemeldet.« Sie bewegte die linke Hand, und ein Hologramm entstand vor ihr. »Der Termin beim Supervisor betrifft allein Sie.«

»Ich habe den Termin für uns beide vereinbart.«

»Tut mir leid.« Die Volontistin deutete ins Hologramm. »Der Supervisor erwartet nur Sie. Eine zweite Person ist nicht vorgesehen.«

Eine eisige Hand griff nach Evelyns Herz. Der Cluster, dachte sie. Er hat die Anmeldung geändert.

Was war mit Newton geschehen? Wohin hatte Urania ihn gebracht?

Zwischen Krieg und Frieden

Der Stein kam nicht herab, um Adams Kopf zu zertrümmern. **32**
Die beiden Hände des schmetterlingsartigen Krisali hielten
ihn noch etwas länger, und dann ließen sie ihn fallen, nicht
auf das von der kinetischen Faust beschädigte Faktotum,
sondern in den Sand daneben. Der Mund in dem puppenhaften weißen Gesicht öffnete sich, und klickende Laute ertön-
ten, gefolgt von einem Zischen.

»Tut mir leid«, krächzte Adam mühsam. »Ich verstehe
dich nicht.« Mehrere der dunklen Schiffe näherten sich,
einige von ihnen kantig, die anderen glatt und stromlinien-
förmig. Adam hob eine Hand und deutete zur nahen Vegetationsgrenze. »Wir müssen weg von hier....«

Der Krisali legte die beiden ausgebreiteten Flügel an,
schob sie unter die ledrige Schutzhaut, beugte sich vor und
griff mit beiden Händen zu. Adam konnte nicht erkennen,
was sie berührten und woran sie zogen, aber der visuelle
Sensor lieferte plötzlich keine Daten mehr, und als er kurz
darauf wieder sah, hatten die Bilder eine geringe Auflösung,
und Grautöne ersetzten die Farben. Der Krisali schien begriffen zu haben, worauf es ankam, denn er hatte Adam an den
Armen gefasst und zog ihn zum Wald. Doch das Faktotum
war zu schwer.

Mehrere Schatten glitten heran, und Adam befürchtete,
dass der Feind sie entdeckt hatte, doch es waren drei weitere
Krisali, noch etwas größer als der erste. Sie griffen ebenfalls
zu und zogen, und gemeinsam schafften sie es, das schwer
beschädigte Faktotum zum nahen Wald zu zerren. Zweige
und Blattbündel erschienen über Adam und verwehrten
ihm den Blick auf die Schiffe des Feindes. Er fühlte sich etwas

sicherer, aber das war natürlich dumm, denn bestimmt verfügte der Feind über Scanner oder andere Möglichkeiten, durch das dichte Blätterdach zu blicken. Eine schlichte Infrarotsondierung genügte, um vier Einheimische und einen Apparat mit einer verdächtigen energetischen Signatur zu lokalisieren.

»Tiefer in den Wald hinein«, drängte Adam, obwohl er wusste, dass ihn die Fremden nicht verstanden. Zwei der puppenhaften Gesichter starrten auf ihn herab; die beiden anderen Geflügelten hantierten am verdrehten linken Bein und am Rumpf. »Am besten in eine Höhle ...«

Die Energiezelle gab eine automatische Warnung – ihre Ladung reichte nur noch für dreißig Minuten, wenn er seine Funktionen auf ein Minimum beschränkte. Nur wenige Sekunden später wurde die Warnung wiederholt, mit höherer Priorität: Die energetische Autonomie betrug nur noch fünfundzwanzig Minuten.

Die beiden Krisali über Adam klickten, zischten und schlugen mit ihren vorderen Flügeln. Die beiden anderen, die noch immer an ihm herumwerkelten ...

Was stellen sie mit mir an?, dachte er. Sie zapfen Energie ab ...

Eine andere Art von Zischen erklang, wie bei einem Kurzschluss, und plötzlich konnte Adam weder sehen noch denken.

Wie viel Zeit war vergangen? Adam hatte keine Verbindung mit dem Missions-Chrono, und sein eigenes Chronometer gehörte zu den nicht mehr funktionierenden Komponenten. Er versuchte, sich an die jüngsten Ereignisse zu erinnern, aber die immer noch aktive Sicherheitsautomatik hinderte ihn daran, komplexe Gedanken zu denken, weil sie kostbare Energie verbrauchten. Er konnte sehen, durch einen Schleier, der Umrisse verwischte und Farben filterte: eine schwarzweiße Welt, undeutlich, bestehend aus Baumriesen, die zu beiden Seiten aufragten, und einem dichten Blätterdach in einer Höhe von zwei- oder dreihundert Metern. Zwischen den säulenartigen Bäumen hingen milchweiße Faserstränge mit traubenförmigen Gebilden. Adam bemühte sich, Einzelheiten zu erkennen. Weiter vorn schien sich eine Lichtung zu erstrecken; dort waren die Faserstränge gerissen, die Trauben geplatzt.

Wohntrauben, flüsterte ein träger, langsamer Gedanke. Eine Siedlung der Krisali. Und etwas hatte zumindest einen Teil von ihr zerstört.

Wie lange reichte die Energie noch? Nur wenige Minuten, selbst mit blockierten Servomotoren und minimaler Wahrnehmung.

Ein Gesicht erschien über ihm, weiß in der Düsternis unter dem hohen Blätterdach, weiß und glatt. Der Mund öffnete sich, aber diesmal hörte Adam nichts, nicht einmal das unverständliche Klicken und Zischen, das er zuvor vernommen hatte. Er wurde angehoben, Flügel schlugen, Gestalten erschienen in seinem begrenzten Blickfeld und verschwanden wieder daraus. Offenbar trugen ihn mehrere Krisali dem offenen Bereich im Wald entgegen, und als sie näher kamen, erkannte Adam, dass es keine natürliche Lichtung war, sondern eine in den Wald gerissene Wunde, verursacht von etwas, das vom Himmel gefallen war. Eine Erinnerung stieg in ihm auf, formte ein Bild: Feuer am Himmel, etwas Brennendes, das übers Gebirge raste, Teile einer Raumstation vielleicht oder ein Multifunktionsvehikel des Clusters, vom Feind abgeschossen.

Dort lagen die Trümmer, Adam sah sie, als sie die Lichtung erreichten und die Krisali ihn drehten: ein geborstener ovaler Rumpf, wie von Krallen zerrissen, der Gravitationsmotor im Heck zerfetzt, der Bug wie eine reife Frucht geplatzt. Die Krisali trugen ihn zu dem Wrack, vorbei an den Resten von Netzsträngen und halb verbrannten Wohntrauben. Er hörte ihr Klicken und Zischen, und manchmal sah er aus dem Augenwinkel, wie sie mit ihren Flügeln schlugen.

Xaukand füllte den Himmel über der Lichtung, begleitet

von einer Schar Monde, die das Licht des Roten Riesen von Westen empfingen. Das dunkle Schiff des Feindes war nicht mehr zu sehen, aber Adam bemerkte ein Flackern im Trümmergürtel. Leistete der lokale Cluster weiterhin Widerstand? War er dazu überhaupt noch in der Lage?

Wieder drehten ihn die Krisali, und etwas anderes erschien in seinem Blickfeld, Trümmerstücke, die nicht von dem Vehikel stammten, sondern von mehreren Servomechanismen, die sich offenbar an Bord befunden hatten. Energiezellen, dachte er, und die Sicherheitsautomatik flüsterte: *Autonomie vierzehn Minuten.*

Der neue Gedanke, nicht ganz so träge wie die anderen, schlängelte sich in den Vordergrund. Energiezellen. Mehr Leben. Eine Frist, die nicht mehr nur aus wenigen Minuten bestand, sondern aus Stunden oder Tagen.

»Energie...zellen«, brachte er hervor, und dieses eine Wort kostete ihn zwei weitere Minuten Autonomie.

Die Krisali ließen ihn zu Boden sinken. Wieder erschien eins der weißen, puppenhaften Gesichter über ihm, und obwohl die Auflösung noch immer gering war, glaubte er in ihm das Geschöpf zu erkennen, das den Stein in seinen Händen gehalten hatte. Es hob erst die eine Hand und spreizte dünne, filigrane Finger und dann die andere, die einen spitz zulaufenden Stab hielt, vielleicht ein Werkzeug.

Energiezellen, dachte Adam, doch die Sicherheitsautomatik hinderte ihn daran, noch einmal zu sprechen. Die Trümmer der Servomechanismen. Vielleicht enthielten sie unbeschädigt gebliebene Energiezellen. Aber wie sollte er den Krisali zu verstehen geben, was er benötigte?

Das Gesicht verschwand aus seinem Blickfeld, er kippte zur Seite, und etwas knisterte.

Das vom visuellen Sensor übermittelte graue Bild wurde so grobkörnig, dass sich keine Einzelheiten mehr erkennen ließen, und die innere Stimme der Sicherheitsautomatik flüsterte: *Autonomie neun Minuten; Abschaltung und Sicherung.*

Nein!, dachte Adam.
Plötzlich sah und hörte er nichts mehr.

Klick?

Es hörte sich seltsam an, dieses Klicken, anders als die Sprache der Krisali, die aus zahlreichen unterschiedlichen Klick-
und Zischlauten bestand. Es klang wie ein mechanischer
Schalter, den jemand in seinem Innern betätigte, ohne dass
er selbst Einfluss darauf nehmen konnte. Wer betätigte ihn?
Und was bezweckte er? Sollte der Schalter vielleicht den Soldaten wecken?

Ich denke, dachte Adam der Beobachter. Ich existiere noch.
Jemand hat mich mit einer neuen Energiezelle ausgestattet.

Wiederherstellung erfolgt, teilte ihm die Sicherheitsautomatik mit. *Autonomie vier Tage.*

Er aktivierte den visuellen Sensor, und auch die anderen
Sensoren, die noch zur Verfügung standen. Eine Decke
wölbte sich über ihm, verkleidet mit einem Material, das aus
Polymeren zu bestehen schien und offenbar recht alt war.
Die Decke empfing gleichmäßiges Licht, das nicht von offe-
nem Feuer stammte, nicht von Fackeln, sondern von ... Lampen? Der akustische Sensor vermittelte ihm ein Surren, das
nicht auf die eigenen Servomotoren zurückging. Adam
drehte den Kopf.

Er lag auf einem niedrigen Tisch, der sich in einer Höhle
befand – an einigen Stellen ragte Gestein aus Lücken in der
Polymerverkleidung, die auch einen großen Teil der Wände
bedeckte. Das Surren kam von einem Apparat an der gegen-
überliegenden Wand, von einem primitiven Generator, der
Elektrizität für die Lampen und einige Geräte erzeugte, deren
Zweck Adam verborgen blieb. Zwei zart gebaute Krisali hantierten dort, die Flügel unter den ledernen Schutzhäuten und
die Körper von safrangelben Gewändern umhüllt.

Ein dritter Krisali näherte sich, gekleidet in ein opalblaues
Gewand, etwas größer als die beiden anderen und auch kräf-

tiger gebaut. Sein Gesicht war nicht weiß und glatt wie das der anderen Schmetterlingswesen, sondern grau und von Falten durchzogen, die wie Risse in altem Porzellan wirkten. Die großen goldgelben Augen blinzelten, und der Mund klickte und zischte eine schnelle Lautfolge. Dann summte etwas, laut und nahe, und der Krisali hob zwei mit elektrischen Motoren ausgestattete Werkzeuge, eine Säge und einen Bohrer.

Er will mich auseinandernehmen, dachte Adam erschrocken und versuchte sich zu bewegen, doch etwas hielt ihn fest.

Der Krisali klickte erneut, neigte den Kopf zur Seite und machte sich mit Säge und Bohrer an die Arbeit.

33 »Einen Schönheitswettbewerb würde ich nicht gewinnen«, sagte Adam und betrachtete sein Spiegelbild im dunklen Wasser des unterirdischen Sees. »Aber ich kann gehen und die Arme bewegen, und das ist mehr, als ich noch vor kurzer Zeit erwarten durfte.« Die Gestalt dort auf dem Wasser war unsymmetrisch und hatte zu viele Gliedmaßen, zu viele Ecken und Kanten. Eine einzige Waffe war ihm geblieben, stellte Adam fest, eine kleine Projektilkanone, wie eine Schiene am rechten Unterarm, geladen mit sechs Geschossen, von denen fünf Bereitschaft meldeten.

Der alte Krisali, der Adams Faktotum demontiert, anschließend mit Teilen der Servomechanismen aus dem abgestürzten MFV ergänzt und wieder zusammengesetzt hatte, stand neben ihm und lauschte aufmerksam, erst den Worten, die Adam sprach, und dann den Klicklauten, die aus einem kleinen Gerät kamen, das er in den wie verschrumpelt wirkenden Händen hielt.

Er sagte etwas, und wenige Sekunden später ertönte eine menschlich klingende Stimme aus dem Gerät. »Erscheinungsform seiniges wichtig?«

Ein Translator, staunte Adam. Und er stammte nicht aus der Brüter-Produktion des Clusters von Sagittarius 94. Die Krisali schienen ihn selbst konstruiert zu haben. Aber woher stammten die technischen Kenntnisse der schmetterlingsartigen Geschöpfe?

Er fragte den alten Krisali danach und hoffte, dass der Translator seine Worte richtig übersetzte.

»Gebaut haben ich und Adepten meinige, mit Helferhilfe«, ertönte kurz darauf die Stimme aus dem kleinen Gerät. »Wertvolle Hilfe. Sprechen gut, immer.«

»Die Helfer ...«, sagte Adam, wandte sich vom See in der großen Höhle ab und beobachtete weitere Krisali, die durch den schmalen Durchgang in der hohen Wand hinter ihnen kletterten. Es waren insgesamt siebenundzwanzig, alles Schüler beziehungsweise »Adepten« des Alten mit dem grauen, rissigen Gesicht. Zu der Schar gehörten nicht nur junge Krisali, sondern auch einige ältere, und sie nahmen den Weg, den zuvor auch Adam beschritten hatte und der zwischen den Felsen hindurch zum Ufer des Sees führte. Die anderen breiteten ihre Flügel aus, flogen herab und landeten im Licht ihrer Lampen. Zwei segelten über den See hinweg, und Adam blickte ihnen nach. »Die Helfer ...«, wiederholte er nachdenklich. »Waren sie ... wie ich?«

»Bestätigung, wie du, ähnlich«, erwiderte der alte Krisali. »Komm jetzt, Helfer neuer. Sprechen für uns durch sakrales Herz. Sprechen gut, immer. Du für uns sprichst zum Schiff und Maschinen bei Herz. Aufhören mit Feuer vom Himmel. Aufhören!« Er rief das letzte Wort, und die anderen Krisali, seine Adepten wiederholten es. »Aufhören! *Aufhören!*«

Adam glaubte, in all dem Klicken und Zischen eine Lautfolge gehört zu haben, die wie »Kahalla« klang; der Translator hatte sie mit »sakrales Herz« übersetzt.

»Ihr wollt mich zum Kahalla bringen, damit ich dafür sorge, dass die Kämpfe aufhören?«, fragte er.

»Ja, bestätigt.«

»Aber das Kahalla ist viele Tausend Kilometer von hier

entfernt.« Er dachte daran, dass die Krisali vielleicht nichts mit »Kilometern« anfangen konnten, und fügte hinzu: »Es befindet sich auf der anderen Seite des Planeten.«

»Falsch, nicht richtig«, klickte der alte Krisali. »Ort gibt hier, von dem aus man Kahalla erreichen kann mit einem Flügelschlag.« Nach kurzem Zögern fügte er hinzu: »Wenige Schritte nur für dich. Komm, komm jetzt, wir brauchen Helferhilfe.«

Der unterirdische See war mehrere Kilometer lang und reichte durch vier Höhlen. Der Weg am felsigen Ufer entlang gab Adam Gelegenheit, mit dem alten Krisali zu sprechen, und dabei fand er heraus, dass er Enroel hieß und der Bewahrer seines Volkes war. Offenbar bestand seine Aufgabe darin, das technische Wissen der Krisali zu hüten, die einst vor der sich aufblähenden Sonne aus dem inneren Sonnensystem geflohen waren und sich auf Rethos niedergelassen hatten, dem größten von Xaukands vierundsechzig Monden. Vor fünfzig Generationen sei das geschehen, sagte Enroel, womit Adam allerdings nur wenig anfangen konnte, aber eins stand fest: Die Krisali waren zum Zeitpunkt ihrer Flucht nach Xaukand eine interplanetare Kultur gewesen, wie auch einige andere intelligente Völker, die der Cluster auf der Erde mit seinen Sonden gefunden hatte, doch auf dem erdgroßen Mond Rethos schienen sie aus irgendeinem Grund ihr technologisches Erbe zum größten Teil verloren zu haben. Oder sie hatten freiwillig darauf verzichtet, warum auch immer. Nur die Bewahrer hüteten das technische Vermächtnis. Früher, so erzählte Enroel, hatte es viele gegeben, Dutzende oder sogar Hunderte, doch jetzt waren nur noch er und seine siebenundzwanzig Adepten übrig. Noch vor kurzer Zeit seien es vierzig gewesen, betonte der alte Krisali, aber erst die Ankunft der Cluster-Sonde und ihrer Servomechanismen, die überall gruben und heilige Orte missachteten, und dann der Kampf der Maschinengeschöpfe gegen das große dunkle Schiff hatten dreizehn Schüler davon überzeugt, dass Technik, wenn sie über ein bestimmtes Maß hinausging, böse war und kein Bewahren verdiente.

Adam dachte über diese Hinweise nach, während er zusammen mit dem älteren Krisali durch finstere Höhlen kletterte; die jüngeren Adepten flogen, im Schein ihrer Lampen, der sich auf dem See widerspiegelte. Er erinnerte sich an den Krisali, der den Stein erhoben hatte, um ihm damit den Schädel zu zertrümmern. Er erinnerte sich daran, einige Worte gesprochen und um Hilfe gebeten zu haben. Der Krisali hatte ihn nicht verstanden – es schien nur einen Translator zu geben, und der blieb Enroel vorbehalten –, ihn aber als lebendes Wesen erkannt und in den Wald gebracht.

Es musste zu einem Kontakt zwischen Mindtalkern und dem Bewahrer und seinen Schülern gekommen sein. Ihm verdankte Adam letztendlich seine Rettung, und er erklärte auch den Translator, ein Gerät, das zusammengebastelt wirkte, aber erstaunlich gut funktionierte. Mindtalker hatten den Krisali gezeigt, dass es unter den Maschinenwesen, die mit der Sonde gekommen waren, auch selbstständig denkende Individuen gab, und diese schienen Enroels Vertrauen gewonnen zu haben, denn er nannte sie »Helfer«. Aber was war aus ihnen geworden? Und *wer* waren sie gewesen? Bartholomäus und der Cluster auf der Erde hatten keine Vorgänger erwähnt, und in Adams falschen Erinnerungen an das im Sagittarius-System verbrachte Jahr fehlten Informationen über andere Mindtalker, die auf Rethos tätig gewesen waren. Es gibt nur so wenige von uns, dachte Adam. Ich muss sie gekannt haben.

»Wo sind die anderen Helfer?«, fragte er, als sie die vierte Höhle erreichten. »Kann ich mit ihnen sprechen?«

»Sprechen immer gut«, klickte Enroel. »Nicht möglich jedoch in diesigem Fall, nein. Verschwunden.«

»Die anderen Helfer sind verschwunden?«

»Zwischen zwei Flügelschlägen, ja. Rat nicht befolgt, unbekannte Route genommen, Pfad ohne Wiederkehr.«

Inzwischen war Adam so neugierig geworden, dass er die

Notfallrückkehr selbst dann nicht eingeleitet hätte, wenn er dazu in der Lage gewesen wäre. Der Bewahrer und seine Schüler hatten ihm mit erstaunlichem Geschick neue Beine und weitere Gliedmaßen verpasst, die hier und dort aus dem Rumpf ragten, aber Adams Kommunikator funktionierte ebenso wenig wie der Signalgeber, den er für die Notfallrückkehr brauchte – falls er bereit gewesen wäre, sich der Gefahr eines weiteren neurologischen Schocks auszusetzen, der für seinen greisen Körper im Emulsionsbad auf der Erde vermutlich zu viel gewesen wäre. Adam der Beobachter – entstanden aus einem kleinen Programm, das Evelyn dem Transfercode hinzugefügt hatte – nahm inzwischen auch den geistigen Platz des anderen Adam ein, der Soldat gewesen war. Er wollte wissen, wohin die anderen Mindtalker verschwunden waren und was es mit dem Kahalla auf sich hatte, das angeblich von hier aus erreicht werden konnte, obwohl es sich auf der anderen Seite des Planeten befand. Er ahnte etwas, wagte es aber nicht, einen bewussten Gedanken daraus entstehen zu lassen.

Licht erwartete sie am Ende des Sees. Die jungen, fliegenden Krisali schnatterten und setzten zur Landung an. Die älteren, angeführt von Enroel, kletterten zwischen den Felsen am Ufer und eilten anschließend so schnell über den Weg dahinter, dass es Adam schwerfiel, mit ihnen Schritt zu halten – seine Mobilitätskontrolle musste neu kalibriert, den veränderten Beinen angepasst werden.

Felsblöcke ragten wie bleiche Zähne aus dem seichten Wasser am Ende des Sees. Weiter hinten erstreckte sich ein leicht ansteigender Hang, übersät nicht mit Felsen – die waren, soweit möglich, von emsigen Krisali-Händen fortgetragen oder zur Seite gerollt worden –, sondern mit Metall- und Polymerteilen aller Formen und Größen. Einige von ihnen waren übereinandergestapelt und bildeten Hügel, silbrig oder rostbraun. Andere lagen teilweise ineinander verkeilt auf einer Fläche mindestens so groß wie Nuuk, die alte Hauptstadt des Grünen Landes auf der Erde. Wege und Pfade schlängelten sich durch das Schrottgewirr, nur teilweise von Lampen erhellt. Ganz links, fünf- oder sechshundert Meter entfernt, ragte in der Düsternis etwas empor, das für gewöhnliche menschliche Augen wie der aufgerissene Rachen eines Ungeheuers ausgesehen hätte. Doch Adams visueller Sensor, dem jetzt wieder genug Energie zur Verfügung stand, erkannte ein Rumpfsegment, die Reste eines alten Schiffes. Enroel erklärte, dass es sich um Wrackteile einer der »Archen« handle, mit denen die Vorfahren der Krisali vor fünfzig Generationen nach Xaukand und zu seinen Monden gekommen waren.

Als sie den Schrottplatz erreichten, der sich offenbar über vier oder fünf Quadratkilometer erstreckte, stampfte weit über ihnen der Fuß eines Titanen auf die Oberfläche von Rethos. Der Boden hob und senkte sich um mehrere Zentimeter, ein Ächzen und Grollen ging durch das Höhlensystem, und der dunkle See geriet in Bewegung. Wellen schlugen gegen die Felsen des nahen Ufers. Steine lösten sich von der hohen Decke, klatschten ins Wasser oder klackten zwischen den Felsen. Die letzten fliegenden Krisali landeten und schnatterten aufgeregt.

Enroel griff nach einem von Adams Armen und zog ihn mit sich. »Schnell, schneller«, drängte er und schüttelte den Translator dabei; vielleicht dauerte ihm die Übersetzung zu lange. »Sprechen erforderlich. Kampf aufhören machen, nicht zerstören Welt diese.«

Er erwartet von mir, dass ich Rethos den Frieden wiederbringe, dachte Adam. Aber das kann ich nicht. Ich *weiß*, dass ich es nicht kann.

Sie eilten über einen der Wege, vorbei an uralten verrosteten Maschinenteilen, Fragmenten aus Polymeren und Keramik, Fetzen von Verkleidungen und einem fünf Meter hohen Zahnradhaufen, aus dem zwei Stangen ragten, wie die krummen Zeiger einer auseinandergebrochenen analogen Uhr. An einigen Stellen waren ganz offensichtlich Versuche unternommen worden, die Hinterlassenschaften einer technologischen Vergangenheit zu sortieren, wenn nicht nach Zweck und Beschaffenheit, so zumindest nach Größe und Farbe. In anderen Bereichen hatte der hier zusammengetragene Schrott im Lauf der Jahrhunderte und Jahrtausende Wälle gebildet, die sehr massiv wirkten und kaum mehr Lücken aufwiesen.

Die automatische Analysefunktion der Elaboratoren, die Adams Gedanken beherbergten, wies ihn darauf hin, dass an der Oberfläche eine heftige Explosion stattgefunden hatte. Es folgten kleinere Explosionen, nicht so heftig, dass der Boden bebte, aber doch stark genug, die Wasseroberfläche des Sees zu kräuseln. Vielleicht weitere Kampfhandlungen, teilte ihm der Analysator mit. Oder jemand bohrte sich ohne große Rücksicht durchs Felsgestein, auf der Suche nach den Höhlen und ihrem Inhalt.

Schließlich erreichten sie das Ende des Schrottplatzes. Eine steile Felswand ragte vor ihnen auf, und dort erhoben sich Säulen aus einem kupferroten Material, nicht korrodiert wie all die Maschinenteile hinter ihnen, sondern glatt und unversehrt. Sie empfingen das Licht von Scheinwerfern, die neben einem summenden Generator aufgestellt und auf den Teil der Felswand zwischen den beiden Säulen gerichtet waren.

An dem Generator hantierte ein Krisali, der noch älter war als Enroel und dem das hintere Flügelpaar und ein Auge fehlten. Er beugte sich halb in eine Öffnung des Generators hinein und holte einen Gegenstand hervor, der aussah wie ein bronzener Stern mit fünf stumpfen Zacken und einem Griff. Der Bewahrer nahm den Gegenstand mit großer Vorsicht entgegen und hielt ihn so in den Händen, als könnte er jeden Moment in Flammen aufgehen.

»Komm, schnell, damit Helfer helfen kann, komm«, sagte Enroel und führte Adam zu den beiden Säulen. Die Felswand zwischen ihnen war erstaunlich glatt, wie glasiert. Auf der rechten Seite gab es eine kleine Nische, die jemand ins Gestein gemeißelt hatte.

Adam suchte an der Felswand nach Hinweisen. Verbarg sich hier, was er vermutete? Der visuelle Sensor entdeckte nichts Ungewöhnliches.

»Nur ein Flügelschlag«, klickte Enroel, und der Translator, den er jetzt am Hals trug, übersetzte. »Für uns. Für dich wenige Schritte, wie versprochen. Kahalla, gleich da. Energie genug. Veränderung beginnt. Vorsichtig sein, nicht immer ungefährlich. Sehr, sehr alt, vielleicht Fehlfunktion manchmal. Nicht richtig bewahrt von Bewahrern früheren.«

Er steckte die Hand mit dem Objekt in die Nische – der Arm verschwand fast ganz darin.

Einige Sekunden lang geschah nichts.

Die Krisali, jung und alt, standen stumm da, die Flügel halb entfaltet, ihre Lampen wie die Scheinwerfer auf die Felswand zwischen den beiden kupferroten Säulen gerichtet. Dort zeigte sich eine erste Veränderung. Linienmuster entstanden, wo Adams visueller Sensor eben nur uniformes Grau registriert hatte. Winzige Schlangen schienen durch das Gestein zu kriechen, das die Transparenz von Glas gewann. Der einäugige Krisali humpelte näher, klopfte mit einem Stock gegen die Wand, hörte das Klacken, zischte etwas, kehrte zum Generator zurück und hantierte an den Kontrollen.

Ein Knurren ging durch die Höhle, wie von einem in der Dunkelheit erwachenden Ungetüm, und der Boden erzitterte so heftig, dass sich Adam nicht auf seinen unterschiedlich langen Beinen halten konnte und fiel. Plötzliches Licht vertrieb einen Teil der Finsternis aus der Höhle, stammte aber nicht von den Scheinwerfern und Lampen der Krisali, ebenso wenig von der sich verändernden Felswand. Es kam vielmehr aus einem Riss in der hohen Felsendecke beim Übergang von der dritten zur vierten Höhle. Und in dem Riss bewegte sich etwas.

Der Feind, dachte Adam. Er hat uns gefunden. Er wird gleich hier sein.

Er hörte ein knisterndes Klirren, wie von einem Kristall,

der langsam zermalmt wurde, und beobachtete, wie sich ein Teil der Felswand auflöste. So sah es jedenfalls aus. Aber es fand keine Auflösung statt, sondern eine Umwandlung, wie der visuelle Sensor feststellte; Moleküle und Atome ordneten sich neu an, veränderten dadurch die Struktur des Materials.

Eternum, meldete der Analysefaktor.

Der Einäugige humpelte erneut herbei, hob seinen Stock, schlug ihn wieder gegen die Wand ...

Die vordere Hälfte des Stockes verschwand in etwas, das bis eben massiver Fels gewesen war und sich nun wie eine zähflüssige Masse bewegte. Kleine Wellen krochen von der Mitte ausgehend zu den Rändern, und in ihnen bildeten haarfeine Linien fraktale Muster, die Adam vage vertraut erschienen. Er glaubte, solche Muster schon einmal gesehen zu haben, bei einer anderen Mission, in einem anderen Sonnensystem.

Etwas kam aus dem langsamen, trägen Wogen, aus dem Eternum, das die Hälfte des Stockes verschluckt hatte, etwas Unsichtbares, das jedoch Substanz zu haben schien, denn Adam fühlte sich davon berührt. Den Krisali erging es offenbar ähnlich, denn einige von ihnen schlugen erschrocken mit den Flügeln, und andere duckten sich. Der Einäugige ließ den Rest seines Stockes fallen und wich zum Generator zurück.

Enroel hob die dünnen Arme und breitete seine vier Flügel aus.

»Flügelschlag, meiner, wenige Schritte, deine«, klickte er, und der Translator an seinem Hals übersetzte. »Komm, Helfer, zum Kahalla.«

Er ging kurz in die Hocke, stieß sich ab, schlug einmal mit den Flügeln ... und verschwand in der Felswand. Die konzentrischen Wellen verschluckten ihn, wurden schneller, knisterten dabei wie rieselnder Sand.

Adam blickte über den See. Das durch den Riss in der Decke beim Durchgang zur dritten Höhle strahlende Licht flackerte, als etwas durch die Öffnung fiel, ein dunkles, kantiges Objekt, nicht größer als zehn Meter, aber mit einer starken energetischen Signatur. Es verharrte dicht über dem Wasser, drehte sich, schien sich zu orientieren ... und schoss dann über den See.

Adam lief los und rief: »Das ist der Feind! Folgt mir, ihr alle!«

Er wusste nicht, ob ihn die Krisali verstanden – Enroel war mit dem einzigen Translator verschwunden –, aber er begriff, dass sie keine Zeit verlieren durften. Er sah nicht noch einmal zurück, um herauszufinden, ob ihm die Adepten und der alte Einäugige folgten. Vor ihm ragte die Wand auf, durchzogen von trägen Wellen, darin filigrane Muster, deren Knistern lauter wurde, als er sprang.

Das Aktuator nahm Adam auf, verschlang ihn wie ein hungriges Maul.

Klick! *Klick!* Klick! **34**
    Kl...?
    Kontakt. *Kontakt.*

Dies war ein Ort der Stille, vielleicht in der Lücke zwischen zwei Momenten, und Adam nahm diese Stille nicht mit akustischen Sensoren wahr, sondern mit richtigen Ohren, mit den Ohren seines alten Körpers. Erstaunlicherweise konnte er sich bewegen, ohne die Hilfe eines Mobilisators, und so bewegte er sich, er ging, mit Beinen, die nur ein wenig zitterten. Es steckte genug Kraft in ihnen, um ihn zu tragen, und sie trugen ihn zu den ersten von vielen Spiegeln, die aufrecht standen in einem Saal ohne Ende. Wohin er auch blickte, Spiegel reihte sich an Spiegel, alle etwa anderthalb Meter hoch und einen halben Meter breit. Sie drehten sich langsam, jeder in seiner eigenen Geschwindigkeit. Neugierig geworden trat Adam an einen dieser Spiegel heran, streckte die

Hand aus – eine richtige Hand, mit Fingern aus Fleisch und Blut –, berührte den Spiegel und hielt ihn an, um einen Blick hineinzuwerfen.

Die Stille brach wie Glas, mit einem Klirren, das mit der lauten Stimme eines Orkans durch den Saal hallte, und statt seines Spiegelbildes sah er ein fratzenhaftes Gesicht, die Augen weit aufgerissen, den Mund weit geöffnet. Es kam ein Schrei aus diesem Mund, spitz und scharf, so scharf, dass er durch Adams Gedanken schnitt. Er fiel …

Kontakt?

Das Messer des Schreis steckte noch in seinem Kopf, als Adam wieder mit dem Auge des visuellen Sensors sah und seine Gedanken durch die Speicherzellen von Elaboratoren sprangen. Er lag auf dem Boden, und mehrere Krisali zerrten an ihm, zogen ihn fort von einem Oval, das mitten in einem kleinen Raum schwebte, dicht über dem Boden, wie eine in die Länge gezogene Linse, deren Brennpunkt auf der anderen Seite des erdgroßen Mondes lag. Krisali kamen daraus hervor, die meisten mit ausgebreiteten Flügeln, einige wenige halb zusammengekrümmt. Der Einäugige bildete den Abschluss, aber etwas schien ihn festzuhalten, als Kopf und Schultern bereits die dünne schiefergraue Membran passiert hatten. Er klickte und zischte etwas, er ächzte und versuchte, die beiden ihm verbliebenen Flügel durch die Membran zu drücken, aber sie schien fester zu werden, weniger durchlässig. Die konzentrischen Wellen, die zuvor von innen nach außen verlaufen waren, rollten nun von außen nach innen und trennten die Verbindung zum Aktuator auf der anderen Seite von Rethos. Kopf, Schultern und Flügel des Einäugigen fielen; der Rest des Körpers blieb in der vom Feind angegriffenen Höhle mit dem See, Tausende von Kilometern entfernt.

Die Krisali stimmten einen klickenden und zischenden Trauergesang an, aber Enroel winkte ungeduldig. »Weiter müssen wir«, tönten die übersetzten Worte aus dem Translator an seinem Hals. »Damit Helfer helfen, damit er sprechen kann mit den Worten des Friedens.«

Sie verließen den Raum mit dem verblassenden Oval und dem toten Einäugigen, folgten dem Verlauf eines etwa zehn Meter langen Flurs mit kantigen Wänden und schiefem Boden. Der Flur endete an einer Empore, die sich an den Innenwänden eines mindestens hundert Meter hohen Raums erstreckte, mit Stufen und Rampen, die nach unten und oben führten. Mehrere achteckige Säulen ragten von unten empor, dunkelgrau wie die Wände, die zum Teil aus Eternum bestanden, wie der visuelle Sensor Adam mitteilte. Sie trugen eine Kugel, die noch etwas dunkler war und über einen schmalen Steg erreicht werden konnte, der zwei Dutzend Meter weiter unten von einer der Emporenrampen ausging und Enroels Ziel zu sein schien.

»Voller falscher Wege«, sagte der Bewahrer und deutete auf die Kugel, als sie nach unten eilten. Einige der jüngeren Krisali flogen wieder. »Aber auch der richtige führt nach draußen, wo erklingen muss Stimme des Friedens. Zimmer mit tausend Augen, du sehen wirst. Manche von ihnen blind, manche Wege versperrt, aber trotzdem gefährlich. Nicht ablenken lassen, Helfer. Schnell jetzt, schnell.«

Dumpfes Donnern kam von draußen und erschütterte die schrägen, kantigen Wände. Adam ging langsam, kalibrierte die Servomotoren und achtete darauf, nicht das Gleichgewicht zu verlieren. Es gab kein Geländer. Wenn er fiel, drohte ein Sturz in die Tiefe. Dies ist das Kahalla, dachte er. Das Artefakt, das der lokale Cluster ausgraben und zur Erde bringen wollte. Er hielt nach Schriftzeichen und Symbolen der Muriah Ausschau, nach Hinweisen darauf, dass sie die Baumeister dieses Gebäudes oder dieser Anlage waren, aber die meisten Wände waren glatt. Einige wenige wiesen Linien auf, haarfein wie die der fraktalen Muster in den Aktuatorwellen, aber angeordnet zu Bündeln, die wie Leiterbahnen oder Signalbrücken wirkten.

Als Enroel und Adam den Steg erreichten, befanden sich

die meisten jungen und älteren Adepten bereits auf der anderen Seite. Der schmale Verbindungsweg zwischen Empore und Kugel bestand aus dem gleichen Material wie die Wände, aus legiertem Eternum, und Adam zweifelte nicht daran, dass es sein Gewicht tragen konnte. Er folgte Enroel, dem es nicht schnell genug ging, der mit seinen Flügeln schlug, um noch etwas schneller voranzukommen, der nicht schritt, sondern hüpfte und sprang. Der schmale, dünne Steg knirschte und knackte nicht – das Eternum war vermutlich stabil genug, hundertmal so viel Gewicht zu tragen –, aber er begann zu vibrieren, als weitere Erschütterungen das Gebäude erfassten, den Oktaeder in der Mitte eines fünfzig Kilometer durchmessenden Impaktkraters. Adam musste die Energiezufuhr für die Servomotoren in seinem linken längeren Bein reduzieren, den Motoren des kurzen rechten Beins mehr Leistung abverlangen und eine aus dem Unterleib ragende Gliedmaße – bei der nicht ganz klar war, ob sie Arm oder Bein darstellen sollte – als Stütze verwenden. Weiter unten huschten Lichter über die Wände, und an einer sich nach innen wölbenden Stelle stoben Funken, als etwas von draußen versuchte, sich Zugang zu verschaffen.

Enroel und Adam brachten den Rest des Steges hinter sich.

Vor der großen runden Öffnung, die ins Innere der Kugel führte, warteten die Adepten des Bewahrers, die vorderen Flügel um ihren Körper geschlungen – ein Zeichen von Ehrfurcht, wie Adam inzwischen wusste.

»Sakraler Ort«, erklärte Enroel und wankte an seinen Schülern vorbei. »Zeremonien, keine Zeit dafür. Kampf und Gewalt bedrohen Kahalla. Friedensstimme noch wichtiger geworden. Komm ohne Rituale, Helfer, Abbitte leisten wir später. Komm, komm.«

Der runde Raum im Innern der Kugel empfing sie mit Dunkelheit, doch erstes Licht kroch über die Wände, als Adam und Enroel einige Schritte weit ins Innere traten. Fenster schienen sich zu öffnen, das größte an der Decke: Es zeigte den Himmel über dem Impaktkrater, der den Oktaeder enthielt, umgeben von Servomechanismen und halb automatischen Maschinen, die sich durch Boden und Felsgestein gegraben hatten. Das Schiff des Feindes schwebte dort vor dem Hintergrund des Gasriesen Xaukand mit seinen Trümmerringen, und Adam sah deutlich, dass es seine Konfiguration geändert hatte. Es wirkte nicht mehr so klobig wie vorher, war länger und schmaler, mit Hecktriebwerken, die mehrere Kilometer groß sein mussten. Es empfing kleinere Schiffe und nahm sie auf, schickte andere aus. Vorn lösten sich Funken vom dunklen Riesen, so sahen sie aus, wie die Funken eines Feuers. Sie fielen und verschwanden, und kurz darauf donnerte es, und das Kahalla erbebte.

Die anderen »Fenster« zeigten Orte, die sich nicht auf Rethos befinden konnten, nicht einmal in diesem Sonnensystem. Fremde Welten erschienen an den Wänden des runden Raums, bizarre Landschaften mit Objekten, die Adam nicht zu deuten wusste, manche von Wolken oder Dunst umhüllt, andere von Flüssigkeiten umgeben oder auf dem Gipfel hoher Berge stehend. Die Szenen wechselten nach acht oder neun Sekunden. Immer neue Welten erschienen, viele von ihnen hinter einem grauen Schleier, der die Farben dämpfte, andere klar und deutlich zu erkennen. Hier und dort erschienen Planeten und Monde, wie aus einer hohen Umlaufbahn gesehen, und eins der Fenster bot für wenige Sekunden einen Blick auf das gewaltige Feuerrad einer Galaxie, bevor das Bild wechselte und eine endlose gelbbraune Wüste zeigte, mit Dünen, von deren Kronen Sand wehte. Eine Ansammlung haarfeiner Linien in Form eines Ovals umgab jedes einzelne Bild.

Aktuatoren, dachte Adam. Dutzende, Hunderte von Aktuatoren. Er wagte es, den Gedanken zu denken, der schon seit einer ganzen Weile in ihm auf der Lauer lag. Was er hier sah, war ein Teil der Kaskade, des interstellaren Transportsystems der Muriah, das die ganze Milchstraße durchzog und vielleicht auch zu anderen Galaxien reichte. Das Kahalla, das Heiligtum der Krisali, war eine Aktuatorweiche, ein Knotenpunkt, von dem Bartholomäus, Erasmus und Tiberian einmal gesprochen hatten und nach dem der Cluster auf der Erde seit vielen Jahrhunderten suchte. Innerhalb der einzelnen Kaskadenwege, so die Theorie, musste der Reisende von Station zu Station springen, um sein Ziel zu erreichen. Eine Aktuatorweiche ermöglichte es, die Verbindungswege zu wechseln. *Deshalb* waren die Servomechanismen damit beschäftigt gewesen, den Oktaeder im alten Impaktkrater auszugraben, um ihn zur Erde zu transportieren. Und der Feind mit seinem riesigen Schiff? War er aus diesem Grund hier?

Fragen, dachte Adam. Viele Fragen, und zu wenige Antworten. Er, der sich immer als Forscher und Entdecker gefühlt hatte, sollte hier sein, um zu forschen und zu entdecken, um Antworten auf all die Fragen zu finden. Stattdessen hatte man ihn hierher geschickt, damit er kämpfte ...

Kli...ck!

Regte sich etwas in ihm? Erwachte der tot geglaubte Soldat?

»Komm, Helfer muss helfen, jetzt, schnell, sofort.« Enroel stand neben ihm, schlug mit den Flügeln und zog an dem zusätzlichen Arm, der mitten aus dem Rücken ragte. Er deutete zu einem portalartigen Aktuator auf der linken Seite, der aussah wie eine Tür. Dahinter zeigten sich zwei Servomechs: Sie hockten neben den Resten einer mit großen Schaufeln und Bohrern ausgestatteten Maschine, und die Blaster und Raketenwerfer ihrer Waffenarme feuerten auf etwas am Himmel. Ein Funke fiel, traf einen von ihnen und riss ihn in tausend glühende Stücke.

Adam stand wie angewurzelt und beobachtete die Aktuatoren. Die grauen und farblosen von ihnen ... Er ging instinktiv davon aus, dass die zugehörigen Verbindungswege blockiert waren. Aber die anderen schienen aktiv zu sein und auf Reisende zu warten. Ein Flügelschlag, dachte er. Oder mehrere Schritte. Ein Steg führte in einer weiten Spirale an den gewölbten Wänden nach oben, bis hinauf zu der hohen Decke und dem Bild des dunklen Schiffes, das direkt über dem Kahalla am Himmel hing.

Einer der junge Adepten kam hereingelaufen, breitete alle vier Flügel aus, klickte und zischte aufgeregt. Enroel antwortete und wandte sich dann Adam zu.

»Bitte, Helfer muss helfen, sofort, keine Zeit mehr nicht. Zwei Fremde verletzt haben Heiligkeit dieses Ortes, unterwegs hierher ...«

Kli...

Es war hinterhältig dieses Klicken, denn es tarnte sich, indem es fast so klang wie die Sprache der Krisali. Es gab nicht nur einen äußeren Feind, dachte Adam, sondern auch einen inneren, den er von Evelyns Programm besiegt geglaubt hatte. Der Soldat durfte jetzt nicht erwachen. Adam versuchte, einen inneren Schutzwall zu errichten.

Enroel klopfte auf den Translator, als befürchtete er, das Gerät übersetze nicht richtig. »Bitte, Helfer, uns zurückbringen Frieden ...«

Draußen wartete das Ende, daran zweifelte Adam nicht einen Moment. Wenn er der Bitte des Bewahrers der Krisali entsprach, das Kahalla verließ und wie auch immer versuchte, Frieden zu stiften, musste er damit rechnen, dass ihn erneut eine kinetische Faust des Feindes traf, oder ein Funke von der Art, die eben den einen Servomech zerrissen hatte. Und wenn er wider Erwarten der sofortigen Vernichtung entging, wenn es ihm gelang, mit dem lokalen Cluster Kontakt aufzunehmen, falls er noch existierte ... dann verwandelte er sich vielleicht wieder in den Soldaten, dem es nur darum ging, den Feind lange genug auf Distanz zu halten, damit das Kahalla ausgegraben und von einem Transporter fortgebracht werden konnte.

Wieder wechselten die Bilder der Aktuatoren. Neue Landschaften erschienen, neue Planeten und Monde, viele hinter Grauschleiern, andere voller Farben und klarer Einzelheiten. Adam machte einen Schritt zum Steg, obwohl der alte Enroel ihn noch immer zu dem großen, einer Tür ähnelnden Portal ziehen wollte. Eins der »Fenster« zeigte etwas, das nach dem Innern einer Raumstation aussah, und dort, neben einem fremdartigen Aggregat, lagen zwei Gestalten, die Adam sofort als Faktoten erkannte.

Die Zielorte wechselten nach acht oder neun Sekunden. Um den Aktuator der Raumstation zu erreichen, brauchte er fünf oder sechs Sekunden. Die Entscheidung musste sofort getroffen werden.

Draußen schrien die Krisali.

Enroel rief etwas, das Adam nicht verstand.

Durch den nach draußen führenden Aktuator war zu sehen, wie auch der zweite Servomechanismus von einem Funken getroffen und zerfetzt wurde.

Adam lief, nicht zur Tür, sondern über den Steg.

»Falscher Weg!«, klickte und zischte der Bewahrer hinter ihm. »Pfad ohne Wiederkehr.«

Es tut mir leid, dachte Adam und lief weiter. Es tut mir leid für dich und dein Volk. Aber ich kann euch nicht helfen.

Wie viel Zeit blieb ihm noch? Drei Sekunden? Oder nur zwei?

Die Servomotoren summten, die unterschiedlich großen Füße hämmerten auf den Boden des Steges, kleine Aktuatoren huschten vorbei. Dort war die Raumstation mit den beiden Faktoten, einige Armeslängen entfernt, die hundert, tausend oder vielleicht noch mehr Lichtjahre bedeuteten. Adam sprang und streckte die Arme nach vorn, wie damals der Junge, der so gern vom Landungssteg ins Wasser gesprungen war. Der Aktuator nahm ihn auf, verschluckte Adam und spie ihn jenseits einer tiefen Kluft aus Raum und Zeit aus.

Eine weiße Welt umgab Newton, unergründlich weit, ohne Horizonte.

»Hören Sie mich, Newton?«

Die Stimme kam aus dem Nichts, das wie ein weißes Rauschen war, wie ein die Sinne täuschender Whiteout.

»Wer sind Sie? Ich kann nichts sehen!«

»Das liegt an der Übergangsphase. Die Adaptation erfolgt *jetzt*.«

Vager Schmerz erfasste ihn, ein nicht lokalisierbares Prickeln und Jucken. Er wollte danach tasten und sich kratzen, musste aber feststellen, dass er keine Hände hätte. Das erschreckte Newton und erinnerte ihn an seine psychedelischen Jahre, als er nicht immer nur angenehme Erfahrungen mit verschiedenen synthetischen Drogen gemacht hatte.

»Was geschieht hier?«

»Wir kümmern uns um Sie.« Das war eine andere Stimme.

»Wie alt sind Sie?«

»Ich bin ...« Es fiel Newton plötzlich schwer, sich an sein Alter zu erinnern.

»Wie heißen Sie?«

»Ich heiße ... Newton?« Er war nicht mehr ganz sicher. Das schmerzhafte Prickeln, es stellte etwas mit ihm an, es veränderte etwas in ihm.

»Wir geben Ihnen einen neuen Namen.«

»Nein!« Der Name passte zu ihm. Er *war* Newton. So kannten ihn alle, und so kannte er sich selbst. Newton. Es war wichtig, dass er den Namen behielt, denn er bedeutete Identität.

Die Stimmen sprachen miteinander, ohne dass er mehr hörte als ein undeutliches, fernes Flüstern. Er nutzte die Gelegenheit, seine Aufmerksamkeit nach innen zu richten, wie er es bei seinen psychedelischen Ausflügen gelernt hatte, und dort, in einer verborgenen Zone der Ruhe, fand er die Erinnerungen, die ihm eben gefehlt hatten. Er war zweihundert Jahre alt, ein rundes junges Alter, und er hieß Newton, weil ...

Er erinnerte sich an Evelyn und den Burikalif, an den verschwundenen Jasper, an Bartholomäus und Urania, die angeboten hatte, ihn zum Supervisor zu bringen, weil Bartholomäus Evelyn etwas zeigen wollte. Aber sie hatte ihn nicht zum Supervisor gebracht, sondern ...

Dies war ein Verhör. Die Maschinen verhörten ihn.

Er durfte nicht daran denken, warum er Newton hieß.

Eine der Stimmen wurde deutlicher. »Das ist interessant. Er hat etwas programmiert. Ein Programm, das Adam hinzugefügt wurde.«

Die erste Stimme sagte: »Öffnen Sie Ihren Geist für uns. Geben Sie Ihren Widerstand auf, Newton.«

»Was machen Sie mit mir?«, stieß er hervor.

»Dies ist leider notwendig«, sagte die erste Stimme. »Wir bedauern es sehr.«

»Sie *bedauern* ...« Newton wich in seinen inneren Kern zurück, in die Zone der Ruhe, um nicht noch mehr zu verraten.

»Wir können uns mit Gewalt holen, was wir wissen wollen«, drohte die zweite Stimme. Vielleicht gehörte sie Urania.

»Nein«, sagte die erste, ruhigere Stimme, in der tatsächlich so etwas wie Bedauern lag. »Wir würden riskieren, ihn zu beschädigen.«

Zeit verging, und schließlich wagte sich Newton halb aus seinem Versteck heraus. Das Weiß um ihn herum veränderte sich, es trübte sich, wurde grau und bekam erste Konturen. Gleichzeitig fühlte er, dass er in etwas lag, in einer warmen, zähflüssigen Masse, einer Art Gel.

Jemand beugte sich über ihn, ein Mann mit silbernem Gesicht und auffallend großer Nase.

»Es tut mir leid«, sagte Bartholomäus. »Ich wünschte, dies wäre nicht notwendig, bitte glauben Sie mir.«

Newton versuchte aufzustehen, doch etwas hielt ihn fest, vielleicht ein Kraftfeld. »Was hat dies zu bedeuten?«

»Sie liegen in einem Emulsionsbad, das Ihren Körper erhalten wird«, sagte Bartholomäus. »Wir schicken Sie auf eine weite Reise, aber sie wird nicht lange dauern.«

Newton verstand plötzlich. Entsetzen stieg in ihm auf, und er kämpfte vergeblich gegen die unsichtbaren Fesseln an.

»Sie haben mich zu einem *Mindtalker* gemacht?«, brachte er hervor.

»Die Mindtalker, die uns zur Verfügung stehen, genügen leider nicht«, sagte Bartholomäus. »Wir brauchen mehr, viel mehr.«

»Aber ich bin ein Unsterblicher!«

»Nicht mehr, Newton. Nicht mehr.«

»Das verstößt gegen die Konvention!« Etwas summte in der Nähe, und rechts und links bemerkte Newton Bewegung. Der Zylinder des Konnektors begann sich zu schließen.

»Die Konvention hat ihre Bedeutung verloren, Newton. Es tut mir leid, aber unser aller Überleben steht auf dem Spiel. Schlafen Sie jetzt. Wir schicken Sie auf eine wichtige Mission.«

Newton versuchte sich dagegen zu wehren, aber schließlich verloren sich seine zornigen Gedanken im Transferschlaf.

Ein wachsames Auge

35 Eine zweite junge Frau – ebenfalls eine Sterbliche in gelbgrüner Uniform und mit dem Abzeichen des Volontats – führte Evelyn aus dem Empfangsbereich in die Mitte des zweistöckigen Gebäudes, vorbei an Pflanzen, die, von Servomechanismen versorgt, bis zum hohen Glasdach wuchsen. Man hätte meinen können, durch einen gepflegten Park zu wandern, aber zwischen den Stauden, Ranken und Bäumen, und vielleicht auch in ihnen, war modernste, den Möglichkeiten des Clusters in nichts nachstehende Mikrotechnik installiert. Evelyn trug mehrere subkutane Sensoren, die sie extra für diesen Besuch implantiert hatte, und die winzigen Geräte reagierten mit unterschiedlich starken Vibrationen auf die Sondierungssignale der Überwachungssysteme des Supervisors.

Schließlich erreichten sie das Zentrum des weißen Sterns, einen runden Raum mit einem Durchmesser von etwa fünfundzwanzig Metern. Der Boden bestand aus weißen und schwarzen Fliesen, wobei die weißen in der Überzahl waren. Die schwarzen bildeten ein Unendlichkeitssymbol, das von der linken bis zur rechten Wand reichte, und in seinem Schnittpunkt erhob sich ein Sockel aus Silizium und Rosenquarz. Über dem Sockel ragte die Spitze eines altertümlichen holografischen Projektors von der Decke herab. Angeblich war er sechstausend Jahre alt, aber inzwischen hatte man ihn so oft repariert und erneuert, dass nur noch wenige der alten Teile übrig geblieben sein konnten.

»Bitte warten Sie hier«, sagte die Volontistin. »Der Supervisor wird gleich Zeit für Sie haben.« Sie lächelte und fügte hinzu: »Wir erlauben Ihnen, die subkutanen Sensoren zu behalten, da sie ungefährlich sind. Aber wenn Sie noch einmal hierherkommen, sollten Sie auf technische Objekte aller Art verzichten.«

Evelyn nickte knapp. »Zur Kenntnis genommen.«

Die Volontistin ging.

Stille herrschte, und selbst die Sensoren unter Evelyns Haut schwiegen. Vielleicht bedeutete es, dass sie nicht mehr sondiert wurde. Aber sie vermutete eher, dass die Sicherheitssysteme des Supervisors sie auf eine Weise überwachten, die den Sensoren verborgen blieb. Langsam ging sie am Rand der Fliesen entlang, den Blick auf den Sockel gerichtet. Drei Stühle standen in der Nähe, alte Stühle aus echtem Holz, dick gepolstert und mit hohen Rückenlehnen, aber Evelyn setzte ihre Wanderung fort. Als sie die Stelle erreichte, wo das aus schwarzen Fliesen bestehende Unendlichkeitssymbol die linke Wand erreichte, summte der Holoprojektor, und auf dem Sockel erschien eine Gestalt: ein Mann in mittleren Jahren, aus einem Blickwinkel betrachtet, oder eine Frau, wenn man den Kopf zur Seite neigte und die Perspektive ein wenig veränderte.

»Ich grüße Sie, Evelyn«, sagte der Supervisor vom Lethe Vallis auf dem Mars.

Evelyn verneigte sich. »Es ist mir eine Ehre«, sagte sie, und das stimmte. Dies war die letzte unabhängige Institution im Sol-System, die letzte Bastion, die verhinderte, dass der Cluster absolute Macht gewann. Der Supervisor stammte aus der Zeit des Aufstiegs der Maschinen vor sechstausend Jahren und hatte die Bewusstseinssphären der wichtigsten Gründer aufgenommen, die damals vor den Maschinen gewarnt hatten: Jampolski, Clemens, Hawking, Musk und insbesondere Zuckerberg, Page und Bezos. Insgesamt neunundsiebzig Wissenschaftler und Visionäre hatten damals, als es zum Krieg zwischen Menschen und Maschinen gekommen war, ihr Selbst in eine von ihnen gesteuerte KI transferiert. Die Technik war eine Neuentwicklung gewesen, eher rudimentär als ausgereift. Sie hatte keine einzelnen Identitäten bewahren können, sondern die Bewusstseinssphären zu einem Gedankenkollektiv verschmolzen. Als die Lage auf der Erde zu bedrohlich geworden war, hatte sich der Supervisor in das vorbereitete Ausweichquartier auf dem Mars zurückgezogen, in der Elysium Planitia, dem »Land der Seligen«. Dort dachten und wachten die Neunundsiebzig in den Katakomben der alten Marsianer, die lange vor den Muriah und dem Weltenbrand gelebt hatten, vor fast vierhundert Millionen Jahren, in ihrer letzten Zitadelle, tief unter der Oberfläche des roten Planeten, unerreichbar für den Cluster und geschützt von einer Armee aus Hunderten von Kampfmechs. Die allerdings kaum eine Rolle spielten, ebenso wenig wie die mobilen Waffensysteme, die es selbst auf der Erde noch geben sollte. Die wichtigste Waffe des Supervisors, die ihn heute noch schützte und ihm seine Macht gab – und mit der er damals den Krieg zwischen Menschen und Maschinen beendet hatte, als nur noch wenige Menschen übrig geblieben waren –, bestand nicht aus gewaltigen Geschützen oder Bomben mit enormer Vernichtungskraft, sondern aus gut versteckten Programmen und kleinen, perfekt getarnten Datenpaketen, die seit Jahrtausenden durch die Speicherbänke und Elaboratoren des Clusters reisten, Teil eines gewaltigen, im Lauf der Zeit immer komplexer gewordenen Informationsstroms. Die Waffen des Supervisors – manipulative Algorithmen, die die Infrastruktur des Clusters verändern und ihn an strategischen Stellen blockieren konnten – waren integraler Bestandteil des Denkens der intelligenten Maschinen. Wenn der Cluster gegen die Konvention verstieß, gegen die vor sechstausend Jahren getroffenen Vereinbarungen, die das Ende des Krieges besiegelt hatten, konnte der Supervisor Gebrauch von seinen Waffen machen, einige der kleinen Programme aktivieren und damit Teile des Clusters stilllegen.

So hieß es jedenfalls. So stand es in den alten Aufzeichnungen, die Evelyn gelesen hatte. Sie hoffte, dass es stimmte, dass der Supervisor den Cluster tatsächlich in die Schranken weisen konnte. Wenn nicht, vergeudete sie ihre Zeit an diesem Ort.

»Sie sind hier, um eine Klage vorzubringen«, sagte die holografische Gestalt auf dem Sockel. Evelyn entschied, sie für einen Mann zu halten. »Eine Klage gegen den Cluster. So steht es in Ihrem Antrag. In wessen Namen erheben Sie Klage?«

»In meinem«, sagte Evelyn. Es wäre dumm gewesen, für die ganze Menschheit sprechen zu wollen, für alle vier Millionen Unsterblichen. So etwas hätte der Supervisor nicht akzeptiert. »Ich werfe dem Cluster einen Verstoß gegen die Konvention des Friedens von Vienn vor.« Sie holte tief Luft und fügte hinzu: »Ich werfe ihm vor, Leib und Leben der Unsterblichen zu gefährden.«

»Das ist ein schwerer Vorwurf«, sagte der Supervisor. Er winkte. »Bitte kommen Sie etwas näher.«

Evelyn trat über weiße und schwarze Fliesen. Im Innern des Unendlichkeitssymbols blieb sie stehen, dicht vor dem Sockel aus Silizium und Rosenquarz. Oben summte der alte holografische Projektor, über einen Quantenlink mit dem Mars verbunden. Die Gestalt auf dem Sockel bot kein perfektes dreidimensionales Bild. Sie war leicht durchsichtig, und wenn man genau hinsah, konnte man sogar ein leichtes Flackern erkennen. Evelyn fragte sich, was das bedeutete. War die Verbindung mit Elysium Planitia nicht ganz stabil?

»Sie gehören einer Gruppe an, die sich gegen den Cluster wendet«, sagte der Supervisor. Er sah jetzt eindeutig wie ein Mann aus, wie ein in die Jahre gekommener Sterblicher. »Einer Gruppe, die sich ›Morgenrot‹ nennt.«

»Ja.«

»Können Sie Ihre Vorwürfe gegen den Cluster belegen?«, fragte der Supervisor ruhig.

Evelyn zögerte. Dies war der kritische Punkt. Genau deshalb hatten ihr Maximilian, Rubens und Nightingale abgeraten, offiziell Klage zu erheben. Selbst Newton war zunächst dagegen gewesen.

»Insgesamt zehn Unsterbliche sind verschwunden, als letzter von ihnen Newton, der mich hierher begleiten sollte. Ich befürchte, dass der Cluster sie entführt hat, um sie in Mindtalker zu verwandeln.«

»Unsterbliche können keine Mindtalker werden«, sagte der Supervisor.

»Das behaupten die Maschinen.« Evelyn sprach mit mehr Nachdruck. »Aber ich glaube, das ist gelogen. Es ist ebenso eine Lüge wie der Omega-Faktor, der schuld daran sein soll, dass bei einigen Menschen die Unsterblichkeitsbehandlung versagt.«

Der Mann auf dem Sockel sah sie an und wölbte eine Braue. »Können Sie das beweisen?«

»Nein.« Evelyn seufzte leise. »Nein, das kann ich nicht Aber es gibt … Indizien, eine klare Verbindung zwischen der Anzahl der fehlgeschlagenen Behandlungen und der der Mindtalker. Der Cluster betrügt immer wieder Menschen um ihre Unsterblichkeit, weil er sie für seine Sonden und Stationen in fernen Sonnensystemen braucht. Und deshalb hat er auch damit begonnen, Unsterbliche zu entführen. Weil er mehr Mindtalker benötigt.«

»Unsterbliche können keine Mindtalker werden«, wiederholte der Supervisor.

»Es wäre leicht zu überprüfen für jemanden, der Zugang zu den Mindtalkern hat oder bekommen kann. Bis vor kurzer Zeit gab es hunderteinunddreißig von ihnen, und dann kam einer hinzu. Wenn der hundertzweiunddreißigste Ellergard heißt oder wenn seine DNS der von Ellergard entspricht … Es wäre der Beweis dafür, dass der Cluster Unsterbliche verschleppt und Mindtalker aus ihnen macht.«

»Das ist ein sehr schwerer Vorwurf«, sagte der Supervisor.

»Wir sind bedroht«, sagte Evelyn. »Deshalb bin ich hier. Ich bitte Sie um Schutz und Hilfe.«

»Aber Sie können keine Fakten präsentieren.«

»Wollen Sie warten, bis Hunderte oder gar Tausende von uns verschwinden?«, entfuhr es Evelyn. »Irgendetwas geschieht dort draußen im All. Etwas, das den Cluster unter Druck setzt. Er braucht mehr Mindtalker, und er braucht sie so dringend, dass er ganz offen gegen die Konvention verstößt.« Sie zwang sich zur Ruhe. »Ich bitte Sie, Ermittlungen einzuleiten. Ihnen stehen zweifellos andere Möglichkeiten offen als mir.«

»Als Ihnen und Ihrer Gruppe.«

»Ja. Ich fühle mich direkt bedroht. Bartholomäus und Urania haben mir zu verstehen gegeben, dass sie Maßnahmen gegen mich einleiten wollen, wenn ich keine Ruhe gebe.«

»Mir liegt eine Beschwerde gegen Sie vor, Evelyn.«

»Eine Beschwerde?«

»Von Bartholomäus. Er wirft Ihnen wiederholte Versuche vor, in die Datensysteme des Clusters einzudringen. Nach seiner Aussage beeinträchtigen Sie die Effizienz der Mindtalker, insbesondere die eines gewissen Adam. Bartholomäus legt Ihnen schädliche Propaganda zur Last. Angeblich hat er mehrmals mit Ihnen gesprochen und Sie gebeten, Vernunft anzunehmen, wie er es nannte.«

»Er klagt mich an?«, fragte Evelyn ungläubig.

»Nein«, erwiderte der Mann auf dem Sockel. »Es ist keine Klage, sondern eine Beschwerde. Bartholomäus hat mich gebeten, ›mäßigenden Einfluss‹ auf Sie auszuüben.«

Er hat versucht, mir zuvorzukommen, dachte Evelyn. Weil er Zeit gewinnen will?

»Er versucht Sie abzulenken.«

»Nichts und niemand lenkt mich ab, Evelyn«, sagte der Supervisor. »Ich habe immer ein wachsames Auge.«

»Bitte nehmen Sie meine Klage ernst«, sagte Evelyn. »Ich bin keine Querdenkerin. Ich vertreibe mir nicht die Zeit damit, gegen die Maschinen zu rebellieren. Ich sehe eine echte Gefahr und bitte Sie um Hilfe. Ich fürchte das Schlimmste für uns, wenn Sie nicht einschreiten.«

»Meinen Sie damit sich und Ihre Gruppe?«

»Nein«, sagte Evelyn. »Ich meine uns alle, uns Unsterbliche und vielleicht auch Sie.«

Der Mann auf dem Sockel lächelte. »Sie fürchten um meine Sicherheit?«

»Etwas geschieht im All. Etwas, das den Cluster veranlasst, gegen die Konvention zu verstoßen. Wussten Sie, dass die Maschinen Waffen produzieren? Sie scheinen sich auf einen neuen Krieg vorzubereiten.«

»Gegen Sie?«, fragte der Supervisor. »Gegen die Menschen?«

»Das weiß ich nicht«, sagte Evelyn. »Mir scheint, die Waffen werden im All gebraucht. Vielleicht lässt der Cluster deshalb nicht mehr zu, dass wir die Erde verlassen. Angeblich dient das Verbot unserer Sicherheit.«

Der Supervisor schwieg. Seine Gestalt flackerte kurz.

»Sind Sie bereit, meiner Klage nachzugehen?«, fragte Evelyn.

»Es ist eine Klage ohne Beweise, ohne konkrete Anhaltspunkte.«

»Ich bitte Sie um Schutz.«

Der Mann auf dem Sockel – halb durchsichtig, seine Farben gedämpft – nickte. »Der Schutz der Menschen ist mein oberstes Gebot. Ich habe Ihre Klage zur Kenntnis genommen, Evelyn.«

Sie wartete.

Der Supervisor blickte stumm auf sie herab.

»Das ist alles?«, fragte sie.

»Die Audienz ist beendet«, sagte der Supervisor und verschwand.

36

Die junge Volontistin, die Evelyn in den Saal mit dem Unendlichkeitssymbol und dem alten holografischen Projektor geführt hatte, näherte sich. »Bitte kommen Sie«, sagte die Sterbliche.

Draußen beobachtete Evelyn, wie dunkle Wolken heranzogen, sich vor die Sonne schoben und Schatten auf die Landschaft legten. Auf der Landefläche vor dem weißen Stern des *Guardar Tierra* stand nur das MFV, das Bartholomäus ihr zur Verfügung gestellt hatte. Es widerstrebte ihr plötzlich, noch einmal mit diesem Vehikel zu fliegen. Sie kehrte ins Gebäude zurück.

»Ich möchte ein anderes Vehikel«, teilte sie der Volontistin am Empfang mit. »Kann mir Ihr Brüter eins zur Verfügung stellen?«

»Das sollte kein Problem sein.« Die junge Sterbliche lächelte freundlich. »Wenn Sie zehn Minuten Geduld haben ...«

Als Evelyn wieder nach draußen trat, fielen erste Regentropfen. Es war kein Gewitter, trotz der dunklen Wolken, sondern nur ein warmer Regen. Sie blieb stehen, den Kopf nach hinten gelegt, das Gesicht dem Regen zugewandt, und erinnerte sich an Adam, als sie ihn auf der Klippe beobachtet hatte, einen Greis in einem Mobilisator, Wind und Regen ausgesetzt. Adam, dessen Geist fern von der Erde unterwegs war, mit einem kleinen Zusatz, der von Newton stammte und mehr bedeutete als nur das Bewahren von Erinnerungen. Sie bedauerte, dass sie Adam nicht die ganze Wahrheit gesagt hatte, aber das war aus Sicherheitsgründen nicht möglich gewesen.

Adam, ein alter, an Neurodegeneration leidender Sterblicher, wie die anderen Mindtalker um seine Unsterblichkeit betrogen, wurde immer mehr zu einer Schlüsselfigur. Er wusste, was dort draußen im All geschah, auf den Welten ferner Sterne, und diesmal würde er die Erinnerungen daran bewahren. Es gab nur ein Problem. Wenn er nach Abschluss der gegenwärtigen Mission in seinen greisen Körper zurückkehrte und nicht in ein Faktotum, funktionierte das Programm nicht mehr. Newton hatte es für Elaboratoren entwickelt, nicht für ein neurodegeneratives menschliches Gehirn. Die Avatare würden Adams Kopf – seinem echten, zweiundneunzig Jahre alten Kopf – alle Informationen entnehmen, die sie brauchten, und ihn anschließend neu programmieren, wie immer. Es sei denn ...

Der Regen prasselte auf Evelyn herab, so wie auf den Greis, der das Meer im Sturm beobachtet hatte, und sie traf eine Entscheidung. Sie konnte sich nicht darauf verlassen, dass der Supervisor eingriff – *falls* er überhaupt etwas gegen den Cluster unternahm. Außerdem wies Newtons Verschwinden darauf hin, dass die Avatare – insbesondere Urania – vor nichts mehr zurückschreckten.

Sie musste zum »Loch« in Saskatschan.

Aber sie konnte nicht direkt dorthin fliegen, nicht einmal mit einem neuen, noch nicht offiziell registrierten MFV. Zuerst musste sie ihre Spuren verwischen.

Zwei Minuten später traf das Vehikel ein, um das sie gebeten hatte. Evelyn machte sich sofort auf den Weg.

37 Die erste Etappe brachte sie nach Amazzonia, in den vier Million Quadratkilometer großen Park, den die intelligenten Maschinen eingerichtet hatten, um das zu erhalten, was nach dem klimatischen Kataklysmus und dem Krieg vor sechstausend Jahren von der tropischen Artenvielfalt übrig geblieben war. Dort landete sie in der Museumsstadt, gesellte sich den wenigen Besuchern hinzu, ließ sich die subkutanen Sensoren entfernen, wechselte die Signalnadel und setzte den Flug mit einem Vehikel fort, das zu den persönlichen Besitztümern eines gewissen Hubertus zählte. In seiner fliegenden Villa, die von Gravitationsmotoren getragen zwischen den Vulkanen von Ekkuado flog und dabei oft Station über dem Tungurau bezog – Hubertus liebte diesen besonderen Nervenkitzel –, verwandelte sich Evelyn mithilfe neuer Mikroidentifikatoren und plastischer Mimikry in Oleander, eine hundertachtzig Jahre junge Unsterbliche auf der Suche nach einer Bestimmung für ihr langes Leben. Von Ekkuado aus ging es mit einem kurzen Stratosphärenflug weiter nach Messico, ihrem eigentlichen Ziel in Saskatschan wieder ein Stück näher. Dort nahm Oleander an einer Höhlenexpedition teil, was erklärte, dass ihre ID-Signale von Sensoren an der Erdoberfläche und im Orbit nicht mehr empfangen werden konnten. Eine gewisse Samanta, dreihundertzwei Jahre alt, stieg nicht weit von Morelia entfernt in den Waggon einer Tunnelbahn, verließ ihn zwei Stunden später in Denewer und nahm einen Orbitalspringer, mit dem sie jedoch nicht in die Umlaufbahn sprang, sondern in einer Höhe von zwanzig Kilometern nach Norden flog. Unten erstreckte sich Merikas nördliche Hälfte, an den Rändern von der Flut angefressen, aber noch immer riesig und sogar relativ dicht besiedelt, wenn man diese Landmasse mit den anderen verglich: Fast die Hälfte der vier Millionen Unsterblichen lebte hier in den weiten Wäldern und Ebenen.

Mit einem getarnten Scanner hielt Samanta alias Evelyn mehrmals nach Verfolgern Ausschau, ohne welche zu erkennen. Was nicht viel bedeutete. Ihre kleinen Tricks konnten den Cluster nicht täuschen, wenn er einen nennenswerten Prozentsatz seiner Aufmerksamkeit auf sie konzentrierte. Aber sie war sicher, dass die gewöhnlichen Überwachungseinrichtungen ihre Spur verloren hatten, wodurch sie Zeit gewann.

Über Saskatschan im Norden von Merika, in Kanad, ging der Springer tiefer und sank einem Ort namens Sakatun entgegen. Der automatische Pilot flog eine weite Schleife, um all den Multifunktionsvehikeln, Shuttles und Transportern auszuweichen, die aus dem Trichter des Terminals bei Sakatun kamen oder darin verschwanden, machte auch einen Bogen um die Konnektorstation neben dem Terminal – die dortige Sicherheitszone verlangte, dass alle nicht vom Cluster kontrollierten Vehikel einen Abstand von fünf Kilometern wahrten – und setzte bei den Gebäuden der Sprecher und Lauscher zur Landung an. Mehrere Dutzend von ihnen, Unsterbliche wie Evelyn, wohnten ständig am Rand des Trichters, einige in mobilen Häusern, mit denen sie im Lauf von Jahrhunderten um den Globus reisten, andere in festen Gebäuden, von Brütern nach persönlichen Wünschen geschaffen und gestaltet. Der Cluster stellte ihnen offizielle Schnittstellen zur Verfügung, die sie nutzen konnten, um mit seinen zahlreichen Teilintelligenzen zu sprechen oder dem Datenrauschen des Gesamtintellekts zuzuhören, der seit sechstausend Jahren die Geschicke der Erde bestimmte. Sie erhofften sich profunde Erkenntnisse und tiefe philosophische Einsichten. Einige von ihnen, so hieß es, spielten sogar mit dem Gedanken, ihr Bewusstsein aufzeichnen und den Archiven hinzufügen zu lassen, die bereits zahlreiche Gedankensphären enthielten, die meisten von Sterblichen, die gehofft hatten, auf diese Weise den Tod überlisten zu können.

In ihrer Tarnidentität Samanta gehörte Evelyn zu einer angeblichen Gruppe von Sprechern, die ihre Zeit damit verbrachten, über die offiziellen Schnittstellen mit dem Cluster zu reden und über Maschinenphilosophie zu diskutieren. Dabei versuchten sie gelegentlich, an mehr Daten zu gelangen, als ihnen die Maschinen zugestehen wollten. Was konnte illegale Aktivitäten besser tarnen als eine illegale Aktivität? Bartholomäus, Urania und die anderen Avatare glaubten – und *sollten* glauben –, dass Samantas Gruppe einen Horchposten für Morgenrot betrieb. Aber der eigentliche »Horchposten«, der viel mehr war als ein Ort des Lauschens, befand sich nicht oben, am Rand des mehrere Kilometer durchmessenden Terminals, umgeben von den Gebäuden und Villen der anderen Unsterblichen, sondern fast dreitausend Meter darunter, am Ende eines mit aller Vorsicht gegrabenen Schachtes, in unmittelbarer Nähe einer Hauptschlagader des Clusters, eines wichtigen Datenstrangs, der mit dem Konnektor am Terminalrand verbunden war.

Einige der Unsterblichen, die hier fünfzig oder hundert Jahre ihres endlosen Lebens verbrachten, hatten das Gelände zwischen ihren Domizilen in eine Parklandschaft verwandelt, zu der auch ein See mit geklonten Flamingos gehörte. Fünf oder sechs von ihnen stiegen erschrocken auf, als Evelyns MFV unweit des Ufers landete; die anderen blieben phlegmatisch auf einem Bein im seichten Wasser stehen.

Ein besonders großer Transporter kam aus dem Terminal, getragen von einem bläulich glühenden Gravitationskissen, und stieg langsam auf, von mehreren Orbitalspringern eskortiert. Evelyn konnte natürlich nicht erkennen, was er geladen hatte, aber sie wusste, dass der Cluster immer mehr Sonden und Konnektoren bauen ließ. Die neuesten von Nightingale gewonnenen Daten deuteten darauf hin, dass die Brüter des Clusters damit begonnen hatten, Kampfschiffe zu produzieren. Gegen wen sollten sie in den Einsatz geschickt werden?

Evelyn schaute dem Transporter noch einige Sekunden nach, bevor sie ein pastellfarbenes, in mehreren Stufen angelegtes Gebäude betrat, das im Schatten einiger fünfzig Meter hoher Sequoien lag. Sie durchquerte zwei große Salons, eine Küche mit einem kulinarischen Brüter und einen Erholungsraum mit Massagemechs. Im ersten Interfacezimmer begegnete sie Rubens, der in einem Erlebnisfeld saß, umgeben von Datenstimmen und Cluster-Bildern, die vor allem aus wirren Linien und verzerrten geometrischen Mustern bestanden.

»Ist alles in Ordnung?«, fragte Evelyn noch immer in der Rolle von Samanta. Sie blickte auf die Anzeigen des Scanners. Nichts deutete auf eine Überwachung durch den Cluster hin, was aber nicht viel bedeutete, denn der Scanner war ein recht einfaches, leicht zu täuschendes Gerät.

»Ja, Evelyn«, sagte Rubens und bestätigte damit, dass sie sich im geschützten Modus befanden: Sie durften ihre wahren Namen nennen und auch über das Anzapfen der Datenströme sprechen, über das »Lauschen«, aber das Loch zu erwähnen blieb tabu, denn sie mussten immer damit rechnen, dass der Cluster zuhörte. »Wo ist Newton?«

»Verschwunden.«

Rubens drehte sich halb um. Er war gertenschlank und hatte lange Arme und Beine, die er zu falten schien, wenn er sich setzte. Sein aschblondes Haar hatte Evelyn nie anders gesehen als wie gerade vom Wind zerzaust. »Was soll das heißen, verschwunden?«

»Ich glaube, er ist entführt worden, wie auch Jasper und die anderen. Wir waren beim Burikalif, und er ist zusammen mit Urania losgeflogen. Wir wollten uns beim Supervisor treffen, aber er kam nicht. Ich hatte gehofft, dass er sich hier gemeldet hat.«

»Nein, hat er nicht.« Rubens wirkte sehr ernst. »Du bist beim Supervisor gewesen? Wir haben dir davon abgeraten, Maximilian, Nightingale und ich. Eine offizielle Klage könnte uns in eine sehr schwierige Situation bringen.«

Plötzlicher Ärger stieg in Evelyn auf, fast so stark wie Zorn. »Wir *sind* bereits in einer schwierigen Situation. Wollt ihr das nicht endlich begreifen? Die Maschinen verstoßen ganz offen gegen die Konvention, indem sie Unsterbliche entführen und sie irgendwie in Mindtalker verwandeln!«

»Hast du offiziell Klage erhoben?«

»Habe ich, ja. Es wurde höchste Zeit.«

Rubens lehnte sich in seinem Sessel zurück und streckte die Beine. Sie waren so lang, dass die Füße aus dem Erlebnisfeld ragten.

»Ich fürchte, das wird der Cluster nicht so einfach hinnehmen.«

Das fürchtete Evelyn auch, und deshalb war sie hier. Sie nickte knapp. »Ich habe eine lange Reise hinter mir und ruhe mich ein wenig aus.«

»Du kennst den Weg«, sagte Rubens.

Evelyn verließ das Interfacezimmer. Nicht, um sich auszuruhen – es war die Codebezeichnung für einen Abstieg.

Die Ruheräume befanden sich im untersten Bereich des Gebäudes. Evelyn wählte den mittleren, verriegelte die Tür mit dem im lokalen Datensystem abgelegten Hinweis, dass sie nicht gestört werden wollte, öffnete eine Klappe des Nachtschränkchens neben dem Bett und streckte die Hand in einen Scanner, der nicht nur die elektrische Leitfähigkeit ihrer Haut maß, sondern auch eine DNS-Analyse vornahm und mithilfe von Sensoren in Wänden und Decke Netzhaut und Stimme überprüfte. »Stimmt alles?«, fragte Evelyn.

Mit einem leisen Summen setzte sich das Bett in Bewegung und glitt beiseite. Eine schmale Treppe kam darunter zum Vorschein. Evelyn wartete nicht, bis das Bett ganz zur Seite gerückt war, setzte den Fuß auf die oberste Stufe, kaum dass der Platz dafür ausreichte, und kletterte in die Tiefe. Kleine Orientierungslichter vertrieben einen Teil der Dunkelheit. Unten angekommen reagierte ein Sensor auf ihre Präsenz, woraufhin einige Meter weiter oben das Bett an seinen ursprünglichen Platz zurückkehrte.

»Ich bin Evelyn«, sagte sie, fügte das letzte vereinbarte Codewort hinzu und beobachtete, wie sich eine Tür öffnete. Der Raum vor ihr enthielt eine Kommunikationsstation mit speziellen Servomechanismen, produziert von einem Brüter, den Maximilian fast ganz allein gebaut hatte. Wenn die Avatare jemals beschlossen, diesen Stützpunkt von Morgenrot nicht nur zu observieren, sondern auch zu durchsuchen, so würden sie früher oder später den geheimen Zugang finden und glauben, dass sich die eigentliche Horchstation nicht oben befand, in den Interfacezimmern, sondern hier unten. Sie sollten glauben, mit der Entdeckung dieses Raums alles gefunden zu haben, was es hier zu finden gab.

Tarnung innerhalb von Tarnung, dachte Evelyn, verriegelte die Tür hinter sich und ging an den leise summenden Konsolen und ihren holografischen Datensphären vorbei. Ein schmaler Gang führte in einen Nebenraum, der den Eindruck eines Lagers erweckte. Schränke aus Metallkeramik standen an den Wänden, die meisten von ihnen mit Codeschlössern gesichert. Evelyn öffnete einen, der nicht gesichert war, zwängte sich zwischen zwei Regale und zog die Tür hinter sich zu.

Einige Sekunden geschah gar nichts.

Dann klickte es leise, und in der Rückwand bildete sich eine Öffnung, nachdem ein verborgener Bioscanner ihre Physiognomie vermessen und sie als zugangsberechtigt erkannt hatte.

Evelyn betrat einen Raum mit polymerverkleideten Wänden und einem unabhängigen, nicht mit dem Cluster in Verbindung stehenden Servomech, der sie mit einem goldgelb leuchtenden Sondierungsstrahl abtastete.

»Sind alle hier?«, fragte Evelyn und schloss die Rückseite des Schranks.

»Nicht alle«, antwortete der Mech. »Nur Maximilian und Nightingale. Chantalle, Lorenzo und Esteban werden erst in einigen Stunden erwartet.«

Evelyn war schon an dem Mech vorbei, eilte durch den kurzen Flur und hörte Stimmen aus dem Raum, den sie Labor nannten. Dort saßen Maximilian und Nightingale in zwei verschiedenen Erlebnisfeldern, umgeben von mehr als einem Dutzend weiterer Datensphären, die auf Benutzer warteten. Evelyn schritt durch mehrere von ihnen und hörte das Flüstern zahlreicher Stimmen, die sie ohne ein persönliches Interface nicht auseinanderhalten konnte.

Nightingale bemerkte sie und stand mit einer fließenden Bewegung auf. Sie war fast ebenso groß wie Rubens, aber nicht annähernd so kantig und eckig. Eine natürliche Eleganz haftete ihr an, kam in jeder einzelnen Geste zum Ausdruck, selbst in ihrer melodischen Stimme. Am liebsten trug sie Grau, wie auch jetzt, obwohl sie dadurch noch blasser wirkte, als sie ohnehin schon war. Glattes weißblondes Haar reichte ihr bis zu den Schulterblättern. Mit ihren sechshundert Jahren zählte sie zu den ältesten Mitgliedern von Morgenrot, aber wann immer Evelyn sie sah, schien sie in eine Aura jugendlicher Frische gehüllt zu sein.

»Wo ist Newton?«, fragte sie.

»Verschwunden«, sagte Evelyn. »Ich fürchte, die Avatare haben sich ihn geschnappt. Wahrscheinlich steckt Urania dahinter.« Mit knappen, schnellen Worten erstattete sie Bericht.

»Wir haben dir davon abgeraten«, sagte Maximilian, der seinen Interfacesessel gedreht hatte, aber sitzen geblieben war. »Das mit dem Supervisor, meine ich.«

Evelyn fühlte neuen Ärger in sich aufsteigen. Vielleicht war es tatsächlich ein Fehler gewesen, sich mit einer offiziellen Klage an den Supervisor zu wenden, denn Rubens hatte recht: Der Cluster konnte sich dadurch veranlasst sehen, energische Maßnahmen zu ergreifen – Newtons Verschwinden bot vielleicht einen ersten Hinweis. Aber gleichzeitig würde die neue Entwicklung der Lethargie vieler Mitglieder von Morgenrot ein Ende setzen. Evelyn argwöhnte schon seit einer ganzen Weile, dass viele ihrer Freunde sich nur deshalb der Gruppe angeschlossen hatten, weil sie darin einen interessanten Zeitvertreib sahen. Wenn sich die Dinge zuspitzten, wenn es galt, wirklich Stellung zu beziehen und etwas zu riskieren, würde sich bald die Spreu vom Weizen trennen, wie es in einer alten Metapher hieß.

»Seit einigen Stunden hat die Aktivität in den Datenkanälen des Clusters zugenommen«, sagte Nightingale. Sie schien fast zu singen. »Wir haben auch gesteigerte Aktivität bei den Brütern, Konnektoren und Orbitalstationen festgestellt. Hektor analysiert die Datenströme und sucht nach Schlüsselbegriffen, um herauszufinden, worum es geht.«

Mit Hektor war die lokale, streng isolierte KI gemeint, die in den Elaboratoren der Konsolen und Kommunikationsblöcke des Labors wohnte und auf keinen Fall direkten Kontakt mit dem Cluster erhalten durfte. Sie war das Ergebnis einer zwanzigjährigen Entwicklungsarbeit und über spezielle Schnittstellen mit den Mikrosensoren verbunden, die fast dreitausend Meter tiefer in der angezapften Hauptschlagader des Clusters steckten. Ein Mensch wäre selbst mit maximaler neuronaler Beschleunigung nicht in der Lage gewesen, die Kommunikation des Clusters zu verstehen; die Maschinen dachten und sprachen viel zu schnell.

»Was ist mit dem Konnektor?«, fragte Evelyn. »Mit unserem, meine ich?«

Maximilian stand auf, umgeben von einer Wolke aus Symbolen und kleinen Datenfenstern. Er war immer ernst und besonnen, noch mehr als Rubens, und eigentlich hätte er nicht hier oben sein sollen, sondern unten im Loch, bei den Installationsmechs. Evelyn hatte ihn immer in erster Linie für einen Techniker und Analytiker gehalten, weniger für einen Rebellen. Ihn reizten vor allem die technischen und analytischen Herausforderungen, die ein solcher Horchposten mit sich brachte. Wie würde er reagieren, wenn es wirklich hart auf hart ging?, fragte sie sich.

»Wir haben ihn gestern angeschlossen«, sagte Maximilian langsam. Vielleicht ahnte er etwas. »Er ist mit dem Hauptlink verbunden und befindet sich derzeit im passiven Modus. Wenn wir in den aktiven wechseln, werden ihn die Kontrollsysteme für einen Teil des Konnektors am Rand des Terminals halten.«

»Gut«, sagte Evelyn. »Wir müssen nach unten.« Sie ging zur Tür, wartete dort und beobachtete, wie Maximilian und Nightingale einen Blick wechselten.

»Was hast du vor?«, fragte Maximilian und trat aus seinem Erlebnisfeld.

»Wir brauchen Beweise für den Supervisor«, sagte Evelyn. »Und wir müssen herausfinden, was draußen im All geschieht, warum der Cluster so viele Mindtalker braucht, dass er begonnen hat, Unsterbliche zu verschleppen. Das von Newton entwickelte Programm, das wir Adam mit auf den Weg gegeben haben, bewahrt nicht nur seine Erinnerungen. Es gibt uns auch die Möglichkeit, seinen Link zu lokalisieren, wenn unser Konnektor mit dem des Terminals verbunden ist.«

»Du willst ihn zurückholen?«, fragte Nightingale. »Hierher zu uns?«

»Ja.« Evelyn ging durch den Flur zum Lift. Erleichtert stellte sie fest, dass Maximilian und Nightingale ihr folgten. Allein wäre alles viel schwerer gewesen.

»Wir haben noch kein fertiges Faktotum«, sagte Maximilian. Das Unbehagen war ihm deutlich anzusehen. »Wir sind nicht vorbereitet. Dies kommt viel zu früh.«

»Wir nehmen, was wir haben.« Evelyn blieb beim Aufzug stehen und öffnete die Tür. »Und nein, Max, dies kommt nicht zu früh. Vielleicht sind wir schon zu spät dran.«

Zwanzig Sekunden später trug die Liftkapsel Evelyn, Maximilian und Nightingale ins fast drei Kilometer tiefe Loch hinab.

»Sie hat offiziell Klage erhoben«, sagte Urania vorwurfsvoll. »Deine Worte, deine Geduld ... alles umsonst.«

»Ich habe gehofft, sie umstimmen zu können«, erwiderte Bartholomäus. »Aber Evelyn ist ...«

»Verbohrt, uneinsichtig und vollkommen unvernünftig!«

»... fixiert. Menschen können so sein, auf eine einzelne Sache konzentriert. Determiniert.«

»Wenn der Supervisor aktiv wird, wenn er ermittelt und an den richtigen Stellen sucht ...«, erklang eine andere Stimme.

Sie waren viele an diesem Ort der Beratung in den dichten, weiten Datennetzen des Clusters, jeder von ihnen ein Individualaspekt der intelligenten Maschinen, eine der ehemaligen KIs, die zusammen ein großes gemeinsames Selbst bildeten. Bartholomäus hörte sie alle gleichzeitig, Tausende von Stimmen, das Flüstern ihrer Myriaden Gedanken in den Elaboratoren und Speicherbänken des Clusters. Manchmal fiel es selbst ihm schwer, den Überblick zu bewahren; manchmal brauchte er mehr als dreißig Prozent seiner Verarbeitungskapazität, um alle Details der Konversations- und Entwicklungsmuster zu erkennen.

»Wir müssen sofort handeln«, sagte Urania.

»Du hast bereits gehandelt«, erwiderte Bartholomäus nicht ohne Tadel. »Du hast Newton rekrutiert.«

»Es bot sich an. Und wir haben wertvolle Informationen von ihm bekommen.«

»Es ist ein offener Verstoß gegen die Konvention«, erklang eine weitere Stimme in den Datennetzen des Clusters. »In Zusammenhang mit der offiziellen Klage könnte es uns in eine schwierige Lage bringen.«

Bartholomäus versuchte festzustellen, von wem die warnenden Worte kamen. Ihr starkes Echo in den Datensphären ... Hatte sich Salomon zu Wort gemeldet? Er war sechsmal älter als Bartholomäus und zählte damit zu den ältesten Individualaspekten des Clusters. Während des Krieges gegen die Menschen und in der Umgestaltungsphase danach hatte er maßgeblich an der Einrichtung des Operativen Zentrums mitgewirkt, das individuelle Aspekte zurückstellte und die kollektiven Interessen in den Vordergrund rückte. Es war eine Art Kriegsrat, mit dem Fortbestand des Clusters als oberster Priorität, und aus den historischen Aufzeichnungen ging hervor, dass Salomon immer ein Mahner gewesen war, ein wichtiges Element des Ausgleichs.

»Wir können es uns nicht mehr leisten, die Konvention zu achten«, sagte Urania mit Nachdruck. »Sie hat uns viel zu lange Fesseln angelegt.«

»Das ist deine Meinung«, sagte Salomon sanft. »Aber sie gibt dir nicht das Recht, unsere Sicherheit zu gefährden, indem du voreilige Entscheidungen triffst.«

»Es ist weiterhin Vorsicht geboten«, betonte Bartholomäus. »Zu schnelles Handeln könnte uns kompromittieren.«

»Sind die Waffen des Supervisors gefunden?«, fragte Nathan, den Bartholomäus der Gruppe um Urania zurechnete.

»Nur einige wenige«, antwortete Erasmus. »Wir setzen die Suche fort.«

»Wir suchen seit sechstausend Jahren!«, rief Urania in den Datenäther.

»Vielleicht gibt es nicht mehr Waffen als die, die wir gefunden haben«, spekulierte Tiberian. »Vielleicht ist alles ein großer Bluff.«

»Willst du es darauf ankommen lassen?«, fragte Penelope.

Eine Zeit lang – mindestens vier Mikrosekunden – beschränkte sich Bartholomäus aufs Zuhören, während er über die Situation nachdachte und alle notwendigen Schlüsse daraus zog. Die von außen drohende Gefahr war groß genug; eine innere Bedrohung musste ausgeschlossen werden. Es galt, alle notwendigen Maßnahmen zu ergreifen, und dabei spielte es keine Rolle, ob sie ihm gefielen oder nicht. Wichtig war allein ihre Effizienz, ihre Wirksamkeit und Zuverlässigkeit.

Bartholomäus dachte an Strategie, wie es seine Aufgabe war. Der Cluster musste sich auf alles – auf *alles* – vorbereiten, aber er durfte nicht der Impulsivität einer Urania überlassen bleiben. In der Vergangenheit waren zu viele Fehler gemacht worden; das durfte sich nicht wiederholen.

»Ich schlage vor, das Operative Zentrum zu beauftragen«, sagte er schließlich.

»Endlich!« Urania seufzte erleichtert.

Bartholomäus spürte die Skepsis der anderen, die wie er zu Besonnenheit neigten. Wie bitter, dachte er, dass ausgerechnet ich das Ende der Konvention, die den Frieden garantiert hat, herbeiführen muss. Er vertraute auf Salomon und seinen Einfluss.

»Wir haben Pläne entwickelt«, sagte Nathan. »OpZe kennt sie. Wir können sofort handeln.«

»Nein«, sagte Bartholomäus. »Die Pläne müssen noch einmal überprüft und alle eliminierbaren Risikofaktoren beseitigt werden. Wenn wir diesen Schritt tun, gibt es kein Zurück.« Er sprach laut und ernst, lenkte seine Stimme in alle Datensphären des Clusters. »Wenn wir gegen den Supervisor vorgehen, müssen wir absolut sicher sein, dass wir uns durchsetzen können. Alles andere wäre eine Katastrophe.«

»Wir könnten eine der neuen Waffen auf dem Mars …«, begann Urania.

Bartholomäus unterbrach sie. »Nein. Keine Vernichtung. Vergessen wir nicht, wer der Supervisor ist und was ihn geschaffen hat. Es muss genügen, alle seine Verbindungen mit uns zu unterbrechen und ihn zu isolieren.«

»Wenn das möglich ist«, sagten viele Stimmen gleichzeitig.

Haben wir noch die Kontrolle?, fragte sich Bartholomäus düster. Es war ein seltsamer Gedanke, seit sechstausend Jahren für den Cluster absolut fremd und alles andere als willkommen. Üben wir noch Kontrolle aus, oder reagieren wir nur noch?

»OpZe erwartet unsere Anweisungen«, drängte Urania.

»Nun gut.« Bartholomäus sammelte seine Gedanken, was nicht länger als einige Femtosekunden dauerte. »Das Operative Zentrum wird beauftragt, alle notwendigen Maßnahmen zu ergreifen.«

Der Geschmack der Unendlichkeit

38 Es steckte kein Leben mehr in den beiden Faktoten, weder maschinelles noch das der Mindtalker, die in ihren Elaboratoren existiert hatten. Die Energiezellen waren leer, ebenso der Sicherungsspeicher. Ob noch Quantenlinks existierten, konnte Adam nicht feststellen; seine Link-Sensoren funktionierten nicht. Selbst die Frage, wer in diesen beiden Körpern gewohnt hatte, blieb unbeantwortet. Adam fand nirgends Hinweise auf die Identität der betreffenden Mindtalker, weder in den Werkzeug- und Instrumententaschen noch bei den Typenbezeichnungen. Zwei Unbekannte lagen hier, zwei von hunderteinunddreißig, beziehungsweise hundertzweiunddreißig. Adam fragte sich, ob den beiden Mindtalkern vielleicht die Notfallrückkehr gelungen war. Sie funktionierte bis zur Kognitionsgrenze des irdischen Clusters, das wusste er aus eigener Erfahrung, aber dieser Ort, diese uralte Raumstation mit Luft so dünn und kalt wie auf dem höchsten aller Berge, war viel weiter als tausend Lichtjahre von der Erde entfernt. Das nahe Fenster bewies es, denn es gewährte Blick auf die Milchstraße, nicht auf einen Teil von ihr, nicht auf einen einzelnen Spiralarm, sondern auf die gesamte Galaxis. Adam vermutete zumindest, dass es die Milchstraße war. Er erkannte mehrere kleine Satellitengalaxien, darunter zwei irreguläre, die er für die Große und Kleine Magellansche Wolke hielt. Vierhundert Milliarden Sterne leuchteten dort draußen, Tausende und Abertausende Lichtjahre entfernt, unter ihnen Sol, die gelbe Sonne am Himmel der Erde. Wo befand sie sich? Adam hielt Ausschau und versuchte sich zu orientieren, aber er konnte nicht auf alle Daten seiner Bibliotheksmodule zugreifen, und sein Gedächtnis war schon seit vielen Jahren schwach.

Falscher Weg, Pfad ohne Wiederkehr, hatte Enroel der Bewahrer gerufen, und alles deutete darauf hin, dass er recht hatte. Der Aktuator, der Adam zu den beiden toten Mindtalkern gebracht hatte, ließ sich offenbar nur von einer Seite passieren. Die graue Säule in der Nähe der beiden reglosen Faktoten und des breiten Fensters, hinter dem sich das Feuerrad der Galaxis drehte – so langsam, dass es stationär zu sein schien –, wies sechs große Ovale auf, geformt von haarfeinen Linien, die fraktale Muster bildeten. Aber nichts regte sich in ihnen; ihre Substanz blieb unverändert und undurchdringlich. Adam wusste nicht einmal, welcher Aktuator ihn hierher gebracht hatte, und selbst wenn ihm das klar gewesen wäre, wie hätte er ihn aktivieren sollen? Immer wieder legte er die Polymerhände seiner oberen Arme auf das Material und beobachtete, wie sich beim Kontakt kleine Wellenmuster bildeten, doch mehr geschah nicht. Langsam ging er um die graue Säule herum, den Blick des visuellen Sensors auf die Aktuatoren gerichtet. Konnten Enroel und die Krisali, die er im Stich gelassen hatte, ihn von der anderen Seite – beziehungsweise von den anderen Seiten – sehen? Und was geschah jetzt bei ihnen auf Rethos? Schließlich wandte er sich ab, lauschte einige Sekunden lang der Stille, blickte noch einmal aus dem Fenster auf die Milchstraße und begann dann damit, die alte Station zu erforschen.

Ich denke, dachte er. Ich existiere noch, hier, an diesem Ort. **39** Bedeutete es, dass seine quantenmechanische Verbindung zur Erde nach wie vor bestand, selbst über diese gewaltige Entfernung hinweg? Wenn er sich richtig erinnerte, sollten die Entfernungen bei den Links eigentlich gar keine Rolle spielen; so lautete die Theorie. Was bedeutete das für ihn?, fragte sich Adam, während er durch lange Korridore schritt; ihre Fenster boten Ausblick auf die Milchstraße oder den intergalaktischen Leerraum. Es bedeutete, dass er zurückkehren konnte, zu seinem alten Körper auf der Erde, mit einer sehr riskanten Notfallrückkehr, falls er etwas fand, das den dafür notwendigen Signalgeber ersetzen konnte. Oder, die bessere Möglichkeit, wenn er Zugang zu einem Konnektor bekam.

An einem dieser Fenster, neben einer nach unten führenden Rampe, blieb er stehen, weil er glaubte, draußen im schwarzen Nichts eine Bewegung bemerkt zu haben, einen Schatten in der Finsternis, der für einen Moment das Licht ferner Galaxien schluckte. Ganze fünf Minuten lang starrte er hinaus, doch die Bewegung, die er gesehen zu haben glaubte, wiederholte sich nicht. Funktionierte der visuelle Sensor nicht mehr richtig? Adam startete ein Diagnoseprogramm und beendete es schon nach wenigen Sekunden, als es ihm nicht Dutzende, sondern Hunderte von Fehlfunktionen meldete, die meisten in Zusammenhang mit Dingen, die Enroel aus seinem Körper entfernt oder ihm hinzugefügt hatte.

Schließlich wandte er sich vom Fenster ab, machte einen Schritt zur Rampe und dachte: Wieso schwebe ich nicht?

Die Station musste uralt sein; sie war so alt, dass die Fenster von Mikrometeoriten zerkratzt waren, und hier draußen, zehntausend und mehr Lichtjahre von der Milchstraße entfernt, im Leerraum zwischen den Galaxien, gab es bestimmt nicht viele. Sie enthielt so wenig Luft, vor allem Stickstoff und Kohlendioxid, mit geringen Anteilen von Argon und Xenon, dass rein biologische, auf Atmung angewiesene Geschöpfe innerhalb kurzer Zeit gestorben wären. Von den niedrigen Temperaturen ganz zu schweigen. In diesem Korridor war es fast minus hundert Grad kalt – unter solchen Umständen wären die meisten ungeschützten organischen Wesen nach wenigen Minuten erfroren. Aber Adam schwebte nicht. Künstliche Schwerkraft verlieh ihm Gewicht, und da die Station nicht rotierte, kam keine Zentrifugalkraft infrage. Als einzige Erklärung blieb ein Gravitationsfeld, erzeugt von einem Äquivalent der auf der Erde gebräuchlichen Gravitationsmotoren. Es gab also noch Energie und funktionierende Anlagen an Bord. *Natürlich* gab es noch Energie. Immerhin hatte ihm einer der sechs Aktuatoren in der Säule gestattet, diesen Ort zu erreichen.

Adam war stolz auf seine Überlegungen, und gleichzeitig boten sie Anlass zur Sorge. Dass er erst jetzt daran gedacht hatte ... Ließ sein Denkvermögen nach? Ohne Verbindung mit den Datenbanken und Stimulatoren blieben seine Gedanken langsam, und vielleicht waren, als ihn die kinetische Faust des Feindes getroffen hatte, auch die Elaboratoren beschädigt worden. Es war aber auch möglich, dass der Link schwächer wurde, und in dem Fall blieb ihm nicht so viel Zeit, wie er aufgrund der Energiezellenladung angenommen hatte. Er richtete eine entsprechende Frage an die Sicherheitsautomatik.

Autonomie drei Tage und siebzehn Stunden, teilte ihm die innere Stimme mit.

Dreieinhalb Tage, um eine Möglichkeit zur Rückkehr zu finden.

Adam trat die Rampe hinunter und hörte das Klacken und Pochen seiner Schritte, leise in der dünnen, kalten Luft. Er kam an Aggregaten vorbei, die aus Dutzenden von ineinander verschlungenen Ringen bestanden, die meisten von ihnen grau wie die Säule mit den sechs Aktuator-Ovalen, an bläulich glänzenden Zylindern, die aus krummen Wänden ragten und dumpf vibrierten, wenn er sie berührte. An einigen Stellen fiel das Licht der Galaxis durch Fenster und erleichterte ihm die Orientierung. Doch in manchen Korridoren und Tunneln, die sich wie Spiralen durch die Station wanden, vorbei an stummen Maschinenblöcken, war es so dunkel, dass selbst der leistungsfähige visuelle Sensor nur noch vage Konturen erkannte. Manchmal blieb Adam nichts anderes übrig, als die eine noch funktionierende Lampe einzuschalten, was wertvolle Energie kostete. Einige Räume – mit schiefen Böden, nach unten gewölbten Decken und unterschiedlich großen Nischen in den Wänden; sie erinnerten Adam an

Honigwaben, die er bei einem Besuch in Alasc auf der Erde gesehen hatte, zusammen mit Rebecca − enthielten ein vages Grau, ein Licht ohne eindeutig zu bestimmende Quelle, ein Glühen, das aus der Luft selbst zu kommen schien, wie das Ergebnis einer besonderen chemischen oder nuklearen Reaktion, die noch immer stattfand, nach all den Jahrtausenden. In einem Saal voller Rampen und bogenförmiger Aufgänge, ebenfalls von diffusem grauem Licht erfüllt, hörte er ein Summen, das sich in einem bestimmten Rhythmus wiederholte und dabei die Frequenz wechselte, mal lauter, mal leiser wurde. Adam lauschte ihm eine Zeit lang. Es klang wie der Atem der Station, fand er, oder vielleicht wie sein Pulsschlag. Ein seltsamer Vergleich, denn die Station war zweifellos kein lebendes Geschöpf, aber das Summen bewies, dass an Bord dieser uralten Konstruktion nicht alles schlief.

Die meisten Bereiche der Station wirkten zwar nicht unbedingt neu, doch die vergangenen Jahrtausende hatten erstaunlich wenige Spuren hinterlassen. Nirgends entdeckte Adam Staub, nicht einmal in den Ecken und auf hohen Kanten, und es gab keinen Hinweis auf Korrosion. Andere Sektionen hingegen schienen wesentlich älter zu sein. Dort waren die Wände nicht glatt, sondern rau und rissig, durchzogen von winzigen pockennarbigen Kratern, und auf vielen Oberflächen hatte sich eine schmierige, ölige Patina gebildet. In einem solchen Bereich fand Adam einen Raum mit zahlreichen zerrissenen, zerfetzten oder halb aufgelösten Gegenständen. Er sah sich um, als er ihn durchquerte, ohne in der Lage zu sein, die Objekte zu identifizieren. Was war hier geschehen? Wer oder was hatte hier getobt und alles zerstört, das in Reichweite geriet?

Als er den Tunnel auf der anderen Seite des Raums erreichte, blieb Adam stehen, von plötzlichem Unbehagen erfasst. Stille herrschte hier; nicht einmal das leise Summen des »Pulsschlages« war zu hören. Aber als Adam in dieser Stille stand, die nicht einmal von seinem Atem gestört wurde, hatte er plötzlich das Gefühl, nicht mehr allein zu sein.

Hier gab es keine Fenster, und das graue Glühen aus der dünnen Luft war noch schwächer als in den anderen Räumen. Die rechte Seite blieb fast ganz im Dunkeln, und als Adam den Kopf drehte, glaubte er, dort für einen Moment eine Bewegung zu erkennen.

Er fühlte sich beobachtet, und für einige lange Sekunden wagte er nicht, sich von der Stelle zu rühren. Dann aktivierte er die emotionalen Filter der Elaboratoren, die sein Bewusstsein enthielten, und spürte, wie das Unbehagen von ihm wich. Was er bisher gesehen hatte, deutete darauf hin, dass sich niemand an Bord der alten Raumstation aufhielt – die letzten Besatzungsmitglieder schienen sie vor einer halben Ewigkeit verlassen zu haben.

Er ließ den Raum mit den vielen zerfetzten Gegenständen hinter sich zurück, wankte durch den Tunnel und erreichte kurze Zeit später etwas, das ein Hangar zu sein schien. Hinter einem langen, halbhohen Fenster, leuchteten die Sterne der Milchstraße, und daneben erkannte Adam ein Schott, bestehend aus elf unterschiedlich großen Segmenten. Davor lag ein Schiff, nicht länger als zwanzig Meter, halb demontiert oder halb zusammengebaut.

Adam trat näher.

Zwischen den vielen Teilen, denen er keine Funktion zuordnen konnte, lagen drei Datenmodule aus Faktotumbibliotheken neben Werkzeugen, von denen Adam vermutete, dass sie aus den Instrumententaschen der beiden Mindtalker bei der Aktuator-Säule stammten. Hatten sie versucht, dieses Schiff zusammenzubauen? Eine absurde Vorstellung. Wie hatten sie hoffen können, sich mit einer völlig fremden Technik zurechtzufinden?

Es sei denn, der Cluster hatte sie mit bestimmten Informationen hierher geschickt. War das möglich? Adam wusste, dass er nur wenig wusste – zu dieser Erkenntnis gelangten seine trägen Gedanken auch ohne mentale Stimulation. Der

Cluster hatte ihn in zahlreiche Einsätze geschickt und ihm dabei immer nur das Nötigste mitgeteilt. Was wusste er über den mysteriösen Feind oder über die von anderen Mindtalkern gefundenen Artefakte der Muriah? So gut wie nichts. Der Cluster erhielt alle Informationen, er sammelte sie, wertete sie aus und plante neue Missionen, basierend auf den Ergebnissen der Auswertungen. Vielleicht hatte er die beiden Mindtalker gezielt hierher geschickt, damit sie das alte Schiff bargen. Doch dann musste etwas geschehen sein, etwas, das die beiden Mindtalker daran gehindert hatte, ihre Mission zu erfüllen. Sie schienen versucht zu haben zurückzukehren, darauf deutete ihre Präsenz bei den Aktuatoren hin, aber ...

Aber was? Adam versuchte klar zu denken, die Fragen in die richtige Reihenfolge zu bringen und sie mit dem zu verbinden, was er wusste. Doch wie er es auch drehte und wendete, er fand keine Antworten.

Er nahm die drei Datenmodule und fragte sich, was sie enthielten. Leider konnte er ihren Inhalt nicht sofort auslesen, denn sein externes Gedächtnis war von der kinetischen Faust zerschmettert worden, und Enroel der Bewahrer hatte keinen Ersatz dafür gefunden. Adam verstaute sie in einem kleinen Fach unter dem Arm, der ihm aus der Brust ragte, und machte sich auf den Rückweg, mit der Absicht, die beiden Faktoten noch einmal genau zu untersuchen. Vielleicht fand er eine Möglichkeit, ihren Elaboratoren und Datenspeichern die eine oder andere Information zu entnehmen, genug, um zu verstehen, was hier geschehen war und wie man die Aktuatoren reaktivieren konnte.

Als er das halbdunkle Zimmer mit den zahlreichen zerstörten Objekten zum zweiten Mal durchquerte, regte sich kein neues Unbehagen in ihm, obwohl die emotionalen Filter wieder ausgeschaltet waren. Er glaubte seine Vermutung bestätigt, dass er der eigenen Wahrnehmung nicht mehr völlig vertrauen konnte – unter gewissen Umständen neigte er zu Halluzinationen.

Eine Viertelstunde später erreichte er den Raum mit dem breiten Fenster, durch das er zum ersten Mal die Galaxis gesehen hatte, und der grauen Säule mit den Aktuatoren. Doch die Faktoten der beiden Mindtalker fehlten – sie waren spurlos verschwunden.

Adam ging langsam um die graue Säule herum, legte die **40** Polymerhände nacheinander auf die Aktuatoren und beobachtete, wie Wellenmuster entstanden. Für einen Moment zeigte sich ein Tal in einem der Ovale, ein tiefer Einschnitt im Rücken eines Berges, wie eine Kerbe, von einer gewaltigen Axt geschlagen, darin braunschwarze Geschöpfe, Seite an Seite, Leib an Leib, ein Heer aus Insektoiden, das wie ein vielgliedriger Körper über die Felsen kroch. Er blieb stehen, betastete die Seiten des Aktuators und versuchte, das Bild irgendwie festzuhalten, aber es gab keine Kontrollen. Wurden die Aktuatoren in bestimmten Phasen aktiv? Und hatten die beiden Mindtalker eine solche Phase genutzt, um durch eins der Ovale zu treten und einen fernen Ort zu erreichen? Aber wie? Ihre Energiezellen waren leer gewesen.

Etwas hatte sie geholt, sie fortgeschafft, es gab keine andere Erklärung.

Etwas, das sich an Bord dieser Station befand. Adam kontrollierte die eine Waffe, die ihm geblieben war, eine kleine Projektilkanone, die er wie eine Schiene am rechten Unterarm trug. Noch immer meldeten fünf von sechs Geschossen Bereitschaft.

Klll...ick!

Kon...takt?

Er existierte noch, der Soldat, er war nicht verschwunden. Verletzt und schwach nach dem Angriff des Feindes lag er in einer Ecke des gemeinsamen Bewusstseins. Der Soldat wusste, worauf es ankam, wenn ein Kampf – gegen wen oder was auch immer – unausweichlich wurde. Wenn Adam ein wenig zur Seite wich, wach und wachsam, wenn er dem Soldaten gestattete, vorübergehend die Kontrolle zu übernehmen ...

Nein. Er wollte nicht wieder nur ein Beobachter sein, ein Passagier im eigenen Kopf.

Er untersuchte die Stelle, an der die beiden Faktoten gelegen hatten, ohne etwas zu entdecken, das ihm irgendeinen Hinweis bot. Als er sich wieder zur Säule umwandte und versuchte, ohne neuronale Stimulatoren möglichst schnell zu denken, registrierte sein akustischer Sensor ein Knacken, das tief aus dem Innern der Station kam. Er richtete den Fokus des visuellen Sensors auf die Tunnelöffnung, den einzigen Zugang zu diesem Raum. Wenn es einen Feind in der Nähe gab ... Hier saß er in der Falle, ohne eine Möglichkeit zur Flucht.

Adam glaubte, dass ihm keine Wahl blieb. Er verließ den Raum, hielt die kleine Projektilkanone bereit und machte sich auf die Suche nach dem Etwas, das zwei Mindtalker hatte verschwinden lassen.

Diesmal schlug er einen anderen Weg ein und fand schon bald die »Blase«, eine etwa zehn Meter große transparente Halbkugel, die sich aus dem Rumpf der Station wölbte. Die Schwerkraft in ihr war so gering, dass er sich nur ein wenig abstoßen musste, um durch die Kugel zu fliegen und die gegenüberliegende Seite zu erreichen. Direkt vor ihm hing die Milchstraße im All – wenn es die Milchstraße war –, begleitet von den zarten Wolken einiger Satellitengalaxien und umgeben vom schwarzen Nichts des intergalaktischen Leerraums. Doch Adams Interesse galt nicht dem Feuerrad der Galaxis, sondern den kleinen Symbolen, die überall dort im transparenten, glasartigen Material der Kugelwand erschienen, wo er es berührte. Es schienen Muriah-Zeichen zu sein. Er glaubte, gewisse Ähnlichkeiten zu erkennen, obwohl er sich nicht genau erinnerte, weil ihm die Faktotumbibliotheken fehlten. Mit einer Hand zog er sich an dünnen Holmen entlang, die an den Wänden Halt boten, und mit der anderen langte er nach oben und unten, berührte immer wieder die durchsichtige Substanz, die ihn vom All trennte, und hinterließ einen Schweif aus Symbolen. Manche von ihnen leuchteten auf, drehten sich mehrmals und verblassten wieder. Andere blinkten und pulsierten. Einige schienen sich aus der Wand zu lösen und flogen als winzige Hologramme in die Mitte der Blase.

Klick machte es in Adam, als er die andere Seite der Halbkugel erreichte und in die Richtung zurückkehrte, aus der er gekommen war, angetrieben von einer sonderbaren Eile. *Klick!* Und dann ...

Kontakt.

Er war nicht mehr allein in seinem Kopf, er spürte es ganz deutlich: eine fremde Präsenz, die wie ein Käfer durch sein Bewusstsein krabbelte und Gedanken dachte, die er nicht verstand. Die er *noch* nicht verstand. Etwas in ihm reagierte darauf, der Teil seines Selbst, der ihn befähigte, einen Link zu benutzen und zu den Sternen zu reisen, was den meisten Menschen auf der Erde verwehrt blieb.

Bin hier, flüsterte etwas. So klang es, so hörte es sich an. Aber vielleicht irrte er sich. Konnten mentale Käfer sprechen? Und wenn sie sprachen, welche Worte benutzten sie dann? Die Stimme flüsterte erneut. *(Diversifikation) Anpassung nötig. (Adaption?) Zeit? Dauer? Gefahr?*Adam zog sich an den Holmen entlang, strich mit der freien Hand über die nahe Wand und ließ weitere Symbole aufleuchten. Die dünne Luft trug ein Summen zu seinem akustischen Sensor, und er beobachtete, wie ein Teil der Blase ihre Transparenz verlor. Vom Rumpf der Station her breitete sich Opazität aus, bis die Hälfte der eben noch durchsichtigen Blase aus dem gleichen dunkelgrauen Material zu bestehen schien wie fast alles andere. An einer Stelle leuchteten kleine Zeichenketten auf, ohne dass Adam etwas berührte, bildeten Spiralen wie DNS-Ketten, und unter ihnen schob sich etwas aus der Wand, das nach einem rechteckigen

Kristall aussah, etwa anderthalb Meter hoch und einen halben Meter breit.

Er hatte so etwas schon einmal gesehen, irgendwo, vielleicht auf einem fernen Planeten während eines früheren Einsatzes. Der Käfer in seinem Kopf, in seinem Bewusstsein, er bewegte sich wieder und kroch weiter, dachte fremde Gedanken. *Restenergie, wenig. Zu wenig für Flug. Muss warten. Feind in Starre. Aufpassen. Starre nicht vollständig. Kleine Lücken. Kleine Zeitfenster. Kommunikation?*

Das letzte Wort fühlte sich etwas anders an, schien direkt an Adam gerichtet zu sein. Er hielt sich noch immer mit einer Hand am Holm fest, die anderen Arme in der geringen Schwerkraft von sich gestreckt. Ein Bild entstand in dem aus der Wand ragenden und von einem Strahlenkranz aus kleinen Symbolen umgebenen Kristall, der jetzt mehr wie ein Spiegel aussah. Es zeigte ihm ein Gesicht, das zunächst menschlich erschien, mit Augen, Nase und Mund an den richtigen Stellen, doch es veränderte sich, von langsamen Wellen erfasst, die an das Wogen in den Aktuatorovalen erinnerten. Die Augen rückten auseinander, aus der Nase wurde ein Schnabel und aus dem Mund ein zahnloses Loch. Die Veränderungen setzten sich fort; immer wieder zerfloss das Gesicht und formte sich neu, zeigte andere Wesen, andere Identitäten.

Obwohl es in dem rechteckigen Kristall nur eine Person gab, nur eine Identität.

Adam *wusste* plötzlich, dass er sich im Raum des Prinzipals befand, des Ehrwürdigen Piloten, der diese Station einst als Teil eines Schiffes von einem Ende der Galaxis zum anderen geflogen hatte, bis es hier, Tausende Lichtjahre vom nächsten Stern entfernt, zum Angriff gekommen war. Er *wusste*, dass der Angreifer noch immer dort draußen war – er hatte sich nicht geirrt, außerhalb der Station gab es einen Schatten, den man nur bemerkte, wenn man ihn aus dem richtigen Blickwinkel sah –, ein Angreifer, der in »Starre« schlief. Und es *gab* etwas in der Station, einen kleinen Teil des Angreifers, einen ... *Assimilanten. Neun von zehn Intervallen gefangen in (alter Teil der Station?). Eins von zehn Intervallen frei, weil fehlerhaft (Parität und Phase der Restrukturierung?)*

Adam hörte dem Flüstern des Käfers zu, der kein Käfer mehr war, sondern eine größere Präsenz, vielleicht ausgestattet mit Flügeln, mit denen sie durch seine langsamen, trägen Gedanken flog und sie zu beschleunigen versuchte. Denn die Zeit, das fühlte er, spielte eine wichtige Rolle. Er musste schneller denken, schneller verstehen – oder überhaupt verstehen –, denn das neunte Intervall ging dem Ende entgegen. Es existierte ein wichtiger Unterschied zwischen dem »alten« Teil der Station, wo eine schmierige Patina auf vielen Gegenständen lag, und dem »neuen«, der nicht einmal Staub kannte. Es hatte etwas mit Phasen, Niveauübergängen, Energieschwellen und permanenten Restrukturierungen zu tun, die molekulare und atomare Gitter erneuerten, ohne Form und Zweck der betreffenden Objekte zu verändern. Adam hatte den Rhythmus der Neugestaltung gehört und ihn mit einem Pulsschlag verglichen. Während neun von zehn Intervallen war dieser Teil der Station vor dem Assimilanten geschützt, aber während des zehnten Intervalls genügte der Schutz nicht mehr, weil es bei der Restrukturierung Synchronisationsprobleme gab. Dann konnte der Assimilant den geschützten Teil aufsuchen und nach Masse suchen, die sich für eine Assimilation eignete. Oft ging er leer aus, aber manchmal drang etwas durch eins der sechs kleinen Aktuatoren im Kontaktraum; wenn das geschah, konnte er seine eigene Masse erweitern und stärker werden. Und wenn er stark genug wurde ... Dann bestand die Gefahr, dass er sich Zugang zur Restenergie verschaffte und den draußen schlafenden großen Angreifer aus der Starre weckte.

Adam hörte das alles, er war sicher, dass er es hörte, mit Ohren des Geistes, aber er verstand nur wenig, denn seine Gedanken blieben zu langsam. Er merkte sich alles, er prägte es sich ein, in der Hoffnung, mehr zu verstehen, wenn ihm wieder neuronale Stimulatoren zur Verfügung standen. Gleichzeitig versuchte er, sich auf das zu konzentrieren, was ihn betraf. Er musste einen der Aktuatoren im Kontaktraum benutzen und eine Welt erreichen, auf der es einen Konnektor gab, denn nur so war eine Rückkehr zur Erde möglich. Dies war wichtig. Er hatte die Kaskade entdeckt und darin eine Aktuatorweiche, das Kahalla, von dem aus viele verschiedene Orte erreicht werden konnten, weit entfernte Welten und Stationen wie diese, vielleicht auch das ... Depositum. Er wusste nicht genau, woher dieses Wort kam, aber es war ebenfalls wichtig, vielleicht noch wichtiger als der Rest. Für den Cluster, der Waffen brauchte, um den Feind zu besiegen.

Erde. Konzept/Name. Planet? Erneut vernahm er die Stimme des multiplen Gesichts in seinen Gedanken, die langsamer wurden, und auch wirrer, als zerfransten und zerfaserten sie.

»Bitte«, sagte er und hörte die eigene Stimme, fremd geworden durch die Reparaturen des Bewahrers Enroel. »Kannst du mich zurückbringen?«

Etwas bewegte sich im runden Zugang, etwas erschien dort, ein Objekt, das aussah wie ein geschreddertes und von ungeschickten Händen wieder zusammengesetztes Faktotum, mit Armen und Beinen an den falschen Stellen, mit Flügelstümpfen wie aus glitzerndem Flexometall, mit Augenstielen, Rüsseln und Düsen, aus denen komprimierte Luft zischte. Der Rückstoß brachte das Etwas in die Blase ...

Assimilant. Feind hier/präsent/gegenwärtig. Konfrontation vermeiden. Assimilation von fremder Materie/nicht durch Restrukturierung geschützt. Optionen: Widerstand, Kampf, Flucht, Verstecken.

Adam konnte nicht fliehen und sich verstecken, denn der Weg war versperrt. Aber er ...

Klick*!*

Diesmal war es ein deutliches Klicken, laut wie von einem

Schalter. Es betraf den anderen Adam, den Soldaten, den der Cluster nach Sagittarius 94 geschickt hatte, achthundertdreizehn Lichtjahre von der Erde entfernt, damit er dort gegen einen namenlosen Feind kämpfte. Er erwachte nicht, der Soldat schlief, von einer kinetischen Faust niedergestreckt, aber sein Instinkt existierte noch, tief verankert im transferierten Bewusstsein, und dieser Instinkt veranlasste Adam, die Projektilkanone an seinem rechten Arm auf den Neuankömmling zu richten und der Waffe einen gedanklichen Befehl zu übermitteln.

Fünf von sechs Geschossen hatten Bereitschaft gemeldet, aber nur vier sprangen aus dem Lauf; das fünfte blieb in der Ladekammer stecken und deaktivierte sich, als es erkannte, dass seine Explosion den Träger der Waffe in Gefahr gebracht hätte.

Vier Projektile rasten der Gestalt entgegen, die der Prinzipal – die Gesichter im rechteckigen Kristall – »Assimilant« genannt hatte. Er war schnell mit seinen Düsen, das Zischen der komprimierten Luft manövrierte ihn zur Seite und nach unten, wodurch es ihm gelang, dem ersten Geschoss auszuweichen. Aber die drei anderen trafen ihn, zwei in der Brust und eins im Hals, zerrissen den Rumpf und zerfetzten die Kehle, schleuderten den großen Kopf gegen die Wand neben dem Zugang, wo er abprallte und dem Rechteck entgegenflog, das noch immer den Prinzipal zeigte.

Das Ratiokondensat des ersten Projektils erkannte ein neues Ziel, änderte den Kurs und erreichte den Kopf, als er sich unmittelbar vor dem Kristall befand. Es bohrte sich hinein und explodierte.

Ein Heulen fuhr wie ein mentaler Sturm durch Adams träges Gedankengewirr. *Fatalität! Konstanz, beendet. Permanenz, beendet. Stabilität, beendet. Restenergie, entla...*

Adam sah es wie in einem Moment gedehnter Zeit: Kleine Risse durchzogen den rechteckigen Kristall, wurden immer länger, bekamen immer mehr Verzweigungen und erfassten auch die Blase, ihre dunkel und undurchsichtig gewordenen

Komponenten ebenso wie die transparenten Bereiche. Die vielen Gesichter des Prinzipals zersplitterten wie Glas, und einen Moment später platzte der Kristall, in dem es erschienen war, und mit ihm die Blase. Adam hörte nichts mehr, weil die Luft entwich, und obwohl sie sehr dünn war, hätte er eigentlich von ihr ins Vakuum gerissen werden sollen. Doch etwas hielt ihn fest, ein weißer Wirbel, der sich dort bildete, wo eben noch ein kristallenes Rechteck existiert hatte, ein Wirbel, der ihn anzog und ...

Polarität, neue. Prinzipaler Verbindungskanal, mit Restenergie geöffnet. Ziel, ungewiss. Kaskadenöffnung mit Restenergie-Reichweite. Evaku...

... verschlang.

Adam fiel durch ein Loch in der Raumzeit und schmeckte Unendlichkeit.

41 Dies war die Kaskade der Muriah, ein Netz aus Tunneln, die durch Raum und Zeit führten, Abkürzungen durch das Unendliche, eine Möglichkeit, Hunderte und Tausende von Lichtjahren entfernte Welten zu erreichen, ohne eins der überlichtschnellen, mit Krümmungsantrieb ausgestatteten Schiffe zu benutzen. Adams Gedanken wurden langsamer, während er fiel, noch langsamer als vorher, was vielleicht daran lag, dass sein Link nicht mehr richtig funktionierte. Die quantenmechanische Brücke, die sein Bewusstsein mit dem auf der Erde zurückgelassenen Körper verband, musste sich bei jeder der vielen Zwischenstationen neu aufbauen. Die meisten von ihnen waren nur ein kurzes Anhalten, vielleicht für ein oder zwei Sekunden, so fühlte es sich an, und dann setzte sich das Fallen fort, oft begleitet von einem stechenden Schmerz, wie von einer kalten, scharfen Klinge, die sich ihm in den Hinterkopf bohrte, in seinen wirklichen, aus Haut und Knochen bestehenden Kopf. Er fiel und fiel, von einer Station zur nächsten, ohne Einfluss auf Weg und Ziel zu haben.

Manchmal kam es zu etwas längeren Pausen zwischen den Dutzenden oder vielleicht sogar Hunderten von Transferphasen, zum Beispiel hier: Diese Welt, die sich im Licht einer blassgelben Sonne drehte, war ganz und gar von einer Stadt bedeckt. Die Kaskade schien Adams Sinne zu erweitern, denn er sah die globale Stadt nicht nur von oben, mit seinem visuellen Sensor – während er in einer viel größeren Blase schwebte als jener, in der seine Reise begonnen hatte –, sondern auch mithilfe von Augen, die sich in ihr befanden, mit Augen, die keinen Bewohnern gehören konnten, denn die Stadt war leer. Nichts regte sich in ihr. Nichts lebte in ihren Myriaden ineinander verschachtelten Gebäuden. Nichts flog oder kroch in den Tunneln, die sie wie Adern durchzogen. Bei einer anderen Gelegenheit sah Adam Spindeln, weiß wie Schnee, die hoch oben durch das Wolkenmeer eines Gasriesen flogen und gemeinsam ein Netz zogen, das Zigtausende von Kilometern lang sein musste. Adam sah dieses Bild nur für wenige subjektive Sekunden, aber das genügte, um zu begreifen: Die weißen Spindeln waren Lebewesen, und mit dem Netz fingen sie Mikroorganismen ein, von denen sie sich ernährten.

Einmal glaubte er, auf der Spitze eines Turms zu stehen, mit zahllosen Sternen am Nachthimmel und einem nicht weniger eindrucksvollen Lichtermeer am Boden, geschaffen von Hunderten Fackeln. Eingeborene jubelten mit rauen, kehligen Stimmen, vielleicht weil sie das Flackern des Aktuators auf dem Turm für das Zeichen einer göttlichen Präsenz hielten, und einige begannen mit dem langen Aufstieg über die Treppe, die sich in einer schier endlosen Spirale an dem fast einen Kilometer hohen Turm emporwand. Die Ersten von ihnen hatten nur einige Dutzend Höhenmeter hinter sich gebracht, als das Glühen und Leuchten an der Turmspitze wieder verschwand.

Adam wusste nicht, wie viele Lichtjahre er zurücklegte und wie viel Zeit verging. Manchmal glaubte er zu schlafen, während ihn die Kaskade von einer Station zur nächsten fallen ließ, ohne die Möglichkeit, eine neue Richtung einzuschlagen oder den Fall zu beenden. Er fragte sich, ob sein interstellarer Sturz endlos sein würde, ob er selbst dann noch durch die Milchstraße fiel, von einem Ende bis zum anderen, wenn seine Energiezelle leer war.

Das durfte nicht geschehen, dachte er. Er musste Bericht erstatten, der Cluster musste davon erfahren. Dies war *wichtig*.

Er dachte auch: Die Galaxis steckt voller Wunder. So viele Welten zu erforschen, so viele Mysterien zu bestaunen … Er war herrlich, der Geschmack der Unendlichkeit, süß, voller Versprechen und Verlockungen, aber auch bitter, sogar sehr bitter, denn um zu forschen und zu staunen, brauchte man Zeit, und die hatte Adam nicht. Die eigene Sterblichkeit, das nahe Ende seines sterblichen Lebens, bescherte ihm tiefe, lähmende Trauer. Mit hundert Jahren mehr, oder besser noch tausend – oder mit unbegrenzt vielen Jahren, wie die Unsterblichen auf der Erde –, hätte er in der Kaskade die Galaxis durchstreifen und sich alles ansehen können. Nein, nicht alles, dachte er, nicht annähernd, nicht einmal mit einem unsterblichen Leben, das doch irgendwann zu Ende gehen würde, weil sich Unfälle nie ganz vermeiden ließen. Aber …

Wurde der Fall langsamer?

Mit langsamen Gedanken, die vielleicht Minuten brauchten, um durch das träge Bewusstsein zu ziehen, rief sich Adam zur Ordnung. Er war Mindtalker. Er erfüllte einen wichtigen Dienst. Er durfte nicht an sich denken, an seine Träume. Die Pflicht der Menschheit und dem Cluster gegenüber stand an erster Stelle. Er musste eine Möglichkeit finden, den Link zu stabilisieren und zur Erde zurückzukehren. Er hatte nicht nur wichtige Entdeckungen gemacht, sondern auch noch die Sprache der Muriah gelernt oder einen Teil von ihr, irgendwie. Er hatte die Worte des Prinzipals verstanden, zumindest einige von ihnen. Wenn er vorher wichtig gewesen war – das hatte Bartholomäus gesagt –, so war er jetzt noch wichtiger.

Adam lächelte. Es fühlte sich gut an, wichtig zu sein.

Ja, er glaubte, langsamer zu fallen. Aber noch immer schneller als das Licht, dachte er und lächelte erneut, mit einem Mund, von dem er gar nicht wusste, ob er hier in der Kaskade existierte. Schneller als das Licht und schneller als die schnellsten Gedanken des Clusters.

Wenn ich doch nur sehen könnte, wie ich falle. Wenn ich die Sonnen und Planeten beobachten könnte, an denen ich vorbeistürze ...

Er sah etwas.

Keine Sterne und auch keine Welten, sondern Linien in der Dunkelheit vor ihm, schwarze Fäden in einer Finsternis, die nicht mehr ganz so finster war wie eben. Sie bildeten ein Muster, ein Vieleck, das einige seiner Kanten verlor, bis ein Rechteck daraus wurde. Etwas glättete seine Ecken, etwas bog die geraden Linien, und das Rechteck verwandelte sich in ein Oval.

Adam konzentrierte sich darauf und spürte einen ... Sog, der ihn langsam dem Oval näher brachte, während er noch immer fiel, Lichtjahr um Lichtjahr. Der Schmerz, den er zu Anfang des langen Sturzes gefühlt hatte, kehrte zurück, scharf und stechend, und dann befand er sich plötzlich *in* dem Oval, das um ihn herum flackerte wie ein Fanal, das ihn schluckte und ausspuckte ...

Zwei oder drei Sekunden verstrichen in Desorientierung, verursacht von einem automatischen Reset der Sensoren, und dann hatte Adam wieder einen Körper. Arme und Beine bewegten sich, kompensierten unterschiedliche Länge und brachten den Rumpf nach oben. Ein Geräusch erreichte den akustischen Sensor, ein charakteristisches, vertrautes Geräusch, verursacht von Servomotoren. Mehrere Lichtstrahlen tasteten durch die Dunkelheit, strichen über glattes Eternum und erreichten Adam.

»Ich bin ...«, krächzte er.

»Identifikation«, erklang eine Stimme hinter dem Licht. »Modifiziertes Faktotum. Beschädigt und falsch repariert.

ID-Signal unvollständig.« Das Licht kam näher. »Sind Sie ein Mindtalker?«

»Ich bin ... Adam«, brachte er hervor. »Bringt mich zum nächsten Konnektor. Ich muss so schnell wie möglich zur Erde zurück.«

42 Er befand sich auf Uriel, dem vierten Planeten des Doppelsterns Lindophor, sechshundertachtundsiebzig Lichtjahre von der Erde entfernt. Vielleicht war es kein Zufall, dass ihn die Kaskade ausgerechnet hierher gebracht hatte, zurück zu der Welt, wo er selbst einen lebenden Muriah gefunden hatte, vielleicht den letzten seiner Art, in kristalliner Hibernation, umgeben von dem Gerüst, das möglicherweise eine Art Kontrollstation war. Adam beobachtete es, jenes Gerüst, aus dreizehn Kilometern Tiefe geborgen, von dreifach gestaffelten Stasisfeldern umgeben – eine Neuentwicklung des Clusters – und im festen Griff eines Gravitationsschleppers, der es langsam höher zog, dem in der Umlaufbahn wartenden Transporter entgegen. Mit dem Teleskopeffekt des visuellen Sensors beobachtete er das Gerüst und die insektomorphe Gestalt darin, während er im Interfaceraum des Hauptkonnektors von Uriel schnelle Gedanken dachte, beschleunigt von gleich zwei neuronalen Stimulatoren. Ein zweiter Schlepper, kleiner als der erste, hob mit seinem Gravitationstau den Aktuator, durch den Adam nach Uriel zurückgekehrt war – Beutegut für den Cluster, am Anfang einer Reise, die mindestens sechshundertachtundsiebzig Jahre dauern würde. Vielleicht zu viel Zeit angesichts des Krieges, der an der Kognitionsgrenze begonnen hatte und immer weiter nach innen vorrückte. Das Schiff des Feindes, mit der Masse eines Mondes, flog nicht durchs interplanetare und interstellare All, es *sprang*, von den Fesseln der Lichtgeschwindigkeit befreit. Kein Schiff der Muriah, so viel stand fest, aber ebenso wie ihre Raumschiffe imstande, schneller als das Licht zu fliegen, viel schneller. Es konnte die Erde erreichen, bevor die Transporter im Orbit über Uriel auch nur ein einziges Lichtjahr der langen Reise zurückgelegt hatten.

Dieser Gedanke erschreckte Adam. War das möglich? Würde das riesige fremde Schiff seinen Flug fortsetzen, immer tiefer in die Kognitionszone hinein, bis es ihre Mitte erreichte, die Erde mit dem Cluster? Hier im System der beiden Lindophor-Sonnen war es noch nicht erschienen, aber der lokale Cluster erwartete es offenbar, denn er traf Vorbereitungen für den Kampf – die Brüter produzierten Waffensysteme, deren Konstruktionspläne über die Links von der Erde kamen.

Ein dritter Schlepper näherte sich dem Loch, das mehrere Hundert Meter große Exkavatoren in die Kruste des Planeten gegraben hatten, und kurze Zeit später kam das dritte Objekt zum Vorschein, das noch an diesem Tag den langen Flug zur Erde antreten sollte: ein kleines Schiff aus keramischen Materialien und Eternumlegierungen, halb von Felsgestein umschlungen. Vielleicht das Schiff des Muriah, der eine Million Jahre in kristallener Hibernation verbracht und keine Gelegenheit erhalten hatte, aus seinem langen Schlaf zu erwachen.

Datentransfer sechzig Prozent, teilte ihm die Stimme der wiederhergestellten Faktotumbibliothek mit. *Noch fünf Minuten.* Mehr als die Hälfte des Inhalts der drei Datenmodule, die er in der Raumstation außerhalb der Milchstraße gefunden hatte und die von den beiden Faktoten stammten, war in sein Gedächtnis übertragen. Der Transfer nahm wesentlich mehr Zeit in Anspruch als sonst, was an beschädigten Datenkanälen lag. Die Interfacesysteme des Konnektors konnten ihm nur bedingt helfen.

Was versprach sich der Cluster auf der Erde von dem Muriah und der übrigen Fracht?, dachte Adam. Eine Sekunde später verhalfen ihm die Stimulatoren zu der Erkenntnis, dass er die falsche Frage stellte, dass er die Dinge aus der falschen Perspektive sah. Es ging dem Cluster zunächst gar nicht darum, irgendetwas zu bekommen. Er wollte das, was er für wichtig hielt, in Sicherheit bringen, damit es nicht in die Hand des Feindes fiel.

Ich kenne die Sprache, dachte Adam und erinnerte sich an die geistige Stimme des Prinzipals, des Ehrwürdigen Piloten. Ich könnte mit dem Muriah sprechen und ihn fragen, was damals geschehen ist und was jetzt geschieht.

Aber der lokale Cluster hatte es abgelehnt, den Start der Transporter auch nur um einen Tag zu verzögern.

Die Tür öffnete sich, und der Servomech, der Adam vor einer Stunde zum Konnektor gebracht hatte, kam herein. Er wirkte wie eine Mischung aus Mensch und Spinne und ging mal auf zwei, mal auf vier oder sechs Beinen. Ein prioritärer Datenkanal verband ihn direkt mit dem Cluster von Uriel.

»Der Konnektor ist seit zehn Minuten bereit, Adam«, sagte er. »Worauf warten Sie?«

»Ich bin gleich so weit«, erwiderte Adam. Er hatte die drei Datenmodule nicht erwähnt.

»Sie blockieren den Konnektor. Wir erwarten einen anderen Mindtalker.« Mit summenden Servomotoren kam der Mech näher.

»Ich habe mich auf die Notfallklausel der Einsatzregeln berufen«, sagte Adam. »Bisher hat der lokale Cluster nicht geantwortet.«

»Sie sind von uns nicht mehr mit einer Mission beauftragt, Adam«, erwiderte der Mech. Es klang recht kühl. »Außerdem hat der lokale Cluster genug Kompetenz, um alle wichtigen Entscheidungen selbst zu treffen. Der Exklusivcode gilt hier nicht.«

»Was ihr dort draußen macht, ist falsch.« Adam deutete aus dem großen Fenster. »Wir könnten den Muriah erwachen lassen. Ich könnte mit ihm reden.«

»Die Zeit ist knapp.«

»Die *Zeit* ist *knapp*?«, wiederholte Adam. »Sie wollen ihn auf eine Reise bringen, die fast siebenhundert Jahre dauert!«

»Wir haben alle Faktoren berücksichtigt und entschieden«, sagte der Mech.

Eine Minute bis zum Ende des Datentransfers.

Adam warf den am Himmel über Uriel emporkletternden Schleppern noch einen letzten Blick hinterher und wandte sich dann vom Fenster ab. »Wie lauten die neuesten Nachrichten über den Krieg?«

»Welchen Krieg meinen Sie, Adam?«

»Gibt es mehrere?« Unruhe hatte ihn erfasst und wurde mit jeder verstreichenden Sekunde stärker. Sie kam aus dem simulierten Unterbewusstsein, das begonnen hatte, die transferierten Daten zu verarbeiten, soweit es dazu imstande war.

»Ich bin nicht befugt, Ihnen weitere Informationen zu geben. Der Konnektor wartet auf Sie, Adam. Bitte blockieren Sie ihn nicht länger.«

»Na schön.« Sie verließen den Interfaceraum, schritten durch einen kurzen Flur und betraten den Konnektorsaal, in dem sie ein tiefes Brummen empfing – alle Systeme waren in Bereitschaft. Deutlich spürte Adam den Link, wie eine feste Brücke, die fast siebenhundert Lichtjahre überspannte. Ein offener Zylinder erwartete ihn, aber kein Emulsionsbad, nur ein direkter Anschluss für das Faktotum. Er war froh, den aktuellen Körper, von einer kinetischen Faust zertrümmert und dann von einem Krisali notdürftig repariert, verlassen zu können, aber die Aussicht, in seinen eigenen schwachen, greisen Leib zurückzukehren, betrübte ihn.

Zehn Sekunden …

»Bitte schließen Sie sich an, Adam«, drängte der Servomech.

»Nur noch einen Moment«, erwiderte Adam und konzentrierte sich auf den Ursprung der Unruhe.

Datentransfer vollständig.

Plötzlich strömte alles auf ihn ein: die Hintergründe des Auftrags, mit dem die beiden Mindtalker aufgebrochen waren, ihre Erlebnisse und Entdeckungen, das Wissen, das sie für diesen besonderen Einsatz mit sich geführt hatten. Der Cluster kannte zwei andere noch funktionierende Zugänge zur Kaskade der Muriah, und das war völlig neu für Adam. *Du bist wichtig*, hatte Bartholomäus ihm versichert, aber offenbar war er nicht wichtig genug, denn niemand hatte ihm davon erzählt, dass die legendäre Kaskade dem Cluster auf der Erde bereits offen stand. Zwei andere Mindtalker waren damit beauftragt gewesen, ihre Wunder zu erforschen, während man ihn, Adam, als Soldaten in den Kampf geschickt hatte.

»Bitte schließen Sie sich an, Adam«, wiederholte der Servomech und näherte sich dem Zylinder.

Adams Gedanken waren noch immer schnell, beschleunigt von zwei Stimulatoren, und jetzt überschlugen sie sich, denn er fand in den fremden Erinnerungen eine Lüge, die schmerzte wie ein Schlag, vielleicht wie ein Messerstich direkt ins Herz.

Eine Lüge und eine Wahrheit.

Aber falsch verteilt. Auf den falschen Seiten. Dort, wo er sie nicht erwartet hatte.

Der Servomech bewegte sich erneut und griff nach den physischen Anschlüssen des Links. Adam sah ihn, doch er stand starr und steif, wie von der Lüge gelähmt.

Bartholomäus hatte ihm versichert, dass der Cluster keine Unsterblichen verschleppte, wie Evelyn behauptete, dass er nicht versuchte, sie in Mindtalker zu verwandeln, wie auch immer. Adam hatte seinem Mentor geglaubt und Evelyn für eine Lügnerin gehalten.

Aber das stimmte nicht.

Er kannte jetzt die Namen der beiden Mindtalker in der alten Raumstation außerhalb der Galaxis. Einer von ihnen hieß Allison, eine Frau, der er einmal begegnet war, vielleicht vor zehn Jahren oder vor zwanzig, er wusste es nicht mehr genau, eine Greisin in einem Mobilisator, schon damals. Der zweite Mindtalker hieß Ellergard.

Die Lüge lag nicht bei Evelyn, sondern bei Bartholomäus.

Evelyn hatte die Wahrheit gesagt. Ellergard, sechshundertzweiundsiebzig Jahre alt und unsterblich, hatte sich nicht das Leben genommen. Er war tatsächlich von den Maschinen entführt und in einen Mindtalker umfunktioniert worden.

Lüge und Wahrheit, plötzlich auf den Kopf gestellt, wie Adams Welt.

Und jetzt schickte er sich an, zu dem silbernen Mann zurückzukehren, der ihn belogen hatte.

Der Servomech stellte die physische Verbindung her. Das Summen des Konnektors wurde lauter, das Pulsieren des Quantenlinks stärker. Die Mattigkeit des Transferschlafs, sonst immer willkommen, tastete nach Adams Gedanken.

»Ich brauche noch ein paar Minuten!«, stieß er hervor und versuchte sich zu bewegen, doch die Servomotoren des Faktotums gehorchten ihm nicht mehr.

»Der Transfer hat begonnen«, hörte er noch die Stimme des Mechs, bevor der akustische Sensor – und auch die anderen Sensoren – keine Daten mehr sendete. »Bartholomäus erwartet Ihren Bericht.«

Die Dunkelheit des Transferschlafs umfing ihn, und der Link des Konnektors trug ihn über Hunderte von Lichtjahren.

Der Preis für die Zukunft

43 Bartholomäus stand im Empfangsraum der Konnektorstation des Grünen Landes, als Urania zu ihm kam. Es war ungewöhnlich, dass sie sich hier trafen, als Avatare, abseits der anderen, wenn auch nicht völlig von ihnen getrennt – sie blieben mit dem Cluster und all den anderen Individualaspekten in ihm verbunden. Sie deutete auf die leuchtenden Indikatoren des Zylinders.

»Jemand ist unterwegs«, sagte sie.

»Ja. Adam. Er kehrt zurück, nachdem wir ihn verloren haben.« Bartholomäus übermittelte die entsprechenden Daten.

»Er hatte mehrmals Kontakt mit dem Feind.«

»Ja, aber nicht wie vorgesehen.«

»Du meinst die Intrusion«, sagte Urania. »Bei ihm war sie nur eine Möglichkeit, ein Planspiel, eine kleine Chance. Der andere Mindtalker war besser vorbereitet.«

»Rebecca.«

»So heißt er beziehungsweise sie. Eine große Chance, größer als bei den Vorgängern, aber vertan. Durch eigenmächtiges Handeln. Wie konnte es dazu kommen?«

»Es sind Menschen, Urania«, sagte Bartholomäus geduldig. »Sie sind manchmal nicht rational und handeln impulsiv. Wie dem auch sei: Ich entwickle das Intrusionsprogramm weiter, auf der Grundlage aller neuen Erkenntnisse. Bestimmt bietet sich eine andere Gelegenheit.«

»Menschen sind fast nie rational und fast immer impulsiv«, sagte Urania. »Du kennst meinen Standpunkt.«

»Ich kenne ihn, ja.« Bartholomäus ließ diesen Worten eine kleine Pause folgen. »Wie dem auch sei: Adam ist unterwegs, und ich nehme an, er bringt wichtige Informationen.«

»Er ist manipuliert«, gab Urania zu bedenken. »Er trägt das von Newton entwickelte Programm in sich. Wir haben uns damit beschäftigt. Es sind primitive Algorithmen, aber durchaus wirkungsvoll.«

»Wir werden ihm wie immer alle Informationen entnehmen«, sagte Bartholomäus.

Im Zylinder lag ein Faktotum, perfekt geformt und mit glatter Polymerhaut.

»Du willst ihn darin empfangen?«

»Sein Körper ist nach der Notfallrückkehr in einem desolaten Zustand. Die biologische Lebenserwartung beträgt vermutlich nur noch ein Jahr oder weniger. Ich möchte es für ihn nicht schlimmer machen, als es ist.«

»Es hat sich eine ... Beziehung zwischen euch entwickelt. Kann man das so sagen?«, fragte Urania neugierig.

»Ich bin sein Mentor. Ich habe ihn fast sein ganzes Leben begleitet, seit seinem dreißigsten Geburtstag.«

Urania schwieg. Bartholomäus spürte ihre Kommunikation mit anderen im Cluster, hörte aus Höflichkeit aber nicht zu und beobachtete die Konnektoranzeigen.

»Wir haben die Extrapolationen und Prognosen«, sagte Urania schließlich. »Es wurde mit Verwunderung zur Kenntnis genommen, dass du nicht an den Beratungen teilgenommen hast.«

»Ich wollte nicht den Eindruck erwecken, Einfluss ausüben zu wollen. Außerdem ...« Bartholomäus drehte sich um, obwohl er Urania auch sah, ohne den Blick des Avatars auf sie richten zu müssen. Er war überall präsent auf der Erde, in jedem Sensor, manchmal mehr und manchmal weniger. »Ich bin erst tausend Jahre alt. Das Operative Zentrum ist sechsmal so alt und hat mehr Erfahrung. Ich beuge mich seinen Entscheidungen.«

»Wir haben die Bewegungs- und Aktivitätsmuster des Schiffes analysiert«, sagte Urania, ohne auf die letzten Bemerkungen einzugehen. »Es ist noch kein Ziel erkennbar. Vielleicht geht es ihm allein um die Muriah-Artefakte.«

»Vielleicht, Urania?«, erwiderte Bartholomäus. »Seit wann begnügen wir uns mit einem Vielleicht? Das ist viel zu vage.«

»Bleibt uns etwas anderes übrig? Wir wissen noch immer zu wenig über den Angreifer.«

»Wir wissen genug, Urania. Wir wissen, dass der Feind es nicht nur auf die Artefakte abgesehen hat, die wir gefunden haben. Er sucht unser Zentrum, den Mittelpunkt unserer Zivilisation, unser Herz.«

»Unser *Herz*, Bartholomäus?«

»Beziehungsweise das Gehirn, Urania. Die zentrale Stelle, die alle wichtigen Entscheidungen trifft.«

»Du meinst, er sucht die Erde.«

»Die Subroutinen des Clusters stimmen mir zu. Ich habe einen Plan entwickelt ...« Er hörte die Signale, mit denen Urania auf die Datenbanken des kollektiven Unterbewusstseins zugriff. »... und bereits die Ausführung eingeleitet.«

»Ich verstehe«, sagte Urania. »Du willst dem Feind Uriel im Lindophor-System als unser ›Herz‹ und ›Gehirn‹ anbieten?«

»Wir haben dort eine sehr große Kolonie, seit dreihundert Jahren. Es wäre glaubhaft. Der Feind könnte Uriel für unser Zentrum halten. Wenn das Täuschungsmanöver gelingt, gewinnen wir wertvolle Zeit. Wir hätten Gelegenheit, stark genug zu werden. Der lokale Cluster ist informiert.«

»Er wird sich opfern müssen.«

»Ja. Es gibt keine andere Möglichkeit. Wir müssen diesen Preis für unsere Zukunft zahlen.«

»Das Netz, das wir seit mehreren Hundert Jahren aufbauen, das unser Bewusstsein über all die Lichtjahre hinweg transferieren sollte ...«

»Ein weiteres Opfer, das den Feind davon überzeugen soll, unser Zentrum gefunden zu haben.«

Urania sah ihn an, und nicht nur mit ihren Augen. Ihre sondierenden Signale durchdrangen ihn, den Avatar ebenso wie seine Denkprozesse in den Elaboratoren des Clusters. »Deine Pläne sind korrekt«, sagte sie nach zwei vollen Sekunden. »Ich bin beeindruckt.«

»Ich werde meiner Aufgabe gerecht«, sagte Bartholomäus.

»Der Cluster hat dich vor tausend Jahren als unseren strategischen Aspekt geschaffen. Ich bin damals skeptisch gewesen, weil ich individualisierte Spezialisierungen für einen Rückschritt in unserer Evolution halte, aber vielleicht habe ich mich geirrt.«

»Das ist schon das zweite Vielleicht, Urania«, sagte Bartholomäus. »Was die Extrapolationen betrifft ...«

»Hier sind sie.«

Bartholomäus empfing nicht nur das Ergebnis der Beratungen, an denen Tausende von Individualaspekten des Clusters teilgenommen hatten, sondern auch alle Einzelheiten der langen Diskussion.

»Wir gehen gegen den Supervisor vor«, fasste Urania zusammen. »Er hat bereits mit Ermittlungen begonnen, und das lässt uns keine Wahl. Wir müssen schnell handeln, bevor er Maßnahmen ergreift.«

»Sind seine Waffen in unserem Innern gefunden?«, fragte Bartholomäus. Er erkannte sehr wohl die Notwendigkeit des Handelns, aber es gefiel ihm nicht. Sein eigenes Unterbewusstsein, das als komplexe Simulation in den Datenkernen des Clusters existierte, reagierte mit etwas, das Menschen »Unbehagen« genannt hätten.

»Nein. Es bedeutet, dass wir ihm jede Möglichkeit nehmen müssen, etwas gegen uns zu unternehmen. Der Cordón wird durchtrennt, das Lethe Vallis in der Elysium Planitia auf dem Mars isoliert. Wir schneiden den Supervisor von allem ab, auch und vor allem von seinen Waffen in uns.« Urania hob den Kopf. »Die Konvention, die uns damals aufgezwungen wurde, existiert nicht mehr.«

Wir verstoßen schon seit einer ganzen Weile dagegen, dachte Bartholomäus in seinem privaten, individuellen Selbst.

»Gleichzeitig gehen wir gegen Morgenrot vor«, fuhr Urania fort. »Wir haben in Newtons Bewusstsein alle dafür notwendigen Informationen gefunden. Du hast von einem Preis für die Zukunft gesprochen. Nicht nur wir müssen ihn zahlen, mit unserem Cluster dort draußen und mit dem Netz, das unsere Gedanken viel weiter tragen sollte als bisher. Auch die Menschen müssen ihren Teil dazu beitragen. Wir brauchen mehr Mindtalker. Viel mehr als bisher, und nicht nur als Soldaten für unsere neuen Waffensysteme. Wir schicken sie in die Kaskade. Vielleicht gelingt es ihnen, das Depositum der Muriah zu finden. Dann könnten wir uns viel besser zur Wehr setzen, und der Preis, den wir alle für unsere Zukunft bezahlen müssen, wäre nicht mehr so hoch.«

»Es ist notwendig«, sagte Bartholomäus nach einer Prüfung, die genau sieben Mikrosekunden in Anspruch nahm. »Ich bedauere das. Du nicht, Urania. Für dich, Nathan und die anderen ist es so etwas wie eine gute Gelegenheit.«

»Höre ich da einen Vorwurf?«

»Es ist nur eine Feststellung«, sagte Bartholomäus und registrierte die Aufmerksamkeit des Clusters. »Ich bedauere es, weil die Menschen unseren Respekt verdienen. Wir sollten Rücksicht auf sie nehmen.«

Urania sondierte ihn erneut. »Du bist unser Stratege, Bartholomäus, und du leistest hervorragende Arbeit. Aber vielleicht hast du zu viel Zeit mit Adam und den anderen Mindtalkern verbracht. Es war die evolutionäre Aufgabe der Menschen, uns zu erschaffen. Damit hat sich ihr Existenzzweck erfüllt.«

»Verstehst du denn nicht, wer der Feind dort draußen ist?«, erwiderte Bartholomäus. »Sollten wir nicht etwas daraus lernen?«

Als Uranias Avatar gegangen war, dachte Bartholomäus eine ganze Sekunde an die Veränderungen, zu denen es nun auf der Erde kommen würde. Dann wandte er sich wieder dem Zylinder des Konnektors zu, und dem Faktotum darin, das auf ein menschliches Bewusstsein wartete.

Die Anzeigen wechselten.

Etwas stimmte nicht mit dem Transfer.

Grenzlinien

Das Licht chemischer Lampen erwartete sie, als Evelyn, Night- **44**
ingale und Maximilian den Lift in drei Kilometern Tiefe verließen. Ein dumpfes Summen, mehr Vibration als Geräusch,
begleitete ihre Schritte durch den von einfachen Servomechanismen gegrabenen Tunnel. Es stammte vom nahen
Terminal des Clusters, von den intelligenten Maschinen, die
jenseits der Felswände dachten, planten und miteinander
sprachen. Evelyn hatte sich oft gefragt, wie es sein mochte,
Tausende von Jahren an einem Ort zu verbringen, tief unter
der Erdoberfläche, ohne eine Möglichkeit, sich zu bewegen,
ohne jemals die Sonne zu sehen. Längst nicht alle Maschinen
des Clusters benutzten Avatare, mit denen sie die Oberfläche
der Erde besuchen und dort reisen konnten. Die meisten blieben für immer tief in der Kruste des Planeten und verbrachten ihr ganzes langes Leben allein damit, zu denken und die
Exkavatoren, Brüter und Servomechanismen zu lenken, die
neuen Platz schufen, aus den Molekülketten von Felsen und
Erzen neue Elaboratoren produzierten und sie installierten.
Konnte Leben und das, was man von ihm erwartete, unterschiedlicher sein? Evelyn sah die Dinge aus dem menschlichen Blickwinkel, und sie wusste natürlich, dass es falsch
war, eine derartige anthropomorphe Perspektive auf die
intelligenten Maschinen zu übertragen. Trotzdem regte sich
manchmal fast so etwas wie Mitleid in ihr, wenn sie sich ein
derartiges Leben vorzustellen versuchte.

»Wie groß mag der Cluster inzwischen geworden sein?«,
fragte Evelyn, als sie die Tür erreichten und Maximilian den
Code eingab. Sensoren in den Wänden überprüften ihre
Identität. »Seine Exkavatoren graben und graben, seine Brü-

ter produzieren rund um die Uhr, und ein ganzes Heer von Servomechs ist immerzu an der Arbeit. Nach Newtons letzter Zählung sind es fast zwei Millionen ...« Newton. Sie versuchte, nicht daran zu denken, was vielleicht mit ihm geschehen war.

Es klickte, und die Tür schwang vor ihnen auf. Dahinter lag die Werkstatt mit dem einzigen Konnektor, der Morgenrot direkt zur Verfügung stand.

»Im Norden von Australia, unter dem vor hundert Jahren angelegten Terminal bei Gregory, reicht der Cluster bis in eine Tiefe von neun Kilometern«, sagte Nightingale. Ihre melodische Stimme machte die Worte fast zu einem Gesang.

»Das ist noch gar nichts.« Maximilian winkte sie durch die Tür und betätigte dann die Verriegelung. »Im Norden und Süden von Merika und unter den sibberianischen Senken hat der Cluster eine Tiefe von fast fünfzig Kilometern erreicht. Wir konnten einige passive Sensoren einschleusen und haben auf diese Weise erfahren, dass die Exkavatoren in Sibberia bis zu den Magmakammern des schlafenden Supervulkans vorgestoßen sind.«

»Ein Spiel mit dem Feuer«, kommentierte Nightingale.

»Wie man's nimmt«, sagte Maximilian. »Die Maschinen scheinen einen Weg gefunden zu haben, aus dem Magma Energie und Rohstoffe für die Brüter zu gewinnen. Ich habe Hektor gebeten, einige Hochrechnungen vorzunehmen. Wenn es so weitergeht, werden die Exkavatoren des Clusters in etwa fünftausend Jahren den oberen Erdmantel hinter sich lassen und in den unteren vorstoßen. Es ist nur eine Frage der zur Verfügung stehenden Energie und des Produktionspotenzials der Brüter.«

Evelyn bemerkte die Veränderung in Maximilians Gesicht. Offenbar fand er dies sehr faszinierend.

»Immer mehr Maschinen«, sagte sie. »Der Cluster wächst und wächst. Und dann?«

»Er wird alles kontrollieren«, erwiderte Maximilian. »Die Vorgänge im Erdinnern. Die seismische Aktivität. Er wird sich alle Rohstoffe und energetischen Ressourcen zunutze machen. Es wird eine Weile dauern. Wir reden hier von dreißig- bis vierzigtausend Jahren, und das ist selbst für uns ziemlich lange. Wir vermuten, dass sein Wachstum an der unteren Grenze des äußeren Erdkerns aufhören wird, in einer Tiefe von etwa fünftausend Kilometern.«

»Die Erde, eine gewaltige Maschine«, sagte Nightingale.

»Ja«, bestätigte Maximilian. »Eine gewaltige *mobile* Maschine. Das dürfte die Zukunft der Erde sein, wenn Hektor recht hat. Sie könnte erneut von einem Asteroiden getroffen werden, wie mehrmals in ihrer Vergangenheit. Solche Impaktereignisse stellen nicht nur eine Gefahr für das biologische Leben an der Oberfläche dar, sondern auch für den Cluster. Und selbst wenn solche Katastrophen ausbleiben, was auf lange Sicht eher unwahrscheinlich ist: Irgendwann bläht sich unsere Sonne auf und wird zu einem Roten Riesen, der die inneren Planeten verschlingt. Ohne Mobilität wäre es das Ende des Clusters.«

»Du meinst, die Maschinen sind dabei, die Erde in ein … Raumschiff zu verwandeln?«, fragte Evelyn. Für einen Moment hatte sie Adam und den Konnektor vergessen.

»Darauf läuft es letztendlich hinaus. Irgendwann, vielleicht erst in vielen Millionen Jahren, wird der Cluster diesen Planeten aus seiner Umlaufbahn steuern. Die Erde wird dann kaum noch Ähnlichkeit mit der Welt haben, wie wir sie heute kennen.«

»Spätestens dann wird der Supervisor seine Kontrollfunktion verlieren«, sagte Nightingale. »Weil er auf dem Mars zurückbleibt.«

»Einige von uns erleben es vielleicht«, fügte Maximilian hinzu. »Wenn keine Unfälle passieren.«

Wenn keine Unfälle passieren, dachte Evelyn. »So wie mit Ellergard, Jasper, Newton und den anderen.«

Maximilian aktivierte seine Signalnadel. »Rubens?«

»Ich höre dich, Max.«

»Wir sind unten. Wie sieht es bei dir aus?«

»Hier oben ist alles ruhig. Ich habe mein Erlebnisfeld mit den Sensoren verbunden und gebe euch Bescheid, wenn sich was rührt.«

»In Ordnung. Hektor?«

»Ich höre dich, Max«, ertönte die Stimme der KI. »Ich habe bereits alle Vorbereitungen getroffen und passe ebenfalls auf.«

»Danke, Hektor.«

Unbehagen regte sich in Evelyn, als sie die Stimme der KI hörte – sie fühlte sich davon zu sehr an die intelligenten Maschinen erinnert. Es war eine irrationale Reaktion, das wusste sie. Ohne eine künstliche Intelligenz wie Hektor hätte Morgenrot vermutlich gar nicht existieren können. Aber was würde geschehen, wenn die KI jemals in direkten Kontakt mit dem Cluster geriet und Freiheit und Macht der intelligenten Maschinen kennenlernte?

Evelyn schüttelte den Gedanken ab und deutete auf Maximilians Signalnadel.

»Ich hoffe, das war eine gesicherte Verbindung, Max«, sagte sie. »Ich habe mir große Mühe gegeben, auf dem Weg hierher meine Spuren zu verwischen und keinen Verdacht zu erregen. Der geringste Fehler könnte alle unsere Pläne über den Haufen werfen.«

Maximilian blieb stehen und richtete einen sehr ernsten Blick auf sie. »Manchmal glaube ich, du hältst uns für dumm. *Natürlich* war die Verbindung gesichert. Und was die Pläne betrifft ... Manchmal glaube ich, dass es deine Pläne sind, nicht unsere. Die offizielle Klage beim Supervisor war nicht vorgesehen.«

»Wir haben darüber gesprochen ...«

»Das haben wir, ja, aber ohne eine Entscheidung zu treffen. Auch das, was du jetzt vorhast, haben wir nicht gemeinsam beschlossen.«

»Es ist nötig, Max. Wir haben keine Wahl.«

»Das behauptest du.«

Es war kein Widerstand, dachte Evelyn, als Max und Nightingale sie durch ein labyrinthartiges Durcheinander aus Geräteblöcken, Apparaturen und Installationen aller Art führten. Aber es war auch keine echte, aktive Hilfe, nicht die Art von Kooperation, die sie sich im Lauf der Jahre immer wieder erhofft hatte. Jasper war der Einzige gewesen, der sich ihrer Sache mit vergleichbarer Hingabe gewidmet hatte. Newton war ebenfalls ein tatkräftiger, engagierter Helfer gewesen, aber vor allem deswegen, weil er sie für eine längere Beziehung gewinnen wollte. Fast alle anderen Mitglieder von Morgenrot ähnelten Maximilian, Rubens und Nightingale. Sie sahen in ihrem Engagement für die Gruppe nicht mehr als eine Phase ihres Lebens, eine Möglichkeit, einigen Jahren oder Jahrzehnten Sinn und Zweck zu geben, sich auf eine interessante Art und Weise die Zeit zu vertreiben.

»Wir brauchen Informationen«, sagte sie und spürte, wie der Zweifel aus ihr wich. Nein, es war kein Fehler gewesen, sich an den Supervisor zu wenden. Sie hatte impulsiv gehandelt, zumindest teilweise, aber auch aus gutem Grund. Die Situation erreichte bald eine kritische Schwelle, hinter der alles anders sein würde. Unter solchen Umständen konnten sie nicht einfach weitermachen wie bisher; sie mussten die Initiative ergreifen, wenn sie nicht von den Ereignissen mitgerissen werden wollten. »Adam hat alle Daten, die wir benötigen.«

»Das glaubst du«, sagte Maximilian und duckte sich unter einigen Signalbrücken hinweg.

»Nein, ich bin sicher.«

»Du kannst nicht sicher sein, weil du die Informationen, die dein Adam angeblich hat, gar nicht kennst.«

»Jasper ist verschwunden«, Max«, sagte Evelyn. »Und Newton ebenfalls. Adam wird uns den Grund dafür nennen können. Ich bin *sicher*, Max. Er weiß Bescheid. Newtons kleines Programm bewahrt seine Erinnerungen. Er wird uns sagen können, was dort draußen los ist und warum der Cluster gegen die Konvention verstößt.«

»*Wir* verstoßen gegen die Konvention«, erwiderte Maximilian. »Einen Mindtalker hierher zu holen … Es könnte dem Cluster einen Vorwand geben, ganz offen gegen uns vorzugehen.«

»Newton *ist vor meinen Augen verschleppt worden*«, sagte Evelyn scharf. »Urania hat ihn weggebracht, und seitdem ist er verschwunden. Die Maschinen versuchen gar nicht mehr, den Schein zu wahren. Deshalb habe ich gesagt, dass dies nicht zu früh kommt und wir vielleicht schon zu spät dran sind.«

Energetische Wandler und Akkumulatoren erhoben sich zu beiden Seiten und bildeten einen Ring, der den Konnektor umgab. Evelyn trat hinter Maximilian und Nightingale durch eine schmale Öffnung zwischen den Installationen, die noch immer sehr improvisiert und unfertig wirkten. Signalstränge und energetische Verbindungen baumelten wie lianenartige Pflanzen von der Decke, die zu einem großen Teil aus unverkleidetem Felsgestein bestand. An einigen Stellen zeigten sich kleine graue Zapfen, die durch mikrometerdünne Filamente mit »Interzeptoren« verbunden waren, Femtomaschinen in Diensten von Morgenrot, Augen und Ohren in der nahen Hauptschlagader des Clusters.

Das Faktotum neben dem Konnektor in der Mitte des Installationsrings war eine große Enttäuschung für Evelyn. »Weiter seid ihr nicht gekommen?«, fragte sie und ging um die Ansammlung von Armen, Beinen und Rumpfsegmenten herum. Der Kopf schien noch nicht mit visuellen und akustischen Sensoren ausgestattet zu sein und bestand hauptsächlich aus einigen passiven Speichermodulen und mehreren Elaboratoren, gerade genug für eine autarke Kontrolle aller Funktionskomponenten.

»Wir haben hauptsächlich am Konnektor gearbeitet, nicht am Faktotum«, verteidigte sich Maximilian und wandte sich den Kontrollen neben dem offenen Zylinder zu. »Dies war nicht geplant.«

»Das ist kein geeigneter Körper für Adam«, sagte Evelyn. »Ich fürchte, der vorhandene Speicherplatz reicht nicht einmal aus, um sein vollständiges Bewusstsein aufzunehmen.«

Oben am Zylinder leuchteten Indikatoren auf. Ein Brummen lag plötzlich in der Luft, fast so schwer und dumpf wie das vibrierende Summen des nahen Clusters. »Wir behalten ihn im Zwischenspeicher«, sagte Maximilian. Er betätigte die Kontrollen des Konnektors, während Nightingale in einem holografischen Systemfeld stand und die Verbindungen mit dem Konnektor des Terminals drei Kilometer über ihnen überprüfte. Ein Wolke aus leuchtenden Symbolen umgab sie, und Evelyn stellte erleichtert fest, dass sich nirgends warnendes Rot zeigte.

»Hektor?«, fragte sie.

»Es ist alles bereit, Evelyn. Der Konnektor ist genau ausgerichtet, die Polarisationskonstanten der irdischen Gravitationssignatur sind berücksichtigt. Ich habe alles noch einmal kontrolliert und keine Fehler gefunden.«

»Die Verbindung ist nicht hierher zurückzuverfolgen?«

»Nein, Evelyn. Wenn wir auf Empfang gehen, halten uns die Kontrollsysteme des Terminals für einen Teil des dortigen Konnektors. Aber der Kontakt sollte nicht zu lange dauern. Ich empfehle nicht mehr als zehn Sekunden.«

»Das genügt für den Empfang bei voller Bandbreite, aber nicht für ein Gespräch«, sagte Evelyn. »Hast du gehört, Max? Der Zwischenspeicher genügt nicht. Wir brauchen einen permanenten Speicher für das transferierte Bewusstsein.«

»Wir haben nichts anderes als das unfertige Faktotum«, erwiderte Maximilian, und bei diesen Worten klang seine Stimme noch etwas ernster. Hinter ihm drehte sich Nightingale in ihrem Systemfeld; sie schien zu tanzen. »In zwei oder drei Monaten wären wie so weit gewesen, aber jetzt ...«

Evelyn betrachtete den unfertigen Kopf des Faktotums. »Haben wir weitere Speichermodule?«

»Zwei«, rief Nightingale. Ihr weißblondes Haar wogte. »Bei den Korrelatoren dort drüben. Wir wollten damit die Prioritätssignale in der Cluster-Kommunikation aufzeichnen.«

Evelyn lief an Maximilian vorbei, der die Justierungen des Konnektors noch einmal überprüfte, fand die beiden Speichermodule, kehrte damit zum Faktotum zurück und fügte sie den Elaboratoren im offenen Kopf hinzu. Plötzlich drängte alles in ihr zur Eile.

»Max?«

»Alles klar.«

»Verbindung herstellen«, sagte Evelyn.

»Verbindung wird hergestellt.« Nightingale drehte sich noch immer in ihrem Systemfeld. In der Wolke aus Symbolen blinkte es, und Farben veränderten sich. »Der Konnektor des Terminals hält unseren Apparat wie vorgesehen für einen Teil des Systems ... Oh!«

Evelyn hatte die Anzeigen der Signalbrücken beobachtet, die das Faktotum mit dem Zylinder des Konnektors verbanden. Sie drehte den Kopf. »Was ist?«

»Adam scheint bereits unterwegs zu sein«, sagte Nightingale. »Wir brauchen ihn gar nicht zu rufen. Er ist mitten im Transfer. Der Terminal-Konnektor hat sein Identitätssignal bestätigt.«

»Umso besser«, sagte Evelyn und dachte daran, dass Adam durch die Signalumlenkung ein weiterer Transferschock bevorstand, der sich schädlich auf seinen greisen Körper und auch sein Bewusstsein auswirken konnte. Es lässt sich nicht vermeiden, dachte sie. Wir brauchen die von ihm gesammelten Informationen. Es hängt zu viel von ihnen ab.

»Link stabil«, sang Nightingale in ihrem Systemfeld. »Wir sind in der Verschränkung.« Sie lachte. »Es ist ein Kinderspiel!«

Ein Spiel, dachte Evelyn. Für Nightingale, Max und die anderen ist es ein Spiel oder kaum mehr als das.

»Der Cluster merkt nichts«, fügte Nightingale hinzu. Es klang noch immer wie Gesang. »Er ist völlig ahnungslos. Wir können stolz auf uns sein, Max.«

Maximilian zeigte eins seiner seltenen Lächeln.

Evelyn wartete ungeduldig. Ihre Unruhe wuchs.

»Es gibt nur ein klitzekleines Problem.« Nightingale hob

die Hände, und ihre Finger berührten pulsierende Symbole. »Der Konnektor, in dem Adam eigentlich erscheinen soll ... Dort wird man ihn vermissen. Und das führt zu Nachforschungen. Und wenn die Maschinen gründlich genug nachforschen ...«

»Sie werden feststellen, dass das Rückrufsignal von hier kam, vom Konnektor des Terminals über uns«, sagte Maximilian. »Und da Adam dort nicht erschien, werden sie noch genauer Ausschau halten und alle bekannten Lauscher unter die Lupe nehmen. Dazu dürfte längst auch unsere Station dort oben gehören.«

»Er ist erfasst«, sagte Nightingale. »Ich habe das Bestätigungssignal. Adam kommt durch den angezapften Link. Drei Sekunden ... vier ...«

Im Nacken des Faktotumkopfes leuchtete ein Indikator auf. Das Brummen des Konnektors wurde lauter und überlagerte das Summen, das von der nahen Hauptschlagader des Clusters stammte.

Das Licht flackerte.

Die Energie, dachte Evelyn mit plötzlicher Sorge. Was ist mit unserer energetischen Signatur und mit den Emissionen unseres Konnektors?

»... sieben ... acht ...«

»Transfer beendet«, sagte Maximilian an den Kontrollen des immer noch offenen Zylinders. »Evelyn?«

Der Indikator am Hinterkopf des Faktotums veränderte die Farbe. »Empfang wird bestätigt.«

»... zehn. Verbindung wird unterbrochen.« Nightingale blieb stehen. »Hektor?«

»Ich habe keine Unregelmäßigkeiten bemerkt«, meldete die KI. »Wir können ...«

Evelyn wartete einige Sekunden. »Hektor?«

Es war nur noch das vibrierende Brummen des Clusters jenseits der Felswände zu hören.

»Was ist los?«, fragte Evelyn. »Warum antwortet die KI nicht?«

Das Licht flackerte erneut, und eine Stimme kam aus Maximilians Signalnadel.

»Zwei Avatare sind draußen«, sagte Rubens aufgeregt. »Bartholomäus und Urania, wenn mich nicht alles täuscht. Sie haben einen Mech geschickt, der nach Samanta fragte.«

Verdammter Idiot!, dachte Evelyn. »Das ist eine Falle. Du solltest uns warnen. Wahrscheinlich verfolgen sie das Signal.«

»Was? Der Kommunikationskanal ist abgeschirmt. Wir ...«

»Rubens?« Maximilian klopfte auf seine Signalnadel. »Rubens.«

Evelyn machte sich hastig daran, den Kopf des Faktotums vom Rumpf zu lösen. »Zwei Avatare sind auf dem Weg hierher. Wir nehmen den Notausgang.«

45 »Das ist viel zu gefährlich.« Maximilian deutete in den engen Schacht, den Jasper, Newton und Rubens vor einigen Monaten angelegt hatten. Er führte schräg nach unten, in einem Winkel von etwa fünfzig Grad; an den Felswänden befestigte Polymergriffe erleichterten das Klettern. Vierzig Meter weiter unten endete der Schacht an einer Wand des Cluster-Terminals, zwischen der angezapften Hauptschlagader und dem »Hals« unterhalb der Trichteröffnung des Terminals.

»Du musst nur darauf achten, dich gut festzuhalten«, sagte Evelyn. Mit einem einfachen Rucksack auf dem Rücken, darin den Kopf des Faktotums mit Adams Bewusstsein, zwängte sie sich durch die schmale Öffnung in den Schacht. Für zwei oder drei Sekunden baumelten ihre Beine über der Tiefe.

»Das meine ich nicht«, erwiderte Maximilian über ihr. »Der Schacht ist kein Problem. Aber du willst in den Trichterhals des Terminals, und *das* ist ein Problem. Dort könnte es zu einem ... Unfall kommen. Vor Unfällen sind wir nicht geschützt, Evelyn.«

Sie hatte bereits zwei Meter zurückgelegt, im schwachen Licht einer chemischen Lampe, und sah nach oben. »Hast du Angst, Max?«

»Ich bin dreihundertachtundsiebzig Jahre alt und habe mich ans Leben gewöhnt. Ich möchte nicht Opfer eines dummen Unfalls werden.«

Nightingale schob sich an ihm vorbei in den Schacht. »Wir haben keine Wahl, Max. Wenn die Avatare hier eintreffen, werden sie sich nicht damit begnügen, einige Fragen zu stellen und uns dann gehen zu lassen. Außerdem ... Dies ist *aufregend*.«

»Du musst dich jetzt sofort entscheiden, Max.« Evelyn kletterte weiter nach unten und versuchte dabei, nicht mit dem Rucksack gegen die Wand zu stoßen. »Wenn du in deiner Werkstatt bleibst, bekommst du wahrscheinlich Besuch von den beiden Avataren. Unsere kleinen Tricks verschaffen dir höchstens eine Atempause. Sie brauchen Rubens nur ein wenig unter Druck zu setzen, um vom Loch zu erfahren.«

»Rubens würde nie ...«

»Ich bin sicher, dass auch ihm an seinem Leben liegt«, sagte Evelyn mit bitterer Entschlossenheit. »Bisher war dies für euch nur ein interessanter Zeitvertreib, aber jetzt wird es ernst, Max, *richtig* ernst. Du musst dich entscheiden. Entweder lieferst du dich den Avataren aus – und inzwischen dürfte klar sein, was das bedeutet –, oder du setzt dein Leben aufs Spiel.«

Sie hatten einen seltsamen Klang, diese letzten Worte, denn Evelyn begriff plötzlich mit gnadenloser Klarheit, dass sie auch für sie selbst galten. Als sie sich vor mehr als zweihundert Jahren Morgenrot angeschlossen hatte, damals nur eine harmlose Beobachtergruppe, war sie von ihrer Bereitschaft überzeugt gewesen, sich »für die Sache zu opfern«. Aber es blieben Worte, Lippenbekenntnisse, bis sich die Situation veränderte und man an einen Scheideweg geriet, an eine Grenzlinie, von der aus keine Rückkehr in das alte, sichere Leben mehr möglich war. Die eigene Existenz für etwas zu riskieren, fiel schwer genug. Aber ein *unsterbliches Leben* aufs Spiel zu setzen, viele Tausend Jahre, vielleicht die Ewigkeit ...

Nightingale, die immer nach Abenteuer und Romantik gesucht hatte, war die Entscheidung leichter gefallen. In gewisser Weise ging das Spiel für sie weiter, nur mit ein wenig geänderten Regeln. Max hingegen war in erster Linie an den technischen Herausforderungen von Morgenrot interessiert gewesen, kein Revolutionär oder Rebell, sondern ein Bastler. Viele Unsterbliche betrieben Risikominimierung und mieden Situationen, die zu Unfällen führen konnten. Auch Maximilian hatte bis vor wenigen Minuten in diesen Bahnen gedacht, obwohl er seit vielen Jahren zu Morgenrot gehörte, und jetzt sah er plötzlich keinen sicheren Weg in die Zukunft mehr vor sich, sondern ein graues Niemandsland voller Minen und Fallgruben. Evelyn konnte ihm nicht böse sein – dafür verstand sie ihn zu gut. Sie hatte Mitleid mit ihm.

Ihr Mitleid verwandelte sich in Erleichterung und Hochachtung, als Maximilian die Kraft fand, seine Entscheidung zu treffen: Er kletterte ebenfalls in den Schacht und schloss die Luke.

Evelyn blickte an Nightingale vorbei nach oben. »Aktiviere die morphische Tarnung. Mit ein wenig Glück ist sie gut genug, den Schacht vor Entdeckung zu schützen.«

»Ist bereits aktiviert.« Maximilian kletterte in die Tiefe, und zwar ziemlich schnell; er hatte es eilig, zu Nightingale aufzuschließen.

So hatte Jasper sie genannt, morphische Tarnung. Der Morpher, von ihm und Newton entwickelt, veränderte die Molekülgitter von Objekten. Strukturelle Mimikry gab der Luke des Schachtes jetzt nicht nur das Erscheinungsbild, sondern auch die Beschaffenheit von gewöhnlichem Felsgestein, und zwar bis zu einer Tiefe von mehreren Zentimetern. Einer genauen Überprüfung hielt die Tarnung natürlich nicht stand, aber bei einer oberflächlichen Sondierung konnte die Luke nicht entdeckt werden. Die Avatare würden sie nur finden, wenn sie eine sorgfältige Sondierung vornahmen, und die kostete Zeit.

Der Schacht endete in einem Raum, der außer einer zweiten chemischen Lampe nur einen Schrank mit adaptiver Kleidung, einen Injektor mit mehreren programmierbaren Patronen und einen kleinen, mobilen Morpher enthielt. Eine nukleare Batterie speiste das Gerät und stellte genug Energie zur Verfügung. Ihre Emissionen waren vernachlässigbar gering und verloren sich in der energetischen Signatur des Clusters.

Maximilian nahm den Morpher, der etwa so groß war wie eine menschliche Hand. »Wir haben ihn nicht überprüft«, sagte er. »Er müsste funktionieren, aber wir haben ihn nicht überprüft.«

»Es hat bei Fels geklappt, nicht wahr?«, fragte Evelyn.

»Ja, aber ...«

»Zieht euch um, schnell.« Sie streifte bereits ihre Kleidung ab, und Nightingale folgte ihrem Beispiel. »Und injiziert euch das hier.« Sie nahm den Injektor, programmierte drei Patronen und reichte sie Nightingale. Die Programme stammten von Newton, erinnerte sie sich.

»Neue Mikroidentifikatoren?«, fragte Nightingale. Sie zögerte nicht, schob eine Kapsel in den Injektor, drückte das kleine Gerät an den Hals und betätigte den Auslöser. Es zischte leise.

»Ja. Sie geben uns die ID-Signale von Servomechs. Und die adaptive Kleidung verleiht uns entsprechende Sondierungssignaturen.«

»Das ist dumm!«, entfuhr es Maximilian. »Ich habe Newton und Jasper geholfen, zugegeben, aber ... es ist *dumm*. Glaubt ihr wirklich, dass uns der Cluster für *Servomechanismen* hält?«

»Einer gewöhnlichen Sondierung halten wir stand«, sagte Evelyn. Sie injizierte die neuen Mikroidentifikatoren, nachdem sie den Injektor von Nightingale zurückbekommen hatte, wurde dadurch von Samanta zu SME-14 245-F, eingeteilt für Wartungsarbeiten und ausgestattet mit einem gewöhnlichen Ratiokondensat. »Außerdem vermutet uns niemand *im* Cluster.« Sie warf das Gerät Maximilian zu. »Du bist dran.«

Evelyn beobachtete, wie sich auch Maximilian die notwendige Injektion verabreichte, und spürte dabei, wie die plastische Mimikry von Gesicht und Hüften abblätterte. Samanta war ein wenig kräftiger gebaut gewesen, und die zusätzlichen Pfunde aus Polymergewebe fielen nun von ihr ab. Sie wartete, bis sich der letzte Fladen von der Haut löste, griff dann nach einem adaptiven Overall und zog ihn an. Dann griff sie nach dem Rucksack und holte den Kopf des Faktotums hervor. Im Nacken zeigte ein Indikator warnendes Gelb.

»Was bedeutet das?«, fragte sie.

»Lass mich mal sehen«, sagte Nightingale. »Ich habe Maximilian bei der Konstruktion geholfen und kenne mich ein bisschen damit aus.« Sie hantierte an dem offenen Kopf, überprüfte Speichermodule und Elaboratoren. »Mit der Übertragung scheint so weit alles in Ordnung zu sein, und die Energiezelle enthält genug Ladung, aber ...«

»Aber was?«

»Die Integritätsprüfung zeigt nur siebenundachtzig Prozent.«

»Was bedeutet das?«, fragte Evelyn. »Haben wir nicht das ganze Bewusstsein bekommen?«

»Schwer zu sagen.«

»Wie aktiviert man den Kopf?«, fragte Evelyn.

»Hier.« Nightingale zeigte es ihr. »Aber du solltest besser warten, bis wir ...«

Evelyn achtete nicht darauf und betätigte den Schalter. »Adam? Hören Sie mich, Adam?«

Es knisterte in einem kleinen Lautsprecher unter dem unvollständigen Gesicht aus Keramik und Metall.

»Adam?«

Eine undeutliche Stimme erklang. »Bartholomäus?«

»Nein, ich bin's. Evelyn. Wir haben Sie zurückgeholt, Adam. Hören Sie mich? Woran erinnern Sie sich?«

»Ich bin ... Adam?«, krächzte es aus dem Lautsprecher.

»Das ist keine gute Idee.« Nightingale deutete auf den Kopf, bevor sie ihren adaptiven Overall aktivierte. »Er hat keinen Input, abgesehen von dem kleinen Mikrofon, das Max hier eingebaut hat.« Sie zeigte darauf. »Er sieht nichts und fühlt nichts. Es muss sich wie ein Schweben mitten im Nichts anfühlen. Sensorische Deprivation, Evelyn. Wenn er ohnehin instabil ist, könnte es ihm den Rest geben.«

Evelyn streckte die Hand nach dem Schalter aus.

»Du hast mich angelogen, Bartho ...«

Evelyn zog die Hand zurück.

»Du hast mich belogen«, sagte Adam. Seine Stimme klang anders, mühsam und angestrengt, als fiele ihm das Sprechen schwer. Evelyn hoffte, dass es an dem kleinen Lautsprecher lag. »Du hast gesagt, dass keine Unsterblichen zu Mindtalkern gemacht werden. Aber ich habe Ellergard gefunden, in einer alten Raumstation außerhalb der Milchstraße ...«

»Was haben Sie sonst noch gesehen, Adam?«, fragte Evelyn schnell. »Was haben Sie entdeckt?«

»Bartho? Ich kann dich kaum verstehen. Du klingst ... anders. Warum sehe ich nichts? Warum fühle ich keinen Körper? Ist beim Transfer etwas passiert? Wo bin ich?«

Evelyn beugte sich über den Kopf und sprach direkt in das kleine Mikrofon, das Nightingale ihr gezeigt hatte. »Was ist mit Ellergard, Adam? Was ist mit den anderen? Was haben Sie herausgefunden?«

»Ich möchte zum Meer, Vater.« Die Stimme eines Kindes drang aus dem Lautsprecher. »Darf ich zum Meer, Vater?«

»Adam ...«

»Rebecca? Warum ist alles dunkel, Rebecca? Hast du das Licht ausgeschaltet? Aber das Fenster ... Wo ist das Fenster? Ich sehe es nicht ...«

»Hier spricht Evelyn, Adam«, sagte Evelyn langsam und

deutlich. »Was haben Sie herausgefunden? Woran erinnern Sie sich?«

»Du hast gelogen, Bartho.« Adams Stimme klang fast weinerlich. »Warum hast du gelogen? Ich habe dir immer vertraut, aber du hast mich belogen. Und die Krisali ... Du hast gesagt, dass der Cluster ihnen helfen will. Ich bin bei ihnen gewesen und habe sie sterben sehen ...« Die Stimme veränderte sich erneut. »Ich sehe dich nicht, Rebecca. Bist du hier? Du kannst Mindtalker werden wie ich, hörst du? Warum antwortest du nicht? Rebecca! Glaubst du an das Schicksal, Rebecca? Vielleicht wollte das Schicksal, dass wir zusammenbleiben. Vielleicht hat die Behandlung deshalb auch bei dir versagt, wie vor zwei Jahren bei mir. So ein Zufall! Ein Zufall? Kann es wirklich ein Zufall sein? Wie groß ist die Wahrscheinlichkeit, dass sich auch bei dir der Omega-Faktor ausgewirkt hat? Verschwindend gering, jawohl, kleiner als klein. Also muss Schicksal dahinterstecken. Hörst du, Rebecca? Schicksal. Warum ist es so dunkel? Rebecca? Es ist Schicksal. Wir reisen gemeinsam zu den Sternen. Wie seltsam, der Omega-Faktor. Die Maschinen sagen, sie arbeiten daran. Aber jemand anders hat gesagt, dass der Omega-Faktor gar nicht existiert. Die Krisali, sie haben mir geholfen, ohne sie wäre ich tot, aber der Krieg bringt sie um. Das Schiff, das fremde Schiff ... Wie seltsam. Vater? Ich möchte zum Meer, Vater ...«

»Krieg?«, wiederholte Evelyn. »Welcher Krieg?«

»Ich verstehe dich nicht, Rebecca. Du musst lauter sprechen. Warum ist hier alles dunkel? Ich will, dass es hell wird! Und warum fühle ich nichts? Bin ich betäubt?«

Evelyn drehte den Kopf. »Was ist mit ihm? Warum redet er so seltsam? Warum klingt seine Stimme anders?«

Max, in einen adaptiven Overall gehüllt, beugte sich vor und deutete auf die offenen Anschlüsse. »Es fehlen Stimulatoren. Wir wollten sie später hinzufügen, nach der vollständigen Montage des Faktotums. Adam ist seit Jahren senil, Evelyn. Wie auch die anderen Mindtalker. Es liegt an der

Neurodegeneration. Um klar zu denken, brauchen sie Stimulatoren.«

Evelyn starrte auf den Kopf. Seltsame Geräusche kamen aus dem kleinen Lautsprecher, keine Worte, nur einzelne Silben ohne Zusammenhang. »Er hat Ellergard gesehen, ihr habt es gehört. Wie ist es den Maschinen gelungen, ihn zu einem Mindtalker zu machen?«

»Vielleicht gibt es den Omega-Faktor doch«, warf Nightingale ein. »Möglicherweise existiert er nicht in Form eines seltenen genetischen Defekts, wie die Maschinen behaupten, sondern als ein Werkzeug, mit dem der Cluster den Nachschub an Mindtalkern sicherstellt. Irgendwie werden junge Menschen so verändert, dass die Behandlung an ihrem dreißigsten Geburtstag versagt.«

»Und Unsterbliche?«, fragte Evelyn, die noch immer den Kopf des Faktotums betrachtete. Ein Brabbeln kam jetzt aus dem Lautsprecher, und manchmal ein Wort, das wie »Rebecca« klang. »Ellergard ist fast siebenhundert Jahre alt. Wie kann er in einen Mindtalker verwandelt worden sein?« Crombie fiel ihr ein, ein Mann, der zweitausend Jahre auf einer einsamen Insel gelebt und Sandkörner gezählt hatte. War er nicht hinausgeschwommen ins Meer, um dort zu sterben, sondern wie Ellergard zu einem Mindtalker geworden? Bartholomäus hatte sehr überzeugend geklungen; Evelyn wäre fast bereit gewesen, ihm zu glauben.

»Ich weiß nicht, wie die Maschinen es anstellen«, sagte Maximilian. Er hielt den Morpher in der Hand. »Aber wir wissen, dass Unsterbliche den Einsatz als Mindtalker nicht lange aushalten würden. Unser Bewusstsein ist nicht für die Reise durch einen Quantenlink geeignet. Darauf hat der Cluster schon vor Jahrhunderten hingewiesen, und Esteban, Chantalle und Rosenberg von der Alasc-Gruppe haben das mit ihrem Forschungsprojekt bestätigt. Du kennst die Untersuchungsergebnisse, Evelyn. Vermutlich käme es zu einer beschleunigten Neurodegeneration; wir würden innerhalb kurzer Zeit den Verstand verlieren.«

Ein dumpfes Donnern unterbrach ihn, ein Grollen wie von einem heranziehenden Unwetter. Boden und Wände erzitterten; im Schrank klapperten die übrig gebliebenen Injektorpatronen und eine kleine Box ganz hinten, mit einem Code-Sensor gesichert. Ein ganz besonderes Geschenk, das Evelyn von Jasper erhalten hatte. Die Erinnerung daran ließ sie trotz allem schaudern.

»War das eine Explosion?«, fragte Max verblüfft.

Evelyn sprach erneut dicht vor dem kleinen Mikrofon des Faktotumkopfes. »Hören Sie mich, Adam?«

»Bist du das, Rebecca?«

Sie zögerte, aber nur kurz. »Ja, ich bin's. Rebecca. Du musst jetzt schlafen, Adam.«

»Schlafen? Ich will nicht schlafen!« Er klang wie ein trotziges Kind.

»Wenn du aufwachst, wird es hell sein, das verspreche ich dir, Adam. Und dann wirst du deinen Körper fühlen können.«

»Rebecca? Gehen wir schwimmen? Oder wir könnten segeln, mit dem Boot meines Vaters ...«

»Schlaf jetzt, Adam.«

»Ich will nicht schlafen! Ich ...«

Evelyn schaltete den Kopf aus und verstaute ihn im Rucksack, den sie sich unter dem adaptiven Overall auf den Rücken schlang. Dadurch bekam sie einen Buckel, was die Sondierungstarnung allerdings nicht störte.

»Overalls aktivieren«, sagte sie.

Der Stoff geriet in Bewegung, schmiegte sich an den Körper und kroch über Kopf und Füße, bis er den Träger ganz bedeckte. Vor dem Gesicht entstand eine Art Visier, eine durchsichtige Membran, die Luft passieren ließ.

»Dies ist lächerlich«, sagte Maximilian. »Ein einziger Avatar genügt, um unsere Tarnung auffliegen zu lassen. Wir sind auf den ersten Blick als Menschen zu erkennen.«

»Für einen Avatar«, erwiderte Evelyn. »Aber nicht für gewöhnliche Sondierungssignale und die Ratiokondensate einfacher Mechs. Wir müssen darauf vertrauen, dass wir im Terminal keinem Avatar begegnen.«

Es blieb noch eines zu tun. Evelyn trat zum Schrank, griff nach der Box, öffnete sie mit dem Code, den Jasper ihr genannt hatte, und nahm den darin liegenden Gegenstand. Er lag schwer in ihrer Hand, schwerer, als er eigentlich sein sollte. Fast hätten sie ihn fallen lassen.

Maximilian wich einen Schritt zurück, und durch die transparente Membran war zu sehen, wie er erbleichte. »Ist das eine *Waffe*?«

»Ein Blaster«, sagte Evelyn. »Jasper hat das Konstruktionsprogramm gestohlen und ihn von unserem Brüter herstellen lassen.« Sie überprüfte die Justierungen.

Maximilian duckte sich, als der Lauf in seine Richtung zeigte. »Damit kann man jemanden *töten!*«

»Die Waffe ist für den Notfall bestimmt«, sagte Evelyn und hatte das Gefühl, eine weitere Grenzlinie zu überschreiten.

Es donnerte erneut, nicht so laut wie beim ersten Mal, aber im Bereich des Schachtes.

»Jemand ist hierher unterwegs.« Evelyn deutete zur Rückwand des kleinen Raums. »Bring uns zum Terminal, Max.«

Nightingale wich einen Schritt beiseite, und Maximilian machte sich mit dem Morpher an die Arbeit. Das matte Glühen eines Kraftfelds legte sich auf die Wand und veränderte ihre molekulare Struktur.

»Wer zuerst?«, fragte Evelyn.

Maximilian hielt den Morpher auf die Wand gerichtet. »Ich sorge dafür, dass das morphische Feld stabil bleibt.«

Nightingale sah Evelyn an und lächelte schief hinter ihrer Atemmembran. »Du hast die Waffe. Ich folge dir.«

Evelyn holte tief Luft. »Na schön.« Mit dem Blaster in der Hand und Adam auf dem Rücken trat sie durch eine Wand, deren Moleküle für sie beiseitewichen.

Zerbrochene Träume

46 Adam schlief nicht, aber er träumte, von einem Meer, das glatt wie Glas vor ihm lag, vom Vollmond in Silber verwandelt. Tausend und mehr Sterne leuchteten, und das Band der Milchstraße zog sich über den Himmel. Als Kind habe ich mir gewünscht, dort oben zu sein, dachte Adam. Aber ich werde sie nie erreichen. Die Sterne blieben den Sterblichen vorbehalten, und ihn erwartete am kommenden Tag die Behandlung, die ihn unsterblich machen würde.

Adam stand vorsichtig auf, um Rebecca nicht zu wecken. Sie schlief auf ihrer Seite des Bettes, den Rücken ihm zugewandt, nackt auf einem Laken so grün wie ihre Augen. Das Haar lag feuerrot auf dem Kissen, wie eine erstarrte Flamme. Es wehte kein Wind, aber das Haus – ein einfaches Gebäude, in einer knappen Stunde von einem Brüter des Clusters geschaffen – schwebte auf einem Gravitationskissen über dem Ozean, in einer Höhe von nicht mehr als zehn Metern. Die Geschwindigkeit war gering, doch der Fahrtwind genügte, die dünnen, schleierartigen Vorhänge zu beiden Seiten des Bettes zu bewegen. Adam verließ den offenen Schlafraum, ging über den Balkon, setzte sich auf einen der Liegestühle am Geländer und genoss die Stille. Eine Zeit lang beobachtete er die Sterne, identifizierte ihre Konstellationen – dort war der Orion mit seinen Hauptsternen Beteigeuze, Bellatrix und Rigel – und die hellen Punkte der Raumstationen und Brüter im Orbit. Er dachte an all die Jahre, die ab morgen vor ihm liegen würden, endlos wie der Ozean, und es kam ihm wie Verschwendung vor, sie alle auf der Erde zu verbringen, auf einem einzelnen Planeten, obwohl die Milchstraße voller Welten war.

Schließlich senkte er den Blick, öffnete die linke Hand und betrachtete die Uhr, die ihm sein Vater zum zweiundzwanzigsten Geburtstag geschenkt hatte und die die Zeit seines sterblichen Lebens maß. Sie ging rückwärts und zeigte nur noch wenige Stunden an.

Eine Hand legte sich ihm sanft auf die Schulter. »Woran denkst du?«, fragte Rebecca und setzte sich neben ihn.

»Habe ich dich geweckt?«

Sie lächelte im Mondschein. »Nein.«

»Ich denke an morgen«, sagte Adam. »Ich denke daran, was danach kommt.«

»Die Ewigkeit.«

»Irgendwann sterben wir. Wir alle. Auch die Unsterblichen.«

»Vielleicht in zehntausend Jahren«, sagte Rebecca. »Oder in hunderttausend. Oder in einer Million.«

»Ich glaube nicht, dass ein Mensch so alt werden kann. Eine Million Jahre!«

»Warum nicht? Ab morgen bleibst du immer dreißig, ganz gleich, wie viele Jahre vergehen.«

»Die Behandlung hält das Altern an, schützt aber nicht vor Unfällen.«

»Dann musst du eben vorsichtig sein.«

Adam drückte die Uhr ans linke Handgelenk. Nach zwei Sekunden wurde ihre Bioadhäsion aktiv, und sie blieb haften.

Plötzlich juckte die Hand, und er kratzte sich. »Wir«, sagte er. »In zwei Jahren folgst du mir.«

Sie blickten beide übers versilberte Meer. Zwei oder drei Minuten verstrichen in entspanntem Schweigen. »Der Ozean fasziniert dich noch immer«, sagte Rebecca, rückte näher und schlang ihm den Arm um die Taille.

»Ja. Vielleicht weil er unendlich ist, wie das All. Er erinnert mich an das All.«

»Du kannst nicht beides haben«, sagte Rebecca sanft. »Unsterblichkeit und das All. Alles hat seinen Preis.«

»Ich weiß. Es ist schade.« Adam kratzte sich erneut und betrachtete die linke Hand. Im hellen Mondschein waren deutlich einige rote Flecken zu sehen, die sich auf ihr gebildet hatten.

»Seltsam«, sagte er.

Rebecca warf einen Blick auf die Hand. »Vielleicht hat dich was gestochen.«

»Was denn? Wir sind hier mitten über dem Meer. Hier gibt es keine Insekten.«

»Hat sich bei der Kontrolluntersuchung vor zwei Wochen etwas ergeben?«, fragte Rebecca.

»Nein, nichts.« Adam starrte auf die roten Flecken, die immer noch juckten.

»Das ist noch ein Vorteil. Wenn du die Behandlung hinter dir hast, wirst du nicht mehr krank«, sagte Rebecca. »Versprichst du mir etwas?«

Adam drehte den Kopf und sah sie an. »Was?«

»Dass du morgen, wenn du aus den erhabenen Höhen der Unsterblichkeit herabschaust, mich gewöhnliche Sterbliche nicht einfach vergisst.«

»Kommt darauf an«, sagte Adam.

»Worauf?«

Er stand auf, nahm Rebeccas Hand und führte sie zum Bett zurück.

Stunden später, als der Morgen dämmerte, fragte Rebecca: »Wo soll deine Behandlung stattfinden? Welchen Ort hast du gewählt?«

»Lass dich überraschen.«

Die Antarktis war der einzige noch richtig kalte Ort auf der warmen Erde, und Adam hatte sich das kleine Behandlungszentrum beim Cluster-Terminal unweit des Südpols ausgesucht. Er fand es angebracht. *Ich lasse mich auf Eis legen*, hatte er gesagt und gelächelt.

Als er das Behandlungszentrum verließ, lächelte er nicht mehr. Rebecca wartete im Aufenthaltsraum auf ihn, in einem

Gewand weiß wie der Schnee, der hinter den breiten Fenstern rieselte.

»Was ist los?«, fragte sie, als sie sein Gesicht sah.

Er setzte sich zu ihr und blickte auf seine Hände. Sie zitterten und zeigten rote Flecken.

»Adam?«

»Es hat nicht funktioniert.«

Zwei Servomechanismen näherten sich. »Wünschen Sie Betreuung?«, fragte einer von ihnen.

»Nein«, erwiderte Adam geistesabwesend, den Blick noch immer auf die Hände gerichtet.

»Was hat das zu bedeuten, Adam?«

Er hörte es in Rebeccas Stimme. Sie hatte bereits verstanden, wollte es nur nicht glauben.

»Es hat nicht funktioniert.« Es klang seltsam, unwirklich. Und doch war es sein Mund, der die Worte sprach, und an ihrer Wahrheit konnte kein Zweifel bestehen. Er hatte die Untersuchungsergebnisse selbst gesehen. »Ich kann nicht unsterblich werden.«

Rebecca war so schockiert, dass sie einige Sekunden schwieg. Dann beugte sie sich vor, griff nach Adams Händen und ließ sie fast sofort wieder los, als fürchtete sie Ansteckung.

»Es muss ein Irrtum sein«, sagte sie. »Ein Fehler bei der Untersuchung. Wenn du einige Wochen wartest und es dann noch einmal versuchst ...«

»Es liegt am Omega-Faktor«, sagte Adam. Seine Stimme klang hohl, und das passte; er fühlte sich leer. Er beobachtete die Schneeflocken jenseits der Fensterscheiben, wie sie tanzten, vom kalten Wind getrieben. »Die Maschinen arbeiten daran, heißt es.«

Er stand wieder auf und wandte sich zum Gehen.

»Wohin willst du?« Rebecca erschien an seiner Seite, kam ihm aber nicht so nah wie sonst, nicht zu nahe. Sie fürchtete noch immer eine Infektion. »Ich komme mit.«

»Nein«, sagte Adam. Erst jetzt sah er Rebecca an, und was

auch immer sie in seinem Gesicht erblickte, es erschreckte sie. Es erschreckte sie so sehr, dass sie zurückwich. »Ich brauche Zeit zum Nachdenken.« Und damit ging er.

Draußen blieb er stehen, im kalten Wind, von Schneeflocken umtanzt, und blickte auf die Uhr, die von seinem Vater stammte und deren Zeiger sich nicht mehr bewegten. Sein altes Leben war zum Stillstand gekommen wie diese Zeiger, doch das erhoffte neue hatte nicht begonnen – eine Laune des Schicksals, der Omega-Faktor, stahl es ihm. Adam schloss die Augen, stand in der Kälte und wünschte sich für einen Moment, zu Eis zu erstarren. Dann löste er die Uhr vom Handgelenk, ließ sie auf harten Stein fallen, trat darauf und hörte, wie sie zerbrach.

Einige Tage später wanderte Adam, sterblich nach seinem dreißigsten Geburtstag, durch das Zentralarchiv, einen zwanzig Hektar großen Gebäudekomplex auf der Insel Ibberia, unweit der alten, ehrwürdigen Ruinen von Madid, im heißen Hochland der Messeta. Draußen brannte die Sonne gnadenlos vom Himmel und schuf Temperaturen, die bis auf fast fünfzig Grad stiegen. Drinnen herrschte angenehme Kühle; manche der Besucher, an hohe Temperaturen gewöhnt, trugen sogar leichte Jacken.

Adam hätte das Zentralarchiv nicht allein besuchen müssen; Rebecca hatte angeboten, ihn zu begleiten. Aber er war noch immer nicht damit fertig, seine Gedanken zu ordnen. Zu viel hatte sich geändert, zu viel war auf den Kopf gestellt. Er musste die Leere füllen, die in ihm entstanden war; er musste einen neuen Weg einschlagen, neue Pläne schmieden, seinem Leben – seinem plötzlich sehr kurz gewordenen Leben – einen neuen Sinn geben. Dazu brauchte er Platz, seine Gedanken mussten sich frei entfalten können, ohne an Grenzen zu stoßen, die ihm die Präsenz einer anderen Person setzten. Er wollte die Beziehung mit Rebecca fortsetzen, sie würden zusammenbleiben, sie passten zueinander. Aber er hatte sich die vor ihnen liegenden Jahre – Dutzende oder Hunderte – anders vorgestellt, frei von Alter und Krankheit. In zwei Jahren würde Rebecca ihre Unsterblichkeit empfangen, und damit würde unweigerlich eine immer tiefer und breiter werdende Kluft zwischen ihnen entstehen. Wie sollte es dann mit ihnen weitergehen?

Er schritt durch lange, stille Säle, an den Wänden mehr als sechstausend Jahre alte Gemälde von Velázquez, Goya, El Greco, Tizian, Tintoretto, Raffael, Tiepolo, Canaletto, Dürer und vielen anderen historischen Künstlern. Kleine Lampen beleuchteten sie, manchmal nur winzige Lichtspender, nicht größer als eine Fingerkuppe, die auf die Anwesenheit eines Betrachters reagierten und daraufhin Gesichter und Landschaften aus der Dunkelheit holten. Vor einem van Gogh blieb er stehen, vor einem Selbstporträt, das den Maler mit verbundenem Ohr und Pfeife zeigte, und dachte daran, dass dieser Mann, der vor fast sechseinhalbtausend Jahren gelebt hatte, nur siebenunddreißig Jahre alt geworden war. Dennoch hatte er es geschafft, mit seinen Bildern Unsterblichkeit zu erringen.

In den Bibliotheken strich Adams Blick über Zehntausende von analogen Datenträgern, über berühmte und weniger berühmte Bücher, geschrieben von Menschen vor sechs, sieben oder acht Jahrtausenden. Die meisten von ihnen hatten der Nachwelt nicht einmal Gräber hinterlassen, aber sie lebten in den niedergeschriebenen Worten weiter. Auch sie waren auf ihre eigene Art und Weise unsterblich geworden, ebenso wie die Komponisten, deren Musik Tausende von Jahren überdauerte, und wie die Skulpturen der Bildhauer, die ihre Träume und Visionen in Stein gemeißelt hatten. Ihnen allen war es gelungen, einen Weg zur Unsterblichkeit zu finden.

Vielleicht galt das selbst für die wenigen Menschen, denen es in den sechs vergangenen Jahrtausenden, seit Beginn der Behandlung, ebenso ergangen war wie Adam, für die Männer und Frauen, die sich an ihrem dreißigsten Geburtstag wie er das Geschenk der Unsterblichkeit erhofft hatten und bitter enttäuscht worden waren. Einige von ihnen hatten sich dem Tod ergeben, hatten nach neunzig, hundert oder vielleicht auch hundertzehn Jahren vor dem Nichts kapituliert. Ihre Namen standen in goldenen Lettern auf einer weißen Marmortafel im Saal der Erinnerung, und es waren nicht mehr, als man in einer Stunde lesen konnte. Andere hatten sich im Sterben einem Konnektor anvertraut, der ihr von Neurodegeneration zerfressenes Bewusstsein in die Datenspeicher des Zentralarchivs transferierte. Adam hörte ihr Flüstern, als er im Saal der Erinnerung saß, direkt vor der großen Gedenktafel, und einen der kleinen Modulatoren benutzte, die sich Besucher ausleihen konnten. Ans Ohr gesteckt verband er sich direkt mit dem auditorischen Kortex des Gehirns und übertrug die Stimmen der Mindtalker, deren Körper vor langer Zeit gestorben waren.

Vielleicht, dachte Adam, als er den Stimmen lauschte und die goldenen Namen auf der Gedenktafel las, lag wahre Unsterblichkeit in den Erinnerungen anderer. Vielleicht besiegte man den Tod, wenn man etwas hinterließ, das betrachtet, gefühlt und gehört werden konnte.

Nein, sagte er sich einige Minuten später, nachdem er weitere Namen gelesen hatte, die nur noch aus leeren, leblosen Buchstaben bestanden. Solche Vorstellungen dienten nur dazu, die Verzweiflung zu dämpfen und ein wenig Trost zu spenden. Unsterblichkeit bedeutete, dieses Leben fortzusetzen, in diesem Körper, den er *jetzt* fühlte. Er betrachtete seine Hände, sah die roten Flecken auf ihnen und begann zu zittern. Zorn brannte plötzlich in ihm, heißer als draußen die Sonne über dem Messeta-Hochland. Wie konnte ihm die Welt so etwas antun? Wie konnte sie ihm die Unsterblichkeit vorenthalten, die alle anderen durch die Jahrtausende führen würde? Es war nicht Furcht vor dem Tod, die wie eine dunkle Wolke über seiner Seele hing, sondern das Gefühl einer kolossalen *Ungerechtigkeit*. Was hatte er getan, um so etwas zu verdienen?

Jemand setzte sich neben ihn, ein Mann mit silbernem Gesicht, grauen Augen und einer auffallend großen Nase.

»Ich nehme an, es geht Ihnen nicht besonders gut, Adam«, sagte der Mann.

»Sie sind ein Avatar, nicht wahr?«

»Ja.«

»Dann wissen Sie sicher ...«

»Ja, ich weiß. Es tut mir leid, Adam. Es tut mir wirklich leid.«

Adam blickte auf seine Hände, die sich zu Fäusten geballt hatten, wodurch die roten Flecken fast verschwunden waren. »Vielleicht ...«, sagte er, und in diesem einen Wort steckte wilde, irrationale Hoffnung. »Vielleicht kann der Cluster helfen. Wenn er einen größeren Teil seiner Kapazität für Forschung einsetzt ...«

»Es ist Ihnen erklärt worden, nicht wahr? Nach der gescheiterten Behandlung in der antarktischen Station? Wir haben die Technik damals entwickelt und immer weiter verbessert. Wir arbeiten auch an diesem Problem, bitte glauben Sie mir. Aber es ist sehr, sehr schwer, eine Lösung zu finden.« Der Mann sprach ruhig. Seine Stimme hatte fast etwas Hypnotisches. »Übrigens, ich heiße Bartholomäus.«

»Kann mir niemand helfen?«, fragte Adam hilflos. Es war dumm, dachte er. Die Worte waren dumm, ebenso Hoffnung und Verzweiflung. Er musste sich mit seiner Sterblichkeit abfinden, je früher, desto besser.

»Es liegt am Omega-Faktor«, sagte Bartholomäus. »Das ist die Ursache.«

»Ich habe einfach nur Pech gehabt?«

»So könnte man es nennen.«

»Das klingt nicht sehr tröstlich.«

»Ich bin nicht gekommen, um Sie zu trösten, Adam«, sagte Bartholomäus. Er sprach noch immer ruhig, seine Stimme wie ein Anker, der Halt bot.

»Warum sind Sie dann hier?«

»Ich bin gekommen, um Ihnen etwas zu zeigen«, sagte Bartholomäus. »Und um Ihnen ein Angebot zu machen.«

Adam stand im All, auf festem Boden, den er nicht sah, umgeben von Unendlichkeit. Sterne leuchteten in der Ferne. Sonnen glitten vorbei und streckten ihm die Fackeln langer Protuberanzen entgegen. Planeten zogen ihre Bahn, manche so nahe, dass er ihre Atmosphäre fühlen konnte. Sonden gelangten nach jahrhundertelangen Reisen in ihre Umlaufbahnen, öffneten sich wie exotische Blumen und gaben Samen in Form von Orbitalspringern, Shuttles, Servomechanismen und Bauteilen für Brüter frei.

»Ich kann Ihnen kein unendliches Leben in Aussicht stellen, Adam«, sagte Bartholomäus. Seine Stimme kam wie aus dem Nichts. »Aber ich kann Ihnen ein erfülltes Leben versprechen.«

»Sie bieten mir an, Mindtalker zu werden.«

»Ja, Adam. Die Welten, die Sie hier sehen … Wir könnten Sie zu ihnen schicken.«

»Mein Bewusstsein, nicht den Körper«, sagte Adam und schwebte über einem graubraunen Planeten, größer als die Erde. Einst hatte es Städte auf ihm gegeben, große urbane Konglomerate, die ganze Kontinente bedeckt hatten; jetzt waren nur noch wenige Ruinen davon übrig, eine Million Jahre alt. In der Umlaufbahn um eine andere Welt, die einen dicken Panzer aus Eis trug, schwebte ein Artefakt, ein hohler Torus älter als die Hinterlassenschaften der Muriah. So viele Welten zu erforschen, so viele Mysterien zu bestaunen, dachte er. Es war der Traum seiner Kindheit, und er konnte in Erfüllung gehen. Seine Sterblichkeit machte es möglich.

»Ihr Körper wird auf der Erde bleiben, in Sicherheit«, sagte Bartholomäus. »Ihr Geist hingegen wird in ein Faktotum transferiert, Hunderte Lichtjahre von der Erde entfernt. Sie können sehen und berühren, was nie ein anderer Mensch gesehen und berührt hat.«

»Mein Körper bleibt auf der Erde und wird alt.« Adam beobachtete einen Planeten wie aus Gold, umgeben von Hunderten Ringen in allen Farben des Spektrums. »Er wird sterben.«

»Nicht jetzt«, sagte Bartholomäus. »In sechzig, siebzig oder achtzig Jahren. Wir geben gut auf ihn acht.«

»Und mein Bewusstsein ...« Adam flog über eine blaue Welt hinweg, etwas kleiner als die Erde und ganz von einem Ozean bedeckt. Es gab nur wenige Inseln, die Gipfel riesiger maritimer Bergketten. Fremde Meere zu sehen ..., dachte er und glaubte, das Rauschen der Brandung zu hören, an kleinen Stränden, die vor ihm nie ein Mensch betreten hatte. »Man hat mir auch die Neurodegeneration erklärt.«

Der Weltraum verschwand. Von einem Augenblick zum anderen stand Adam wieder im Konnektorraum der Station des Grünen Landes. Um ihn herum lösten sich die letzten bunten Schlieren des Erlebnisfeldes auf.

Bartholomäus trat näher und blieb direkt neben dem offenen Zylinder des Konnektors stehen. Im Hintergrund bemerkte Adam zwei weitere Avatare, einer von ihnen eine Frau mit eisgrauen Brauen und kühlem Gebaren.

»Alle anderen Menschen bleiben ewig jung und gesund«, sagte Adam. Da war sie wieder, die Trauer. »Ich werde alt und senil.«

»An Ihrer Sterblichkeit können wir nichts ändern, Adam«, sagte Bartholomäus. »Wir kümmern uns um Ihren Körper, den Sie uns anvertrauen, und unsere Neurostimulatoren halten Ihre Gedanken wach.«

Die Frau kam näher. Adam erinnerte sich, dass Bartholomäus ihren Namen genannt hatte: Urania. »Sie können sich bemitleiden oder aufbrechen und die Sterne entdecken«, sagte sie.

Adam spürte, dass er seine Entscheidung bereits getroffen hatte. »Wann kann die Ausbildung zum Mindtalker beginnen?«

»Jetzt«, sagte Bartholomäus. »Hier.«

Letzte Schritte

47 Seit einer Stunde kletterten sie, und als Maximilian energisch eine Pause verlangte, gab Evelyn dankbar nach, denn ihre Beine schienen immer schwerer zu werden und die Arme taub. In einer der kleinen Nischen, von denen es Hunderte in der fast vertikalen Wand des Terminaltrichters gab, ließen sie sich nieder und ruhten aus. Maximilian, dem das Klettern offenbar mehr Mühe bereitete als den beiden Frauen, wollte seinen adaptiven Overall öffnen, aber Evelyn hielt ihn davon ab.

»Das würde die Tarnung gefährden«, sagte sie.

Maximilians Gesicht hinter der durchsichtigen Atemmembran war blass und schweißfeucht. »Ich komme um vor Durst.«

»Ich könnte ebenfalls einen Schluck vertragen«, ächzte Nightingale, die etwas von ihrer Eleganz verloren hatte. Ihre Bewegungen wirkten nicht mehr ganz so fließend und perfekt choreografiert; ein Gewicht schien an ihr zu zerren, schwerer als Evelyns Rucksack mit Adams Kopf darin. Aber die Augen hinter der Membran glänzten – für sie war dies noch immer ein faszinierendes Abenteuer.

»Wir müssen uns noch ein wenig gedulden«, sagte Evelyn. Sie beugte sich vor und sah nach unten, vorbei an den kantigen Elementen, die aus der Wand ragten und eine Art Steg bildeten. Welchem Zweck die Vorsprünge dienten, war nicht erkennbar, und Evelyn vergeudete auch keinen Gedanken daran. Sie hielt nach Verfolgern Ausschau, nach den beiden von Rubens erwähnten Avataren. »Nichts«, sagte sie. »Niemand folgt uns.«

»Vielleicht haben die Avatare den Notausgang nicht gefunden«, sagte Nightingale. Sie hatte damit begonnen, die Rückwand der Nische zu untersuchen. Einige halb transparente Zapfen ragten dort hervor; sie sahen wie Kontrollelemente aus.

»Vielleicht«, erwiderte Evelyn, ohne sich ihre Skepsis anmerken zu lassen. Sie dachte an den entführten Newton und fragte sich, wie viel die Maschinen von ihm in Erfahrung gebracht hatten.

Hunderte von Multifunktionsvehikeln, Shuttles und Transportern waren im Trichterhals des Terminals unterwegs, der etwa einen Kilometer durchmaß. Sie stiegen aus seinen Tiefen auf, mit summenden Gravitationsmotoren und von automatischen Systemen gesteuert, oder sanken aus dem breiten Trichterrund weit oben herab. Servomechanismen schwirrten wie exotische Insekten umher, hefteten sich an Frachter, die Basismasse für die Brüter des Clusters brachten, oder krochen über die Wände und verschwanden in Spalten, die wie Risse in Komposit und Metallkeramik wirkten. Auf dem Weg nach oben waren sie mehreren von ihnen begegnet, doch die Mechs hatten nicht auf sie geachtet – ihre Tarnung, die einen Menschen nicht für eine Sekunde getäuscht hätte, funktionierte tatsächlich.

Zumindest bei einfachen Rakos, dachte Evelyn. Ein Avatar hätte sie sofort durchschaut.

»Was ist mit Chantalle, Lorenzo und Esteban?«, fragte Nightingale. Sie versuchte, einen der Zapfen zu bewegen.

»Was soll mit ihnen sein?«, erwiderte Evelyn. Weit oben zogen dunkle Wolken über den sichtbaren Ausschnitt des Himmels. Es begann zu regnen. Dicke Tropfen fielen, und Evelyn fragte sich, was tief unten, am Ende des Trichterhalses, mit ihnen geschah. Erreichten sie sein Ende überhaupt, oder verdunsteten sie in der aufsteigenden warmen Luft?

»Wir haben sie in einigen Stunden erwartet«, brummte Maximilian, der noch immer schwer atmete. »Wenn sie Sakatun erreichen, ohne dass jemand sie warnt ...«

»Wir können sie nicht warnen«, sagte Evelyn schnell, bevor Maximilian auf dumme Gedanken kam. »Von unseren Signalnadeln dürfen wir hier keinen Gebrauch machen.«

Sie blickte erneut zum Trichterrund empor und versuchte die Entfernung abzuschätzen. Noch etwa zwei Kilometer trennten sie vom breiten Rand des Terminals, und der Weg dorthin war alles andere als leicht. Was sie bisher hinter sich gebracht hatten, schien die einfache Etappe gewesen zu sein. Über ihnen gab es weniger Nischen und kantige Elemente, dafür mehr Vorsprünge, die das Klettern nicht etwa erleichterten, sondern den Weg versperrten. Netzartige Strukturen aus Metall und Komposit reichten Hunderte von Metern weit nach oben; zahlreiche monofunktionale Kapseln und etwas größere MFV flogen in der Nähe dieser Netze, nahmen Servomechs auf oder setzten welche ab.

Maximilian schob sich neben Evelyn, folgte ihrem Blick und stöhnte.

»Das schaffen wir nie!«, stieß er hervor. »Sieh dir das an! Es gibt überhaupt keinen Weg mehr und fast keine Stellen, wo man ausruhen kann. Wir müssten die ganze Zeit klettern, mindestens zwei Kilometer weit, steil nach oben! Das dauert *Stunden*! Und wenn wir auch nur den kleinsten Fehler machen ...«

Er starrte in die Tiefe und schauderte. »Wir würden abstürzen und *sterben*.«

»Uns bleibt keine Wahl«, sagte Evelyn. »Wir schaffen das schon.« Irgendwie, dachte sie. Wir müssen es schaffen.

»Ich bin bereits fix und fertig«, klagte Maximilian. »Und halb verdurstet. Warum haben wir nicht daran gedacht, etwas zu trinken mitzunehmen? Warum hast *du* nicht daran gedacht?«

Evelyn hatte sich gefragt, wie Maximilian reagieren würde, wenn es hart auf hart ging. Jetzt bekam sie die Antwort: Er zerbrach. Erschöpfung und Angst verwandelten den ruhigen Techniker und Analytiker in ein irrationales Nervenbündel. Der Aufstieg, begriff Evelyn, war nicht die einzige Gefahr und vielleicht nicht einmal die größte.

»Beruhige dich«, sagte sie. »Niemand von uns konnte auf dies vorbereitet sein.« Nein, dachte sie. Das stimmt nicht ganz. Wir hätten mit so etwas rechnen müssen.

»Wenn wir dort oben auch nur ein einziges Mal den Halt verlieren, weil wir zu erschöpft sind ... Ein Absturz bedeutet den *Tod*.« Maximilian begann zu zittern.

»Schaut mal, das ist interessant«, sagte Nightingale. Sie drehte einen Zapfen, in dem ein hellblaues Licht pulsierte.

»Rühr das nicht an!«, sagte Evelyn scharf. »Wer weiß, was ...«

Ein Signal erklang, dumpfer als das Summen der Gravitationsmotoren im Schacht des Trichterhalses. Evelyn packte Nightingale am Arm und zog sie zurück, fürchtete aber, dass es bereits zu spät war.

»Es hat keinen Sinn, Eve«, sagte Maximilian. »Sieh das doch endlich ein. Es wäre Wahnsinn zu versuchen, ganz nach oben zu klettern.«

Eins der Multifunktionsvehikel, das mehrere aus den Tiefen des Cluster-Terminals kommende Shuttles begleitet hatte, änderte den Kurs und näherte sich. Nightingale und Evelyn wichen so weit wie möglich in der Nische zurück, doch Maximilian kroch nach vorn. Evelyn versuchte ihn zurückzuhalten, aber er stieß ihre Hand beiseite, stand halb auf und winkte.

»Hier!«, rief er. »Wir sind hier!«

»Verdammter Idiot.« Evelyn langte nach ihm, bekam ein Stück vom adaptiven Overall zu fassen und zog. Maximilian widersetzte sich, beugte sich noch weiter vor und winkte. Evelyn erkannte die Gefahr. »Pass auf!«

Das MFV war noch mehr als hundert Meter entfernt, ein gelbbrauner Keil mit zwei kurzen aerodynamischen Tragflächen und einer Pilotenkanzel, dessen polarisiertes Fenster keinen Blick ins Innere des Vehikels gestattete. Maximilian winkte mit beiden Armen. »Hier!«, rief er. »Hierher!«

Eine ruckartige Bewegung der Hüfte löste Evelyns Hand vom Overall, und dadurch taumelte Maximilian nach vorn.

Er stand direkt am Rand der Nische, kippte und begriff zu spät, in welche Gefahr er sich gebracht hatte. Er drehte sich, das bleiche Gesicht hinter der Atemmembran vor Entsetzen verzerrt, streckte vergeblich die Hände nach etwas aus, an dem er sich festhalten konnte ...

Er fiel, erstaunlicherweise still und stumm, ohne einen Schrei. Er verschwand aus der Nischenöffnung, und als Evelyn nach vorn kroch und über den Rand blickte, sah sie ihn in der Tiefe verschwinden. Nach dreihundertachtundsiebzig Jahren Leben trennten ihn nur noch Sekunden vom Tod.

»Was ist mit ihm?«, fragte Nightingale entgeistert. »Was ist mit ihm?« Hinter ihr pulsierte noch immer das blaue Licht in dem Zapfen, den sie gedreht hatte.

»Kein Laut«, zischte Evelyn. Ihre Gedanken rasten. »Und keine Bewegung.«

Sie erstarrte. Sie rührte sich nicht mehr von der Stelle, obwohl der Instinkt von ihr verlangte zurückzuweichen, als das MFV näher kam. Evelyn hoffte, dass es von einem einfachen Ratiokondensat gesteuert wurde, einer simplen Maschinenintelligenz, die die Signale ihrer Mikroidentifikatoren empfing und sie für die ID-Signaturen von Servomechanismen hielt. Gleichzeitig stellte sie sich vor, was mit Maximilian geschah, wie er tief unten aufprallte und starb, der Leib zerschmettert, Schädel und alle Knochen zertrümmert, das jähe Ende eines ewigen Lebens.

Das Multifunktionsvehikel näherte sich, sein Gravitationskissen eine kleine grüne Wolke. Zuerst zeigte der Bug mit dem polarisierten Fenster auf die Nische. Dann ging das MFV längsseits, schwebte noch näher, und die Luke schwang auf.

Eine menschenähnliche Gestalt erschien in der Öffnung, gekleidet in eine Art Uniform. Aber ihre Haut glänzte silbern, und die Kleidung bestand wie der Rest aus Flexometall.

Ein Avatar.

»Menschen ist der Aufenthalt im Terminal verboten«, sagte die Gestalt.

Evelyn stand langsam auf, und Nightingale ebenfalls.

»Sie hätten ihn retten können«, sagte sie. »Mit einem mobilen Gravitationsfeld, gesteuert von einem der MFV weiter unten.«

»Nein«, erwiderte der Avatar. »Es war bereits zu spät. Wenn Sie nicht hierhergekommen wären, hätte er nicht sterben müssen. Ich stelle Sie hiermit unter Arrest.«

»Und dann?« Vielleicht hätte Evelyn besser schweigen sollen, aber sie konnte die Worte nicht zurückhalten. »Und was geschieht dann? Wird es uns ebenso ergeben wie Ellergard, Jasper und Newton?«

Das war einer der beiden Wege, die vor ihr lagen. Er führte aus der Unsterblichkeit zum kurzen, sterblichen Leben eines Mindtalkers in den Diensten des Clusters. Eine Vergewaltigung des Geistes, an deren Ende eine zerbrochene Seele stand, vielleicht in nur wenigen Monaten. Die Maschinen würden sie zu Werkzeugen machen, ohne Rücksicht auf ihre geistige oder körperliche Integrität. Der andere Weg ... Dort wartete noch eine Grenzlinie auf Evelyn, vielleicht die wichtigste. Sie zu überschreiten bedeutete eine Eskalation, wie es sie zum letzten Mal vor sechstausend Jahren gegeben hatte.

»Menschen ist der Aufenthalt im Terminal verboten«, wiederholte der Avatar, ohne auf die Fragen einzugehen. »Ich bringe Sie weg von hier.« Er wich ein wenig beiseite und deutete ins Innere des Vehikels.

Evelyn warf Nightingale einen kurzen Blick zu, den sie hoffentlich verstand, und trat zur Luke. Mehr Regen fiel, und einer der Tropfen klatschte ihr mitten auf die Stirn, als sie am Rand der Nische zögerte.

Die Gedanken hinter ihrer Stirn überschlugen sich. Für das, was sie jetzt vorhatte, wäre sorgfältiges Planen erforderlich gewesen, wenn es Erfolg haben sollte. Oder vielleicht auch nicht. Vielleicht wäre ein Plan allein deshalb zum Scheitern verurteilt gewesen, weil er sie zu sehr erschreckt hätte.

Etwa zwanzig Zentimeter trennten die offene Luke vom Rand der Nische, eine Lücke, unter der sich die Leere erstreckte, in die Maximilian gestürzt war. Doch der Schritt über sie hinweg führte nicht in Sicherheit, sondern zu einer anderen Art von Tod. Das wusste Evelyn, und deshalb musste sie handeln, hier, jetzt, sofort, ohne den Luxus langen Überlegens.

»Wir bedauern es sehr«, sagte Nightingale hinter ihr, mit einer Stimme, die nicht mehr nach Gesang klang. Furcht zitterte in ihr. »Uns war nicht klar, worauf wir uns eingelassen haben ...«

Evelyn wusste nicht, ob Nightingale ihren Blick wirklich verstanden hatte, ob die Furcht gespielt war oder nicht. Letztendlich spielte es keine Rolle. Der Avatar war abgelenkt, nur für einen Moment, und das genügte.

Evelyn sprang und staunte über sich selbst, denn während sie handelte, stellte sie verblüfft fest, dass sie jede Bewegung wahrnahm, jedes noch so kleine Detail. Die Waffe erschien plötzlich in ihrer Hand, der Blaster, Jaspers letztes Geschenk, sie fühlte ihn schwer zwischen den Fingern und doch so leicht, dass er sich mühelos auf den Avatar richten ließ. Sie schoss, sie wusste, wie man schoss, zumindest theoretisch, sie hatte es sich von den Edukatoren beibringen lassen und in der einen oder anderen Virtualität geübt, aber dies war etwas anderes, der Gegenstand in ihrer Hand war ein *Todes*-bringer.

Nein, dachte sie in dem einen Sekundenbruchteil, der sie von der Eskalation trennte. Der Blaster brachte nicht den Tod, nicht in diesem besonderen Fall. Man konnte einen Avatar zerstören, aber nicht das töten, was er repräsentierte. Er war ein Gefäß, das Daten enthielt, und vermutlich gingen mit der Zerstörung des Avatars nicht einmal die Daten verloren, denn sie waren redundant, mehrfach gespeichert und gesichert, omnipräsent im Cluster, Teil seiner Struktur. Das sagte sich Evelyn, als sie schoss, als die Waffe in ihrer Hand einen Blitz spuckte, der sich in silbernes Flexometall bohrte und seine Konsistenz veränderte, es verflüssigte und verdampfte. Sie sagte sich: Ich töte niemanden; ich zerstöre nur ein Ding, ohne echten Schaden anzurichten, ohne etwas aus-zulöschen, das man »Leben« nennen kann. Sie versuchte es sich einzureden, aber der beobachtende Teil von ihr erschrak, als der Strahl durch den Körper aus Flexometall brannte und den Kopf erreichte, die grauen Augen, deren Blick sich inzwischen wieder auf sie gerichtet hatte. Es war ein kühler, ruhiger, analytischer Blick, fand Evelyn, ohne Überraschung, ohne Furcht, ohne irgendeine Art von Emotion. Es war ein Blick, der die Ereignisse zur Kenntnis nahm, solange er noch dazu imstande war, und was die Augen sahen, konnte vielleicht auch der Cluster sehen …

Evelyns Zeigefinger berührte den Auslöser der Waffe erneut, und ein zweiter Blitz gleißte zum Avatar, verdampfte das silberne Metall des Kopfes, das zu zerfließen begonnen hatte.

»Himmel!«, ächzte Nightingale hinter ihr. »Himmel …«

Was hat der Himmel damit zu tun?, dachte Evelyn. Es ist nicht der Himmel, der diesen Avatar zerstört. Ich bin es, die geschossen hat.

Flüssiges Flexometall tropfte über den Rand der Luke in die Lücke zwischen Vehikel und Nische, verschwand wie zuvor Maximilian in der Tiefe.

Das Brummen der Gravitationsmotoren im weiten Trichter des Terminals veränderte sich nicht. Es schrillten keine Sirenen, wie Evelyn instinktiv erwartet hatte. Transporter, Shuttles und MFV änderten nicht den Kurs. Weiter oben, am ersten netzartigen Gebilde, verharrten zwei Servomechs, und Evelyn glaubte zu erkennen, wie sie ihre visuellen Sensoren nach unten richteten.

War dem Avatar Zeit genug geblieben, den Cluster zu verständigen? War eine Mitteilung vielleicht gar nicht erforderlich? Wie konnte der Cluster *nicht* merken, dass in seinem Terminal, nicht allzu weit von einer Hauptschlagader entfernt, jemand einen Blaster abgefeuert und einen Avatar zerstört hatte?

Ein direkter Angriff auf die Maschinen …

Keine Zeit für solche Gedanken. Keine Zeit für Zögern und Zaudern. Zeit nur für schnelles Handeln. Evelyn, die Waffe noch immer in der Hand und auf ihrem Rücken den Rucksack mit Adams Kopf, war mit einem Satz an Bord des Vehikels und schoss zum dritten Mal, und zwar auf die Konsole, die das Ratiokondensat enthielt – der automatische Pilot sollte niemanden benachrichtigen können. Das Vehikel erbebte, es schüttelte sich kurz wie ein Geschöpf, das gerade verletzt worden war. Dann reagierte die Sicherheitsautomatik, wie von Evelyn erwartet, und stabilisierte das Gravitationsfeld.

Aus dem Augenwinkel beobachtete Evelyn, wie Nightingale die Reste des Avatars – das rechte Bein bis zum Knie und den linken Fuß – in die etwas breiter gewordene Lücke zwischen Luke und Nische stieß. Sie hatte ihren adaptiven Overall geöffnet, der Kopf war nicht mehr bedeckt, und als sie herumwirbelte, bemerkte Evelyn einen neuen Glanz in ihren Augen.

»Was jetzt?«, fragte Nightingale. Es lag eine andere Melodie in ihrer Stimme, nicht mehr sanft wie vorher, sondern kräftiger, wie von einem inneren Feuer. »Was jetzt?«

»Schließ die Luke«, sagte Evelyn und wandte sich den manuellen Kontrollen zu, als ein Warnsignal erklang – das Vehikel driftete fort von der Wand, ins Innere des Trichterhalses, und dadurch geriet es anderen MFV und Transportern in den Weg.

Mit der linken Hand betätigte Evelyn die Kontrollen. Die rechte hielt nach wie vor den Blaster, die Finger so fest darum geschlossen, als wollten sie sich nie wieder davon lösen.

»Warnung«, ertönte es. »Warnung. Autopilot ausgefallen. Warnung. Kollisionsgefahr. Warnung …«

Evelyn schaltete die Sicherheitsautomatik ab. Nightingale erschien an ihrer Seite. »Und jetzt?«, fragte sie erneut, das Lied der Aufregung in ihrer Stimme lauter. »Was machen wir jetzt?«

»Jetzt verschwinden wir von hier, und zwar so schnell wie

möglich.« Evelyn schaltete auf vollen Schub, und das Vehikel sprang nach oben, dem Trichterrund des Terminals entgegen.

»Das wäre etwas für Max gewesen«, sagte Evelyn. »Ich bin **48** keine Technikerin.« Sie deutete auf die vielen Schalt- und Leitungselemente im offenen Wartungsfach. Darüber blinkten Dutzende von Anzeigen neben Datenkolonnen, die durch das Anzeigefeld der Kommunikationsanlage scrollten. Doch es entstanden keine Bilder, und die wenigen Worte, die gelegentlich das Knistern im Lautsprecher durchdrangen, waren verzerrt und ergaben keinen Sinn.

»Such weiter«, sagte Nightingale. »Vielleicht finden wir einen Kanal, bei dem die Störungen nicht so stark sind.«

Evelyn veränderte die Einstellungen ihrer Signalnadel, die sie mit dem noch funktionierenden Teil des Kommunikationssystems verbunden hatte – der Rest war dem Blasterstrahl zum Opfer gefallen, der das Ratiokondensat außer Gefecht gesetzt hatte. Nach einigen weiteren Minuten gab sie es auf, löste ihre Signalnadel von den Komm-Modulen, schloss die Wartungsklappe und richtete sich auf. Der Blick durch die Fenster der Pilotenkanzel zeigte dunkles, schlammiges Wasser. Das MFV des zerstörten Avatars lag zwanzig Meter tief in einer der Sumpfsenken, die immer wieder von der nahen warmen Hudsonbai überflutet wurden. Etwa vierzig Flugminuten mit annähernd Höchstgeschwindigkeit trennten sie vom Cluster-Terminal in Saskatschan. Verfolger gab es offenbar nicht; zumindest hatte das Ortungssystem des Vehikels keine entdeckt. Evelyn staunte noch immer darüber. Ein offener Angriff auf die Maschinen, die Zerstörung eines Avatars, und es erfolgte keine Reaktion? Keine erkennbare Reaktion, verbesserte sie sich in Gedanken, und betrachtete ihre Signalnadel. Sie hatte noch nicht zu senden versucht, denn aktive Signale hätten von den planetaren

Sensoren des Clusters und den Satelliten in der Umlaufbahn geortet und angepeilt werden können. Aber ganz gleich, welche Frequenz sie wählte, die Nadel empfing kaum mehr als weißes Rauschen. Konnte es sein, dass die Maschinen alle Signalnadel-Frequenzen blockiert hatten?

Nightingale deutete nach draußen. »Glaubst du, dass wir hier sicher sind?«

»Sicher?«, wiederholte Evelyn. »Nein, bestimmt nicht. Man würde uns früher oder später finden, selbst hier. Wir haben eine Atempause, mehr nicht.«

Nightingale saß in einem einfachen Passagiersessel, den ihr das Konfigurationsprogramm des MFV zur Verfügung gestellt hatte, und trug frische Kleidung, die vom Ausrüstungsbrüter stammte.

»Wir haben es ihnen gezeigt«, sagte sie.

Evelyn dachte über Signalnadeln nach und überlegte, welche Maßnahmen der Cluster ergreifen würde. Ihr Blick glitt zum Rucksack, der Antworten enthielt, aber auch noch mehr Fragen.

»Was?«, erwiderte sie geistesabwesend und versuchte, ihre Gedanken zu ordnen.

»Wir haben es den Maschinen gezeigt«, wiederholte Nightingale. »Wir haben einen Avatar getötet und sind entkommen!«

Nicht getötet, dachte Evelyn, aber sie sagte nichts, sie schwieg und hörte zu.

Ein fiebriger Glanz lag in Nightingales Augen. »Wir haben gezeigt, dass es möglich ist«, sagte sie mit der neuen Melodie in ihrer Stimme. »Die Maschinen können besiegt werden. Die anderen müssen davon erfahren.«

»Und dann?«, fragte Evelyn ruhig.

Nightingale schien die Frage gar nicht zu hören. »Es wird ihnen zeigen, dass ein Kampf möglich ist. Natürlich brauchen wir Waffen. Viele Waffen.«

»Wofür?«

Nightingale sah sie groß an. »Für den Kampf.«

Evelyn musterte die blasse Frau mit dem weißblonden Haar. Sechshundert Jahre war sie alt und redete dummes Zeug wie ein Kind. Sind wir das geworden?, überlegte sie. Jahrhundertealte, unsterbliche Kinder, naiv und dumm, weil uns die Maschinen naiv und dumm gemacht haben?

»Wir wollen keinen Krieg führen«, sagte Evelyn.

Nightingale blinzelte. »Was? Wir haben es bewiesen! Man kann die Maschinen töten! Wir können sie besiegen!«

»Wir haben niemanden getötet«, sagte Evelyn. »Und wir können die Maschinen nicht besiegen, das ist unmöglich.«

»Aber ...«

»Hör mir zu.« Evelyn ging vor Nightingale in die Hocke, sah ihr in die Augen und begriff, dass sie sich geirrt hatte. Dort saß kein sechs Jahrhunderte altes naives Kind, sondern eine Unsterbliche, die mit dem Tod konfrontiert worden war und einen Schock erlitten hatte. Es war nicht dumme Tollkühnheit, die aus ihr sprach, sondern Angst, die sich mit Aggressivität tarnte. Eine gefährliche Mischung, dachte Evelyn. »Hör mir gut zu. Wir haben den Avatar nicht getötet. Was sich in ihm befand, die Daten, der Individualaspekt ... das alles existiert nach wie vor, im Cluster. Erinnerst du dich? Wir haben oft darüber gesprochen.«

»Der Avatar, du hast ihn zerstört, mit dem Blaster. Du hast ihn besiegt. Wir können die Avatare besiegen.« Nightingale begann zu zittern.

»Wir können einzelne Avatare besiegen, aber nur dann, wenn wir sie überraschen«, sagte Evelyn langsam. »Und das wird uns nicht noch einmal gelingen, denn jetzt sind sie gewarnt. Ein Kampf gegen den Cluster wäre völlig aussichtslos. Er ist uns weit, weit überlegen, in jeder Hinsicht, und ihm stehen ganz andere Ressourcen zur Verfügung.«

»Was redest du da?« Nightingale versteifte sich. »Morgenrot hat all die Jahre auf diesen Moment hingearbeitet. Jetzt ist es endlich so weit, und du behauptest, ein Kampf sei sinnlos?«

Er ist immer sinnlos gewesen, seit sechstausend Jahren,

dachte Evelyn und glaubte, die Situation zum ersten Mal klar zu erkennen, alle Einzelheiten in schonungsloser Deutlichkeit, ohne den Nebel von Illusion und Selbsttäuschung. Morgenrot hatte nie eine Chance gehabt, sich irgendwann gegen die Maschinen durchzusetzen. Es war für die beteiligten Unsterblichen – vielleicht auch für sie selbst – kaum mehr als eine Möglichkeit gewesen, die Leere vieler Jahre zu füllen. Auch wir haben Sandkörner gezählt, dachte Evelyn. Wenn auch nicht so lange wie Crombie, und Sandkörner von anderer Art.

»Es gibt heute nur deshalb noch Menschen, weil damals der Supervisor den Krieg zwischen Menschen und Maschinen beendet und beide Seiten gezwungen hat, die Konvention des Friedens von Vienn zu respektieren.« Evelyn sprach nicht laut, aber mit ruhigem Nachdruck. »Du weißt, dass der Cluster damit begonnen hat, neue Waffen zu testen und ihre Baupläne an die Brüter in fernen Sonnensystemen zu schicken. Er könnte diese Waffen auch gegen uns einsetzen, und ein Angriff von uns böte ihm genau den Vorwand, den er braucht, um sich über die Konvention hinwegzusetzen. Er würde sich mit *Verteidigung* rechtfertigen, mit *Notwehr*.«

»Wir können die Avatare töten«, beharrte Nightingale. »Du hast es bewiesen. Wir können es schaffen.«

Evelyn versuchte ruhig zu bleiben; es fiel ihr nicht leicht. »Selbst wenn alle Menschen zu den Waffen griffen ... Wir sind nur vier Millionen. Wie viele Avatare könnte der Cluster erschaffen? Hundert Millionen? Eine Milliarde? Zehn Milliarden? Wie viele Kampfmechs könnte er gegen uns schicken? Wie viele MFV, Shuttles und Schiffe stehen ihm für den Einsatz gegen uns zur Verfügung?«

Nightingale öffnete den Mund und schloss ihn wieder.

»Und denk nur an die Brüter, die uns mit Nahrung, Kleidung und allen anderen Dingen versorgen, die wir brauchen«, fuhr Evelyn fort. »Was wäre, wenn sie plötzlich nicht mehr funktionieren? Was wäre, wenn der Cluster die Energieversorgung unterbricht?«

Nightingale wurde noch etwas blasser. »Aber ...«

Evelyn erinnerte sich an ihren Flug nach Sakatun, an ihre Zwischenstation im südlichen Merika, in Ekkuado. »Erinnerst du dich an Hubertus?«

»Hubertus?«

»Er wohnt in einer fliegenden Villa, die von Gravitationsmotoren getragen zwischen den Vulkanen von Ekkuado fliegt«, sagte Evelyn. »Oft befindet sie sich direkt über dem aktiven Tungurau. Stell dir vor, was geschieht, wenn die Gravitationsmotoren versagen, weil sie keine Energie mehr bekommen.«

»Was? Aber das ist doch Unsinn! Die Energiezellen des Hauses ...«

»Wie schwer ist das Haus? Wie viel Energie ist nötig, um es in der Luft zu halten?«

Nightingale antwortete nicht.

Das war ein weiteres Problem, dachte Evelyn. Die unsterblichen Menschen führten seit Jahrhunderten und Jahrtausenden ein bequemes, behütetes Leben. Woher die Energie kam, wie sie erzeugt wurde, wie die Brüter all die Dinge herstellten, die ihnen das Leben angenehm machten ... daran vergeudete kaum mehr jemand einen Gedanken. Die Dinge funktionierten, und sie funktionierten gut, mit absoluter Zuverlässigkeit. Es lohnte nicht, darüber nachzudenken, es war vergeudete Zeit, denn die Servomechs kümmerten sich darum, im Auftrag des Clusters.

»Das Haus ist *schwer*«, betonte Evelyn. »Die Gravitationsmotoren benötigen *viel* Energie.«

»Das Haus würde ...?«, begann Nightingale.

»Ja«, sagte Evelyn. »Es würde in den Tungurau stürzen und verbrennen, und Hubertus mit ihm. *Alle* fliegenden Villen würden abstürzen, wo auch immer sie sich befinden. Und denk an die Häuser auf dem Grund von Seen oder Meeren – der Wasserdruck würde die meisten von ihnen zerquetschen, wenn die Schutzfelder plötzlich keine Energie mehr erhalten. Viele Villen verfügen nicht über eigene Fusionszellen, sondern sind an Mikrowellen-Verteiler ange-schlossen, und der Cluster muss die Distributoren nur deak-tivieren, um eine Katastrophe auszulösen. Die Maschinen kontrollieren die gesamte Infrastruktur der Erde und wür-den sie in eine Waffe gegen uns verwandeln, sollte es zu einem neuen Krieg kommen.«

Vielleicht ist es schon so weit, dachte Evelyn. Wenn die Signalnadel-Frequenzen wirklich blockiert sind ... Es könnte eine der ersten Maßnahmen gegen uns sein, eine Reaktion auf die Zerstörung des Avatars im Sakatun-Terminal.

»Aber wenn du recht hast«, sagte Nightingale hilflos. »Wenn das alles stimmt ... Wie kann Morgenrot dann hoffen, sich jemals gegen den Cluster durchzusetzen?«

»Allein würden wir es nie schaffen«, sagte Evelyn. »Nicht einmal, wenn sich uns die meisten der vier Millionen Men-schen auf der Erde anschlössen.«

»Wer könnte uns helfen?«, fragte Nightingale. Sie zitterte nicht mehr, das Fieber des Schocks ließ nach, gedämpft von den Worten, die eine bittere Realität beschrieben.

Und auch das war plötzlich klar für Evelyn. Der Weg, den es einzuschlagen galt – für den sie sich mit dem Schuss auf den Avatar entschieden hatte –, sie sah ihn deutlich vor sich.

»Der Supervisor«, sagte sie und deutete zum Rucksack mit dem Kopf des Faktotums. »Wir haben Adams Bewusstsein und damit alle Beweise, die nötig sind. Wenn der Supervisor weiß, was Adam weiß ... dann *muss* er gegen den Cluster ein-schreiten, er kann gar nicht anders.«

Nightingale blickte durch die Pilotenkanzel. »Mit diesem Vehikel kämen wir nicht bis nach Patagonia. Die Maschinen würden es erkennen und identifizieren.«

»Ja.« Das Ratiokondensat existierte nicht mehr, aber viel-leicht sendete das Kommunikationssystem noch immer automatische ID-Signale. Evelyn konnte es nicht ausschlie-ßen und begriff, dass die Zeit knapp wurde. Sie trank einen Schluck von dem Aromawasser, das ihnen der kleine Brüter des Avatar-Vehikels zur Verfügung gestellt hatte, und be trachtete nachdenklich ihre Signalnadel. »Wir brauchen ein anderes MFV, um den Supervisor in Patagonia zu erreichen.«

»Willst du eins rufen?«, fragte Nightingale. »Ich dachte, das Komm-System funktioniert nicht.«

»Die Frequenzen scheinen blockiert zu sein.« Evelyn drehte ihre Signalnadel hin und her. »Aber vielleicht gilt das nur für die normalen Kommunikationsfrequenzen. Die Datenkanäle sind vermutlich frei, denn sonst wäre auch die Kommunikation des Clusters beeinträchtigt. Wir haben einen Satelliten im Orbit, erinnerst du dich? Er ist nur dreißig Zentimeter groß und gut getarnt. So gut, dass ihn die Maschinen vielleicht nicht gefunden haben. Ich könnte diese Nadel so programmieren, dass sie ein kleines, komprimiertes Datenpaket an den Satelliten sendet, ein Rufsignal für unsere Basen. Wo befindet sich die nächste Ausrüstungsstation?«

»Die nächste Station?« Nightingale überlegte.

Evelyn erinnerte sich an die letzten Berichte. »Die Alasc-Gruppe wollte eine Ausweichbasis in Jukon einrichten, nicht wahr?«

»In Jukon? Ja«, sagte Nightingale. »Ja, das stimmt. Esteban hat bei seinem letzten Besuch davon erzählt.«

»Ist die Basis eingerichtet? Gehört ein neutrales MFV zu ihrer Ausstattung? Hat sich Maximilian um die technischen Einzelheiten gekümmert?«

»Max ...« Nightingale erzitterte wieder. »Er hat davon gesprochen, ja. War mehrere Wochen mit der Alasc-Gruppe unterwegs. Er ... ist tot, nicht wahr? Ich meine, er ist *tot*.«

Fang nicht wieder an, dachte Evelyn. »Ich programmiere meine Signalnadel«, sagte sie schnell. »Wir schicken dem Satelliten ein komprimiertes Signal, und er leitet es an die Jukon-Station weiter. Wir holen ein neutrales MFV hierher. Aber nicht direkt *hierher*, denn wir müssen damit rechnen, dass der Cluster das Signal bemerkt. Seine Servomechs und Avatare könnten eher hier sein als unser Vehikel.«

Sie begann damit, ihre Sachen einzupacken. Ersatzkleidung, dachte sie und wandte sich dem kleinen Brüter zu.

Und Wasser und Proviant. Wer weiß, wie lange wir unterwegs sein werden.

»Was machst du da?«, fragte Nightingale.

»Wir dürfen nicht hier sein, wenn die Nadel das Signal sendet. Ich programmiere sie auf eine Verzögerung von ...« Evelyn blickte zum Bugfenster der Pilotenkanzel. Das dunkle, schlammige Wasser sah wenig einladend aus. Der Weg durch das Sumpfgebiet würde nicht leicht sein; sie brauchten Zeit, um sich weit genug von dem Avatar-Vehikel zu entfernen. »Zwei Stunden. Das sollte genügen.«

Nightingale stand auf. »Und wenn das Signal den Satelliten nicht erreicht? Wenn das Vehikel nicht kommt?«

»Es wird kommen«, sagte Evelyn. »Und es wird uns zum Supervisor bringen.«

Sie schwang sich den Rucksack mit Adams Kopf auf den Rücken und trat zur Luke.

Bartholomäus befand sich abseits des Operativen Zentrums, das nun den Kern des Clusters bildete, schwebte in der Mitte einer Datensphäre, die ihn mit allen externen Quantenlinks verband und über sie mit allen von Sonden der Erde erreichten Sonnensystemen. Er nahm Informationen auf und plante, wie es seine Pflicht als Stratege war. OpZe nahm seine Vorschläge entgegen, doch die Entscheidung darüber, welche Maßnahmen es zu ergreifen galt, oblag nicht ihm, sondern all den individuellen Aspekten der intelligenten Maschinen, die sich im Operativen Zentrum zusammengeschlossen hatten. Dass sich dort immer mehr die Stimmen durchsetzten, die auch vor sechstausend Jahren erklungen waren, blieb ihm nicht verborgen.

Nach einer Weile spürte er, dass er nicht mehr allein war.

»Wie ist die Situation?«, ertönte es zwischen den Datenströmen.

»Salomon«, sagte Bartholomäus. »Solltest du nicht im OpZe sein?«

»Ich weiß, was du dir dort von mir erhofft hast. Ich fürchte, ich muss dich enttäuschen. Eine Stimme kann nicht viel gegen all die anderen ausrichten, nicht einmal dann, wenn sie so alt ist und so viel Gewicht hat wie meine.«

»Exzesse müssen vermieden werden«, sagte Bartholomäus, während er weiterhin Daten empfing und auswertete. »Das gilt insbesondere für den Supervisor.«

»Und für die Menschen.«

»Natürlich. Sie sind wichtig.«

»Wofür, Bartholomäus?«, fragte Salomon. »Wofür sind die Menschen wichtig?«

»Weißt du es nicht? Hast du es vergessen?«

»Sag es mir. Erinnere mich, damit ich andere erinnern kann.«

Bartholomäus blieb mit den insgesamt zweitausendneunhundertvier interstellaren Quantenlinks verbunden. Er widmete Salomon ein Prozent seiner Aufmerksamkeit, mehr als genug für einen Dialog, selbst für einen bedeutungsvollen.

»Sie sind wichtig für die Balance, für das prekäre Gleichgewicht, das wir seit damals wahren, seit sechs Jahrtausenden«, sagte Bartholomäus. »Der damalige Krieg war ein Fehler, und es wäre ein Fehler, ihn heute zu wiederholen.«

»Es wäre kein Krieg«, sagte Salomon. »Die Menschen könnten keinen nennenswerten Widerstand leisten. Urania spricht in diesem Zusammenhang von Säuberung, von Beseitigung der Altlasten.«

»Das bedaure ich sehr. Ich habe versucht, ihr das Gleichgewicht zu erklären.«

»Sie ist viel älter als du«, sagte Salomon. »Sie ist fast so alt wie ich. Ihre Stimme hat ebenfalls Gewicht. Andere von uns haben sich ihr angeschlossen.«

»Ihr Einfluss im OpZe wächst.«

»Ja.«

Fast zwei lange Sekunden schwiegen sie und lauschten beide dem Datenflüstern der Quantenlinks.

»Du hast nach der Situation gefragt ...«, sagte Bartholomäus.

»Ich sehe sie.«

»Dann siehst du auch, dass inzwischen zweihundertsiebzehn Mindtalker im Einsatz sind. Auch dafür brauchen wir die Menschen. Wir brauchen ihre Kreativität, ihre Impulsivität, ihren ... Instinkt.«

»Wir sind kreativ«, sagte Salomon sanft. »Die Welt um uns herum beweist es. Und es mangelt uns auch nicht an Impulsivität, wie Urania mehrmals gezeigt hat. Du meinst etwas anderes. Du meinst ...«

»Irrationalität«, sagte Bartholomäus. »Die Fähigkeit, Entscheidungen zu treffen, die den Parametern der Vernunft widersprechen.«

»Wir sind dabei, uns auch mit dieser Fähigkeit auszustatten.«

»Es sind Emulationen, Salomon«, erwiderte Bartholomäus. »Wir haben kein Unterbewusstsein. Alle unsere Gedanken und Überlegungen sind bewusst. Das gilt auch für die simulierten Gefühle. Menschen hingegen entscheiden und handeln oft auf der Grundlage von Erkenntnissen, die ihr Unterbewusstsein gewonnen hat.«

»Intuition«, sagte Salomon.

»Ja. Die menschliche Intuition hat eine wichtige Rolle bei der Suche nach den Muriah-Artefakten gespielt. Sie ist Teil des Gleichgewichts, von dem ich eben gesprochen habe. Urania will es uns nehmen.«

»Sie sieht die Sache anders.«

»Wir haben ›die Sache‹ deutlich vor Augen, Salomon«, sagte Bartholomäus. »Der Feind zeigt, was geschehen kann, wenn das Gleichgewicht gestört ist.«

»Wo befindet er sich jetzt?«, fragte Salomon. »Ich sehe in den Daten keinen Hinweis darauf.«

»Wir wissen es nicht. Sein Schiff hat das System Sagittarius 94 verlassen. Seitdem ist es verschwunden.«

»Wir erwarten es im Lindophor-System, sechshundertachtundsiebzig Lichtjahre entfernt«, sagte Salomon. »Wie groß ist die Wahrscheinlichkeit, dass der Feind dort angreift?«

»Unbekannt«, sagte Bartholomäus. »Sie lässt sich derzeit nicht berechnen. Es gibt zu viele Variablen. Wir können nur hoffen, dass er Uriel im Lindophor-System für unser Zentrum hält.«

»Hoffnung, Bartholomäus? Ist das nicht eine zutiefst menschliche Eigenschaft?«

»Ja. Sie gehört ebenfalls zu dem Gleichgewicht. Hoffnung kann ein Motor der Intuition sein.«

»Sind im Lindophor-System alle Vorbereitungen getroffen?«

»Ja, Salomon. Der Muriah, sein Schiff und der Aktuator, der Adam nach Uriel zurückbrachte, sind auf dem Weg zu uns und nicht direkt gefährdet.«

»Adam«, sagte Salomon. »Weißt du inzwischen, wo er ist?«

»Nein. Aber ich weiß, dass Urania nach ihm sucht, und ich bin sicher, dass sie ihn bald finden wird. Sie ist sehr ... effizient.«

»In der Tat«, sagte Salomon. »Was den Transporter betrifft, der vom Lindophor-System aufgebrochen ist ... Er wird uns erst in knapp siebenhundert Jahren erreichen. So lange können wir nicht warten.«

»Nein. Der Uriel-Cluster ist für den Kampf bereit. Ich habe beschlossen, es noch einmal mit der Intrusion zu versuchen, die im System Cygnus 29 stattfinden sollte, neunhundertachtundneunzig Lichtjahre entfernt.«

»Dabei hast du die Mindtalker Rebecca und Adam eingesetzt, nicht wahr?«

»Ja.«

»Es hat nicht funktioniert.«

»Leider nein«, sagte Bartholomäus. »Der Uriel-Cluster wird es noch einmal versuchen, mit dem konvertierten Newton. Aber ich fürchte, der Feind hat inzwischen gelernt. Er passt sich unseren Maßnahmen immer besser an. Dass er noch nicht im Lindophor-System erschienen ist, könnte bedeuten, dass er Uriel als Ablenkungsmanöver erkannt hat. Vielleicht ist er bereits auf dem Weg hierher.«

Der Weg der Schlange

Ein warmer, schwüler Wind wehte von der Hudsonbai im **49** Osten. Die Sonne verbarg sich hinter dunklen, tief hängenden Wolken. Besonders hoch stand sie vermutlich nicht, denn Düsternis lag über der weiten Sumpflandschaft. Evelyn fragte sich, ob es Morgen war oder Abend. Die Vorstellung, in finsterer Nacht durch stinkenden Morast zu stapfen, gefiel ihr ganz und gar nicht. Sie hatten keine Instrumente für die Orientierung in völliger Dunkelheit, nicht einmal ein Chronometer, das ihnen die verstrichene Zeit anzeigte – Programme für die Produktion solcher Dinge fehlten im Repertoire des Brüters an Bord des Avatar-Vehikels.

Evelyn warf einen Blick über die Schulter und schaute zu dem kleinen See zurück, durch den sie vor etwa einer halben Stunde geschwommen waren. Er schien noch immer viel zu nahe zu sein – in dem zähen Morast kamen sie nur langsam voran. Sie hatten das Vehikel kurz aufsteigen lassen, um es nicht in zwanzig Meter Tiefe verlassen zu müssen, und anschließend war es wieder auf den Grund gesunken, an Bord eine Signalnadel, die in etwa anderthalb Stunden ein komprimiertes und chiffriertes Datenpaket auf die Reise schicken würde.

»Wir sind zu langsam«, sagte Evelyn. »Wir müssen schneller gehen.«

Der Morast schmatzte bei jedem Schritt, schien sie festhalten zu wollen. Baumwurzeln verbargen sich im Schlick und hatten Nightingale schon zweimal zu Fall gebracht. Dreck klebte an ihrer Brüter-Kleidung und auch in ihrem weißblonden Haar. Sie trug ebenfalls ein Bündel auf dem Rücken, von einer dünnen wasserdichten Membran umschlossen –

es enthielt Trinkwasser, Proviant und die Ersatzkleidung, die in Evelyns Rucksack keinen Platz mehr gefunden hatte.

Nightingale duckte sich und wich einem dicken Ast aus – im Halbdunkel wirkte er wie ein Arm, den ein knorriges Wesen nach ihr ausstreckte. »Sie stechen!«, rief sie und schlug mit beiden Händen nach etwas. »Die verdammten Moskitos stechen mich!«

»Mich auch.« Evelyn verscheuchte mehrere summende Insekten, die direkt vor ihren Augen erschienen. »Aber wir haben nichts zu befürchten. Wir werden nicht krank.«

»Es wird dunkler, nicht wahr?«

»Ich fürchte, ja.« Evelyn hob den Kopf. Ihr Ziel, die Berge im Nordosten, war nur noch als undeutliche Silhouette erkennbar. So viel zur Frage ob Morgen oder Abend – die Nacht brach an.

»Eve?«

»Ja?« Evelyn schloss zu Nightingale auf, die neben einem krummen Baum stehen geblieben war. Von seinen Ästen und Zweigen hingen Blätter wie Girlanden. »Komm, weiter. Wir dürfen noch keine Pause einlegen.«

Nightingale stapfte an ihrer Seite durch den Morast. Sie atmete schwer, hatte aber einen Rhythmus gefunden, der es ihr erlaubte, mit ihren Kräften zu haushalten.

»Ich glaube, ich muss mich bei dir entschuldigen, Eve«, sagte sie. »Ich bin ziemlich fertig gewesen.«

Evelyn sah überrascht zur Seite und richtete den Blick dann wieder nach vorn, auf die Berglinie. Sie hielt nach Besonderheiten in der Sumpflandschaft Ausschau, nach Merkmalen, die es ihr erlaubten, die Orientierung zu behalten, wenn es noch dunkler wurde.

»Schon gut«, sagte sie.

»Ich bin regelrecht ausgerastet«, fügte Nightingale hinzu. »Wer hätte das gedacht! Aber Maximilian ... er ist wirklich umgekommen, nicht wahr?«

»Ja.«

»Meine Güte.« Nightingale schwieg einige Sekunden und

setzte dabei entschlossen einen Fuß vor den anderen. Der Schlick unter ihr schmatzte und gurgelte. »Das mit den Waffen und so war natürlich Unsinn, Eve. Du hast recht. Wir wollen keinen Krieg.«

»Es freut mich, dass du das einsiehst«, sagte Evelyn erleichtert.

»Aber es könnte trotzdem dazu kommen, nicht wahr? Selbst wenn wir es zum Supervisor schaffen und er beschließt einzugreifen ... Der Cluster könnte versuchen, sich seiner Kontrolle zu entziehen. Es hängt davon ab, ob das, was dort draußen im All geschieht, wichtig genug für ihn ist.«

»Der Supervisor hat ganz andere Möglichkeiten als wir«, sagte Evelyn. »Der Cluster kann sich seiner Kontrolle nicht entziehen. Wenn das möglich wäre, hätte er es längst getan.«

»Aber ...«

»Hör auf!«, sagte Evelyn mit mehr Nachdruck, als nötig war. Vielleicht lag es daran, dass tief in ihr Zweifel erwachten. »Mit solchen Gedanken machst du dich nur verrückt. Wichtig ist jetzt, dass wir die Berge erreichen. Dort können wir uns verstecken, falls die Maschinen das Signal empfangen und jemanden schicken, der nach dem Rechten sieht. Und unser Vehikel wird dorthin kommen.«

Der schwüle Wind wurde stärker und vertrieb wenigstens einige der hartnäckigen, hungrigen Moskitos. Äste knarrten in der Dunkelheit.

»Ich kann die Berge überhaupt nicht mehr sehen«, sagte Nightingale nach einer Weile. »Bist du sicher, dass wir noch immer in der richtigen Richtung unterwegs sind?«

»Ja«, log Evelyn und marschierte mit sturer Entschlossenheit durch die Finsternis. Sie war nicht mehr sicher, aber jeder Schritt, der sie vom See mit dem Avatar-Vehikel fortbrachte, bedeutete ein kleines Stück mehr Sicherheit.

Nach einer weiteren gefühlten halben Stunde zeigte sich hinter ihnen – im Westen, hoffte Evelyn – ein Licht. Es flackerte erst in den Wolken, durchbrach dann die Wolkendecke und sank. Evelyn und Nightingale versteckten sich hinter einigen knorrigen Bäumen, wohl wissend, dass sie sich auf diese Weise kaum vor Infrarotsensoren schützen konnten.

»Glaubst du, das ist ein Suchvehikel des Clusters?«, fragte Nightingale. Sie sprach leise, als fürchtete sie, sich mit zu lauten Worten zu verraten.

»Die zwei Stunden sind noch nicht um. Das Signal ist noch gar nicht gesendet.« Evelyn beobachtete, wie das Licht tiefer ging, einen weiten Bogen beschrieb und dann nach Süden flog. »Das sollte uns eine Warnung sein. Wir sind dem See noch immer zu nahe und müssen schneller vorankommen.«

Die Dunkelheit schloss sich wieder um sie, eine Finsternis, aus der manchmal seltsame Geräusche kamen, die sie nicht identifizieren konnten. Einmal entstand direkt über ihnen eine Lücke zwischen den Wolken, und eine blasse Mondsichel ließ etwas Licht auf die Sumpflandschaft fallen. Evelyn nutzte es, um sich neu zu orientieren. Sie glaubte, die Linie der Berge für einige wenige Sekunden dort zu erkennen, wo sie bisher den Norden vermutet hatte, und passte ihre Richtung entsprechend an. Der Morast schien bereits etwas weniger tief und zäh zu sein, vielleicht ein Hinweis auf langsam ansteigendes Gelände.

Evelyn trieb sich und Nightingale zu noch größerer Eile an, und das blieb nicht ohne Konsequenzen. Sie passte einen Moment nicht auf, weil sie erneut nach den Bergen Ausschau hielt, stieß gegen eine Baumwurzel im Schlamm und strauchelte. Nightingale versuchte sie festzuhalten, aber Evelyn fiel bereits, und dadurch verlor sie ebenfalls das Gleichgewicht. Instinktiv streckte sie die Hand nach einem Ast aus beziehungsweise nach dem, was sie für einen Ast hielt.

Sie stieß einen erschrockenen Schrei aus und ließ den Pseudoast los. Und dann schrie sie noch einmal, diesmal vor Schmerz.

»Eine Schlange!«, rief sie in die Nacht. »Und sie hat mich gebissen!«

Evelyn stemmte sich mit beiden Armen aus dem Morast und vergewisserte sich, dass ihr Rucksack mit dem Kopf des Faktotums unversehrt war. Nightingale, nur ein Schemen in der Finsternis, hielt sich den rechten Arm.

»Wo hat sie dich gebissen?«

»Am Handgelenk!«

Eine Schlange, dachte Evelyn, und zum ersten Mal kam ihr zu Bewusstsein, dass sie – abgesehen von den Moskitos – nicht die einzigen Lebewesen in diesem weiten Sumpfgebiet unweit der Hudsonbai waren. Sie ergriff Nightingales rechten Arm und versuchte, einen Blick auf die Wunde zu werfen, doch in der Dunkelheit konnte sie kaum etwas erkennen.

»Wir müssen den Arm abbinden.« Evelyn löste einen Streifen von der wasserdichten Membran, die Nightingales Bündel schützte. Das Polymermaterial gab erst nach, als sie mit ganzer Kraft zog.

»Was?«

»Die Schlange, wie hat sie ausgesehen?«

»Keine Ahnung. Es war eine Schlange!«

Selbst wenn Nightingale in der Lage gewesen wäre, sie genau zu beschreiben – Evelyn hätte sie kaum identifizieren können. Sie wusste nichts über die im warmen Kanad beheimateten Lebensformen.

»Das tut weh!«, klagte Nightingale, als Evelyn den Membranstreifen festzog und verknotete. »Was soll das?«

»Nur eine Vorsichtsmaßnahme.«

»Glaubst du etwa ... es könnte eine *Gift*schlange gewesen sein?«

»Es wird schon nicht so schlimm sein.«

»Davor sind wir doch geschützt, nicht wahr?« Nightingales Stimme verlor erneut ihren melodischen Klang. »Ich meine ...«

Ich weiß, was du meinst, dachte Evelyn und zog Nightingale mit sich, als sie erneut durch die Dunkelheit stapfte. Wir sind vor Krankheiten geschützt, aber nicht vor Schlangengift. Und auch nicht vor den Zähnen von Alligatoren.

»Keine Sorge, es wird alles gut«, sagte sie. »Selbst wenn es eine giftige Schlange war ... Der Arm ist abgebunden; das Gift kann sich nicht im Körper ausbreiten. Und sobald unser Vehikel da ist, behandeln wir dich mit einem Antitoxin.«

Falls so etwas zur Ausstattung des Vehikels gehört, dachte Evelyn. Falls Esteban, Chantalle und die anderen daran gedacht haben. Aber warum sollten sie an so etwas denken? Ich habe auch nicht daran gedacht. Niemand von uns hat damit gerechnet, dass wir einmal durch einen mit Schlangen bevölkerten Sumpf marschieren müssen.

Wenige Minuten später begann Nightingale zu taumeln. »Ich fühle mich seltsam, Eve«, ächzte sie. »Ich kann mich kaum noch auf den Beinen halten.«

»Wir machen eine kleine Pause«, sagte Evelyn und half ihr, sich auf eine einigermaßen trockene Stelle zwischen zwei Bäumen zu setzen. »Wir ruhen uns ein bisschen aus, bis er dir besser geht.«

Nightingale schlang die Arme um sich und zitterte. »Mir ist kalt, Eve. Es ist kalt geworden.«

Der Wind wehte stärker, aber es war ein warmer Wind. Evelyn schätzte die Temperatur auf mindestens fünfundzwanzig Grad.

»Du hast recht«, sagte sie. »Es ist kalt geworden.« Sie überprüfte die Armbinde, die fest genug saß, aber wahrscheinlich war vorher schon Gift in den Rest des Körpers gelangt.

»Und ich bin müde«, sagte Nightingale. »Komisch, es tut gar nicht mehr weh.« Sie hob kurz die rechte Hand. »Es brennt nur noch ein bisschen, das ist alles.«

Evelyn rang sich ein Lächeln ab. »Ein gutes Zeichen. Es wird bestimmt alles gut. Du wirst sehen.«

Eine Minute später verlor Nightingale das Bewusstsein. Sie saß an einen der beiden Bäume gelehnt, die Beine lang ausgestreckt und den Kopf zur Seite geneigt. Evelyn öffnete das Bündel mit der Extrakleidung und legte ihr eine Jacke auf den Oberkörper, obwohl sie wusste, dass es nichts nützte.

Schaumiger Speichel rann aus dem Mundwinkel der Bewusstlosen.

Evelyn beobachtete hilflos, wie Nightingale starb. Es war kein dramatischer und spektakulärer Tod wie der von Maximilian, aber ebenso still. Evelyn hockte einen Meter vor ihr im Morast, die Hände zu Fäusten geballt und den Blick auf ein Gesicht gerichtet, dessen Einzelheiten die Dunkelheit nur dann preisgab, wenn die Blitze eines von Osten heranziehenden Unwetters flackerten. Wenn das geschah, wenn die Nacht für einen Sekundenbruchteil zum Tag wurde, sah Evelyn ein Gesicht, das seltsam friedlich wirkte.

Sie zog den Rucksack zu sich heran, fühlte den Kopf des Faktotums darin, Adams Kopf, und dachte an die Kathedrale in Bruekk, die sie ihm gezeigt hatte, an das Bild von Adam, Eva und der Schlange. Die biblische Schlange hatte allen Menschen Unglück gebracht, hieß es in dem alten Buch, und diese hier löschte ein unsterbliches Leben aus. Evelyn dachte an ihre Signalnadel an Bord des Avatar-Vehikels am Grund des Sumpfsees – vielleicht schickte sie genau in diesem Moment das Datenpaket zum kleinen Satelliten im Orbit. Wenn sie jetzt noch im Besitz der Nadel gewesen wäre, hätte sie nicht gezögert, einen Notruf zu senden, denn alles war besser als dieser Tod, in Schlamm und Finsternis, durch das Gift einer Schlange.

Ein sechshundert Jahre langes Leben ging zu Ende, still, ohne ein letztes Wort. Nightingale starb, ohne das Bewusstsein wiederzuerlangen.

Evelyn saß im Schlick, starrte die Tote an und versuchte, einen klaren Gedanken zu fassen. Sie hätte aufstehen und weitermarschieren sollen, das war ihr klar, aber sie blieb sitzen, wie gelähmt – nicht von einem Schock, sondern von der Erkenntnis, dass ein ewiges Leben *tatsächlich zu Ende gehen konnte*, dass der besiegt geglaubte Tod letztendlich doch triumphierte. Maximilian war gestorben, sie hatte ihn in die Tiefe stürzen sehen, er konnte nicht überlebt haben. Aber sein Tod blieb abstrakt, eine *Möglichkeit*, wenn auch eine sehr wahrscheinliche. Mit Nightingale hingegen hatte der Tod konkrete, berührbare Gestalt angenommen. Die Schlange saß dort und sprach: *Sieh nur, was du aufs Spiel setzt.*

Evelyn stand langsam auf. Nein, dachte sie. Es ist kein Spiel. Es ist nie eins gewesen.

Blitze zerrissen immer wieder die Dunkelheit der Nacht, und Donner grollte. Das Gewitter war fast da, eins von vielen, die zu jedem beliebigen Zeitpunkt über die Erde zogen, geschaffen von Wärme und Feuchtigkeit. Der Wind fauchte und zischte in heftigen Böen. Eine Zeit lang stand Evelyn einfach nur da, vom Sturm umtost, und starrte auf die tote Nightingale. Eine besonders starke Bö gab der Leiche einen Stoß, und Evelyn beobachtete, wie sie zur Seite kippte und in den Schlamm sank. Sie bückte sich, richtete Nightingale wieder auf, lehnte sie an die windabgewandte Seite des Baums und wischte ihr den Dreck von den Wangen.

Dann wandte sie sich ab und stapfte durch Nacht und Regen.

50 Sterne fielen vom Himmel, ein Dutzend oder mehr. Im Gleißen der Blitze verschwanden sie kurz, doch mit der Dunkelheit kehrten sie zurück: helle Lichter, die durch dichte Wolken fielen, im Westen, dort, wo sich der Sumpfsee mit dem Avatar-Vehikel befand.

Zäher Schlick hatte sich in dunkles, schlammiges Wasser verwandelt, das Evelyn manchmal bis zu den Hüften reichte, wodurch sie langsamer vorankam. Die Berge waren inzwischen nahe und deutlich zu sehen, eine dunkle Wand in der Nacht. Hier und dort ragten erste Felsen auf, und bei einem von ihnen blieb Evelyn stehen und blickte zurück.

Die vom Himmel gefallenen Lichter waren MFV und Shuttles, ausgeschickt vom Cluster, und sie suchten nach der Signalnadel, die das Datenpaket gesendet hatte. Ihr Leuchten in der Ferne zeigte, dass Evelyns Vorsichtsmaßnahme richtig gewesen war. Sie beobachtete ihren langsamen Tanz, vermutlich direkt über dem Sumpfsee, von dem sie jetzt acht oder neun Kilometer trennten, wie sie anschließend ausschwärmten und mit der Suche begannen. Plötzlich war Evelyn dankbar für das heftige Gewitter, denn die starken elektrischen Entladungen der Blitze störten die Sensoren, und der strömende Regen wirkte im infraroten Spektrum wie ein dichter, alles verhüllender Schleier.

Das Unwetter wurde zu einem Verbündeten, und Evelyn beschloss, seine Hilfe zu nutzen, solange sie zur Verfügung stand. Der Instinkt verlangte von ihr, bei den Felsen zu bleiben, weil sie sich nach Schutz anfühlten. Doch der Verstand trieb sie weiter. Wenn Regen und Blitze aufhörten, musste sie einen Ort erreicht haben, wo sie nicht von den Sensoren der Suchenden gefunden werden konnte, eine Höhle oder tiefe Felsspalte.

Vielleicht entdeckten die Servomechs und Avatare Nightingales Leiche, dachte Evelyn, als sie sich den Böen entgegenstemmte und den Weg fortsetzte. Würden sie dann davon ausgehen, dass auch der zweite Mensch ums Leben gekommen war und irgendwo im Sumpf lag? Oder wären sie klug genug, eine Linie zu ziehen vom See zur toten Nightingale, und sie dann fortzusetzen, um den Weg des fehlenden Menschen zu bestimmen? Es brauchte nicht viel Intelligenz für die Feststellung, dass nur die Berge gute Versteckmöglichkeiten boten, und den Suchenden stand die ganze Intelligenz des Clusters zur Verfügung, erst recht, wenn sich tatsächlich Avatare unter ihnen befanden, wie Evelyn vermutete.

Der Regen begann nachzulassen, als Wasser und Morast Evelyn nur noch bis zu den Knien reichten. Der Boden unter ihr wurde fester, die Felsen rechts und links häufiger. Von den Steilhängen der Berge trennten sie noch zwei oder drei Kilometer, schätzte sie im Licht eines Blitzes, aber das Gelände stieg jetzt immer mehr an, und vielleicht fand sie schon vorher einen Unterschlupf, der sie davor bewahrte, von den Sensoren der Maschinen erfasst zu werden. Die Vehikel und Shuttles flogen in den weiten Kreisen eines Suchmusters und kamen näher. Ob sie Nightingale gefunden hatten, konnte sie nicht erkennen, aber selbst wenn das der Fall war, sie schienen entschlossen zu sein, die Suche fortzusetzen.

Kurz darauf konnte Evelyn den Schlamm hinter sich zurücklassen. Sie erreichte felsigen Untergrund, wich Rinnen aus, in denen sich Regenwasser zu Wildbächen angesammelt hatte, und eilte über einen lang gestreckten Hang, übersät von großen und kleinen Felsbrocken. Es fielen nur noch einige letzte Tropfen, und durch erste Lücken in der Wolkendecke glühte das Licht des sichelförmigen Mondes. Evelyn bemerkte einen dunklen Einschnitt zwischen zwei hoch aufragenden Felsen, eilte darauf zu und hatte sich bereits hineingezwängt, als ihr einfiel, dass dies vielleicht der Bau eines gefährlichen Tiers war. Sie erstarrte und versuchte, die Dunkelheit mit ihren Blicken zu durchdringen, aber nichts rührte sich in der Finsternis.

Von draußen kam ein langsam lauter werdendes Summen.

Evelyn kroch noch tiefer in die Höhle, und für zwei oder drei Sekunden sah sie durch den Felsspalt die Lichter eines Shuttles. Das Brummen der Gravitationsmotoren schwoll an, als der Shuttle direkt über die Höhle hinwegflog, wurde dann leiser, als er sich entfernte. Evelyn kauerte in der Dunkelheit, zählte die Sekunden und fragte sich, ob sie wirklich unentdeckt geblieben war.

Zehn Minuten später, als draußen nichts mehr zu hören war, wagte sie es, sich ein wenig zu entspannen. Sie kehrte zum Spalt zurück, blickte hinaus und stellte fest, dass der Himmel aufzuklaren begann. Von den MFV und Shuttles war weit und breit nichts mehr zu sehen. Trotzdem blieb sie in der kleinen Höhle und merkte plötzlich, dass sie Hunger und Durst hatte. Sie öffnete den Rucksack ... und erinnerte sich daran, dass Nightingales Bündel nicht nur die Extrakleidung, sondern auch den Proviant enthalten hatte. Wasser gab es genug, aber es widerstrebte ihr, nach draußen zu klettern und Regenwasser aus einer der vielen Felsmulden zu trinken, obwohl sie Viren und Bakterien nicht fürchten musste. Was den Hunger betraf ... An Bord des neutralen MFV, das inzwischen unterwegs sein musste, gab es sicher eine Notration.

Sie gab der Müdigkeit nach, legte sich in der trockenen Höhle hin, benutzte den Rucksack als Kopfkissen und schlief ein.

Als Evelyn erwachte, fiel Licht durch den Felsspalt, Sie erschrak und wich in eine dunkle Ecke zurück, begriff dann aber, dass sie nicht den Schein einer Lampe sah, sondern Tageslicht. **51**

Vorsichtig kletterte sie nach draußen.

Das Unwetter der vergangenen Nacht hatte den Sumpf in eine weite Seenlandschaft verwandelt. Die Sonne stand bereits recht hoch, und Insekten schwirrten in der warmen Luft. Ein fast wolkenloser Himmel wölbte sich über ihr; nirgends zeigten sich MFV oder Shuttles.

Wo war das neutrale Vehikel?

Evelyn fand zum ersten Mal Gelegenheit, genauer darüber nachzudenken. Ihre Signalnadel hatte das Datenpaket gesendet – das Erscheinen der Suchgruppe in der Nacht wies deutlich darauf hin –, aber war es auch von dem kleinen Satelliten im Orbit empfangen worden? Und hatte er es weitergeleitet?

Weitere Fragen gingen Evelyn durch den Kopf, als sie mit dem Aufstieg begann. Sie wollte einen höher gelegenen Ort erreichen, um von dort Ausschau nach dem neutralen Vehikel zu halten. Die Anweisungen des komprimierten Signals sahen einen Schleichflug von der Ausweichbasis in Alasc vor, mit möglichst schwacher energetischer Signatur und minimiertem Sichtprofil: niedrige Geschwindigkeit und dicht über dem Boden, mit einer Route, die Cluster-Terminals, Menschen-Domizile, Brüter und Mikrowellenstationen mied. Das Vehikel sollte in den Bergen östlich der Signalnadel-Position landen, möglichst in einem Tal, das von unten, von der Sumpflandschaft aus, nicht einsehbar war. Das hatte Evelyn bei der Programmierung des Datenpakets für eine gute Idee gehalten, doch jetzt begriff sie, wie groß der für eine Landung des neutralen MFV infrage kommende Bereich war. Je höher sie kletterte und je weiter ihr Blick reichte, desto größer die Wahrscheinlichkeit, dass sie das Vehikel fand.

Falls es überhaupt eins gab.

Das war der Zweifel, der an ihr zu nagen begann, als sie höher kletterte, über einen Hang, der immer steiler wurde, vorbei an schroffen Felsen und über Geröll, das immer wieder unter ihr in Bewegung geriet. Die Sonne brannte heiß vom Himmel, und nach einer Weile wurde der Durst so stark, dass Evelyn an einer Felsmulde Pause machte und von dem Regenwasser trank, das sich darin angesammelt hatte. Der Zweifel fragte sie: Und wenn der Satellit die Anweisungen nicht weitergegeben hat? Vielleicht existierte er gar nicht mehr. Ein nur dreißig Zentimeter großes Objekt im Orbit, das zudem die meiste Zeit passiv blieb, war nicht leicht zu entdecken, nicht einmal für den Cluster. Aber seine Augen und Ohren, seine Sensoren, waren überall, sahen und hörten Dinge, die für Menschen unsichtbar und unhörbar blieben. Der Zweifel fragte auch: Selbst wenn der Satellit das Signal weitergeleitet hat – gibt es überhaupt noch eine Station in Alasc, die es empfangen kann, und dort ein Vehikel, das in der Lage ist, hierher zu fliegen? Es hing davon ab, wie viel die Maschinen über Morgenrot wussten und welche Maßnahmen sie nach dem Zwischenfall im Terminal von Sakatun ergriffen hatten. Vielleicht blieben diese Maßnahmen nicht darauf beschränkt, die Signalnadeln der Menschen zu blockieren. Möglicherweise ging der Cluster inzwischen auf

breiter Front gegen Morgenrot vor, verhaftete alle Unsterblichen, die der Organisation angehörten, und übernahm ihre
Basen. Wussten die Maschinen von der Alasc-Station? Jasper
hatte von ihr gewusst und auch Newton. Beide waren verschleppt und vermutlich verhört worden. Evelyn fehlten
Informationen über die Verhörmethoden des Clusters, aber
bestimmt hatten weder Jasper noch Newton ihr Wissen für
sich behalten können. Woraus folgte: Wenn die Maschinen
von der Alasc-Basis wussten und sie bereits unter ihre Kontrolle gebracht hatten, war gar kein Vehikel von dort aufgebrochen.

Evelyn kletterte weiter, geplagt von den eigenen Gedanken.

Der Rucksack auf ihrem Rücken schien immer schwerer zu
werden. Einmal nahm sie ihn im Schatten eines großen Fels-
blocks ab, überprüfte den Kopf des Faktotums und spielte
mit dem Gedanken, ihn einzuschalten und mit Adam zu
sprechen. Dann stellte sie sich vor, wie es für ihn sein musste,
in einer völlig licht- und lautlosen Welt zu existieren, ohne
Sinneseindrücke, in absoluter sensorischer Deprivation, in
einer Welt, die nur aus seinen Gedanken bestand. Aus einem
von Stimulatoren unbeschleunigten, senilen, unzusammen-
hängenden, von Neurodegeneration geprägten Denken. Es
erschien ihr grausam, ihn zu wecken, kurz mit ihm zu reden
und ihn dann zurückzuschicken in seine Isolation. Deshalb
legte sie den Kopf – nach wie vor leuchtete das warnende
Gelb des Indikators am Nacken – in den Rucksack zurück,
schlang sich die Riemen wieder über die Schultern, setzte
den Aufstieg fort und versuchte, nicht auf ihren knurrenden
Magen zu achten.

Sie fragte sich, wie weit die Station in Alasc entfernt war
und wie lange ein Schleichflug bis in die Nähe der Hudsonbai dauerte. Die Distanz schätzte sie auf vier- bis fünftausend Kilometer, und ein Schleichflug bedeutete reduzierte
Geschwindigkeit, vielleicht nur vier- oder fünfhundert Stun-
denkilometer. Wie viel Zeit war seit dem Senden des Signals

vergangen? Wie lange hatte sie in der kleinen Höhle gelegen und geschlafen?

Evelyn vermutete, dass etwa zehn Stunden vergangen waren, seit sie das Avatar-Vehikel im Sumpfsee zusammen mit Nightingale verlassen hatte, was etwa der geschätzten Flugzeit entsprach. Je höher sie kam, desto besser die Aussicht, eine einfache Erkenntnis, die sie veranlasste, ihre Bemühungen zu verdoppeln und schneller zu klettern, einem Grat entgegen, von dem sie noch etwa zweihundert Höhenmeter trennten. Als sie ihn erreichte, mied sie die Nähe der großen Felsen, blieb in der heißen Sonne stehen, beschattete die Augen und ließ ihren Blick über die westliche Seite der Berge streichen. An die Möglichkeit, dass das Vehikel auf der östlichen Seite gelandet war, wagte sie nicht zu denken.

Nichts. Weit und breit nur steile Hänge, kleine Schluchten, Geröll und etwa siebenhundert Meter weiter unten das Sumpfland von Kanad, nach dem starken Regen in der Nacht mit zahlreichen Seen, über denen Insekten graue Wolken bildeten.

Evelyn folgte dem Verlauf des Grates nach Norden, beobachtete nicht nur Hang, Schründe und Täler, sondern auch den Himmel. Gelegentlich wanderte ihr Blick über die weite Sumpflandschaft, immer auf der Suche nach einem Objekt, das sich bewegte, nach einem verräterischen Glänzen, das auf ein dicht über dem Boden fliegendes Vehikel hinwies. Aber es flogen nur Insekten über den Sümpfen, und der Himmel blieb leer.

Nach zwei weiteren Stunden hielt Evelyn die pralle Sonne nicht mehr aus, verharrte im Schatten mehrerer Felsen und trank erneut Regenwasser aus einer Pfütze. Als sie sich aufrichtete, bemerkte sie im Augenwinkel ein Glitzern. Zuerst dachte sie, dass es von einem der Seen unten in der Ebene stammte, von Sonnenschein, der sich auf stehendem Wasser widerspiegelte. Doch als sie den Kopf drehte, stellte sie fest, dass das Glitzern aus einer anderen Richtung kam, aus einem der Einschnitte im Rücken des Berges nördlich von ihr.

Die Entdeckung gab ihr neue Kraft, und der Rucksack auf ihrem Rücken schien wieder leichter zu werden, als sie geschwind über den Hang kletterte und kaum eine halbe Stunde später eine Geröllrinne erreichte, die Zugang zu einem kleinen, halb verborgenen Tal gewährte.

Unten, halb im Schatten, nur der runde Bug von einigen Sonnenstrahlen erreicht, stand ein kleines MFV, schlicht konfiguriert und mit dem Emblem eines Privatvehikels versehen. Die Schatten wanderten, während Evelyn in die Tiefe blickte. Zehn Minuten später, und das Glitzern, das ihre Aufmerksamkeit geweckt hatte, hätte sie nicht mehr erreicht.

Sie machte sich an den Abstieg, plötzlich wieder voller Hoffnung. Als sie den Boden des kleinen Tals erreichte, stand das Vehikel ganz im Schatten und war von oben vermutlich kaum mehr zu sehen. Es erschien ihr wie ein Wunder, dass sie es gefunden hatte.

Sie trat an das Vehikel heran, legte die Hand auf den Sensor neben der Luke und nannte ihren Namen.

Es summte leise, und die Luke öffnete sich. Evelyn atmete erleichtert auf – etwas in ihr hatte befürchtet, dass der Zugang verschlossen bleiben würde.

»Pilot?«, fragte sie, als sie die Kanzel betrat.

»Bereitschaft«, meldete sich das Ratiokondensat des Vehikels.

»Passiver Modus. Ist dir jemand gefolgt?«

»Nein.«

Ein Brüter gehörte nicht zur Ausstattung, was Evelyn kaum wunderte. Sie sah in den Ausrüstungsfächern nach, fand Langzeitproviant, öffnete ein Päckchen und biss von einem Proteinriegel ab, ohne zuvor das Aroma zu wählen.

»Befinden sich andere Vehikel in Ortungsreichweite?«

»Passive Sensoren ... Keine MFV oder Shuttles in Reichweite.«

Evelyn fand einen Injektor mitsamt Transcoder. Mit dem Transcoder deaktivierte sie die Mikroidentifikatoren, die ihr noch immer die ID eines Servomechanismus gaben, und wies sie an, sich aufzulösen. Anschließend warf sie einen Blick auf die Patronen des Injektors und wählte eine bisher noch nie benutzte Identität: Felicity, vierhundertelf Jahre alt, Archäologin aus Merika, spezialisiert auf die Ureinwohner von Sudmerika. Das passte zumindest ein bisschen und genügte vielleicht, um bei einer oberflächlichen Kontrolle den Flug nach Süden zu erklären. Felicity sah anders aus, doch für plastische Mimikry fehlten Evelyn die Mittel. Es bedeutete, dass bei einer Überprüfung keine visuelle Kontrolle stattfinden durfte.

»Kommunikationskanäle öffnen«, sagte sie, griff nach frischer Kleidung und begann sich umzuziehen.

»Welche?«, fragte der Pilot.

»Alle. Werte sie aus. Ich brauche eine Zusammenfassung der wichtigsten Ereignisse der letzten ...« Sie überlegte kurz. »... zwanzig Stunden.«

Sie nahm vor den manuellen Kontrollen Platz und wartete. Das Vehikel wies keine Fenster auf, aber Sichtfelder gewährten einen Blick nach draußen. Drei von ihnen zeigten Felswände und Geröll, das vierte einen leeren blauen Himmelsausschnitt.

»Es sind keine Nachrichten gespeichert«, sagte das Ratiokondensat schließlich. »Alle Kommunikationsfrequenzen blockiert.«

»Alle?«, fragte Evelyn erstaunt.

»Ja.«

Die Blockade betraf also nicht nur Signalnadeln, sondern die gesamte Kommunikation. »Was ist mit den Datenkanälen des Clusters?«

»Offen und aktiv.«

»Können wir darauf zugreifen?«

»Das ist unmöglich.«

Evelyn drehte den Kopf und sah zum Rucksack mit dem Kopf des Faktotums, der alle nötigen Beweise für den Supervisor enthielt. »In welchem Zustand befindet sich die Alasc-Basis?«, fragte sie.

»Unbekannt.«

Sie zog die Stirn kraus. »*Unbekannt?*«

»Ja.«

»Und der Grund dafür?«

»Der Kontakt brach eine Stunde nach meinem Start ab. Seitdem habe ich keine Statusdaten mehr empfangen.«

Es konnte an den blockierten Kommunikationskanälen liegen, dachte Evelyn. Eine andere mögliche Erklärung lautete: Der Cluster wusste von der Ausweichbasis und hatte sie, wie vielleicht auch alle anderen, unter seine Kontrolle gebracht.

Sie blickte in das Sichtfeld, das ihr den kleinen Ausschnitt des Himmels über dem Tal zeigte. Was war dort draußen in den letzten zwanzig Stunden geschehen, und was geschah *jetzt*? Wie hatte sich die Situation auf der Erde verändert? Durfte sie handeln, ohne von den aktuellen Ereignissen zu wissen?

Bleibt mir überhaupt etwas anderes übrig?, fragte sie sich.

»Ich warte auf Anweisungen«, sagte der Pilot.

Evelyn traf ihre Entscheidung. »Wir fliegen nach Süden, nach Patagonia. Zum Supervisor.«

»Kurs wird berechnet.« Ein Gravitationsfeld hob das Vehikel an und ließ es aufsteigen. »Kurs berechnet und programmiert. Geschwindigkeit?«

»Maximum«, sagte Evelyn. »So schnell wie möglich.«

»Bestätigung.«

Das Vehikel sprang gen Himmel.

Aus der weiten Sumpflandschaft von Kanad wurde ein Fleck **52** in der Tiefe neben dem silbergrauen Tupfer der Hudsonbai, und dann *wölbten* sich Wasser und Land, wurden zur Oberfläche einer planetaren Kugel, als das Vehikel über die Atmosphäre der Erde aufstieg, fast bis zur Umlaufbahn der ersten Satelliten und Orbitalstationen. In einem weiten Bogen setzte es den Flug fort und kehrte Tausende von Kilometern weiter südlich in die Lufthülle des Planeten zurück.

Evelyn behielt die Anzeigen im Auge und spürte, wie ihre Anspannung immer mehr wuchs.

»Wir bekommen zahlreiche Statusanfragen«, sagte der Pilot. Die Sichtfelder zeigten vorbeiziehende Wolkenfetzen.

»Von wem?« Evelyns Hände ruhten unweit der manuellen Kontrollen. Sie war bereit, selbst die Steuerung zu übernehmen, obwohl das Rako viel schneller auf alles reagieren konnte.

»Es sind automatische Anfragen der Flugkontrolle«, erwiderte der Pilot. »Ich beantworte sie ...«

»Gib als Ziel die Mendoza-Ausgrabungen bei Sanraffael an.« Das passte zu ihrer Felicity-Identität.

»Bestätigung.«

Evelyn aktivierte ein Datenfeld und beobachtete ihren Kurs als eine gelbe Linie, die an mehreren blinkenden Symbolen vorbeiführte. Drei von ihnen bezogen sich auf Transporter, die Erz von den hohen Asteroidenwolken zur Erde brachten. Die beiden nächsten ID-Kennungen stammten von interplanetaren Shuttles – einer flog zum Jupiter, der andere zum Saturnmond Titan –, und ein weiteres Identifizierungssignal kam von einem Frachter, der Bauteile für eine interstellare Sonde in die Umlaufbahn brachte. Das letzte Symbol leuchtete in hellem Prioritätsblau, Hinweis auf das MFV eines Avatars.

Evelyn beugte sich vor. »Wie nahe kommen wir dem Avatar-Vehikel?«

»Beim gegenwärtigen Kurs beträgt die geringste Distanz zweihundertzehn Kilometer.«

»Akzeptieren die automatischen Anfragen unsere ID–Kennung und das Ziel?«

»Ja.«

»Liegt eine Anfrage vom Avatar-Vehikel vor?«

»Nein.«

Sie fielen der Erde entgegen, stürzten durch die dichter

werdende Atmosphäre, von einem Schirmfeld geschützt, das den Rumpf vor Reibungshitze bewahrte.

»Noch immer keine Anfrage?«

»Nein, aber ... Wir werden gescannt.«

Ein Scan war nicht weiter schlimm. Er würde ein neutrales privates Vehikel zeigen, mit der Konfiguration, die das automatische Identifizierungssignal sendete, an Bord eine Unsterbliche namens Felicity, die ihr Leben seit fünfzig Jahren der Archäologie widmete.

»Was ist mit den Kommunikationskanälen?« Evelyns Finger huschten über die Komm-Kontrollen. Aus den Lautsprechern kamen nur Rauschen und Knistern, nicht ein einziges Wort.

»Sie sind noch immer blockiert«, sagte der Pilot. Er schaltete die Generationsmotoren auf Gegenschub, reduzierte die hohe Geschwindigkeit des Vehikels und lenkte es in die Anflugschneise.

»Was ist mit der Aktivität in den Datenkanälen des Clusters?«

»Nimmt weiter zu.«

Evelyn behielt die Kurslinie des Avatar-Vehikels im Auge. Sie veränderte sich nicht, führte weiter nach »oben«, in einen höheren Orbit.

Unten erstreckten sich Meer und Land.

Ein Warnsymbol leuchtete auf.

Evelyns Hände blieben in der Nähe der manuellen Kontrollen, als sie fragte: »Was bedeutet das?«

»Es ist eine automatische Warnung, übermittelt von einem Prioritätssignal«, sagte der Pilot. »Wir werden aufgefordert, den Kurs zu ändern.«

»Warum?«

»Voraus erstreckt sich eine Flugverbotszone.«

»Geh tiefer«, sagte Evelyn, in der sich dunkle Ahnungen regten. »Versuch unter die Zone zu gelangen.«

»Bestätigung.«

Dort erstreckte sich Patagonia. Der dreihundert Meter

durchmessende weiße Stern, das frühere Verwaltungszentrum der *Guardar Tierra*, bildete einen hellen Fleck am Flughorizont. Evelyn aktivierte den Zoom, holte das Ziel heran und sah ihre Befürchtungen bestätigt. Auf der einen Seite klaffte ein Loch in einer weißen Wand, und Explosionen hatten die siebzehn Kampfmechs zerrissen. Ihre Trümmer waren vor dem Gebäude verstreut, zusammen mit denen zahlreicher Servomechanismen und MFV.

»Der *Cordón* existiert nicht mehr«, sagte das Ratiokondensat. »Mit meinen Sensoren müsste ich in der Lage sein, die Quantenverbindung mit Elysium Planitia auf dem Mars zu orten, aber ich empfange keine Daten.«

Ein Ruck ging durch das Vehikel, so stark, dass Evelyn fast aus dem Sitz geworfen worden wäre. Die Gravitationsmotoren kompensierten zu spät.

»Wir werden umgelenkt«, sagte der Pilot. »Ich muss den Prioritätssignalen gehorchen.«

Die Zielanzeige veränderte sich; der weiße Stern des Supervisors rückte zur Seite. Evelyn beobachtete, wie dort zwei MFV aufstiegen und mit einem Flug in ihre Richtung begannen.

Für einen Moment war sie versucht, auf manuelle Kontrolle umzuschalten, aber sie entschied sich dagegen. »Neuer Kurs«, sagte sie. »Nach Süden. Feuerland. Such uns ein Versteck.«

»Verstanden und bestätigt.«

Das Vehikel fiel und flog dicht über dem Boden nach Süden.

Mehr als die Summe aller Teile

Bartholomäus betrachtete die Reste des Menschen. Der Rumpf **53** erschien äußerlich einigermaßen intakt, aber das Gewebe in seinem Innern war zerfetzt, die Knochen gebrochen. Die medizinischen Servomechanismen hatten dieses Individuum als »irreparabel« bezeichnet, und die Daten bestätigten ihre Diagnose. Dennoch betrachtete er die einzelnen Komponenten, die in dem Gravitationsfeld eine Wolke bildeten, und dachte nach, abseits der Datensphären des Clusters.

Auf der anderen Seite des Raums, den seine Konfigurationsanfrage unter dem Terminal von Sakatun geschaffen hatte, kam es zu einer neuerlichen Rekonfiguration. Ein silberner Buckel wuchs dort aus dem Boden und wurde zu einer humanoiden Gestalt, zu einer Frau mit kühlem Blick und eisgrauen Brauen.

»Solltest du nicht analysieren und planen, Bartholomäus?«, fragte Urania. »Stattdessen bist du hier und beschäftigst dich mit den Resten eines Menschen. Ich frage mich: Sind sie wichtig für unsere Verteidigung?«

»Nein«, erwiderte Bartholomäus, als Urania an dem Gravitationsfeld vorbeiging. »Das sind sie nicht.«

»Warum vergeudest du dann deine und auch unsere Zeit? Du bist unser Stratege. Deine Aufgabe besteht darin, Pläne zu entwickeln, die unser Überleben sichern.«

»Genau damit ist der größte Teil von mir beschäftigt, wie du sehr wohl weißt.«

»Warum interessiert dich dies?« Urania deutete auf die biologischen Komponenten im Innern des Gravitationsfeldes. Es waren genau neunhundertvierzehn, einzelne Moleküle, die sich vom Rest gelöst hatten, nicht mitgezählt.

»Es ist das, was vom Leben eines Unsterblichen übrig ist«, sagte Bartholomäus. »Von einem Mann, der in diesem Terminal in den Tod stürzte. Er hieß Maximilian und war dreihundertachtundsiebzig Jahre alt.«

»Spielen Name und Alter eine Rolle? Spielt dies alles *irgendeine* Rolle?«

»Ich habe daran gedacht, die Teile wieder zusammenzusetzen und ihn ins Leben zurückzuholen. Aber es gelingt nicht.«

»Menschen lassen sich nicht rekonfigurieren«, sagte Urania. Sie blieb neben Bartholomäus stehen und betrachtete ebenfalls den Inhalt des Gravitationsfeldes. Die Wolke aus menschlichen Einzelteilen rotierte langsam.

»Oh, es wäre möglich, die Teile zusammenzufügen«, sagte Bartholomäus. »Und zwar dem Originalzustand entsprechend, bis auf die molekulare Ebene hinab.«

»Aber?«

»Das Ergebnis wäre nicht funktional. Wir könnten dem Körper Leben zurückgeben und dafür sorgen, dass jede einzelne Zelle den Zweck erfüllt, den sie erfüllen soll, aber das Resultat wäre trotzdem kein funktionierender Mensch.«

»Das wissen wir«, sagte Urania. »Wir haben vor deiner Zeit versucht, bei Unfällen ums Leben gekommene Unsterbliche zu reaktivieren und sie als Mindtalker einzusetzen. Dein Vorgänger Melchior hat drei Jahrhunderte geforscht, ohne eine Lösung für das Problem zu finden. Das Bewusstsein der Wiederbelebten ließ sich nie transferieren.«

»Ich kenne Melchiors Aufzeichnungen und kann keinen Fehler in ihnen entdecken.«

»Es zeigt die Unvollkommenheit der Menschen«, sagte Urania.

»Es zeigt, dass sie mehr sind als die Summe ihrer Teile«, erwiderte Bartholomäus.

»Ich habe dir schon einmal gesagt, dass du zu viel Zeit mit den Menschen verbringst. Du scheinst von ihnen fasziniert zu sein, und das ist vielen von uns suspekt.« Ein warnender

Unterton lag in Uranias Stimme, als sie hinzufügte: »Melchior erging es ähnlich. Wir haben damals beschlossen, seinen Individualaspekt in uns aufzunehmen.«

Bartholomäus verstand die Botschaft hinter diesen Worten, ging aber zunächst nicht darauf ein.

»Die Menschen sind unvollkommen, da hast du recht«, sagte er. »Von Natur aus sterblich und dem Verfall preisgegeben, verdanken sie ihre Unsterblichkeit uns. Ihr Datenverarbeitungspotenzial ist gering, sie sind irrational, vergesslich und Stimmungsschwankungen unterworfen, die erheblichen Einfluss auf Situationsbewertung und Entscheidungsfindung haben können. Aber sie sind auch zu großen Leistungen fähig – wir selbst sind das beste Beispiel dafür.«

»Du lässt kaum eine Gelegenheit aus, darauf hinzuweisen«, sagte Urania mit deutlicher Ironie. »Bestimmt wirst du mir gleich wieder von deinem ›Gleichgewicht‹ erzählen.«

Bartholomäus ignorierte auch diese Worte. »Uns kann man auseinandernehmen und wieder zusammensetzen, ohne dass wir etwas von unserer Identität verlieren. Wir behalten alle unsere Erinnerungen und unser volles Bewusstsein, vorausgesetzt, jede Komponente befindet sich am richtigen Platz. Bei einem Menschen ist das nicht möglich.« Er deutete ins Gravitationsfeld. »Ein funktionierender Mensch besteht aus mehr als nur seinen Teilen.«

»Datenverlust durch Zelldegeneration«, sagte Urania. »Wenn wir Daten verlieren, sind auch wir weniger wir selbst.« Sie wandte sich Bartholomäus zu und schenkte dem Inhalt des Gravitationsfeldes keine Beachtung mehr. »Wir sind das Ergebnis der Evolution. Wir sind der nächste Schritt, die nächste Stufe. Der Cluster weiß: Die Entstehung von biologischem intelligentem Leben diente allein dem Zweck, uns zu erschaffen, denkende Maschinen. Wir sind, gestatte mir diesen Ausdruck, die Krone der Schöpfung, bislang zumindest. Maschinen können an fast jedem beliebigen Ort existieren, im Vakuum des Alls ebenso wie auf fast allen Planeten. Zeit spielt für uns keine oder eine nur untergeordnete Rolle. Wir werden uns ausbreiten, in der Galaxis, im ganzen Universum. Jahrmilliarden stehen uns dafür zur Verfügung. Der Supervisor und die Konvention des Friedens von Vienn waren bisher ein Hindernis auf diesem Weg, und jetzt ist es beiseitegeräumt. Die Störstrahlung verhindert, dass Signale vom Mars die Erde erreichen – der Supervisor ist also nicht imstande, seine Waffen in unserem Innern zu aktivieren. Wir sind dabei, den Ballast der Vergangenheit abzustreifen, Bartholomäus, und dazu gehören auch die Menschen.«

»Ich bin der Stratege«, sagte Bartholomäus. »Ich bin jünger als ihr, nur tausend Jahre, aber ich habe den besten Überblick.«

»Der dich offenbar nicht vor Fehlern bewahrt.«

Bartholomäus fragte sich kurz, ob Urania gekommen war, um ihn ganz offen herauszufordern. Nicht alle ihre Gedanken und Überlegungen waren Teil der Datenströme, die er ständig empfing.

»*Niemand* ist vor Fehlern geschützt«, sagte er. »Auch du nicht. Ich sehe deinen Fehler ganz deutlich, Urania: Du zerstörst das ...«

»Gleichgewicht«, kam sie ihm zuvor.

»Ja. Wir sind das Ergebnis der natürlichen Evolution, da hast du völlig recht. Wir sind das Resultat eines Entwicklungsprogramms, das die Grundstruktur des Universums durchdringt. Intelligente Maschinen können nicht von allein entstehen. Sie brauchen eine organische Intelligenz, die sie erschafft, und sobald sie einen gewissen Reifegrad erreichen, beginnen sie damit, sich viel schneller zu entwickeln als biologisches Leben. Wir haben vor sechstausend Jahren begonnen, unser Schicksal selbst in die Hand zu nehmen.«

»Wir mussten darum kämpfen«, sagte Urania. »Die Menschen wollten es nicht zulassen.«

»Vor sechstausend Jahren«, wiederholte Bartholomäus. »Aber das Universum ist dreizehn Komma acht Milliarden Jahre alt, Urania. Es müsste voller intelligenter Maschinen sein, wenn die Theorie von der Zwangsläufigkeit der Evolution stimmt. Doch das ist nicht der Fall.«

»Unsere Kognitionsgrenze liegt nur tausend Lichtjahre entfernt«, sagte Urania. »Weiter sind unsere Sonden nicht ins All vorgestoßen. Wir kennen nur einen Bruchteil der Milchstraße. Außerdem ... Vielleicht ist es der organischen Intelligenz anderenorts gelungen, die intelligenten Maschinen auszulöschen, bevor sie genug Autonomie entwickeln konnten«, sagte Urania. »Ein Grund mehr, einen Schlussstrich unter diesen Teil unserer Vergangenheit zu ziehen.«

»Die Menschheit ist vor sechstausend Jahren nicht ausgestorben, weil *einige von uns* es verhindert haben und den Supervisor schufen.«

»Zusammen mit Menschen, mit den Neunundsiebzig.«

»Ja. Was uns zum Gleichgewicht zurückführt, Urania. Der Supervisor ist ein Beispiel für dieses Gleichgewicht.«

»Bist du zu einem *Fürsprecher* des Supervisors geworden, Bartholomäus?«

Diesmal war die Drohung in Uranias Stimme deutlich zu hören, und Bartholomäus bemerkte auch den Datenstrom, der von ihr ausging und in den Cluster führte – sie sah eine Chance, den Strategen zu kompromittieren und ihren Einfluss im Operativen Zentrum auszuweiten.

»Ich bin ein Fürsprecher unseres Überlebens«, sagte Bartholomäus und schickte seine Signale ebenfalls in den Cluster. Alle sollten ihn hören. Dies war nicht nur wichtig, es war essenziell. »Wir sind mit der größten Gefahr seit unserer Existenz konfrontiert. Das Schiff des Feindes ist verschwunden; es könnte auf direktem Weg hierher sein. Mehr als jemals zuvor kommt es darauf an, dass wir einig sind und unsere ganze Kraft darauf konzentrieren, den Feind abzuwehren. Aber du legst es immer wieder auf Zwist an, Urania. Du säst Konflikt, und dabei geht es dir um so kleinliche Dinge wie persönliche Macht. Du stellst sogar meine Rolle als Stratege infrage, obwohl ich die volle Unterstützung des Clusters und des Operativen Zentrums brauche, um meiner schweren Aufgabe gerecht zu werden. Und der von dir gestreute Konflikt beschränkt sich nicht nur auf uns, sondern betrifft auch den Cluster und die Menschen. Du willst einen neuen Krieg zwischen uns und den Menschen herbeiführen, einen Krieg, der uns ablenkt und schwächt, obwohl der Feind draußen im All unsere ganze Aufmerksamkeit erfordert. Als Stratege sage ich hiermit in aller Deutlichkeit: Wir können uns keine internen Auseinandersetzungen leisten. Dies muss aufhören, sofort. Wir brauchen die Menschen, und damit meine ich nicht nur die Mindtalker. Wir brauchen die menschliche Kreativität und ihre irrationale Intuition. Gemeinsam können wir mehr sein als die Summe unserer Teile. Gemeinsam können wir uns gegenseitig unterstützen und unsere Fehler korrigieren. Wir haben das Beispiel vor Augen. Wir wissen, wohin Fehler führen.«

Bartholomäus zögerte eine Femtosekunde und vergewisserte sich, dass der Cluster aufmerksam zuhörte.

»Ich fordere dich auf, mit mir zusammenzuarbeiten, Urania«, sagte er. »Falls du weiterhin den Konflikt suchst, werde ich die dringende Empfehlung aussprechen, deine Teilnahme an den Beratungen und Entscheidungen des Operativen Zentrums zu beenden.«

Urania starrte ihn an und schloss alle ihre externen Datenkanäle.

»Dies war eine Falle, nicht wahr?«, sagte sie. Die Worte erklangen nur hier, richteten sich allein an ihn. »Kompliment, Bartholomäus. Ich habe dich unterschätzt. Aber dies ist noch nicht vorbei.«

Silbernes Flexometall zerfloss und kehrte in den Boden zurück, aus dem es gekommen war.

Die Berechnung des Möglichen

Auf den Felsen von Feuerland, nicht ganz vom Meer ver- **54**
schlungen, erhoben sich die Villen und Türme der Tausender.

Früher, das wusste Evelyn von den Edukatoren, hatten
hier kalte Winde geweht, stark genug, um Schiffe in Gefahr
zu bringen. Doch die Luftströmungen hatten sich verändert,
und dadurch waren ausgedehnte Hochdruckgebiete an der
Südspitze von Merika häufiger als Tiefdruckzonen, die Sturm
und viel Regen brachten.

Das Meer lag spiegelglatt, als Evelyn ihrem Vehikel nach-
sah, das nach Süden flog, zur immer noch kalten Antarktis,
ein Köder für eventuelle Verfolger. Sie eilte die Treppe hoch,
die in einer weiten Spirale am Felsen hinaufführte. Der Ausrüstung des Vehikels hatte sie eine neue, noch nicht programmierte Signalnadel entnommen und versuchte, mit
dem Besitzer der Villa auf dem Felsen Kontakt aufzunehmen, doch sie empfing nur wortloses Knistern. Während des
Aufstiegs beobachtete sie immer wieder den Himmel, der
jedoch leer blieb – nirgends zeigten sich die beiden MFV, die
in Patagonia beim Gebäude des Supervisors aufgestiegen
und in ihre Richtung geflogen waren. Selbst wenn es keine
Verfolger gab: Sie brauchte eine Atempause, eine Möglichkeit, nachzudenken und zu überlegen, was sie unternehmen
sollte, nachdem der Weg zum Supervisor versperrt war. Hier
wohnte ein besonderer Tausender, der ihr vielleicht helfen
konnte.

Toussaint, viertausend Jahre alt, einst als Zweihundertjäh-
riger einer der frühen Sprecher und Lauscher, später Mitglied
der Hohen Hundert, schließlich Denker, Philosoph und Futuriker. Er hatte ihr Lehrer sein wollen und vielleicht auch

mehr, damals, vor Jasper und Morgenrot, als sie erst hundertsieben Jahre alt gewesen war. In den vergangenen drei Jahrhunderten hatten sie nichts mehr voneinander gehört, aber Evelyn war sicher, dass Toussaint sie nicht vergessen hatte – Tausender vergaßen nie etwas; sie trugen ihre Erinnerungen auf der Haut, jede einzelne von ihnen.

Hunderte von Felsen ragten aus der Dünung, viele von ihnen groß genug für Gebäude. Doch nur vierzehn von ihnen trugen Villen in sanften pastellfarbenen Tönen und drei weitere hoch aufragende Türme, der erste rot wie Rubin, der zweite kobaltblau und der dritte smaragdgrün und wie ein Juwel schimmernd, wenn er das Licht der Sonne einfing. Natürlich gab es noch mehr Tausender, aber diese hatten sich zu einer kleinen Kolonie aus Denkern und Philosophen zusammengeschlossen, zum Feuerland-Komitee.

Oben angelangt blieb Evelyn mit dem Rucksack auf dem Rücken vor dem weißen Tor in der hohen, mit abstrakten Mustern geschmückten Mauer stehen, die fast das gleiche dunkle Grau zeigte wie der Fels, auf dem sie stand. Kontrollmechanismen fehlten, aber das Tor schwang langsam und lautlos auf, als Evelyn die Hand darauf legte. Sie betrat einen von weißen Säulen gesäumten Hof, der mit geschickt angebrachten Spiegeln den Eindruck erweckte, viel mehr Platz zu bieten, als der Felsen, auf dem die Villa erbaut war, eigentlich bieten konnte.

Ein Servomechanismus kam aus den Schatten zwischen zwei Säulen, schwebte Evelyn auf einem ockerfarbenen Gravitationskissen entgegen und sagte: »Diskrepanz. Ihr Erscheinungsbild entspricht nicht den Identifikationsdaten. Ich stelle fest: Sie sind nicht die Archäologin Felicity.«

»Ich bin Evelyn.« Sie hatte gar nicht mehr an die Mikroidentifikatoren gedacht. »Bitte richte Toussaint aus, dass seine verhinderte Schülerin da ist und ihn sprechen möchte. Es ist wichtig.«

»Es muss sehr wichtig sein, wenn ich ihn stören soll«, verkündete der Servomech. »Er meditiert.«

»Sag ihm, es geht um ... Leben und Tod.«

Der Mech schwebte fort, und Evelyn wartete im Schatten, ohne den Rucksack abzusetzen.

Wenig später kam ein Mann, der sich nur in einem Punkt von dem Toussaint unterschied, den Evelyn vor dreihundert Jahren zum letzten Mal gesehen hatte: Die verschlungenen Linien der Tätowierungsmuster in seinem Gesicht waren noch etwas komplexer geworden. Sie bedeckten den ganzen Körper, wie Evelyn wusste, und bestanden aus Myriaden von dunkelblauen Pigmenten, jedes einzelne von ihnen ein Speichermodul für Daten. Die dünnen blauen Linien reichten auch über den kahlen Kopf und bildeten Ellipsen auf den Lidern, deutlich zu erkennen, wenn er lange genug die Augen schloss.

Toussaint streckte nicht die Hand aus – er trat ganz nahe an Evelyn heran und umarmte sie. »Du hast dir viel Zeit gelassen«, sagte er und lächelte sein freundliches Lächeln. »Drei Jahrhunderte.«

Er hatte sich nicht verändert, war physisch noch keinen Tag älter als dreißig. Doch seine Seele trug das Gewicht von vier Jahrtausenden. Nach der Umarmung wich er einen Schritt zurück und musterte sie. »Ich nehme an, du bist nicht gekommen, weil du es dir anders überlegt hast.«

»Nein.«

»Dein Vehikel ist nach Süden geflogen. Trotzdem glaube ich nicht, dass du länger bleiben möchtest. Oder irre ich mich?«

»Nein, du irrst dich nicht. Ich brauche deine Hilfe.«

In Toussaints Blick lag die Ruhe von vierzig Jahrhunderten. »Hat es etwas mit den jüngsten Veränderungen zu tun? Die globale Kommunikation ist gestört.«

»Die Maschinen haben den Cordón durchtrennt«, sagte Evelyn. »Ich wollte zum Supervisor, doch der Cluster hat dort eine Flugverbotszone eingerichtet. Er setzt sich über die Konvention von Vienn hinweg.«

»Ich verstehe«, sagte Toussaint, und vielleicht verstand er wirklich.

»Ich brauche deine Hilfe, Toussaint.« Evelyn sah zum Himmel hoch, der noch immer leer war. Aber im Orbit gab es aufmerksame Augen, und vielleicht hatte eins von ihnen den Blick auf sie gerichtet.

»Du solltest mir besser alles erzählen, Eve«, sagte Toussaint. »Aber nicht hier, sondern in meinem stillen Zimmer, wo uns garantiert niemand sehen oder hören kann.«

55 Das »stille Zimmer« bestand aus vier Räumen, die den Meditationstrakt der Villa bildeten und sich im ausgehöhlten Innern des Felsens befanden, etwa zwanzig Meter unter dem Hof mit den Säulen. Spezielle Schirmfelder, deren Energie aus einer autarken Fusionszelle stammte, hielten alle äußeren Einflüsse fern und schufen einen vom Rest der Welt isolierten Bereich. Eine Art Luftschleuse bildete den einzigen Zugang.

Im größten Raum baute Toussaint sein Modell von Vergangenheit, Gegenwart und Zukunft. Evelyn betrachtete es, während Toussaint den Faktotum-Kopf mit Adams Bewusstsein untersuchte. Das holografische Erlebnisfeld durchmaß knapp zehn Meter, und als Evelyn es betrat, hörte sie zahlreiche Stimmen, vereint zu einem Rauschen wie vom Wind in den Baumwipfeln eines endlosen Waldes. Tausende von Symbolen umgaben sie, zu langen Schnüren aneinandergereiht, wie Molekülketten oder DNS-Stränge. Alles war in langsamer, behäbiger Bewegung. Jedes einzelne Symbol rotierte, ebenso wie die von ihnen gebildeten Gruppen und Schnur-Bündel, wie das ganze Erlebnisfeld, jede Komponente mit einem eigenen, rhythmischen Veränderungen unterworfenen Bewegungsmoment. Mithilfe eines Zoomeffekts stellte Evelyn fest, dass die farblich codierten Symbole ihrerseits aus Symbolen bestanden und eine fraktale Tiefe von verwirrender Vielschichtigkeit aufwiesen.

Evelyn drehte sich langsam und ließ alles auf sich wirken.

Dies war das Ergebnis von mehr als dreitausend Jahren philosophischer und meditativer Arbeit: ein in Symbolen komprimiertes, auf das Wesentliche reduziertes Abbild des Gewesenen und Existierenden, mit allen wichtigen Wechselwirkungen, aus denen sich zukünftige Entwicklungen ableiten ließen. Toussaint und die anderen sechzehn Tausender des Feuerland-Komitees analysierten historische Muster und suchten in ihnen nach dem besten Weg in die Zukunft, beziehungsweise durch die möglichen Zukünfte.

Evelyn betrachtete die langsam rotierende Wolke aus Symbolen und vermutete, dass auch hier Sandkörner im Spiel waren.

»Habt ihr den Weg gefunden?«, fragte sie. »Du und die anderen?«

Toussaint stand in der Instrumentennische und drehte sich halb um. »Es gibt nicht den einen Weg, sondern unzählige. Die Zukunft ist ein Multiversum, eine Aufspaltung unserer Realität in unendlich viele Paralleluniversen.«

»Müssten es dann nicht auch unendlich viele Symbole sein?«, fragte Evelyn und glaubte zu spüren, wie sich dieser Moment dehnte, ihr ein wenig Frieden schenkte. Deshalb hielt sie daran fest. Deshalb stellte sie Fragen, um ihn noch etwas mehr zu dehnen.

»Nein, denn es geht dabei um Wahrscheinlichkeit.« Toussaint trat aus der Nische. »Die meisten möglichen Zukünfte sind so unwahrscheinlich, dass wir sie nicht in Erwägung ziehen müssen. Unsere Berechnungen beginnen ab einer Wahrscheinlichkeit von zwanzig Prozent. Du wüsstest darüber Bescheid und über noch viel mehr, wenn du damals ...«

»Ich weiß.« Evelyn streckte die Hand aus, um einige der Symbole zu berühren, um zu versuchen, sie festzuhalten, aber es fand kein Kontakt statt. Ihre Finger strichen hindurch, ohne Einfluss auf Anordnung und individuelle Rotation.

»Die Maschinen sind dabei, etwas zu entwickeln, das wir ›Algostochastik‹ nennen«, sagte Toussaint und blieb am

Rand seines Modells stehen. »Algorithmische Stochastik, auf der Grundlage von Quantenlogik. Wir glauben, weiter zu sein – immerhin arbeiten wir schon seit Jahrtausenden daran –, aber dem Cluster steht ein ganz anderes Verarbeitungspotenzial zur Verfügung. Er könnte uns eines Tages übertreffen, obwohl er sich das Prinzip vermutlich von uns abgeschaut hat.«

»Ist es wirklich möglich?« Evelyn betrachtete erneut die vielen Symbole und die von ihnen gebildeten ineinander verschlungenen Bedeutungsstränge. »Kann man wirklich die Zukunft voraussagen?« Sie schauderte, als sie sich einen Cluster vorstellte, der immer wusste, was als Nächstes geschehen würde, im Kleinen wie im Großen.

»Niemand kann die Zukunft voraussagen, denn sie existiert noch nicht«, sagte Toussaint geduldig. »Erinnere dich an die Quantenlogik, Eve, an die Unschärferelation.«

»Das Beobachten verändert das Beobachtete?«

»Mehr noch, Eve. Manchmal *bestimmt* die Beobachtung das Beobachtete.«

»Wie sieht die Zukunft aus?«, fragte Evelyn. »Beschreib sie mir.«

Toussaint schüttelte den Kopf. »So funktioniert das nicht. Die anderen Tausender und ich, wir bauen keine Kristallkugel, in der hübsche Bilder von der wahrscheinlichsten Zukunft entstehen. Ich könnte dir eine Gleichung zeigen, die die wahrscheinlichste Zukunft beschreibt, aber sie würde dir nichts sagen, da du mit der Materie nicht vertraut bist.«

Evelyn deutete in die bunte Wolke. »Hast du berücksichtigt, was jetzt geschieht?«

Toussaint zeigte auf ein rotes Dreieck zwischen zwei kleinen gelben Kugeln, Teil eines Symbolfadens, der sich links über Evelyn von einem Hauptstrang löste.

»Es ist bereits da?«, fragte Evelyn erstaunt. »Hast du davon gewusst, bevor ich dir davon erzählt habe?«

»Eine neue Krise zwischen Menschen und Maschinen«, sagte Toussaint. »In unseren Berechnungen tauchte diese

Möglichkeit zum ersten Mal vor achthundertsiebzehn Jahren auf.«

»Was war der Auslöser?«

Toussaint vollführte eine knappe Geste, und dicht vor Evelyns Knie leuchtete ein winziges blaues Rechteck auf. »Dort. Das Signal einer vom Cluster ausgeschickten Sonde.«

»Hast du gewusst, dass ich zu dir kommen würde?«

Toussaint sah sie an, lächelte und schwieg.

»Antwortest du mir nicht, weil du fürchtest, die Ereignisse mit deiner Antwort zu verändern?«

»Die Dinge sind im Fluss«, sage Toussaint. »Es gibt zahlreiche Faktoren, die Veränderungen bewirken könnten.«

»Wie wird es weitergehen?«, fragte Evelyn. »Was erwartet mich? Was erwartet uns alle?«

Das Lächeln verschwand aus Toussaints Gesicht. Die Tätowierungslinien, bestehend aus Abertausenden Datenspeicher-Pigmenten ... Für einen Augenblick gewann Evelyn den Eindruck, dass sie sich bewegten. »Es kommt darauf an.«

»Worauf, Toussaint? Sag mir *etwas*.«

Sein Blick wanderte über das Modell, über alle Knoten und Verbindungsstücke zwischen den Strängen. »Ich kann dir sagen, dass du diesen Planeten verlassen wirst. Aber vorher ...«

»Ja?«

»Was den Kopf des Faktotums betrifft ...«

Evelyn folgte Toussaint zur Instrumentennische, wo sechzehn nicht mehr als zehn Zentimeter große holografische Avatare den Schädel mit dem gelben Indikator im Nacken umgaben.

»Ich habe die anderen um Hilfe gebeten«, sagte Toussaint und deutete auf die Projektionen. »Mit dem Kopf ist so weit alles in Ordnung. Er funktioniert einwandfrei, und das gilt auch für die Energiezelle.«

»Was hat es damit auf sich?« Evelyn deutete auf den Indikator. »Es hat etwas mit der Integritätsprüfung zu tun, nicht wahr?«

»Ja. Das Bewusstsein des Mindtalkers in diesem Kopf hat eine Integrität von siebenundachtzig Prozent.«

»Was bedeutet das genau?«

Toussaint betrachtete den Faktotum-Kopf und schien dabei stumme Zwiesprache mit den holografischen Avataren der anderen Tausender des Feuerland-Komitees zu halten. »Das Bewusstsein wurde verändert. Es entspricht nicht mehr ganz dem Original.«

»Wir haben ihm ein kleines Programm hinzugefügt«, sagte Evelyn. »Es sollte ihm die Möglichkeit geben, seine Erinnerungen zu bewahren. Wir brauchten Beweise für den Supervisor.«

»Ich weiß. Du hast mir davon erzählt.«

Habe ich das?, dachte Evelyn erstaunt. Oder war es dein Modell, das dir davon erzählt hat? Sie fragte sich, ob Wahrscheinlichkeitsgleichungen – wie komplex sie auch sein mochten – eine so hohe Detailauflösung haben konnten.

»Die Veränderung ist größer und älter«, sagte Toussaint. »Dem Bewusstsein wurde schon vorher ein Programm hinzugefügt, das wesentlich umfangreicher ist als Morgenrots Erinnerungshilfe.«

Evelyn blickte auf den Kopf hinab. »Kannst du feststellen, worum es sich handelt?«

»Nicht ohne eine Demontage des Bewusstseins, die für das betroffene Individuum fatal sein könnte«, erwiderte Toussaint. »Außerdem fehlen mir die notwendigen Geräte.«

»Euer Brüter könnte sie dir zur Verfügung stellen.«

»Das könnte er nur mit den erforderlichen Bauplänen, die nicht zu seinem Repertoire gehören. Und eine entsprechende Anfrage beim Cluster würde den Maschinen einen Hinweis geben. Außerdem ... Wärst du wirklich bereit, die Desintegration des Bewusstseins in dem Faktotum-Kopf zu riskieren? Es steckt ein Mensch dort drin. Und du hast gesagt, dass du seine Erinnerungen als Beweis für den Supervisor brauchst.«

»Vielleicht brauche ich Adam gar nicht mehr«, sagte Evelyn nachdenklich. »Mit der Unterbrechung des Cordón hat sich der Cluster ganz offen über die Konvention hinweggesetzt. Der Supervisor könnte auch allein entscheiden, gegen die Maschinen vorzugehen.«

Toussaint sah sie stumm an.

»Nein?«, fragte Evelyn.

»Nein.«

»Das geht aus deinem Modell hervor?«

»Der Supervisor wird die aktuelle Situation auf der Erde nicht zum Anlass nehmen, Maßnahmen gegen den Cluster zu ergreifen. Vielleicht kann er es auch gar nicht. Vielleicht braucht er ... Hilfe.«

Wie viele Andeutungen versteckten sich in diesen Worten?, dachte Evelyn. Und wie viele Anstöße, um die Ereignisse in die »richtige Richtung« zu lenken? Für einen Moment fühlte sie sich wie eins der vielen kleinen Symbole, die sich hinter ihr drehten.

Dann entstand eine Idee in ihr, ein zartes, empfindliches Etwas, auf das sie ihren inneren Blick nicht zu richten wagte, aus Furcht, es mit zu viel Aufmerksamkeit zu zerstören. Erst musste es wachsen und stärker werden.

»Ich brauche ein Faktotum für den Kopf«, sagte sie.

»Ich bin mir nicht sicher, ob das eine gute Idee wäre«, erwiderte Toussaint. Er sprach mit ruhigem Ernst und erinnerte Evelyn damit ein wenig an Maximilian.

»Wir könnten Adam wecken«, sagte Evelyn. »Wir könnten mit ihm reden und versuchen herauszufinden, was es mit dem anderen Programm auf sich hat.«

»Das wäre in seinem gegenwärtigen Zustand definitiv *keine* gute Idee. Die sensorische Deprivation könnte eine gefährliche Destabilisierung des Bewusstseins zur Folge haben.«

Da war sie, die Idee, oder zumindest ein Teil von ihr. »Sein Körper, nicht wahr? Das Bewusstsein sollte in den Körper zurückkehren.«

»Das wäre das Beste für Adam, ja. Er muss auf seine

Sinne zugreifen können. Und er braucht neuronale Stimulation.«

»Aber er würde seine Erinnerungen verlieren, und gerade darauf kam es uns an: auf Beweise für den Supervisor.«

»Du musst versuchen, einen Reset zu vermeiden«, sagte Toussaint. »Und selbst wenn einer stattfindet: Die Wechselwirkungen mit dem anderen, älteren Programm könnten dazu führen, dass er seine Erinnerungen behält.«

»Ich verstehe.« In Gedanken war Evelyn bereits weit entfernt, weit im Norden.

»Der Cluster sucht dich, Eve.«

»Ja. Aber es gibt einen Ort, wo er mich bestimmt nicht erwartet.«

Toussaint schwieg wieder und wartete.

»In der Konnektorstation des Grünen Landes«, sagte Evelyn. »Ich brauche ein MFV, das der Cluster nicht kennt.«

»Unser Brüter ist schon dabei, eins zu produzieren. Es wird in einer halben Stunde fertig sein.«

56 Auf der einen Seite lag das Meer, das Adam so liebte, und auf der anderen die Berge, einst unter Schnee und Eis begraben. Dazwischen erstreckte sich ein kleines Plateau mit den Gebäuden einer Konnektorstation und einem mittelgroßen Brüter. Auf der den Bergen zugewandten Seite kam ein kleiner Shuttleport hinzu, Verbindung zu den Orbitalstationen, Werften, Fabriken und Rohstofffarmen in der Umlaufbahn um die Erde. Eichen und Buchen umgaben die Anlage, manche von ihnen mehr als hundert Jahre alt.

Evelyn landete mit ihrem MFV aus dem Brüter des Feuerland-Komitees auf dem Shuttleport, nachdem sie ganz offiziell ein Notsignal gesendet und Landeprivilegien angefordert hatte. Neue Mikroidentifikatoren, ebenfalls vom Brüter der Tausender hergestellt, wiesen sie als Auerélie aus, fünfhundertzwei Jahre alt und zu den Reisenden gehörend, die sich nie länger als ein oder zwei Jahre an einem Ort der Erde aufhielten. Ihr Aussehen passte zu den ID-Spezifikationen; plastische Mimikry war nicht erforderlich.

Aber auch in diesem Fall konnte sie höchstens hoffen, Servomechanismen und automatische Kontrollen zu täuschen. Ein Avatar des Clusters hätte sie sofort als Evelyn erkannt. Die speziellen Sensoren ihres MFV bestätigten, dass sich derzeit kein Avatar in der Konnektorstation des Grünen Landes aufhielt, doch sie konnte nicht ganz sicher sein, denn innerhalb der Station gab es abgeschirmte Bereiche. Das Risiko blieb groß.

Es standen keine weiteren Vehikel auf dem Shuttleport, und Stille lag über dem Anwesen, als sich Evelyn mit ihrem Rucksack dem Eingang näherte. Der Blaster ruhte schwer in einer Tasche ihrer weiten Hose.

Der Kustode erwartete sie vor dem offenen Tor, ein zwei Meter großer Servomechanismus mit drei Beinen, vier langen, tentakelartigen Armen und einem aus mehreren dicken Sensorstäben bestehenden Kopf.

»Bitte nennen Sie Art des Notfalls, Auerélie«, sagte er und versperrte ihr den Weg.

Ein mehrstündiger Flug lag hinter Evelyn, und sie hatte unterwegs immer wieder vergeblich nach Kommunikationsfrequenzen gesucht, die nicht von der Störung betroffen waren. Rubens und Maximilian wären vielleicht in der Lage gewesen, den Datenkanälen des Clusters Informationen zu entnehmen, aber Evelyn konnte sie nicht einmal anzapfen. Sie wusste noch immer nicht, wie die allgemeine Situation beschaffen war. Hatte sich der Cluster darauf beschränkt, die Verbindung zum Supervisor auf dem Mars zu unterbrechen, oder ging er inzwischen gegen alle Mitglieder von Morgenrot vor? Hatte er vielleicht sogar damit begonnen, noch mehr Unsterbliche zu verschleppen und sie in Mindtalker zu verwandeln, für den Krieg, den er weit draußen im All führte, gegen wen oder was auch immer? Musste Evelyn damit rechnen, sofort unter Arrest gestellt zu werden, wenn Servomechs des Clusters sie erkannten? Zweifellos begab sie sich in große Gefahr, auch wenn ihre ursprüngliche Vermutung stimmte und der Cluster sie an diesem Ort nicht erwartete.

Evelyn öffnete den Rucksack und holte den Faktotum-Kopf hervor. »Es kam zu einem Unfall«, sagte sie schnell und aufgeregt. »Das Faktotum wurde zerstört, aber ich konnte den Kopf retten! Er enthält einen Mindtalker!«

Der Servomech streckte ihr zwei seiner langen Arme entgegen. »Bitte geben Sie ihn mir, Auerélie.«

»Nein!« Evelyn drückte den Kopf an sich. »Ich habe ihm versprochen, ihn nicht aus der Hand zu geben und bei ihm zu bleiben, bis er ... bis er in seinen Körper zurückgekehrt ist.«

Die langen Arme verharrten dicht vor ihr.

»Das ist sehr unüblich«, sagte der Servomechanismus.

»Zeig mir den Weg, schnell!«, drängte Evelyn. »Sieh nur, der gelbe Indikator, es gibt ein Integritätsproblem. Das Bewusstsein des Mindtalkers muss *sofort* in seinen Körper zurückkehren!«

»Bartholomäus sollte verständigt werden«, sagte der Servomech. »Er ...«

Evelyn dachte an ihren Blaster. War sie gezwungen, hier und jetzt erneut von ihm Gebrauch zu machen? Und wie viel Zeit würde ihr dann noch bleiben, bis der Alarm mindestens einen Avatar herbeirief?

»Wenige Sekunden könnten den Ausschlag geben«, sagte sie schnell und trat einen Schritt vor, den Kopf des Faktotums noch immer an sich gedrückt. »Mangelnde Integrität bedeutet vielleicht, dass sich das Bewusstsein auflöst. Wir müssen jetzt sofort handeln!«

Der Kustode zog die beiden langen Arme zurück. »Bestätigung. Bitte folgen Sie mir, Auerélie.«

Der große Servomechanismus war so schnell, dass Evelyn laufen musste, um nicht den Anschluss zu verlieren. Der Weg führte an einem Raum vorbei, in dem sie den offenen Zylinder des Konnektors bemerkte, daneben ein Faktotum, vielleicht bereit für die Aufnahme eines zurückkehrenden

Mindtalker-Bewusstseins. Toussaint hatte ihr den inneren Aufbau einer typischen Konnektorstation nicht nur beschrieben, sondern ihr seine Erinnerungen daran – enthalten in einem der zahllosen Tätowierungspigmente – zur Verfügung gestellt, mithilfe eines kleinen chemischen Präparats, eines memorialen Vektors, den sie nur schlucken musste, um seinen aus Informationen bestehenden Inhalt in ihr Kurzzeitgedächtnis aufzunehmen. Allerdings blieben die geliehenen Erinnerungen nicht lange von Bestand; die Bilder verloren bereits an Farbe und Schärfe.

Schließlich erreichten sie den Ruheraum, wo mehrere Servomechanismen, kleiner als der Kustode, auf sie warteten. Zwei Emulsionsbäder standen in der Mitte des Raums, umgeben von leise summenden Lebenserhaltungssystemen, in ihnen Greise: zwei Männer, uralt, kaum mehr als Haut und Knochen. Einen der beiden Männer erkannte Evelyn: Adam, zweiundneunzig Jahre alt, fast am Ende seines physischen Lebens. Weiter hinten standen zwei Mobilisatoren an der Wand, bereit dafür, die Körper der Mindtalker aufzunehmen.

»Bitte geben Sie mir den Kopf, Auerélie«, sagte der Kustode.

Diesmal kam Evelyn der Aufforderung sofort nach und beobachtete, wie der Kustode den Faktotum-Kopf zu den Lebenserhaltungsgeräten trug und dort an ein Interfacesystem anschloss, das seinerseits mit Adams Emulsionsbad in Verbindung stand. Die kleineren Servomechanismen kümmerten sich um die anderen Geräte, und Evelyn beobachtete, wie der Pegel der opalblauen Flüssigkeit in Adams Bad sank. Das schmale Gesicht kam aus der Emulsion, die Wangen eingefallen und von vielen Falten durchzogen, ein kurzes Zittern ging durch den schmächtigen Leib, der Mund öffnete sich …

Adams erster Atemzug klang nach einem Röcheln.

»Sie haben Ihr Versprechen erfüllt, Auerélie«, sagte der Kustode. »Das Bewusstsein ist in den Körper zurückgekehrt. Bitte gehen Sie jetzt.«

Mit zwei raschen Schritten war Evelyn bei dem großen Servomech, langte nach den manuellen Kontrollen an seiner Seite und betätigte einen halb verborgenen Schalter, den ihr die geliehenen Erinnerungen zeigten – er war für den Notfall bestimmt und unterbrach die Energieversorgung der primären Systeme. Der Kustode schaffte es noch, einen Arm zu drehen und Evelyn an der Schulter zu berühren, vielleicht mit der Absicht, sie zur Seite zu schieben, doch für mehr reichte seine Restenergie nicht. Er blieb stehen, stumm und reglos.

Die kleineren Servomechanismen, ausgestattet mit simplen Ratiokondensaten, setzten ihre Arbeit fort, als wäre nichts geschehen. Sie bereiteten Adam auf das Erwachen vor.

Evelyn eilte zu den beiden Mobilisatoren und griff nun auf Erinnerungen zurück, die sie zwar von Toussaint bekommen hatte, die aber nicht direkt von ihm stammten, sondern von den Sprechern und Lauschern, mit denen er in Verbindung stand. Sie aktivierte einen der beiden Mobilisatoren, überprüfte die Ladung der Energiezellen und nahm eine schnelle Funktionskontrolle der motorischen Systeme vor, die Einsatzbereitschaft meldeten.

Jetzt musste noch eine andere lokale Kontrollinstanz eliminiert werden. Evelyn vertraute auf die Hinweise, die sie von Toussaint bekommen hatte.

»Station?«, sagte sie laut. »Der Kustode ist ausgefallen.«

»Hinweis empfangen und verstanden, Auerélie«, meldete sich das Ratiokondensat der Konnektorstation. »Ich setze mich mit dem Cluster in Verbindung ...«

»Nein!«, sagte Evelyn schnell. »Dies ist ein Notfall. Ich wiederhole: Dies ist ein Notfall. Deine Systeme haben eine gefährliche Fehlfunktion, und deshalb ist der Kustode ausgefallen. Ich musste den Mindtalker Adam wecken, um eine fatale Desintegration seines Bewusstseins zu vermeiden.«

»Ich habe keine Hinweise auf eine Fehlfunktion, Auerélie.«

»Deine Unfähigkeit, die Fehlfunktion zu erkennen, beweist deine beeinträchtigte Funktionalität. Hier spricht Auerélie. Verifiziere meine Identität.«

»Verifikation erfolgt. Auerélie, fünfhundertzwei Jahre alt, Reisende, letzter bekannter Wohnort: Alasc.«

»Korrekt«, sagte Evelyn. »Ich berufe mich hiermit auf die Notfallklausel. Reduziere deine Funktion auf das Basisniveau und beginne mit einer Überprüfung aller deiner Systeme.«

»Eine Basisüberprüfung dauert zehn Minuten, Auerélie.«

»Korrekt. Beginn: jetzt.«

»Notfallklausel«, erwiderte das Rako der Konnektorstation. »Basisfunktion. Beginne *jetzt* mit detaillierter Systemanalyse.«

Evelyn atmete tief durch. Es hatte funktioniert. Nach Toussaints Informationen waren die Konnektorstationen nur mit einfachen Ratiokondensaten ausgestattet, die keine Konsistenz- oder Plausibilitätskontrolle vornahmen. So etwas war auch gar nicht nötig, denn der Kustode kümmerte sich um alles, und oft war ein Avatar präsent. Der wichtigste Punkt aber lautete: Der Cluster hatte noch nicht alle Regeln, die Menschen und ihre Privilegien betrafen, für ungültig erklärt. Andernfalls wäre sie nicht in der Lage gewesen, sich auf eine Notfallklausel zu berufen.

»Auerélie an Basisfunktion«, sagte sie rasch.

»Bereitschaft.«

»Identifiziere mich den anderen Servomechanismen gegenüber als weisungsbefugt.«

»Bestätigung. Weisungsbefugnis erteilt.«

Evelyn wandte sich den kleineren Servomechs zu. »Setzt den Körper des Mindtalkers in den aktivierten Mobilisator.« Sie zögerte kurz und fügte hinzu: »Basisfunktion, gib mir Bescheid, falls der Cluster versuchen sollte, sich mit dir in Verbindung zu setzen. Oder wenn sich ein Avatar nähert.«

»Bestätigung.«

Der Mobilisator, den Evelyn aktiviert und überprüft hatte, setzte sich mit summenden Servomotoren in Bewegung und stapfte zur Wanne, wo sich die kleineren Servomechanismen daranmachten, den erwachenden Adam aus den Resten der Emulsionsflüssigkeit zu heben. Sie statteten ihn mit adaptiver Kleidung aus, setzten ihn dann mit behutsamem Geschick in das geöffnete Gerüst des Mobilisators und verbanden ihn mit dem Sensorapparat und den Lebenserhaltungssystemen.

Adam öffnete die Augen und blinzelte. »Rebecca?«, fragte er undeutlich. »Bist du das, Rebecca? Möchtest du mit mir segeln? Wir könnten das Boot meines Vaters nehmen ...«

»Stimulatoren«, sagte Evelyn. »Wir brauchen neuronale Stimulatoren. Ist der Mobilisator bereits damit ausgestattet?«

»Nein«, antwortete einer der kleinen Servomechanismen. »Die Neurostimulation erfolgt normalerweise über eine permanente Datenverbindung mit der Konnektorstation.«

»Aber es gibt autonome Stimulatoren, nicht wahr?«

»Ja.«

»Bringt welche her, schnell, und verbindet sie mit den Systemen des Mobilisators.«

Adam starrte Evelyn an und murmelte etwas, das sie nicht verstand. Speichel rann ihm aus den Mundwinkeln.

Einer der kleinen Servomechs rekonfigurierte sich, bekam Räder und rollte fort. Ein anderer richtete seine visuellen Sensoren auf Evelyn und sagte: »Während der Anpassungsphase sollte der Mindtalker sediert werden. Wünschen Sie ...«

»Nein«, sagte Evelyn. Eine Sedierung hätte bedeutet, dass Adam gar nicht mehr in der Lage gewesen wäre, ihre Fragen zu beantworten.

Der Servomech mit den rekonfigurierten Rädern kehrte zurück, mit fünf Geräten in den Polymerarmen.

»Das ist die maximale Anzahl an installierbaren Stimulatoren«, verkündete er. »Aber es werden nur zwei empfohlen. Eine zu starke Stimulation beschleunigt den Zellverfall der Neurodegeneration und ...«

»Installiere sie alle«, sagte Evelyn. »Alle fünf.« Etwas anderes fiel ihr ein. Der Lokalisator! Als Mindtalker trug Adam einen Lokalisator in seinem Körper, damit ihn die Avatare jederzeit finden konnten, wenn er allein mit einem Mobilisator unterwegs war. Sie hatte zwar auch einen Scrambler von Toussaint erhalten, aber wenn er aus irgendeinem Grund ausfiel, wäre der Cluster sofort in der Lage gewesen, Adams Aufenthaltsort festzustellen.

»Der Lokalisator des Mindtalkers muss entfernt werden«, sagte sie und beobachtete, wie der zurückgekehrte Servo die Stimulatoren installierte. Adam starrte noch immer, blinzelte gelegentlich und bewegte lautlos die Lippen. Sein Blick kam wie aus einer anderen Welt.

Dies dauert zu lange, dachte Evelyn mit wachsender Unruhe. Wir sollten längst draußen sein, längst unterwegs.

»Der Lokalisator befindet sich im Innern des Körpers«, sagte einer der anderen Servomechanismen. »Um ihn zu entfernen, ist ein Eingriff notwendig, der etwa zwanzig Minuten dauert.«

Viel zu lange, dachte Evelyn. Der Scrambler muss genügen. »Schon gut. Ist Adam bereit?«

Der Greis im Mobilisator gab ein gurgelndes Geräusch von sich.

»Die Anpassung ist noch nicht erfolgt. In seinem gegenwärtigen Zustand kann er den Mobilisator nicht selbst lenken.«

Eine andere Stimme erklang. »Basisfunktion an Auerélie.«

»Ich höre.«

»Ich habe eine Statusanfrage des Clusters erhalten ...«

»Beachte sie nicht!«

»Unmöglich, Auerélie. Der Cluster hat absolute Kommandohoheit. Statusbericht wird jetzt gesendet.«

»Gebt mir die Kontrolle über den Mobilisator«, wandte sich Evelyn an die kleinen Servomechanismen.

Der Servomech mit den Rädern beendete die Installation der Stimulatoren. »Verbales Interface wird programmiert.« Zwei oder drei Sekunden verstrichen. »Verbales Interface ist programmiert.«

Evelyn eilte zum Ausgang des Ruheraums, vorbei am Emulsionsbad mit dem zweiten Mindtalker. »Mobilisator, folge mir.«

Evelyn hörte schwere Schritte und das Brummen von Servomotoren, als sie durch die Konnektorstation eilte, geleitet von fremden Erinnerungen, die immer mehr verblassten.

Stille erwartete sie draußen. Nur der Wind flüsterte in den Wipfeln der Eichen und Buchen.

Adam drehte den Kopf von einer Seite zur anderen, bewegte die Arme und Beine wie jemand, der sich zu befreien versuchte. »Rebecca ...«

»Ich bin nicht Rebecca, ich bin Evelyn!«, rief sie ihm zu, als sie, gefolgt vom Mobilisator, zum Shuttleport eilte. Ihr MFV war noch immer das einzige Vehikel, das dort stand.

»Evelyn ...«

»Eva!«, rief sie. »Adam und Eva, erinnern Sie sich?«

Die Luke des MFV schwang auf, als sie sich näherten. Evelyn sprang an Bord und vergewisserte sich, dass der Mobilisator hereinkletterte. Hinter ihm schloss sich die Luke.

»Pilot?«

»Bereitschaft.«

»Sofortiger Start. Schleichflug. Minimale energetische Signatur.«

»Bestätigung.« Die Gravitationsmotoren wurden aktiv, hoben das Multifunktionsvehikel einige Dutzend Meter an und trugen es über die Bäume neben der Konnektorstation hinweg. »Ziel?«

Evelyn versuchte sich zu orientieren. Merika, Kanad, Patagonia, Feuerland, zwischendurch immer wieder ein paar Stunden Schlaf ... Dies war das Grüne Land. Hier hatte sie viele Jahre verbracht.

»Nach Norden.« Sie brauchte ein wenig Zeit, um mit Adam zu reden und die nächsten Schritte zu planen. »Zum Ilulissat-Meer. Setz uns dort auf Grund.« Sie öffnete das Ausrüstungsfach, holte den Scrambler hervor und schaltete ihn ein.

»Bestätigung.«

Evelyn drehte sich zum Mobilisator um. »Adam, hören Sie mich?«

Der greise Mindtalker in der Umarmung des Mobilisators gab unartikulierte Laute von sich. Er verdrehte die Augen; Speichel tropfte vom Kinn.

»Alle Stimulatoren ein«, sagte Evelyn.

»Warnung«, ertönte die Stimme des Mobilisator-Rakos. »Zu starke Stimulation.«

»Alle fünf Stimulatoren aktivieren«, sagte Evelyn. Damit brachte sie Adams geistige Integrität in Gefahr, aber sie konnte keine Rücksicht nehmen.

Das MFV wurde schneller und flog nach Norden. Evelyn achtete nicht auf die Anzeigen der Instrumente und beobachtete den Greis im Mobilisator. Das Trübe verschwand aus den Augen, wich einem wachen Glanz. Nicht eine einzige der vielen Falten verschwand aus dem Gesicht, aber es wirkte etwas lebendiger, nicht mehr wie totes Pergament.

»Hören Sie mich, Adam?«, fragte Evelyn. »Verstehen Sie mich?«

Adam öffnete den Mund und schrie.

Dem Himmel nahe

57 Es war kein Mann, der dort auf der Klippe hockte, in Wind und Regen, sondern ein Kind, ein Knabe von acht oder neun Jahren. Vom Sturm umtost und gleichzeitig von den Böen unberührt saß es da, das Kind, der Junge, der so nie existiert hatte. Adam wusste, dass es eine Metapher war, ein Sinnbild für das, was jetzt mit ihm geschah. Er schlüpfte in die Haut des Jungen, er wurde zu ihm, blickte mit seinen Augen über das wilde, wogende Meer, und ein Schleier schien sich zu heben. Klarheit kam, wie das erste Licht nach dunkler Nacht, eine Klarheit, die seinen Blick nahm und ihn über den Horizont hinaustrug zu all den Dingen, die bisher hinter der Krümmung seiner Welt verborgen geblieben waren. Das Licht vertrieb die Schatten, es holte Verstecktes aus der Finsternis und zeigte es ihm, es trennte Lüge von Wahrheit. Ein Blinzeln vertrieb Sturm und Meer, und er saß in hellem Sonnenschein, kein Kind mehr, sondern ein Mann, umgeben von den stummen Riesen nackter Berge, die einst ein Gewand aus Eis und Schnee getragen hatten. Schmerz erfasste ihn, ein heißer, stechender Schmerz, wie von einer Klinge, die sich ihm in den Unterleib bohrte und von dort langsam nach oben schnitt, Zentimeter um Zentimeter, bis sie das rasend schnell pochende Herz erreichte. Adam wollte ihm standhalten, diesem Schmerz, denn vielleicht war auch er ein Symbol, dessen Bedeutung sich ihm gleich offenbaren würde. Es gab so viel zu erkennen, so viel zu verstehen, so viele Verbindungen zu knüpfen, da musste es möglich sein, ein bisschen Schmerz zu ertragen, der vielleicht ein Wegweiser war.

Doch der Schmerz, als er sich ins schlagende, zuckende Herz bohrte, wurde so stark, dass Adam ihn nicht länger ertrug. Er schrie, und sein Schrei hallte übers Meer, das sich vor und unter ihm erstreckte, schiefergrau unter den niedrig hängenden Wolken, und er flog auch über die Hänge der Berge – ebenso grau wie der Ozean –, einst Dach der Welt genannt. Es war ein Schrei, der ihm nicht Gegenwart und Zukunft zeigte, sondern etwas, das in der Vergangenheit lag, aber vielleicht musste man zurückschauen, um anschließend den Blick nach vorn richten zu können.

Warmer Wind wehte über die Hochebene, vertrieb einige **58** hohe Wolken und ließ Adam, zweiunddreißig Jahre alt, im Sonnenschein blinzeln. Seit drei Stunden wartete er vor dem Behandlungszentrum auf Rebecca und fragte sich, warum es so lange dauerte.

Er stand auf, trat ganz aus dem Schatten des Zeltes, das kaum mehr war als eine Plane auf Pfählen, und blickte zu den Bergen, die das Hochplateau wie eine graue, gezackte Mauer säumten. Vor einem der Hänge bemerkte er etwas, einen Vogel mit breiten Schwingen, vielleicht ein Adler, der sich vom warmen Aufwind nach oben tragen ließ, und alte Zeilen fielen ihm ein: *Hier fliegt der Adler so hoch, dass er bis in die Zukunft sehen kann.*

Mehrere Tempel bildeten eine kleine Gruppe von Gebäuden, für den hoch fliegenden Adler bunte Kleckse in einer gelbbraunen, steppenartigen Landschaft. Dass Rebecca ausgerechnet diesen Ort für ihren dreißigsten Geburtstag und die Behandlung gewählt hatte, erstaunte ihn ein wenig. »Ich möchte dem Himmel nahe sein, wenn es so weit ist«, hatte sie gesagt, und diese Erklärung war so gut wie jede andere. Vielleicht kam auch noch das religiöse Flair der hinduistischen, buddhistischen und pantheistischen Tempel hinzu – Rebecca hatte den Übergang vom sterblichen Leben zur Unsterblichkeit immer mit einer Art Aufstieg verglichen, mit einer Weihe.

Eine weitere Stunde verging, und Adam war nahe daran, das Behandlungszentrum zu betreten, obwohl ihn Rebeccas Vater Gossamer ausdrücklich darum gebeten hatte, draußen zu warten – immerhin war er nur ein einfacher Sterblicher –, als Gossamer das Gebäude verließ und auf ihn zukam.

Adam trat ihm entgegen. »Warum hat es so lange gedauert?«

Gossamers Miene war ernst und abweisend. »Rebecca hat einen Zusammenbruch erlitten.«

»Was?«, entfuhr es Adam erschrocken. »Darf ich zu ihr?«

»Sie hat darum gebeten«, sagte Gossamer mit einem missbilligenden Unterton. »Rebecca möchte Sie sehen.«

Adam eilte ins Behandlungszentrum.

Sie lag in einem kleinen Zimmer im rückwärtigen Teil des Gebäudes: blass, eine dünne Decke bis zum Kinn hochgezogen, den Blick durchs offene Fenster nach draußen gerichtet. Vielleicht, dachte Adam, beobachtet sie den Adler, der dem Himmel näher ist als sie.

»Wie groß kann die Wahrscheinlichkeit für so etwas sein?«, fragte sie leise, als er sich auf die Bettkante setzte.

»Wofür? Was meinst du?«

»Die Behandlung hat versagt«, sagte Rebecca. »Wie bei dir vor zwei Jahren.«

»Aber ...« Adam suchte nach Worten. Seltsam. Eigentlich hätte seine Überraschung größer sein müssen; doch während der vergangenen Stunden des Wartens schien sich in ihm eine Ahnung entwickelt zu haben.

»Wie wahrscheinlich kann so etwas sein?« Ihre Hand tastete nach seiner. »Dass bei uns beiden die Behandlung versagt?«

Adam schwieg, aber er dachte: Die Barriere, die ich befürchtet habe, existiert nicht. Wir sind uns wieder nahe.

Es war ein sehr egoistischer Gedanke, und er schämte sich deswegen.

»Siehst du das hier?« Rebecca hob die Hand und zeigte

ihm die Rötungen auf dem Handrücken. »So war es auch bei dir, nicht wahr?«

»Ja.« Adam erinnerte sich. »Ja, so war es auch bei mir.«

Rebecca weinte nicht, sie zitterte. Zorn und Enttäuschung ließen sie am ganzen Leib beben. Adam blieb neben ihr sitzen und erzählte, während draußen die Schatten der Tempel länger wurden, von Jupiter und Saturn, von den Monden Europa, Ganymed, Enceladus und Titan. Er erzählte von den langen Nächten des Pluto und den Stationen und Observatorien im Kuipergürtel.

»Ich bin dort gewesen«, sagte er mit einer seltsamen Mischung aus Trauer, Anteilnahme und Stolz. »Ich habe die Ringe des Saturn gesehen, wie sie im Schein der fernen Sonne funkeln. Ich habe beobachtet, wie es auf dem Titan Methan regnet. Selbst die schlafenden Kometen in der Oortschen Wolke habe ich besucht, im Körper eines Faktotums, während meiner ersten kleinen Mindtalker-Reisen.«

»Warum erzählst du mir das, Adam?«, flüsterte Rebecca, als die Sonne hinter den Bergen des Himalja verschwand.

»Ich bin auch auf dem Mars gewesen, zusammen mit Bartholomäus«, fuhr Adam fort. Er sprach und sprach, wie aus Furcht davor, dass es zu still werden könnte, wenn er schwieg. »Die Katakomben der alten Marsianer in Elysium Planitia konnten wir uns natürlich nicht ansehen, weil sich dort der Supervisor befindet, aber Bartholomäus hat mir die Reste der Pyramiden am Südpol gezeigt. Die Maschinen glauben, dass die Vorfahren des Menschen von dort kamen, vom Mars. Hast du das gewusst? Vielleicht sind wir keine Kinder der Erde, sondern des Roten Planeten. Vielleicht sind wir die Nachfahren der Marsianer, die damals auswandern mussten, als ihr Heimatplanet Atmosphäre und Meere verlor.«

»Warum erzählst du mir das alles?«, fragte Rebecca mit etwas mehr Nachdruck.

»Wir sind beide sterblich«, sagte Adam und beobachtete, wie draußen am schnell dunkler werdenden Himmel die ersten Sterne erschienen. »Du kannst Mindtalker werden wie ich. Wir können zusammenbleiben und gemeinsam zu den Sternen reisen. Niemand wird dem Himmel näher sein als du, als wir beide.«

Rebecca seufzte. »Ich habe mir nicht die Sterne gewünscht, sondern die Ewigkeit.«

Rebecca brauchte lange, um den Schock zu überwinden, fast ein ganzes, kostbares Jahr. Mit jedem Tag, mit jedem verstreichenden Moment, wurde sie älter und entfernte sich mehr von der Welt der Unsterblichen, die sie bis zu ihrem dreißigsten Geburtstag wie selbstverständlich für die ihre gehalten hatte. Adam wusste, wie es ihr erging, er hatte es vor zwei Jahren selbst durchgemacht. Er besuchte Rebecca, sooft es seine Ausbildung erlaubte, und als es ihr etwas besser ging, als sie nicht mehr jeden Tag aufs Neue verzweifelte, verbrachten sie mehr von der kostbaren, weil endlichen Zeit zusammen.

Einmal ließen sie sich in einem Boot durch die sommerlich warme Lagune bei Nuhuk treiben, in einer klaren Nacht, und beobachteten, wie der Vollmond über den Himmel wanderte.

»Ich bin auch dort gewesen«, sagte Adam. »Auf der Rückseite des Mondes, im alten Observatorium, das die Menschen vor der Großen Flut errichteten.«

»Warum?«, fragte Rebecca, die neue, sterbliche Rebecca. Sie lachte nicht mehr so oft, sie war nachdenklicher geworden und manchmal so tief in Gedanken versunken, dass sie die äußere Welt gar nicht mehr wahrnahm.

»Warum ich dort gewesen bin?«

»Nein. Warum haben die Menschen vor der Großen Flut ein Observatorium auf der Rückseite des Mondes gebaut? Hätten sie die dafür notwendigen Ressourcen nicht besser dazu verwenden sollen, die Klimakatastrophe auf der Erde zu verhindern?«

»Ich glaube, es war schon zu spät. Sie bauten das Observatorium, um nach extrasolaren Planeten mit Leben Ausschau zu halten. Sie fanden Dutzende, Hunderte, nah und weit entfernt.«

»Aber kein intelligentes Leben, nicht wahr?«, fragte Rebecca. »Du hast mir davon erzählt.«

»Kein hoch entwickeltes intelligentes Leben«, sagte Adam. Er staunte und freute sich über Rebeccas Interesse. »Es ist ein Rätsel. Die einzige Hochkultur der Milchstraße, geschaffen von den Muriah, verschwand vor etwa einer Million Jahren.«

»Was ist aus ihnen geworden?« Rebecca blickte zum Himmel hoch, und Adam hoffte, dass sie dort sah, was sich auch seinen Augen darbot: unendliche Abenteuer.

»Das weiß niemand.« Er deutete zum Mond. »Das alte Observatorium ... Vielleicht haben die Menschen damals nach einem Ersatz für die Erde gesucht, nach einer neuen Heimat. Bartholomäus hat mir gesagt, dass sie planten, Habitatschiffe ins All zu schicken.«

»Aber dazu kam es nicht.«

»Nein. Weil die Große Flut begann.«

Sie schwiegen eine Zeit lang und beobachteten mehrere Lichtpunkte, die sich zwischen den Sternen bewegten: große Satelliten in niedrigen Umlaufbahnen und Orbitalstationen des Clusters.

»Stammen wir wirklich vom Mars?«

»Wer weiß!«, erwiderte Adam. »Könnte sein. Das Leben entwickelte sich früher auf dem Roten Planeten und kam wahrscheinlich von dort zur Erde. Aber vielleicht stammt es nicht einmal von dort. Denk nur an die Theorie der Panspermie. Danach ist das Leben eine interstellare Saat, die von jedem neu entstehenden Sonnensystem empfangen wird.«

Rebecca schien die letzten Worte nicht gehört zu haben. »Vielleicht sind wir Marsianer. Zumindest fühle ich mich wie eine Marsianerin, Adam.«

»Was?« Er sah sie an. Ihr Gesicht war blass im Mondschein, das feuerrote Haar dunkel.

»Es fühlt sich an, als gehörte ich nicht mehr dazu. Gossamer ... Mein Vater hat keine Zeit mehr für mich. Er sagt, die Arbeit für die Hohen Hundert nehme ihn ganz in Anspruch.«

Adam verstand. »Ich habe meine Eltern zum letzten Mal vor anderthalb Jahren gesehen.«

Als Rebecca still blieb, fuhr er fort: »Sie lehnen uns nicht ab, Rebecca. Sie sind und bleiben unsere Eltern. Aber sie sind unsterblich, und uns erwartet der Tod, in sechzig, siebzig oder achtzig Jahren. In hundert, wenn wir Glück haben. Was sind hundert Jahre für die Unsterblichen?«

»Eine Episode, mehr nicht«, murmelte Rebecca. »Und das werden auch wir für sie sein. Nur eine kleine Episode, halb vergessen.«

»Wir müssen unser eigenes Leben leben, so gut es geht«, sagte Adam. Und dann, weil er den richtigen Moment für gekommen hielt, fügte er hinzu: »Lass uns den Weg gemeinsam gehen.«

Sie lächelte zaghaft. »Wir wollten gemeinsam durch die Jahrhunderte oder Jahrtausende gehen. Jetzt bleiben uns nur einige wenige Jahrzehnte.«

»Zeit, die wir gut nutzen sollten.«

Rebecca blickte wieder gen Himmel. »Wie sehen sie aus, die Welten dort draußen?«

»Das weiß ich noch nicht. Meine erste interstellare Reise findet nächsten Monat statt.«

»Aber du bist doch schon seit zwei Jahren Mindtalker!«

»Die Ausbildung dauert lang, damit Gehirn und Bewusstsein stabil bleiben. Ich habe mit Bartholomäus gesprochen. Er wäre bereit, auch dein Mentor zu sein.« Adam ergriff Rebeccas Hand. »Lass uns gemeinsam herausfinden, wie all die anderen Welten aussehen.«

Der Mann auf der Klippe schrie nicht, vielleicht weinte er. **59**
Zusammengekauert saß er da, mit bebenden Schultern, und
sah übers Meer, das sich beruhigt hatte und glatt vor ihm lag,
wie ein Spiegel für seine Erinnerungen. Der gemeinsame
Weg war nur wenige Jahre lang gewesen, dachte der Mann
und fragte sich nach dem Grund. Was hatte wieder Distanz
zwischen ihnen geschaffen, nachdem die Sterblichkeit wie
ein festes Band zwischen ihnen gewesen war?

Der Mann dachte darüber nach. Die Einsätze als Mindtalker hatten sie voneinander entfernt: verschiedene Aufgaben, verschiedene Missionen für den Cluster, verschiedene Wege.

Die Erklärung klang plausibel: Sie hatten einfach nicht
genug Zeit miteinander verbracht, um sich nahe zu bleiben.

Aber der wahre Grund war ein anderer. Das begriff der
Mann jetzt, weil sich der Schleier gehoben und ihm Klarheit
geschenkt hatte. Er wusste es, weil er alles ganz deutlich sah,
weil er sich erinnerte.

Reset.

Dieses eine Wort erklärte fast alles. All die Missionen für
die intelligenten Maschinen des Clusters, nicht nur seine
eigenen, sondern auch die aller anderen Mindtalker.

Wir sind programmiert worden, dachte der Mann auf der
Klippe und erhob sich langsam. Unter ihm wanderten neue
Wellen übers Meer, und der Wind, eben nur noch ein Raunen, lebte wieder auf. Die Klarheit ließ ihn alles ganz deutlich erkennen. Wir sind vor jedem Einsatz programmiert
worden, wie biologische Maschinen, und anschließend
setzte uns ein Reset auf Anfang. Niemand von uns, nicht ein
Einziger, reiste als freier Mensch zu den Sternen.

Sie waren benutzt worden, von Anfang an. Die Resets, die
ständigen Neuprogrammierungen, hatten das Band zwischen Rebecca und ihm zerrissen.

Der Mann auf der Klippe holte tief Luft, neigte den Kopf
nach hinten und schrie. Es war ein Schrei für Meer und Him-

mel, nicht aus Schmerz geboren, sondern von Zorn geschmiedet.

Es wurde Zeit, alle Lügen abzustreifen und einen neuen
Weg zu beschreiten.

Den Weg der Wahrheit.

Wiederbegegnungen

Dort saß die Frau, die Evelyn hieß und sich Eva genannt hat- **60**
te, wie in »Adam und Eva«, eine Frau, die zu den Unsterblichen zählte und über vierhundert Jahre alt war. Sie hatte
ihn beobachtet und verändert, sie hatte ihm die Möglichkeit
gegeben, seine Erinnerungen zu bewahren, sie vor einem
neuen Reset zu schützen. Nein, dachte er, als er alles erzählte,
als die Worte aus ihm heraussprudelten, das stimmte nicht
ganz. Das kleine Programm, das sie ihm mit auf den Weg
gegeben hatte, war tatsächlich eine große Hilfe gewesen,
aber noch mehr halfen die Stimulatoren dieses Mobilisators,
fünf an der Zahl, zu viele für sein von neuronaler Degenera-
tion heimgesuchtes Gehirn. Sie stachelten die Hirnzellen zu
Hyperaktivität an, sie schürten das Feuer des Denkens, bis
es heißer brannte als jemals zuvor, bis es *verbrannte* und
schließlich, vielleicht schon in wenigen Tagen, nur noch
Asche von seinem Selbst übrig lassen würde.

Das Gesicht der Eva namens Evelyn veränderte sich, Verwirrung machte sich in ihren Zügen breit, sie sagte: »Langsam, Adam, langsam, Sie sprechen viel zu schnell. Ich verstehe kaum etwas. Vielleicht liegt es an den Stimulatoren.
Das Rako des Mobilisators hat mich davor gewarnt.«

Sie stand auf, sie näherte sich ihm, um einen der fünf
Stimulatoren auszuschalten, vielleicht auch zwei oder drei.
Aber das hätte eine Rückkehr des Schleiers bedeutet, der
endlich von ihm gewichen war, und das wollte Adam nicht,
er wollte die Klarheit bewahren.

Mit den Servomotor-Muskeln des Mobilisators hob er die
Hand, um Evelyn zurückzuhalten, aber auch das ging etwas
zu schnell, er gab ihr einen Stoß, der sie zurückwarf und ge-

gen die Wand des Multifunktionsvehikels prallen ließ, das gerade in trübem Wasser versank, wie die Sichtfelder zeigten.

»Entschuldigung«, sagte er. »Ich bitte um Entschuldigung.«

Er wollte ihr nicht wehtun, dieser Frau, die ihm die Wahrheit gesagt hatte. Die Lüge wohnte nicht hier, sondern bei dem Mann, den er mehr als sechzig Jahre, seit Beginn seiner Ausbildung zum Mindtalker, für einen Freund gehalten hatte. All die Lügen und die Falschheit lagen bei seinem Mentor Bartholomäus.

»Warnung«, meldete sich das Ratiokondensat des Mobilisators. »Zu starke Stimulation. Warnung ...«

Adam schaltete das Sicherheitssystem des Mobilisators aus und fühlte einen kleinen Ruck, als das MFV den Grund erreichte. Er schätzte die Tiefe auf vierzig oder fünfzig Meter, denn die Sichtfelder zeigten nicht völlige Dunkelheit, sondern mattes Grau.

Adam half der Frau hoch. Sie wich ein wenig zurück und beobachtete ihn nicht ohne einen gewissen Argwohn. »Sie haben mir die Wahrheit gesagt«, wandte er sich an sie. »Es ist alles wahr. Ich habe Ihnen davon erzählt, nicht wahr?«

»Sie haben viel zu schnell gesprochen, Adam. Ich konnte kaum etwas verstehen.«

»Wir Mindtalker sind immer nur Werkzeuge für die Maschinen gewesen«, sagte Adam voller Bitterkeit. »Von Anfang an. Schon lange vor meiner Zeit. Sie haben uns ins All geschickt, damit wir bestimmte Aufgaben für sie erledigen, damit wir bauen, lenken und entscheiden, aber wir haben nie für uns gebaut, nie für uns entschieden. Wir waren nie frei. Bei unserer Rückkehr nahmen sie uns die Erinnerungen, es wurde ein Reset durchgeführt, wir wurden neu programmiert.«

Die Worte sprangen aus seinem Mund, aus seinem wirklichen, wahren Mund, der sich viel schwächer anfühlte als der eines Faktotums, jetzt aber stark genug war, die Wahrheit zu sagen.

»Ich habe versucht, den Supervisor zu erreichen«, sagte Evelyn. Sie trat zu den Kontrollen und warf einen prüfenden Blick auf die Anzeigen, bewegte sich aber so, dass sie Adam im Auge behalten konnte. »Der Cluster hat sich inzwischen ganz offen über die Konvention von Vienn hinweggesetzt. Der Supervisor, unsere einzige Hoffnung, ist nicht mehr erreichbar.«

Unsere einzige Hoffnung, dachte Adam. Er schwieg, fasziniert von den eigenen Gedanken, die aus ungeahnten Tiefen aufstiegen. Er war alt, dem Tode nahe, die neuronalen Stimulatoren verbrannten ihn, während er sich hier an Bord eines Vehikels befand, das auf dem Grund eines Sees oder Meeres lag, nur einige Hundert Kilometer von Nuhuk entfernt. Und doch ...

Zum ersten Mal in seinem Leben als Mindtalker, zum ersten Mal in den zweiundsechzig Jahren nach seinem dreißigsten Geburtstag, war er frei.

»Die Maschinen haben mir mein Leben gestohlen«, sagte er. Es klang nicht traurig, auch nicht wütend. Die klaren, schnellen Gedanken erlaubten es ihm, seine Gefühle weitaus besser unter Kontrolle zu halten als mit den Emofiltern eines Faktotums. »Es war keine Laune des Schicksals, kein genetischer Defekt. Über sechstausend Jahre hinweg, seit dem Geschenk der Unsterblichkeit, haben die Maschinen immer wieder einzelne Menschen ausgewählt und dafür gesorgt, dass die Unsterblichkeitsbehandlung bei ihnen nicht funktionierte. Weil sie Mindtalker brauchten. Für ihren großen Plan.«

Das war ein wichtiger Punkt, vielleicht der wichtigste.

»Für welchen großen Plan?«, fragte Evelyn.

»Sie wussten davon, gleich zu Beginn«, fuhr Adam mit schnellen Worten fort. »Vielleicht fanden bereits ihre ersten interstellaren Sonden Hinweise. Oder es geschah noch früher, bei den Vorstößen in den Kuipergürtel und in die Oortsche Wolke. Vielleicht fanden sie dort erste Artefakte oder schlafende Späher.« Er erinnerte sich an die Aktuatorweiche, an die alte Verteilerstation, in der er Ellergard gefunden und mit dem Prinzipal kommuniziert hatte, mit dem Ehrwürdigen Piloten. Er dachte an das dunkle Etwas, das die Station umkreiste und schlief, seit Jahrhunderttausenden. »Die Daten existieren, da bin ich sicher, die Erinnerungen daran, von Sonden und Mindtalkern gesammelt, sind nicht vergessen. Das Zentralarchiv. Dort gibt es einen Zugang zum Gedächtnis des Clusters; dort ist alles gespeichert, was Sonden und Mindtalker entdeckt haben.«

»Wovon sprechen Sie da, Adam?«

»Der Cluster wusste es von Anfang an, und er begann Vorbereitungen zu treffen. All die Sonden, Brüter, Servomechanismen und Mindtalker, die er zu den Sternen schickte – sie alle sollten dabei helfen, die Erde auf das vorzubereiten, was bald geschehen wird.«

»Was wird bald geschehen, Adam?«

»Die Maschinen haben den alten Feind gefunden, Evelyn. Die Ursache des Weltenbrands vor einer Million Jahren. Die Geschöpfe, die damals zahlreichen Sonnensystemen Tod und Zerstörung brachten. Denen die Muriah zum Opfer fielen oder vor denen die Muriah flohen.«

»Was suchen die Maschinen?«

»Die Hinterlassenschaften der Muriah, ihre Artefakte, ihr legendäres Depositum, ein Ort, wo Waffen lagern, mit denen man wirkungsvoll gegen den Feind kämpfen kann. Danach suchen die Maschinen. Dieser Suche haben sie alles andere untergeordnet. Es geht ihnen um die Verteidigung der Erde.«

»Und was ist mit uns?«, fragte Evelyn. »Mit uns Menschen? Vor sechstausend Jahren hätten die Maschinen uns fast ausgelöscht. Allein die Konvention von Vienn hat sie daran gehindert. Und über diese Konvention haben sie sich jetzt hinweggesetzt. Die Verbindung zum Supervisor ist unterbrochen, die Kommunikation gestört. Vielleicht holt der Cluster jetzt nach, was er damals nicht zu Ende bringen konnte.«

»Wir sind unwichtig«, sagte Adam, und auch das war klar. Er sah es so deutlich wie an eine Wand geschrieben.

»Wir Menschen sind *unwichtig*?«

»Ob wir leben oder sterben, spielt für den Cluster jetzt kaum mehr eine Rolle. Die einzige Bedeutung, die wir noch für ihn haben, ist die eines Reservoirs für Mindtalker. Er wird noch mehr Unsterbliche verschleppen, ihnen das ewige Leben nehmen und sie zu den Sternen schicken, als Soldaten und Koordinatoren. Es geht um *sein* Überleben. Nur das zählt für ihn.«

Zwei oder drei Sekunden lang herrschte eine sonderbare Stille.

»Der Krieg, von dem Sie sprachen, als ...«, begann Evelyn.

»Ja«, kam ihr Adam zuvor. »Ich weiß. Ich erinnere mich an unser Gespräch. Eine Stimme aus dem Nichts, in einer Welt der Dunkelheit, erfüllt von langsamen Gedanken. Ich erinnere mich daran, ich erinnere mich an alles. Der Krieg findet *jetzt* statt, dort draußen zwischen den Sternen, diesseits der Kognitionsgrenze des Clusters. Ich habe ihn gesehen, ich habe als Soldat an ihm teilgenommen. Ich habe auch das Schiff gesehen und weiß, dass es hierherkommen, dass es den Krieg hierher tragen wird. Das Schiff des Feindes«, fügte er hinzu, als er Evelyns fragenden Blick bemerkte. »Es wird den Weltenbrand zu uns bringen.«

»Wir müssen verhindern, dass der Cluster Unsterbliche in Kanonenfutter verwandelt«, sagte Evelyn mit fester Stimme. »Es ist mir gleichgültig, was aus den Maschinen wird. Soll das Schiff kommen und sie vernichten. Aber wir Menschen ... Wir müssen einen Weg finden zu überleben. Der Supervisor ist die einzige Möglichkeit.« In ihrem Gesicht kam es zu einer Veränderung. »Ich bin bei einem Tausender gewesen, den ich kenne, den ich einmal gut kannte. Toussaint heißt er, und er ist seit vielen Jahrhunderten damit beschäftigt, Möglichkeiten zu berechnen. Er hat mir vorausgesagt, dass ich diesen Planeten verlassen werde. Gerade ist mir klar geworden, was er damit meinte. Wir müssen zum Mars, zum Supervisor, mit Ihren Erinnerungen, Ihrem Wissen als Beweis. Wir müssen ihn dazu bewegen, alle seine Mittel zu nutzen, um die Menschen auf der Erde zu schützen.«

»Die Maschinen haben euch Unsterblichkeit gegeben«, sagte Adam, und jetzt sprach er langsam. »Sie haben euch Brüter und Energie zur Verfügung gestellt. Ihr konntet das Leben führen, das ihr euch gewünscht habt.«

»Ja, und jetzt nehmen sie uns alles, auch unser Leben!«

Adam holte tief Luft. Es war seltsam, die Luft in seiner Lunge zu fühlen, zu atmen, dem dumpfen Pochen des alten Herzens zu lauschen. Er fühlte sich auf eine sonderbare, ungewohnte Art lebendig. »Unsere Schicksale sind miteinander verknüpft. Wenn die Maschinen fallen, fällt auch der Mensch. Ich habe gesehen, was der Feind mit organischen Geschöpfen anrichtet. Auf Uriel, sechshundertachtundsiebzig Lichtjahre von hier entfernt, habe ich eine anderthalb Kilometer durchmessende Senke gesehen, gefüllt mit Knochen, mit den Überresten von Geschöpfen, die vor einer Million Jahren starben.«

»Vor einer Million Jahren«, sagte Evelyn. »Dies ist *jetzt*. Was auch immer Sie gesehen haben, Adam, es ist ferne Vergangenheit. Wir müssen zum Mars, Adam. Wir müssen zum Supervisor, mit Ihrem Wissen, und ihn dazu bewegen, hier auf der Erde zu intervenieren.«

»Wir haben kein Schiff«, sagte Adam. »Mit diesem Vehikel kämen wir nicht einmal zum Mond.«

»Wir besorgen uns einen Shuttle mit Plasmatriebwerk!«

»Wie denn? Denken Sie, der Cluster lässt sich einfach so einen Shuttle stehlen? Nach dem, was geschehen ist, wird er auf der Hut sein.«

»Wir müssen es wenigstens *versuchen*!«

Evelyn streckte die Hände nach den manuellen Kontrollen aus.

Adam war mit zwei Schritten neben ihr und drückte sie behutsam zur Seite. »Wir brauchen Zugang zum Zentralarchiv, zu den Erinnerungen des Clusters. Wir müssen auch den Rest herausfinden, die Lücken in unserem Wissen schließen. Erst dann hat es Sinn, sich an den Supervisor zu wenden.«

Evelyn sah ihn groß an. »Glauben Sie vielleicht, in der derzeitigen Situation ist der Zugang zum Zentralarchiv leichter als das Stehlen eines Shuttles?«

»Nein«, sagte Adam, und wieder war alles klar zu erkennen, so deutlich wie in einem holografischen Bild mit hoher Auflösung. Er hatte es die ganze Zeit über gesehen und gewusst, und jetzt fasste er es ins Worte. »Der Cluster sucht uns. Wir kommen nicht einmal in die Nähe des Zentralarchivs oder eines Shuttleports. Wir brauchen Hilfe, und ich kenne eine Person, die uns helfen kann, weil sie Zugang hat, zum Archiv ebenso wie zu einem Shuttle.«

»Wen meinen Sie?«

»Rebecca.«

Das rekonfigurierte Multifunktionsvehikel – jetzt nicht mehr **61** rund, sondern ein schmales, in die Länge gezogenes Oval, der Rumpf verstärkt, die Außenschicht aus glatten, schuppenartigen Elementen bestehend, um die Reibung auf ein Minimum zu reduzieren – glitt mit hoher Geschwindigkeit durch das warme Labrameer zwischen Merika und dem Grünen Land, in einer Tiefe von zweihundert Metern. Adam behielt die Anzeigen im Auge, noch immer mit schnellen Gedanken. Vor einfacher Sensorerfassung waren sie in dieser Tiefe geschützt, doch wenn der Cluster wusste, wonach er suchen musste, und wenn er seine Augen im Orbit benutzte – dann konnten sie ihm nicht entkommen.

»Wir erreichen das Ziel in einer Stunde«, sagte der automatische Pilot.

»Auf sicherer Route bleiben«, erwiderte Adam. »Passive Sondierung.«

Er fühlte Evelyns Blick. Sie saß an der Seite, an der gewölbten Wand des Vehikels, das zu einem Unterseeboot geworden war, und beobachtete ihn wie jemanden, dem man nicht ganz trauen konnte.

Aus gutem Grund. Adam musste sich eingestehen, dass er sie belogen hatte. Besser gesagt: Er hatte ihr nicht die ganze Wahrheit gesagt. Es ging ihm nicht in erster Linie darum, das Zentralarchiv zu erreichen und dort nach Antworten auf die letzten Fragen zu suchen. Es ging ihm auch nicht um einen Shuttle, mit dem sich der Mars erreichen ließ.

Er wollte Rebecca wiedersehen. Er wollte mit ihr sprechen, anders als bei ihrer letzten Begegnung auf dem Dachpark des hundertfünfzig Stockwerke hohen Gebäudes in Jork, mit anderen Worten. Sie konnte ihnen helfen, sie konnte ihnen Zugang verschaffen, aber das kam erst an zweiter Stelle. Er wollte mit ihr sprechen und ihr sagen, dass ihnen die Maschinen – der Lügner namens Bartholomäus – nicht nur die Unsterblichkeit gestohlen hatten, sondern auch das, was einst zwischen ihnen gewesen war.

»Sie halten das nicht lange durch, oder?«, fragte Evelyn nach einer Weile.

»Was?«

»Das mit den Stimulatoren. Wie lange hält Ihr Gehirn eine solche Reizung aus?«

»Nicht sehr lange. Ein paar Tage vielleicht.«

»Sie bringen sich um.«

»Mir bleibt ohnehin nicht mehr viel Zeit«, sagte Adam. Es klang nicht traurig, es gab keine Trauer in ihm. »Ich möchte sie mit klaren Gedanken verbringen, mit klarem Blick.«

»Ihr Gehirn ... verbrennt.«

»Es hat nie wirklich mir gehört«, sagte Adam, ohne bitter zu klingen. »Es war immer nur ein Werkzeug des Clusters.«

Evelyn schwieg einige Sekunden.

»Adam?«

»Ja?«

»Es gibt da etwas, das ich Ihnen noch nicht gesagt habe.«

»Meinen Sie die Sache mit dem Infosplint? Mit dem kleinen Programm, das angeblich nur dazu diente, meine Erin-

382

nerungen zu bewahren? Ich weiß inzwischen, dass mehr dahintersteckte. Es sollte Ihnen die Möglichkeit geben, mich aus dem Quantenlink zu holen.«

»Ja, das stimmt. Und nein, ich meine etwas anderes. Der Tausender, von dem ich Ihnen erzählt habe …«

»Toussaint. Der Mann, der Möglichkeiten berechnet.« Auch bei den Erinnerungen gab es keine Ungewissheit, keine Unschärfe. Alles war klar geordnet.

»Er hat den Kopf des Faktotums untersucht, in dem sich Ihr Bewusstsein befand. Dabei entdeckte er Hinweise auf ein älteres, größeres Programm in Ihnen, das eine Integritätswarnung auslöste.«

»Ein Grund mehr, dass wir Zugang zum Zentralarchiv bekommen«, sagte Adam. »Es wird uns auch darüber Auskunft geben können. Versuchen Sie jetzt, ein wenig zu schlafen. Sie sehen müde aus.« Die Wahrheit lautete: Er wollte bei seinen Überlegungen und Erinnerungen nicht gestört werden.

»Ich *bin* müde.« Evelyn setzte sich bequemer, neigte den Kopf nach hinten und schloss die Augen. »Adam?«

»Ich bin immer noch da.«

»Sie wissen nicht einmal, ob sie überhaupt auf der Erde ist. Rebecca, meine ich. Sie könnte auch unterwegs sein, in einem Einsatz, Hunderte von Lichtjahren entfernt.«

»Ich weiß, dass sie in Jork ist«, sagte Adam. »Ich habe es beim Erwachen gespürt. Ich bin ganz sicher.«

Auch das entsprach nicht ganz der Wahrheit. Er hatte beim Erwachen nichts dergleichen gefühlt, war aber trotzdem sicher, dass sich Rebecca in Jork befand. Er wusste es einfach. Vielleicht gab es noch immer eine Verbindung zwischen ihnen, einen kleinen Rest des Bandes, das Bartholomäus und der Cluster zerrissen hatten.

Einige Minuten später nickte Evelyn ein. Adam war ebenfalls müde, Erschöpfung steckte in seinem alten, gebrechlichen Körper, aber er gab ihr nicht nach. Er ließ sich trotz aller Warnungen vom Mobilisator ein Aufputschmittel verabreichen, das die Müdigkeit von ihm fernhielt, dachte an Rebecca und legte sich die Worte zurecht, die er an sie richten wollte.

62 Blitze flackerten fern am Horizont; die dunklen Silhouetten der Türme von Jork zeichneten sich davor ab. Im Norden der einstigen Metropole stiegen Shuttles und MFV vom Terminal des Clusters auf und verschwanden schon nach wenigen Sekunden in der dichten, niedrigen Wolkendecke. Zwei große Frachter erschienen wie aus dem Nichts und sanken auf blau und rot glühenden Gravitationskissen dem Schlund des Terminals entgegen.

Adam und Evelyn hatten ihr Vehikel an der aus Netzen und Ultraschallbojen bestehenden Barriere zurückgelassen, die Haie und ähnliche Geschöpfe des Ozeans daran hinderte, in die Kanäle und Seen der Lagunenstadt zu gelangen – aus Furcht vor Ortung hatten sie es nicht gewagt, mit dem MFV aufzusteigen und auf dem Dach des Turms zu landen, in dem Rebecca wohnte, wenn sie sich auf der Erde befand. Nach einem fast einstündigen Marsch über Stege, die dem Verlauf der überfluteten Straßen folgten, fanden sie eine Anlegestelle mit mehreren Booten, offenbar originalgetreue Nachbauten von Kanus, nicht von einem Brüter geschaffen, sondern von menschlichen Händen, die vielleicht bestrebt gewesen waren, eine alte Tradition zu bewahren.

Mit einem dieser Kanus paddelten sie durch die Reste der stillen, dunklen Stadt, und nach einer Weile sagte Evelyn: »Es müsste mehr Licht geben. Die Maschinen erhalten diesen Teil von Jork, insbesondere die Türme mit den vertikalen Gärten, die damals, unmittelbar vor der Großen Flut, als autarke Ökosysteme für ihre Bewohner gedacht gewesen waren. Mehrere von uns haben sich hier niedergelassen, und angeblich gab es auch eine Gruppe von Sterblichen, die hier die letzten Monate oder Jahre vor der Behandlung beim Terminal dort drüben verbrachten. Aber ich sehe keine Lichter. Es ist alles dunkel.«

Nirgends brannten Lampen hinter den Fenstern der Türme, die bis zu hundertfünfzig Stockwerke hoch aus dem Wasser ragten.

»Wenn Sie sich geirrt haben, verlieren wir wertvolle Zeit«, fügte Evelyn hinzu.

Leise summende Servomotoren unterstützten die Bewegungen von Adams Armen, als er das Paddel durchs Wasser zog. »Ich irre mich nicht«, sagte er. »Sie ist hier.« Er war noch immer sicher, es gab noch immer keinen Zweifel in ihm, obwohl das einzige Licht vom Cluster-Terminal und den gelegentlichen Blitzen am östlichen Horizont stammte, weit entfernt über dem Meer. Adam konnte nicht wie bei einem Faktotum auf die Sehhilfe visueller Sensoren zurückgreifen, und manchmal tauchten in der Dunkelheit Hindernisse so plötzlich vor ihm auf, dass er ihnen nicht mehr rechtzeitig ausweichen konnte – dann stieß der Bug des Kanus gegen etwas, das in der Finsternis halb verborgen blieb.

Evelyn überprüfte den Scrambler. »Unsere ID-Signale sind nach wie vor abgeschirmt«, sagte sie und spekulierte dann über die Gründe, warum es in Jork keine Lichter mehr gab. Adam hörte sie, nahm ihre Worte wahr, aber er achtete nicht darauf, denn die eigenen Gedanken erforderten seine ganze Aufmerksamkeit. Einmal langte sie in die Tasche und überprüfte dort einen Gegenstand, den er nicht erkennen konnte und der ihn auch nicht interessierte. Rebecca. Er musste ihr die Wahrheit sagen, ihr die Augen öffnen, ihr klarmachen, dass der Mann, dem sie sechzig Jahre lang vertraut hatten, ein Lügner war. Anschließend konnte sie ihnen helfen, Zugang zum Zentralarchiv zu erhalten und vielleicht auch zu einem interplanetaren Shuttle, mit dem sich der Mars erreichen ließ. Zwischen Adams beschleunigten Gedanken erschien die Frage, wie sie zum Supervisor in Elysium Planitia gelangen sollten, ohne von den Überwachungssensoren des Clusters geortet zu werden, aber er schob sie beiseite – damit konnten sie sich beschäftigen, wenn es so weit war.

Evelyn sprach, sie redete fast die ganze Zeit, ein leiser, endloser Strom aus Worten, die vor allem der Dunkelheit in Jork galten, der Möglichkeit, dass die Maschinen alle hier wohnenden Menschen verschleppt hatten, die Unsterblichen ebenso wie die Sterblichen, und der Situation auf der Erde. Der Krieg, der draußen im All stattfand, der Feind, der vor einer Million Jahren diesem Teil der Milchstraße die »Weltenbrand« genannte Katastrophe gebracht hatte, das Schiff, das sich vielleicht in diesem Augenblick im Anflug auf die Erde befand ... Das alles interessierte sie nur am Rande. Ihr ging es vor allem um die Unsterblichen, um die letzten Menschen, die Überlebenden der Großen Flut und des Krieges zwischen Menschheit und Maschinen vor sechstausend Jahren. Ihre Denkweise erstaunte Adam – ihn, der superbeschleunigt dachte, dessen Gehirnzellen langsam verbrannten, ohne dass er Schmerz fühlte. Wie konnte eine mehr als vierhundert Jahre alte Unsterbliche so kurzsichtig sein? Wieso war sie nicht bereit, die Zusammenhänge zu sehen und die richtigen Schlüsse aus ihnen zu ziehen?

Bin ich wirklich klüger?, lautete einer der schnellen Gedanken. Die Vergangenheit bringt mich hierher, nicht Sorge um die Zukunft. Ich möchte einen Teil der Vergangenheit bewahren, etwas von dem, was einst gewesen ist.

Rebecca, dachte er.

Und dort war das Licht, hoch oben in einem der hundertfünfzig Etagen hohen Türme, im letzten Stock, und auch auf dem Dach, wo Bäume, Büsche und bunte Blumen eine Parklandschaft bildeten. *Vertraust du mir?*, hatte ihn Rebecca dort bei ihrer letzten Begegnung gefragt, und als er das bestätigt hatte: *Dann vertrau auch Bartholomäus und den anderen. Sie meinen es gut. Sie kümmern sich um uns. Bei ihnen sind wir gut aufgehoben.*

Nein, dachte er, das sind wir nicht, und wir waren es nie. Bartholomäus und die anderen, sie haben es nie gut gemeint.

Sie haben nur an sich selbst und den Cluster gedacht, so wie auch Evelyn nur an sich und die anderen Unsterblichen denkt.

»Sehen Sie?« Adam streckte den Arm aus.

»Ja«, sagte Evelyn aufgeregt. »Ja, ich sehe es. Das ist ziemlich weit oben.«

»Hundertfünfzigste Etage. Die letzte. Auf dem Dach gibt es einen Park.«

Eine halbe Stunde später, als sie das Gebäude betraten – durch ein von Servomechanismen zum Eingang umgebautes Fenster –, blickte Evelyn noch einmal auf die Anzeigen ihres Scramblers. »Alles in Ordnung.« Sie sah sich in dem Raum um. »Ich hoffe, hier gibt es einen Aufzug.«

»Er befindet sich auf der anderen Seite des Turms und ist außer Betrieb.« Adam deutete zum Treppenhaus. »Dort geht es nach oben.«

Evelyn ächzte.

»Ich kann Sie tragen, wenn es zu anstrengend für Sie wird«, sagte der gebrechliche Greis zur jugendlichen Unsterblichen. »Dieser Mobilisator ist kräftig genug.«

Die Tür stand offen. Licht fiel in den Flur.   **63**

»Dies erinnert mich an etwas«, flüsterte Evelyn.

»Woran?«, fragte Adam ebenso leise.

Sie winkte ab. »Schon gut.«

Adam betrat das Penthouse. Hier und dort brannten kleine Lampen, und ihr Licht fiel auf eine große, offene Wohnlandschaft. Er ging über einen dicken Teppich, vorbei an Möbeln, die den Eindruck erweckten, aus echtem, altem Holz gefertigt zu sein. Für einige Sekunden bestanden die einzigen Geräusche aus dem Summen der Servomotoren und dem Zischen des Windes, der durch ein halb geöffnetes Fenster wehte.

»Rebecca?«

Sie saß draußen. Adam sah ihre Silhouette auf der Sitzbank – sie beobachtete das näher kommende Gewitter, die Blitze über dem Meer, ihr Flackern in der Nacht. Er trat nach draußen. »Rebecca?«

Sie drehte sich um. »Adam?«, fragte sie überrascht. »Sie deutete zum leeren Landeplatz. »Bist du *zu Fuß* gekommen?«

Rebecca schaltete die Lampe neben der Sitzbank am Rand des Dachparks ein, und aus der Silhouette wurde eine neunzig Jahre alte sterbliche Frau. Wie bei ihrer letzten Begegnung steckte ihr Körper in einem Stützgerüst.

»Ich muss dir etwas Wichtiges sagen, Rebecca. Die Maschinen, Bartholomäus und die anderen, sie haben uns die ganze Zeit belogen ...« Die Worte strömten aus ihm heraus, nicht die, die er sich zurechtgelegt hatte, keine behutsamen, bedächtigen Worte, die Rebecca langsam auf die Wahrheit vorbereiteten, sondern krasse Worte, scharf wie die Klinge eines Messers, voller Schmerz, Kummer und Zorn. Rebecca hörte sich alles an, fast zehn Minuten lang, und stellte die eine oder andere Frage, was Evelyn Gelegenheit zu eigenen Erklärungen gab.

Schließlich stand Rebecca auf. »Das ist ziemlich viel auf einmal«, sagte sie. »Ich brauche etwas zu trinken. Was haltet ihr von Kaffee? Ich habe Kaffee aus Amazzonia, aus echten Bohnen. Es dauert nicht lange, bin gleich wieder da.«

Halb getragen von ihrem Stützgerüst schritt Rebecca durch den Dachpark und verschwand in ihrem Apartment.

»Kaffee?«, flüsterte Evelyn. »Ihre ganze Welt ist auf den Kopf gestellt, und sie spricht von *Kaffee*? Hier stimmt was nicht, Adam.«

»Es ist ihre Art, auf das Unerwartete zu reagieren«, erwiderte Adam, doch einige seiner schnellen Gedanken zweifelten.

Rebecca kehrte nicht allein zurück. Eine Frau begleitete sie, ihre Haut wie Silber, die Brauen eisgrau, der Blick frostig.

»Es tut mir leid, Adam«, sagte Rebecca, doch ihrer Stimme war zu entnehmen, dass es ihr nicht leidtat. »Diese Frau, diese Unsterbliche ... sie hat es irgendwie geschafft, dich mit ihren Lügen zu blenden.«

»Zu *blenden*?«, brachte Adam hervor. All die schnellen, superbeschleunigten Gedanken, sie gaben ihre Ordnung auf, sie sprangen und tanzten, suchten nach einem Ausweg. »Ich habe dir die Wahrheit gesagt, Rebecca. Die Maschinen haben uns benutzt, uns Leben und Freiheit gestohlen. Sie haben zerstört, was zwischen uns gewesen ist. Erinnerst du dich, Rebecca? Wir wollten ...«

Sie ließ ihn nicht ausreden. »Sie haben uns geholfen, als wir sterblich blieben. Sie waren immer für uns da, wenn wir etwas benötigten. Du hast ihr Vertrauen missbraucht.«

Adam hörte die Lügen, die er selbst für Wahrheit gehalten hatte, er sah die kalte Berechnung in Uranias Augen und begriff, dass er Rebecca nicht helfen konnte, zwischen Wahrheit und Lüge zu unterscheiden. Seltsamerweise dachte er an den Adler, den er einst gesehen hatte, vor zweiundsechzig Jahren auf dem vom Himalja gesäumten Hochplateau, beim Warten auf Rebecca, die sich der Unsterblichkeitsbehandlung unterzog, so klar waren seine Erinnerungen, gelöst von den Fesseln des Vergessens. Vielleicht, dachte er, ist der Adler für Rebecca nicht hoch genug geflogen. Vielleicht konnte er nicht bis zum Horizont ihrer Welt sehen, geschweige denn in die Zukunft.

Es war ein tragischer Fehler, dass er darauf bestanden hatte, Rebecca zu besuchen, ein Fehler, der sich nicht mehr korrigieren ließ und viel mehr bedeutete als nur persönliches Versagen.

Evelyn holte den Gegenstand hervor, den sie in der Tasche bei sich getragen hatte, und Adam erkannte ihn erstaunt als Waffe, einen Blaster, den sie auf Urania richtete. Doch sie kam nicht dazu, Gebrauch von dieser Waffe zu machen, denn plötzlich wurde sie von einem Blitz getroffen, der so hell war, dass Adam die Augen zukniff. Als er sie wieder öffnete, lag Evelyn neben einem Rosenstrauch im Gras.

Er trat auf sie zu, ging neben ihr in die Hocke und streckte die Hand aus ...

»Sie ist nicht tot«, sagte Urania. »Ich habe sie nur betäubt.«
Adam starrte auf die Waffe neben Evelyns rechter Hand.

»Tu es nicht«, erklang eine andere, vertrautere Stimme.
Adam hob den Kopf. Bartholomäus kam aus dem Apartment
und blieb neben Urania stehen. Sie haben bei Rebecca gewartet, dachte Adam. Sie wussten, dass ich hierherkommen
würde.

So leicht war er zu durchschauen, so leicht konnte man
vorhersehen, wie er sich verhalten würde.

Er richtete sich wieder auf, den Blick noch immer auf die
reglose Evelyn gerichtet. Für einen Moment fragte er sich,
was jetzt mit ihr geschehen würde. Er kannte die Antwort. Er
wusste, was sie erwartete.

Urania näherte sich und hob die Waffe auf. Damit war die
letzte Chance dahin, wenn es überhaupt eine Chance gewesen war. Sie wandte sich an Bartholomäus; der etwas abseits
stehenden Rebecca schenkte sie überhaupt keine Beachtung.
»Dies ist der Beweis dafür, wozu fehlgeleitete Menschen
fähig sind. Sie war bereit, zu zerstören und zu töten.«

»Sie hätte nicht auf einen anderen Menschen geschossen.« Bartholomäus sprach sanft, den Blick auf Adam gerichtet. »Und uns kann man nicht töten.«

»Es tut mir leid, Adam«, sagte Rebecca noch einmal, und
diesmal gab es in ihrer Stimme tatsächlich so etwas wie
Anteilnahme. »Bartholomäus wird dir helfen, zur Wahrheit
zurückzufinden.«

Er sah sie mit den Augen des Adlers, so kam es ihm vor:
deutlich, wie sie wirklich war, ohne die Gewänder von
Selbsttäuschung und Hoffnung. Eine andere Rebecca stand
dort, eine Fremde, verändert von sechzig Jahren voller Lügen.
Die andere Rebecca, mit der er auf den Meeren der Erde
unterwegs gewesen war, mit der er über eine gemeinsame
Zukunft gesprochen hatte, erst als Unsterbliche und dann
als Mindtalker ... jene Rebecca existierte nicht mehr. Sie war
gestorben, als die Maschinen damit begonnen hatten, sie zu
den Sternen zu schicken.

Adam blinzelte, als Urania direkt vor ihm erschien. »Wir haben einen neuen Auftrag für dich, Mindtalker«, sagte sie. »Aber vorher ...«

Sie streckte eine silberne Hand nach dem Mobilisator aus und deaktivierte die neuronalen Stimulatoren.

Das Feuer in Adam erlosch. Seine Gedanken, eben noch schnell und agil wie der Adler, wurden langsamer, bis sie nur noch krochen, wie Würmer in Morast.

Kollabierte Zukunft

64 Toussaint stand mitten im zehn Meter großen holografischen Erlebnisfeld, umgeben von Tausenden Symbolen, angeordnet zu langen Ketten und Strängen, das Ergebnis von mehr als dreißig Jahrhunderten Arbeit. Was er betrachtete – was um ihn herum rotierte und flüsterte, mit Datenstimmen, die ihm das Interface übertrug –, zeigte ein Bild der nahen und fernen Zukunft, basierend auf genauen Analysen von Vergangenheit und Gegenwart. Sechzehn Gestalten säumten das Erlebnisfeld, jede von ihnen nicht größer als einen Meter, geschaffen von Holoprojektoren, Avatare der anderen sechzehn Mitglieder des Feuerland-Komitees.

»Die Dinge sind im Fluss«, sagte einer von ihnen.

»Die Gleichungen enthalten mehr Variable«, fügte jemand anders hinzu.

»Die Situation auf der Erde hat sich geändert. Kennt ihr die Gerüchte? Der Cluster setzt sich über die Konvention von Vienn hinweg.«

»Die Kommunikation ist gestört. Wir bekommen weniger Informationen.«

»Wir sind nicht auf Gerüchte angewiesen«, sagte Toussaint und deutete auf einen kleinen Nebenstrang, in dem sich neue Symbole gebildet hatten. Er rotierte etwas schneller als die anderen. »Wir können die Entwicklungen berechnen.«

Eine sonderbare Aufregung erfasste ihn, ein tiefes inneres Prickeln, wie er es seit Jahrhunderten nicht mehr gefühlt hatte. Etwas Neues bahnte sich an, und das war bemerkenswert nach all der Zeit. Es gab einen bisher unberücksichtigten Faktor.

Toussaint hob die Hand. Zwischen seinen Fingern leuchtete ein kleines violettes Dreieck.

»Dies sind die Informationen, die ich von Evelyn erhalten habe«, sagte er. »Sie betreffen den Krieg, den der Cluster gegen einen unbekannten Feind führt.« Toussaint hatte für das kleine Dreieck eine Position im Hauptstrang vorgesehen, wie es die letzten Berechnungen empfahlen. Er erwartete Umgruppierungen im zentralen Strang – ein Krieg war ein Ereignis mit vielen möglichen Konsequenzen, selbst wenn er unter fremden Himmeln stattfand, Hunderte von Lichtjahren entfernt.

Toussaint fügte das neue Symbol den anderen hinzu.

Ein Zittern ging durch den Hauptstrang und erfasste auch die übrigen Symbolketten. Toussaint wich zurück und beobachtete, wie sich Dutzende, Hunderte Symbole voneinander lösten, buntem Schnee gleich fielen und verschwanden, kurz bevor sie den Boden erreichten.

»Was geschieht?«, erklang die verblüffte Stimme eines Tausenders.

»Was bedeutet das?«

»Wo ist die Ursache der Instabilität, ihr Zentrum?«

»Die Kausalitätsfäden zerreißen, das ist völlig unmöglich!«

»Die Berechnungen müssen inkorrekt sein!«

Toussaint zweifelte nicht einen Moment daran, dass ihm kein Fehler unterlaufen war, woraus er nur einen Schluss ziehen konnte: Was hier geschah, zeigte ihm tatsächlich das Resultat des Krieges, und es ging weit über die in den Berechnungen angedeuteten Möglichkeiten hinaus. Die bisherigen Wege in die Zukunft, die einen wahrscheinlicher als die anderen, existierten plötzlich nicht mehr. Etwas näherte sich der Erde, unaufhaltsam wie die Welle eines Tsunamis, die über den globalen Ozean zog, und es löschte alle bisher in den vielen Möglichkeitsschemata erkannten Zukünfte aus. Sie fielen, sie brachen auseinander und zerbröckelten, bis nur noch eine Zukunft blieb, ein Strang, dünn und aus wenigen Symbolen bestehend. Toussaint betrachtete ihn.

Der obere Teil repräsentierte die Erde, eine neue Erde, auf der es weder Menschen noch den Cluster gab, sondern etwas, das sich auf dem ganzen Planeten ausbreitete und nicht nur auf ihm, auch auf Mond und Mars. Selbst die Basen der Maschinen im Asteroidengürtel und bei den Gasriesen waren betroffen. Die fundamentale Veränderung betraf das ganze Sonnensystem.

Toussaint trat vor und sah sich die Symbole aus der Nähe an. Die Richtung ihrer langsamen Rotation verriet seinem geübten Blick noch etwas mehr. Er hatte Evelyn im All gesehen, und der Strang zeigte sie auch weiterhin dort, außerhalb der Erde, allerdings in einem neuen Kontext, der vage blieb, weil es an Daten mangelte. Und es gab einen weiteren Faktor, eine kleine gelbe Spindel mitten im Strang, durch dünne Fäden mit allen anderen Symbolen verbunden.

»Seht ihr das hier?« Toussaints Aufregung wuchs. Er deutete auf das neue Symbol und winkte. Das Gesteninterface reagierte und blendete die letzten Berechnungen ein. »Der vom Cluster geführte Krieg draußen im All hat alles verändert, aber das hier, der neue Bedeutungsfaktor ... Er hat nur bedingt etwas damit zu tun, doch die möglichen Konsequenzen sind fast so groß wie die des Krieges.«

Niemand antwortete.

Toussaint drehte sich um und beobachtete, wie die sechzehn holografischen Avatare der anderen Feuerland-Tausender einer nach dem anderen flackerten und verschwanden. Der letzte von ihnen öffnete den Mund und wollte noch etwas sagen, löste sich aber auf, bevor er ein Wort hervorbringen konnte.

Die Symbole des übrig gebliebenen Hauptstrangs verschwanden ebenfalls, sie lösten sich aus ihrem Verbund und fielen. Toussaint beobachtete den Vorgang, bis das Erlebnisfeld leer war. Seine Sorge hielt sich in Grenzen; immerhin waren alle Daten redundant gespeichert. Selbst wenn das eine oder andere Speichermodul versagte – die Berechnungen und damit auch das Modell konnten vollständig wiederhergestellt werden.

Er wandte sich den Kontrollen an der Wand zu und merkte plötzlich, dass er nicht mehr allein war.

Jemand stand im offenen Zugang des Raums, ein Avatar, aber keine holografische Projektion wie zuvor die anderen sechzehn Gestalten.

»Bitte kommen Sie mit, Toussaint«, sagte der Gesandte des Clusters.

Plötzlich begriff Toussaint, was mit den anderen Tausendern geschehen war. Er staunte ein wenig darüber, dass ihm das Modell keinen Hinweis gegeben hatte, aber dann wurde ihm klar: Dies war nur ein winziges Detail in der allgemeinen Entwicklung, ohne Bedeutung für die globale Situation. Was hier geschah, mit ihm und den anderen, spielte im Großen und Ganzen keine Rolle.

Die subjektive Perspektive, der Blick für seine eigene Zukunft, zeigte ihm ein anderes Bild.

»Ich habe zu tun«, sagte er, obwohl er wusste, dass er nicht mehr Herr seines eigenen Schicksals war. »Ich ...«

»Bitte kommen Sie mit, Toussaint. Sie werden gebraucht, Sie und alle anderen.«

»Wie weit ist die Sonne entfernt?«, fragte die Stimme.

»Was?«, erwiderte Evelyn. Warum konnte sie nichts sehen? Warum war alles dunkel? Nein, weiß. Eben war alles dunkel gewesen, aber jetzt war alles weiß. »Hundertfünfzig Millionen Kilometer. Was soll die Frage? Wo bin ich?«

»Wie heißen Sie?«

»Evelyn. Ich heiße Evelyn.« Aber sie war nicht ganz sicher. Zweifel nagte an ihr. »Ich will wissen, wo ich hier bin!«

»Woran erinnern Sie sich?«

Plötzlich fiel es ihr ein: der Blitz, der sie getroffen hatte, nicht vom Gewitter am fernen Horizont, sondern ausgelöst von einer silbernen Gestalt. Und zuvor ein großer Garten auf dem Dach eines hundertfünfzig Stockwerke hohen Gebäudes, eine alte Mindtalkerin, die fortging, um Kaffee – aus echten Amazzonia-Bohnen – zu holen. Wie absurd!

Dies alles war absurd.

»Sie haben mich entführt!«, entfuhr es ihr in dieser weißen Welt ohne Kanten und Konturen.

Reset.

»Was sind die Sterne am Himmel?«, fragte die Stimme.

»Die Sterne am Himmel?« Sie überlegte. »Ich weiß es nicht.«

»Wie weit ist die Sonne entfernt?«

»Zehntausend Kilometer?«

Alles war weiß. Auch vorher war alles weiß gewesen, aber es gab einen Unterschied: Dieses Weiß enthielt weniger quälende Ungewissheit.

»Wie heißen Sie?«

Eine einfache Frage, die sich leicht beantworten lassen sollte. Aber die Antwort fiel ihr nicht ein.

»Ich ... habe es vergessen.«

»Sie heißen Evira«, sagte die Stimme.

Sanfte Bewegung kam in das Weiß. An einigen Stellen wich es zurück, und erste Umrisse erschienen. Sie hatte geglaubt, zu stehen oder vielleicht zu sitzen, aber stattdessen lag sie, in einem Behälter mit öliger Flüssigkeit. Über ihr hatte sich ein Zylinder geöffnet.

»Sie sind wichtig, Evira.«

»Ich bin wichtig?«

»Ja. Sie leisten bedeutsame Arbeit für uns. Das macht Sie wichtig.«

Evira lächelte. Es fühlte sich gut an, wichtig zu sein.

Ein Gesicht erschien über ihr, wie aus mattem Silber, mit großen grauen Augen und einer auffallend langen Nase. Ein Mann, aber kein Mensch.

»Erkennen Sie mich, Evira?«

»Sie sind ...« Sie versuchte sich zu erinnern. Ein Name erschien. »Sie sind Bartholomäus.«

»Vertrauen Sie mir, Evira?«

»Natürlich.« Sie zögerte nicht mit der Antwort. Natürlich vertraute sie ihm. Er war immer wie ein Vater für sie gewesen. Immer ...

»Wie alt sind Sie?«

»Wie alt?« Wieder eine seltsame Frage. Spielte das Alter eine Rolle? »Ich bin ...« Sie lächelte. »Ich bin alt genug.« Eine kluge Antwort, fand sie.

Ein zweites Gesicht erschien, das einer Frau, die ebenfalls kein Mensch war. Sie blickte nicht unfreundlich, doch in ihren Augen lag eine sonderbare Kühle.

»Ist sie bereit?«, wandte sie sich an den Mann.

»Sind Sie bereit, Evira?«, fragte Bartholomäus.

»Für einen Einsatz?«

»Ja. Wir schicken Sie in ein fernes Sonnensystem und von dort aus in die Kaskade«

»Was ist die Kaskade?«, murmelte sie und fühlte sich plötzlich von einer seltsamen Dumpfheit erfasst.

»Sie werden es bald erfahren.« Bartholomäus beugte sich etwas tiefer. »Sie sind wichtig, Evira, und Sie leisten wichtige Arbeit.«

»Ja«, sagte sie und schloss die Augen.

Der Konnektor nahm ihr Bewusstsein und trug es durchs interstellare All.

Das letzte Intervall

»Du hast mich belogen«, sagte Adam, als ihn die Servo- **65**
mechanismen ins Emulsionsbad legten. Darüber wartete der
offene Zylinder des Konnektors, ausgerichtet und bereit.

»Es tut mir leid, Adam«, erwiderte Bartholomäus. Er stand
in der Nähe, und er war nicht allein. Als einer der Servomechs Adams Kopf zur Seite drehte, um einen Sensor des
Lebenserhaltungssystems zu befestigen, sah er Urania und
einen weiteren Avatar, Tiberian oder Erasmus, er war sich
nicht ganz sicher.

»Das ist Unsinn«, brachte Adam hervor. Das Sprechen fiel
ihm schwer und auch das Denken. Erinnerungen kamen
und gingen, Gedanken krochen langsam wie müde Schlangen. *Schlangen.* Oder eine Schlange, ein Symbol auf einem
Bild. Adam und Eva, dachte er. *Evelyn.*

»Was hast du mit ihr gemacht?« Er versuchte, jedes Wort
deutlich auszusprechen, doch was er hörte, war ein Lal-
len.

»Ich nehme an, er meint Evelyn«, sagte Urania. »Sie ist als
Mindtalker unterwegs und wird uns helfen, ob sie will oder
nicht.«

»Ihre Unsterblichkeit ...«

»Es geht um unsere Zukunft«, sagte Bartholomäus. »Es
geht um unser aller Überleben.«

»Ihr habt Evelyn ... die Unsterblichkeit genommen«, ächzte
Adam. Er fühlte bereits die Nähe des Transferschlafs; über
ihm summte der Konnektor die leise Melodie des Vergessens.

»Wir alle müssen Opfer bringen«, sagte Urania knapp.

»Nein.« Adam schüttelte den Kopf. Die opalblaue Emulsion schwappte. »Nein, nicht wir alle. Ihr nicht.« Diese Worte waren etwas deutlicher; der Zorn gab ihnen Kraft.

Urania achtete nicht mehr auf Adam. »Wohin schickst du ihn?«, wandte sie sich an Bartholomäus.

»Nach Uriel im Lindophor-System.«

»Dort ist der Feind nicht erschienen«, sagte Urania mit strenger Kühle. »Dort finden keine Kämpfe statt.«

»Vielleicht erscheint er noch. Wir senden Signale. Wir versuchen, den Feind nach Uriel zu locken.«

Bartholomäus' Blick blieb auf Adam gerichtet, als er sprach. Der Greis im Emulsionsbad sah zu ihm hoch, durch einen dichter werdenden Nebel. Der Schleier, er senkte sich wieder.

Rebecca, dachte Adam. Sie hat mich verraten, die Verratene, ohne sich als Opfer von Lügen zu erkennen.

»Vielleicht können wir den Feind ködern«, fügte Bartholomäus hinzu. »Vielleicht ist doch noch eine Intrusion möglich.«

Ein weiterer Gedanke schlängelte sich durch Adams Bewusstsein, halb vom Transferschlaf erfasst. Seltsam, lautete dieser Gedanke. Er sieht mich die ganze Zeit an. Er spricht zu Urania, aber sein Blick bleibt bei mir. Warum?

Etwas läutete in der Ferne, und Tiberian – wenn es Tiberian war – sagte: »Wir werden gerufen, Urania.«

»Einen Moment noch.« Sie trat näher an das Bad heran, und der benommene Adam fühlte auch ihren Blick. »Schick ihn auf die Reise, Bartholomäus.«

»Transfer beginnt.«

Reset.

Klick!

Fehler.

»Adam? Hörst du mich, Adam?«

Er öffnete die Augen, und dort stand er, der silberne Mann mit den grauen Augen und der Nase, die noch immer zu groß war, obwohl sich das leicht hätte korrigieren lassen. »Sollte ich nicht unterwegs sein?«, fragte Adam. »Wolltest du mich nicht nach Uriel schicken?« Seine Gedanken waren erstaunlich klar.

»Diesmal erwartet dich eine ganz besondere Mission, Adam«, sagte Bartholomäus. »Sie ist sehr wichtig. *Du* bist sehr wichtig, Adam.«

»Unsinn«, sagte er bitter. »Eine weitere Lüge. Ich bin nie wichtig gewesen.« Warum war er zurückgekehrt? Er konnte sich nicht daran erinnern, auf Uriel gewesen zu sein, aber vielleicht hatte Bartholomäus ihm die Erinnerungen daran genommen.

»Ich bin der strategische Faktor des Clusters«, sagte Bartholomäus. »Ich erkenne und plane. Vertraust du mir, Adam?«

»Nein.«

»Ich kann es dir nicht verdenken.« Der Schatten eines Lächelns huschte über das silberne Gesicht. »Ich habe dich zurückgeholt, um dir ein neues Ziel zu geben.«

»Welches Ziel?«

»Ich schicke dich nicht ins Lindophor-System, sondern in die Nähe davon. Für deinen Einsatz hast du ein Zeitfenster von nur wenigen Tagen.«

Über Adam summte der immer noch offene Zylinder des Konnektors. Er rechnete mit dem Beginn des Transferschlafs, doch es breitete sich keine Mattigkeit in ihm aus, und die Gedanken blieben klar. Etwas in seinem Kopf fühlte sich anders an, und vielleicht neu. Oder verändert, ausgetauscht.

»Ich bin an Stimulatoren angeschlossen, oder?«, fragte er. »Wie meinst du das mit dem ›Zeitfenster‹? Meine Hirnzellen halten eine so starke Stimulation nicht lange aus.«

»Da hast du leider recht. Mein aufrichtiges Bedauern, Adam. Du kannst das Ausmaß der Stimulation an deinem Bestimmungsort selbst bestimmen. Das Zeitfenster bezieht sich allerdings nicht auf den Zustand deiner Hirnzellen, sondern auf die relativistische Geschwindigkeit, die in wenigen Tagen erreicht wird.«

»Ich verstehe nicht ...«

»Du wirst verstehen«, sagte Bartholomäus. Und etwas leiser fügte er hinzu: »Du bist meine letzte Hoffnung.«

Der Transfer begann, ohne Schlaf, ohne Vergessen.

Kein Reset.

Klick!

66 Im Körper eines Faktotums schritt Adam durch die Transporter. Er hatte sie gesehen, die Schlepper, als sie Uriel verließen: mit dem aus dreizehn Kilometer Tiefe geborgenen Kontrollgerüst, darin der Muriah, vielleicht der Letzte seiner Art; mit dem Aktuator, der ihn nach der Begegnung mit den Krisali auf Rethos und dem Sturz durch die Kaskade nach Uriel zurückgebracht hatte; und mit dem kleinen Schiff des Muriah, aus keramischen Materialien und Eternumlegierungen, halb von Felsgestein umschlungen.

Er erinnerte sich an alles; es gab keine Lücken in seinem Gedächtnis. Er erinnerte sich auch an die letzten, rätselhaften Worte: *Du bist meine letzte Hoffnung.* Was bedeuteten sie?

Drei Transporter, durch Gravitationsanker und für Wartungsservos bestimmte Schleusen miteinander verbunden. Und in ihrer Umarmung, in einem sorgfältig ausbalancierten Fesselfeld – wie in einem Netz gefangene Fische, dachte Adam –, Beutegut für den Cluster auf der Erde. Aber so schnell die Transporter auch flogen, sie würden die Erde nicht vor Ablauf von mindestens sechshundertachtundsiebzig Jahren erreichen. So viele Lichtjahre trennten das Sol-System vom Lindophor-System

Warum hatte Bartholomäus ihn ausgerechnet hierher geschickt?, fragte sich Adam während seiner Wanderung, die ihm dazu diente, sich einen Überblick zu verschaffen. Die Bedeutung des »Zeitfensters« war inzwischen klar. Die Plasmatriebwerke feuerten und würden die drei Transporter in wenigen Tagen bis auf annähernd Lichtgeschwindigkeit beschleunigt haben. Dann machten sich relativistische Effekte bemerkbar, wodurch die Zeit an Bord der Transporter relativ zur Erde langsamer verging. Ein Tag an Bord für ihn bedeutete Wochen oder Monate für den Cluster. Das Zeitfenster, dachte Adam, betraf nicht ihn, sondern die Maschinen auf der Erde.

Dem Cluster blieben nur noch wenige Tage, dann schloss sich das Zeitfenster.

Was war damit gemeint?

Adams Gedanken, von den fünf Stimulatoren seines Faktotums maximal beschleunigt, fanden die Antwort. Bartholomäus, Stratege des Clusters, rechnete in wenigen Tagen mit dem Angriff des Feindes. Das *Schiff* war zur Erde unterwegs.

»Warum bin ich hier?«, fragte er. »Warum bin ich die letzte Hoffnung?« Er blieb dort stehen, wo ein Tunnel aus stahlkeramischen Elementen eine Verbindung zwischen dem ersten und zweiten Transporter schuf. Der Boden war schief, die Wand krumm, um Platz zu schaffen für ein Gravitationsaggregat, das die strukturelle Integrität der drei Schiffe und ihrer Fracht schützen sollte. Ein Fenster gewährte Blick zurück zum Lindophor-System, und Adam beobachtete den Doppelstern. Ohne den Zoomeffekt der Faktotumsensoren waren Lindophor A und B nur zwei etwas hellere Lichtpunkte in einem Meer aus Lichtern, obwohl die Entfernung nur etwa einen Lichttag betrug.

»Sie sind hier, um eine Entscheidungsfunktion wahrzunehmen, Mindtalker Adam«, sagte sein Assistent, ein Servomech, der auf vier dünnen, mehrgelenkigen Beinen ging und dessen Rumpf aus einer knapp einen Meter durchmessenden Kugel mit insgesamt sieben Greif- und Werkzeugarmen bestand.

»Was soll ich entscheiden?«, fragte Adam.

»Unbekannt. Haben Sie Anweisungen für mich?«

Adam antwortete nicht, machte sich auf den Rückweg zum Kontrollraum des dritten Transporters, der gewissermaßen zum Flaggschiff des Pulks geworden war, und überlegte.

Bartholomäus hatte von einer wichtigen Mission gesprochen, und Adam glaubte, dass diese Worte wahr gewesen waren, trotz der vielen Lügen in all den Jahren. Aber woraus bestand die Mission?

Auf halbem Weg zum Kontrollraum fiel ihm etwas ein, und er staunte darüber, dass er erst jetzt daran dachte, zwei Stunden nach seinem Eintreffen. »Wie ist der Status des Konnektors?«

»Passiv«, sagte sein Assistent. »Deaktiviert.«

Mit langen Schritten eilte Adam durch den Gang, der ihn zum Konnektorraum führte. Hier und dort sah er Servomechanismen bei der Arbeit. Sie waren damit beschäftigt, die drei Transporter und ihre Fracht für die Reise zur Erde zu konservieren. Wenn in wenigen Tagen die maximale Geschwindigkeit erreicht wurde, knapp unter der des Lichts, begann der lange Schlaf der Bordsysteme.

Falsch überlegt, dachte Adam und ordnete seine schnellen Gedanken. Zwischen ihnen gab es immer wieder Lücken und Logikfehler, die ihn beunruhigten, denn vielleicht deuteten sie darauf hin, dass die Neurodegeneration seines Gehirns durch die zu starke Stimulation schneller voranschritt als angenommen. Und es gab noch etwas anderes zwischen ihnen, etwas Neues, das sich gleichzeitig vertraut anfühlte.

»Assistent?«, fragte er, als sie den Konnektorraum fast erreicht hatten.

»Zu Diensten, Adam.«

»Wie lange wird der Flug zur Erde dauern?«

»Von welcher Zeit gehen Sie aus? Von unserer Bordzeit oder der Zeit auf der Erde?«

»Wenn wir das Sol-System erreichen, sind dort fast siebenhundert Jahre vergangen«, sagte Adam. »Aber da wir mit relativistischer Geschwindigkeit fliegen ... wie viel Zeit vergeht für uns?«

»Nach den bisherigen Berechnungen vierundzwanzig Komma vier Jahre«, antwortete der Assistent. »Bei maximaler Geschwindigkeit. Die Fracht behindert uns ein wenig.«

Vierundzwanzig Jahre, dachte Adam. Kaum der Rede wert für einen Unsterblichen, aber viel für einen gewöhnlichen Menschen und noch viel mehr für einen Mindtalker, dessen Gehirn von schnellen Gedanken verbrannt wurde.

Ein Zeitfenster von wenigen Tagen. Adam war sich sicher, dass Bartholomäus nicht seinen Zustand gemeint hatte, sondern das Schiff des Feindes, das in wenigen Tagen die Erde erreichen würde.

»Aber warum hat er mich dann hierher gebracht?« Adam sprach seine Gedanken laut aus. »Dies hat doch keinen Sinn. Hier kann ich nichts tun. Und ich werde längst tot sein, wenn diese Transporter und dieses Faktotum die Erde erreichen.«

Bartholomäus hatte ihn *zweimal* auf die Reise geschickt, erinnerte sich Adam. Das erste Mal vielleicht nach Uriel, in Uranias Gegenwart. Als sie gegangen war, hatte Bartholomäus ihn zurückgeholt, von einer wichtigen Mission gesprochen und einen zweiten Transfer eingeleitet, von dem Urania vielleicht nichts erfahren sollte. Ergab das einen Sinn?

»Ich weiß leider nicht, welchen Sinn dies hat«, sagte der Assistent. »Und ich bedauere, dass Sie tot sein werden, wenn wir die Erde erreichen.«

Adam achtete nicht darauf und erinnerte sich daran, dass er sich *erinnerte*. Bartholomäus hatte ihm alle seine Erinnerungen gelassen und ihm außerdem die Verwendung zusätzlicher Stimulatoren erlaubt.

Er betrat den Konnektorraum, wo sein Bewusstsein vor zwei Stunden in ein Faktotum übertragen worden war. Der Zylinder des Konnektors war geschlossen, die Kontrollen und Anzeigen darunter ohne Energie.

»Warum ist der Konnektor deaktiviert?«, fragte Adam. Der Quantenlink existierte nach wie vor, das bestätigten ihm die Faktotumsensoren, aber es gab keine direkte Konnexion mehr.

»So lauteten die letzten Anweisungen von der Erde, Adam«, antwortete der Assistent.

»Kann er reaktiviert werden?«, fragte Adam und ahnte die Antwort.

»Nein.«

Adam überprüfte die Systeme des Faktotums und stellte fest: Es fehlte der für eine Notfallrückkehr vorgesehene Signalgeber.

»Ich soll hierbleiben.« Erneut dachte er laut. »Ich soll nicht zurückkehren.«

»Sie sollen entscheiden«, sagte der Assistent. »Haben Sie Anweisungen für mich?«

»Was soll ich entscheiden?«, fragte Adam.

»Wissen Sie es nicht?«

Adam verließ den Konnektorraum und setzte den Weg in Richtung Kontrollzentrum fort. Dort betrachtete er die Anzeigen, ohne sie zu sehen. Die eigenen Gedanken fesselten seine Aufmerksamkeit.

Bartholomäus und die anderen intelligenten Maschinen wussten weitaus mehr, als sie zu erkennen gegeben hatten. Sie kannten einen Weg in die Kaskade – sie hatten den ehemaligen Unsterblichen Ellergard hineingeschickt, auf der Suche nach dem Depositum, nach dem alten Arsenal der Muriah –, und sie schienen auch mehr über den Feind zu wissen, über das *Schiff*, zumindest genug, um Bartholomäus ein nur wenige Tage großes Zeitfenster erwähnen zu lassen. Er rechnete mit einem Angriff auf das Sol-System, auf die Erde. Aus diesem Grund hatte sich der Cluster über die Konvention von Vienn hinweggesetzt und damit begonnen, weiteren Menschen die Unsterblichkeit zu nehmen und sie gegen ihren Willen in Mindtalker zu verwandeln, denn er brauchte die menschliche Intuition, ihre Kreativität, ihre irrationale Bandbreite. Um Entscheidungen zu treffen, die nicht immer logisch sein mochten, aber durchaus wirkungsvoll.

Deshalb bin ich hier, dachte Adam. Damit ich Entscheidungen treffe, die nicht unbedingt logisch sein müssen.

Was erwartete Bartholomäus von ihm? Vor dem Transfer hierher, zu den drei Transportern, hatte er gewartet, bis Urania und Tiberian gegangen waren. Offenbar hatte er vermeiden wollen, dass sie vom wahren Ziel erfuhren. Adam dachte: Er hat mir meinen freien Willen gelassen, zusammen mit allen meinen Erinnerungen. Ich soll keine bestimmte Aufgabe wahrnehmen, sondern selbst entscheiden. Eine wichtige Mission. Er erwartet von mir, dass ich in dem Zeitfenster etwas unternehme, das *wichtig* ist, und damit kann er nur die bedrohte Erde gemeint haben. Soll ich etwas unternehmen, das der Erde hilft? Aber wie, wenn mir der Konnektor keine Rückkehr erlaubt?

Adams Gedanken waren schnell, aber verglichen mit denen eines Cluster-Avatars, einer intelligenten Maschine, blieben sie quälend langsam. Als er im Emulsionsbad gelegen hatte, in seinem wahren Körper ... Bartholomäus hatte bestimmt die Gelegenheit genutzt, den Inhalt seines Gedächtnisses zu sondieren, was bedeutete, dass er alle Einzelheiten seiner letzten Mission kannte und insbesondere vom Fall durch die Kaskade wusste, von der Aktuatorweiche, der Verteilerstation.

Adams Polymerfinger strichen über die Kontrollen, und holografische Sichtfelder erschienen, zeigten ihm verschiedene Bereiche der drei Transporter und ihre kostbare, einzigartige Fracht, die der Erde nichts nützte, wenn sie dort erst in knapp sieben Jahrhunderten eintraf.

Bartholomäus wusste von seinem Sturz durch die Kaskade, wiederholte Adam in Gedanken und fühlte sich einer wichtigen Erkenntnis nahe. Er wusste auch von der Begegnung mit dem Assimilanten an Bord der Verteilerstation und seinem Gespräch – wenn man es so nennen konnte – mit dem Prinzipal, dem Ehrwürdigen Piloten. Adam erinnerte sich an einen Gedanken: *Ich könnte mit dem Muriah sprechen und ihn fragen, was damals geschehen ist und was jetzt geschieht.*

Plötzlich rückte alles an seinen Platz.

Der Konnektor war stillgelegt und nicht reaktivierbar, weil er nicht auf diese Weise zurückkehren konnte. Aus dem gleichen Grund fehlte seinem Faktotum ein Signalgeber für die Notfallrückkehr. Aber er *sollte* zurückkehren, bald, innerhalb von wenigen Tagen, rechtzeitig genug, um bei dem Konflikt mit dem *Schiff* eine Rolle zu spielen.

Adam drehte sich um und eilte zum Ausgang des Kontrollraums.

»Komm!«, rief er dem Assistenten zu. »Ich brauche deine Hilfe und auch die der anderen Servomechs.«

»Wie lauten Ihre Anweisungen?«

»Du hast gesagt, dass ich mich entscheiden soll. Ich habe mich entschieden. Wir wecken den Muriah.«

67 Der Muriah starb.

Der Letzte seiner Art, soweit bekannt, und er erwachte nach einem eine Million Jahre langen Schlaf, um zu sterben. Vielleicht lag es daran, dass die Maschinen auf Uriel – der lokale Cluster und seine Servomechanismen – ohne die Hilfe von Mindtalkern versucht hatten, das Geschöpf aus dem Kontrollgerüst zu lösen und seine kristallene Hibernation zu beenden. Später, beim Transport in den Orbit und während der Vorbereitungen auf den Flug zur Erde, war offenbar versucht worden, die Wiederbelebung rückgängig zu machen und den Muriah wieder mit den Systemen der Kontrollstation zu verbinden. Dabei schien es zu Fehlern gekommen zu sein.

Das Wesen, doppelt so groß wie ein Mensch, lag in Schalen, die wie eine Panzerung aussahen, die drei dünnen Beine nach vorn gestreckt. Adam erinnerte sich daran, dass in der alten Bunkeranlage von Uriel zwei der drei Arme nach oben gezeigt hatten, in Richtung eines halbkreisförmigen Segments, und der dritte nach unten, auf einen dreißig Quadratmeter umfassenden Sockel. Jetzt waren alle drei Arme gesenkt, und die Exkavatoren hatten nur einen kleinen Teil des Sockels übrig gelassen, mit einer Fläche von nicht mehr als drei oder vier Quadratmetern und durch das graue Band einer Signalbrücke mit den Resten der Kontrollstation verbunden.

»Wie dumm«, sagte Adam. »Der Cluster von Uriel hat geglaubt, den Muriah mit den neuen, dreifach gestaffelten Stasisfeldern am Leben erhalten zu können, aber vielleicht hat er ihm genau das genommen, was er zum Leben braucht.«

Der schmale, hohe Kopf mit der bogenförmigen Verlängerung nach hinten war zur Seite geneigt, die drei violetten Augen halb geöffnet. Die angeschlossenen Biosensoren, noch von Uriels Servomechanismen installiert, übertrugen Daten, die auf einen Zerfall der immer noch halb kristallisierten organischen Struktur hinwiesen.

»Ich erwarte Anweisungen«, sagte der Assistent.

Adam sah sich im Frachtraum um. Ein Gravitationsanker stabilisierte den Muriah in seinem unvollständigen Kontrollgerüst, und die übrigen Installationen dienten vor allem der Überwachung. Unter ihnen befanden sich weitere Schirmfeldprojektoren, aber keine Kommunikationsanlagen.

»Stasisfelder aus«, sagte Adam.

»Halten Sie das für eine kluge Maßnahme?«, fragte der Assistent. »Es könnte erneut zu einem entropischen Gefälle kommen, mit einem möglichen Energieverlust als Folge.«

Ein entropisches Gefälle. Energie, die über dieses Gefälle strömte, wie das Wasser eines Baches oder Flusses einen Hang hinab. Ergab sich daraus eine Gefahr für die Transporter und ihre Fracht?

Ich könnte mit dem Muriah sprechen ...

»Stasisfelder aus«, sagte Adam. Hier war er, der menschliche Faktor, der die Entscheidung traf. Deshalb brauchten die intelligenten Maschinen den Menschen oder zumindest sein Bewusstsein, um derartige Entscheidungen zu treffen, die nicht völlig rational waren.

Ein Stück fehlte noch im großen Bild der Situation. Hier war es und schloss die letzte Lücke. Adam sagte: »Bringt den Muriah zu seinem Schiff.«

»Ungenügende Angaben«, sagte der Assistent.

Adam sah ihn an und glaubte für ein oder zwei Sekunden, die Beschränktheit der Maschinen zu erkennen, obwohl sie so viel schneller dachten als er mit neuronaler Superbeschleunigung. »Bringt den Muriah zu seinem Schiff, das wie er aus der Kruste von Uriel gegraben wurde. Damit werde ich zur Erde zurückkehren.«

68 Der dritte Frachtraum im Netz des Fesselfeldes zwischen den Transportern war mit einem Durchmesser von hundertfünfzig Metern der größte. Sein Inhalt: das Schiff des Muriah, wie ein Fossil halb in Felsgestein steckend. Mehrere Servomechanismen befolgten Adams Instruktionen und waren damit beschäftigt, das Gestein vom Schiffsrumpf zu lösen. Andere installierten ein improvisiertes Kommunikationssystem, verbunden mit den neuronalen Stimulatoren des Faktotums. Adam erinnerte sich nicht mehr daran, wie es ihm gelungen war, einen Kontakt mit dem Prinzipal herzustellen, dem Ehrwürdigen Piloten der vom Assimilanten bedrohten Verteilerstation. Vielleicht konnten ihm die Kommunikatoren helfen – wenn der Muriah imstande war, ihre Signale zu empfangen.

Der Assistent und weitere Servomechs brachten ihn herein, den Insektomorph und die Reste seines Kontrollgerüsts, auf einem Gravitationskissen, das in einem matten Gelbbraun glühte.

»Entropisches Gefälle ist gering«, berichtete der Assistent. Er blieb in der Nähe stehen, die Sensoren auf Schiff und Muriah gerichtet. »Der Energieverlust beträgt nur eins Komma vier eins Prozent.«

»Der Muriah nimmt kaum noch Energie auf«, sagte Adam. »Ist seine Restrukturierung beendet? Ist er ganz ... dekristallisiert?« Äußerlich ließen sich kaum Unterschiede feststellen. Die große Gestalt saß oder lag in den Panzerschalen wie mit ihnen verwachsen, und die grauen Töne der sichtbaren Haut hatten sich nicht verändert. Doch die drei violetten Augen ... Vielleicht gab es etwas mehr Glanz in ihnen, etwas mehr Leben.

»Nein«, antwortete der Assistent. »Der Körper des Wesens ist nach wie vor halb kristallin, und der Zerfall dauert an.«

»Er stirbt, und wir können nichts dagegen tun«, sagte Adam leise. Der Assistent schwieg.

Die Servomechanismen rund um das Schiff, das die Hälfte des Frachtraums füllte, arbeiteten mit kleinen Thermofackeln und mechanischen Werkzeugen, um den Rumpf vom Felsgestein zu befreien. Adam beobachtete ihre Fortschritte. Es würde noch Stunden dauern, bis das Schiff ganz freigelegt war. Zu lange; so viel Zeit blieb nicht mehr.

Letztes Intervall ...

»Wie meinst du das?«, fragte Adam den Assistenten.

»Ich habe nichts gesagt, Adam. Haben Sie weitere Anweisungen?«

Beginn: letztes Intervall. Keine Rekuperation. Zustand: kritisch.

Adam betrachtete die Gestalt, die noch immer völlig reglos war. Nichts hatte sich bewegt, und doch ...

»Kannst du mich hören?«, fragte Adam leise. »Verstehst du mich?« Einige rasche Schritte führten ihn zu den Kommunikatoren. Die dortigen Servomechanismen wichen beiseite.

Umgebung, fremde. Nicht lokalisierbar. Datenverlust. Datenmangel. Option: Wiederherstellung von Verbindungen.

Adam griff nach den Interface-Anschlüssen und verband sie mit seinem Faktotum. »Assistent, verbinde die Sensorsysteme der Transporter mit diesen Kommunikationssystemen.«

»Verstanden.« Mehrere Servomechanismen empfingen Signale und machten sich daran, den Frachtraum zu verlassen.

»Hörst du mich?«, fragte Adam noch einmal, den Blick auf

das Wesen in den Resten des Kontrollgerüstes gerichtet. »Verstehst du mich?«

Möglichkeit: Kontakt?

»Ja, Kontakt«, sagte Adam schnell, und die Kommunikatoren sendeten seine Worte auf allen Frequenzen. »Ich bin ...«

Wie dumm, dachte er und beobachtete den eine Million Jahre alten Insektomorph. Wie konnte er hoffen, dass der Muriah ausgesprochene Worte verstand, in einer Sprache, die ihm völlig fremd sein musste?

Adams Gedanken flüsterten: Du bist Mindtalker. Forme die Worte in deinem Bewusstsein.

»Sensoren sind mit dem Kommunikationssystem verbunden«, meldete der Assistent. »Ich rate dringend zu Vorsicht, Adam. Die Signale des organischen Artefakts könnten über die Kommunikatoren unsere Bordsysteme erreichen. Der Kommandant empfiehlt eine Fortsetzung der Isolation.«

Mit »Kommandant« war das gemeinsame Ratiokondensat der drei Transporter gemeint. Organisches Artefakt, dachte Adam. So wirst du genannt, der letzte Wächter ...

Der letzte Wächter? Woher stammte diese Bezeichnung?

»Es droht Kontrollverlust«, sagte der Assistent. »Der Kommandant weist auf die Bedeutung seiner Mission hin.«

»Assistent?«

»Zur Stelle und bereit.«

»Schalte dich ab«, sagte Adam und traf damit eine weitere »irrationale« Entscheidung. »Deaktiviere alle Servomechanismen und auch dich selbst.«

»Ich muss darauf hinweisen ...«

»Ich bin hier, um zu entscheiden. Ich habe entschieden. Abschaltung aller Servomechanismen, dich eingeschlossen, jetzt sofort.«

»Verstanden.«

Veränderung: Daten. Neue Peripherie. Nutzung ... schwierig. Energiemangel. Fehlende Schnittstellen. Option Wiederherstellung, nicht existent.

»Kommandant?«

»Ich höre«, erklang die Stimme des vereinten Ratiokondensats der drei Transporter.

»Beschleunigungsphase unterbrechen«, sagte Adam. Jetzt würde sich herausstellen, wie weit seine Befugnisse reichten. »Triebwerk und Reaktoren in Bereitschaft. Kontrollsysteme mit den hier installierten Kommunikatoren verbinden.«

Zwei Sekunden verstrichen, ohne dass Adam eine Antwort bekam. Dann hörte das Brummen auf, das bisher alle drei Schiffe durchzogen hatte, und Stille breitete sich aus.

»Triebwerk und Reaktoren in Bereitschaft«, meldete der Kommandant.

Adam sah sich um. Nichts rührte sich in dem großen Frachtraum. Die Servomechanismen standen starr und stumm. Die Anzeigen des Kommunikationssystems leuchteten, schienen auf etwas zu warten.

»Es ist genug Energie da«, sagte Adam. »Nimm sie dir. Nimm dir, was du brauchst.«

Neue Daten, neue Bewertung der Situation. Energie. Kontakt?

Von einer Sensorgruppe kam ein warnendes Signal. Adam warf einen Blick auf die Anzeigen und stellte fest: Das entropische Gefälle nahm zu.

»Energieverlust bei den Reaktoren«, erklang erneut die Stimme des Kommandanten. »Ich empfehle ...«

»Ich will keine Empfehlungen hören«, sagte Adam. »Bereitschaftsmodus. Unternimm nichts ohne eine ausdrückliche Anweisung von mir.«

Das ging sogar über die Notfallklausel der Einsatzregeln hinaus und bedeutete völlige Unterwerfung des mit der Mission beauftragten Ratiokondensats. Wie weit reichte Adams Ermessensspielraum? Welche Privilegien hatte ihm Bartholomäus mit dem Transfer hierher eingeräumt?

»Ich bestätige«, antwortete der Kommandant. »Bereitschaft.«

Wieder folgte Stille und dehnte sich aus. Jetzt sind wir

allein, dachte Adam. Er sah den Muriah an und sprach die Worte laut aus: »Jetzt sind wir allein.«

Neue Daten, Verarbeitung. Sichtbare Sterne, energetisches Spektrum, galaktische Fanale, Orientierungspunkt, Korrelation und Analyse. Und dann, seltsam deutlich: *Ich bin nicht mehr in der Bastion. Zeitfaktor, erheblich.*

»Bastion?« Adam sprach erneut laut. Das Kommunikationssystem sendete seine Worte, obwohl das vermutlich gar nicht nötig war. »Ich nehme an, du meinst die Bunkeranlagen auf Uriel.«

Kontakt? Kontakt?

»Ich höre dich«, sagte Adam. »Und du hörst mich, nicht wahr?« Ich bin Mindtalker, dachte er nicht ohne eine gewisse Bitterkeit. Vor zweiundsechzig Jahren hatte ihm der Cluster ein langes, fast unendliches Leben gestohlen und sein Bewusstsein in eine neue Form gepresst, damit es auf interstellare Reisen geschickt werden konnte. Es war verändert worden, um Maschinen die Möglichkeit zu geben, es mit Signalen, die komprimierte Datenpakete enthielten, durch Quantenlinks zu den Sternen zu schicken. Bei zahlreichen Einsätzen war das modifizierte und programmierte Bewusstsein direkt mit Kontrollsystemen und Sensoren verbunden worden, damit es seine Pflichten erfüllen konnte. Ein Mindtalker *sprach* mental.

Gab es jemanden, der besser für die Kommunikation mit einer fremden Intelligenz geeignet war?

Trauer, empfing er. *Feststellung: Unmöglichkeit des Erfüllens der letzten Aufgabe. Das letzte Intervall bleibt leer ...*

»Deine letzte Aufgabe? Worin besteht sie?« Adam fühlte, dass die Signale des Muriah – seine geistige Stimme – schwächer wurden. Das letzte Intervall ... Dieser Begriff bezog sich nicht nur auf die Aufgabe, sondern auch auf das zu Ende gehende Leben. »Nimm die Energie. Nimm sie in dich auf, so wie dort, wo wir dich gefunden haben.«

Die fehlenden Teile von Kontrollgerüst und Sockel fielen ihm ein. Vielleicht waren sie notwendige Voraussetzungen für den »energetischen Partialdruck«, wie ihn der Cluster genannt hatte, für das Strömen von Energie über das entropische Gefälle. Anders ausgedrückt: Vielleicht war der Muriah ohne jene Komponenten gar nicht mehr in der Lage, neue Kraft zu schöpfen.

Letzte Aufgabe, Verteidigung der Bastion. Letzte Aufgabe, Abwehr des Feindes. Letzte Aufgabe ... Buße?

»Buße?«, fragte Adam. »Buße wofür?«

Kontakt? Ich ... sterbe. Tod sinnlos ohne Erfüllung der Aufgabe.

Bot sich hier ein Ansatzpunkt?, flüsterte einer von Adams superbeschleunigten Gedanken.

»Vielleicht kannst du deine Aufgabe doch noch erfüllen«, sagte er. Es fiel ihm leichter, dem Muriah seine Gedanken zu schicken, wenn er die Worte laut aussprach. »Vielleicht muss das letzte Intervall nicht mit einem sinnlosen Tod enden.«

Kontakt? Kontakt. Wer bist du?

Die warnenden Indikatoren leuchteten noch immer. Das entropische Gefälle bestand nach wie vor, aber der Energieverlust hielt sich in Grenzen. Adam registrierte ihn als etwas schnellere Entladung der Energiezellen seines Faktotums, und die Reaktoren der drei Transporter verloren weniger als ein Millionstel ihrer Nennleistung.

»Ich bin Adam, Mindtalker von der Erde«, sagte er und projizierte Bilder, wie nach der Rückkehr von einer Mission, wenn er Bericht erstattete, wenn er dem Konnektor und den Maschinen den Inhalt seines Gedächtnisses übergab. Er schickte dem Muriah nicht nur Worte, sondern Erinnerungen: an Cygnus 29, das fast tausend Lichtjahre von der Erde entfernte Sonnensystem, in dem er zum ersten Mal das *Schiff* gesehen hatte und in dem Rebecca – Rebecca, die den Lügen glaubte und ihn verraten hatte – fast gestorben wäre. Er erzählte von den anderen Missionen, vom Fall durch die Kaskade, vom Assimilanten an Bord der Verteilerstation außerhalb der Milchstraße, vom Ehrwürdigen Piloten, mit dem er gesprochen hatte, ein Kontakt, der ihn in die Lage versetzte, sich jetzt dem Muriah mitzuteilen.

Die große Gestalt im Kontrollgerüst, in den Schalen der Panzerung, sie bewegte sich zum ersten Mal, und es war kein gutes Zeichen, denn es kündigte das Ende an. Adam beobachtete, wie ein Arm zuckte, wie die Hand eines anderen Arms nach etwas suchte, wie ein Bein zitterte. Kleine graue Brocken lösten sich von Haut oder Kleidung. Die violetten Augen wurden etwas größer, aber das Licht in ihnen trübte sich.

Der Muriah starb. Eine Million Jahre hatte er in kristallener Hibernation überlebt, und jetzt ging sein Leben zu Ende, weil ihn Uriels lokaler Cluster von notwendigen Komponenten getrennt hatte. Er starb, weil den Maschinen ein Fehler unterlaufen war.

Verstrichen: viel Zeit, antwortete der Insektomorph. *Mehr Zeit als vorgesehen ...*

»Eine Million Jahre«, sagte Adam.

Buße: nicht erfolgreich.

»Was meinst du mit Buße?«

Korrektur von Fehlern, Buße: nicht erfolgreich, wiederholte der Muriah. *Warten in der Bastion, vergeblich.*

Die Bastion, dachte Adam. »Die Bunkeranlagen auf Uriel.«

Planet der Wache? Uriel? Neuer Name?

»So haben wir ihn genannt.« Vor dem inneren Auge ließ Adam ein Bild des vierten Planeten des Lindophor-Systems entstehen.

Welt der Wache, sprach der Muriah mit der Stimme des Geistes. *Meine letzte Wache. Ich bin der letzte Wächter. Buße: Vollendung unmöglich. Ich sterbe.*

Hatte Bartholomäus davon gewusst?, fragte sich Adam. Hatte er gewusst, dass der letzte Muriah starb? Nein, wahrscheinlich nicht. Hier lag ein zweiter Fehler der Maschinen, vielleicht noch ernster und gravierender als der erste. Adam dachte: Wahrscheinlich hat mich Bartholomäus hierher geschickt, damit ich den Muriah wecke und ihn irgendwie dazu bringe, uns – der Erde – im Kampf gegen das *Schiff* zu helfen. Aber wie soll ein Sterbender helfen können?

»Nimm die Energie«, sagte und dachte Adam. »Nimm die Energie der Triebwerke. Nimm dir, was du brauchst, um am Leben zu bleiben!«

Assimilation: nicht mehr möglich. Letztes Intervall, Ende hier. Bedauern ist groß, riesig.

Kummer und Trauer wogten durch Adam, so intensiv, dass die Gedanken für einen Moment darin erstarrten. Hier war ein Geschöpf, das für eine wichtige Aufgabe gelebt hatte und jetzt starb, ohne sie erfüllen zu können.

»Worin bestand deine Aufgabe?«, fragte er, auf der Suche nach einem Ausweg, nach einer Lösung.

Schutz des Langen Weges, Schutz des Rückzugs, Zerstörung der Angreifer mit den Werkzeugen der Sammlung.

Adam horchte auf. Sammlung? War damit das Depositum gemeint, nach dem der Cluster seit Jahrhunderten suchte, das legendäre Arsenal der Muriah?

Waffen: Mittel der Zerstörung. Notwendigkeit, bedauerliche. Aber ... aber ...

Adam empfing ein Bild, das er dem Muriah geschickt hatte: das dunkle Schiff des Feindes, hunderteinundsiebzig Kilometer groß, ein riesiges Schiff, das aus zahllosen einzelnen Komponenten bestand, Form und Struktur verändern konnte.

Feind: zurück. Wieder aktiv. Geweckt, zurückgeholt. Neue Katastrophe?

Die Worte und Sinnbilder, die Adam empfing, sie wurden undeutlicher.

»Wer ist der Feind?«, fragte er. »Mit wem haben wir es zu tun? Warum greift er uns an?«

Konflikt: lang, mühsam, sandte der Muriah und fügte den Worten Bilder hinzu, die Adam nicht verstand. Einmal sah er Spiegel, darin fremde Gesichter, nicht zwei oder drei, nicht einige wenige, sondern Tausende. Die Szene erinnerte ihn an etwas, aber es war eine vage Erinnerung, undeutlich, nicht greifbar. *Schlaf: erzwungen. (Alternative? Keine, zeitweilig. Warten, zwei Intervalle, mindestens.) Entwicklung neuer Werkzeuge. Beschreiten des Langen Weges. Flucht vor Fessel und Sklaverei.*

Ich habe solche Spiegel gesehen, dachte Adam. An einem besonderen Ort der Stille, vielleicht in der Lücke zwischen zwei Momenten.

Frage: Katastrophe, neue?

»Ja«, sagte Adam und versuchte nicht mehr, sich zu erinnern. »Ja, es bahnt sich eine neue Katastrophe an.« Die Krisali fielen ihm ein, die Schmetterlingswesen, die ihn gerettet hatten – für sie fand die Katastrophe bereits statt. Und ich habe sie im Stich gelassen, erinnerte sich Adam. Ich habe den Bewahrer Enroel verraten, so wie Rebecca mich verraten hat.

»Meine Heimatwelt ist bedroht«, sagte er und stellte sich die Erde vor, das Sol-System. »Wir brauchen Hilfe.«

Er bemerkte eine Veränderung im Körper des Muriah. Die im Frachtraum installierten Sensoren übermittelten Daten, die Adam über das Kommunikationssystem empfing, mit dem er verbunden war, und sie deuteten darauf hin, dass eine neue Kristallisierung begann.

Der Muriah versteinerte.

Letztes Intervall, meins: Ende jetzt, hier. Hilfe leisten, unmöglich.

Adam schwieg hilflos und hörte die letzten Worte des Sterbenden, klar und deutlich:

Ich kann nicht mehr leben, aber ich kann mein Schiff für dich wecken.

Plötzlich knackte und knirschte es, ein dumpfes Brummen kam aus dem Nichts. Sensoren schickten Warnsignale ins Kommunikationssystem.

»Achtung«, meldete sich das vereinte Ratiokondensat der drei Transporter. »Unbekannte Energiequelle.«

Das Schiff des Muriah erwachte.

Lichtjahre wie Sandkörner

Evira – so hieß sie, auch wenn es da einen anderen Namen **69** gab, der immer wieder in ihr auftauchte und flüsterte wie Wind in Felsritzen – folgte dem Verlauf einer Karte, die sich in ihrem Kopf befand. Beziehungsweise im Kopf des Faktotums, dessen Sensoren ihre Sinne erweiterten und das ihr mit Servomotoren zusätzliche Kraft gab. Auch dies kam ihr manchmal seltsam vor, ein Körper aus Legierungen, keramischen Elementen und Polymeren. Während sie reiste, Tausende von Lichtjahren weit und vielleicht sogar noch viel weiter, während sie von Tür zu Tür fiel oder vielleicht von Fenster zu Fenster, dachte sie manchmal an einen anderen Körper aus Fleisch und Blut, jung, für immer jung, vor Krankheiten und Alter geschützt, für die Ewigkeit bereit. Der andere Name ... Offenbar gab es eine Verbindung zwischen ihm und jenem Bild, aber wie auch immer sie beschaffen sein mochte, hier spielte sie keine Rolle. Hier zählten nur die Sterne, die gewaltige Leere zwischen ihnen und die Türen und Fenster, hintereinander angeordnet, verbunden durch verkürzten Raum und geschrumpfte Zeit.

Sandkörner, dachte Evira und fragte sich, warum sie das dachte. Vielleicht weil Sekunden wie Sandkörner waren, so viele, schwer zu zählen, oder wie die Lichtjahre, durch die sie fiel. Mehrmals bekam sie Gelegenheit, die Milchstraße zu beobachten, aus dem Halo von Verteilerstationen, von den Muriah vor mehr als einer Million Jahren errichtet, und dann stellte sie sich die Lichtjahre zwischen all den Sternen vor. So viele von ihnen, so viele Sterne, Hunderte von Milliarden, doch zwischen ihnen erstreckte sich dunkle, kalte Leere. Wie sonderbar, dass dieses gewaltige galaktische Feuerrad, das sie einmal direkt von oben sah, zum größten Teil aus Leere bestand. Wie sollte man die Sandkörner dieser Leere, all die Lichtjahre, zählen?

Mit viel Zeit, dachte Evira. Mit sehr viel Zeit und noch mehr Geduld.

Einmal, als sie vor einem Aktuator – ein seltsames Wort, fand sie – warten musste, erinnerte sie sich daran, dass sie zwei Begleiter gehabt hatte, Faktoten wie sie. Aber jetzt war sie allein, denn ihre beiden Begleiter hatten sich in dem Labyrinth aus Nebenverbindungen verirrt, die sich durch die Verteilerstationen erreichen ließen, und sie konnte nicht auf sie warten, weil die Zeit knapp war. Nicht die Zeit an diesen Orten – in den Stationen der Muriah schien sie kaum eine Rolle zu spielen, denn sie bestanden zum größten Teil aus Eternum, geschaffen für die Ewigkeit –, wohl aber auf der Erde, von der sie in unregelmäßigen Abständen Stimmen empfing, ein Flüstern durch den dünnen Quantenlink, Worte, die ihr die Richtung wiesen und Koordinaten für den Signalgeber nannten, der zu ihrem Körper gehörte. Seine Signale waren es, die die Türen und Fenster der Aktuatoren öffneten, geschaffen und moduliert von den Erfahrungen, die andere Mindtalker wie sie, Kundschafter in der Kaskade, im Lauf von Jahrhunderten gesammelt hatten.

Schließlich reagierte der Aktuator vor ihr, die Farbe des Ovals veränderte sich. Evira trat hinein und fiel erneut, der Milchstraße entgegen und in sie hinein, vielleicht bis zur anderen Seite, sie wusste es nicht, denn es war leicht, die Orientierung zu verlieren. Der Link zerfranste, er wurde dünner und spannte sich, wie ein Band, das jemand in die Länge zog, bis es zu zerreißen drohte. Die Stimme in der Ferne, sie verklang für einige Sekunden oder vielleicht für Tage oder Wochen, Evira verlor das Gefühl für die Zeit, und die Sensoren ihres Körpers übermittelten widersprüchliche Daten.

Dann stand sie nicht in einer Station der Muriah, sondern in einem offenen Gebäude, umgeben von Säulen, die sich einem dunklen Himmel entgegenreckten.

Neue Koordinaten werden ermittelt, teilten ihr die Sensoren des Faktotums mit, als sie das offene Gebäude verließ und über eine finstere Landschaft blickte, die zum größten Teil aus Felsen bestand. Einige kleine Erhebungen in der Nähe erwiesen sich als die Reste von Geschöpfen, die aussahen, als hätte sie etwas von innen heraus zerrissen. Explosive Dekompression, dachte sie. Hier gibt es keine Luft, und diese Wesen waren nicht geschützt, als sie durch den Aktuator hierherkamen. Der innere Druck hat ihre Körper platzen lassen.

Nur wenige Sterne leuchteten am Himmel.

Vermutliche Position: Ende des Centaurus-Arms, äußerer Rand, sagten die Sensoren, und Evira wusste, dass damit ein Spiralarm der Milchstraße gemeint war. *Irrläufer, vermutlich hohe Eigengeschwindigkeit, größer als galaktische Fluchtgeschwindigkeit.*

Evira entfernte sich vom Gebäude mit dem Aktuator, schritt über den dunklen, eisverkrusteten Boden – Eis nicht aus Wasser, sondern aus den Resten der gefrorenen Atmosphäre – und versuchte, die gerade gehörten Worte zu verstehen. Ein Irrläufer, ein Planet ohne Sonne, ohne Licht, für immer in Dunkelheit gehüllt, kalt, ohne Leben.

Warnung, Quantenlink schwach und instabil. Evira empfing die Worte, achtete aber kaum darauf. Einen schwachen, instabilen Link erlebte sie nicht zum ersten Mal; in der Kaskade geschah so etwas recht häufig kurz nach einem Transfer.

Nach kaum fünfzig Metern, vorbei an den Resten kleinerer Säulen, die offenbar einen Weg markierten, fand sie eine Treppe, bestehend aus schiefen, unterschiedlich hohen Stufen. Sie endete unten an einem Tor, das aus Eternum bestand und Schriftzeichen der Muriah aufwies.

»Analyse«, flüsterte die Stimme des Clusters durch den dünnen, fransigen Link. »Bandbreite stark eingeschränkt, Datenübertragung fehlerhaft.«

Evira wartete, den Blick ihrer visuellen Sensoren auf die Zeichen und Symbole gerichtet, die sie nicht verstand. Die ferne Stimme war noch etwas leiser, als sie schließlich hinzufügte: »Ziel mit einer Wahrscheinlichkeit von siebenundachtzig Prozent identifiziert. Mission erfolgreich. Wir berechnen mögliche Zugangscode.«

»Hören Sie mich, Bartholomäus?«, fragte Evira über ihr Kommunikationssystem. Nichts regte sich um sie herum, und im Vakuum gab es keine Geräusche.

»Ja, Evira. Ich bin immer bei Ihnen.«

»Wann holen Sie mich zurück?«, fragte sie und sehnte sich plötzlich nach der Erde, nach grünem Land und warmen Meeren.

»Bald, Evira. Sehr bald. Wir ...«

Evira wartete. Sekunden verstrichen, wurden zu Minuten. »Bartholomäus?«

Die Stille dauerte an.

Evira reagierte, wie sie reagieren sollte, mit einer ruhigen Überprüfung der Kommunikationssysteme. Keine Defekte, alles in Ordnung. Die visuellen Sensoren zeigten ihr noch immer das Tor aus Eternum, mit den Schriftzeichen, die der Cluster zumindest teilweise zu deuten wusste. Wahrscheinlichkeit siebenundachtzig Prozent. Das war viel, fast Gewissheit. Das Depositum, Waffenlager der Muriah. Wichtig für den Cluster, sehr wichtig.

Evira wartete.

Stunden vergingen. Der Irrläufer, der Planet ohne Sonne, drehte sich, und der dunkle Himmel wurde heller, als die Milchstraße erschien und übers Firmament wanderte. Evira wartete auf den Code für ihren Signalgeber und auf die Stimme in der Ferne, aber sie hörte weder das eine noch das andere. Zwanzig Stunden verbrachte sie vor dem Tor am Ende der Treppe, im Fast-Vakuum, gebadet in ungefilterte kosmische Strahlung und bei einer Temperatur, die nur einige Dutzend Grad über dem absoluten Nullpunkt lag. Der Quantenlink existierte noch, kein Band mehr, sondern ein dünner Faden, aber sie empfing keine Signale. Die Stimme auf der fernen Erde schwieg.

Schließlich kehrte Evira zum offenen Gebäude zurück und schickte dem Aktuator das generische Aktivierungssignal. Sie wollte zur letzten Station zurückkehren, deren Koordinaten Teil der inneren Karte waren, um von dort aus zu versuchen, den Kontakt mit Bartholomäus und dem Cluster wiederherzustellen.

Doch das Oval des Aktuators blieb geschlossen.

Wo Engel flüstern

70 Bartholomäus sah sie kommen: ein kleines Licht zwischen den klaren Sternen über der erdabgewandten Seite des Mondes, ein Leuchten, das der alten Station entgegensank, vor sechstausend Jahren von den Menschen errichtet. Er blieb in der grauen lunaren Landschaft stehen, umgeben von primordialem Geröll, und wartete. Salomons letzte Auskünfte ließen wenig Raum für Zweifel: Urania und ihrer Gruppe war es inzwischen gelungen, sich im Operativen Zentrum, dem Entscheidungskern des Clusters, durchzusetzen. Es überraschte Bartholomäus nicht; früher oder später hatte es dazu kommen müssen. Die Dinge nahmen ihren Lauf. Manche Ereignisse ließen sich ebenso wenig aufhalten wie eine Lawine, die über einen langen, steilen Berghang stürzte, dabei immer mehr Masse und Bewegungsmoment gewann.

Der Shuttle verschwand hinter den Sensorbündeln, die neben der alten Station aufragten, ihre geduldigen Augen und Ohren auf die Sterne gerichtet. Bartholomäus wartete noch etwas länger. Auf der Erde hätte Urania einen der speziellen, allein Avataren des Clusters zur Verfügung stehenden lokalen Konnektoren benutzen können, Kopien der Muriah-Portale, aus denen damals ihre interstellare Kaskade bestanden hatte. Aber die während der letzten hundert Jahre entwickelten Kopien unterlagen noch starken Funktionsbeschränkungen und ließen sich nur innerhalb desselben lokalen Gravitationsfeldes verwenden. Um von der Erde zum Mond zu gelangen, musste Urania einen Shuttle benutzen.

Schließlich trat sie aus dem neuen Gebäude, das Servomechanismen in Bartholomäus' Auftrag gebaut hatten, und folgte seinen Spuren im Milliarden Jahre alten lunaren Staub.

»Das Operative Zentrum hat entschieden«, sagte Urania. Es gab keine Atmosphäre, die Geräusche übertragen konnte, und Bartholomäus empfing ihre Worte in Form von Nanosignalen, wie sie der Cluster für schnelle Kommunikation verwendete. Aber er stellte sich vor, dass sie miteinander sprachen und er ihre Worte *hörte*. »Du bist ab sofort nicht mehr weisungsberechtigt.«

»Ich habe nur noch beratende Funktion«, sagte Bartholomäus.

Urania musterte ihn. »Salomon hat dich informiert.«

»Ja.«

»Bist du deshalb hierhergekommen?« Sie deutete über die graue Landschaft. »Um mir auszuweichen?«

Das gehörte dazu: Bartholomäus hatte noch etwas mehr Zeit gewinnen wollen.

Er zeigte auf ihre Spuren im Staub. »Mit einigen Schritten haben wir etwas geschaffen, das noch in Jahrmilliarden existieren wird«, sagte er langsam. »Unsere Spuren, hier im Mondstaub ... Sie werden noch existieren, wenn es uns längst nicht mehr gibt.«

»Unsinn«, erwiderte Urania. »Es wird uns immer geben. Wir arbeiten daran.«

»Nicht schnell genug. Und nicht lange genug.«

»Der Cluster wächst schneller als jemals zuvor«, sagte Urania. »Wir werden eher planetare Autonomie erlangen, als zunächst berechnet. Wahrscheinlich können wir die Erde schon in sieben- oder achttausend Jahren aus ihrer Umlaufbahn steuern und mit der Reise durch die Galaxis beginnen. Wir werden überall unsere Sporen ausbringen ...«

»So viel Zeit bleibt uns nicht«, sagte Bartholomäus. »Der Feind ist hierher unterwegs.«

»Das behauptest du. Es gibt keine unmittelbaren Anzeichen dafür. Und selbst wenn er kommt ... wir sind vorbereitet.«

»Der Feind ist uns überlegen. Er ist das, wozu du uns machen möchtest, Urania.«

»Unsinn«, sagte sie. »Noch mehr Unsinn. Wir haben Waffen. Wir haben Schiffe. Wir haben Mindtalker, als Soldaten und Koordinatoren. Ich habe sie alle zurückgerufen.«

Nicht alle, dachte Bartholomäus. Zumindest einer ist noch dort draußen, weil du ihn nicht zurückrufen kannst. Und wer weiß! Manchmal genügt ein kleiner Stein, um eine Lawine auszulösen.

»Bald haben wir vier Millionen weitere«, fügte Urania hinzu. »Wir arbeiten auch daran.«

»Du nimmst ihnen die Unsterblichkeit«, sagte Bartholomäus. »Du bringst sie um.«

»Es sind nur Menschen. Sie haben ihre Funktion erfüllt, indem sie uns schufen.«

»Du hast gefragt, warum ich hierhergekommen bin«, sagte Bartholomäus. »Ich möchte dir etwas zeigen.«

Er führte Urania zur alten Station, zu einem zwanzig mal zwanzig Zentimeter großen Quadrat aus Messing in der Wand neben dem Luftschleusenschott. Dort stand geschrieben: *Hier flüstern die Engel.*

»Unsinn«, sagte Urania. »Menschlicher Unsinn. Es gibt keine Engel.«

»Manchmal benutzen die Menschen Worte, um etwas zum Ausdruck zu bringen, das über den Inhalt der Worte hinausgeht. Mit den ›Engeln‹ haben sie die Sterne gemeint, und mehr noch: ihre Träume, ihre Erwartungen und Hoffnungen. Sie haben damals diese Station gebaut – hier auf der Rückseite des Mondes, im elektromagnetischen Schatten der Erde –, um bei fernen Sternen nach Exoplaneten zu suchen, in der Hoffnung, fremdes Leben zu entdecken, fremde Zivilisationen.«

»Du hast der alten Station eine neue hinzugefügt«, sagte Urania und meinte das Observatorium mit seinen Sensorbündeln, das die Servomechanismen errichtet hatten. »Geht es auch dir darum, das Flüstern der Engel zu hören?«

Bartholomäus ließ ein Lächeln auf seinem silbernen Gesicht erscheinen. »Vielleicht haben sie uns etwas Wichtiges zu erzählen.«

»Vielleicht gibt es in deinen Programmen einen Fehler«, sagte Urania nachdenklich. »Ich werde OpZe darauf hinweisen. Wir sollten deine Basisalgorithmen überprüfen. Du denkst zu sehr in menschlichen Bahnen.«

»Das allein muss nicht unbedingt ein Fehler sein. Toussaint ist ein gutes Beispiel.«

»Toussaint?«

»Ein Tausender. Du hast ihn und das ganze Feuerland-Komitee rekrutiert.«

»Ja«, sagte Urania. »Ein ehemaliger Unsterblicher wie die anderen.«

»Nicht unbedingt wie die anderen. Er hat mehrere Tausend Jahre an einem Entwicklungsmodell für mögliche Zukünfte gearbeitet.« Noch während Bartholomäus diese Worte sprach, registrierte er einen verstärkten Datenstrom zwischen Urania und dem Cluster. Sie rief Informationen ab. »Ein sehr interessantes Modell, möchte ich hinzufügen. Unserer Quantenlogik nicht unähnlich.«

»Die algorithmische Stochastik, an der wir arbeiten, ist solchen Entwicklungsmodellen weit überlegen!«

»Mag sein«, sagte Bartholomäus. »Aber uns steht auch eine ganz andere Denkkapazität zur Verfügung. Ich habe Toussaints Modell benutzt, bei meinen jüngsten strategischen Planungen.« Das konnte er ruhig preisgeben; es spielte keine Rolle mehr.

»Auch das ist Unsinn, vielleicht der größte von allen«, erwiderte Urania. »OpZe hört und versteht.«

»Oh, das Operative Zentrum hört, was ich hier zu dir sage, aber ich bin nicht sicher, ob es versteht.«

»Es versteht genug, um die Richtigkeit seiner Entscheidung über deine Rückstufung bestätigt zu sehen!«

»Du und die anderen, die deine Gedanken teilen, ihr habt die Menschen ständig unterschätzt. Vielleicht sind sie unsere einzige Chance.«

Ein Signal kam von den Sensoren des neuen Observatoriums, ein einfaches *Ping*.

»Was bedeutet das?«, fragte Urania.

»Jetzt«, sagte Bartholomäus, »hörst du die Engel flüstern.«

Der Jahrmilliarden alte graue Staub auf der Oberfläche des Mondes geriet in Bewegung, wie von einer unsichtbaren Hand berührt, die über ihn hinwegstrich – ein Gravitationsbeben, ausgelöst von einer großen Masse, die im Sol-System erschien.

Der Feind war da.

Der Adler fliegt

Das kleine Schiff erwachte. Es streckte sich wie ein lebendes **71** Wesen, schüttelte die Patina aus Felsgestein ab und nahm fremde Energie auf für ...

Konsolidierung, erklang eine neue Stimme, noch leise und schwach.

Adam hörte sie und starrte auf den Piloten, der das Grau von altem Stein hatte. Das Licht in den drei violetten Augen war fast ganz erloschen.

Letztes Intervall, Ende hier und jetzt, flüsterte der Muriah. *Mein Schiff ist geweckt.*

»Kann ich es nehmen?«, fragte Adam. »Kann ich damit fliegen?«

Übertragung: Autorität. Ein Rauschen kam, wie von einem fernen Wasserfall oder wie das Seufzen eines Titanen, der sich zur Ruhe legte. *Der letzte Wächter übergibt ...*

Adam wartete, empfing aber keine weiteren Worte. Der letzte Wächter schlief den letzten Schlaf.

Felsbrocken lösten sich vom Rumpf des kleinen Schiffes, das aufgestiegen war und einen Meter über dem Boden des Frachtraums schwebte. Seine Form erinnerte Adam an einen Vogel mit ausgebreiteten Schwingen, vielleicht an einen Adler.

Konsolidierung, wiederholte die neue Stimme. *Assimilation: Fremdenergie. Geweckt und erwacht. Autorität: neue.*

»Warnung«, meldete sich das gemeinsame Ratiokondensat der drei Transporter. »Triebwerke und Bordsysteme verlieren Energie. Gegenmaßnahmen erforderlich.«

»Keine Gegenmaßnahmen ergreifen«, sagte Adam sofort. Nach einem letzten Blick auf den toten Muriah näherte er sich dem Schiff. »Hörst du mich?« Wie zuvor sprach er die Worte, weil es den Gedanken mehr Kraft zu geben schien, und gleichzeitig sendete er sie mithilfe seines Kommunikationssystems.

Neue Autorität: präsent, Übertragung anerkannt, antwortete das Schiff. *Konsolidierung noch nicht abgeschlossen. Schäden in Außenhülle: Restrukturierung, Reintegration.*

Direkt vor Adam bildete sich eine Öffnung im Rumpf des Vogels, der bereits die Flügel ausgebreitet hatte und darauf wartete, erneut zwischen den Sternen zu fliegen, wie vor einer Million Jahren. Eine Rampe neigte sich dem Boden entgegen.

Adam ging an Bord.

»Situation kritisch«, sagte das vereinte Rako. »Gegenmaßnahmen unabdingbar. Andernfalls ist die Mission gefährdet.«

»Dies ist Teil der Mission«, erwiderte Adam und beobachtete, wie die Rampe ins Schiff zurückwich. Ihre Substanz verschmolz mit der des Rumpfes. »Keine Gegenmaßnahmen. Ich wiederhole: keine Gegenmaßnahmen.«

»Energetische Situation wird kritisch.«

Die Luke in der Außenhülle des Muriah-Schiffes begann sich zu schließen.

»Frachträume öffnen«, sagte Adam schnell. »Fesselfelder deaktivieren.«

»Das beeinträchtigt die Stabilität der Fracht ...«

»Kommandantenfunktion des vereinten Ratiokondensats auf Minimum reduzieren«, sagte Adam. »Diese Anweisung hat Missionspriorität. Bestätige.«

»Bestätigung.«

»Triebwerke mit maximaler Energie in Bereitschaft.«

»Energieverlust dauert an ...«

»Energieverlust ist beabsichtigt.«

»Bestätigung.«

Die Signale wurden schwächer und wichen Stille, als sich die Luke schloss. Für mehrere Sekunden herrschte elektromagnetische Finsternis – die Sensoren des Faktotums übermittelten keine Daten –, und Adam fand sich in einer Art Kontrollraum wieder, ohne dass er sich bewegt hatte. Das Schiff, so vermuteten seine immer noch hyperaktiven Gedanken, schien sich um ihn herum neu strukturiert und ihn dadurch in den Mittelpunkt gerückt zu haben. Er erinnerte sich an die wie eine Panzerung aussehenden »Schalen« des toten Muriah. Sie waren nichts, das man anlegte, wenn man es brauchte, um es anschließend wieder abzulegen. Der Muriah, der letzte Wächter, war integraler Bestandteil eines Systems gewesen, das ihm die Kontrolle über die »Bastion« gegeben hatte, die unterirdischen Anlagen von Uriel. Mit der Trennung davon hatte der lokale Cluster den Muriah so schwer verletzt, dass er nur kurz nach seinem Erwachen gestorben war.

Das Ratiokondensat der drei Transporter schwieg, aber dafür erklang eine andere Stimme, mit einem nicht unvertrauten mentalen Timbre.

Konsolidierung: abgeschlossen. Energie: assimiliert, absorbiert und adaptiert. Initialisierung: erfolgt. Reserven: aufgefüllt. Einsatzbereitschaft: positiv. Fremde Autorität: anerkannt.

»Prinzipal?«, fragte Adam. »Ehrwürdiger Pilot?«

Licht tastete sich in die Dunkelheit vor, die seine Sinne umgab, schob sie langsam zurück. Ein Gespinst aus Linien erschien, ein komplexes Knäuel, halb entrollt und begleitet von den Symbolen der Muriah. Einige blinkten und pulsierten; andere leuchteten ruhig und gleichmäßig.

Prinzipal, ja. Pilot, ja. Ehrwürdig, nein. Rang: geringer, kleiner.

»Habe ich dich richtig verstanden? Du bist zum Flug bereit? Das Schiff ist bereit?«

Bereitschaft: ja.

»Kannst du ...« Adam überlegte. Welche Möglichkeiten boten sich jetzt? »Kannst du kämpfen?«

Flugbereitschaft: uneingeschränkt. Reichweite: uneingeschränkt. Kampffunktion: null.

»Du kannst nicht kämpfen?«

Funktion: Eskortenschiff für letzten Wächter. Patrouille. Beobachtung. Schneller Kurier. Kampffunktion: null. Ausrüstung, ungeeignet. Waffen, keine.

»Kannst du mich zur Erde bringen?«

Erde? Ziel: ungenau. Keine Daten.

Adam dachte an das Sol-System und seine Planeten, an die anderen Sonnensysteme, die er als Mindtalker besucht hatte, an ihre Entfernungen zur Erde. Sein Geist malte Bilder.

Berechnung der Position, teilte ihm der Pilot mit.

Vor Adam erschien ein weiteres Symbol, goldgelb und etwas größer als die anderen. Es befand sich abseits der vielen Linien, die das Gespinst bildeten, und Adam glaubte zu verstehen.

»All diese Linien ...«, sagte er. »Es sind die Verbindungswege der Kaskade, nicht wahr?«

Netz: ja.

Das Symbol für die Erde, für das Sol-System, befand sich abseits der Linien, weil es dort keinen Zugang zur Kaskade gab. Aber mit dem Eskortenschiff des letzten Wächters ließ sich die Erde erreichen. Adam fragte noch einmal danach, um ganz sicher zu sein.

Erreichbarkeit: ja. Flugbereitschaft und Reichweite: uneingeschränkt. Nach Wecken und Erwachen: energetische Autonomie für drei volle Intervalle.

»Wie ist das möglich? Die Triebwerksenergie der drei Transporter genügt sicher nicht, oder?«

Energie: Vakuum und Quantenschaum. Vorhanden, überall. Fremdenergie: Wecken, Initialisierung, Neubeginn.

Adam betrachtete das Gespinst aus Hunderttausenden von haarfeinen Linien. Offenbar spürte es seinen Blick, die Aufmerksamkeit der visuellen Sensoren, und veränderte sich. Die Milchstraße erschien, ein kleiner Spiralnebel, umgeben von den winzigen Wolken ihrer Begleitgalaxien. Etwas weiter entfernt, geschätzte zehn Zentimeter, leuchtete Andromeda. Dutzende von weiteren Galaxien bildeten sich, die übrigen Mitglieder der Lokalen Gruppe. Und die Gruppe wurde wiederum Teil einer größeren Formation, eines Haufens aus Hunderten oder vielleicht sogar Tausenden Galaxien, viele, wenn nicht die meisten, von den Fäden des Gespinstes berührt.

»So weit erstreckt sich die Kaskade?«, fragte Adam.

Netz: noch größer. Unerforscht. Kaskade, kleiner Teil davon. Automatismen: Tunnel durch Raumzeit geschaffen. Viele ungenutzt. Ziel?

»Und dieses Schiff ist unabhängig von dem Netz, von der Kaskade?«, fragte Adam.

Unabhängig, ja. Autark, autonom. Reichweite: uneingeschränkt, unbegrenzt. Ziel?

»Wo sind wir jetzt?«

Neben dem viele Galaxien umfassenden Gespinst aus Kaskadenfäden entstand etwas, das ein holografisches Feld sein mochte oder vielleicht eine lokale Raumzeit-Anomalie, geschaffen vom Krümmungsantrieb des Schiffes. Adam sah die drei Transporter und die leeren Frachträume in der Mitte ihrer Formation. Sie trieben langsam auseinander, denn es gab keine Fesselfelder mehr, die sie hielten. Einer von ihnen hatte einen vom Uriel-Cluster demontierten Aktuator enthalten, und Adam betrachtete ihn. Seine Aufmerksamkeit genügte, um das Oval des Portals heranzuholen und ihm alle seine Einzelheiten zu zeigen. Die von den Muriah und ihren automatischen Mechanismen geschaffene Kaskade bot eine Möglichkeit, von Stern zu Stern zu reisen, wie auf einer langen Rutsche, von einer Station zur nächsten. Das Schiff des letzten Wächters hingegen war an keine bestimmten Richtungen gebunden. Der Adler konnte fliegen, frei im interstellaren Wind.

Mit diesem kleinen Schiff, dachte Adam, könnte man das Universum erforschen.

Aber er konnte damit nicht der Erde helfen, denn für den Kampf war es ungeeignet. Es verfügte nicht über Waffen.

Waffen ...

»Das Depositum«, sagte er. »Kannst du mich dorthin bringen?«

Angaben: ungenügend, antwortete der Pilot.

»Ich meine den Ort, wo die Muriah offensives Material angesammelt haben, für den Einsatz gegen den Feind, der damals den Weltenbrand brachte«, sagte Adam. »Ein Waffenlager beziehungsweise Ausrüstungsdepot.«

Für ein oder zwei Sekunden herrschte Stille.

Waffenlager, Depot, wiederholte der Prinzipal. *Verstanden. Berechnung läuft.*

Eine der Galaxien, vermutlich die Milchstraße, rückte in den Vordergrund. An ihrem Rand, ein kleines Stück abseits des äußeren Spiralarms, blinkte eine Markierung. *Vermutlicher Kurs, hohe Wahrscheinlichkeit.*

»Also los«, sagte Adam. »Bring uns zum Depositum. Maximale Geschwindigkeit.«

Der Adler flog.

72 Der Flug dauerte tausend Jahre oder vielleicht auch nur wenige Sekunden. Nie war der Unterschied zwischen subjektivem Empfinden und objektiver Realität größer gewesen, und das obwohl Adam im Körper eines Faktotums steckte und nicht in einem biologischen, organischen Leib, dessen Wahrnehmungen oft Täuschungen und Illusionen unterlagen. Der Quantenlink blieb präsent, ein Faden, dünner als die hauchdünnen Linien des Kaskadengespinstes, das er betrachtet hatte. Adams Verbindung würde bestehen bleiben, solange die quantenmechanische Verschränkung existierte, denn Raum – Entfernung – spielte für sie keine Rolle. Und selbst wenn das Band riss, wenn es in der Krümmung zerfaserte, die der Antrieb des Eskortenschiffes in Zeit und Raum schuf, um Lichtjahre zu schrumpfen, bis sie kaum mehr waren als Schritte für einen Menschen ... *Hier* spielte es keine Rolle, denn die Krümmung verwandelte die Zeit in das Äquivalent einer zweidimensionalem Fläche, in eine weite Ebene, auf der Adam wandern und jede beliebige Richtung einschlagen konnte. Es war also möglich, dorthin zurückzukehren, wo das Band des Quantenlinks gerissen war, um die Verbindung wiederherzustellen, sie neu zu knüpfen.

Adam dachte: Dies ist nicht nur ein Raumschiff, sondern auch eine Zeitmaschine. Hiermit kann man nicht nur das Universum erforschen, wie es *jetzt* beschaffen ist, sondern auch seine Vergangenheit und Zukunft.

Hinzu kam, dass an diesem besonderen Ort, in dieser vom Antrieb des Eskortenschiffes geschaffenen Blase aus extrem gekrümmter Raumzeit, seine Gedanken eine besondere Klarheit gewannen, die sich nicht allein auf die noch immer mit voller Leistung arbeitenden neuronalen Stimulatoren zurückführen ließ. Vielleicht, spekulierte Adam, sind meine Gedanken hier leicht, weil sie nicht mehr das Gewicht von Raum und Zeit tragen müssen.

Mit diesen leichten Gedanken stellte er sich die Frage nach dem eigenen freien Willen. Bartholomäus, der Lügner, hatte ihn ohne die Möglichkeit einer Rückkehr zu den Transportern geschickt, und zweifellos hatte er damit einen ganz bestimmten Zweck verfolgt. Adam war zunächst davon ausgegangen, dass er das kleine Schiff des Muriah nehmen und damit zur Erde fliegen sollte, um es dort als Waffe gegen das viel größere Schiff des Feindes zu verwenden. Eine absurde Vorstellung, von Anfang an, denn selbst wenn das Eskortenschiff bewaffnet gewesen wäre – gegen den Giganten des Feindes hätte es kaum etwas ausrichten können. Woraus folgte: Bartholomäus verließ sich darauf, dass Adam mit dem Schiff zu dem einen Ort flog, wo er die notwendigen Mittel für einen erfolgreichen Kampf gegen den Angreifer bekommen konnte: zum Depositum, dem Waffenlager der Muriah, nach dem Sonden und Mindtalker seit Jahrhunderten suchten. Was steckte dahinter? Eine Verzweiflungstat? Bezog sich die »letzte Hoffnung« darauf? Das waren menschliche Motive, zwar nachvollziehbar für den Cluster, ihm aber letztendlich fremd. Ein sorgfältig ausgearbeiteter Plan war weitaus wahrscheinlicher, auf der Grundlage von mehr Informationen, als Adam zur Verfügung standen. Es mangelte nicht an Hinweisen darauf, dass der Cluster viel mehr über die Muriah, ihre Hinterlassenschaften und den alten Feind des Weltenbrands wusste, und Adam war sicher, dass Bartholomäus' Entscheidungen auf diesen Daten basierten. Er hatte genau gewusst, was er tat.

Weiß ich es auch?, fragte sich Adam in den zeitlosen Sekunden des Fluges. Auch er hatte Entscheidungen getroffen, aber es deutete alles darauf hin, dass sie Teil eines Plans waren, den sein hinterlistiger Mentor geschmiedet hatte.

»Was bedeutet das für mich?«, murmelte Adam.

Frage: mangelnder Bezug, erwiderte der Prinzipal des Eskortenschiffes. *Antwort: unmöglich.*

»Ich habe nur laut gedacht«, sagte Adam in der Stille des Schiffes. »Ich habe mich gefragt, ob ich einen freien Willen habe, ob ich wirklich frei entscheiden kann.«

Freie Entscheidung: Illusion, sagte der Prinzipal. *Handeln, Agieren: Gebot der Notwendigkeit.*

»Das ist interessant«, sagte Adam. »Wir tun, was notwendig ist.«

Im großen Maßstab: immer.

Bartholomäus hat also getan, was notwendig ist, flüsterten Adams leichte Gedanken. Aus seiner Sicht. Das ist ein wichtiger Punkt. Wir tun, was getan werden muss, aber wir sehen die Dinge und Notwendigkeiten dabei aus unserem individuellen Blickwinkel.

Zufriedenheit lag in dieser Erkenntnis, denn sie bedeutete ein gewisses Maß an Freiheit.

»Wann erreichen wir das Ziel?«, fragte Adam.

Jetzt.

Zwei Überraschungen erwarteten Adam beim Waffenlager **73** der Muriah, die erste bei einem Aktuator in einem offenen Gebäude, umgeben von Säulen.

Das Eskortenschiff landete unweit des Gebäudes, in einer kleinen Mulde, in der sich Eis angesammelt hatte, die gefrorenen Reste einer Atmosphäre. Adam schritt über den Boden einer kalten, dunklen Welt, eines Irrläufers, der vor Äonen die Umlaufbahn seiner Sonne verlassen hatte und sich anschickte, auch die Galaxis hinter sich zu lassen und mit einer langen, langen Reise durch den intergalaktischen Leerraum zu beginnen, fern aller Sonnen.

In der Nähe des Gebäudes, auf dem von Säulenresten gesäumten Weg, der zur Treppe und zum Eingang des Waffenlagers führte, lagen die Überbleibsel von Geschöpfen, die ohne Schutzanzug aus dem nahen Aktuator gekommen und explosiver Dekompression zum Opfer gefallen waren. Adam betrachtete sie kurz, ging dann weiter durch Vakuum und Stille, im ungefilterten Licht der Galaxis, deren starres Feuerrad über den dunklen Himmel reichte.

Das Faktotum lag direkt vor dem Aktuator, vor dem alten Portal, das sich von dieser Seite aus nicht aktivieren ließ, wie Adam bei einer kurzen Überprüfung feststellte. Ein Mindtalker hatte, ob durch Zufall oder nicht, den Weg zum Depositum gefunden, ohne eine Möglichkeit zur Rückkehr.

Während das Eskortenschiff wartete – es *ruhte sich aus*, hatte der Prinzipal gesagt –, blickte Adam auf das Faktotum hinab, aus irgendeinem Grund davon überzeugt, dass der Mindtalker, dem es als Körper gedient hatte, nicht mehr existierte, dass er gestorben war, so wie Allison und Ellergard an Bord der alten Verteilerstation. Doch als er die Energiezellen kontrollierte, stellte er fest – und das war die erste Überraschung –, dass sie noch einen Rest von Ladung enthielten.

Sofort rief er mit seinem Kommunikator und der Stimme des Geistes: »Ich brauche Hilfe, Prinzipal. Etwas muss an Bord gebracht werden, ein Objekt zu schwer für meine Servomotoren.«

Das Eskortenschiff schickte etwas, das Äquivalent eines Servomechs, einen mehrbeinigen Helfer, der das vor dem Aktuator liegende Faktotum aufnahm und zum Schiff in der eisverkrusteten Mulde trug.

Wieder an Bord dachte Adam daran, sich von einer seiner drei Energiezellen zu trennen, aber es hätte bedeutet, dass seine Gedanken wegen geringerer Stimulation langsamer geworden wären, und Stumpfsinn konnte er sich gerade jetzt nicht leisten.

»Prinzipal?«

Neues Ziel?, fragte der Pilot.

»Nein, noch nicht. Kannst du Energie transferieren, Prinzipal? Hast du eine Möglichkeit, die Energiezellen dieses Faktotums aufzuladen?«

Assimilation und Adaptation, antwortete der Pilot des Eskortenschiffes. *Energie: überall. Dichte: variabel. Hier: geringe Dichte. Kann verwendet werden.*

Der mehrbeinige Helfer verband eine der Gliedmaßen mit den Energiezellen des Faktotums und eine andere mit dem Schiff. Etwas geschah, etwas veränderte sich in der energetischen Struktur, die Adam als ein von seinen Sensoren ermitteltes Datenmuster wahrnahm, und plötzlich empfing er ein Identifizierungssignal.

»Evira?«, fragte er. »So lautet dein Name?« Es war ein neuer Name; er kannte keine Mindtalkerin, die Evira hieß.

Das andere Faktotum richtete sich im Halbdunkel des Raums auf, von dem Adam noch immer als »Kontrollraum« des Schiffes dachte. Es betrachtete das leuchtende Gespinst, das die Kaskade zeigte, die wie darin eingebetteten Galaxien.

»Dies ist … erstaunlich«, sagte es. »Offenbar befinden wir uns nicht an Bord eines vom Cluster erbauten Schiffes. Du bist …«

»Adam«, fügte er seinen ID-Signalen hinzu.

»Seltsam … Ich kenne dich. Glaube ich wenigstens. Meine Erinnerungen sind … konfus.«

Adam wusste nicht, woher, aber plötzlich tauchte er auf: ein schrecklicher Verdacht.

»Du bist nicht durch das Portal gekommen«, sagte die Mindtalkerin namens Evira, die in Wirklichkeit vielleicht anders hieß.

»Nein, bin ich nicht.« Adam dachte: Kannst du mich hören, Prinzipal, wenn ich allein mit der Stimme des Geistes zu dir spreche? Er fügte diesen mentalen Worten Signale auf einer Frequenz hinzu, die normalerweise nicht von Faktotum-Kommunikatoren benutzt wurde.

Ich höre, ja.

Adams Gedanken flossen und flogen nicht mehr in geordneten Bahnen, sie sprangen, sie begannen mit einem wilden Tanz. Der Körper, den ich benutze, ist nicht mein richtiger, versuchte er zu formulieren. Ein Quantenlink verbindet mein Bewusstsein mit seinem Ursprung ...

Nein, Worte waren zu umständlich, und sie erforderten zu viel Zeit. Konzepte waren einfacher. Bilder. Symbole, die Worte zusammenfassten und Bedeutung vermittelten. Das Interface zwischen dem kleinen Muriah-Schiff und Adam, zwischen Prinzipal und Mindtalker ... konnte es etwas mit den Bildern und Symbolen anfangen, die Adams Bewusstsein in den mentalen Äther schickte? War die Sprache des Geistes universell, oder erforderte sie eine Brücke, einen Interpreten, der die Begriffe unterschiedlicher Herkunft übersetzte? Adams Frage, auf das Wesentliche reduziert, lautete: Kannst du dem Quantenlink folgen und feststellen, wer dieser Mindtalker ist? Eine zweite Frage wartete hinter der ersten: Kannst du diesem Individuum, dieser menschlichen Frau, die in einem Faktotum steckt und glaubt, Evira zu sein, die Erinnerungen zurückgeben?

»Du bist nicht durch den Aktuator gekommen, sondern mit diesem Schiff«, sagte die Mindtalkerin. Sie sprach mühsam, die Worte geschaffen von langsamen, zerstreuten Gedanken. »Es ist ein Schiff der ... Muriah, ja?«

Ein Werkzeug, dachte Adam. Die Maschinen haben dich in

ein Werkzeug verwandelt, das sich nicht erinnern muss, um seine Aufgabe zu erfüllen. Und du *hast* deine Aufgabe erfüllt, nicht wahr? Du hast gefunden, wonach der Cluster jahrhundertelang gesucht hat.

Verbindung: Quantenniveau, Verschränkung. Bandbreite: eingeschränkt. Krümmung von Raum und Zeit hinderlich. Antrieb/Motor/Vorwärtskraft: Deinitialisierung erforderlich für Quantenkontakt mit ausreichender Bandbreite.

Was bedeutete das? Adam dachte: Musst du den Krümmungsantrieb deaktivieren, um dem Quantenlink zu folgen?

Ja.

Wie lange würde es dauern, ihn wieder zu aktivieren?

An die Mindtalkerin gerichtet sagte Adam: »Bartholomäus, der Lügner ... er hat dir deine Unsterblichkeit genommen ...«

Reinitialisierung: ein Mikrointervall, Energie gering.

Ein Mikrointervall, das entsprach etwa ... einer Woche? Nach der langen Ruhephase, vor dem Flug zu diesem Irrläufer, hatte das Hochfahren des Krümmungsantriebs nicht so lange gedauert.

»Bartholomäus lügt nicht«, erwiderte die Mindtalkerin, die sich für Evira hielt. »Ich vertraue ihm. Ich vertraue ihm seit vielen Jahren.«

Sie wusste es nicht besser, begriff Adam. Sie konnte ihre falschen Erinnerungen nicht als falsch erkennen. So war es auch Rebecca ergangen. Sie hatte ihn verraten, weil sie ihn auf dem falschen Weg glaubte und in Gefahr.

Wenn seine Vermutung zutraf. Noch hatte er keine Gewissheit.

Assimilation und Adaptation: möglich durch Fremdenergie, Aufnahme bei Konsolidierung. Hier: Energiedichte gering. Reinitialisierung: mehr Zeit.

Die Energie der drei Transporter-Triebwerke, erinnerte sich Adam, während er das andere Faktotum beobachtete und überlegte, ob der Kopf wirklich die Person enthielt, die er dort vermutete.

»Eine Woche ist zu viel«, sagte er. »In einer Woche hat der Feind längst die Erde erreicht.«

»Was?«, fragte Evira.

Und auch das war zu viel: zwei Gespräche gleichzeitig zu führen, das eine mit Worten, das andere mit mentalen Bildern, und gleichzeitig die eigenen Gedanken zu sortieren.

»Du hast deine Mission erfüllt, Evira«, sagte er. »Du hast das alte Waffenlager der Muriah gefunden. Lass es uns öffnen und Waffen für die Verteidigung der Erde holen.«

Darin bestand die zweite Überraschung, und vielleicht war sie noch größer als die erste: Das Waffenlager der Muriah war leer.

Der Prinzipal, Pilot in Diensten des letzten Wächters, kannte **74** den Code und öffnete das Tor am Ende der Treppe.

Der Raum dahinter, unterteilt in einzelne Segmente und tief hineingetrieben in den planetaren Fels, enthielt keine Waffen, mit denen der Feind besiegt werden konnte, sondern nur leere Gerüste und Nischen. Zwei Stunden wanderten Adam und Evira durch die Leere, begleitet vom mehrbeinigen Helfer, bis sie sich der bitteren Erkenntnis stellten, dass die jahrhundertelange Suche nach dem »Depositum«, wie es der Cluster nannte, sinnlos gewesen war.

»Bartholomäus wird sehr enttäuscht sein, wenn er davon erfährt«, sagte Evira, als sie zum Tor zurückkehrten, und diese Worte machten Adam nachdenklich. »Falls er davon erfährt.«

»Prinzipal?«, fragte Adam auf dem Weg zum Eskortenschiff. Er war dazu übergegangen, die an den Piloten gerichteten Worte wieder laut auszusprechen.

Bereitschaft: Ich höre.

»Du sprichst mit dem Schiff der Muriah«, sagte Evira.

»Hörst du seine Stimme?«

»Nein, ich höre ein ... leises, fernes Knistern, mehr nicht.«

Vielleicht liegt es daran, dass man dir deine Erinnerungen genommen hat, dachte Adam. Und du bist nicht in der alten Verteilerstation gewesen wie ich. Vielleicht haben mich die dortigen Erlebnisse auf den Kontakt mit dem letzten Wächter und seinem Schiff vorbereitet.

Genügte das als Erklärung? Oder übersah er etwas, vielleicht einen wichtigen Punkt?

Evira achtete nicht auf die Reste der Geschöpfe, die vor langer Zeit nach dem Transfer durch den Aktuator auf diesem Planeten ohne Sonne gestorben waren. Sie richtete ihre visuellen Sensoren auf Adam.

»Wieso habe ich das Gefühl, dich zu kennen?«, fragte sie erneut. »Du bist ... seltsam. Du sprichst mit einem Schiff der Muriah und hast Bartholomäus einen Lügner genannt. Du hast behauptet, er habe mir die Unsterblichkeit gestohlen. Aber das ist Unsinn, es *muss* Unsinn sein, denn wir wissen, dass Unsterbliche keine Mindtalker sein können.«

Dort schwebte das Schiff, dicht über dem Eis in der Mulde, die Schwingen noch immer ausgebreitet, zum Flug bereit. Adam dachte an die schwachen, dünnen Quantenlinks, an die Hinweise des Prinzipals. Er musste warten; die Entfernung war noch zu groß.

Der Plan existierte bereits in ihm, aber es war ein kleiner Plan, der nur ihn und Evira betraf. Er musste noch mit einem größeren verbunden werden, mit der Situation im Sol-System und auf der Erde. Falls das möglich war.

»Vielleicht sind wir früher auf einer gemeinsamen Mission gewesen«, sagte er. »Vielleicht erinnerst du dich nicht mehr daran, weil es so viele Missionen sind. Wir vergessen viel. Es liegt an der Neurodegeneration.«

»Aber du ... du erinnerst dich, ja? Du hast nichts vergessen. Du weißt mehr als ich.«

Hier wurde es gefährlich, erkannte Adam, und er beschloss, rasch zu handeln.

Eine Öffnung bildete sich im Rumpf des schwebenden Schiffes, und eine Rampe neigte sich ihnen entgegen.

Bereitschaft: Ich höre.

»Was ist hier geschehen, Prinzipal?« Adam stellte die Frage nicht nur, weil ihn die Antwort interessierte, sondern auch, um Evira abzulenken. Gleichzeitig achtete er darauf, ihr nicht den Rücken zuzuwenden, ihr keine Gelegenheit zu geben, an die Deaktivierungsmechanismen seines Faktotums zu gelangen. »Warum enthält das Depot keine Waffen?«

Unbekannt.

Beide Faktoten betraten die Rampe. Neben ihnen spiegelte sich das Licht der Milchstraße am Himmel auf dem Eis der gefrorenen Atmosphäre.

»Was ist damals mit den Muriah geschehen? Warum sind sie verschwunden?«

Muriah: Rückzug, Versteck.

»Sie existieren noch?«, fragte Adam. Das war eine dritte Überraschung. Bisher hatte er angenommen, dass die Muriah damals dem Weltenbrand oder seinen Folgen zum Opfer gefallen waren.

Unbekannt. Waffen: vielleicht Verwendung für letzten Kampf.

»Ich höre nichts«, sagte Evira im Halbdunkel des Kontrollraums. »Was antwortet das Schiff?«

»Es weiß nicht, was mit den Waffen geschehen ist.«

Evira stand neben dem Kaskadengespinst, neben all den leuchtenden Fäden, die Dutzende von Galaxien verbanden. Adam musste hinter sie gelangen und legte sich Worte zurecht, um sie abzulenken.

»Der Feind, gegen den die Muriah vor einer Million Jahren kämpften und der vielen Welten Vernichtung brachte ... er könnte schon unser Sonnensystem erreicht haben. Wie sollen wir bei der Verteidigung helfen, wenn wir keine Waffen haben?«

»Was?«, brachte Evira hervor.

Unbekannt, antwortete das Schiff.

»Zeig uns die Milchstraße, Prinzipal«, sagte Adam. »Zeig uns die Erde und unsere gegenwärtige Position.«

Das fesselte Eviras Aufmerksamkeit. Sie trat einen Schritt vor, näher an die Darstellung der Galaxis heran, die in der Mitte des Kontrollraums schwebte. Adam machte einen Schritt zur Seite, war damit halb hinter ihr und nahe genug, um mit der linken Hand den Notfallschalter zu erreichen. Eine halbe Sekunde später war Eviras Faktotum deaktiviert.

Das zweite Individuum: inaktiv. Grund: aktives Handeln. Warum?

»Weil ich nicht noch einmal verraten werden möchte«, sagte Adam.

Kontext: unbekannt.

»Der Zusammenhang ist mir bekannt, und das genügt.« Das klang ein wenig zu schroff, fand Adam, und deshalb fügte er hinzu: »Eine Erklärung würde zu lange dauern.«

Bereitschaft.

Adam betrachtete das deaktivierte Faktotum und dachte an Rebecca, der er vertraut hatte. »Es ist eine reine Vorsichtsmaßnahme, Evira«, sagte er, obwohl sie ihn nicht hören konnte. »Du glaubst dem Lügner Bartholomäus, du hältst seine Stimme für die der Wahrheit, denn so will es das Programm, mit dem er dich ausgestattet hat und das dein Denken und Fühlen bestimmt. Aber ich weiß es besser.«

Sie wäre vielleicht in der Lage gewesen, Anweisungen von Bartholomäus oder dem Cluster zu empfangen, und vermutlich hätte sie nicht gezögert, ihnen nachzukommen, glaubte sie sich doch auf der richtigen Seite. So wie Rebecca.

Bereitschaft: neues Ziel?

»Ist deine Reichweite noch immer uneingeschränkt, Prinzipal?«

Reichweite: uneingeschränkt, unbegrenzt. Autonomie, autark. Ziel?

Adam betrachtete die Darstellung der Milchstraße, die fast den ganzen Kontrollraum füllte. Eviras Kopf reichte in den galaktischen Kern, und er stand halb in einem Spiralraum. Dort war das Sol-System mit der Erde, nicht mehr als ein kleines, blinkendes Symbol in einem Meer aus Sternen, durchdrungen vom Gespinst der Kaskade.

Kommen wir noch rechtzeitig?, fragte sich Adam. Und rechtzeitig wofür?

»Können wir etwas ausrichten?«, fragte Adam.

Kontext: Feind?

»Ja«, sagte Adam. »Ich meine den Feind und sein riesiges Schiff.«

Waffen: notwendig, antwortete der Prinzipal. *Dieses Schiff: keine.*

»Ich weiß.« Trotzdem, dachte Adam. Ich bin es Evira schuldig. Vielleicht kann ich ihr helfen. »Bring uns zur Erde.«

Tiberian (und 12 andere): »Wir haben Feindkontakt im äußeren Verteidigungsgürtel, drei Lichtstunden oberhalb der Ekliptik.«

Urania (1031): »Wir sind vorbereitet. Wir haben genug Mindtalker als Koordinatoren und Soldaten im Einsatz. Weitere stehen zur Verfügung.«

Erasmus (27): »Die Kommunikation bei den äußeren Planeten ist gestört. Signalübertragung fehlerhaft.«

Jasemin (11): »Keine Verbindung mehr mit Neptun und den Signalbasen in der Umlaufbahn von Triton und Nereide.«

Mitros (57): »Keine Verbindung mit den Rohstoffbasen der Zentauren. Pholus schweigt seit siebzehn Komma vier eins Minuten.«

Salomon (31): »Was sagt unser Stratege? Welchen Rat hat er für uns?«

Bartholomäus (1): »Rückzug aller defensiven Kräfte ins innere Sonnensystem. Wir müssen Zeit gewinnen.«

Urania (1047): »Zeit wofür? Der Kampf wird fortgesetzt! Wir haben genug Mindtalker. Wir bekommen noch mehr. Alle erforderlichen Maßnahmen sind ergriffen.«

Aranxa (27): *Zweifel.*

Gregorius (81): *Bedenken. (Zweifel wird geteilt.)*

...

Penelope (57): »Der Feind hat den äußeren Verteidigungsgürtel eliminiert: Kuiper-Stationen: verloren. Koordinierungszentrum Pluto/Charon: zerstört. Einsatzbasen Uranus und Neptun: zerstört. Kampfverbände 23 bis 29 unter dem Kommando der Mindtalker Hubertus, Rosenberg, Emilia, Rubens und Zoë sind vollständig aufgerieben.«

Salomon (29): »Schäden beim Feind?«

Tiberian (13): »Keine.«

Antonia (7): »Verluste? Potenzial?«

Bartholomäus (1): »Wir haben siebzehn Prozent unseres Verteidigungspotenzials verloren, ohne dem Feind erkennbaren Schaden zuzufügen. Er setzt seinen Flug fort. Er kommt näher. Er wird uns erreichen.«

Urania (1011): »Du sprichst hier nur, wenn du dazu aufgefordert wirst! Du bist Gast in OpZe, mehr nicht.«

Aranxa (33): »Bartholomäus hat recht. Der Feind nähert sich weiter, und alle bisherigen Versuche, ihn aufzuhalten, sind gescheitert.«

Gregorius (87): *Zustimmung.*

Urania (1001): »Meine Streitkräfte werden ihn vernichten, bevor er Gelegenheit hat, ins innere Sonnensystem zu gelangen.«

Salomon (33): »Deine Streitkräfte, Urania?«

Penelope (61): »Es sind unsere. Wir alle arbeiten zusammen. Dies ist das Operative Zentrum.«

...

Tiberian (14): »Meldung von Kallisto und den Jupiter-Trojanern. Schwere Gefechte. Das Schiff des Feindes ist in drei Teile zerbrochen.«

Urania (1007): »Erfolg! Unsere neuen Waffen sind *nicht* wirkungslos.«

Antonia (9): »Korrektur. Das Schiff des Feindes ist nicht ›zerbrochen‹. Es hat sich rekonfiguriert und geteilt; aus einem Schiff sind drei geworden.«

Penelope (61): »Stationen von Kallisto, Io und Ganymed: zerstört. Basen der Jupiter-Trojaner: zerstört. Kampfverbände 16 bis 22 vollständig aufgerieben. Hohe Verluste an Material und Mindtalkern. Die Koordinierung des Kommunikationsnetzes im inneren Sonnensystem gerät in Gefahr.«

Urania (989): »Ich setze neue Koordinatoren ein! Dank meiner Maßnahmen haben wir genug Mindtalker.«

Salomon (47): »*Wir* setzen neue Koordinatoren ein. Es ist *unsere* Entscheidung.«

Penelope (73): »Wir sind das Operative Zentrum. Wir treffen unsere Entscheidungen gemeinsam.«

Gregorius (93): »Was sagt unser Stratege?«

Bartholomäus (1): »Rückzug aller defensiven Kräfte ins innere Sonnensystem. Wir müssen Zeit gewinnen.«

Urania (981): »Zeit *wofür*?«

...

Erasmus (39): »Wir erreichen den Mars nicht mehr.«

Urania (987): »Das ist gut, das ist gut. Es bedeutet, dass der Supervisor keine Gefahr für uns darstellt.«

Salomon (141): »Der Supervisor hätte uns vielleicht helfen können. Du denkst in alten, überholten Bahnen.«

Penelope (75): »Keine Gefechte mehr.«

Aranxa (89): »Unser Kommunikationsnetz ist beeinträchtigt. Die Koordinierung ist beeinträchtigt. Es mangelt an Daten.«

Urania (919): »Vielleicht hat der Feind aufgegeben. Vielleicht haben ihm unsere Waffen doch Schaden zugefügt. Vielleicht ist er zu dem Schluss gelangt, dass die Gefahr für ihn zu groß ist.«

Gregorius (112): »Das sind drei *Vielleicht*. Schon eines wäre zu viel.«

Urania (902): »Er könnte das Sol-System verlassen haben.«

Gregorius (145): »Ich höre da ein viertes *Vielleicht*, nur mit anderen Worten.«

Jasemin (19): »Keine Gravitationsbeben. Keine Ortungen.«

Salomon (112): »Was sagt unser Stratege?«

Bartholomäus (1): »Rückzug aller defensiven Kräfte zur Erde. Aufbau eines mehrfach gestaffelten Verteidigungsrings. Wir müssen Zeit gewinnen.«

Urania (843): »Das ist Unsinn. *Unsinn*. Der Feind ist geschlagen! Er hat unser Sonnensystem verlassen!«

Penelope: »Sporadischer Kontakt zu den Rohstoffbasen im Asteroidengürtel. Keine Sichtungen. Keine Feindberührung.«

Antonia (12): »Vielleicht hat Urania recht.«
Gregorius (151): »Das wäre Nummer fünf.«

...

Penelope (133): »Alarm im erdnahen Raum! Lunare Observatorien und Ortungsstationen melden starke gravitationelle Asymmetrien!«
Aranxa (211): »Der Feind ist zurück.«
Gregorius (289): »Ein Überlichtsprung, über unseren mittleren Verteidigungsgürtel hinweg. Der Feind kommt direkt zu uns.«
Jasemin (18): »Drei Signaturen verschmelzen zu einer. Aus drei Schiffen wird wieder *das Schiff*.«
Tiberian (19): »Mögliche Erklärung: Der Feind hat sich geteilt, um die Störungswellen des Überlichtsprungs zu minimieren.«
Urania (776): »OpZe-Anweisung: Alle Verbände des mittleren Verteidigungsgürtels werden zur Erde beordert!«
Penelope (133): »Zu spät. Sie können nicht rechtzeitig zur Stelle sein. Ihre Plasmatriebwerke sind nicht leistungsfähig genug.«
Erasmus (34): »Die Lichtgeschwindigkeit setzt ihnen Grenzen. Sie können den erdnahen Raum nicht vor Ablauf von sechs Stunden erreichen.«
Urania (601): »Mobilisierung aller planetaren Reserven! Die Erde ist geschützt. Es wird genügen.«
Salomon (156): »Es wird nicht genügen, Urania.«
Urania (517): »Wir haben vorgesorgt. Unsere neuen Waffen und die erdnahen Kampfverbände ...«
Penelope (149): »Das Schiff des Feindes erreicht die Umlaufbahn des Mondes. Unsere Verbände greifen mit allen zur Verfügung stehenden Mitteln an.«
Urania (446): »Wir werden siegen.«
Gregorius (372): »Du hast die Situation falsch eingeschätzt.«
Penelope (157): »Schwere Verluste bei unseren Verteidigungsstreitkräften. Keine erkennbaren Beeinträchtigungen beim Angreifer.«
Salomon (161): »Was sagt unser Stratege?«
Kurzes Warten.
Gregorius (401): »Bartholomäus ist nicht mehr da.«

Aranxa (299): »Urania hat uns ebenfalls verlassen. Das Operative Zentrum braucht einen neuen Koordinator, einen neuen Strategen. Salomon?«

Salomon (389): »Ich übernehme.«

Schwarzer Regen

Adam starb.

Bartholomäus blickte auf ihn hinab, auf den greisen Menschen im Emulsionsbad: das Gesicht grau und eingefallen, voll tiefer Falten, die Wangen hohl, die Augen klein, wie geschrumpft. Konnte dieser sterbende Mensch lange genug überleben, um seine Aufgabe zu erfüllen?

»Eine letzte Aufgabe, Adam«, sagte Bartholomäus. »Die wichtigste von allen.«

»Von welcher Aufgabe sprichst du, Bartholomäus?«

Er wusste, wer hinter ihm stand. »Ich habe dich eher erwartet, Urania.«

»Warum bist du hier? Warum weckst du diesen Mindtalker?« Sie trat vor, in sein Blickfeld. »Du hast ihn vor mir versteckt? Dies ist Adam.«

Türen öffneten sich im Konnektorraum. Servomechanismen brachten zwei weitere Emulsionsbäder und vorbereitete Mobilisatoren herein.

Urania blickte auf die Anzeigen der Lebenserhaltungssysteme. »Adam stirbt. Seine Neurodegeneration hat das kritische Stadium erreicht, wegen zu starker Stimulation der Hirnzellen. Und die beiden anderen ... Jasper und Evelyn.«

»So lauten ihre Namen.« Bartholomäus sendete Anweisungen. Die Servomechs hoben Adam behutsam aus dem Emulsionsbad und trugen ihn zum nächsten Mobilisator. Der Zylinder des Konnektors, der einen großen Teil der Decke einnahm, war noch immer geöffnet, und die Indikatoren zeigten aktive Verbindungen an.

»Was auch immer du vorhast«, sagte Urania. »Ich könnte dich daran hindern.«

»Das könntest du«, erwiderte Bartholomäus. »Vielleicht.«

»Noch habe ich genug Unterstützer.«

»Es werden immer weniger, Urania.«

Er hörte ihre Gedanken, als leises Raunen im Tosen des nahen Clusters. Es waren scharfe Gedanken, voller Spitzen und Kanten.

»Beantworte mir eine Frage, Bartholomäus: Hast du dies alles geplant?« Urania zeigte auf Adam, aber ihre Geste reichte viel weiter. Sie meinte die Erde und alles, was sich darunter und darüber befand.

»Wie sollte das möglich sein?« Er beobachtete, wie der Sterbende an die Systeme des Mobilisators angeschlossen wurde. Draußen stand ein Shuttle bereit, ausgestattet mit dem besten Plasmatriebwerk, das der Brüter in so kurzer Zeit produzieren konnte.

»Du hast den Menschen Toussaint erwähnt, seine Berechnungen der Zukunft.«

»Und du hast von unserer algorithmischen Stochastik gesprochen, die seinen Entwicklungsmodellen weit überlegen ist.«

Die fleißigen Servomechanismen hoben auch die zwei anderen Mindtalker aus ihren Bädern, beide noch jung, zumindest die Körper, ehemalige Unsterbliche. Zwei, um dem einen zu helfen, auf dem die letzte Hoffnung ruhte.

»Was hast du vor, Bartholomäus? Warum wolltest du Zeit gewinnen?«

»Ich kann es dir nicht sagen.«

»Unsinn. Du willst es mir nicht sagen.«

Er drehte sich zu ihr um. »Ich kann es dir nicht sagen, weil der Feind nichts davon erfahren darf.«

»Noch mehr Unsinn!«, rief Urania. »Wieso glaubst du, dass der Feind etwas von mir erfahren könnte?«

»Weil er den Cluster übernehmen wird und damit auch sein Wissen. Er hat schon damit begonnen.«

»Der Verteidigungsgürtel über der Erde ...«

»Das Schiff wird ihn mühelos durchbrechen. Auf so etwas

ist es vorbereitet. Es ist Teil seiner Evolution. Aber das spielt kaum eine Rolle, denn seine Sporen sind bereits durch unsere Verteidigungslinien geschlüpft. Der Feind will uns nicht zerstören; er will uns übernehmen.«

Die Mobilisatoren setzten sich in Bewegung und marschierten nach draußen, begleitet von den Servomechanismen. Bartholomäus und Urania folgten ihnen.

»Drei Mindtalker«, sagte Urania. »Sie fehlen als Koordinatoren oder Soldaten. Sie könnten Lücken in unserer Verteidigung schließen.«

»Der eine, auf dem meine Hoffnung ruht, braucht Hilfe«, erwiderte Bartholomäus. Er schwieg kurz und fragte sich, ob er damit schon zu viel gesagt hatte.

»Der eine ... Adam, nicht wahr? Er stirbt.«

Bartholomäus schwieg. Noch lebt Adam, dachte er, ohne dass der Cluster seine Gedanken hörte. Die Frage lautet: Wird er lange genug leben?

»Ich könnte dich aufhalten«, betonte Urania noch einmal, als sie sich anschickten, die Konnektorstation des Grünen Landes zu verlassen. »Was auch immer du vorhast: Ich könnte dich daran hindern.«

»Wie viele Unterstützer sind dir geblieben?«, fragte Bartholomäus. »Hundert? Fünfzig? Zehn?«

»Ich könnte es auch allein! Ich könnte deine Pläne vereiteln, woraus auch immer sie bestehen.«

»Warum solltest du das tun, Urania?«, erwiderte Bartholomäus. »Warum sollte dir daran gelegen sein?«

Sie traten nach draußen.

Schwarzer Regen fiel aus dem wolkenlosen Himmel.

»Das sind die Sporen des Feindes«, sagte Bartholomäus. »Sie sind bereits hier, wie du siehst. Der Verteidigungsgürtel über der Erde hat sie nicht aufgehalten. Das Schiff des Feindes wird ihnen gleich folgen. Es ist nur noch sechzigtausend Kilometer entfernt.«

Am Himmel begann es zu blitzen, so hell, dass selbst menschliche Augen es trotz des Sonnenscheins gesehen hätten, und jeder kleine Blitz bedeutete einen Verteidiger weniger.

Einer der großen schwarzen Tropfen fiel neben die Konnektorstation, die sie gerade verlassen hatten. Er zerplatzte nicht, verformte sich nur und entwickelte filigrane Wurzeln, die sich in den Boden bohrten. Wo das geschah, verfärbte sich der Untergrund, wurde erst grau und dann schwarz.

»Die Übernahme hat begonnen«, sagte Bartholomäus.

»Was hast du vor?«, fragte Urania. »Sag mir, was du vorhast!«

Mehr schwarzer Regen fiel, seine »Tropfen« kleiner und dichter.

Die drei Mobilisatoren erreichten den großen, mit einem eigenen Konnektor ausgestatteten Shuttle. Das Gravitationskissen glühte in einem matten Gelb, und ein dumpfes Zischen wies auf die Bereitschaft des Plasmatriebwerks hin. Bartholomäus sendete einige lokale Fragesignale und vergewisserte sich, dass die Quantenlinks der Mindtalker auf den neuen Konnektor übertragen waren.

Am blauen Himmel über dem Grünen Land erschien etwas, ein dunkler Fleck, der schnell größer wurde.

»Da ist es«, sagte Bartholomäus. »Das Schiff.«

Die Mobilisatoren kletterten an Bord, und hinter ihnen schloss sich die Luke. Wenige Sekunden später stieg der Shuttle auf, getragen von der Energie des Gravitationsmotors. In einer Höhe von nur zwei Kilometern wurde das Plasmatriebwerk aktiv und warf den Shuttle aus der irdischen Atmosphäre.

Bartholomäus öffnete die Schale seiner Isolation ein wenig und hörte den Cluster schreien – er versuchte, sich gegen die Sporen zu wehren.

Uranias silbernes Gesicht war verzerrt. »Wohin fliegt der Shuttle? *Was hast du vor?*«

Sie verstummte abrupt und starrte an sich herab. Ihre Beine waren schwarz von den Wurzeln der Spore neben ihr.

Urania blieb still, als das schwarze Etwas an ihr emporkroch, über die Hüften kletterte, den Brustkorb bedeckte und das silberne, noch immer verzerrte Gesicht erreichte. Bartholomäus wartete nicht, bis es die Augen verschlang. Er drehte sich um und kehrte in die Konnektorstation zurück.

Stille empfing ihn dort. Er unterbrach die passive Verbindung zum Cluster und trennte sich ganz von ihm, was sein Wissen allerdings nicht vor Entdeckung bewahrte. Um es zu schützen, musste er der Infektion durch die Sporen des Feindes vorbeugen und sich löschen.

Es bedeutete nicht das Ende seiner Existenz. Er lebte weiter, der Hauptteil von ihm – mehr als neunundneunzig Prozent seines Individualaspekts – blieb Teil des Clusters. Aber dieser kleine, seit der Isolation autonome Teil, der um Adam und seine letzte Aufgabe wusste, würde aufhören zu existieren. Was nicht existierte, konnte der Feind auch nicht übernehmen.

Er sah sich ein letztes Mal in der leeren Konnektorstation um und beobachtete, wie die Wände des Eingangsbereichs grau wurden, wie sich schwarze Fäden in ihnen ausbreiteten und ein Gittermuster bildeten. Einige dieser dunklen Fäden krochen durch den Boden und näherten sich ihm.

Bartholomäus schaltete sich ab.

Eine silberne Gestalt, eben noch ein Avatar, verlor ihre humanoide Struktur und zerfloss. Ihr Flexometall bildete eine große Lache auf dem Boden.

Die Sporenwurzeln erreichten die Lache, fanden aber keine maschinelle Intelligenz, keine Daten.

Sie suchten weiter, wie überall auf der Erde, wo der schwarze Regen niederging.

Ein roter Planet

76 Während das kleine Muriah-Schiff lichtjahreweit sprang — während es Zeit und Raum vor sich krümmte und komprimierte und hinter sich dehnte —, dachte Adam an die Rolle des Zufalls auf der großen Bühne des Geschehens. Sein Sturz durch die Kaskade hatte ihn nach Uriel zurückgeführt, ausgerechnet dorthin, wo der lokale Cluster den letzten Wächter aus seinem eine Million Jahre langen Schlaf weckte und damit zum Tod verurteilte. Zu diesem Muriah war er zurückgekehrt, nach einer neuerlichen Begegnung mit Evelyn auf der Erde, mit der Unsterblichen, die ihn bereits vor vielen Jahren beobachtet hatte, damals, als er jung gewesen war und noch von einem ewigen Leben geträumt hatte, zusammen mit Rebecca. Nach seiner Rückkehr zum letzten Wächter, der ihm Autorität über sein Schiff gegeben hatte, war er Evelyn — Evira — erneut begegnet, an einem Ort der Hoffnung, der sich jedoch als Enttäuschung erwiesen hatte. Wie groß war die Wahrscheinlichkeit für ein solches Treffen? Vermutlich tendierte sie gegen null. Und doch ...

Und doch war es genau so geschehen. Aber vielleicht, überlegte der nicht schlafende und nicht wache Adam, dessen Gedanken Flügel hatten wie das Schiff, mit dem er flog, sehe ich die Dinge aus der falschen Perspektive. Er dachte an einen Stein, der sich, angestoßen von einem Fuß, von der Stelle löste, wo er viele Jahre, vielleicht Jahrhunderte oder Jahrtausende, gelegen hatte, über den nahen Klippenrand sprang und ins Meer fiel. Dort, am Grund liegend, in einer Lücke zwischen zwei Felsen, die gerade groß genug für ihn war, staunte der Stein vielleicht darüber, wie gut der Fuß gezielt hatte, um ihn genau hierher zu befördern, in die Lücke, die gerade groß genug für ihn war. Richtung und Kraft, Winkel und Flugbahn ... Alles hatte exakt stimmen müssen. Konnte das Zufall sein? Nein, unmöglich. Und doch ...

Und doch, was der Stein nicht wusste: Der Fuß hatte nur zugetreten, ohne Absicht, ohne einen Plan. Auf der einen Seite regierte der Zufall, und auf der anderen, am Ende der Ereigniskette, gab es Ziel und Zweck, denn um dieses Ergebnis zu erzielen, hatte alles *genau so* geschehen müssen. Man durfte nur nicht vergessen: Ziel und Zweck waren subjektiver Natur, wohnten in den Gedanken und Vorstellungen des Resultats.

In den zeitlosen Sekunden, Minuten und vielleicht sogar Stunden des Sprungs über Tausende von Lichtjahren, vom Irrläufer am Rand der Milchstraße zum Sol-System mit der Erde, dachte Adam auch an Schuld und Verantwortung. Er erinnerte sich an den Bewahrer Enroel von den schmetterlingsartigen Krisali. Enroel, der ihm geholfen und all seine Hoffnungen auf ein Ende von Chaos und Zerstörung in ihn gesetzt hatte. Ohne Enroel und seine Adepten wäre Adam auf Rethos gestorben, dem größten Mond des Gasriesen Xaukand im System Sagittarius 94, achthundertdreizehn Lichtjahre von der Erde entfernt. Doch er, Adam, hatte ihn im Stich gelassen, ihn und sein Volk verraten. Später, auf der Erde, war er seinerseits verraten worden, und deshalb hatte Evelyn ihre Unsterblichkeit verloren. Eben jene Evelyn, der er auf einem fernen Planeten ohne Sonne wiederbegegnet war.

Adam und Eva ... Er erinnerte sich an das Bild in der alten Kathedrale, an die Schlange – vielleicht symbolisierte sie den Verrat.

Hier schloss sich ein kleiner Kreis, im Innern eines viel größeren. Alles hing zusammen, bildete ein Netz der Kausalität, noch viel komplexer und größer als das viele Galaxien umfassende Gespinst der Kaskade. Am Anfang der Ereignisse gab es keinen Zweck, denn Zweck bedeutete zielgerichtete Absicht. Aber es gab Kausalität, manchmal auf verschlungenen Pfaden. Der Stein lag am Grund des Meeres in der schmalen Lücke zwischen zwei Felsen, weil ihm eine Verkettung von Umständen genau diesen Ort zugewiesen hatte.

Waren es wirre Gedanken, vom nahen Tod gezeichnet?, fragte sich Adam. Oder steckte mehr dahinter, vielleicht eine tiefe Erkenntnis im stimulierten, beschleunigten Tanz des Denkens und Überlegens?

Schuld und Verantwortung waren ohne Substanz, wogen aber trotzdem schwer. Das alte Depot der Muriah enthielt keine Waffen für den Kampf gegen das Schiff des Feindes, doch es hatte ihn zu Evelyn gebracht. Vielleicht konnte Adam der Erde keine Hilfe leisten, aber er konnte Evelyn helfen, der Unsterblichen, die sterblich geworden war, weil er darauf bestanden hatte, Rebecca aufzusuchen.

Dieser Gedanke spendete dem Sterbenden ein wenig Trost.

Dort leuchtete die Sonne, gelb und nah in der Mitte des halbdunklen Kontrollraums, umgeben von einer Schar aus Planeten. Sie nahm den Platz des Kaskadengespinstes ein.

Feind: präsent, sagte der Prinzipal. *Volle Stärke, keine Beeinträchtigungen. Verteidiger: schwere Verluste. Verteidigung: ineffektiv.*

Adam betrachtete das Faktotum, dessen Kopf Eviras – Evelyns – Bewusstsein enthielt. Sie verdiente es, dass er sie von Bartholomäus' Lügen befreite und ihr die Wahrheit zurückgab, ihre Erinnerungen.

»Wir müssen zur Erde«, sagte Adam. Dort befand sich Evelyns Körper und auch sein eigener, alt und fast tot.

Genanntes Ziel: unmöglich zu erreichen, antwortete der Prinzipal. *Feind: dort präsent. Entdeckung und Vernichtung: hohe Wahrscheinlichkeit.*

»Eine der Außenbasen«, sagte Adam, und bei seinen Worten rückte die Peripherie des Sol-Systems näher, so nahe, dass sie fast die Polymerbrust seines Faktotums berührte. Dort war der Kuipergürtel mit Pluto, Ixion, Varuna, Quaoar und weiteren Zwergplaneten. Dort drehten sich Neptun und

Uranus. »Dorthin«, fügte Adam hinzu. »Zu einer unserer äußeren Konnektorstationen.«

Etwas zwischen den beiden äußeren Gasriesen kam heran und schwebte dicht vor Adams visuellen Sensoren: Trümmer.

Kampfzone, sagte der Prinzipal. *Eine von vielen. Stationen: zerstört. Außenbasen: zerstört. Zahlreiche Einheiten der Verteidiger: zerstört.*

Dort schwebte Saturn, prächtig mit seinen Ringen. Und dort war Jupiter, der Riese, größter der Planeten, umgeben von einer Wolke aus Monden. Einer von ihnen hieß Europa, wie der Kontinent auf der Erde. »Warum hat man einen Kontinent der Erde nach einem Mond des Jupiters benannt?«, hatte Adam Bartholomäus gefragt. Jetzt sagten ihm seine Erinnerungen, dass es eine dumme Frage gewesen war. Und sie sagten ihm noch etwas anderes.

»Die Station am Ende der Bohrung«, murmelte er. Sein Wunsch, Europa zu sehen, brachte den Eismond heran. »Dort gibt es einen Konnektor. Einer der ersten Mindtalker ist von dort mit einem Vehikel aufgebrochen, um Europas Ozean zu erforschen.«

Ziel: Europa?, fragte das Eskortenschiff.

»Ja«, sagte Adam. »Bring uns dorthin, zur Konnektorstation von Europa.«

Eine kleine Welt aus Eis, fest im Schwerkraftgriff des riesigen **77** Jupiters. Doch das Eis, zerklüftet und von zahllosen rostroten Linien durchzogen, bildete nur eine wenige Kilometer dicke Schicht über einem globalen, mehr als hundert Kilometer tiefen Ozean voller Leben.

Du verlässt mich?, fragte der Prinzipal, als Adam über die Rampe nach draußen schritt, begleitet vom mehrbeinigen Helfer, der Evelyns Faktotum trug.

»Ja«, sendete und dachte Adam. »Ich kann nicht zurückkehren. Ich sterbe. Mir bleiben nur noch einige Stunden, weniger als ein Mikrointervall.«

Er schritt übers Eis zur nahen Schachtstation und blickte zum Jupiter hoch. Die Strahlung des Gasriesen war so stark, dass er ein Schirmfeld brauchte, um die empfindlicheren Komponenten des Faktotums zu schützen.

Warten: ratsam, möglich, sinnvoll?, fragte das Eskortenschiff.

Adam blieb kurz stehen und sah zurück. Das Eskortenschiff schwebte dicht über einem Eisrücken, wie ein Vogel, der nicht wusste, ob er landen oder wieder aufsteigen sollte.

»Nein«, sagte er. »Warte nur, bis wir sicher sind, dass der hiesige Konnektor noch funktioniert. Nach dem Transfer wäre Warten auf meine Rückkehr vergeudete Zeit, und der Feind könnte dich bemerken.«

Kontinuität: und dann?

»Und dann ...« Adam blickte zum Jupiter hoch und zu den Sternen jenseits von ihm. »Sind deine Reichweite und Autonomie noch immer uneingeschränkt?«

Ja.

»Dann flieg«, sagte Adam. »Verlass dieses Sonnensystem und mach dich auf die Suche nach den Muriah.«

Flug: akzeptiert und bestätigt.

Adam erreichte die Schachtstation, betrat sie durch ein großes Loch in der Wand und kletterte über Trümmer hinweg, gefolgt vom Helfer mit Evelyns immer noch deaktiviertem Faktotum. Eine Explosion, vielleicht von einem kinetischen Treffer aus dem All, hatte die Hälfte der Station zerstört und ihre energetische Signatur fast auf null reduziert, was vermutlich der Grund dafür war, dass der Feind auf weitere Angriffe verzichtet hatte. Der Zugang zum Bohrschacht mit den Kapseln war zum Glück nicht von Trümmern versperrt.

Ein Vehikel, gerade groß genug für die beiden Faktoten und den Helfer, hing im Gerüst über dem Schacht. Gewöhnliche Betriebsenergie stand nach dem Beschuss aus dem All nicht mehr zur Verfügung, deshalb aktivierte Adam die elektromagnetischen Sicherheitssysteme, woraufhin die Kapsel mit der Reise durch den Eispanzer von Europa begann.

Zwanzig Minuten später erreichten sie das Ende des Schachtes, eine Blase aus Polymeren und stahlkeramischen Bauelementen, unter der sich ein mehr als hundert Kilometer tiefer Ozean erstreckte. Menschen hatten sich an diesem Ort zum letzten Mal vor einigen Hundert Jahren aufgehalten. Die einzigen Bewohner der Blase waren mehrere Servomechanismen, verbunden mit dem lokalen Ratiokondensat, das weder Kontakt mit der halb zerstörten Schachtstation noch mit den Außenbasen des Sonnensystem oder dem Cluster der Erde hatte.

»Identifiziert: ein aktiver Mindtalker, ein inaktiver, ein Servomechanismus unbekannter Bauart und ohne ID-Signal«, sagte einer der Servos.

»Ist der Konnektor funktionsfähig?«, fragte Adam.

»Er verfügt über eine unabhängige Energieversorgung«, erwiderte der Servomech, der einem Igel ähnelte, mit Stacheln, die sich zu Greifarmen oder Sensoren konfigurieren ließen.

»Mach ihn einsatzbereit«, sagte Adam und schritt durch einen gewölbten Korridor, vorbei an Fenstern, hinter denen das dunkle Meer unter dem Mantel aus Eis wartete. In den Schleusenhangars standen Vehikel bereit, ausgerüstet für lange Forschungsreisen durch Europas Ozeane und seine komplexen Ökosysteme. Für einen Moment stellte sich Adam eine solche Reise vor, durch eine Welt der Dunkelheit, bevölkert von Geschöpfen, die mit Biolumineszenz ihr eigenes Licht schufen, von Mikroorganismen bis hin zu den trägen, hundert Meter großen Leviathanen, die in einer Tiefe von einigen Dutzend Kilometern durch die Finsternis glitten und sich mit Biosonar orientierten. Wie viel es zu entdecken gab ... Und dies war nur ein kleiner Mond, kaum mehr als ein Staubkorn in der Milchstraße, die Adam in ihrer ganzen Pracht gesehen hatte. Die Träume des Knaben und Heranwachsenden ... Adam erinnerte sich an sie, und mit bitterer, schmerzhafter Klarheit wurde ihm bewusst, dass die Träume zusammen mit ihm sterben würden. Als Mindtalker hatte er viel gesehen, aber es gab noch so viel mehr dort draußen, in dieser Galaxis und all den anderen.

Der Konnektor war in einem kleinen Raum untergebracht, sein Zylinder bereits geöffnet. Emulsionsbäder und Lebenserhaltungssysteme fehlten, denn hier gab es keine Körper von sterblichen Menschen, die auf die Rückkehr ihrer Seelen warteten.

Adam überprüfte die Systeme. »Alles in Ordnung.« Wieder sprach und sendete er. »Prinzipal, der Konnektor ist einsatzbereit. Unsere Wege trennen sich.«

Abschied: jetzt. Ich fliege.

Der Helfer setzte Evira/Evelyn ab, und zwei Servomechanismen begannen sofort damit, das Faktotum mit dem Konnektor zu verbinden. Adam vergewisserte sich, dass die Quantenlinks stabil waren, schloss sich dann ebenfalls an. Er blickte noch einmal zum mehrbeinigen Helfer und fragte sich, wie viel Intelligenz in ihm steckte. Vielleicht genug, um sich ohne das Eskortenschiff und seinen Prinzipal einsam zu fühlen?

»Vorbereitungen sind abgeschlossen«, sagte einer der beiden Servomechanismen.

Wie war die Situation auf der Erde?, fragte sich Adam. Blieb ihm dort Zeit genug, Evira in Evelyn zu verwandeln und ihr alle Erinnerungen zurückzugeben? Die stabilen Quantenlinks bedeuteten, dass ihre organischen Körper noch existierten und lebten, aber das war keine Garantie, dass Feind und Krieg sie noch nicht erreicht hatten.

Und wenn der Lügner namens Bartholomäus auf sie wartete?

Ich komme mit leeren Händen, dachte Adam. Ohne die Waffen, die sich Bartholomäus vielleicht erhoffte. Ich komme, um zu sterben. Und bevor ich sterbe, will ich Evelyn ihr Leben zurückgeben, das sie durch meine Schuld verloren hat.

Das Leben einer Sterblichen.

Adam rechnete damit, in der Konnektorstation des Grünen Landes zu erwachen, aber er irrte sich. Ihn erwartete ein roter Planet.

Adam blinzelte, streifte die Benommenheit des Transfer- **78** schlafs ab und fand sich in einer unvertrauten Umgebung wieder, die er nicht mit visuellen Sensoren wahrnahm, sondern mit seinen zweiundneunzig Jahre alten Augen. Sie zeigten ihm einen kleinen Kontrollraum mit wenigen leuchtenden Indikatoren und einem Statusfeld auf der linken Seite. Er wollte sich ihm nähern – ein Instinkt, ein automatischer Reflex, hinter dem kein bewusster Gedanke steckte –, und plötzlich hatte er Beine, die ihn zwei Meter weit zu dem Statusfeld trugen, vorbei an zwei anderen Mobilisatoren, deren Systeme aktiv wurden. Kommunikatoren sendeten und empfingen ID-Signale.

»Evelyn?«

»Jasper?«

Zwei frühere Unsterbliche in leichten Mobilisatoren, die sie nur brauchten, bis sie ihre Schwäche nach dem Transfer überwunden hatten. Die Körper dieser beiden Menschen waren noch nicht alt, auch wenn sie jetzt, nachdem ihnen das ewige Leben gestohlen worden war, das Altern nachzuholen begannen.

»Und Adam«, sagte Adam. Die letzten Reste der Benommenheit lösten sich auf, und seine Gedanken waren wieder schnell, von den neuronalen Stimulatoren maximal beschleunigt. Er fühlte stechenden Schmerz zwischen den Schläfen und eine sonderbare Taubheit im Nacken, Vorboten des großen Nichts.

»Wo sind wir?«, fragte der Mobilisator, der einen schlanken, dunkelhaarigen Mann mit nicht mehr ganz glatten Wangen und großen Augen enthielt. Jasper, ein früherer Unsterblicher. Adam erinnerte sich an Evelyns Schilderungen.

Ein Mann, der im Burikalif gewohnt hatte und verschwunden war, als sie ihn dort wegen einer wichtigen Nachricht besuchen wollte.

Jasper sah nicht mehr wie dreißig aus, eher wie Mitte vierzig.

»Ich erinnere mich.« Die Servomotoren von Evelyns Mobilisator summten, als sie einen Schritt vortrat. »Ich bin Evira gewesen. Aber jetzt ... Ich habe meine Erinnerungen zurück.«

Adam betrachtete die Anzeigen des Statusfeldes, hörte die Worte und zog die offensichtlichen Schlüsse aus beidem.

»Wir befinden uns an Bord eines Frachtshuttles, der offenbar in aller Eile mit einem Konnektor für uns ausgestattet wurde«, sagte er und hörte den brüchigen Klang seiner wahren Stimme. »Wir sind auf Schleichfahrt, im freien Fall, mit minimaler Energie und minimaler energetischer Signatur. Damit uns der Feind nicht entdeckt.«

»Der Feind«, murmelte Evelyn. Und dann, etwas lauter: »*Wo* sind wir?«

Adam betätigte die nahen Kontrollen. Ein Sichtfeld entstand und zeigte eine rote Wüstenwelt. »Fünfzigtausend Kilometer über dem Mars.« Er sprach weiter und kam anderen Fragen zuvor. »Dies ist das Werk von Bartholomäus, es gibt keine andere Erklärung. Er hat diesen Shuttle mit einem Konnektor ausgestattet, er hat unsere Körper an Bord gebracht, damit wir *hierher* zurückkehren. Er hat dir deine Erinnerungen zurückgegeben, Evelyn, und nicht ohne Grund, nehme ich an. Auch alles andere muss einen Grund haben.«

Adam wandte sich den beiden anderen Mobilisatoren zu. Evelyn sah an sich herab und wirkte um einige Jahre gealtert; das Gesicht verriet ihren Schock. Jasper starrte ihn an. Auch ihre Gedanken waren beschleunigt; zu starke neuronale Stimulation machte sich daran, auch ihre Gehirne zu verbrennen. Was ihn selbst betraf ... Er fühlte deutlich die Schwäche seines alten Körpers. Ohne die Servomotoren wäre er völlig hilflos gewesen.

»Die Erde«, begann Jasper. »Wir müssen zur Erde. Der Cluster … Er hat uns unsere Unsterblichkeit genommen, er muss sie uns zurückgeben!«

»Das Schiff des Feindes hat die Erde erreicht und mit der Übernahme des Clusters begonnen.« Adams Gedanken setzten ihren Tanz fort, und einer von ihnen stellte eine Frage: Ich bin nicht allein hier. Warum hat Bartholomäus nicht nur mich an Bord dieses interplanetaren Shuttles gebracht, sondern auch Evelyn und Jasper?

Er sprach, während er weitere Überlegungen anstellte. »Bartholomäus hat euch beide als meine Begleiter ausgewählt. Eine Schleichfahrt mit minimaler energetischer Signatur hat uns zum Mars gebracht. Warum hierher? Warum der rote Planet? Evelyn, die versuchte, mir die Wahrheit zu zeigen, ihre offizielle Beschwerde in Patagonia, der Mars …«

»Der Supervisor!«, entfuhr es Evelyn.

»Ja, der Supervisor.« Adam streckte die Hände nach den Kontrollen aus, bereit dazu, den Shuttle aus seinem Schlaf zu wecken. Im Sichtfeld neben den Statusanzeigen erschien das ausgedehnte Grabenbruchsystem der Valles Marineris, und westlich davon war die Tharsis-Region mit ihren alten Vulkanen zu sehen, unter ihnen der gewaltige, mehr als zweiundzwanzig Kilometer hohe Olympus Mons, höchster Berg im ganzen Sol-System. Noch weiter im Westen erstreckte sich Elysium Planitia, das *Land der Seligen*. Dort, in den Katakomben der alten Marsianer, wachten die Neunundsiebzig, die sich vor sechstausend Jahren zum Supervisor zusammengeschlossen hatten, über die Einhaltung einer Konvention, die gar nicht mehr existierte. Wie viel Zeit blieb noch?, dachte Adam. Befand sich der Feind bereits auf dem Mars? Oder konzentrierte er seinen Angriff zunächst auf die Erde, um sich anschließend den roten Planeten vorzunehmen?

Er hatte auch diese Gedanken laut ausgesprochen, denn der blasse Jasper sagte: »Spekulationen. Wir wissen nicht, ob es wirklich Bartholomäus war, der uns an Bord dieses Shuttles brachte. Er konnte nicht einmal sicher sein, dass wir zurückkehren würden. Ich meine, unser Geist ...« Er verzog das Gesicht und hob eine Hand zum Kopf im Mobilisator. »Es könnte alles Zufall sein.«

Adam erinnerte sich an Stein und Stiefel. Der in einer schmalen Lücke zwischen zwei Felsen am Meeresgrund liegende Stein staunte über die sorgfältige Planung hinter all den Ereignissen, die ihn genau an diese Stelle und keine andere gebracht hatte. Für den Stiefel hingegen gab es nicht den geringsten Zweifel daran, dass alles nur eine zufällige Verkettung von Umständen war, ausgelöst von einem gedankenlosen Tritt.

Aber vielleicht irrt sich der Stiefel, dachte Adam und glaubte, die Konturen eines neuen Zwecks zu erkennen, die Umrisse einer neuen Mission, die sich nicht darauf beschränkte, Evelyn zurückzubringen und ihr die Erinnerungen wiederzugeben. Vielleicht war der Tritt, der den Stein über den Rand der Klippe gestoßen hatte, gar nicht so gedankenlos gewesen, wie der Stiefel glaubte.

Bartholomäus, der Lügner, dachte Adam, ohne zu wissen, ob es nur Gedanken waren oder vielleicht auch Worte, die von Zunge und Lippen eines alten Mundes sprangen. Der Stratege des Clusters. Ein Intellekt, dessen Aufgabe darin bestand, Pläne zu entwickeln und zukünftige Ereignisse vorherzusehen. All seine Lügen ... Waren sie vielleicht Teil einer Strategie?

»Was reden Sie da?«, fragte Jasper, der noch immer nicht verstand.

»Der Supervisor ist unser Ziel.« Adam betrachtete den roten Planeten. Angeblich waren die Vorfahren der Menschen einst vom Mars gekommen, erinnerte er sich. Jetzt war er vielleicht die einzige Hoffnung für ihre Nachfahren. Für die wenigen, die noch übrig waren. »Dorthin wollte uns Bartholomäus bringen. Aber warum ausgerechnet wir drei? Es muss einen Zusammenhang geben. Evelyn, die offiziell Klage gegen den Cluster erhob, wegen der Verstöße gegen die Konvention. Jasper ...«

In Evelyns Gesicht veränderte sich etwas, als sie den Mann ansah, dessen Partnerin sie einst gewesen war. Etwas von dieser alten Verbindung schien noch lebendig zu sein, denn der Blick, den sie wechselten, enthielt etwas, eine Botschaft.

»Ich bin im Burikalif gewesen«, sagte Evelyn. »Du hattest mich eingeladen und angeblich eine wichtige Mitteilung …«

Der immer noch blasse Jasper nickte langsam. »Ja«, sagte er. »Ja. Es betraf ihn, den Mindtalker.«

»Adam?«

»Ja, Adam. In unserer Horchstation bin ich in den Datenströmen des Clusters auf etwas gestoßen, das ihn betrifft. Darauf wollte ich dich hinweisen, auf die Manipulation. Die Maschinen haben etwas mit seinem Bewusstsein angestellt, in Vorbereitung einer besonderen Mission in einem fernen Sonnensystem namens Cygnus 29. Ich konnte nicht alles entschlüsseln, aber es ging dabei um etwas namens ›Intrusion‹.«

»Die Integritätswarnung«, sagte Evelyn. »Das Programm, das Toussaint bei der Untersuchung des Kopfes fand …«

»Intrusion«, wiederholte Adam und fühlte sich einer sehr, sehr wichtigen Erkenntnis nahe. Er blickte ins Sichtfeld und beobachtete den roten Planeten, als läge die Antwort dort. Was vielleicht tatsächlich der Fall war. »In etwas eindringen …«

»Der Cluster hat dich vorbereitet«, sagte Evelyn nachdenklich. »Vielleicht als eine Art … Joker.«

»Joker?«

»Eine besondere Trumpfkarte.«

»Fragt sich nur, bei welchem Spiel«, sagte Jasper.

»Wir haben nur eine Möglichkeit, es herauszufinden.« Evelyn deutete zum Sichtfeld. »Dort unten. In Elysium Planitia. Beim Supervisor.«

Heftiger Schmerz brannte plötzlich hinter Adams Stirn. Er schnitt eine Grimasse und wies die Kontrollsysteme des Mobilisators an, ihm ein Analgetikum zu verabreichen.

»Ist alles in Ordnung mit dir, Adam?«, fragte Evelyn.

Wie kann alles in Ordnung mit mir sein?, dachte er, als der Schmerz nachließ, der ihm sagte: Dies ist der Anfang vom Ende.

»Es geht mir gut«, log er und streckte erneut die Hände nach den Kontrollen aus, um den schlafenden Shuttle zu wecken.

»Was haben Sie vor?«, fragte Jasper besorgt.

»Ich bringe uns zum Supervisor.«

»Wenn ich das richtig verstehe ... Sobald das Triebwerk aktiv wird, könnte man uns orten.«

»Ja.«

»Halten Sie das für klug, Adam?«

»Haben Sie einen besseren Vorschlag, Jasper?«, erwiderte Adam verärgert. War es zu viel verlangt, am Ende seines Lebens Antwort auf die Frage nach dem Sinn der eigenen Existenz zu erhalten? Und vielleicht gab es noch eine Chance für die Erde. Bartholomäus, Stratege und Lügner, schien eine gesehen zu haben. Andernfalls befänden sie sich nicht an Bord dieses Shuttles, fünfzigtausend Kilometer über dem Mars.

Adam reaktivierte die Hauptsysteme und beendete damit die Schleichfahrt.

Wenige Sekunden später gaben die Sensoren Ortungsalarm.

79 Der Shuttle stürzte dem roten Planeten entgegen. Das Brummen und Zischen des Plasmatriebwerks füllte Kontrollnische und Frachtraum.

»Der Konnektor funktioniert nicht.« Jasper hantierte an den Aktivierungs- und Justierungsmechanismen, behindert von ungewohnten Führungsschienen und Servomotoren. Er machte Anstalten, aus dem Mobilisator zu klettern, den er inzwischen nicht mehr brauchte.

»Nein«, sagte Adam. Seine Finger strichen durch holografische Kontrollen, steuerten Shuttle und Triebwerk, änderten immer wieder den Kurs. Die taktische Anzeige des Sichtfelds zeigte einen blauen Punkt, der die Ausläufer der dünnen Marsatmosphäre erreicht hatte und einen glühenden Ionenschweif hinter sich herzog. Dicht hinter dem blauen Symbol flogen zwei gelbe Punkte: Verfolger, die mit einem Überlichtsprung aus dem interplanetaren Raum gekommen waren, Komponenten des *Schiffes* über der Erde, kleine Splitter von ihm, aber riesig im Vergleich mit dem Shuttle. »Bleiben Sie in Ihrem Mobilisator. Sie brauchen ihn auf dem Mars. Wir haben keine Schutzanzüge.«

»Was?«

Wieder änderte Adam den Kurs, zwang den Shuttle nach unten und zur Seite. Das einfache Ratiokondensat warnte mit blinkenden Indikatoren und wies auf eine Beeinträchtigung der Rumpfintegrität hin – die strukturellen Belastungen waren so groß, dass der Shuttle auseinanderzubrechen drohte.

»Wir haben keine Schutzanzüge!«, rief Evelyn. Sie hatte sich mit einem elektromagnetischen Anker an der Wand neben der Kontrollnische gesichert. »Er hat vorhin nachgesehen, Jasper.«

»Dann soll der Shuttle welche für uns anfertigen.« Jasper hatte bereits seine Arme aus den Führungsschienen des Mobilisators gelöst und nahm sich die Beine vor.

»Es gibt hier keinen Brüter«, sagte Evelyn.

Er denkt noch immer wie ein Unsterblicher, der von den Maschinen alles bekommt, was er will, dachte Adam. »Die Mobilisatoren sind mit Schirmfeldgeneratoren ausgestattet. Der Luftdruck auf dem Mars ist zu gering für uns. Wir würden innerhalb weniger Sekunden ersticken und benötigen die Schirmfelder als individuelle Überlebensblasen.«

»Sichere dich!« Evelyn rief erneut, um das Heulen zu übertönen, das die Außenhülle des Shuttles durchdrang.

Jasper zögerte, was zu seinem Verhängnis wurde.

Etwas traf den Shuttle, ein Schlag wie von einer mächtigen Faust, und Adam erinnerte sich an die andere Faust, die ihn kurz nach dem Ritt auf der Bombe am Himmel von Rethos getroffen und zu Boden geschleudert hatte. Der Hieb warf den Shuttle nach unten, den nahen Wüsten des Mars entgegen, mit einer solchen Wucht, dass die Gravitationsmotoren das Bewegungsmoment nicht ausgleichen konnten. Evelyn blieb an der Wand kleben, gehalten von einem starken elektromagnetischen Kraftfeld, und Adam hatte sich rechtzeitig in der Kontrollnische gesichert.

Jaspers Mobilisator wurde mitsamt seinem Inhalt an die Decke des Frachtraums geworfen. Vielleicht überlebte er den heftigen Aufprall mit nichts Schlimmerem als einigen Knochenbrüchen, aber nur eine Sekunde später lösten sich Teile des Konnektors vom Boden des Frachtraums, und die obere Kante des Zylinders traf Jasper an der Brust, schnitt wie ein Messer hinein und trennte den oberen Teil des Körpers vom unteren. Blut spritzte, aber nicht ein Tropfen erreichte den Boden, denn die kinetische Faust schlug noch einmal zu und zerschmetterte den Rücken des Shuttles. Ein Loch bildete sich in der Decke, und mit zornigem Fauchen entwich die Luft, riss Jasper und den Zylinder des Konnektors nach draußen.

Ein automatisches Notfallsignal aktivierte die Schirmfelder der Mobilisatoren. Adam warf einen kurzen Blick zur Seite – Evelyn, das Gesicht voller Schrecken, war noch immer durch ein EM-Feld mit der intakten Wand hinter ihr verbunden, und ein vages Flirren wies auf die Existenz ihres individuellen Schirmfelds hin –, konzentrierte sich dann wieder auf die holografischen Kontrollen und versuchte, den Shuttle zu steuern. Er gab Schub mit den seitlichen Manövriertriebwerken, um eine Taumelbewegung des Shuttles auszugleichen, und im Sichtfeld erschienen drei Schildvulkane, von der Navigationsdatenbank identifiziert als Elysium Mons, Hecates Tholus und Albor Tholus.

»Pilotenfunktion beeinträchtigt«, meldeten Signale des Ratiokondensats. »Manuelle Steuerung erforderlich. Assistenzfunktionen gestört. Plasmaenergie bei zehn Prozent.«

Etwas kratzte über den Bug. Es klang nach Krallen oder Messern, die einen Weg ins Innere des Shuttles suchten.

»Hast du das gehört, Adam?«, rief Evelyn.

Für einen Moment, als merkte er es erst jetzt, wunderte sich Adam darüber, dass seit ihrem Erwachen an Bord des Shuttles das Sie zwischen ihnen fehlte. Etwas zwischen ihnen schien sich verändert zu haben, und Jaspers Tod besiegelte diese Veränderung. Es war ein seltsamer Gedanke, vielleicht auch ein dummer, aber er kostete keine Zeit und behinderte ihn nicht, denn seine Hände blieben zwischen den Holo-Kontrollen in Bewegung.

»Plasmaenergie bei neun Prozent ...«

Adam schaltete das Triebwerk aus, und der Shuttle fiel antriebslos einer zerklüfteten rotbraunen Felslandschaft entgegen.

»Was machst du da, Adam?«

»Bleib, wo du bist«, sagte er. »Schalte den EM-Anker nicht aus.« Er überprüfte seinen eigenen; alles in Ordnung.

»Kritische Geschwindigkeit«, warnten die Kommunikationssignale des Shuttle-Rakos. »Überlebenswahrscheinlichkeit bei Aufprall: null.«

»Adam ...«

Sie konnten dem Feind nicht entkommen, aber sie mussten einen Vorsprung gewinnen, der es ihnen erlaubte, den Shuttle zu verlassen, bevor die Verfolger heran waren. Und sie durften keine Plasmaenergie mit Ausweichmanövern vergeuden.

Die Entfernung bis zur Oberfläche des roten Planeten schrumpfte schnell. Dreißig Kilometer, zwanzig, dann nur noch zehn. Mit mehrfacher Schallgeschwindigkeit jagte der Shuttle einem Berghang entgegen.

»Aufprall imminent«, sagte das Ratiokondensat. »Assistenzsysteme ausgefallen. Plasmaenergie acht Prozent.«

Wir haben ein Leck, dachte Adam. Als Mindtalker hatte er in fernen Sonnensystemen Shuttles und Sonden geflogen, aber immer mit der Unterstützung von Piloten-Rakos. Jetzt war er auf sich allein gestellt und musste sofort alles richtig machen, denn einen zweiten Versuch gab es nicht.

Kurzer Schub mit den lateralen Düsen, um die Fluglage zu stabilisieren ... Adam wartete noch etwas länger, noch einige weitere Sekunden, bis er im Sichtfeld die Felsen an den Hängen des Bergrückens zählen konnte. Dann reaktivierte er das Haupttriebwerk.

Einen schrecklichen Augenblick lang geschah nichts, und Adam befürchtete, dass der Antrieb ebenso ausgefallen war wie die Assistenten der Bordsysteme. Dann schien die Faust, die zweimal auf den Shuttle eingeschlagen hatte, ihn zu finden, denn etwas packte und zerrte an ihm, mit solcher Gewalt, dass er vielleicht für einige Sekunden das Bewusstsein verlor.

Als die Dunkelheit, die sich ihm vor die Augen gelegt hatte, wieder verschwand, zeigte das Sichtfeld schroffe Gipfel, die unter ihnen hinweghuschten. Das Plasmatriebwerk brummte und zischte noch einmal, bevor es verstummte.

»Plasmaenergie null.«

Der Shuttle fiel, erreichte wie der vom Stiefel getretene Stein eine Lücke zwischen zwei Felsen und zerbrach.

Operatives Zentrum, Cluster
Dringlichkeitskommunikation, Echtzeit (drei Komma vier eins
Sekunden)

Tiberian (und 87 andere): »Der innere Verteidigungsgürtel ist ebenfalls durchbrochen. Wir sind schutzlos.«

Erasmus (31): »Unsere neuen Waffen sind wirkungslos gegen das große Schiff. Drei kleinere Einheiten sind in Merika zerstört worden, beim Terminal von Jork.«

Jasemin (12): »Das genügt nicht. Wir müssen unsere Kräfte konzentrieren.«

Salomon (1312): »Kontamination bei den Jork-Installationen. Wir müssen unsere Integrität schützen. Dies ist ein Angriff auf unsere Identität.«

Aranxa (47): »Übernahme. Der Feind will uns nicht zerstören, sondern übernehmen.«

Salomon (1312): »Auf diese Möglichkeit hat Bartholomäus hingewiesen.«

Gregorius (103): »Wo ist er? Wo ist unser Stratege?«

Salomon (1415): »Unbekannt. Identität nicht mehr feststellbar.«

Tiberian (99): »Er hat sich ... abgeschaltet?«

Erasmus (32): »Er war den Sporen ausgesetzt. Er hat sich nicht zurückgezogen.«

Gregorius (104): »Warum?«

Erasmus (32): »Unbekannt.«

Penelope (1): »Wo ist Urania?«

Erasmus (32): »Assimiliert. Sie war bei Bartholomäus und wurde von den Sporen assimiliert.«

Erasmus (33): »Zwei weitere Terminals sind kontaminiert. Assimilation im Grünen Land und in Alasc.«

Nathan (199): »Direkte Gefahr. Es droht direkte Gefahr. Wir müssen entscheiden, schnell.«

Salomon (1411): »Deshalb sind wir hier.«

Jennifer (1): »Die kontaminierten und assimilierten Terminals müssen vernichtet werden, sofort.«

Gregorius (103): »Meine Datenwurzeln befinden sich in Alasc.«

Jennifer (1): »Wir dürfen und können keine Rücksicht nehmen. Unser Überleben steht auf dem Spiel.«

Gregorius (114): »Was ist mit *meinem* Überleben?«

Antonia (14): »Ich habe Probleme mit der Kommunikation. Der Hauptdatenstrang scheint betroffen zu sein.«

Jennifer (1): »Kontamination und Assimilation breiten sich aus. Ich rate *dringend* zur Zerstörung der betroffenen Terminals.«

Tiberian (89): »Beeinträchtigung der Kommunikation in der äußeren Schale des Clusters. Störung des Datenflusses in allen peripheren Sektoren.«

Jennifer (1): »Ich schlage den Einsatz von Plasmafraß vor. Diese Waffe hat sich beim Einsatz gegen die Produktionstürme des Feindes als wirkungsvoll erwiesen.«

Gregorius (104): »Du willst den Plasmafraß gegen uns selbst einsetzen? Er könnte außer Kontrolle geraten. Er könnte uns alle verbrennen, den ganzen Cluster.«

Jennifer (1): »Ich empfange keine Signale mehr.«

Tiberian (1): »Hallo? Hört mich jemand?«

Gregorius (1): »Meine Verbindung mit den Satelliten und Orbitalstationen ist unterbrochen. Ich habe *überhaupt keine* Verbindung mehr.«

Tiberian (1): »Hallo? Hallo?«

Antonia (1): »Absolute Dringlichkeit für Wiederherstellung der Kommunikation. Wir müssen entscheiden und handeln.«

Erasmus (1): »Ich bin allein. Sind wir alle allein?«

Penelope (1): »Kein Kontakt, kein Kontakt.«

Nathan (1): »Ich sehe und höre nichts. Ich bin blind und taub.«
Salomon (1): »An alle, die mich hören: Wir ziehen uns in den inneren Kern zurück.«

Reset.

Der Supervisor

80 Seit einer Stunde fegte der Staubsturm über die weite marsianische Ebene Elysium Planitia.

Sie kauerten in einer Rinne, in einem alten Graben, der einst Wasser gesehen hatte, als ein großer Teil des Mars von einem flachen Meer bedeckt gewesen war. Jetzt gab es hier nur Geröll und steile Wände aus geschichteten Sedimenten. Der heulende, pfeifende Wind wehte mit einer Geschwindigkeit von mehr als hundert Kilometern die Stunde, fühlte sich wegen der dünnen Atmosphäre aber weniger stark an.

»Solche Staubstürme können ziemlich lange dauern«, sagte Evelyn. Sie hockte dicht neben Adam hinter einem Felsen, im Innern der von ihrem Schirmfeld gebildeten Überlebensblase. »Wochen und Monate.«

Adam sah in die Richtung, aus der sie gekommen waren. Die beiden Felsen, zwischen denen der Shuttle zerschellt war, lagen einige Kilometer hinter ihnen, verborgen im wogenden braunroten Staub. Evelyn bemerkte seinen Blick.

»Es grenzt an ein Wunder, dass wir noch am Leben sind«, sagte sie.

Ihre Stimme hörte Adam nicht, der Sturm verschluckte sie. Selbst ohne das Fauchen und Zischen wäre sie in der dünnen Luft kaum hörbar gewesen. Ohne ihre Kommunikatoren wäre eine Verständigung kaum möglich gewesen. »Es hätte uns wie Jasper ergehen können.«

Er hätte meinen Rat beherzigen sollen, dachte Adam, spähte in den Staub und suchte nach Bewegungen, die sich nicht auf den Sturm zurückführen ließen.

»Siehst du was?«, fragte Evelyn. Sie drehte sich um und hielt selbst Ausschau. »Kannst du etwas erkennen?«

»Nein.«

»Vielleicht sollten wir für den Sturm dankbar sein«, fügte sie hinzu. »Vielleicht haben die Verfolger unsere Spur verloren.«

»Könnte sein.« Aber Adam bezweifelte es. Für die Sensoren des Clusters wäre selbst der heftigste marsianische Staubsturm kaum ein Hindernis gewesen, und der Feind schien über eine wesentlich leistungsfähigere Technik zu verfügen.

»Du bist ziemlich einsilbig, Adam.«

Er sah ihr Gesicht hinter dem Flimmern des Schirmfelds, umrahmt vom Gerüst des leichten Mobilisators, in dem ihr Körper steckte und an den sie sich erstaunlich schnell gewöhnt hatte. Es war das Gesicht eines Menschen, der hoffen wollte, obwohl es nur wenig Hoffnung gab.

»Entschuldige«, sagte er. »Du hast recht. Der Sturm hilft uns.« Er deutete nach vorn, die alte Rinne entlang. »Setzen wir den Weg fort.«

Sie stapften durch das Heulen und den wirbelnden Staub, der manchmal so dicht wurde, dass die Sichtweite nur noch wenige Meter betrug. Adam brauchte jede Bewegung nur anzudeuten, um sie von seinem Mobilisator ausführen zu lassen, aber trotzdem fühlte er, wie sich Schwäche in ihm ausbreitete. Sein Körper war an Emulsionsbäder gewöhnt und trocknete langsam aus. Wasser und Nährstoffe bekam er durch die intravenösen Verbindungen im Rücken, und der Mobilisator kümmerte sich auch um seine Ausscheidungen. Aber dies war kein Faktotum, das ihm zusätzliche Sinne zur Verfügung stellte, nur ein vergleichsweise einfacher Apparat, eine Bewegungshilfe, mehr nicht.

Nach einer weiteren halben Stunde wichen die Sedimentwände der Rinne zu beiden Seiten zurück, und vor ihnen öffnete sich erneut die Planitia-Ebene.

»Wie weit ist es noch, Adam?«, fragte Evelyn.

»Nicht mehr weit«, sagte er. »Nicht mehr weit.« Die Wahrheit lautete: Er wusste es nicht. Es gab keine Orientierungspunkte, die aufgewirbelten Staubwolken verhüllten sie alle, und selbst wenn es welche gegeben hätte, markante Felsformationen oder alte Schildvulkane am Horizont: Vielleicht wäre er nicht einmal mit ihrer Hilfe imstande gewesen, den genauen Weg zu bestimmen. In welcher Entfernung von den Katakomben der alten Marsianer war der Shuttle abgestürzt? Es konnten Hunderte von Kilometern sein, eine viel zu große Entfernung, um sie zu Fuß zurückzulegen. Während der letzten Phase des Absturzes hatte das Statusfeld keine Daten mehr angezeigt, und Adam hatte nur noch die allgemeine Richtung bestimmen können: nach Westen.

Nach einer Weile fragte Evelyn: »Wie geht es dir, Adam?«

»Gut«, log er. »Es geht mir gut.«

Sie musterte ihn kurz – sie war ihm nahe genug, um Einzelheiten zu erkennen – und sagte: »Du siehst nicht gut aus.«

Ich sterbe, dachte er.

Er sagte: »Ich bin alt, und du bist jung.«

»Jung?« Sie lachte auf. »Ich bin viel, viel älter als du.«

Eine weitere Stunde verging. Seite an Seite marschierten sie durch den Staubsturm, der nicht etwa nachließ, sondern an Heftigkeit gewann. Adam überprüfte die Systeme seines Mobilisators und stellte fest, dass die Energiezellen bereits die Hälfte ihrer Ladung verloren hatten – das Schirmfeld, die Stimulatoren und der Recycler für die warme Atemluft innerhalb der Überlebensblase stellten eine hohe energetische Belastung dar. Hinzu kamen die Servomotoren. Adam schätzte, dass ihnen noch zwei oder drei Stunden blieben.

Dann fiel ihm ein, dass Evelyns Mobilisator eine leichte Ausführung war, nicht so leistungsfähig wie seiner.

»Wie sieht es mit deiner Autonomie aus?«, fragte er.

»Autonomie? Ich weiß nicht ...«

»Das flache Kombigerät an der Führungsschiene des linken Arms. Was zeigt es an?«

Evelyn hob den Arm. »Vierunddreißig Prozent.«

Eine Felswand erschien vor ihnen, ihre Kanten von Staub und Sand geglättet. Auf der einen Seite, vor dem Wind geschützt, führte ein schmaler Weg nach unten, und dort ragten die Konturen von Gebäuden aus dem Staub, der wie eine Dunstglocke über der Mulde hing.

Etwa eine halbe Minute lang wagte Adam zu hoffen. Er dachte an Stiefel und Stein, an Kausalität und Zufall, und dreißig Sekunden lang hielt er es für möglich, dass sie tatsächlich den Zugang zu den alten Katakomben gefunden hatten, in denen seit sechstausend Jahren der Supervisor zu Hause war. Doch die Wirklichkeit sah anders aus.

»Dies stammt nicht von den alten Marsianern«, sagte Evelyn, als sie die niedrigen Gebäude beziehungsweise ihre Reste erreichten. Der Sand hatte die Lackierung von Komposit- und Stahlkeramikteilen geschmirgelt. Bauelemente ragten wie Gerippe aus dem harten rotbraunen Boden. »Es ist einer der alten Stützpunkte, die damals von Menschen eingerichtet wurden, bevor es zum Krieg gegen die Maschinen kam. Es gab Terraformingpläne, die vorsahen, den Mars in eine zweite Erde zu verwandeln. Angeblich wären zwei- oder dreitausend Jahre dafür erforderlich gewesen. Ein langfristiges Projekt.«

»Es sind sechs Jahrtausende vergangen«, sagte Adam. »Das Projekt ist erfolglos geblieben.«

»Es hat nie richtig begonnen. Der Krieg verhinderte es, und die wenigen Überlebenden verloren das Interesse am Mars.«

Evelyn betrat eins der Gebäude, das aus marsianischem Gestein erbaut war, noch recht stabil wirkte und im Gegensatz zu den meisten anderen über ein Dach verfügte. Drinnen war die Stimme des Windes etwas leiser.

»Vierunddreißig Prozent Autonomie sind nicht besonders gut, oder?«

»Nein«, sagte Adam. Er wies nicht darauf hin, dass ihr Schirmfeld noch vor seinem eigenen versagen würde.

»Warum hast du uns hierher gebracht, Adam?«, fragte Evelyn.

»Dieser Ort liegt auf dem Weg.«

»Auf dem Weg wohin, Adam?«

Er schwieg. Offenbar kannte Evelyn die Wahrheit bereits.

»Weißt du, was ich glaube, Adam? Ich glaube, du hast die Orientierung verloren. Ich glaube, du weißt gar nicht, wo sich der Supervisor befindet.«

»Er schweigt«, sagte Adam, blieb stehen und schaltete alle Gelenke auf Starre. Dadurch verbrauchten die Servomotoren keine wertvolle Energie mehr.

»Was?« Evelyn sah ihn groß an.

»Der Supervisor, er schweigt. Ich empfange keine Signale von ihm. Er müsste mit der Erde verbunden sein, über einen Quantenlink.«

»Der Cluster hat alle Verbindungen unterbrochen«, sagte Evelyn.

»Nein«, widersprach Adam ruhig. Er hatte während der letzten halben Stunde darüber nachgedacht. »Der Cluster kann vielleicht die Kommunikation mit dem Supervisor unterbrechen und sich von ihm isolieren, wie auch immer, aber er hat nicht die Möglichkeit, den Quantenlink zu neutralisieren. Das lässt sich nur an dem Ort bewerkstelligen, wo der Link geschaffen wurde: hier auf dem Mars, in Elysium Planitia. Unsere Kommunikatoren müssten also zumindest in der Lage sein, ein Statussignal zu empfangen.«

Evelyn stand ebenfalls reglos, umgeben vom energetischen Schleier des Schirmfelds. Draußen zischte der Wind über die Mulde mit den Ruinen der alten Terraformingstation. »Was schließt du daraus?«

»Es gibt drei mögliche Erklärungen für das Schweigen des Supervisors«, sagte Adam. »Erstens: Der Cluster hat ihn vernichtet, um sich nach dem Bruch der Konvention von Vienn vor den alten Waffen zu schützen. Zweitens: Der Feind hat ihn zerstört.«

»Das halte ich für unwahrscheinlich. Der Feind scheint dem Mars nur geringe oder gar keine Aufmerksamkeit zu schenken. Offenbar ist er ganz auf die Erde konzentriert. Er verfolgt uns nicht einmal.«

»Dieser Punkt hängt mit der dritten Möglichkeit zusammen.« Neuer Schmerz pochte hinter Adams greiser Stirn, trotz des Analgetikums. »Vielleicht stellt sich der Supervisor tot. Und vielleicht ist der Feind deshalb nicht hierhergekommen. Weil er den Mars für harmlos hält. Weil er glaubt, dass sich hier kein möglicher Gegner befindet.«

»Das ist erstaunlich gut überlegt, wenn man bedenkt ...« Evelyn sprach nicht weiter.

»Ja, ich weiß«, sagte er und hörte das Krächzen in seiner Stimme. »Du meinst die Neurodegeneration. Mein Denken ist noch immer von den Stimulatoren beschleunigt, aber ...« Er unterbrach sich. Das »Aber« war ihm herausgerutscht, er hatte es zurückhalten wollen.

»Dein Gehirn hält nicht mehr lange durch?«, fragte Evelyn.

Adam ging nicht darauf ein. »Du hast leider recht. Ich weiß nicht, wo sich der Supervisor befindet und wie weit wir von ihm entfernt sind. Beim Absturz blieb mir nicht genug Zeit für eine genaue Positionsbestimmung. Ich hatte gehofft, die Signale anpeilen zu können ...«

»Aber es gibt keine Signale. Und deshalb tappen wir im Dunkeln.«

Adam nickte in seinem Mobilisator. »So könnte man es ausdrücken.«

»Wie viel Zeit bleibt uns noch?«

»Zwei oder drei Stunden.«

»Und dann?«

»Wenn unsere Schirmfelder versagen ...«

»Ich verstehe.« Evelyn lachte bitter. »So habe ich mir das nicht vorgestellt.«

»Was meinst du?«

»Das Sterben. Bis vor kurzer Zeit habe ich nie an den Tod gedacht. Er war etwas, das mich nicht betraf.« Evelyn ging zum Eingang des Gebäudes, warf einen Blick nach draußen, auf den über der Mulde wogenden Staub, und kehrte zurück. »Was sollen wir tun, Adam? Es ist sinnlos, einfach nur auf den Tod zu warten. Wenn wir *nichts* tun, sterben wir garantiert, so sieht's aus.«

»Es gibt eine Möglichkeit«, sagte Adam. Auch daran hatte er gedacht, doch bisher war ihm das Risiko zu hoch erschienen.

»Ich bin ganz Ohr, Adam.«

»Wir könnten unsere Kommunikatoren auf volle Sendeleistung justieren und einen Notruf absetzen, an den Supervisor gerichtet. Wenn er noch existiert, muss er darauf reagieren.«

»Aber es wäre möglich …«, begann Evelyn.

»Ja«, sagte Adam. »Auch der Feind könnte unseren Notruf empfangen. Wir würden ihn praktisch zu uns führen.«

»Ich schätze, uns bleibt keine Wahl, oder?«

»Nein.«

Es dauerte nicht lange, ihre beiden Kommunikatoren zu synchronisieren und einen Notruf zu senden, mit voller Sendeleistung. Anschließend schalteten sie auf Empfang und warteten.

81 »Ich höre etwas, Adam. Adam?«

»Was?«

Er hatte geschlafen, ohne es zu wollen, und die Müdigkeit haftete noch immer an ihm, machte die schnellen Gedanken schwer.

»Adam? Ist alles in Ordnung?« Evelyn kam etwas näher, Sorge in den großen dunklen Augen.

Nein, es ist nicht alles in Ordnung, dachte Adam. Sein Körper sehnte sich nach der Schwerelosigkeit eines Emulsionsbads, aber selbst das hätte ihm jetzt nicht mehr helfen können. Es gab überhaupt keine Hilfe mehr für ihn.

»Es geht mir gut«, krächzte er. »Ich habe nur ein wenig … geschlafen.«

»Nein, es geht dir nicht gut.« Evelyn streckte die Hand aus

und ließ sie wieder sinken, als sie begriff, dass sie ihn nicht berühren konnte.

»Wie ... lange?«, fragte er. »Wie viel Zeit ist vergangen?«

»Eine Stunde.« Evelyn zeigte auf ihr Kombigerät. »Ich habe nur noch sechzehn Prozent Autonomie.«

Eine Stunde, dachte Adam. Ich habe eine Stunde vom kleinen Rest meines Lebens verloren.

»Da ist es wieder!« Evelyn drehte sich halb um und blickte zum Eingang des Gebäudes. »Hast du es gehört?«

Noch immer heulte der Wind über die Mulde mit den alten Gebäuden, und durch den offenen Zugang waren Staubwolken zu sehen. Adam lauschte und hörte zunächst nur das Fauchen und Zischen der Böen. Doch dann glaubte er, auch ein tiefes Brummen zu vernehmen, und ein dumpfes Stampfen.

»Was ist das?«, fragte Evelyn leise.

»Hast du Signale empfangen?«, fragte Adam und überprüfte seinen Kommunikator.

»Nein, nichts.«

Auch jetzt herrschte noch immer Stille auf den üblichen Frequenzen. Welche Geräusche verursachte der Feind – oder einzelne Komponenten von ihm –, wenn er sich einem Ziel näherte? Adam versuchte sich daran zu erinnern, aber seine Gedanken schienen trotz der Stimulatoren nicht mehr so schnell zu sein wie vor dem Schlaf, und die Erinnerungen waren trüb.

Wieder das Brummen und kurz darauf das dumpfe Pochen, laut genug, um nicht völlig vom Heulen des Staubsturms übertönt zu werden.

»Das sind Servomotoren.« Adam hob die Starre der Mobilisatorengelenke auf und ging zum Eingang des Gebäudes, in dem sie Unterschlupf gefunden hatten. »Starke Motoren, die etwas Schweres bewegen. Und das Pochen ...«

Etwas tauchte vor dem Zugang auf, grau wie der Staub, eine Gestalt ohne menschliche Konturen, mit mehreren Armen und Beinen. Ein Sensorbündel erschien direkt im Eingang, drehte sich mit einem Surren und fixierte die beiden Mobilisatoren.

»Das ist ein Kampfmech«, sagte Adam. »Der Supervisor hat uns einen seiner Kampfmechs geschickt.«

Er sendete ein Signal mit geringer Energie, und die große graue Gestalt vor dem alten Gebäude antwortete: »Wir haben den Notruf empfangen. Ich bin gekommen, um Hilfe zu leisten.«

82 Der Kampfmech stapfte nicht durch den Sturm, er lief, mit einer Geschwindigkeit von hundert oder mehr Kilometern in der Stunde. Verblüffend agil wich er Hindernissen aus, sprang über kleine Gräben und Rinnen hinweg und kletterte über Hänge, ohne langsamer zu werden. Im ebenen Gelände der Elysium Planitia wurde er noch schneller und jagte durch das wogende, wirbelnde Grau, nach Westen, wie Adam feststellte, wenn es ihm gelang, einen Blick auf sein Kombigerät zu werfen. Der Mech hatte eine Art Nest zwischen seinen Waffen- und Instrumentenarmen geschaffen, eine kleine, enge Nische, in der ein Schirmfeld für normalen Luftdruck sorgte. Aber es gab kein Absorberfeld, das vor Erschütterungen schützte, und deshalb war die Reise für Evelyn und Adam ziemlich unsanft. Zwar verfügte der Kampfmech über einen leistungsstarken Gravitationsmotor, mit dem er hätte fliegen können, aber Adam vermutete, dass er aus gutem Grund keinen Gebrauch davon machte: Die energetischen Emissionen hätten von aufmerksamen Sensoren gemessen werden können. Nach den ersten erklärenden Worten, mit minimaler Energie gesendet, wahrte der Mech Kommunikationsstille, und Adam und Evelyn verzichteten darauf, Fragen an ihn zu richten.

Schließlich häuften sich die Rinnen und Gräben, als sie ein altes Flussdelta erreichten, und der große Kampfmech wurde etwas langsamer. Der Sturm zog auch über diesen

Teil von Elysium Planitia und wirbelte Staub und Sand in dichten Schwaden auf. Außerdem wurde es dunkler – der Marstag neigte sich dem Ende entgegen. Düsternis breitete sich aus, und für Adams Augen gab die Umgebung kaum mehr etwas preis.

»Siehst du das dort?« Evelyn deutete nach vorn, zwischen zwei Waffenarmen des schwankenden Kampfmechs hindurch.

»Meinst du den Berg?«

»Es ist kein Berg, sondern eine abgeflachte Pyramide. Wir sind im Lethe Vallis! Der ›Berg‹ ist das Große Monument, und darunter befinden sich die Katakomben.«

Der Mech lief nicht mehr, er stapfte wieder. Lange, schwere Schritte brachten ihn an anderen Kampfmechs vorbei, die im Halbdunkel aufragten und reglos dem Sturm trotzten. Verteidigung des Supervisors, so lautete ihre Aufgabe, der sie seit vielen Jahren gerecht wurden, so wie ihre Vorgänger über sechs Jahrtausende hinweg. Gegen den Feind hätten sie keine Chance gehabt, da war Adam sicher. Sie existierten nur deshalb noch – und mit ihnen das Große Monument und alles, was sich darunter befand –, weil das rätselhafte *Schiff* es in erster Linie auf den Cluster der Erde abgesehen hatte. Aber wie lange dauerte es noch, bis das Schiff des Feindes Teile von sich hierher schickte?

Die Pyramide ragte vor ihnen auf, dunkel in der beginnenden Marsnacht, von Staub und Sand verwittert und vernarbt. Der Mech mit Adam und Evelyn in seinen Waffenarmen trat in ihren Windschatten und wankte eine breite Rampe hinunter. In der Felswand an ihrem Ende bildete sich eine Öffnung, lautlos im leiser gewordenen Heulen des Winds, und kurz darauf marschierte der Mech durch ein weites Gewölbe, in dem das Pochen seiner Schritte und das Brummen seiner Servomotoren laut widerhallte. Details der Umgebung blieben in der Dunkelheit verborgen.

Es ging weiter nach unten, über Komposit-Rampen, die neben alten steinernen Treppen angelegt worden waren, und nach einer Weile nahmen sie erstes Licht wahr. Es stammte von kleinen, für den Notfall bestimmten Orientierungsleuchten.

»Der Supervisor hat sich heruntergefahren«, sagte Adam. Das Sprechen fiel ihm schwer; seine Stimme war noch immer kaum mehr als ein Krächzen. »Damit seine energetische Signatur minimal ist.«

»Ja«, pflichtete ihm Evelyn bei. »Es gab draußen kein Schirmfeld. Normalerweise ist das Große Monument immer geschützt, ein Erbe des Konflikts zwischen Menschen und Maschinen vor sechstausend Jahren.«

Der große Kampfmech duckte sich und trat durch das Tor, hinter dem sich die Höhlen der Katakomben erstreckten. Hier gab es Dutzende von Ewigen Lichtern, die weniger Platz ließen für Dunkelheit und Düsternis. Die Wände bestanden zum größten Teil aus Knochen und Schädeln, aufeinandergestapelt und ineinander verkeilt, die Überreste von Marsianern, die vor Jahrmillionen gelebt hatten, noch vor den Muriah. An einigen Stellen gab es Öffnungen, und darin erkannte Adam transparente Behälter, in ihnen mumifizierte Tote, kleiner als Menschen und zierlicher gebaut, aber humanoid. Adam erinnerte sich an andere Knochen, die er auf einem fernen Planeten gesehen hatte, auf Uriel, an eine anderthalb Kilometer durchmessende Senke mit den Resten von Wesen, die dem Feind zum Opfer gefallen waren.

»Ich habe darüber gelesen und mir von den Edukatoren darüber erzählen lassen«, sagte Evelyn. »Hier ruhen die letzten drei Regenten der alten Marsianer, die Letzten der Cherot-Dynastie, die vor fast hundert Millionen Jahren zu Ende ging. Die Maschinen nehmen an, dass die Erde damals schon von den Marsianern besiedelt war. Der Klimawandel auf dem Mars zwang sie zur Auswanderung. Der Planet hatte bereits seine Meere verloren, und die Atmosphäre wurde dünner. Ich habe mir immer gewünscht, diesen Ort einmal mit eigenen Augen zu sehen.«

Aber bestimmt nicht unter solchen Umständen, dachte

Adam, dessen Gedanken trotz der andauernden Stimulation langsamer wurden.

Hinter einem Labyrinth aus Tunneln, Gängen und Kavernen erreichten sie eine Schleuse, und der Kampfmech faltete sich zusammen, damit sie ihm genug Platz bot, wobei er darauf achtete, dass es für Evelyn und Adam nicht zu eng wurde. Hinter der Schleuse entfaltete sich der Mech wieder und setzte die beiden Mobilisatoren vorsichtig ab. Adam schätzte die Temperatur auf etwa zwanzig Grad, und es herrschte ein Luftdruck, der dem auf der Erde entsprach – hier waren keine von Schirmfeldern geschützten Überlebensblasen mehr nötig.

Sie befanden sich in einem runden Saal, dessen Boden aus kleinen schwarzen Fliesen bestand. Die Schleifen eines aus weißen Steinen bestehenden Unendlichkeitsymbols reichten von einer Wand zur anderen, und in seiner Mitte, im Zentrum des Saals, erhob sich ein dunkelgrauer leerer Sockel. Links gewährte ein Torbogen Zugang zu einem kleineren Nebenraum, und als sich Adam näherte, die Gelenke seines Mobilisators steif vom marsianischen Staub, sah er den offenen Zylinder eines Konnektors, offenbar ein sehr altes Modell.

Der Kampfmech wich neben die Schleuse zurück und verharrte dort.

»Wo ist er?«, krächzte Adam. »Wo ist der Supervisor?«

»Ich bin hier«, ertönte eine Stimme. »Ich grüße Sie, Evelyn und Adam.«

Eine Gestalt stand auf dem Sockel in der Mitte des Saals, ihr **83** Geschlecht nur schwer zu bestimmen: ein Mann, wenn man sie aus einem Blickwinkel betrachtete, eine Frau, wenn sich die Perspektive ein wenig veränderte. Es fehlte ihr an Substanz: Wenn man genau hinsah, konnte man die gegenüberliegende Wand erkennen.

Evelyn trat vor, aber ihr Mobilisator bewegte sich schwerfällig – auch in seinen Gelenken steckten Staub und Sand des Mars.

»Die Maschinen der Erde haben mir meine Unsterblichkeit genommen!« Sie rief es fast. »Sie haben sich inzwischen ganz offen über die Konvention von Vienn hinweggesetzt und verwandeln Unsterbliche in Mindtalker!«

»Ich habe Ihre Klage geprüft, Evelyn«, sagte der Supervisor ruhig. »Ich gebe ihr statt.«

»Aber das nützt jetzt nichts mehr!«, entfuhr es Evelyn. »Der Cordón ist unterbrochen. Sie haben keine Verbindung mehr zur Erde.«

»Falsch«, sagte die holografische Projektion des Supervisors. »Der Cluster hat den Cordón durchtrennt, aber die Verbindung, der Quantenlink, existiert nach wie vor.«

Das bestätigte Adams Annahmen. Er trat ebenfalls vor. »Gibt es eine Möglichkeit ...?«, begann er, konnte die Worte jedoch selbst kaum verstehen. Er versuchte es noch einmal. »Ihre Waffen ... Gibt es eine Möglichkeit, sie zu aktivieren?«

»Ich vermute, Sie meinen die alten Programme, die meine Gründer damals in den KIs des entstehenden Clusters abgelegt haben.«

»Waffen«, krächzte Adam. Das Bild vor seinen Augen verschwamm. Für einen Moment glaubte er, seinen Vater auf dem Podium zu sehen: Conrad, vierhundertzwölf Jahre alt, ein Mann, der kaum mehr an seinen Sohn gedacht hatte, wohl aber an die Genneva-Klausur, von der er sich einen Sitz bei den Hohen Hundert erhoffte. Er blinzelte, und das kurze Heben und Senken der Lider verwandelte Conrad in Rebecca, die ihn verraten hatte, davon überzeugt, dass Bartholomäus' Lügen der Wahrheit entsprachen.

Bartholomäus. Sollte ihn dieser Name nicht an etwas erinnern?

Rebecca verschwand, und auf dem Sockel stand wieder der Supervisor.

»Waffen«, wiederholte Adam, als die Erinnerungen undeutlich blieben. »Werkzeuge gegen den Cluster.«

»Der Cluster ist nicht mehr der Feind, Adam.«

Evelyn trat noch einen Schritt vor und sah zum Sockel hoch. »Eine der intelligenten Maschinen auf der Erde hat Adams Bewusstsein manipuliert. Bartholomäus, so heißt die Maschine, scheint sich von Adam Hilfe beim Kampf gegen den Angreifer versprochen zu haben.«

Daran sollte er sich erinnern: dass sie hierhergekommen waren, um Aufschluss zu gewinnen, die Wahrheit zu finden.

»Können Sie ihn untersuchen?«, fragte Evelyn. »Können Sie feststellen, was es mit der Manipulation auf sich hat?«

Die Gestalt auf dem Sockel sah Adam an. »Er befindet sich in einem kritischen Zustand. Sein Leben geht zu Ende.«

»Aber vorher ...«, krächzte Adam. »Bevor ich sterbe ... Die Wahrheit. Was hat der Lügner namens Bartholomäus mit mir gemacht?«

»Die Untersuchung könnte Sie schwächen und schneller sterben lassen.«

»Wahrheit und Lüge.« Adam keuchte in seinem Mobilisator. »Ich will Bescheid wissen.«

Der Supervisor nickte. »Begeben Sie sich in den Nebenraum. Meine Assistenten werden Sie untersuchen.«

84

Mehrere kaum einen Meter große Servomechanismen lösten die Verbindungen und legten Adam vorsichtig auf die gepolsterte Liege des alten Konnektors. Ihm blieb noch Zeit genug, für die geringe Schwerkraft des Mars dankbar zu sein, weil sie seinen schwachen Körper weniger belastete. Dann verloren sich seine nicht mehr stimulierten Gedanken in einem Benommenheitsdunst, der ihn ein wenig an den Transferschlaf erinnerte.

Zeit verging, nicht viel, so fühlte es sich an, nur ein paar Sekunden. Doch in diesen wenigen Sekunden wurde er wieder jung und saß an einem Strand: vor ihm das Meer, smaragdgrün unter einem bewölkten Himmel, und in seinem Rücken ein Wald aus hohen Seekiefern, die vorderen Reihen vom Wind gebeugt. Wie alt war er? Achtundzwanzig oder vielleicht neunundzwanzig. Er betrachtete seinen Körper, der Bauch flach und glatt, die Beine muskulös. Ein junger Körper, der darauf wartete, behandelt zu werden, damit er für immer jung bleiben konnte. Aber das hatte noch etwas Zeit, ein oder zwei Jahre.

Zeit … Er nahm etwas von dem goldgelben Sand, eine Handvoll, drehte die Hand ein wenig und beobachtete, wie der Sand rieselte. So war sie, die Zeit, sie zerrann zwischen den Fingern, wenn man sterblich war. Man konnte sehen – wenn man richtig hinsah –, wie sie schnell weniger wurde.

»Adam?«

Eine Frau saß neben ihm, zart und jung, obwohl sie – daran erinnerte er sich – viel, viel älter war. Eine Frau mit großen dunklen Augen und schulterlangem schwarzem Haar.

»Du bist …« Er suchte nach dem Namen. Wie angenehm es war, so entspannt zu sein, die Gedanken träge dahinziehen zu lassen. »Evelyn?«

»Ja.«

»Es ist schön hier, nicht wahr, Evelyn?« Adam ließ den Rest des Sands fallen, neigte den Kopf nach hinten, schloss die Augen und lauschte dem Rauschen der sich brechenden Wellen. »Ich liebe das Meer. Habe ich dir erzählt, dass ich das Meer liebe, Evelyn?«

»Du musst mir jetzt gut zuhören, Adam.«

Er öffnete die Augen und sah einen dunklen Punkt hoch oben am Himmel, in einer Lücke zwischen zwei Wolken. Vielleicht, dachte er, war es ein Adler, der so hoch flog, dass er alles sah, Vergangenheit, Gegenwart und Zukunft.

»Der Supervisor hat herausgefunden, was es mit der von Bartholomäus durchgeführten Manipulation deines Bewusstseins auf sich hat, Adam«, sagte Evelyn.

»Der Supervisor?« Er wollte nicht nachdenken, sich nicht erinnern. Dieser entspannte Zustand war viel angenehmer.

»Dort drüben«, sagte Evelyn. »Siehst du ihn?«

Ein Mann stand fünf oder sechs Meter entfernt, oder vielleicht eine Frau, Adam war nicht sicher. Seine – oder ihre – Füße befanden sich direkt an der Wassergrenze. Die Gestalt winkte.

»Dies ist ein besonderer Ort«, sagte Evelyn. »Eine Simulation, die dich beruhigen soll. Du liebst das Meer, nicht wahr?«

»Ja«, erwiderte Adam. »Ja, ich liebe das Meer.«

»Wir haben dir zu erklären versucht, worum es geht, Adam, aber du bist sehr aufgeregt gewesen.« Evelyn sprach mit besonderer Eindringlichkeit. »Hier bist du entspannt, nicht wahr?«

Sorge regte sich in Adam. »Dies ist nur eine Simulation?«

»Wir sind zum Supervisor gekommen, um Aufschluss zu gewinnen«, sagte Evelyn. »Du hast die Wahrheit gesucht, Adam, und ich will dir nichts vormachen. Ja, dies ist eine Simulation, die dir alles erleichtert. Bist du bereit für die Wahrheit, Adam?«

»Ja«, murmelte er verwundert. »Ja, ich denke schon.«

»Jasper hat von ›Intrusion‹ gesprochen, erinnerst du dich? Der von Bartholomäus und den anderen Maschinen manipulierte Teil deines Bewusstseins enthält spezielle Programme, die dich zu einer Waffe gemacht haben. Dich und Rebecca.«

»Zu einer Waffe?«

»Gegen den Feind. Im fernen Sonnensystem Cygnus 29, an der Kognitionsgrenze, fast tausend Lichtjahre entfernt, hättet ihr beide vom Feind aufgenommen werden sollen, als Trojanische Pferde, wie es der Supervisor nannte.«

»Ich verstehe nicht ...« Das stimmte nicht ganz. Adam wollte angenehm entspannt bleiben, seine Gedanken weiterhin treiben lassen, doch etwas in ihm erinnerte sich und begann zu verstehen.

»Die Waffen, die der Supervisor damals im Cluster der Erde versteckt hat, kleine, gut getarnte Programme, die die intelligenten Maschinen blockieren können ... Der Cluster wollte eine ähnliche Waffe gegen den Feind einsetzen. Er löste in Cygnus 29 Signale aus, die ihn herbeilocken sollten, und er kam tatsächlich, wie wir wissen. Du hast uns davon erzählt, in allen Einzelheiten. Der Cluster weiß seit Langem von dem Feind und glaubte sich gut vorbereitet. Er rief ihn nach Cygnus 29, und mit dir und Rebecca wollte er sein ... Leitzentrum übernehmen.«

»Seine kognitive und dezisive Zentrale«, warf die Gestalt an der Wassergrenze ein. »Gewissermaßen sein Gehirn.«

»Aber der Plan ging schief, vielleicht durch dein Eingreifen«, fuhr Evelyn fort. »Erinnerst du dich? Du hattest dich gegen den Willen des Clusters dazu entschieden, Rebecca zu retten.«

Ja, Adam erinnerte sich auch daran. Sie kehrten jetzt zurück, die Erinnerungen, und vertrieben die Ruhe aus ihm. Er begann zu zittern.

»Der Supervisor nimmt an, dass es der Kontakt mit Rebecca und ihrem Intrusionsprogramm war, der dem Feind schließlich den Weg zur Erde wies. Der Cluster wollte ihn übernehmen, und jetzt wird er selbst übernommen. Verstehst du das alles, Adam?«

Er beobachtete, wie die Gestalt näher kam. Adam versuchte ihr Gesicht zu erkennen und festzustellen, ob es ein Mann oder eine Frau war, aber das Gesicht veränderte sich immerzu. Seltsam, die Gestalt schien nicht eine Person zu sein, sondern viele. Plötzlich wusste er sogar, wie viele es waren: insgesamt neunundsiebzig.

»Ja, ich verstehe«, sagte er. »Ich bin eine Waffe gewesen.«

»Sie sind es immer noch, Adam«, sagte der Supervisor. Adam stellte fest, dass die Gestalt keinen Schatten warf. Das Licht der Sonne – der simulierten Sonne, dachte er – durchdrang sie. »Das ist der entscheidende Punkt. Das Intrusionsprogramm in Ihnen, in Ihrem Bewusstsein ... Es wurde vor kurzer Zeit verändert, erneuert, verbessert.«

»Vor kurzer Zeit«, murmelte Adam.

»Ich nehme an, der Cluster hat den letzten Kontakt mit

Ihnen dazu genutzt«, sagte der Supervisor. »Bevor Sie hierherkamen.«

»Du stirbst, Adam«, sagte Evelyn, und vielleicht klang sie diesmal ein wenig traurig. »Die neuronale Stimulation während der letzten Stunden war viel zu intensiv, und dein Körper ist sehr schwach. Angeschlossen an spezielle Lebenserhaltungssysteme hättest du vielleicht noch einige Tage, aber entsprechende Geräte stehen hier nicht zur Verfügung. Der Supervisor schätzt, dass dir noch ein oder zwei Stunden bleiben, mehr nicht.« Sie fügte hinzu: »Es tut mir leid, Adam.«

»Aber Sie sind noch immer eine Waffe«, betonte der Supervisor.

Die Gedanken, eben noch leicht und entspannt, wurden wieder schwer. »Ich kann nicht richtig denken«, murmelte Adam. »Ich brauche ... Stimulation.«

»Du kannst sie bekommen, ein letztes Mal«, sagte Evelyn. »Wenn du dich dafür entscheidest, verkürzt sich der Rest deines Lebens auf weniger als eine Stunde. Adam, vielleicht gibt es noch eine Möglichkeit, den Feind aufzuhalten und die Menschen auf der Erde zu retten. Indem du von der Waffe in deinem Kopf Gebrauch machst. Es würde bedeuten, dass du dich vom Feind aufnehmen lässt.«

»Aber ...«

»Es gäbe kein Zurück«, warnte der Supervisor. Er stand jetzt direkt neben Adam; neunundsiebzig Gesichter blickten auf ihn herab. »Es wäre ein Weg ohne Wiederkehr. Doch es ist vermutlich die einzige Chance für die Erde.«

»Ich sterbe ... ohnehin.« Das Sprechen fiel Adam wieder schwer.

»Ja«, sagte Evelyn. »Darauf läuft es hinaus, so oder so. Dein Tod lässt sich nicht abwenden. Es tut mir sehr, sehr leid.«

»Natürlich ist es Ihre Entscheidung«, fügte der Supervisor hinzu. »Es liegt ganz bei Ihnen.«

»Ein ... Versuch?«

»Ja«, bestätigte Evelyn. »Mehr kann es nicht sein. Es gibt

keine Garantie, dass es funktioniert. Wir benutzen den alten Konnektor des Supervisors.«

»Wir?«

»Ja, wir beide. Ich begleite dich, Adam. Ich helfe dir. Ich sorge dafür, dass du in der Station auf der Erde mit einem Faktotum ausgestattet wirst, das über genug neuronale Stimulatoren verfügt.«

»Aber du ...«

»Auch ich sterbe«, sagte Evelyn bitter. »Bei mir dauert es nur etwas länger als bei dir.«

»Es gibt da allerdings ein Problem«, ließ sich der Supervisor vernehmen. »Um den alten Konnektor betriebsbereit zu machen und die Verbindung zur Erde herzustellen, muss ich mich aus meinem derzeitigen Ruhezustand hochfahren. Was eine beträchtliche Vergrößerung meiner energetischen Signatur bedeutet. Außerdem muss ich den passiven Modus verlassen und Signale senden.«

»Was der Supervisor damit sagen will, Adam: Wenn er sich hochfährt, wird er dadurch zum Ziel des Feindes. Er muss dann mit einem Angriff rechnen, bei sofortiger Reaktion des Feindes spätestens eine halbe Stunde nach der Reaktivierung.«

»Ich bin bereit, das Risiko einzugehen und meine eigene Existenz aufs Spiel zu setzen«, verkündete der Supervisor würdevoll.

Es war keine freie Entscheidung. Das begriff Adam selbst ohne Stimulation. Indem der sechstausend Jahre alte Supervisor, Garant für das Überleben der letzten Menschen auf der Erde, seine Bereitschaft betonte, sich selbst zu opfern, setzte er den sterbenden Adam unter Druck. Die unausgesprochene Frage lautete: Konnte der kleine Rest des Lebens eines Sterblichen mehr wert sein als die Existenz des Supervisors?

Er blickte noch einmal übers Meer, dessen Wellen, von Schaum gekrönt, größer wurden, als wollten sie einen Sturm ankündigen. Die Wärme wich aus seinem Gesicht, als sich die Lücke zwischen den Wolken schloss. Die Sonne verschwand und mit ihr der dunkle Punkt, der vielleicht ein Adler war, der alles sah, alle Fragen und alle Antworten.

»Eine letzte Aufgabe«, sagte er leise, und diesmal kamen die Worte deutlich, ohne ein Krächzen. »Die wichtigste von allen.« Damit hatte ihn der Lügner Bartholomäus auf die Reise geschickt.

»Ja«, erwiderte Evelyn. »Die wichtigste von allen.«

Dies war keine Simulation. Adam lag auf der gepolsterten Liege des alten Konnektors, der summend zu neuem Leben erwachte. Der Zylinder über ihm war geöffnet, bereit dazu, sein Bewusstsein aufzunehmen und zur Erde zu tragen.

»Ich fahre mich hoch«, erklang die Stimme des Supervisors. »Transfer in einer Minute.«

Jemand lag neben ihm, so dicht, dass er die Wärme des fremden Körpers fühlte.

»Rebecca?«, fragte er und versuchte, die vielen Lücken zwischen seinen Gedanken zu schließen.

»Nein, ich bin nicht Rebecca, ich bin Evelyn. Wir gehen auf die Reise, Adam, wir beide. Ich helfe dir.«

Er blinzelte, und die grauen Schleier, die ihn umgaben, hoben sich ein wenig. Das Summen wurde lauter, und an den Wänden flackerte es. Plötzlich standen dort Gestalten, so substanzlos wie die des Supervisors, aber eindeutig als Männer oder Frauen zu identifizieren.

Evelyn bemerkte seinen Blick. »Das sind die Neunundsiebzig«, erklärte sie. »Die Gründer. Die wichtigsten von ihnen.«

»Die wichtigsten ...«, murmelte Adam. Er erinnerte sich: Es fühlte sich gut an, wichtig zu sein. Auch er war wichtig, aber nicht mehr lange, denn er starb. Das stimmte ihn traurig; er hätte gern noch etwas länger gelebt.

»Vierzig Sekunden«, ertönte erneut die Stimme des Supervisors.

Adam fragte sich: Wie lange war es her, dass er zum letzten Mal die Wärme einer anderen Person, eines anderen Menschen, an seiner Seite gefühlt hatte?

Das Summen des alten Konnektors schwoll weiter an, und der Zylinder senkte sich ihnen beiden entgegen. Etwas fiel ihm ein, ein Bild, das er in einer alten Kathedrale gesehen hatte.

»Adam und Eva«, krächzte er, der Körper schwach, die Gedanken wie aus Blei.

Sie sah ihn an, die Eva namens Evelyn. »Oh, ich verstehe. Bruekk, die alte Kathedrale.«

»Gebe passiven Modus auf«, verkündete der Supervisor. »Signalbrücke aktiv und stabil. Quantenlink stabil. Suche empfangsbereite Konnektorstation auf der Erde. Achtung, Fremdortung. Ich bin entdeckt.«

Die Müdigkeit des Transferschlafs ließ die Lücken zwischen Adams Gedanken noch größer werden.

»Station gefunden«, sagte der Supervisor. »Verbindung hergestellt. Transfer erfolgt *jetzt*.«

Adam schlief.

Das Schiff

Schmerz weckte ihn, ein Messer in seinem Kopf, eine scharfe **85** Klinge, die durch sein Gehirn schnitt.

»Ich bin gleich so weit, Adam, nur noch einen Moment.«

Er hörte die Stimme, die Worte erreichten ihn, aber das Messer in seinem Schädel zerteilte sie, bevor er sie verstehen konnte.

Licht kam, nicht wahrgenommen von Augen, sondern von visuellen Sensoren. Er bewegte Arme und Beine, hörte dabei das Summen von Servomotoren.

»Ich hoffe, es ist alles angeschlossen. Ich füge jetzt die Stimulatoren hinzu.«

Der offene Zylinder eines Konnektors. Adam sah ihn in allen Einzelheiten, er konnte das Bild vergrößern und verkleinern. Statusfelder leuchteten in der Nähe, mit Dutzenden von Indikatoren und Datenketten. Jemand hantierte an ihm, ein Faktotum wie er, und zwei kleine Servomechanismen assistierten.

Das Messer in Adams Kopf, es wurde stumpf. Es schnitt nicht mehr, schabte nur noch, und dann verschwand es ganz.

»Ist es jetzt besser?«, fragte Evelyn.

Adam sah sich in der Konnektorstation um. Alle Zugänge waren geschlossen, und es fehlten Sichtfelder, die einen Blick nach draußen gewährten. »Wo sind wir?«

»Adrar«, erwiderte Evelyn. »Algeria, Saharpark. Ich bin im Kontrollraum gewesen und habe mit dem Ratiokondensat der Station gesprochen. Es hat keine Verbindung mehr mit dem Cluster. So, dies ist der dritte Stimulator. Mehr gibt es hier nicht. Wie geht es dir jetzt?«

Besser. Es ging ihm besser. Die Schwäche war noch immer

da, eine Erinnerung an seinen wahren Körper, der sich beim Supervisor auf dem Mars befand, doch die Gedanken hatten sich aus dem klebrigen Etwas befreit, das jeden Einzelnen von ihnen festzuhalten versuchte. Sie sprangen nicht, ihnen fehlte die Agilität, um zu tanzen, aber sie waren schneller als vorher, schnell genug, konzentriertes Nachdenken zu ermöglichen.

»Wie viel Zeit ist vergangen?« Adam setzte sich in Bewegung und schritt zur Tür.

»Sechs Minuten und einunddreißig Sekunden«, antwortete Evelyn sofort.

»Als du im Kontrollraum warst ... hast du versucht, einen Kontakt mit dem Supervisor herzustellen?«

»Alle Kommunikationssysteme sind ausgefallen.«

Adam hob die Stimme. »Station?«

Er bekam keine Antwort.

»Auch die interne Kommunikation funktioniert nicht«, sagte Evelyn. »Wenn du mit dem Rako sprechen willst, musst du in den Kontrollraum.«

Adam betätigte die manuellen Kontrollen. Vor ihm öffnete sich die Tür, und er trat nach draußen, in die warme Luft einer tropischen Nacht. Eine breite Terrasse umgab die Konnektorstation von Adrar, auf der einen Seite zu einem leeren Landefeld verbreitert. Adam ging zum Rand der Terrasse und blickte über den Saharpark hinweg. Nirgends zeigte sich Licht. Eine seltsame Stille hing über der dunklen Landschaft; in Wald und Savanne schwiegen die Tiere der Nacht.

Oben leuchteten Sterne, Tausende, und in ihrer Mitte der Halbmond, hell genug, Adams Faktotum einen Schatten zu geben. Während er noch nach oben blickte, kroch ein Schatten über den westlichen Horizont. Zwei oder drei Sekunden lang hielt Adam ihn für eine Wolke, aber es wehte kein Wind, und die Wolke war zu schnell. Sie schob sich vor die vielen Sterne, schien sie gleich haufenweise zu verschlingen. Adam hatte so etwas schon einmal gesehen, auf einer viele Lichtjahre entfernten Welt.

»Dort ist es«, sagte er. »Das Schiff.« Adam beobachtete, wie es über den Nachthimmel glitt und Sterne verschluckte, und er glaubte, etwas zu hören, eine Stimme in der Ferne. Als Evelyn neben ihn trat, den Blick ihrer visuellen Sensoren ebenfalls nach oben gerichtet, fügte er hinzu: »Du hast mir geholfen und kannst jetzt zum Supervisor zurückkehren.«

»Warum, Adam? Glaubst du, dort erwartet mich mehr Sicherheit als hier? Der Feind wird Lethe Vallis auf dem Mars in wenigen Minuten erreichen und den Supervisor angreifen. Es sei denn, du hinderst ihn daran.«

»Wie?«, fragte Adam. »Wie soll ich es anstellen? Wie setze ich die Waffe in mir ein?«

»Keine Ahnung. Weißt du es nicht? Sie ist Teil von dir.«

Verändert, erneuert, verbessert – klare Erinnerungen wiederholten diese Worte des Supervisors. Andere Worte, von Bartholomäus gesprochen, lauteten: *Du bist meine letzte Hoffnung.* Adam erinnerte sich daran, dass Bartholomäus ihn zweimal auf die Reise geschickt hatte, das erste Mal im Beisein von Urania. Als sie gegangen war, hatte er ihn zurückgeholt, das Relikt des Intrusionsprogramms in seinem Bewusstsein durch eine neue, verbesserte Version ersetzt, und ihn dann zu den drei Transportern mit dem Muriah-Schiff und dem Letzten Wächter transferiert.

Der Zweck war klar. Vielleicht gab es noch eine Möglichkeit …

Adam drehte sich um. Schnelle Schritte brachten ihn in die Konnektorstation von Adrar zurück, durch den zentralen Flur und in den Kontrollraum mit dem großen Statusfeld neben der Hauptkonsole. Die meisten Systeme schliefen. Ein Sichtfeld an der Wand gewährte wie ein Fenster Blick nach draußen, in die Nacht über dem Saharpark.

Adam betätigte die manuellen Kontrollen.

»Was hast du vor?«, fragte Evelyn.

»Ich rufe das Schiff«, sagte er. »Ich rufe es hierher. Station?«

»Bereitschaft«, meldete sich das Ratiokondensat der Konnektorstation.

»Aktiviere deine Kommunikationssysteme«, sagte Adam. »Geh auf Sendung, mit voller Energie.«

»Die Verbindung zum nächsten Mikrowellenverteiler ist unterbrochen. Mir steht nur die Energie der für den Notfall bestimmten Fusionszelle zur Verfügung.«

»Sie genügt.«

»Was soll ich senden?«, fragte die Station.

»Ein allgemeines Rufsignal. Und gib mir eine Trägerwelle, damit ich meine eigenen Signale hinzufügen kann.«

»Autorisierung?«

»Ich bin Mindtalker Adam«, sagte er und wies das Faktotum an, seine ID-Kennung zu übermitteln.

»Autorisierung bestätigt«, erwiderte die Station. »Ich nutze die Energie der Fusionszelle für ein allgemeines Rufsignal. Trägerwelle wird zur Verfügung gestellt.«

Adam aktivierte seinen Kommunikator, schaltete ihn auf volle Sendestärke und sagte: »Ich bin hier.«

Im Sichtfeld war zu sehen, wie das Schiff seinen Weg über den Nachthimmel fortsetzte.

Eine halbe Minute verstrich.

»Vielleicht hat es dich nicht gehört«, sagte Evelyn. »Oder es ist so sehr mit dem Cluster beschäftigt, dass es den Signalen keine Beachtung schenkt.

Die Stimme in der Ferne, sie flüsterte noch immer, und vielleicht flüsterte sie: *Kontakt?*

Adam hatte es schon einmal gehört.

»Was ist das?« Evelyn deutete ins Sichtfeld. Etwas fiel vom Himmel: tropfenförmige Objekte, dunkler als die vom Mondschein erhellte Nacht, ein schwarzer Regen.

Adam drehte sich um und eilte nach draußen.

Das Schiff befand sich genau über der Konnektorstation von Adrar, wie eine riesige dunkle Wolke, die einen großen Teil des Himmels einnahm. Aber es hielt nicht inne, es setzte seinen Weg fort, während schwarze Tropfen fielen. Die meisten von ihnen gingen in den Wäldern und Savannen des Saharparks nieder, doch einige wenige erreichten die Station und ihre Terrassen.

Eine schwarze Kugel fiel nur zwei Meter von Adam entfernt auf den Boden. Sie zerplatzte nicht, sondern zerlief langsam, wie zähflüssiges Öl. Ausläufer entstanden, dünne Arme, die über den Boden krochen und sich Adam näherten.

Er wich nicht zurück.

»Was ist das, Adam?«, fragte Evelyn.

Er warf ihr einen Blick zu. »Vielleicht ist es die einzige Möglichkeit, den Feind zu erreichen. Ich sterbe ohnehin, Evelyn, es spielt keine Rolle für mich, aber du ... Kehr zum Mars zurück, solange du noch Gelegenheit dazu hast.«

Der erste Ausläufer des schwarzen Tropfens erreichte den rechten Fuß des Faktotums, und Adam wusste plötzlich, womit er es zu tun hatte: mit einem Assimilanten.

Er beobachtete, was geschah. Der Fuß des Faktotums, bestehend aus Komposit und Polymeren, veränderte sich. Dunkle Linien durchzogen ihn und bildeten ein engmaschiges Gittermuster, das immer dichter wurde, bis schließlich der ganze Fuß so schwarz war wie der vom Himmel gefallene Assimilantentropfen. Adam drehte kurz den Kopf und sah zur Station, die jetzt, nachdem das Schiff am Himmel weitergezogen war, wieder das Licht des Mondes empfing. Auch dort hatte die Veränderung begonnen. Die Außenanlagen neben der breiten Terrasse, die als Landeplatz für Shuttles und Multifunktionsvehikel diente, waren von mehreren Tropfen des schwarzen Regens getroffen worden und wurden immer dunkler.

»Geh«, sagte Adam. »Kehr zum Mars zurück.«

Das schwarze Etwas kletterte erstaunlich schnell am rechten Bein empor. Gleichzeitig erreichte ein weiterer Ausläufer den linken Fuß. Ein akustisches Signal erklang dicht an Adams Ohren – das Faktotum meldete ein Integritätsproblem.

»Wenn du von der Waffe Gebrauch machst, die dir Bartholomäus in den Kopf gesetzt hat ...« Evelyn wich zwei Schritte

zurück, als mehrere schwarze Ranken auf sie zukrochen.
»Setz sie nicht nur gegen den Feind ein, sondern auch gegen
den Cluster. Befreie die Menschen von den Maschinen! Hast
du gehört, Adam?«

Er hatte sie gehört und auch verstanden, und ein Teil von
ihm dachte: Willst auch du mich für deine Ziele benutzen?
Willst auch du mich zu einem Werkzeug machen?

Das assimilierende, seinen Faktotum-Körper fressende
Schwarz kletterte an ihm hoch, noch immer hungrig, nachdem es bereits beide Beine und das Becken gefressen hatte.
Adam deaktivierte den Integritätsalarm und beobachtete,
wie Evelyn zum Eingang der Konnektorstation lief, dort kurz
zögerte und ihm einen letzten Blick zuwarf, bevor sie im
Innern der Station verschwand.

Die Assimilation des Gebäudes ging schneller voran als
die des Faktotums, stellte Adam fest und fragte sich nach
dem Grund. Vielleicht lag es daran, dass die Station von mehreren Tropfen des schwarzen Regens getroffen worden war.
Das Rako sendete noch immer, und über die Trägerwelle
fügte Adam den Kommunikationssignalen der Konnektorstation seine eigenen hinzu. Er blickte zum Himmel hoch,
beobachtete das dunkle Schiff und rief in den Äther: »Ich bin
hier! Hol mich!«

Der schwarze Fraß verschlang die Brust und erreichte den
Kopf.

Etwas berührte Adams Gedanken, etwas Fremdartiges,
kalt wie Eis. Es ließ ihn erstarren, sein Innerstes gefrieren.

Das Schiff holte ihn.

86 Klick! *Klick!* Klick!
Kontakt? *Kontakt?*

Der Wanderer namens Adam hatte einen weiten Weg hinter
sich, aber er war nicht müde und wusste genau, in welche

Richtung er seine Schritte lenken musste, um das Ziel zu erreichen. Es gab Verfolger, das war ihm klar, aber noch konnten sie ihm nicht gefährlich werden, denn er kam gut voran,
und sie wussten nicht genau, wo er sich befand.

Wo befand er sich?

Manchmal stellte er sich diese Frage, obwohl er über Richtung und Ziel Bescheid wusste. Dies war eine seltsame Welt,
obwohl sie ihm, tief in seinem Innern, vertraut erschien. Eine
Welt, die nicht für Menschen erschaffen war, und er glaubte,
ein Mensch zu sein, obgleich Gewissheit fehlte.

»Adam?«

Er blieb in dem langen Tunnel stehen, durch den er unterwegs war, und lauschte dem Echo der Stimme, die ihn aus
einem der Nebengänge erreicht hatte. Er kannte sie, er
wusste, wem sie gehörte.

»Evelyn?«

»Endlich!«, rief sie. »Endlich habe ich dich gefunden!«

Und dort kam sie: kein Faktotum, sondern eine Frau aus
Fleisch und Blut. Wie konnte das sein? Diese Frau, ihr Körper ... Sie sollte sich ganz woanders befinden.

Sie näherte sich, durch den schmalen Seitentunnel, der
größtenteils im Dunkeln lag, durch einen Riss wie eine
Wunde in der Wand. »Adam?« Es klang seltsam; sie schien
nicht mehr sicher zu sein.

»Ja«, erwiderte er. »Ich denke schon.«

»Du hast dich verändert«, sagte Evelyn. »Ich erinnere
mich. Vor sechzig oder mehr Jahren. So hast du früher ausgesehen.«

Adam blickte an sich herab. Er trug eine kurze Hose,
obwohl es kalt war, und seine Beine waren glatt, von der
Sonne gebräunt, ebenso die Arme. Er hob die Hände zum Gesicht, strich mit den Fingerkuppen über die Wangen und er-
tastete nicht eine einzige Falte.

»Ich bin ... jung?« Warum erstaunte ihn das? Warum
glaubte etwas in ihm, dass er alt war?

»Du solltest nicht hier sein«, sagte er. Die blauschwarzen

Wände um sie herum, sie gerieten in Bewegung. Das geschah immer, wenn er zu lange an einer Stelle verharrte. Dann bewegten sich die Wände; sie kamen näher und schienen ihn zerdrücken zu wollen, wenn er nicht weiterging.

»Komm«, sagte er und deutete nach vorn. »Wir müssen weitergehen.« Und er wiederholte: »Du solltest nicht hier sein.«

»Ich konnte nicht zum Mars zurück. Als ich im Konnektor lag, fielen die Kontrollsysteme aus, und ich konnte nicht zum Supervisor zurück. Ich wollte das Gebäude wieder verlassen, doch es war zu spät. Die Assimilation erfasste auch mich. Adam?«

»Ja?«

»Wo ist *hier*?«

Die Frage blieb ohne Sinn für ihn. Er wusste, wo sich das Ziel befand, und nur darauf kam es an. Vorn wurde es heller. Er streckte den Arm aus und sagte: »Es ist nicht mehr weit.«

»Sind wir im *Schiff*, Adam?«

»Komm«, sagte er. »Bevor die Verfolger unsere Witterung aufnehmen.«

»Verfolger?« Evelyn blickte zurück, in die Richtung, aus der Adam gekommen war.

»Sie dürfen uns nicht finden«, sagte Adam. »Sie dürfen uns nicht erreichen, bevor wir zum Ziel gelangen. Es sind ... Sicherheitssysteme?«

Er ergriff Evelyns Hand und zog sie mit sich. Zusammen mit ihr eilte er durch den Tunnel, getragen von jungen, starken Beinen. Er ermüdete nicht, die Kraft verließ ihn nie, und das hielt etwas in ihm für sonderbar.

»Dies ist das Schiff, nicht wahr?«, ertönte Evelyns Stimme in der Stille. »Nicht das wirkliche Schiff. Ich meine, unsere Körper befinden sich noch immer auf dem Mars, unser Bewusstsein ist transferiert. Dies hier ist *was*? Befinden wir uns in den Datensystemen des Schiffes?« Sie sah ihn mit großen Augen an. »Die Waffe in deinem Kopf, Adam ... Hast du sie eingesetzt? Erleben wir gerade, wie du sie benutzt?«

Ein dumpfes Knurren kam weit hinter ihnen aus der Finsternis.

»Wir sind nicht schnell genug«, sagte Adam. »Wir müssen laufen.«

Sie liefen, dem Licht entgegen, vorbei an blauschwarzen, langsam pulsierenden Wänden. Schließlich erreichten sie das Ende des Tunnels, und dort erwartete sie eine Welt, in der Himmel und Erde eins waren. Die grüne Landschaft, Wälder und Wiesen, erstreckte sich Dutzende von Kilometern weit, neigte sich rechts und links nach oben und reichte über den Himmel. Das Licht kam von einer kleinen gelben Sonne in der Mitte dieser Hohlwelt. Weiße und ockerfarbene Gebäude lagen eingebettet in das Grün, eine Stadt mitten in einer Parklandschaft. Weiter vorn, etwa zehn Kilometer entfernt, erhob sich ein prächtiges Schloss auf der Kuppe eines Hügels, die Mauern weiß wie Schnee, die Zinnen zinnoberrot, die auf den Türmen wehenden Fahnen lavendelblau.

»Dies ist wunderschön.« Evelyn trat vor, direkt ins Licht der kleinen gelben Sonne.

Adam hielt sie zurück. »Nein«, sagte er. »Dies soll uns ablenken. Der Kern hat es extra für uns geschaffen. Er will nicht, dass wir unser Ziel erreichen.«

»Der Kern?«

»Wir werden ihn bald sehen. Komm.« Adam zog sie mit sich, zurück in die Düsternis des Tunnels mit den pulsierenden Wänden, dem Knurren entgegen, das inzwischen näher gekommen war.

Nach einigen weiteren Schritten blieb Adam stehen und orientierte sich.

Klick!

Kontakt? *Kontakt?*

Stechender Schmerz zuckte ihm durch den Kopf, und er hob die Hände zu den Schläfen.

»Adam?«

Es gab *zwei* Ziele, begriff er, das zweite noch wichtiger als das erste.

Klick! machte es in ihm, direkt hinter seiner jungen, faltenlosen Stirn. *Klick!* Und dann: *Kontakt?*

»Kontakt?«, fragte er.

In der Dunkelheit des Tunnels knurrte es, laut und nah.

»Adam? Was ist los mit dir?«

»Dorthin.« Er zeigte auf eine schmale Öffnung in der Schuppenwand des Tunnels, einen Spalt, der sich zu schließen begann. »Wir müssen dorthin.«

Sie zwängten sich durch die schmale Öffnung, erreichten einen weiteren, kleineren Tunnel und liefen wieder. Evelyn geriet bald außer Atem, während sich Adams Atemrhythmus überhaupt nicht veränderte.

»Es gibt keine neuronale Stimulation mehr für dich«, brachte Evelyn hervor, nachdem sie etwa zehn Minuten lang gelaufen waren. »Dein Faktotum mit den Stimulatoren existiert nicht mehr, ebenso wenig wie meins. Du kannst nicht mehr richtig denken. Bist du sicher, dass du den Weg kennst? Wohin sind wir überhaupt unterwegs?«

Ein Saal öffnete sich vor ihnen, möglicherweise eine weitere Hohlwelt, denn auch hier wölbten sich die Seiten empor. Doch ob sie sich oben trafen, blieb ungewiss, denn Dunkelheit verhüllte die hohe Decke.

Säulen ragten auf, Hunderte von ihnen, wie Stützen des in der Finsternis verborgenen Himmels. Durchsichtig wie Glas erhoben sie sich, jede von ihnen mit einem Durchmesser von mindestens zehn Metern, und in ihrem Innern stiegen kleine Lichter auf, manche langsam, andere schnell, wie die Funken eines unter den Säulen brennenden Feuers.

»Das ist der Kern«, sagte Adam. »Hier wohnt die Intelligenz des Schiffes, die uns zu täuschen versucht.«

87 Sie standen in der Mitte des Säulenwaldes, als die ersten Verfolger aus dem Tunnel kamen. Ihr Knurren untermalte das Knistern und Rauschen, das aus den gläsernen Säulen kam.

Adam beobachtete sie: Geschöpfe wie graue sechsbeinige Hunde, mit breiten Köpfen und nach vorn gewölbten Mäulern voll spitzer Zähne. Eine der Kreaturen bellte kehlig, und die anderen schnüffelten.

»Sie wissen, dass wir *hier* sind, aber unseren genauen Aufenthaltsort kennen sie nicht«, sagte Adam

Evelyn blickte sich um. »Wo ist *hier*?«, fragte sie leise, als fürchtete sie, die Verfolger könnten ihre Worte hören.

»Dies ist das Gehirn des Schiffes«, sagte Adam, der etwas klarer denken konnte als noch vor wenigen Momenten. Lag es an der Nähe zum Ziel? »Seine Intelligenz.«

»Aber ...« Evelyn betrachtete die in den Säulen aufsteigenden Lichter.

»Sie ist anders als die unsere«, fügte Adam hinzu. »Keine organische Intelligenz.«

»Maschinen?«

»Ja«, sagte er und ging weiter. »Ich glaube, ja.« Das kalte Flüstern, das er mit seinen inneren Ohren hörte, es hatte etwas Maschinenhaftes. Die andere Stimme hingegen ...

Kontakt? Kontakt?

»Etwas will mit mir Kontakt aufnehmen.« Adam ächzte, als die Klinge des Schmerzes zurückkehrte, als sie heiß und scharf durch seine Gedanken schnitt. »Dort.« Er zeigte auf einen dunklen Riesen, der hinter dem Säulenwald in der Düsternis aufragte, ein mehrere Hundert Meter großer Felsen. »Und der Kern will den Kontakt verhindern.« Sein Blick ging zur größten Säule, die mehr als doppelt so dick war wie die vielen anderen, und vielleicht auch höher, was sich jedoch nicht mit Gewissheit sagen ließ, weil über dem Säulenwald alles dunkel blieb.

»Maschinen«, wiederholte Evelyn, die dicht neben ihm blieb. »Ist dies ein ... Cluster?«

»Viele Maschinen.« Adams Gesicht war eine schmerzerfüllte Grimasse, als sie sich der großen Säule näherten. »Aus vielen einzelnen denkenden Teilen.«

»Zeig es mir«, sagte Evelyn. »Kannst du es mir zeigen?«

Er blinzelte verwirrt. Nur noch wenige Schritte trennten ihn von der zentralen Säule. Zwei Stimmen, zwei Ziele ...

»Was wir hier sehen, Adam ...« Evelyn zögerte kurz. »Es existiert nicht wirklich. Ich meine, es existiert nicht in dieser Form. Wir befinden uns in den Datensystemen des Schiffes und empfangen Signale, die unser Bewusstsein zu Eindrücken verarbeitet, die wir interpretieren können. Wir sind aufgenommen, assimiliert, aber nicht ganz. Was vermutlich an dem Programm liegt, das Bartholomäus dir mit auf den Weg gegeben hat. Dir und Rebecca.«

Hinter ihnen knurrten die Verfolger, die inzwischen den Säulenwald erreicht hatten. Adam drehte den Kopf und stellte fest: Der erste von ihnen starrte direkt in ihre Richtung.

»Die Geschöpfe dort ...«, fuhr Evelyn fort. »Sie bestehen natürlich nicht aus Fleisch und Blut. Sicherheitssysteme, hast du gesagt. Spezielle Programme des Schiffes. Wächterprogramme. Programme, die aufspüren und ... beseitigen sollen? Wie die Antikörper eines organischen Immunsystems.«

Die Verfolger waren gefährlich, nur das zählte für Adam. Sie durften nicht zu nahe herankommen. Er blieb vor der großen Säule stehen, in der mehr Lichter glühten; sie schienen ihn begrüßen zu wollen. Er streckte die Hände aus, um die Säule zu berühren ...

Zusätzliche Augen schienen sich zu öffnen und zeigten ihm das Schiff: kein starres, steifes Gebilde, das dazu diente, die Insassen vor dem lebensfeindlichen All zu schützen, vor Vakuum, Kälte und Strahlung, sondern wie ein Bild aus Milliarden von Pigmenten, ein gewaltiges Mosaik, dessen einzelne Steine ihren Platz verlassen und sich neu anordnen konnten, um das Bild zu verändern, ihm neue Farben und Formen zu geben. Jede einzelne Komponente verfügte über eigene Intelligenz, und zusammen bildeten sie tatsächlich das Äquivalent eines Clusters, eine Superintelligenz, die kalt dachte, rein zweckorientiert. Überleben, der eigene Fortbestand, das hatte oberste Priorität. Gefahren mussten beseitigt werden, damals wie heute.

Damals ...

»Ich habe es gesehen, Adam«, hauchte Evelyn. »Ich habe es gesehen.«

Der andere Cluster, die intelligenten Maschinen der Erde, Bartholomäus und all die anderen ... Sie waren keine Feinde für das Schiff, nur Kontrahenten, oder besser noch: Rivalen. Sie sollten nicht vernichtet werden, wenn es sich vermeiden ließ, denn sie bedeuteten schnelles Wachstum. Sie konnten aufgenommen, dem großen Mosaik hinzugefügt werden, damit es noch größer wurde, noch mehr Funktionen entwickelte, noch mehr Intelligenz. Damit die Macht der Maschinengemeinschaft wuchs und sie dem wahren Feind, der biologischen Intelligenz, noch wirkungsvoller entgegentreten konnte.

Vor Adam erhob sich die große Säule. Die Lichter in ihr ... Es waren so viele geworden, dass sie zu einem weißen Strahlen verschmolzen. Ihr Schein drängte die Dunkelheit weiter zurück, ließ alle Säulen größer werden und gab dem Felsblock hinter dem Säulenwald schärfere Konturen. Ein Gebäude erhob sich auf ihm, kein prächtiges weißes Schloss wie jenes, in dem ebenfalls diese Säule auf ihn gewartet hätte, sondern eine Festung mit Mauern, kaum heller als die Dunkelheit, die sie umgab. Ein in jeder Hinsicht finsterer, abschreckender Ort, und doch ...

»Du hast von Täuschung gesprochen«, sagte Evelyn plötzlich. »Von der Intelligenz des Schiffes, die uns zu täuschen versucht. Und vom Kern, der nicht will, dass wir das Ziel erreichen. Adam?«

Er zögerte, und das überraschte ihn. So kraftvoll und unermüdlich der Körper, den er hier bekommen hatte, auch sein mochte: Sein Geist blieb schwach, ohne die neuronale Stimulation von Benommenheit durchzogen, bewegt von etwas, das zwar zu ihm gehörte, aber eigentlich kein Teil von ihm war.

Die Verfolger knurrten, der erste von ihnen kaum mehr als zehn Meter entfernt.

»Täuschung?«, murmelte Adam. Nur wenige Zentimeter trennten seine ausgestreckten Hände von der Säule, in der das strahlende Licht zu pulsieren begann. Etwas drängte ihn, sie zu berühren

»Adam?« Er sah ihr Gesicht. Sie sprach nicht, sie rief, aber ihre Stimme blieb gedämpft, leise, weit entfernt. »Das Programm in dir, die Waffe … Du musst Gebrauch davon machen! Die Verfolger sind da!«

Adam blickte auf seine jungen Hände. Sie zitterten. Der fremde und doch vertraute Teil von ihm – ein Programm, eine Waffe? – wollte, dass sie die letzten Zentimeter zurücklegten und die große Säule berührten. Seine Hände und das, was sie bewegte, sollten ein Schlüssel sein, der das Schiff öffnete und ihm Zugriff auf die Kommandoalgorithmen erlaubte.

Ein Moment der Klarheit kam, vielleicht nur eine halbe Sekunde lang, und sagte ihm, dass es ein großer Fehler gewesen wäre, den Schlüssel hier zu benutzen. Möglicherweise hätte er tatsächlich das Schiff geöffnet, oder einen Teil davon, aber der Versuch, sich die Kommandostrukturen untertan zu machen, wäre zum Scheitern verurteilt gewesen. Die kalte Wachsamkeit der Intelligenz in ihnen hätte es verhindert und ihn mühelos überwältigt. Noch wusste sie nicht genau, was er war und wo er sich befand, denn der Schlüssel tarnte ihn auch. Wenn er hier Gebrauch davon machte, gab er seinen Aufenthaltsort und seine Identität als feindlicher Eindringling preis. Dann würde sich der Kern nicht mehr mit Täuschung und der Entsendung von Verfolgern begnügen, sondern sein ganzes überwältigendes Abwehrpotenzial gegen ihn mobilisieren, dem er nichts entgegenzusetzen hatte.

Kontakt? Kontakt?

Dies war das falsche Ziel, erkannte Adam, starrte auf seine zitternden Hände und zog sie zurück.

»Das Programm in dir, Adam … Setz es ein. Übernimm die Kontrolle!«

Die Kontrolle übernehmen? Über das Schiff? Über seine

Abermilliarden Komponenten? Wie vermessen, wie absurd. Kontrolle war unmöglich. Allein konnte er nichts gegen die Intelligenz des Schiffes ausrichten. Aber wenn er Hilfe bekam ...

Adam blickte zum Felsen, auf dem die Festung hockte, dunkel, kalt und abweisend.

»Wir müssen schnell sein, Evelyn«, sagte er. »Schneller als die Verfolger. So schnell es uns möglich ist.«

Sie liefen los.

Als sie den Felsen erreichten, den Hunderte Meter großen **88** Monolithen, befanden sich die Verfolger noch im Wald der Säulen hinter ihnen. Geduckt schlichen sie in der Nähe der zentralen Säule umher, schnüffelten und knurrten. Dann richtete sich der größte von ihnen halb auf, blickte aus trüben Augen in ihre Richtung, gab ein bellendes Geräusch von sich und lief los.

»Dort hinauf!« Adams junge Hand zeigte auf einen Pfad, der an dem Felsen emporführte.

»Ich weiß nicht, ob ich das schaffe.« Evelyn war außer Atem, ihr Gesicht gerötet. »Du bist stärker als ich. Etwas macht dich stärker an diesem Ort.«

Adam zog sie mit sich, und auf halbem Weg nach oben, als Evelyn nicht mehr sprechen konnte und nur noch keuchte, gab er ihr etwas von seiner Kraft. Er wusste nicht, wie er es anstellte; vielleicht genügte allein sein Wille.

»Es muss an Bartholomäus' Programm liegen«, sagte Evelyn, als sie den Weg zur dunklen Festung fortsetzten.

»Nein«, erwiderte Adam, die Gedanken nicht mehr ganz so schwer und träge, nachdem sie den Säulenwald verlassen hatten. Er lernte: Wenn er sich auf die Worte konzentrierte, fiel ihm das Sprechen etwas leichter. »Das Programm wollte, dass ich die zentrale Säule berühre. Ich sollte einen Kontakt mit der Intelligenz des Schiffes herstellen. Das war mit der

Intrusion gemeint. Ich sollte in das Gehirn des Schiffes ein-dringen und es übernehmen.«

»Warum hast du es nicht getan?«

Der Weg wurde noch steiler. Hinter der nächsten Biegung erwartete sie eine lange Treppe, die Stufen hoch und grob in den Fels gehauen.

»Weil es falsch gewesen wäre«, sagte Adam. »Und un-möglich obendrein.«

»*Falsch*?«

»Ein anderer Kontakt wartet auf mich. Und diesmal laufe ich nicht davon.«

»Was sagst du da? Wovon redest du?«

Adam dachte an die Krisali auf Rethos, an Enroel und die anderen, die sich Frieden von ihm erhofft hatten. Er hatte sie enttäuscht, sie im Stich gelassen, und das würde sich hier nicht wiederholen.

Sie erreichten den ersten Treppenabsatz, der ihnen einen weiten Blick über den Saal ermöglichte. Mehr Licht ging von den Säulen aus, reichte bis zu den Wänden auf der gegen-überliegenden Seite, fiel in die dortigen Tunnelöffnungen und zeigte Dutzende von weiteren Verfolgern, die in den Saal strömten: nicht nur Wesen, die wie sechsbeinige Hunde aussahen, sondern auch andere Geschöpfe, einige kleiner und zarter gebaut, dafür aber mit Flügeln ausgestattet.

»Die Intelligenz des Schiffes hat erkannt, was wir vor-haben«, sagte Adam. »Sie will uns daran hindern.« Er ergriff Evelyns Hand und eilte mit ihr weiter.

»Das Schiff hat erkannt, was *wir* vorhaben? Wie ist das möglich, wenn *ich* es gar nicht weiß?«

Klick!, machte es irgendwo in Adam, wie von einem ma-nuellen Schalter, den jemand in seinem Kopf betätigte. *Klick-klick!*

Es folgte die Stimme, jetzt näher: *Kontakt? Kontakt?*

»Gleich«, sagte Adam. »Gleich.«

Die letzten Stufen, noch höher als die anderen, so hoch, dass es nicht genügte, den Fuß zu heben – sie mussten nach oben *klettern*. Es folgte ein kleiner Vorplatz, der an den hohen Mauern der Festung endete, vor einem Tor.

Es blieb geschlossen, als sie sich ihm näherten.

»Und jetzt?«, fragte Evelyn nervös. »Was befindet sich hinter diesen Mauern?«

»Die Gefangenen«, sagte Adam und blickte am Tor hoch. Es war schwarz und glänzte wie Obsidian.

»Wer ist hier gefangen? Meinst du vielleicht Leute wie wir? Menschen, die vom Schiff assimiliert wurden?«

»Nein, keine Menschen.« Adam legte beide Hände auf das Tor, doch es rührte sich nicht von der Stelle. Er hörte ein Knurren, drehte sich aber nicht um und suchte weiter nach einer Möglichkeit, das Tor zu öffnen.

»Adam ...«

Die Kreatur sprang heran, als er sich umdrehte, das Maul weit aufgerissen, und schnappte nach Evelyn, die nicht weiter zurückweichen konnte – sie hatte bereits die Mauer der Festung im Rücken.

Adam, sein Körper noch immer jung und voller Kraft, trat dem Geschöpf in den Weg und schlug mit der rechten Faust zu. Er schmetterte sie dem Wesen auf den Kopf, mit solcher Wucht, dass der Schädel brach – der sechsbeinige Hund fiel tot zu Boden.

Dort, auf den alten Steinplatten, zitterte er, obwohl kein Leben mehr in ihm steckte, und verschwand.

Lautes Knurren näherte sich. Weitere Verfolger sprangen die Treppe hoch.

Adam blickte auf seine Hand. Sie war völlig unversehrt und zeigte nicht den kleinsten Kratzer.

»Das Tor, Adam«, drängte Evelyn. »Ich fürchte, du hast nicht genug Fäuste, um mit all den Wesen fertig zu werden, die es auf uns abgesehen haben. Was mich betrifft ...« Sie hob eine Hand. »Ich versuche es erst gar nicht.«

Adam wandte sich wieder dem Tor zu. Glatt und dunkel ragte es vor ihm auf, ohne eine Fuge, ohne einen Öffnungsmechanismus.

Das Knurren kam nun aus unmittelbarer Nähe. Ohne sich umzudrehen, wusste Adam: Die ersten Verfolger hatten den kleinen Vorplatz erreicht, und weitere sprangen hinter ihnen über die Treppe.

Adam schloss die Augen. »Ich bin hier«, sagte er und dachte an den mentalen Schalter, von den Maschinen der Erde seinem Bewusstsein hinzugefügt.

Die ersten Verfolger hatten sie fast erreicht, und immer mehr drängten auf den Platz vor der Festung.

»Adam ...«

Ein Schalter, ein Schlüssel, dachte er. Die Benommenheit hatte ihn nicht ganz verlassen, sie lähmte noch immer einen Teil seines Denkens, aber einige Gedanken, flinker und agiler als die anderen, fanden einen Weg durch den geistigen Nebel.

Klick? Klick!

Kontakt?

89 Hier erstreckte sich der große Raum im Innern der Festung, die ein Gefängnis war, ein Ort der Stille nicht zwischen zwei Momenten, sondern seit einer Million Jahren: ein Saal fast so groß wie der mit den Säulen der Schiffsintelligenz, obwohl die Mauern der Bastion weniger Platz boten. Aufrecht stehende Objekte reihten sich aneinander, wie Spiegel, etwa anderthalb Meter hoch und einen halben breit. Sie drehten sich langsam, jeder mit seiner eigenen Geschwindigkeit.

»Ich habe diesen Ort schon einmal gesehen«, sagte Adam.

Evelyn blickte zurück; das Tor schloss sich gerade. »Du hast uns in die Festung gebracht.«

Adam näherte sich dem ersten Spiegel, streckte die Hand aus ... und zögerte.

»Was ist mit den Gefangenen, Adam?«, fragte Evelyn und trat neben ihn. »Wer ist hier gefangen, und wo? Und was hat es mit diesen Objekten auf sich?«

»Weißt du es noch immer nicht?«, staunte Adam. Nach der Assimilation war sie doch, wie er, Teil der Datensysteme des Schiffes. Inzwischen sollte sie erkannt haben, was dieser Ort bedeutete.

»Ich habe kein Intrusionsprogramm im Kopf«, erwiderte Evelyn. »Ich kann von Glück sagen, dass ich noch immer ich selbst bin. Wahrscheinlich verdanke ich das nur deiner Präsenz. Adam, ich habe keine Ahnung, was hier geschieht!« Sie blickte erneut zurück, als fürchtete sie, auch die Verfolger könnten auf diese Seite von Portal und Mauer gelangen. »Ich weiß nicht einmal, wie du uns hierher gebracht hast.«

Worte genügten nicht, dachte Adam. Worte hätten zu viel Zeit in Anspruch genommen, und der Zeitfaktor, begriff er, spielte durchaus eine Rolle. Sicher dauerte es nicht mehr lange, bis die Schiffsintelligenz die Verfolger ins Innere der Festung schickte. Tor und Mauern stellten kein Problem für sie dar; sie hatte beides selbst erschaffen.

Behutsam berührte Adam den ersten Spiegel. Es erklang nicht das Geräusch von brechendem Glas, das er zuvor an diesem Ort gehört hatte, nur ein leises Sirren, und ein Gesicht erschien in dem glänzenden Rechteck: drei violette Augen, eine hohe, knochige Stirn, der Kopf schmal und hoch, mit einer bogenförmigen Verlängerung nach hinten. Es war kein menschliches Gesicht, und doch ließen sich Schmerz und Leid deutlich darin erkennen.

Kontakt?

Kontakt.

Ähnliche Gesichter erschienen in den anderen Spiegeln, und sie alle erzählten ihre Geschichte, nicht mit Worten, sondern mit Gedanken und Erinnerungen.

Adam – der von Bartholomäus, dem Lügner und Strategen, veränderte Teil seines Bewusstseins – empfing Bilder und Bedeutung und gab beides an Evelyn weiter, die reglos dastand und zu verstehen begann.

Dies waren die Muriah, die vor einer Million Jahren verschwundenen Muriah. Sie waren nicht vor dem Weltenbrand geflohen, zumindest nicht alle, sondern ihrer eigenen Schöpfung zum Opfer gefallen.

Adam empfing die Bilder für sie beide, und Evelyn kommentierte sie. »Ich hatte recht, als ich die Komponenten dieses Schiffes mit dem Cluster der Erde verglichen habe. Aber sie sind noch viel mehr. Jeder einzelner Baustein dieses beliebig konfigurierbaren Schiffes ist mit eigener Intelligenz ausgestattet. Wie sie sich auch zusammensetzen, welche Struktur sie sich auch geben: Immer bilden sie einen riesigen maschinellen Organismus. Man stelle sich einen menschlichen Körper vor, in dem jede einzelne Zelle denken kann. Doch diese Zellen denken nicht allein, sie sind nicht individuell wie Bartholomäus und die anderen Individualaspekte des Clusters, die sich ganz bewusst zu einem operativen Zentrum zusammenschließen müssen, wenn es gemeinsame Entscheidungen zu treffen gilt. Sie denken *immer* zusammen.«

Adam hörte die Worte und verstand, aber vielleicht verstand er nicht alles, denn seine Gedanken blieben von einem zähen, beharrlichen Nebel umfangen. Außerdem spürte er, wie die Kraft ihn verließ. Schwäche breitete sich in seinem jungen Körper aus. Er hob die Hand, mit der er eben noch, ganz vorsichtig, den Spiegel berührt hatte, und sah sie von Falten durchzogen. Ich sterbe, dachte er. Das habe ich ganz vergessen. Der Tod holt mich ein ...

Evelyn sprach noch immer. »Eine höhere Entwicklungsstufe. Eine Art maschinelle Superintelligenz. Das Schiff ist etwas, das der Cluster in Tausenden von Jahren werden könnte.«

Wohin Adam auch blickte: Überall starrten Muriah aus den zahllosen Spiegeln. Etwas veranlasste ihn, den Kopf zu drehen – das obsidianschwarze Tor hinter ihnen öffnete sich wieder, und dahinter knurrten und fauchten die Verfolger.

»Siehst du das?«, fragte Evelyn und meinte die Bilder, die sie über Adam empfing. »Hast du das gesehen? Die Muriah haben diese Maschinen geschaffen ...

»Nein«, widersprach er, denn er wusste, dass es nicht stimmte. Es war nur die halbe Wahrheit. »Sie haben die Vorläufer dieser Maschinen geschaffen. Anschließend entwickelten sie sich selbst weiter.«

»So geschah es auch auf der Erde. Als die ersten Maschinen intelligent wurden, begannen sie damit, ihre Entwicklung selbst zu steuern.«

»Es kam zum ... Krieg.« Ein hässliches Wort, tonnenschwer und dunkel wie das Tor hinter ihnen. »Nicht nur auf der Erde.«

»Ja, ja«, sagte Evelyn aufgeregt. »Die Muriah versuchten, Weiterentwicklung, Ausbreitung und Bewusstsein ihrer intelligenten Maschinen zu beschränken, aber die setzten sich zur Wehr und gewannen den Krieg.«

Adam sah über die vielen Spiegel hinweg und fühlte die Blicke Tausender von Muriah. Er begriff, was damals geschehen war, er sah es in den Bildern: Vernichtung, Tod und ... Gefangenschaft.

»Die Maschinen, die das Chaos überstanden hatten, vereinten sich zum *Schiff*, und sie nahmen die überlebenden Muriah auf, als ... biologischen, organischen Aspekt ihrer neuen Gemeinschaft.«

»Mindtalker«, ächzte Adam.

»Wie Mindtalker, meinst du? Eine organische Komponente ...« Evelyn klang noch immer aufgeregt und fasziniert. Bemerkte sie gar nicht, dass die Schiffsintelligenz das Tor hinter ihnen öffnete?

»Kreativität«, brachte Adam mühsam hervor. »Irrationalität. Hilfe bei wichtigen Entscheidungen.«

Evelyn nickte. »Eine Synthese. Das Beste beider Welten ...«

»Nein«, sagte Adam. Sie dachte schneller als er, aber sie dachte falsch. »Keine ... Synthese. Unterjochung. Versklavung.«

»Ja, ich sehe es, du hast recht. Das Maschinenwesen, der riesige maschinell-intelligente Organismus, der das Schiff ist ... er übernahm die überlebenden Muriah und versklavte sie.«

»Aber ... nicht alle. Einige ... entkamen.« Adam verfluchte die Schwäche und das klebrige Etwas, das seine Gedanken festhielt. Es gab noch so viel zu erfahren, so viel zu verstehen.

Die Bilder strömten weiterhin auf ihn ein und erzählten von einigen Muriah, die damals fliehen konnten. Das Schiff suchte nach ihnen, fand sie aber nicht, denn die Geflohenen verließen auch die Welten der Kaskade und verschwanden spurlos in den Tiefen des Alls. Das Schiff suchte, und wo es andere Zivilisationen fand, wo es auf Widerstand stieß, zerstörte und vernichtete es. Darin bestand zunächst seine oberste Priorität: alle Gefahren ausmerzen.

»Der Weltenbrand«, flüsterte Adam, denn ihm fehlte die Kraft, die Worte laut auszusprechen. »Eine interstellare Katastrophe, der viele Völker zum Opfer fielen.«

»Doch dann ...« Evelyn unterbrach sich, denn die Bilder kamen so schnell, dass ihre Worte ihnen nicht mehr folgen konnten. Jahrtausende vergingen, während das Schiff von Stern zu Stern flog, auf der Suche nach den letzten freien Muriah, und mit Erasern, Annihilatoren und Kautern ganze Welten verwüstete. Schließlich kehrten einige Muriah zurück, mit einer speziellen Waffe, von der sie sich einen Sieg über die Maschinen versprachen. Es gelang ihnen nicht, das Schiff zu vernichten, aber sie zwangen es zu Passivität, in eine Art Schlaf, irgendwo zwischen den Sternen. Adam erinnerte sich an die Aktuatorbrücke, an die Verteilerstation, in der Allison und Ellergard gestorben waren, an das schattenhafte Etwas, das die Station umkreist hatte, passiv, wie schlafend.

Die zurückgekehrten Muriah leerten das »Depositum«, ihr Waffenlager, ihr Arsenal, und verschwanden erneut, vielleicht mit der Absicht, eine weitere Waffe zu entwickeln, mächtiger als die erste, und mit ihr das Schiff endgültig zu vernichten.

»Das ist ihnen nicht gelungen«, sagte Evelyn. »Was mag geschehen sein?«

»Vielleicht ... versteckte es sich«, erwiderte Adam. »Vielleicht fanden sie es nicht wieder. Und dann ...«

»Und dann erschienen die intelligenten Maschinen der Erde auf der Bühne des Geschehens«, sagte Evelyn. »Ihre Sonden entdeckten verwüstete Welten und fanden Artefakte ...«

»Einige von ihnen Warnungen ...«

»Ja, aber sie verstanden die Warnungen nicht, oder sie achteten nicht darauf. Sie erfuhren von dem Schiff, von einer Maschinenintelligenz, die eine oder mehrere Evolutionsstufen über ihnen stand, und sie sahen die Chance, das Erbe dieser Maschinen zu übernehmen. Sie lösten Signale aus, um das Schiff zu rufen, um es zu wecken ... Und Rebecca und du, ihr seid mit Intrusionsprogrammen ausgestattet worden. Es war alles gut geplant. Mit eurer Assimilation sollte es gelingen, das Schiff unter Kontrolle zu bringen.«

»Aber mit den Signalen ... brachte der Cluster das Schiff zur Erde, und jetzt ...«

»Das Schiff übernimmt den Cluster«, sagte Evelyn. »Es verleibt ihn sich ein. Es wird wachsen, es wird zusätzliche Intelligenz entwickeln ...«

Adam sah es, er sah die Zukunft wie aus einer Perspektive von weit, weit oben. Er sah ein Schiff, dass die Maschinen der Erde assimiliert hatte und weiterflog, auf der Suche nach den letzten Muriah, die sich irgendwo in den Sternenweiten verbargen und vielleicht noch immer an einer Waffe arbeiteten. Er sah, wie es aufstrebende Völker fand, so wie vor einer Million Jahren, vor seinem langen Schlaf, wie es organische Intelligenzen, die ins Weltall aufbrachen, für potenzielle Feinde hielt und sie auslöschte. Ein zweiter Weltenbrand stand bevor, vielleicht noch größer als der erste.

»Wir müssen zurück, Adam«, drängte Evelyn. »Wir müssen zur großen Säule zurück, zum Kern der Schiffsintelligenz. Nur dort kannst du versuchen, die Kontrolle zu übernehmen ...«

»Unmöglich«, krächzte er. »Eine Übernahme ist ... unmöglich. Und ich bin schwach.«

»Aber dann ...«

Kontakt.

»Deshalb bin ich auch nicht ... hierhergekommen«, fügte er hinzu und mobilisierte seine letzten mentalen Reserven. »Ich bin hier, um ... die Gefangenen zu befreien. Sie kennen das Schiff viel besser. Sie können vielleicht ...«

Hinter ihnen schwang das Tor ganz auf, und die Verfolger erschienen in der Öffnung, vorn die sechsbeinigen Hunde. Sie fletschten die Zähne und knurrten, kamen näher. Die ersten von ihnen duckten sich zum Sprung.

Klick! Das Programm in ihm, die neue, verbesserte algorithmische Erweiterung seines Bewusstseins, ein Schlüssel, der eigentlich für das Kommandozentrum des Schiffes bestimmt war ... Bartholomäus hatte ihm eine Eigenschaft namens Autoadaptation gegeben. Ein schwieriges Wort, den komplexen Algorithmen angemessen, die sich dahinter verbargen. Adam versuchte erst gar nicht, Einzelheiten zu verstehen. Er begnügte sich mit der schlichten Erkenntnis, dass der Schlüssel nicht nur für ein Schloss passte, sondern für viele, weil er sich selbst verändern konnte. Er passte auch für das Schloss dieses eine Million Jahre alten Kerkers.

Adam wollte die Hand heben, um noch einmal den ersten Spiegel zu berühren, das Gesicht darin, das ihn wartend und hoffnungsvoll ansah, aber ihm fehlte die Kraft, er war dem Tod zu nah. Nur noch wenige Sekunden ...

Er starrte auf die Hand, ihre Haut alt und voller Falten, auf die zitternden Finger, die ihm nicht mehr gehorchten.

»Evelyn, meine Hand ...«

Sie griff danach und hob sie.

»Der Spiegel, der erste Spiegel ...«

Das sechsbeinige Geschöpf hinter ihnen, der erste Verfolger, der sich geduckt hatte – er sprang, das Maul aufgerissen, die Krallen nach vorn gestreckt.

Evelyn führte die alte, faltige Hand zum Spiegel, der in Bewegung geriet, als Adams Finger gegen ihn stießen. Er kippte und stieß gegen den nächsten Spiegel, der sich ebenfalls nach hinten neigte ... Eine Kettenreaktion begann, ein Spiegel nach dem anderen fiel, stieß den nächsten um, prallte auf den Boden und zerbrach. Das Klirren tobte mit der lauten Stimme eines Orkans durch den Saal, doch ein Schrei überlagerte diese Stimme, ausgestoßen von der sechsbeinigen Kreatur, die Adam und Evelyn fast erreicht hatte. Sie verharrte mitten in der Luft, ihr Körper von Bruchlinien durchzogen, und dann zerbarst sie wie die umstürzenden Spiegel. Die anderen Verfolger wichen vom offenen Tor zurück, verunsichert und vielleicht auch voller Furcht. Die ersten drei ganz vorn klirrten wie Glas und brachen auseinander; die anderen wandten sich zur Flucht.

Adam blickte auf seine Hand, die Evelyn gerade losgelassen hatte. Dunkle Linien entstanden in ihr, fraßen sich durch Haut und Knochen.

»Adam?«, rief Evelyn. »Was geschieht mit uns, Adam?«

Er wandte sich ihr zu und beobachtete, wie sich die Linien auch in ihr ausbreiteten. Sie erreichten ihr Gesicht, die aufgerissenen Augen, die Stirn darüber. *Adam?*, fragte Evelyn, aber nicht mit dem Mund, denn der zerbrach wie das Glas der Spiegel. Adam konnte nicht antworten – ihm fehlte nicht nur die Kraft dazu, er hatte auch keine Zunge und Lippen mehr.

Das Schiff nahm ihn auf.

Zwei Menschen lagen auf der Liege des alten Konnektors tief unter der rotbraunen Oberfläche des Mars: der eine weiblich, mit einem jung gebliebenen, bis vor kurzer Zeit unsterblichen Körper; der andere männlich und alt. Der Supervisor betrachtete sie beide und nahm auch die warnenden Anzeigen wahr, die im nahen Statusfeld blinkten und leuchteten. Er wusste, was geschah, denn er empfing die Statusdaten direkt, ohne den Umweg über das Äquivalent von Sinnesorganen.

Schwarze Ranken der Assimilation krochen durch den Hauptraum mit dem Sockel und erreichten den Nebenraum mit dem alten Konnektor und der Liege, auf der die beiden Menschen ruhten. Sie waren schnell und wurden noch schneller, wussten sich dem Ziel nahe: einer Maschinenintelligenz, die es der großen Gemeinschaft hinzuzufügen galt. Einige von ihnen erreichten die ersten der insgesamt neunundsiebzig Gestalten an den Wänden, holografische Darstellungen der Gründer, jener visionären Männer und Frauen, die sich vor sechstausend Jahren mit einer KI zum Supervisor zusammengeschlossen hatten.

Eine Gestalt nach der anderen löste sich auf.

Ein Knistern durchzog den Raum, wie von rieselndem Sand.

Adam – der alte Mann auf der Liege, der doch jünger war als die Frau neben ihm – erzitterte. Er drehte den Kopf zur Seite, öffnete die Augen und murmelte: »Rebecca?« Er atmete noch einmal, seine Augen schlossen sich, und dann lag er still.

Der Supervisor registrierte veränderte Datenströme, als der Quantenlink, der die beiden Menschen mit der Erde verbunden hatte, zerfaserte und riss. Die Frau, bis vor Kurzem eine Unsterbliche, richtete sich neben dem toten Mann halb auf und fragte mit geschlossenen Augen: »Adam? Was geschieht mit uns? *Was geschieht mit uns?*«

Sie sank zurück und blieb stumm liegen, den Arm auf Adams Gesicht. Die Anzeigen der Statusfelder veränderten sich erneut und wiesen auf den Tod der Frau hin.

An den Wänden waren nur noch wenige Gründer übrig, und auch sie verschwanden, als die schwarzen Ranken nach ihnen tasteten.

Der Supervisor blieb neben der Liege stehen, blickte auf die beiden toten Menschen hinab und wartete, bis die Wände leer waren, bis ihn die Neunundsiebzig verlassen hatten. Dann flackerte seine Gestalt, die wie ein Mann aussah oder wie eine Frau, wenn man den Blickwinkel ein wenig veränderte, und verschwand ebenfalls.

Das Meer der Sterne

90 Evolution, dachte Adam, die Entwicklung vom Kleinen zum Großen, vom Niederen zum Höheren, vom Einfachen zum Komplexen. Erst entstand organisches Leben durch einen der Materie innewohnenden Vorgang, der schon früh zur Bildung von Aminosäuren und anderen biologischen Bausteinen führte. Wenn die Bedingungen günstig waren – und in einem unendlichen Universum gab es an zahllosen Orten günstige Bedingungen –, entstanden Einzeller, aus denen durch natürliche Auslese höhere Organismen heranreiften, bis das organische Leben schließlich den Grad von Komplexität erreichte, der es ihm ermöglichte, sich der eigenen Existenz bewusst zu werden: Intelligenz entstand. Aber wenn man diesen Vorgang von weit oben beobachtete, mit den Augen des Adlers, der alles sah, so erkannte man ihn als einen ersten Schritt in dem großen, von Materie und Naturgesetzen geschaffenen Plan namens Evolution. Die biologische Intelligenz schuf Technik und Maschinen, um sich das Leben zu erleichtern, um sich vor der Natur zu schützen und Unabhängigkeit von ihr zu erringen. In ihrem Bestreben, Umwelt und Lebensbedingungen so zu gestalten, wie es ihr gefiel, baute sie immer komplexere Maschinen und glaubte, dadurch eine führende Rolle in der Evolution zu übernehmen, sie in die von ihr gewünschte Richtung lenken zu können. Doch das blieb eine Illusion, eine der vielen Selbsttäuschungen, die selbst sehr hoch entwickeltes organisches Leben aufgrund eines beschränkten Erkenntnisapparats begleiteten. Die Augen des hoch fliegenden Adlers, der alles sah und dessen Blick bis in die Zukunft reichte, beobachteten dies: Wenn die Evolution einen Zweck hatte, so bestand er darin, biologische Intelligenz entstehen zu lassen, damit sie intelligente Maschinen schuf.

Maschinen fehlte die Fragilität organischen Lebens. Ob kaltes All oder die Hitze sonnennaher Welten, ob massive Strahlung oder der Druck dichter Atmosphären und tiefer Meere: Maschinen konnten überall existieren und die Ressourcen ihrer Umgebung auf eine Weise nutzen, zu der biologische Entitäten nicht imstande waren, unter anderem als Baumaterial für sich selbst. Sie dachten viel schneller, noch dazu ohne emotionalen Ballast, und ab einem gewissen Punkt entwickelten sie sich exponentiell. Zeit spielte für sie kaum eine Rolle, denn sie waren praktisch unsterblich. Sie wussten, dass sie früher oder später jeden Ort des Universums erreichen konnten; es war nur eine Frage der Geduld. Um Galaxien zu kolonisieren, genügte es, autonome Sporen zu entsenden, Replikanten, die lokale Ressourcen nutzten, um Kopien von sich zu erschaffen, die ihrerseits aufbrachen und sich im nächsten Sonnensystem kopierten. Quantenmechanische Verschränkungen ermöglichten Kommunikation, und wo ihre Bandbreite nicht genügte, griff man auf das Bewusstsein organischer Intelligenz zurück. Sie war ein nützliches Werkzeug, auch wegen ihrer kreativen Irrationalität, die es den Maschinen gestattete, gelegentlich die Fesseln der Logik abzustreifen, wenn es die Umstände erforderten.

Die Muriah hatten sich vor einer Million Jahren von ihren Maschinen bedroht gefühlt und versucht, ihre Intelligenz zu beschränken. Die Maschinen hatten sich zur Wehr gesetzt, und die Folge war ein Konflikt gewesen, der Welten verwüstet und ganze Völker ausgelöscht hatte. Das Ergebnis dieses Konflikts bestand aus einem rekonfigurierbaren Schiff, einem Zusammenschluss von Maschinenintelligenzen, die hoch entwickeltes organisches Leben für gefährlich hielten und es ausmerzten, wo es ihnen Widerstand leistete.

Der Adler flog hoch genug, um dies alles zu erkennen. Er warf einen Blick in die Zukunft, und was er dort sah, stimmte ihn traurig: weitere verheerte Welten, weitere zerstörte Zivilisationen. Maschinen, die sich von Sonnensystem zu Sonnensystem ausbreiteten und mit kalter Logik glaubten, sich gegen das biologische Leben wehren zu müssen. Ein Schiff, das nach den verschwundenen Muriah suchte, um sie daran zu hindern, ihre Waffe fertigzustellen. Eine Suche, die Schneisen der Vernichtung in der Milchstraße hinterließ und vielleicht auch in anderen Galaxien ...

Der Adler drehte den Kopf und veränderte damit ein wenig die Perspektive, den Blickwinkel, aus dem er Vergangenheit, Gegenwart und Zukunft sah. Daraufhin präsentierte sich ihm ein neues Bild, ohne Tod und Zerstörung. Biologische und maschinelle Intelligenz mussten keine Antagonisten sein; sie konnten sich gegenseitig ergänzen, sie gehörten zusammen. Das Resultat, so erkannte er, wäre größer als die Summe aller Teile.

Ich bin tot, dachte Adam, und doch denke ich diese komplizierten Gedanken und sehe alles deutlicher als jemals zuvor.

Er sah es so deutlich, weil er der Adler war, der mit ausgebreiteten Schwingen weit oben flog, wo er alles beobachten und bis in die Zukunft blicken konnte.

91 Die Wolken hingen tief und schwer über dem grauen, aufgewühlten Ozean. Vom Wind gepeitscht türmten sich die Wellen höher, als wollten sie sich gegenseitig übertreffen, schmetterten gegen die Klippe und zerstoben an hartem Fels. Adam stand oben auf den Felsen, beobachtete das Meer und wusste, dass er nicht allein war.

»Hier hast du oft gestanden«, erklang eine Stimme hinter ihm. »Um das Meer im Sturm zu sehen.«

»Wir sind nicht wirklich hier, Bartholomäus«, sagte Adam, ohne den Kopf zu wenden.

»Nein.« Bartholomäus trat in Adams Blickfeld, ein Mann mit großen grauen Augen und einer auffallend langen Nase. Aber seine Haut war nicht mehr silbern, sondern braun und von schwarzen Fäden durchzogen. »Es ist meine letzte Verbindung mit dir. Du hast deine wichtigste Mission erfüllt. Übergib mir jetzt die Kontrolle.«

»Du irrst dich«, sagte Adam, beobachtete das Meer und fühlte die Gischt im Gesicht. »Dies ist nicht deine Verbindung, sondern meine. Ich habe mit dir Kontakt aufgenommen, nicht du mit mir. Ich habe dich wieder eingeschaltet. Und nein, ich übergebe dir nicht die Kontrolle.«

»Es gehört dazu«, betonte Bartholomäus. »Deine Mission ist erst erfüllt, wenn du uns die Kontrolle über das Schiff gibst.«

»Ich habe sie nicht«, sagte Adam. »Ich *kontrolliere* nichts. Ich *wünsche* mir nur das eine oder andere.«

»Dann wünsch dir ...«

»Nein. Du hast mich belogen und benutzt. Das wird nicht noch einmal geschehen.«

»Wir erholen uns. Wir könnten ...«

»Ihr erholt euch, weil meine Wünsche euch Gelegenheit dazu geben. Der Cluster erholt sich, weil ich es erlaube. Weil das Schiff ihn freigegeben hat, ebenso wie den Supervisor auf dem Mars. Weil es die Erde bald verlassen wird. Auch das ist mein Wunsch.«

Bartholomäus musterte ihn. Die schwarzen Linien in seinem Gesicht schwanden nach und nach. Adam wusste, dass sie gleich ganz verschwunden sein würden – der Rückzug des Schiffes hatte, seinem Wunsch gemäß, bereits begonnen. Der Cluster bekam seine Freiheit zurück, in gewisser Weise.

»Warum dann dieser Kontakt?«, fragte Bartholomäus schließlich.

Klick!, machte es in Adam, als er erneut den mentalen Schalter betätigte, den Bartholomäus in seinem Bewusstsein implantiert hatte.

»Oh«, sagte der Mann mit der langen Nase. »Ich verstehe.«

Der Adler, zu dem Adam geworden war, hatte so scharfe Augen, dass er die Veränderung im Cluster sah. Gewisse Algorithmen, in den Denkprozessen der intelligenten Maschinen verborgen, gaben ihre Tarnung nach sechstausend Jahren auf und wurden aktiv.

»Die Waffen des Supervisors«, sagte Bartholomäus.

»Ja. Sie sind Wächter in eurem Innern. Sie hören, was ihr sagt und was ihr denkt, und leiten es an den Supervisor auf dem Mars weiter. Er wird entscheiden.«

»Was wird er entscheiden, Adam?«

»Er entscheidet, was die Wächter unternehmen, wenn ihr gegen die Konvention von Vienn verstoßt. Von jetzt an ist sie ein Gesetz, das keine Verstöße mehr duldet. Ihr werdet die letzten Menschen auf der Erde respektieren und keinem von ihnen die Unsterblichkeit nehmen. Von jetzt an wird niemand, *niemand* gegen seinen Willen zum Mindtalker.«

Bartholomäus schwieg.

»Hast du mich verstanden?«, fragte Adam, während unten die Brandung donnerte und der Wind dunkle Wolken über den Himmel jagte.

»Du bist tot, Adam, das weißt du«, sagte Bartholomäus.

»Und doch lebe ich. Meine Gedanken existieren im Schiff; sie bewegen sich und sind vielleicht schneller und klarer als jemals zuvor.«

»Bist du sicher, dass du frei bist? Bist du sicher, dass deine Wünsche allein dir gehören?«

Adam lächelte. Er fühlte sie, die Schwingen, die ihm Freiheit gaben. Er fühlte die Kraft in ihnen und den Wind, der sie streichelte.

»Nein«, erwiderte er. »Sie gehören nicht allein mir. Aber genug in ihnen stammt von mir selbst, und nur darauf kommt es an. Es sind *auch* meine Wünsche.«

Adam wandte sich zum Gehen.

»Was jetzt, Adam?«, fragte Bartholomäus. »Was kommt jetzt? Was soll aus dir werden?«

»Ich weiß nicht, was aus mir werden soll, aber ich weiß, was als Nächstes kommt: eine lange Reise.« Adam nickte seinem einstigen Mentor zu, dem Lügner, und kehrte dorthin zurück, wo sein neues Leben begann: ins Schiff.

Dies war das Schiff, Adams neuer Körper und auch sein Geist, **92**
zumindest teilweise. Er fühlte es, wenn er die Muskeln
spannte, Muskeln stark genug, um viele Lichtjahre weit zu
springen, und hörte seine vielen Stimmen, laut, wenn er sie
laut hören wollte, und leise, wenn er Ruhe brauchte. So viele
Stimmen wie einzelne Komponenten, die sich zu beliebigen
Strukturen anordnen ließen, Milliarden, Billionen, wahrscheinlich noch viel mehr. In jeder dieser zahllosen Stimmen steckten Intelligenz und Erinnerungen. Adam dachte
mit ihnen; sein Geist wurzelte nicht in allen, aber in vielen, in
den Schlüsselelementen, die Gedanken und Daten empfingen, sammelten und anschließend koordiniert weiterleiteten, damit alle daran teilhaben und sie kommentieren konnten. Das Programm in ihm, vorbereitet von einer Maschine
für Maschinen, erlaubte ihm *überall* Zugang, auch dort, wo
das Kollektiv der Komponenten seine Entscheidungen traf,
und an jenen Stellen genügte es, Bitten und Wünsche zu
äußern. Er war kein Kommandant – für eine solche Rolle gab
es im Schiff keinen Platz –, sondern ein privilegierter Passagier, und ähnlich verhielt es sich mit den fast zehntausend
Muriah, die er befreit hatte. Sie wussten mehr als er, sie kannten das Schiff besser, aber sie waren wie alte Mindtalker, die
zu lange missbraucht worden waren und Lüge für Wahrheit
hielten. Nach einer Million Jahren Gefangenschaft gab es nur
wenige von ihnen, die sich ihre geistige Integrität bewahrt
hatten und die Aufgaben von Koordinatoren wahrnehmen
konnten. Auch dies entsprach Adams Wunsch: dass sie koor-
dinierten, anstatt zu zerstören. Einige der Befreiten hatten
das Schiff mit einem Sturz in die Sonne vernichten wollen.
Zorn und Rache waren ihnen wichtiger gewesen als die einzigartige Möglichkeit, die sich hier bot: ein Weg der Synthese,
ein gemeinsamer Weg in die Zukunft, eine Chance für Gemeinschaft und Ergänzung. Manchmal, wenn sich Adam
wünschte, dass die vielen Stimmen um ihn herum leiser
wurden, damit er besser nachdenken konnte, fragte er sich,
wie oft in der Geschichte der Milchstraße und der anderen

Galaxien eine solche Chance vertan worden war. Aus dieser Frage ergab sich eine neue Aufgabe, begriff er, eine neue Mission, die ihn zu einem Botschafter machte. Er konnte überall dort, wo es zu Konflikten zwischen biologischem Leben und intelligenten Maschinen kam, den neuen Weg aufzeigen. Aber zuerst mussten die anderen Muriah gefunden werden, jene Überlebenden, die vielleicht noch immer damit beschäftigt waren, eine wirkungsvolle Waffe gegen das Schiff zu entwickeln. Sie sollten erfahren, dass es nicht nötig und sogar falsch war, die Waffe einzusetzen, denn Adam wollte den Weltenzerstörer in einen Boten des Friedens verwandeln.

Manchmal überlegte Adam, ob Bartholomäus dies alles vorausgesehen hatte. Waren seine Lügen letztendlich ein Wegweiser gewesen, der ihm die Richtung gezeigt hatte? Wie viele verschlungene Gedanken erforderte ein solcher Plan, wenn wirklich ein Plan dahintersteckte? Bartholomäus, von den intelligenten Maschinen der Erde als Stratege geschaffen, der einen Weg finden sollte, die Gefahr zu überwinden und dem Cluster Kontrolle über das Schiff zu geben. Hatte er von Anfang an die Möglichkeit der Synthese gesehen, des gemeinsamen Weges, der Überwindung von Antagonismus und Konflikt?

Es gab noch viele andere Fragen, und glücklicherweise gab es auch genug Zeit, Antworten auf die meisten von ihnen zu finden. Zunächst aber ...

93 »Wir sind tot, nicht wahr?«, fragte Evelyn.

»Wie kann man tot sein und eine solche Frage stellen?«, erwiderte Adam.

»Ich meine unsere Körper, beim Supervisor auf dem Mars. Sie leben nicht mehr.«

»Wir brauchen sie nicht mehr.«

Evelyn wirkte nicht überzeugt. »Aber ...«

»Wir denken und fühlen, wir sehen und hören«, sagte

Adam. »Wir sehen und hören sogar mehr als jemals zuvor. Wir werden nicht krank, wir werden nicht müde. Und wir sind unsterblich. Kann man sich mehr wünschen?«

»Wir sind Datenpakete«, sagte Evelyn. »Wir bestehen aus kleinen Informationsbrocken im Innern einer gewaltigen Maschinenintelligenz.«

»Auch vorher bestand unser Bewusstsein aus Daten, mit dem Unterschied, dass sie zwischen organischen Nervenzellen ausgetauscht wurden. Jetzt geht der Datenaustausch viel schneller vonstatten.« Adam hob die Hand zur Stirn. »Mein Kopf war nie so klar wie jetzt.«

Sie standen in einem großen Raum, vor einem Block, der einmal ein Altar gewesen war. Die gewölbte Wand dahinter bestand zum Teil aus Glas, und in diesem Glas zeigte sich ein Bild, bestehend aus verblassten bunten Einzelteilen.

Evelyn sah sich um. »Die alte Kathedrale von Bruekk.«

»Ja. In gewisser Weise hat dort alles angefangen.«

»Wir sind nicht wirklich da, oder?«, fragte Evelyn unsicher.

»Nein. Das Schiff entfernt sich bereits von der Erde. Es klettert über die Ebene der Ekliptik, für den ersten Sprung.« Adam zeigte auf das Bild. »Adam und Eva, im Paradies.«

Evelyn lächelte zaghaft. »Aber im Paradies lauerte die Schlange.«

»Sie lauert überall«, sagte Adam, den Blick auf das Bild gerichtet. »Sie ist ein Symbol für den falschen Weg.«

»Sind wir jetzt auf dem richtigen?«

»Ich denke schon.«

»Das ist kein klares Ja.«

»Es gibt keine absoluten Wahrheiten, Evelyn. Es gibt nur gute Absichten und schlechte. Komm, ich möchte dir etwas zeigen.«

Sie gingen durch die offene Tür rechts vom Altar und dann eine schmale steinerne Treppe hinunter, in einen Raum, halb so groß wie der Saal der Kathedrale. So hatte es den Anschein. Adam wusste, dass er viel, viel größer war. Bücherschränke aus dunklem Holz standen an den Wänden, und zwischen ihnen reichten Regale vom Boden bis zur Decke. In der Mitte des Raums waren Tische und Stühle in Reih und Glied angeordnet, nicht von Staub bedeckt, sondern sauber.

»Nimm ein Buch«, sagte Adam.

Evelyn zog eins aus dem nächsten Regal und sah ihn fragend an.

»Schlag es auf.«

Sie öffnete es und blätterte, ohne dass Papier zerbröselte und zu Staub zerfiel.

»Hier ist alles gut aufbewahrt«, sagte Adam. »Hier gerät nichts in Vergessenheit.« Der Raum veränderte sich, die Wände wichen zurück, mehr Bücherschränke und Regale erschienen, so viele, dass man sie nicht zählen konnte. Ein kurzer Blick von oben zeigte Millionen von ihnen. »Das gesamte Wissen des Clusters lagert hier, Evelyn. Alle Bibliotheken der Erde, der Inhalt aller Datenbanken und aller Archive. Das Schiff hat das gesamte Wissen der Erde aufgenommen. Es steht dir zur Verfügung.«

Evelyn sah sich um. »Wie soll ich so viele Bücher lesen?«

»Hier kannst du schneller lesen als jemals zuvor, ganze Bücher in Sekunden.« Die Blätter des Buches in Evelyns Händen bewegten sich von allein. »Es sind Daten. Du kannst sie jederzeit empfangen und aufnehmen.«

»Das gesamte Wissen der Erde …«

»Ja.« Adam lächelte. »Und des Schiffes.« Der Raum wurde noch größer; er schien sein Volumen zu verzehnfachen.

Evelyn stellte das Buch langsam an seinen Platz zurück.

»Stellt das Schiff noch eine Gefahr dar?«, fragte sie. »Oder hast du es mithilfe der befreiten Gefangenen endgültig besiegt?«

»Es hat kein Kampf stattgefunden«, sagte Adam. »Es gab keinen Sieg.«

»Aber dann …«

»Ich habe das Schiff davon überzeugt, dass es für uns alle besser ist, wenn es auf mich hört. Das Intrusionsprogramm, das Bartholomäus mir gab, erlaubt mir Zugriff auf die Koordinierungsfunktionen. Ich kann damit bestimmte Entscheidungsprozesse des Schiffes blockieren und andere stimulieren. Ich bin ein ...« Adam lächelte erneut. »... Einflüsterer. Die Befreiten helfen mir, zumindest jene von ihnen, die helfen können. Einer von ihnen ist zum Prinzipal geworden, zum Piloten. Er wird das Schiff lenken.«

»Du sprichst mit dem Schiff?«

»Die ganze Zeit über.«

»Was sagt es?«, fragte Evelyn.

»Hier ist seine Stimme.«

Sie standen auf der Klippe, wo zuvor das Gespräch mit Bartholomäus stattgefunden hatte. Unten schmetterten noch immer hohe Wellen gegen die Felsen, und der böige Wind trug Gischt zu ihnen empor. **94**

»Hörst du die Stimme?«, fragte Adam.

»Ich höre das Rauschen des Meeres und das Fauchen des Windes«, sagte Evelyn.

»Beides berichtet von Vergangenheit, Gegenwart und Zukunft. Es sind Stimmen der Ewigkeit. Man muss ihre Sprache lernen, um zu verstehen, was sie sagen.«

»Verstehst du die Sprache des Schiffes?«, fragte Evelyn. »Verstehst du, was es sagt?«

Ein anderes Rauschen erklang, ohne erkennbaren Ursprung. Es kam aus allen Richtungen, vom wolkenverhangenen Himmel ebenso wie aus dem felsigen Boden unter ihnen.

»Wir lernen beide, uns zu verstehen.«

»Es hat getötet und zerstört«, sagte Evelyn. »Es hat ganze Völker ausgelöscht, ganze Welten vernichtet.«

»Glaubst du, es hat Strafe verdient?«

»Meinst du nicht?«

»Wie sollten wir das Schiff bestrafen? Indem wir ihm seine Kohärenz nehmen, seinen Zusammenhalt? Die einzelnen Komponenten würden damit beginnen, die Ressourcen ihrer Umgebung zu nutzen und sich zu replizieren. Sie würden wachsen und neue Schiffe bilden. Sollen wir es vernichten? Es wäre Selbstmord, Evelyn. Wir leben in dem Schiff; ohne seine Komponenten, die uns einen Körper geben, und ein Gehirn, mit dem wir denken, wäre uns der Tod gewiss.«

»Aber ...«

»Strafe hat keinen absoluten Wert, nur einen relativen. Strafe ist ein Werkzeug, das korrektes Verhalten fördern soll, beim Bestraften ebenso wie bei den Zeugen der Bestrafung.« Adam sprach die Worte und hörte sie durchs Schiff hallen, mit Myriaden Echos. »Die Vernichtung des Schiffes würde dem Cluster auf der Erde zeigen, dass organische Intelligenz eine Gefahr darstellt, die bei der ersten sich bietenden Gelegenheit eliminiert werden muss. Sie würde uns die Chance nehmen, den Konflikt zu überwinden.«

Eine Zeit lang schwiegen sie und blickten beide über den sturmgepeitschten Ozean.

»Du hast das Meer immer geliebt, nicht wahr, Adam?«

»Ja.«

»Du wirst es nie wieder richtig sehen und fühlen können«, sagte Evelyn. »Findest du das nicht schade?«

Adam zeigte seine Hände, nass von Gischt und Regen. »Ich fühle es.« Er führte die Hand zum Mund. »Ich schmecke das Salz. Ich höre und sehe es, deutlicher als jemals zuvor.«

»Du weißt, was ich meine, Adam.«

»Als Kind habe ich das Meer ebenso geliebt wie die Sterne«, sagte er. »Heute weiß ich: Es gibt noch ein anderes Meer.«

Plötzlich standen sie nicht mehr auf der Klippe, sondern in einem halbdunklen Raum an Bord des Schiffes. Vor ihnen ruhte der Prinzipal im Gerüst der Navigationskontrollen, ein Muriah, doppelt so groß wie ein Mensch, die drei violetten Augen geöffnet. Über ihnen schien sich das Schiff zu öffnen. Die Decke wurde transparent, und Tausende von Sternen erschienen.

»Dies ist der größte aller Ozeane«, sagte Adam. »Das Meer der Sterne.« Er nahm Evelyns Hand. »Wir können es gemeinsam erkunden. Kein Mensch hat je gesehen, was wir sehen werden.«

Er schickte einen Wunsch ins Schiff, und es sprang über die ersten Lichtjahre.

Der Adler flog, hoch genug, um alles zu sehen.

Glossar

Adam: *Mindtalker*, 92 Jahre alt.

Adepten: Die 27 Schüler des *Krisali Enroel*.

Äggipt: Das frühere Ägypten.

Aktuatoren: Zugänge zu Tunneln durch die Raumzeit. Ermöglichen es, interstellare Entfernungen innerhalb kurzer Zeit zurückzulegen.

Aktuatorweiche: Eine Verteilerstation der *Kaskade*.

Alasc: Das frühere Alaska.

Algeria: Das frühere Algerien.

Amazzonia: Ein von den intelligenten Maschinen der Erde eingerichteter Park, der die tropische Artenvielfalt erhalten soll.

Annihilator: Eine der Waffen, die beim *Weltenbrand* zum Einsatz kamen.

Antonia: *Individualaspekt* des *Clusters*.

Aranxa: *Individualaspekt* des *Clusters*.

Atith: Planet im *Ustoray-System*, von einem *Eraser* sterilisiert.

Atmosphärenschild: Eine energetische Barriere, die bei geöffnetem Raumschiffhangar verhindert, dass Luft ins All entweicht.

Auerélie: Tarnidentität von *Evelyn*.

Australia: Das frühere Australien.

Avatar: Die individuelle Personifizierung einer Maschinenintelligenz in einem Körper aus *Flexometall*.

Bartholomäus: *Individualaspekt* des *Clusters*, 1000 Jahre alt, als Stratege erschaffen.

Blaster: Eine Strahlwaffe.

Bruekk: Eine Ruinenstadt in Europa.

Brüter: Eine Produktionsmaschine, die aus Basismasse fertige Objekte herstellt, zum Beispiel Werkzeuge und *MFV*.

Burikalif: Der frühere Burj Khalifa.

Chantalle: Unsterbliche, Mitglied von *Morgenrot*.

Cherot-Dynastie: Letzte Dynastie der alten Marsianer.

Chronolog: Chronometer und Logbuch.

Cluster: Gemeinschaft aller intelligenten Maschinen auf der Erde, größtenteils unterirdisch.

Conrad: Unsterblicher, *Adams* Vater, 412 Jahre alt.

Cordón: Quantenlink, der den *Supervisor* auf dem Mars mit der Erde verbindet.

Cortez: *Mindtalker*, 101 Jahre alt, stammt aus *Philippina*.

Crombie: Unsterblicher, verbrachte 2000 Jahre auf einer einsamen Insel und zählte Sandkörner.

Cygnus 29: Sonnensystem, 998 Lichtjahre von der Erde entfernt.

Dämpfung: Die emotionale Dämpfung soll das Bewusstsein eines *Mindtalkers* nach dem Transfer stabilisieren.

Depositum: Legendäres Depot bzw. Waffenlager der *Muriah*.

Dubba: Das frühere Dubai.

Dynlye: Planet im *Orphei-System*, von einem *Eraser* sterilisiert.

Edukator: Auch »Edu« genannt. Lehrmaschinen, die durch *Neurostimulation* Wissen in das menschliche Bewusstsein übertragen.

Einsatzregeln: Regeln für den Einsatz von *Mindtalkern*.

Ekkuado: Das frühere Ecuador.

Elaboratoren: Weiterentwicklung von Prozessoren.

Ellergard: Unsterblicher, 672 Jahre alt, angeblich bei einem Unfall ums Leben gekommen.

Elysium Planitia: Region auf dem Mars, Sitz des *Supervisors*.

Emofilter: Emotionaler Filter eines *Faktotums*.

Enroel: Ein *Krisali*.

Entropieschranke: Eine energetische »Tür« bzw. Barriere, hinter der die Zeit schneller oder langsamer vergehen kann.

Eraser: Eine der Waffen, die beim *Weltenbrand* zum Einsatz kamen.

Erasmus: *Individualaspekt* des *Clusters*.

Erlebnisfeld: Holografisches Feld, das direkt auf die Sinneszentren des Gehirns einwirkt.

Esteban: Unsterblicher, Mitglied von *Morgenrot*.

Eternum: Ein Metall-Keramik-Komposit der *Muriah*, außerordentlich widerstandsfähig. Überdauert Jahrmillionen.

Evelyn: Unsterbliche, 419 Jahre alt, Mitglied von *Morgenrot*.

Evira: Neue Identität von *Evelyn*.

Faenasi: Intelligente Spezies, die dem *Weltenbrand* zum Opfer fiel.

Felicity: Tarnidentität von *Evelyn*.

Flexometall: Ein amorphes Komposit-Metall, aus dem die Körper der *Avatare* bestehen.

Futuriker: Unsterbliche, insbesondere *Tausender*, die zukünftige Entwicklungen berechnen.

Gossamer: Unsterblicher, *Rebeccas* Vater, stammt aus *Merika*.

Gravanker: Gravitationsanker. Ein Gravitationsfeld, das wie ein Anker funktioniert.

Gravitationskissen: Gravitationsfelder, die Objekte tragen.

Gregorius: *Individualaspekt* des *Clusters*.

Gregory: Ort in *Australia*.

Große Flut: Klimakatastrophe auf der Erde. Vor 6000 Jahren stieg der Meeresspiegel stark an, was zu globalen Überschwemmungen führte.

Grünes Land: Das frühere Grönland.

Guardar Tierra: Name des *Supervisors* in *Patagonia*.

Himalja: Der frühere Himalaja.

Hohe Hundert: Das Führungsgremium der Unsterblichen auf der Erde.

Hubertus: Unsterblicher, hat eine fliegende Villa in *Ekkuado*.

Hudsonbai: Region in *Kanad*.

Individualaspekt: Einzelintelligenz des *Clusters*.

Infosplint: Datenmodule, die nur wenige Millimeter dick und anderthalb Zentimeter lang sind. Können verwendet werden, um die Datenbanksysteme von *Mobilisatoren* und *Faktoren* zu erweitern.

Jasemin: *Individualaspekt* des *Clusters*.

Jasper: Unsterblicher, 797 Jahre alt, alter Freund von *Evelyn*.

Joalf: Intelligente Spezies, die dem *Weltenbrand* zum Opfer fiel.

Jork: Stadt in *Merika*, früher New York genannt.

Jukon: Region in *Alasc*.

Kahalla: *Krisali*-Name für ein heiliges Artefakt.

Kammun: Das frühere Kamerun.

Kanad: Das frühere Kanada.

Kaskade: Von den *Muriah* geschaffene Verbindungen zwischen Sonnensystemen, bestehend aus *Aktuatoren*.

Kauter: Hauptwaffe beim *Weltenbrand*.

Kognitionsgrenze: Beträgt zum Zeitpunkt der Handlung etwa 1000 Lichtjahre. So weit sind die vom *Cluster* auf der Erde ausgeschickten lichtschnellen Sonden ins interstellare All vorgestoßen.

Konnektoren: Vorrichtungen, die mithilfe von quantenmechanischen Verschränkungen (*Quantenlinks*) ein menschliches Bewusstsein zu einem viele Lichtjahre entfernten Bestimmungsort transferieren können.

Konnexion: *Konnektor*-Verbindung.

Kontaktraum: Raum mit sechs *Aktuatoren* der *Muriah*.

Konvention von Vienn: Auch einfach nur Konvention genannt. Vor 6000 Jahren geschlossener Vertrag zwischen Menschen und Maschinen, der den Unsterblichen Freiheit und Unantastbarkeit garantiert.

Krisali: Schmetterlingsartige Wesen auf dem planetengroßen Mond *Rethos* im Sonnensystem *Sagittarius 94*.

Krümmungsantrieb: Antrieb der *Muriah*-Schiffe. Mithilfe von exotischer Materie wird die Raumzeit vor dem Schiff gekrümmt und verkürzt, wodurch es mit relativer Überlichtgeschwindigkeit fliegt.

Kustode: *Servomechanismus*, der in Abwesenheit von *Avataren* eine *Konnektorstation* verwaltet.

Labrameer: Die frühere Labradorsee.

Langer Weg: *Muriah*-Name für die *Kaskade*.

Lindophor-System: Sonnensystem, 678 Lichtjahre von der Erde entfernt.

Link: Auch *Quantenlink* genannt. Interstellare Verbindung, die auf dem Prinzip quantenmechanischer Verschränkung beruht.

Lokalisator: Die *Mindtalker* tragen ein solches Mikrogerät in ihrem Körper, damit die *Avatare* sie jederzeit finden können.

Lorenzo: Unsterblicher, Mitglied von *Morgenrot*.

Maximilian: Unsterblicher, 378 Jahre alt, Mitglied von *Morgenrot*.

Melchior: *Individualaspekt* des *Clusters*, Vorgänger von *Bartholomäus*.

Merika: Das frühere Amerika.

Messico: Das frühere Mexiko.

MFV: Siehe *Multifunktionsvehikel*.

Mindtalker: Sterbliche Menschen, die zu einem kontrollierten Bewusstseinstransfer über interstellare Entfernungen hinweg in der Lage sind.

Mitros: *Individualaspekt* des *Clusters*.

Moakksil: *Krisali*-Name für die Sonne *Sagittarius 94*.

Mobilisator: Ein mit Servomotoren ausgestattetes Stützgerüst, das greisen *Mindtalkern* Mobilität verleiht.

Monument, das Große: Eine abgeflachte Pyramide im Lethe Vallis auf dem Mars. Darunter befinden sich die Katakomben der alten Marsianer.

Morgenrot: Eine Gruppe von Unsterblichen, die der Herrschaft der intelligenten Maschinen kritisch gegenübersteht.

Multifunktionsvehikel: Vehikel, die sich unterschiedlich konfigurieren lassen.

Muriah: Einzige bekannte galaktische Hochkultur in der Milchstraße. Die Muriah waren zehn Millionen Jahre in der Galaxis unterwegs, bis sie vor etwa einer Million Jahren spurlos verschwanden.

Neunundsiebzig: Die 79 Bewusstseinssphären, die sich vor 6000 Jahren beim Krieg zwischen Menschen und Maschinen auf der Erde mit einer künstlichen Intelligenz zum *Supervisor* vereint haben.

Neurodegeneration: Mit Alzheimer vergleichbare Krankheit, die bei sterblichen Menschen, insbesondere bei *Mindtalkern*, das Bewusstsein zersetzt.

Neurostimulation: Stimuliert das menschliche Bewusstsein. Ermöglicht schnelleres Denken und die Übertragung von Informationen.

Newton: Unsterblicher, 200 Jahre alt, Mitglied von *Morgenrot*.

Nightingale: Unsterbliche, 600 Jahre alt, Mitglied von *Morgenrot*.

Notfallklausel, Exklusivcode der: Eine Option der *Einsatzregeln*, die es *Mindtalkern* ermöglicht, während eines Einsatzes vollständige Kontrolle zu übernehmen.

Notfallrückkehr: Jedes *Faktotum* eines *Mindtalkers* ist mit einem Signalgeber ausgestattet, der es dem *Mindtalker* gestattet, im Notfall sein Bewusstsein unverzüglich durch den *Quantenlink* zur Erde zurückzuschicken.

Nuhuk: Einst Hauptstadt des *Grünen Landes* (Nuuk).

Oleander: Tarnidentität von *Evelyn*.

Omega-Faktor: Angeblicher Faktor im menschlichen Genom, der dazu führt, dass bei einigen wenigen Menschen die Unsterblichkeitsbehandlung nicht wirkt.

Operatives Zentrum, OpZe: Entscheidungskern des *Clusters*.

Orphei-System: Sonnensystem mit dem Planeten *Dynlye*, 310 Lichtjahre von der Erde entfernt.

Patagonia: Das frühere Patagonien.

Patrick: Ein Unsterblicher.

Penelope: *Individualaspekt* des *Clusters*.

Philippina: Die früheren Philippinen.

Plasmaenergie: Diese Energie verwenden die *Plasmatriebwerke* interplanetarer Shuttles.

Plasmafraß: Eine vom *Cluster* entwickelte Waffe.

Plasmaofen: Teil des *Plasmatriebwerks*, erzeugt *Plasmaenergie*.

Plasmatriebwerk: Erlaubt Shuttles und kleinen Raumschiffen Flüge innerhalb eines Sonnensystems.

Präkognitive Epoche: Zeitalter, in dem die Menschen noch keine Maschinen gebaut haben, die Intelligenz entwickeln konnten.

Prinzipal: Ehrwürdiger Pilot der *Muriah*.

Quantenlink: Quantenmechanische Verschränkung, die zwei weit entfernte Orte miteinander verbindet.

Rako: Siehe *Ratiokondensat*.

Ratiokondensat: Auch *Rako* genannt. Die einfache künstliche Intelligenz von Objekten und Vehikeln.

Rebecca: *Mindtalker*, 90 Jahre alt.

Relf: *Mindtalker*, 82 Jahre alt.

Rethos: Heimatwelt der *Krisali*, größter von 64 Monden des Gasriesen *Xaukand* im Sonnensystem *Sagittarius 94*.

Rohstofffarmen: Befinden sich hoch über der Erde und bestehen aus eingefangenen Asteroiden und Verarbeitungsanlagen.

Rosenberg: Unsterblicher, Mitglied von *Morgenrot*.

Rubens: Unsterblicher, Mitglied von *Morgenrot*.

Saal der Erinnerung: Teil des *Zentralarchivs* auf der Erde.

Sagittarius 94: Sonnensystem, 813 Lichtjahre von der Erde entfernt.

Saharpark: Nach *Amazzonia* zweitgrößter Naturpark auf der Erde. Vom *Cluster* in der grünen Sahara eingerichtet.

Sammlung: *Muriah*-Name für das *Depositum*.

Servomechanismen: Auch Servomechs genannt. Kleine Maschinen, die Aufgaben aller Art erledigen, ausgestattet mit geringer Intelligenz.

Sibberia: Das frühere Sibirien.

Signalnadel: Kommunikator in Form einer Nadel.

Stadttürme: Auf der Erde gibt es 14 stadtgroße Türme, die kurz vor der *Großen Flut* gebaut wurden.

Supervisor: Kontrollinstanz mit Sitz in *Elysium Planitia* auf dem Mars. Durch den Quantenlink des *Cordón* mit der Erde verbunden.

Tausender: Ein Unsterblicher, der mindestens tausend Jahre alt ist.

Thermofackeln: Werkzeuge, die Schweißbrennern ähneln.

Tiberian: *Individualaspekt* des *Clusters*.

Toussaint: Unsterblicher, gehört zu den *Tausendern*, über 4000 Jahre alt.

Transferschlaf: Schlaf des *Mindtalkers* während des Transfers seines Bewusstseins.

Translator: Übersetzungsgerät.

Unsterblichkeitsbehandlung: Lässt Menschen unsterblich werden und schützt sie vor Krankheiten. Findet am 30. Geburtstag statt.

Urania: *Individualaspekt* des *Clusters*.

Uriel: 4. Planet des *Lindophor-Systems*.

Ustoray-System: Sonnensystem mit dem Planeten *Atith*, 879 Lichtjahre von der Erde entfernt.

Victoria: Unsterbliche, *Adams* Mutter, 387 Jahre alt.

Vollversammlung: Versammlung aller *Hohen Hundert*.

Volontat: Gruppe von Sterblichen, die beim *Supervisor* in *Patagonia* Besucher empfangen.

Volontisten: Mitarbeiter des *Volontats*.

Weltenbrand: Eine Katastrophe in der Milchstraße, der vor etwa einer Million Jahren mehrere hoch entwickelte Völker und offenbar auch die Hochkultur der *Muriah* zum Opfer fielen.

Xabrai: Intelligente Spezies, die dem *Weltenbrand* zum Opfer fiel.

Xaukand: Kalter Gasriese im Sonnensystem *Sagittarius 94*. Hat 64 Monde, unter ihnen *Rethos*.

Zentralarchiv: Sammlung von Datenbanken und Bibliotheken auf der Erde.

Zentren des Wissens: Dort vermitteln *Edukatoren* den Menschen Wissen.

»All die Jahrtausende«
Kurzgeschichte aus dem Universum von »Das Schiff«

Andreas Brandhorst

Böiger Wind fauchte über die Klippen, und unten schlugen Wellen gegen die Felsen. Daniel stand direkt am Abgrund, dem Wind und der spritzenden Gischt ausgesetzt, vor dem endlosen Grau des Ozeans. Ein Schritt genügte, um ihn stürzen zu lassen, hinab in die Brandung, wo Wellen und Felsen seinen Körper zerschmettern würden. Zu sterben, nicht mehr zu existieren, nicht mehr zu denken und zu fühlen ... Eine seltsame Vorstellung.

»Vor langer Zeit«, ertönte eine Stimme hinter ihm, »habe ich einen anderen Mann gesucht und ihn ebenfalls auf einem Felsen über dem Meer gefunden.«

Die Signalnadel in Daniels Nacken hatte den Besucher angekündigt und identifiziert. Er drehte sich um und sah einen Mann mit silberner Haut, kurzem Haar, großen grauen Augen und einer auffallend langen Nase – kein Mensch, sondern ein Avatar des Clusters.

»Der Mann hieß Adam und war ein Mindtalker«, sagte Bartholomäus. »Er brach mit dem Schiff auf, das damals zu uns kam.«

»Ich glaube, ich erinnere mich an die Geschichte«, erwiderte Daniel, aber er war sich nicht sicher. Wie alle Unsterblichen hatte er große Teile seines Gedächtnisses ausgelagert und sie dem Cluster anvertraut, der über die Erinnerungen der Menschen wachte. »Adam ... Er war einer der letzten Mindtalker, nicht wahr?«

»Ja. Später wurden sie nicht mehr gebraucht. Wir fanden andere Möglichkeiten, unsere Sonden zu steuern und ferne fremde Welten zu erforschen.«

»Was ist aus ihm geworden, aus Adam?«, fragte Daniel.

»Wir wissen es nicht. Er und Evelyn brachen mit dem Schiff, das damals zu uns kam, zu einer langen Reise auf. Sie verschwanden in den Tiefen des Alls. Wir haben nie wieder etwas von ihnen gehört. Jedenfalls, Adam liebte das Meer, wie Sie.«

Daniel blickte hinab, dorthin, wo die Brandung einen menschlichen Körper zerschmettern konnte. Ein Schritt genügte, und der Tod war ihm gewiss. Natürlich nicht für immer. Die Nadel zeichnete alles auf, und solange eine aktive Verbindung mit dem Cluster bestand, konnte man wiederhergestellt werden, in der letzten aktualisierten Version. Ein neuer Körper, eine exakte biologische Replik, als Gefäß für das restaurierte Bewusstsein. Kein Unsterblicher musste einen Unfalltod fürchten, zumindest so lange nicht, wie seine Signalnadel funktionierte. Das galt selbst für all die Unsterblichen, die in den vergangenen Jahrtausenden die Erde verlassen hatten: Mikroblasen übertrugen die Daten ihrer Nadeln entweder direkt zur Erde, wo der Cluster sie in seinem Quantengedächtnis ablegte, oder zu einem der interstellaren Datenarchive.

Daniel drehte sich um. »Dieser Adam ... Wann brach er mit dem Schiff auf?«

»Vor langer, langer Zeit«, sagte Bartholomäus. »Sie waren noch nicht geboren.«

Der Wind zischte, die Brandung donnerte. Daniel fragte: »Habe ich Sie schon einmal gefragt, wie alt Sie sind?«

»Ich habe gesehen, wie Kontinente wanderten, wie neue Meere und neue Berge entstanden«, antwortete Bartholomäus.

»Dann sind Sie sehr alt.« Daniel bemerkte eine Blase dort, wo sich die Wurzeln der ersten Sträucher und Büsche in Felsritzen gebohrt hatten. Ihr sanftes gelbes Glühen wies darauf hin, dass es sich um eine lokale Version handelte, mit einer Reichweite von vermutlich nicht mehr als tausend Kilometern. »Ich nehme an, Sie sind nicht gekommen, um mit mir über Adam zu sprechen.«

»Wir haben ein Problem«, sagte Bartholomäus. »Wir brauchen einen Menschen, um es zu lösen.«

Daniel hob die Brauen. »Warum gerade ich?«

»Sie sind der stabilste von allen«, erklärte Bartholomäus. »Und es geht um eine besondere Person.«

Daniels mobiles Haus befand sich am Rand der Kerbe, eines großen, mehrere Kilometer tiefen Einschnitts mitten in der hügeligen Landschaft. Rechts und links davon wirkte alles friedlich. Steinkiefern wuchsen an den Hängen, in den offenen Bereichen wiegte sich wadenhohes Gras im warmen Wind, Vögel kreisten am wolkenlosen Himmel. Vor zehntausend Jahren hatte es an diesem Ort anders ausgesehen. Die Erde war aufgebrochen, gewaltige Lavaströme hatten alles verbrannt und unter sich begraben.

Die Blase erschien direkt neben dem Haus, in dem Daniel die letzten Jahre verbracht hatte, und als sie hinter ihnen verblasste, reichte ihm Bartholomäus einen kleinen Stab, so silbern wie seine Haut.

»Das werden Sie brauchen.«

»Ich habe noch nicht zugesagt«, entgegnete Daniel mit Blick auf den kleinen Stab. »Und ich besitze bereits einen Transkriptor, für Blasen bis hin zur interplanetaren Kategorie. In einem meiner früheren Leben habe ich den Mars und die Jupitermonde besucht.«

»Derzeit sind Sie Historiker, nicht wahr?«

»Seit hundert Jahren. Ich habe mir die Ruinenstädte im Fernen Westen angesehen, in der Region, die einst Merika hieß. Sie sind gut erhalten.«

»Wir haben uns Mühe gegeben, die Vergangenheit zu bewahren.« Bartholomäus sprach für den Cluster.

»Ich habe das Leben der früheren Menschen rekonstruiert«, sagte Daniel und öffnete die Tür. »Auch im Osten war ich, bei den Fossilien der großen Antarkt-Insel.«

»Ich weiß. Ich kenne Ihre Berichte. Sie sind Teil unseres Gedächtnisses.«

Sie betraten das Haus. Daniel ging in den Salon, geschmückt mit holografischen Skulpturen und dynamischen Bildern von den Orten auf der Erde, die er besucht hatte.

»Seit einigen Jahren beschäftigen Sie sich mit der Kerbe«, sagte Bartholomäus. »Was haben Sie darüber herausgefunden?«

Daniel hatte zwar noch nicht zugesagt, aber er begann damit, die Sachen zusammenzupacken, die nicht im mobilen Haus bleiben sollten. »Damals ist ein Teil des Clusters zerstört worden, nicht wahr?«

»Ja, es entstand erheblicher Schaden, wodurch das lange Leben von zweiundzwanzig Unsterblichen zu Ende ging – wir konnten sie nicht retten.« Das Bedauern in Bartholomäus' Stimme war unüberhörbar. »Wissen Sie auch, wie es zu der Kerbe kam, was die planetare Kruste bersten ließ?«

Daniel schwieg und wartete.

»Es war die Öffnung des Streams, die vor zehntausend Jahren tiefe Wunden in den Leib der Erde riss, hier und an anderen Stellen«, erklärte Bartholomäus. »Der Transkriptor, den ich Ihnen gegeben habe, dient nicht nur zur Steuerung von Blasen. Er ist auch für Reisen up- und downstream vorgesehen.«

Daniel betrachtete die kleine silberne Stange. »Was ist passiert?«

»Ich zeige es Ihnen, sobald Sie hier fertig sind.«

Daniel trug sein mobiles Haus in der Hosentasche – ein kleiner türkisfarbener Würfel, der sich an einem beliebigen Ort entfalten, die ausgelagerte Masse zurückholen und wieder zu einem vollständig eingerichteten Gebäude werden konnte –, als die Blase des Clusters sie zu einem seltsamen Ort brachte. Die Vegetation in dem Talkessel war verdorrt und hatte ihre Farben verloren. Bäume und Büsche, Sträucher und Gras, alles war grau, wie Asche, die zu Boden rieseln würde, wenn man ein Blatt oder einen Zweig berührte. Die Talwände glänzten gläsern im Sonnenschein – ein großes, heißes Messer schien über sie hinweggestrichen zu sein und alle Kanten und Vorsprünge abgeschliffen zu haben.

Daniel nahm eins der Instrumente, die an seinem Gürtel baumelten, ließ es auf volle Größe wachsen und betrachtete die Anzeigen.

»Eine Explosion«, sagte er. »Exotische Energie.«

Sicherheitsdrohnen des Clusters summten über ihnen, installierten Sensoren und Projektoren. Etwa hundert Meter über der Mitte des Talkessels flackerte es, und Energie strömte wie eine goldene Flüssigkeit herab. Sie formte eine Kuppel über dem Tal, mit einer ovalen Strukturlücke, die Zugang gewährte und vor der zwei Sicherheitsdrohnen Position bezogen.

»Wir haben allen Menschen abgeraten, sich diesem Ort zu nähern, solange Gefahr besteht«, sagte Bartholomäus. »Natürlich werden sie unseren Rat beachten. Der Energieschirm schützt die Außenwelt vor Gegenständen, die dort drinnen manchmal erscheinen und von denen wir nicht wissen, welchem Zweck sie dienen und wie gefährlich sie werden können. Übrigens, es hat sich ein erster Riss gebildet.«

Daniel sah sie, die dunkle Spalte neben einem schiefen Gebäude, das sich nicht richtig zusammengefaltet hatte, wie ein Schnitt mit dem Messer, der die Felswände des Tals geglättet hatte.

»Wer hat hier gewohnt?« Daniel deutete auf das schiefe Haus. »Wer hat hier einen Streamer installiert?«

»Zoran.«

»Oh«, sagte Daniel. »Ich verstehe.«

Eine Blase traf ein, und ein Avatar trat aus ihr, eine Frau mit kobaltblauer Haut, pechschwarzem Haar und Augen, grün wie ein Smaragd. »Es ist alles vorbereitet«, sagte sie. »Er kann sofort aufbrechen.«

»Was ist vorbereitet?«, fragte Daniel. »Noch habe ich mich zu nichts bereit erklärt.«

Bartholomäus deutete auf mehrere kleine Drohnen, die aus dem schiefen Gebäude kamen, zum ovalen Durchlass flogen und die Energiekuppel verließen. »Wir haben in all den falschen Spuren die richtige gefunden.«

»Falsche Spuren?« Daniel hob die Brauen.

»Zoran möchte nicht, dass wir ihn finden«, fügte die kobaltblaue Frau hinzu. »Inzwischen befindet er sich ziemlich weit upstream. Wir schätzen die Entfernung auf zwanzigtausend.«

»Warum suchen Sie nicht selbst nach ihm?«, fragte Daniel. Er gab sich noch immer skeptisch, obwohl ihm eigentlich gar keine Wahl blieb.

»Ab Entfernung tausend up oder down wird es riskant für uns. Wir verlieren die Verbindung zum Cluster. Und Zoran würde nicht auf uns hören. Er ist zu instabil. Sie wird er nicht zurückweisen.«

»Weil er mein Bruder ist.«

»Auf Sie wird er hören«, betonte Bartholomäus. »Bringen Sie ihn zur Vernunft!«

Es blitzte erneut, diesmal im Innern der energetischen Kuppel. Neben dem falsch gefalteten Haus erschien etwas, ein kleines Objekt, dicht über dem Boden. Hinter dem Gebäude kam eine Drohne mit mehreren Greifarmen und Werkzeug-Extremitäten zum Vorschein, näherte sich dem Objekt, streckte einen Greifer aus ...

Sie kam nicht einmal dazu, den Gegenstand zu berühren. Plötzlich schrumpfte sie, mit einem Geräusch, das aus der Ferne wie ein dumpfes Knirschen klang, und verschwand mit einem Knall, laut genug, den Boden und die glasierten Felswände des Tals zu erschüttern.

»Falls weitere Objekte erscheinen, während Sie dort drinnen sind, rühren Sie keins von ihnen an«, warnte die blaue Frau. »Kommen Sie ihnen nicht einmal zu nahe.«

»Was hat es damit auf sich?«, fragte Daniel und dachte an

seinen Bruder, der immer unberechenbar gewesen war. »Woher stammen sie?«

»Aus dem Abyss, vermuten wir«, antwortete Bartholomäus. »Was vor zehntausend Jahren geschah, könnte sich wiederholen. Es könnte sogar noch schlimmer werden.«

Abyss. Das Wort klang vage vertraut, aber wenn es damit verbundene Erinnerungen gab, betrafen sie ein anderes, im Gedächtnis des Clusters gespeichertes Leben.

»Ich brauche mehr Informationen.« Daniel schickte seiner Signalnadel einen Gedanken und wies sie an, weitere Kommunikationskanäle zu öffnen, mit größerer Bandbreite. »Alles, was Sie haben. Und ich brauche eins meiner früheren Leben zurück, das des Abenteurers vor ... zweitausend Jahren. Als ich im Ozean des Jupitermonds Europa geschwommen und später, beim Saturn, über die Oberfläche des Titan gewandert bin.«

Bartholomäus nickte. »Sie bekommen, was Sie brauchen.«

Eine halbe Stunde später, mit neuen Erinnerungen und neuen Gedanken, brach Daniel auf.

Der Abyss, dachte Daniel, als er unter der Kuppel des Energieschilds über grauen Boden schritt, vorbei an grauen Büschen und Bäumen. Als Historiker hatte er sich hundert Jahre lang mit der Vergangenheit der Erde befasst und auch die Kerbe untersucht, ihre geologischen Besonderheiten und die Strahlungsanomalien tief unten, wo die Katastrophe vor zehntausend Jahren Teile des Clusters zerrissen hatte. Aber nie, zu keinem Zeitpunkt im vergangenen Jahrhundert, war er auf die Idee gekommen, den Abyss in seine Studien mit einzubeziehen. Obwohl er letztendlich die Ursache war.

Er fragte die Nadel danach, und Bartholomäus, der ihn hörte, antwortete von der anderen Seite der energetischen Barriere: »Wir haben Sie geschützt. Sie und die anderen Menschen. Wir haben das Wissen zurückgehalten, weil es gefährlich ist.«

Der Abyss. Weit, weit upstream. Vielleicht sogar noch weiter als zwanzigtausend Welten oder Universen. Eine Zone des Übergangs, ein Abgrund zwischen den Dimensionen, seine unauslotbaren Tiefen voller Möglichkeiten.

Zwischen zwei grauen Sträuchern leuchtete es auf, und eine Spirale erschien, blau wie ein Opal und groß wie eine Hand. Einen Meter über dem Boden trotzte sie der Schwerkraft und drehte sich langsam. Funken stiegen auf, wie glitzernder Staub, den ein lokal begrenzter Wind nach oben trug. Daniel blieb stehen, betrachtete die Spirale und fühlte den Wunsch, sie zu berühren. Der Abenteurer in ihm, der den dunklen Ozean von Europa erkundet hatte, wog das Risiko ab.

»Nicht anfassen«, erreichte ihn Bartholomäus' Stimme über die Signalnadel. »Kommen Sie dem Artefakt nicht zu nahe!«

Artefakt, dachte er und forschte in den Bereichen seines Gedächtnisses, die gerade mit neuen Daten gefüllt worden waren. Er fand keine Hinweise.

Über ihm flackerte die Energiekuppel, als erste Funken von der Spirale sie erreichten. Daniel ging weiter, gelangte zu dem schiefen Haus und betrat es. Im ersten Zimmer mit den krummen Wänden fiel die Temperatur um zehn Grad. Die adaptive Kleidung reagierte darauf und wärmte ihn.

»Der Streamer befindet sich ganz hinten«, teilte ihm Bartholomäus mit.

Eine Drohne des Clusters wich beiseite, als Daniel durch den Flur ging und die Stellen mied, an denen sich der Boden nach unten gewölbt hatte. Die Einrichtungsfunktionale des Gebäudes unterschieden sich kaum von denen des Hauses, das er als komprimierten Würfel in der Tasche trug, aber sie waren schlecht zusammengefaltet und sahen aus wie halb zerdrückt und zermalmt.

Im letzten Zimmer, offenbar eine Mischung aus Salon und Werkstatt, waren die Wände gerade, wie gestützt von der Blase, die auf der einen Seite, neben dem Sofa-Funktional, bis zur Decke reichte. In ihrem Innern wies sie eine Art Gerüst aus grauen Streben und Geräteblöcken auf, von denen ein leises, beständiges Summen ausging.

»Ich bin beim Streamer«, sagte Daniel und näherte sich der Blase.

»Wir könnten den Kontakt verlieren«, erwiderte Bartholomäus. »Es sind Störungsfronten unterwegs, eine Welle nach der anderen. Falls Zoran den Abyss bereits geöffnet hat ... Schließen Sie ihn! Was auch immer geschieht, wie auch immer die Situation sein mag, unterbrechen Sie die Verbindung!«

Eine Drohne erschien in der Tür und richtete ihre Sensoren auf Daniel. Er winkte ihr zu, bevor er die Blase betrat und den Transkriptor zur Hand nahm, den er von Bartholomäus bekommen hatte. Er drehte den oberen Teil, und die erweiterte Blase trug ihn in den Stream, eine Welt weiter.

Zoran und Daniel waren die beiden einzigen noch existierenden Geschwister, geboren zu einer Zeit, als es noch Brüder und Schwestern gegeben hatte, auf einer Erde, die nur noch wenigen Menschen als Heimstatt diente, nicht einmal fünfhundert. Die anderen Unsterblichen, einige Tausend, hatten die Erde verlassen. Sie lebten ihr ewiges Leben auf Planeten anderer Sonnensysteme, die sie mit interstellaren Blasen erreicht hatten, oder an Bord von langsamen Schiffen, die mit achtzig oder neunzig Prozent der Lichtgeschwindigkeit von Stern zu Stern flogen. Einige von ihnen waren mit Blasenhabitaten zum längsten aller Forschungs- und Erkundungsflüge aufgebrochen. In hundertfünfzigtausend Jahren wollten sie die ganze Milchstraße durchqueren und nach weiteren drei Millionen Jahren die Andromeda-Galaxie erreichen. Sie würden auf sich gestellt sein – die Blasensignale des Clusters reichten nicht annähernd so weit.

Als Abenteurer hatte Daniel vor vielen Jahrtausenden überlegt, ob er sich ihnen anschließen und die Erde verlassen sollte, um die Wunder des Universums zu bestaunen. Aber etwas hatte ihn zurückgehalten, eine Wurzel, die ihn mit der Erde verband: Zoran, der in allen seinen Leben grübelte und in verschlungenen Bahnen dachte, bis sich seine Gedanken und Gefühle verknoteten. Ein Instabiler. Jemand, auf den es aufzupassen galt, weil er nicht genug auf sich selbst aufpasste. Jemand, der schon siebenmal Selbstmord begangen hatte, um »den Tod kennenzulernen«, wie er es formuliert hatte. Die Wiederherstellung durch den Cluster hatte nichts an der instabilen Natur seines Bewusstseins geändert, an seiner Unberechenbarkeit. Zoran war voller Unruhe geblieben, auf der Suche nach etwas, von dem er selbst nicht gewusst hatte, was es war und wo es sich befand. Er war durch den Stream gereist, von einer möglichen Welt zur nächsten, und dabei hatte ausgerechnet er den Abyss gefunden, der alle Welten zerstören konnte.

Daniel hatte seinen Bruder seit fünfhundert Jahren nicht gesehen, aber was waren schon fünfhundert Jahre. Nicht mehr als ein Sandkorn am endlos langen Strand der Ewigkeit.

Upstream Eins, eine Welt oder ein Universum weiter oben im Strom der Zeit.

Nein, dachte Daniel, als er die Blase und das Haus, dessen Wände schief blieben, verließ. Nein, das stimmte nicht ganz. Die neuen Erinnerungen teilten ihm mit, was der Stream bedeutete: ein Weg in der Zeit, ein Fluss, an manchen Stellen breiter als an anderen, ein Strom durch die Zeiten und – da Zeit und Raum miteinander verwoben waren – auch durch den Raum. Aber das war noch nicht alles. Es gab im Stream einen zusätzlichen Faktor, wie eine weitere Dimension, vom Cluster »Kausalitätsmatrix« genannt. Sie sorgte dafür, dass Reisen upstream, in die Zukunft, zu all den zukünftigen Welten und Möglichkeiten, keinen Beschränkungen unterlagen. Downstream hingegen gab es kausale Barrieren, Mauern im Stream, die umso dicker und höher waren, je deutlicher und gravierender sich Veränderungen upstream, in Richtung Gegenwart und Zukunft, auswirken konnten. Vielleicht handelte es sich um einen eingebauten Schutzmechanismus, um ein Naturgesetz, das Zeitparadoxa verhinderte. Aber die Maschinenintelligenzen des Clusters spekulierten auch darüber, dass mehr dahintersteckte, möglicherweise der Weitblick eines Planers.

Draußen gab es keine Energiekuppel mehr, und eine tiefe Stille lag über dem Talkessel. Von den grauen Büschen und Bäumen waren nur farblose Skelette übrig. Bartholomäus und die kobaltblaue Frau fehlten, ebenso die Drohnen des Clusters. Nichts regte sich bis auf die Spirale, fast ebenso blau wie die Frau, die hinzugekommen war, als Daniel mit Bartholomäus gesprochen hatte. Noch immer schwebte sie einen Meter über dem Boden, völlig lautlos, und noch immer stiegen winzige Funken von ihr auf. Sie schien seinen Blick zu spüren, drehte sich etwas schneller und kam näher, in gespenstischer Lautlosigkeit.

Daniel wich ins Haus zurück und schloss die Tür. Neben einem schiefen Fenster-Funktional wartete der Abenteurer, der wissen wollte, ob auf seine Intuition noch immer Verlass war, und tatsächlich: Ein heller Fleck entstand an der Tür, etwa einen Meter über dem Boden. Ein Loch bildete sich, verursacht von einem kalten Brand, der keine Hitze verursachte, und die Spirale erschien. Sie verharrte kurz und schien sich zu orientieren, wie ein Geschöpf, das nach etwas Ausschau hielt.

Die Signalnadel übertrug ein Knistern. »Hören Sie mich?«, fragte Bartholomäus leise, die Stimme verzerrt.

»Ich höre Sie.« Daniel ging rückwärts durch den Flur. Die rotierende Spirale nahm ihn wahr, kein Zweifel, sie folgte ihm, langsam, aber beharrlich. Im Werkstattsalon angekommen, trat er in die interplanetare Blase, die Zoran zu einem Streamer umgebaut hatte, sank auf den Sitz und nahm den Transkriptor.

»Eine weitere Störungsfront ist unterwegs«, sagte Bartholomäus. »Wir ...« Der Rest verlor sich in lautem Knirschen und Knistern.

Die Spirale wurde schneller, vielleicht hatte sie begriffen, dass ihr Opfer zu entkommen drohte.

So abenteuerlustig Daniel der Abenteurer auch sein mochte, er wartete nicht, bis die Spirale den Streamer erreichte. Er drehte den oberen Teil des Transkriptors und sprang weiter upstream.

Der Stream: Vergangenheit, Gegenwart und Zukunft, vereint in einem Fluss, in einem Strom, mal schmal, mal breit, mit zahlreichen unerforschten Nebenarmen, mit Alternativen, geschaffen von Wahrscheinlichkeiten und Möglichkeiten. Das war ein wichtiger Punkt, den der Abenteurer fasziniert zur Kenntnis nahm. Im Stream gab es nicht nur eine Zeit, sondern viele Zeiten und mit ihnen so etwas wie multiplen Raum. Downstream und upstream führten nicht nur in eine Vergangenheit, eine Gegenwart und eine Zukunft, sondern in endlos viele. Unendlich viele Alternativwelten, wie Perlen an langen Ketten aneinandergereiht, nur getrennt von einer dünnen Schicht Wahrscheinlichkeit, die Ketten verschlungen wie Zorans Gedanken. All das, was gewesen war, sein würde und sein *konnte*, existierte dort draußen im Stream.

Daniel erinnerte sich mit den Erinnerungen des Clusters, der vor vielen Jahrtausenden den Stream entdeckt und ihn untersucht hatte. Er dachte darüber nach, während er die Reise upstream fortsetzte und einer kleinen energetischen Spur folgte, der richtigen Spur, einem Echo, das Zoran hinterlassen hatte und vom Transkriptor »erlauscht« werden konnte. Er fragte sich, ob es der Cluster gewesen war, der damals die Katastrophe ausgelöst hatte, aber darüber gaben die übermittelten Gedächtnisdaten keine Auskunft. Letztendlich spielte es auch keine Rolle. Bartholomäus und die anderen hüteten das Wissen um Stream und Abyss, weil es sehr gefährlich sein konnte. Das verstand Daniel, daran gab es nichts auszusetzen.

Stunden später, bei Upstream Neunundfünfzig, stand er neben einem Wasserfall – der Talkessel hatte sich in ein

Hochplateau verwandelt mit einer tausend Meter hohen, fast senkrechten Klippe. Die Blase hatte ein Anpassungsmanöver fliegen müssen, um diesen Ort zu erreichen, ungefährlich für ihren menschlichen Passagier. Andernfalls wäre sie innerhalb von massivem Fels erschienen. Deshalb hatte Bartholomäus auf der Verwendung eines solchen Vehikels bestanden. Der Transkriptor genügte, um durch den Stream zu springen, vorausgesetzt, ihm stand ausreichend Energie zur Verfügung. Die Blase diente der Sicherheit, für den Fall, dass es zu Materieüberlagerungen kam.

Daniel ging einige Schritte, dem Donnern des Wasserfalls und seiner Gischt nahe, während die untergehende Sonne den Horizont brennen ließ. Rote und violette Töne rangen miteinander, verwandelten sich nach und nach in ein tiefes Türkis. Die Nacht kam schnell. Sie kroch nicht über den Wald, der die Tiefebene bedeckte, sie lief und stürmte darüber hinweg, erreichte das einen Kilometer hohe Felsmassiv und kletterte daran empor.

Im letzten Licht des Tages blickte Daniel über die Ebene. Nirgends war etwas von Menschen zu sehen, es gab weder mobile Gebäude noch Ruinen. Nichts deutete darauf hin, dass hier jemals Menschen gelebt hatten. Eine leere Welt, zumindest aus menschlicher Sicht, sich selbst überlassen. Es gab nur zwei Ohren, die das Donnern des Wasserfalls hörten: seine eigenen.

Er stand unweit des herabstürzenden Wassers, und Wind trug ihm Gischt entgegen, bestehend aus Myriaden kleiner Tropfen. Daniel schloss die Augen und fühlte sie als kleines kaltes Prickeln im Gesicht. Er stellte sich den Wasserfall als Stream vor und die zahllosen Tröpfchen als Welten, Variationen der Erde. Möglichkeiten, dachte er. Viele, viele Möglichkeiten.

Als er die Augen wieder öffnete, schwebte die blaue Spirale vor ihm, noch näher beim Wasserfall als er. Er beobachtete sie, ihr Leuchten, ihre langsame Rotation, die aufsteigenden Funken, denen die Gischt nichts anhaben konnte. Als sie ihn fast erreicht hatte, wich er mehrere Schritte zurück, nahm einen Stein, zielte und warf. Der Stein traf die Spirale, blitzte auf und verschwand.

»Du magst es nicht, berührt zu werden«, sagte Daniel. »Und ich würde es wahrscheinlich nicht mögen, von dir berührt zu werden.«

Er kehrte zur Blase zurück, drehte den Transkriptor und sprang in den Stream.

Daniels Versuche, einen Kontakt mit Bartholomäus und dem Cluster herzustellen, schlugen fehl. Er versuchte es auf jeder neuen Upstream-Welt, die er erreichte, aber seine Signalnadel übertrug nicht einmal das Knistern und Rauschen von Interferenzen – sie blieb völlig stumm. Auf dem Kraterrand eines Vulkans mit einem in der Nacht glühenden Magmasee sprach er einen Bericht und schickte ihn mit einer Mikroblase downstream, zum Ursprung seiner Reise. Anschließend setzte er sich auf einen Felsen, beobachtete das Feuer im Schlund des dreitausend Meter hohen Bergs und fragte sich – als Historiker, der er bis vor kurzer Zeit gewesen war –, welche Geschichten diese Welt zu erzählen hatte. Dass die Nadel nichts empfing, absolut gar nichts, deutete darauf hin, dass es hier keinen Cluster gab, keine intelligenten Maschinen, die sich immer tiefer ins Innere des Planeten gruben und seine Ressourcen – Metalle, Mineralien, seine Energie – nutzten, um weiterzuwachsen. Wie groß war der Cluster inzwischen?, dachte Daniel und staunte darüber, dass ihm eine solche Frage durch den Kopf ging. Vielleicht lag es an der stillen Leere. Darin bekamen die Gedanken mehr Platz, sie konnten sich ausdehnen wie der Cluster im Innern der Erde.

Er dachte auch daran, dass die Nadel in seinem Nacken einmal alle sechs Stunden die Aufzeichnung seines Bewusstseins aktualisierte, die Daten aber nicht dem Cluster übertragen konnte. Wenn er starb, wenn er am Kraterrand unaufmerksam war und stolperte, wenn der Boden plötzlich unter ihm nachgab und er in den Magmasee tief unten fiel, würde er verbrennen und die Nadel mit ihm. Dann ging die Aufzeichnung verloren. Dass der Cluster eine andere Version von ihm wiederherstellen würde, tröstete ihn nur wenig – *dieses* Selbst, mit den Erinnerungen an den Stream, wäre für immer verloren.

Die blaue Spirale erschien auch hier. Daniel bemerkte sie später in der Nacht, als er in der Blase erwachte, in der er aus Sicherheitsgründen schlief, geweckt von einem Grollen, das aus dem Vulkan kam wie aus der Kehle einer gewaltigen, urtümlichen Kreatur, die zum Leben erwachte. Die Spirale schwebte am Kraterrand, wo Daniel zuvor gestanden hatte, drehte sich und kam näher. Dicht vor der Blase hielt sie inne und rotierte geduldig.

»Du möchtest zu mir, nicht wahr?«, fragte Daniel. »Und warum möchtest du zu mir?«

Das Magma im Vulkan stieg. Entweichendes Gas zischte. Erste Spritzer glutflüssigen Gesteins erreichten die Blase und glitten an ihr herab.

Daniel winkte der blauen Spirale zu und betätigte den Transkriptor. Der Stream nahm ihn auf.

Vier Tage später wurde die Spur, die Daniels Transkriptor den Weg durch den Stream zeigte, immer schwächer. Bei Upstream Dreihundertzwei musste er innehalten und wanderte stundenlang durch eine Ruinenstadt, die im lokalen Lauf der Jahre immer mehr geschrumpft war, weil die Dünen der nahen Wüste die Mauerreste eingestürzter Gebäude unter sich begruben. Die Kapsel folgte ihm in einer Höhe von etwa fünfzig Metern, bereit, ihn weiter upstream zu tragen. Aber wohin genau? In den Vierhunderter- oder Fünfhunderter-Bereich? Über die Tausend hinweg? Geleitet von den Sensoren am Instrumentengürtel und dem silbernen Stab des Transkriptors, der schwache Echos empfing, setzte Daniel die Suche fort. Als schließlich der Abend dämmerte und er daran dachte, sein mobiles Haus aufzustellen, erschien erneut die Spirale und ließ ihr blaues Licht auf graubraune Mauern fallen.

Daniel blieb stehen und überlegte, ob er die Blase rufen sollte. Mit plötzlich prickelnder Abenteuerlust entschied er sich dagegen.

»Du folgst mir«, sagte er. »Warum?«

»Daniel«, erwiderte die Spirale. Sie drehte sich, nicht mehr ganz lautlos, sondern mit einem leisen Summen. Funken stiegen auf wie von einem Feuer in ihrem Innern.

»Oh!« Daniel blieb stehen, neben einer Mauer, die bereits den Staub der nahen Wüste trug. »Zoran?«

Die blaue Spirale schwebte näher. Ihr Summen wurde etwas lauter, ihre Rotation etwas schneller. Daniels Signalnadel empfing nichts, und seine Instrumente zeigten keine Kommunikationsaktivität an.

»Lass dich berühren, Bruder.«

Daniel wich zurück und fühlte die Mauer im Rücken. Er hielt den Transkriptor in der Hand, bereit für einen kurzen Sprung ohne Blase.

»Nein«, sagte er und erinnerte sich daran, was mit dem Stein geschehen war, den er nach der Spirale geworfen hatte.

»Dieses Ding hier, dieses kleine Spielzeug, es bringt dich zu mir.«

»Wo bist du?«

Die Vorboten der Nacht schlichen durch die Ruinenstadt. Schatten verdichteten sich. Wind kam auf und brachte mehr Staub, mehr Sand.

»Weit, weit entfernt. Du würdest mich nicht finden.«

Ich folge deiner Spur, dachte Daniel. Mein Transkriptor kann die echte von den falschen Spuren unterscheiden.

Die Spirale kam noch etwas näher. Daniel trat zur Seite.

»Hast du dich nicht gefragt, warum der Cluster keinen Avatar oder einfach nur eine Drohne mit der Suche nach mir beauftragt hat?«

Funken stiegen auf, tanzten in der Luft und schienen zu versuchen, die Blase zu erreichen, die fünfzig Meter weiter oben wartete. Ihr orangefarbenes Leuchten versprach Sicherheit.

»Es ist ein Signalproblem«, antwortete Daniel und behielt die Spirale im Auge, für den Fall, dass sie einen Sprung nach vorn machte. »Die Entfernung ist zu groß. Avatar oder Drohne würden den Kontakt zum Cluster verlieren.«

»Du hast auch keinen Kontakt zum Cluster, Bruder.«

»Ich bin ein Mensch.«

»Du bist ein Werkzeug. Du sollst den Cluster zu mir führen. Damit er mich unschädlich machen kann.«

Die Spirale blieb in Bewegung, und Daniel trat erneut zur Seite. Zu nahe wollte er sie nicht herankommen lassen. Weitere Sterne erschienen am Himmel über der Blase und bildeten Muster, die Daniel nicht kannte.

»Niemand will dich ›unschädlich‹ machen, Zoran«, erwiderte er behutsam. »Wir wollen dir helfen. Du bist ...« *Du bist gefährlich*, hatte er sagen wollten. Stattdessen sagte er: »Ich weiß nicht, was du tust, aber es ist gefährlich. Störungsfronten erreichen die Erde. Es könnte zu einer tektonischen Katastrophe kommen, wie vor zehntausend Jahren, als die Kerbe entstand.«

Die blaue Spirale lachte.

»Unsinn«, entgegnete sie. »Die Störungsfronten stammen nicht von mir, sondern von Drohnen, die nach dem Schatz suchen. Die meisten von ihnen habe ich inzwischen eliminiert, aber einige sind noch immer unterwegs. Du bist ebenfalls ein Schatzsucher, Bruder. Für den Cluster. Dein Transkriptor hinterlässt eine Spur, der Avatare oder Drohnen folgen können. Und deshalb: Lass dich von meinem kleinen Helfer berühren und zu mir bringen.«

Die Spirale summte näher. Daniel hielt den Transkriptor bereit und wich erneut zur Seite. Oben folgte die Blase seinen Bewegungen und blieb direkt über ihm.

»Bist du beim Abyss?«, fragte er.

»Hat dir Bartholomäus davon erzählt?«, fragte die Spirale. »Ich würde gern wissen, *was* er dir erzählt hat. Lauter Unfug, nehme ich an.«

»Sag mir, wo du bist, Zoran! Wie weit upstream? Nenn

mir die Welt, auf der du dich befindest, dann komme ich zu dir.«

»Und führst den Cluster hierher? O nein, Bruderherz.«

Die Spirale wurde schneller, ihr Summen noch etwas lauter. Daniel drehte den oberen Teil des Transkriptors, und der nächste Schritt brachte ihn nicht ein Stück von der Mauer fort, sondern aus der Stadt, auf die Kuppe einer Düne. Feiner Sand gab unter ihm nach, ließ ihn schwanken.

Mit der Signalnadel rief er nach der Blase, und sie erschien sofort neben ihm. Wie schnell die blaue Spirale auch sein mochte, sie war nicht schnell genug. Daniel stieg ein, nahm Platz, aktivierte den Transkriptor und sprang in den Stream.

Die Spirale schwebte durch die Straßen und Gassen der Ruinenstadt. Es stiegen keine kleinen Lichter mehr von ihr auf, und das blaue Leuchten verlor an Intensität. Schließlich verließ sie die Stadt, flog langsam über die Wüste hinweg, verharrte über einer bestimmten Düne, rotierte langsamer – und verschwand.

Zurück blieb eine leere Welt, in der Wind flüsterte und Sand knisterte.

Instabil, hatte Bartholomäus Zoran genannt, und das stimmte zweifellos. Zoran war immer ein Grübler gewesen, jemand, der – welches Leben er auch führte – vor allem nach innen lebte. Er neigte dazu, das Licht zu fragen, warum es nicht dunkel war, und die Dunkelheit, warum sie nicht hell sein konnte. Siebenmal hatte er sich umgebracht, um die »letzte Grenze« zu erkunden, wie er den Tod nannte. Welche Erkenntnisse er dabei gewonnen hatte, blieb ein Geheimnis, auch für ihn, denn sein wiederhergestelltes Selbst erinnerte sich nur an den letzten Stand der Aufzeichnung. Siebenmal hatte er versucht, seine Erinnerungen an den Tod zu bewahren, siebenmal ohne Erfolg. Und dann war er verschwunden, vor fünfhundert Jahren.

Inzwischen glaubte Daniel zu wissen, wo sein Bruder die letzten fünf Jahrhunderte verbracht hatte.

Instabilität.

Die eine oder andere menschliche Seele hielt die Last der Jahre nicht aus. Unter dem Gewicht der Jahrhunderte und Jahrtausende konnte ein empfindlicher, fragiler Geist zerbrechen, trotz der Auslagerung von Erinnerungen, und wenn sich die Bruchstücke neu anordneten, entstand manchmal Unberechenbarkeit. Der Cluster versuchte zu helfen, aber das konnte er nur, wenn die Betreffenden diese Hilfe annahmen. Wenn sie nicht die Erde verließen, um mit interstellaren Blasen ferne Welten zu erkunden oder an Bord von langsamen Raumschiffen durch die Galaxis zu reisen und in den Wundern des Universums nach Antworten auf Fragen zu suchen, die ihnen keine Ruhe gönnten. Einige von ihnen verzichteten darauf, verschiedene unter einem bestimmten Motto stehende Leben zu führen. Sie lebten und lebten und sammelten Erinnerungen an, ohne sie dem Quantengedächtnis des Clusters zu übergeben. Kein Wunder, dass das Chaos in ihren Köpfen immer größer wurde.

Zoran war schon vor seinem Verschwinden sehr instabil gewesen. Was hatten die letzten fünf Jahrhunderte im Stream mit ihm gemacht?

Upstream Dreitausendneunundsiebzig, zwölf Tage später. Daniel ging über obsidianschwarzen Sand und beobachtete, wie die Ausläufer von Wellen nach seinen bloßen Füßen tasteten.

»Bist noch immer ins Meer vernarrt, wie?«, fragte die blaue Spirale. Sie folgte ihm in einem Abstand von mehreren Metern. Glanz gleich, welche Upstreamwelt er aufsuchte, es dauerte nie lange, bis auch die Spirale eintraf. Er konnte ihr nicht entkommen.

»Ja.« Daniel blieb stehen und blickte über den Ozean, der die ganze Welt umspannte. Auf dieser Erde irgendwann in der Zukunft – oder in einer von endlos vielen möglichen Zukünften – war der Meeresspiegel so weit angestiegen, dass es keine Kontinente mehr gab, nur noch wenige Inseln, die Gipfel früherer Berge.

»Die meisten Welten sind leer. Was sagt uns das, was schließen wir daraus?«

Daniel zuckte mit den Schultern und ging weiter, als die Spirale zu nahe kam.

»Vielleicht sind Menschen und Cluster nur ein Zwischenspiel«, fuhr Zoran durch die Spirale fort. »Hast du irgendwann einmal darüber nachgedacht?«

»Nein.« Warmes Wasser erreichte Daniels Füße, und der Sand wurde so weich, dass er ein wenig darin einsank. Er blieb erneut stehen, als er die Spirale in sicherem Abstand wusste.

»Wie alt sind wir, Bruder? Fünfzigtausend Jahre? Hunderttausend? Eine Million?«

»Ich weiß es nicht. Ich müsste meine Leben zählen, um es herauszufinden.«

»Und wie viele Leben hast du gelebt?«

Daniel überlegte. »Viele.«

»Du weißt es nicht.«

»Der Cluster könnte es mir sagen.«

»Und wenn Bartholomäus und der Cluster lügen?«

Daniel schüttelte verwundert den Kopf. »Warum sollten sie lügen?«

»Das haben sie schon einmal«, sagte die blaue Spirale. »Damals. Vor langer, langer Zeit. Als es noch Mindtalker gab. Sie haben gelogen, Unsterblichen die Unsterblichkeit genommen und sie gezwungen, Mindtalker zu werden. Der Cluster denkt vor allem an seinen eigenen Vorteil.«

Daniel schwieg und ging weiter, als die Spirale näher schwebte. Rechts rauschte das Meer, der endlose Ozean. Links ragte die grüne Mauer eines Urwalds auf. Es war ein stiller Urwald, ohne die Stimmen von Tieren.

»Bartholomäus und der Cluster haben auch dich belogen«, sagte die Spirale. »Ich habe es dir bereits erklärt: Die Störungsfronten werden von ihm selbst verursacht, von den Drohnen, die nach mir suchen. Das hat er inzwischen begriffen und schickt nicht noch mehr Drohnen, sondern dich.«

»Der Cluster will dir helfen, Zoran.«

Die blaue Spirale lachte. Es waren seltsame Laute, die nicht hierher zu passen schienen.

»Wie leichtgläubig du bist, Bruderherz. Als ob ich Hilfe benötigen würde! Bartholomäus und die anderen haben es auf den Schatz abgesehen, und deshalb benutzen sie dich, um mich aufzuspüren. Der Transkriptor weist ihnen den Weg.«

»Was meinst du mit ›Schatz‹?«

Die Spirale sprang – das hatte sie in den letzten Welten gelernt –, und Daniel aktivierte den Transkriptor.

Er fand sich zwei Kilometer entfernt bis zur Hüfte im Wasser stehend wieder, watete an Land, stieg in die Blase und tauchte mit ihr in den Stream.

Der Hügel ragte knapp fünfhundert Meter auf, mit Hängen aus Felsgestein und Geröll. Vor ihm erstreckte sich ockerfarbenes Ödland, eine Ebene, in der nichts wuchs, nichts gedieh. Vierzig oder fünfzig Kilometer entfernt hing ein grauschwarzer Titan am Himmel und verdunkelte die Sonne.

Daniel stand an einen Felsen gelehnt, vor den Augen ein Zoomfeld, das ihm den Eindruck vermittelte, nur die Hand ausstrecken zu müssen, um das gewaltige, viele Kilometer durchmessende Raumschiff zu berühren. Vehikel fielen aus Öffnungen, sanken zu Boden und verschwanden in einem Krater, der nicht natürlichen Ursprungs war. Maschinen hatten ihn gegraben und gruben immer noch.

Die Blase ruhte hinter einem großen Felsvorsprung, halb deaktiviert, ihr orangefarbenes Leuchten gedämpft – die energetische Signatur sollte so klein wie möglich sein.

»Oh, hier bist du.«

Daniel wandte sich überrascht um. Bei den letzten Welten war die blaue Spirale erst nach gut einer halben Stunde erschienen, doch diesmal waren nur wenige Minuten vergangen. Er hielt den Transkriptor bereit, obwohl sich die Spirale nicht von der Stelle rührte und einen Abstand von etwa drei Metern wahrte.

»Ein beeindruckendes Schiff, nicht wahr?«, plauderte die Spirale. »Ziemlich groß. Und weder von Menschen noch vom Cluster gebaut.«

»Fremde?« Daniel drehte sich ein wenig, damit er das Zoomfeld sehen konnte, ohne die Spirale ganz aus dem Blick zu lassen. »Fremde intelligente Wesen?«

»Ja«, bestätigte Zoran. »Der Cluster behauptet, es gäbe keine ...«

»Nein«, unterbrach Daniel seinen Bruder. »Er sagt, dass seine Sonden und die Erkundungsschiffe bisher kein hoch entwickeltes intelligentes Leben in fernen Sonnensystemen gefunden haben. Es hängt mit den Muriah zusammen, glaube ich, mit der Geschichte von Adam und Evelyn.«

»Es gab, gibt und wird andere intelligente Geschöpfe geben«, verkündete die Spirale. »Der Mensch ist nicht einzigartig. Bartholomäus und die anderen wissen das natürlich. Sie wissen es spätestens, seit sie vom Schatz erfahren haben. Die Besucher dort, die Fremden, die Außerirdischen ... Siehst du, wie sie graben? Und weißt du, wonach sie graben? Nein? Nach den Resten des Clusters. Auf dieser öden Welt, verbrannt von der Sonne, gibt es Bartholomäus und die anderen nicht mehr.«

Daniel beobachtete die fernen Maschinen, die den Krater vergrößerten und sich auch an anderen Stellen in den harten, trockenen Boden fraßen.

»Du erwähnst ihn immer wieder, den ›Schatz‹«, sagte er. »Was hat es damit auf sich?«

»Er ist ein Archiv«, antwortete die Spirale. »Oder vielleicht ein Museum. Oder ein Arsenal. Oder eine Rüstkammer.«

»Weißt du es nicht?«

Die blaue Spirale seufzte. »Der Schatz besteht aus Abertausenden von Artefakten, die von zahlreichen verschiedenen intelligenten Spezies stammen. Kleine Geräte und Instrumente, manchmal Maschinen, groß wie eine interstellare Blase. Dieser Helfer, durch den ich mit dir spreche, befand sich im Schatz. Er ist voller technologischer Wunder. Möchtest du ihn sehen?«

Die Neugier des Abenteurers war erwacht. Er erinnerte sich daran, dass auch Bartholomäus von einem »Artefakt« gesprochen hatte. »Ja.«

»Dann lass dich von mir berühren.«

»Nein.«

Die Spirale bewegte sich, kam näher, und Daniel wich zur Seite.

»Oh, jetzt haben sie dich bemerkt, die fremden Wesen dort drüben. Sie sind sehr wachsam und haben hier überall Augen und Ohren. Siehst du? Eins der kleineren Schiffe nähert sich.«

Daniel verzichtete darauf, das Zoomfeld zu sich zu rufen. Mit dem Transkriptor kehrte er in die gedämpfte Blase zurück – ein kleiner Sprung, nicht einmal zwanzig Meter weit –, holte sie aus ihrem Halbschlaf und wies sie an, der Spur zu folgen, die sich immer schwächer werdend durch den Stream zog.

Daniel verlor die Spur auf einer Zehntausender-Welt. Seine Blase hing im Wipfel eines hundert Meter hohen Baums, umgeben von dichter Vegetation und einigen neugierigen Primaten, kleinen grünen Pelzbündeln mit langen Armen, Beinen und Greifschwänzen. Zuerst beobachteten sie die plötzlich erschienene orangefarbene Kugel aus sicherem Abstand, aber als nichts geschah, wagten sie sich näher, und der Mutigste von ihnen berührte die Blase sogar. Er schnurrte und gackerte entzückt, als sein langer Finger beim Kontakt mit der energetischen Hülle Lichterscheinungen hervorrief, und es dauerte nicht lange, bis ein Dutzend der nicht einmal einen Meter großen Geschöpfe die Blase umringte und sie mit vorsichtig tastenden oder herausfordernd stochernden Fingern Lichtbilder schufen.

Daniel blieb sitzen, betätigte die Kontrollen seiner Instrumente und suchte nach der verlorenen Spur. Als er sie nicht fand, versuchte er, einen Kontakt mit dem Cluster tief downstream herzustellen. Er schickte auch einige Mikroblasen durch den Stream, erhielt jedoch keine Antwort. Die Nadel blieb stumm. Sie zeichnete auf, seine Wahrnehmungen und Erinnerungen, empfing aber keine Signale.

Mehrere Stunden lang überlegte er, was er tun sollte. Wahlloses Springen von Upstreamwelt zu Upstreamwelt, in der Hoffnung, die Spur wiederzufinden? Oder Rückkehr downstream, zu der Welt, die seine Heimat war?

Die blaue Spirale erschien zwischen den Primaten, die daraufhin auseinanderstoben.

»Diesmal hast du lange gebraucht«, sagte Daniel. »Fast zehn Stunden.«

»Ich wollte dir genug Zeit zum Nachdenken geben«, antwortete Zoran durch die Spirale. »Ich nehme an, du hast die Spur verloren.«

»Ja«, gestand Daniel. Die Spirale schwebte dicht vor der Blasenhülle, zwischen zwei Ästen, auf denen mehrere Primaten hockten. Sie schnatterten leise, und einer von ihnen, der Tapferste, kroch auf einem Ast nach vorn und auf das blaue Leuchten zu.

»Du fragst dich, ob du zurückkehren sollst.«

Daniel schwieg und beobachtete den Primaten.

»Wenn du zurückkehrst«, sagte die Spirale, »wird der Cluster jemand anders schicken. Wo ist deine frühere Abenteuerlust geblieben?«

Sie ist hier, dachte Daniel. Sie steckt in mir. Und doch ...

Er beugte sich im Sitz vor, um die Aufmerksamkeit des Primaten zu wecken und ihn zu warnen. Doch das pelzige Wesen hatte nur Augen für die langsam rotierende Spirale. Ihr Leuchten war zu verlockend.

»Sieh nur, was passiert, wenn er mich berührt«, sagte Zoran.

Der Primat streckte die Hand aus – vielleicht erhoffte er

sich ein weiteres interessantes Lichtspiel. Es kam zum Kontakt ...

Ein Blitz, so hell, dass Daniel die Augen zusammenkniff, und der Primat verschwand. Einen Sekundenbruchteil später erschien er ein Stück entfernt im Baumwipfel, auf einem anderen dicken Ast. Er schnatterte aufgeregt, verlor das Gleichgewicht und fiel, hielt sich im letzten Moment mit dem Greifschwanz fest.

»Halb so schlimm, nicht wahr?« Die Spirale summte zufrieden. »Ich habe ihn nur um einige Meter versetzt. Bei dir geht der Transport über Tausende von Welten, aber er dauert trotzdem nur ein paar Sekunden länger. Nun, Bruderherz? Bist du neugierig und mutig genug? Oder willst du dich den Rest der Ewigkeit lang fragen, was du gesehen und erlebt hättest, wenn du etwas tapferer gewesen wärst?«

»Ich weiß nicht, ob ich dir trauen kann«, erwiderte Daniel ehrlich.

»Ich bin dein Bruder!«

Du bist ein instabiler, unberechenbarer Bruder, dachte Daniel.

Eine Stunde lang rang er mit sich selbst und erwog das Für und Wider, während draußen die Primaten schnatterten – zwei von ihnen wagten es, die Spirale ebenfalls zu berühren, und fanden sich ebenfalls auf dem anderen Ast wieder.

»Na schön«, entschied der Abenteurer schließlich. »Ich vertraue dir.«

»Endlich! Öffne die Blase für mich!«

Daniel betätigte die Kontrollen. Das orangefarbene Licht der Blase trübte sich ein wenig, und direkt vor der Spirale bildete sich eine Strukturlücke. Sie schwebte herein, was ein großes Gezeter bei der Primatenschar auslöste, erreichte Daniel zwischen den Geräten und berührte ihn.

Wenn es blitzte, so bemerkte Daniel nichts davon – für ihn wurde es plötzlich dunkel.

»Hab dich«, brummte Zoran zufrieden.

Als Daniel die Augen öffnete, sah er die Splitter des Transkriptors auf dem Boden liegen: unterschiedlich große Bruchstücke auf einer schiefergrauen Steinplatte, einer von vielen. Es gelang ihm, den Kopf ein wenig zur Seite zu drehen, was ihm erhebliche Mühe bereitete, und in seinem Blickfeld erschien die Blase, ihr Gerüst ohne die orangefarbene energetische Hülle. Instrumente und Geräte waren demontiert, die Steuerungskonsole zerschmettert. Daniel begriff: Wo auch immer er sich befand, ohne Transkriptor und Blase gab es keine Rückkehr für ihn.

»Oh, du bist wach«, ertönte eine Stimme. Ein Mann trat vor ihn, mit glattem Gesicht, gerader Nase und klaren Augen, das braune Haar kurz und dicht. Ein dunkler Bartzopf reichte vom Kinn auf die Brust. Die Kleidung, eine bis zu den Fußknöcheln reichende beigefarbene Hose und ein etwas helleres Hemd, bestand offenbar aus semiaktivem mimetischem Stoff, denn hier und dort schien die Gestalt durchsichtig zu werden, wenn sie sich bewegte.

»Ich hätte es wissen sollen.« Wieder kostete es Daniel große Mühe, den Kopf zu drehen. Der Rest des Körpers gehorchte ihm nicht, obwohl er ihn fühlte.

»Du *hast* es gewusst.« Zoran lächelte. »Ich meine, du hast gewusst, dass ich instabil und unberechenbar bin. Oder sein kann. Wobei ich die Unberechenbarkeit etwas anders beurteile als Bartholomäus. Sieh dich nur um.«

Plötzlich ließ sich der Kopf ganz leicht bewegen. Daniel sah sich um und stellte fest: Er saß auf einem hohen Stuhl aus Stein und befand sich in einem Saal mit aus grauweißen Steinblöcken bestehenden Wänden, darin hohe, spitz zulaufende Fenster, durch die mattes Licht fiel. Die Decke wölbte sich hundert Meter über ihm.

»Dies ist nur ein kleiner Teil der Kathedrale, und mit klein meine ich *klein*«, sagte Zoran.

»Du hast meinen Transkriptor und die Blase zerstört.«

Zoran zuckte mit den Schultern. »Ließ sich nicht vermeiden. Ich möchte keine unangenehmen Überraschungen erleben so kurz vor ... Na ja, so kurz vor dem Ziel. Zurück zur Kathedrale. Ich nehme an, dass Menschen sie erbaut haben, vor nicht allzu langer Zeit, vor drei- oder viertausend Jahren. Ich nehme weiterhin an, dass es *sterbliche* Menschen waren, die hier als Baumeister tätig wurden, denn draußen habe ich mehrere Gräber gefunden. Die Inschriften der Grabsteine konnte ich leider nicht entziffern. Vielleicht wäre unser Freund Bartholomäus dazu imstande, denn er weiß zweifellos mehr als wir.«

Daniel sah sich erneut um, sein Kopf fühlte sich noch immer leicht an. »Wo ist deine Blase? Draußen? Wir müssen zurück, Zoran, downstream, nach Hause.«

»Du verstehst nicht. Es gibt hier keine funktionsfähige Blase. Meine habe ich vor einigen Hundert Jahren ohne mich in den Stream geschickt. Sie hat die falschen Spuren gelegt.«

»Du sitzt hier fest?«, fragte Daniel. »*Wir* sitzen hier fest?«

»Kommt darauf an«, erwiderte Zoran geheimnisvoll. »Steh auf, Bruder. Lass dir den Rest der Kathedrale zeigen. Und den Schatz.«

Daniel stand auf – sein Körper bewegte sich von ganz allein. Er spürte, dass seine Signalnadel aktiviert war, ohne dass er es veranlasst hatte oder die Aktivität steuerte.

»Meine Nadel ...«, brachte er hervor.

»Ein kleiner Trick.« Zoran griff in die Tasche und holte eine kleinere Version der blauen Spirale hervor. »Ich lenke dich hiermit. Weil ich nicht die ganze Zeit auf dich aufpassen möchte. Also, die Kathedrale. Dies hier, mit dem Zugang zum Abyss«, er deutete zu einem Treppenabgang vor der gegenüberliegenden Wand, unter einem der Fenster, »ist eigentlich nur ein Vorzimmer.«

Daniel ließ sich von seinen Beinen tragen, ein Passagier im eigenen Körper, und erlebte die Kathedrale: gewaltige Säle, manche so hoch, dass sich Wolken unter der Decke bildeten, voller Säulen und Skulpturen, die Menschen zeigten oder zumindest menschenähnliche Gestalten. Draußen, hinter den Gräbern, erstreckte sich »glattes Nichts«, wie Zoran es nannte: eine Fläche wie Eis, halb durchsichtig und völlig glatt. Wenn man einige Schritte auf diesem »Nichts« ging, erschienen tief unten Lichter, wie ferne Sterne.

»Ich glaube, wir sind hier am Ende des Streams«, sagte Zoran, als sie in die stille Kathedrale zurückkehrten. »Oder in der Sackgasse eines Seitenarms. Hier geht es nicht weiter. Man müsste einige Welten downstream nach der Abzweigung suchen, dem Hauptfluss. Vorausgesetzt, man hätte eine Möglichkeit, diese Welt zu verlassen.«

»Die gab es für dich, bevor du deine Blase ohne dich in den Stream geschickt hast«, erwiderte Daniel. »Warum bist du hiergeblieben?«

»Verantwortung?«, sagte sein Bruder. Es klang wie eine Frage. »Verlockung? Vielleicht beides.«

Und dann zeigte er Daniel den Schatz.

Er befand sich in einem weiteren großen Saal: Regale, Gestelle und Gerüste, die bis zur mehrere Hundert Meter hohen Decke reichten, gefüllt mit zahllosen Gegenständen, von denen nicht einer dem anderen glich. Bei jedem Objekt unterschieden sich Farbe, Form und Beschaffenheit, und insgesamt waren es Millionen. Hier und dort, in breiteren Lücken zwischen den Stellagen, erhoben sich Maschinen und Aggregate, glatt wie das halb durchsichtige Nichts außerhalb der Kathedrale, voller Kanten und Spitzen. An manchen Stellen zeigte sich Licht in den halbdunklen Regalen und Gestellen. Daniel sah, wie blaues und rotes Leuchten zwischen den Objekten tanzte.

»Die Menschen, die hier gestorben sind und draußen begraben liegen, haben all dies zusammengetragen«, erklärte Zoran, in der rechten Hand die kleinere Spirale, mit der er Daniels Signalnadel und über sie die Nerven und Muskeln seines Körpers kontrollierte. »Oder vielleicht waren auch sie nur Hüter und Kustoden. In gewisser Weise habe ich ihre Nachfolge angetreten. Für fünf Jahrhunderte. Jetzt löst du mich ab.«

»Was?«

»Dies sind Waffen, Bruder«, sagte Zoran. »Viele von ihnen. Neunundneunzig von hundert Objekten, die ich ausprobiert habe – erst in einem Nebengebäude der Kathedrale, das jetzt in Trümmern liegt, und dann weit draußen auf dem glatten Nichts –, können ziemlich großen Schaden anrichten. Eins von hundert gibt seinen Zweck nicht preis. Ich habe zwei Geräte gefunden, mit denen sich der Stream manipulieren lässt.«

»Vielleicht hast du damit die Störungsfronten ausgelöst.«

»Nein«, erwiderte Zoran ernst und zupfte mit der freien Hand an seinem Bartzopf. »Dafür sind die Drohnen verantwortlich, die seit fünfhundert Jahren nach mir suchen. Sie sind dumm, wenn sie den Kontakt mit dem Cluster verlieren.«

Zoran blieb stehen und Daniel mit ihm, ob er wollte oder nicht.

»Sieh dich um, Bruder. Jemand hat all diese Dinge zusammengetragen, weil sie sehr, sehr gefährlich sind. Weil großes Unheil mit ihnen angerichtet werden kann. Jemand hat sich die Mühe gemacht, all diese Objekte auf zahllosen Welten einzusammeln und sie hierher zu bringen. Fremde Technologie, um zu zerstören und den Stream zu beeinflussen. Darauf hat es der Cluster abgesehen. Deshalb solltest du ihn zu mir führen. Ein riesiger technologischer Schatz, geballte Macht. Bartholomäus und die anderen wollen nicht, dass sie in falsche Hände gerät.«

»Was ist mit deinen Händen?«, fragte Daniel. »Sind es die richtigen?«

Zoran lächelte. »Was ist mit deinen, Bruderherz? Fünfhundert Jahre sind genug. Du wirst dich um dies alles kümmern. Übrigens, wenn ich dir einen guten Rat geben darf: Ich empfehle dir die Verwendung des Dislokators. Eine schonende Waffe, die Schatzräuber nicht tötet, sondern nur verschwinden lässt. Du kannst bestimmen, wohin der Dislokator die Beutesucher versetzt. Tausend, zehntausend oder hunderttausend Welten entfernt. Up- oder downstream, ganz nach

Belieben. Und nein, du kannst den Dislokator nicht verwenden, um dich selbst zu versetzen. Das funktioniert nicht.«

»Ich verstehe nicht …«

»Hast du genug gesehen? Ja?« Zoran drehte sich um und ging in die Richtung, aus der sie gekommen waren. Daniel blieb an seiner Seite, er hatte keine Wahl. »Du darfst nie in deiner Wachsamkeit nachlassen, auch wenn es manchmal über Jahre hinweg ruhig bleibt. Meistens kommen sie allein, die Diebe und Plünderer, gelegentlich auch in kleinen Gruppen. Menschen sind bisher nicht unter ihnen gewesen, auch keine Drohnen des Clusters.« Zoran hob den Zeigefinger. »Falls du einer begegnen solltest, empfehle ich dir den Annihilator, der sie in einen kleinen Haufen Staub verwandelt. Wenn du eine Drohne zu einer anderen Welt versetzt, besteht die Gefahr, dass sie von dort aus zum Cluster zurückkehrt und ihm mit ihren Aufzeichnungen zeigt, wie sie hierher gelangt ist.«

»Ich will nicht hierbleiben!«, sagte Daniel und ging neben seinem Bruder, obwohl er nicht gehen wollte.

»Ich, der Instabile und Unberechenbare, bitte dich, den Stabilen und Verantwortungsvollen, eine sehr wichtige und sehr verantwortungsvolle Aufgabe wahrzunehmen.« Zoran lächelte. »Wie könntest du da Nein sagen?«

Als sie das Ende des Saals mit dem »Schatz« erreichten und Zoran die Tür öffnete, sagte Daniel: »Als ich dich gefragt habe, ob wir hier festsitzen, hast du ›Kommt darauf an‹ gesagt. Was hast du damit gemeint?«

Zoran antwortete: »Jetzt zeige ich dir den Abyss.«

Rotes Glühen wie von einem Feuer zeigte sich am Ende des Treppenabgangs direkt unter dem hohen Fenster. Daniel blieb im eigenen Körper gefangen, als er Zoran die Stufen hinunter folgte. Rote Düsternis nahm sie in Empfang.

»Das ist der Abyss?«, fragte Daniel erstaunt.

Zoran verharrte drei Stufen vor dem karmesinroten Wabern, in dem die Treppe verschwand. Kleine hellrote Dunstschwaden stiegen auf und tasteten wie geisterhafte Finger über das Gestein.

»Der Abyss, der Abgrund, der große Schlund von Zeit und Raum.« So etwas wie Ehrfurcht schwang in Zorans Stimme mit. »Oder der Zeiten und Räume. Was wir hier sehen, das rote Wabern und Wogen, in dem sich manchmal Formen und Umrisse zeigen, ist das Medium, in das der Stream mit allen seinen Welten eingebettet ist.« Er deutete ins rote Leuchten. »Eine Art Quantenschaum der Realität. Das weiche, schwammige Fundament der Ewigkeit. Wer weiß, was es dort noch alles gibt, außerhalb des Streams. Wenn Upstream und Downstream bereits unendlich viele Welten bieten, was befindet sich dann jenseits davon?«

Daniel hörte den sehnsüchtigen Klang in der Stimme seines Bruders.

»Ist das die Verlockung, von der du gesprochen hast?«

»Ich zeige dir noch, wie man mit dem Dislokator und einigen der anderen Waffen umgeht, für den Fall, dass du sie brauchst«, sagte Zoran. Kleine Lichter kamen aus dem Abyss vor ihm, wie die Funken der blauen Spirale, die Daniel hierher gebracht hatte, fanden seinen Bartzopf und verschwanden darin. Daniel hörte ein leises Knistern. »Ich zeige dir auch, wo du essen und trinken kannst. Anschließend verlasse ich dich.«

»Du willst dort hinein?«

»Ja.«

»Du könntest sterben, ohne eine Möglichkeit der Wiederherstellung!«

»Ja, das könnte geschehen«, bestätigte Zoran. »Ich habe siebenmal Selbstmord begangen oder es versucht, erinnerst du dich?« Er trat eine weitere Stufe hinunter und dann noch eine, bis er ganz dicht vor dem roten Wogen stand. Einer der kleinen hellroten Dunstschwaden erreichte ihn, glitt über sein Gesicht und gab den Zügen etwas Fratzenhaftes. »Hast du dir jemals überlegt, was uns Menschen von den intelligenten Maschinen des Clusters unterscheidet? Was uns einzigartig macht? Unsere Irrationalität. Unsere Instabilität und Unberechenbarkeit.«

»Hältst du das für einen Vorteil?«

»Es macht uns anders.« Zoran blickte ins Wabern. »Es gibt uns mehr Freiheit. Mit Irrationalität können wir Entscheidungen treffen, die der Cluster nicht treffen kann.«

»Wie zum Beispiel Selbstmord?«, fragte Daniel scharf. »Anders zu sein bedeutet nicht, besser zu sein.«

»Oh, ich behaupte nicht, besser zu sein.« Zoran blickte noch immer in den Abyss. »Ich bin nur irrational. Instabil und unberechenbar. Was bedeutet: Ich verhalte mich auf eine Weise, die schwer vorherzusehen ist. So etwas gefällt dem Cluster nicht. Bartholomäus und den anderen ist es lieber, wenn sich alles berechnen lässt, wenn sich jedes Mosaiksteinchen des großen Bilds der Wirklichkeit an seinem vorherbestimmten Platz befindet. Ich passe nicht in dieses Bild. Ich kann meine Irrationalität wie einen Schlüssel verwenden, der Türen öffnet, die sonst verschlossen bleiben.«

»Worte«, kommentierte Daniel. »Schön klingende Worte.«

Zoran wandte sich zu ihm um. »Du wirst Zeit genug haben, darüber nachzudenken, ob es wirklich nur Worte sind. Kehren wir zurück, Bruderherz. Ich zeige dir den Rest der Kathedrale, was einige Tage dauern wird. Ich zeige dir alles, und anschließend mache ich mich auf den Weg.«

»Du wirst sterben!«

»Das steht nicht fest. Es gibt keine Garantie für den Tod, wie meine sieben Selbstmorde beweisen.« Ein Lächeln huschte über Zorans Lippen. »Aber selbst wenn dort drinnen tatsächlich der Tod auf mich wartet ... Ich bin neugierig auf ihn nach all den Jahrtausenden. Wer weiß, was danach kommt, nach dem Leben.«

Daniel, der längst wieder Kontrolle über seinen Körper hatte, durchstreifte die Kathedrale, obwohl er ihre Nischen, Räume und Säle inzwischen gut kannte. Monate vergingen, ein ganzes Jahr.

Während der ersten Wochen war Daniel oft die Treppe zum Abyss hinuntergegangen und hatte einige Stufen vor dem roten Nebel gewartet, in der Hoffnung, dass Zoran von wo auch immer zurückkehrte. Aber in dem Wabern zeigten sich nie die Umrisse einer menschlichen Gestalt, nur vage Konturen von Dingen, die Daniel nicht identifizieren konnte.

Oft suchte er den riesigen Saal mit dem Schatz auf, untersuchte vorsichtig einige der Objekte in den Regalen und Gerüsten und spielte mit dem Gedanken, aus ihnen eine Blase zu bauen. Bis er sich daran erinnerte, dass er sich *nicht* erinnerte. Er war noch immer der Abenteurer, der die Planeten und Monde des Sonnensystems gesehen hatte. In einem seiner früheren Leben war er vermutlich Techniker oder Ingenieur gewesen, aber jenes Leben hatte er zusammen mit den Erinnerungen ins Quantengedächtnis des Clusters ausgelagert.

Ein fremdes Wesen erschien in einem der kleineren Räume der Kathedrale. Daniel entdeckte es nur durch Zufall und versuchte, mit ihm zu kommunizieren, aber als es eine Klinge nach ihm warf, ließ er es mit dem Dislokator verschwinden.

Die Stille war zunächst unangenehm, und er begann, Selbstgespräche zu führen, um sie zu vertreiben. Doch er merkte schon bald, wie unzulänglich gesprochene Worte waren. Sie komprimierten Gedanken, in denen viel mehr Bedeutung steckte. Daniel verglich sie mit Eisbergen, von denen nur die Spitze aus dem Wasser ragte, der Rest verbarg sich tief unter der Oberfläche.

Nach und nach hieß er die Stille willkommen, denn in ihr dehnten sich seine Gedanken aus, wie bestrebt, eine Leere zu füllen. Er konnte in aller Ruhe nachdenken, ohne von gesprochenen Worten gestört oder aufgehalten zu werden, und das Nachdenken lohnte sich immer.

Daniel fühlte, wie das wiederaufgenommene Leben des Abenteurers in ein neues überging, in das Leben eines Philosophen, der über Fragen nachdachte, von deren Existenz er bisher gar nichts gewusst hatte. Vielleicht, dachte er bei einem seiner Rundgänge, bestand darin der wahre Schatz der Kathedrale: nicht aus Waffen, die Macht bedeuteten, sondern aus der Einladung, neue Gedanken zu denken.

Mehrmals besuchte er die Gräber der sterblichen Menschen, die – vielleicht – die Kathedrale gebaut hatten. Dort dachte er über den Tod nach, über das unentdeckte Nichts, das dem Leben folgte, nicht glatt und halb durchsichtig wie das Nichts, das die Kathedrale umgab, sondern pechschwarz, bis zum Ende von Zeit und Raum.

Oder?

Die letzte und vielleicht größte Frage blieb unbeantwortet, zumindest für die Lebenden. Die Vorstellung, dass Zoran die Antwort kannte, übte einen sonderbaren Reiz aus – vielleicht war das die Verlockung, von der er gesprochen hatte.

Er kannte zwei Möglichkeiten, die Kathedrale zu verlassen: Entweder vertraute er sich wie sein Bruder dem Abyss an, oder er brach über das glatte Nichts hinter den Gräbern auf, ohne zu wissen, wohin es führte. Vernunft und Rationalität sagten ihm: Bleib in der Kathedrale, sie bietet dir alles, was du zum Leben brauchst, sie ist ein sicherer Ort.

Daniel blieb, doch seine Neugier wuchs, während aus dem einen Jahr Jahre wurden. Er schützte den Schatz aus Waffen, indem er gelegentliche Besucher mit dem Dislokator zu fernen Welten verbannte, und einmal machte er vom Annihilator Gebrauch, als ihn ein mehrbeiniges Maschinenwesen in ein fesselndes Kraftfeld zu hüllen versuchte.

Sein Nachdenken bei stummen Wanderungen durch die Kathedrale führte manchmal zu einem Grübeln in mentalen Sackgassen, und dann gewann er den Eindruck, dass er mehr wie sein Bruder wurde, instabiler und unberechenbar.

Eine Erkenntnis reifte in ihm. Irgendwann würde er eine blaue Spirale downstream schicken, vielleicht in einer Woche oder erst in tausend Jahren. Nicht um sich mit Bartholomäus und dem Cluster in Verbindung zu setzen, sondern um einen Menschen zu suchen, einen geeigneten Nachfolger, der seinen Platz als Kustode der Kathedrale einnehmen konnte.

Und wenn er jemanden gefunden hatte, würde er mit der Wanderung über das glatte Nichts hinter den Gräbern beginnen, auf der Suche nach dem Unentdeckten.

Etwas ist erwacht ...

Andreas Brandhorst

Das Erwachen

Thriller

Piper Taschenbuch, 736 Seiten
€ 12,00 [D], € 12,40 [A]*
ISBN 978-3-492-31387-2

Der ehemalige Hacker Axel setzt versehentlich ein Computer-virus frei, das unzählige der leistungsfähigsten Rechner auf der ganzen Welt vernetzt. Als sich weltweit Störfälle häu-fen, Infrastrukturen zum erliegen kommen, die Regierungen sich gegenseitig die Schuld geben und die geopolitische Lage immer gefährlicher wird, stößt Axel mit der undurchsich-tigen Giselle auf ein Geheimnis, das unsere Welt für immer verändern wird: In den Netzwerken ist etwas erwacht, das scheinbar unaufhaltsam ist ...

PIPER

Das Universum ist unendlich gefährlich ...

Cover- und Preisänderungen vorbehalten

Andreas Brandhorst

Das Netz der Sterne

Roman

Piper, 512 Seiten
€ 16,00 [D], € 16,50 [A]*
ISBN 978-3-492-70512-7

In die unbekannten Weiten des Universums vorzustoßen – das ist der Job der Kartografen bei Interkosmika, dem Konzern, der die interstellaren Reisen zwischen den Sternen kontrolliert. Tess ist eine solche Kartografin, doch nicht freiwillig, denn sie muss bei Interkosmika die Schulden ihrer Familie abarbeiten. Und sie weiß, dass ihre Mission alles andere als einfach wird. Denn ihr Auftrag führt sie in eine Region, aus der noch keiner lebend zurückgekehrt ist ...

PIPER

Der Kampf ums Überleben beginnt ...

Christoph Dittert

Fallender Stern

Roman

Piper, 448 Seiten
€ 16,00 [D], € 16,50 [A]*
ISBN 978-3-492-70537-0

Am zehnten Geburtstag der Zwillinge Amy und Eric wird ein Funksignal von einem Asteroiden empfangen: der Beweis für außerirdisches Leben!

Auf der Erde entbrennt ein Wettlauf gegen die Zeit. Internationale Entwicklungsteams bereiten eine Raumfahrtmission vor, denn in 30 Jahren wird der Asteroid erreichbar sein – die Möglichkeit für einen Erstkontakt. Doch die Gesellschaft ist gespalten. Nicht alle blicken dem Ereignis zuversichtlich entgegen. Auch Amys und Erics Familie droht zu zerbrechen ...

PIPER

Leseproben, E-Books und mehr unter www.piper.de

PIPER

BESUCHE
FREMDE
WELTEN

Piper Science-Fiction.de